U0148952

文史哲學集成

葉程義著

西方神哲學家之上帝觀研究（下）

文史哲出版社印行

第三章　近代神哲學家的上帝觀

第一節　馬丁路德的上帝觀

一、傳略

馬丁路德（Martin Luther 1483-1546 A.D），德之宗教改革者。生於薩克尼索亞之伊斯勒本(Eisleben)。其父，鍍工也，家甚貧，幼嘗從母，入山拾薪。路德生後數月，其家即徙居曼斯菲爾德（Mansfield），因入該地中學，習拉丁語。一五〇一年，入耶爾福（Erfurt）大學。初，欲以法家立身，其後志向一轉，而研究宗教。遂入奧古斯丁教社為修道士。〇八年，受威丁堡（Witenburg）大學之聘，為哲學教授。一一年，以奧古斯丁教社之公務，赴羅馬，目覩教會之失德，驚歎不置。及歸威丁堡，為當地之補助說教者，乃漸舍哲學而務實行，欲一掃中世之弊習，而利用新義說教，以感化市民。又得陶雷（Tauler）之日耳曼神學讀之，益感化於其主義焉。一五年，任買森（Meisen）之牧師。會教皇託言募建聖彼得堂，有出售赦罪符之舉。一七年十月，售符者至威丁堡，路德檄數其罪九十五條，為文三千餘言，揭諸威丁堡教會之門。不半月，而德國諸地，群起響應，新舊之爭由此起。明年，教皇召集會議於奧格斯堡（Augsburg）以審議其事，路德持己說不稍屈。賴薩克森（Saxon）選侯，調停其間，助路德上書教皇，示尊敬教會意。路德從之，而措詞猶強毅，其事用此暫寢。當是時，路德或以說教，或以著書，宣傳其改革主義。上自貴族，下至學生，咸相贊助。人文派學者，如梅蘭克呑、劉希林、愛拉斯摩輩，亦表同情。二〇年，路德公其所為論文三篇。㈠與德國基督教諸貴族書㈡巴比倫幽囚㈢基督教徒之自由）大有對舊教會挑戰之勢。是年六月，教皇對路德下宣咒令。使者賫令至買森，路德舉而燒之。教皇憤甚，而無如之何，乃思假德帝之力，以罰路德。帝詔路德詣窩牧斯（Worms）國會，質問之。會之次日，毅然應曰，「非据經典，證吾說為非，不能自捐前說也。」於是受破門之宣告。薩克森選侯，慮其得禍，陰使騎士，劫諸歸途，而匿諸瓦特堡（Wartburg）城中。居是間，專以譯經為事。年餘，形勢變遷，始復出。由是益實行改革，制定教會組織及儀式諸項。二二年，還爲威丁堡大學之教授。二五年結婚，因反對舊教之獨身主義，故以身先之。三〇年，奧古斯堡之大會作成信仰告白，新教之基礎，於焉奠定。其文成於梅蘭克吞，而先與路德議定者也。論者謂第以一神學家視路德，其體系未必整，其規模未必宏，若其性行高潔而篤實，不撓不倦，則有無忝於豪傑之稱者。（樊氏《哲學辭典》頁七三〇—七三一）

馬丁路德對抗天主教神學哲學理論的中心思想是「因信稱義」，是宗教的個人主義。他繼承了中世紀神祕主義異端思想，斷言信徒同上帝之間的關係無須以教會、神職人員爲中介，不須要遵從教會關于購買「贖罪符」之類的規章，認爲每一個信徒只要對上帝抱有虔誠的信仰，接受基督的救贖即可得救。他先後將聖經的新舊約從希臘文、希伯來文譯成了德文，供信徒研讀。馬丁路德否定教會權威，強調個人信仰決定一切的思想，同當時歐洲各國流行的鼓吹個性解放的人文主義思潮的基本精神是一致的。他破除了人們對外在權威的信仰，但又在人們心中恢復了信仰的權威。（《中國大百科全書》哲學I頁五五五）

（一）馬丁路德的早期活動

馬丁路德出身于一個虔誠的天主教徒家庭，早年家境貧寒，以後受到正規教育。一五〇一年，考入愛爾福特大學，主修拉丁古典文學，但也讀神學和哲學，深受唯名論經院哲學家奧卡姆的思想影響。一五〇五年，路德獲文學碩士學位，不久便棄學遁入愛爾福特奧古斯丁修道院。起初，他力圖用苦修、禁食、自我鞭笞等方式來尋求靈魂的解脫。一五〇七年，路德受神甫職。以後讀了陶勒爾、愛克哈特、胡斯等人的著作，對羅馬教會的傳統教義產生了疑問。奧古斯丁會地區主教、神祕主義者斯托皮茲（Johannes Von Staupitz, ?-1524）助他放棄苦修，深入研究《聖經》和奧古斯丁的著作。《新約·羅馬人書》中的「義人必因信得生」和奧古斯丁的預定論（即人得救不在于善功，而在于上帝的恩典，在于他給人們心靈中注入的堅定信仰）對路德的影響極大，使他對當時教會中占統治地位的阿奎那神學思想和亞里士多德思想逐漸產生了抵觸情緒，一五〇九年，路德去羅馬教廷匯報德國奧古斯丁的修院的情況，羅馬教廷的腐敗使他大爲震惊，他對教廷由敬畏開始變爲厭惡。從羅馬回國後，路德便長住維登堡。一五一二年，路德獲神學博士學位，在維登堡大學講授《聖經》，一五一二年，升任副主教，管理十一所奧古斯丁會修院，同時任維登堡大學神學教授。從一五一二年起，路德開始形成自己的「因信稱義」的神學思想。一五一六年，他讀到一本神祕主義著作《日爾曼神學》，更堅定了自己的觀點，并進而否定教皇和主教有赦罪權。他的主張得到維登堡大學一些同事的支持。

（二）九十五條論綱

一五一五年，教皇利奧十世（Leo X, 1513-1521 在位）爲聚斂財富，以修繕聖彼得大教堂爲名發售贖罪券，并答應將一部分收入分給各國君主。馬格德堡大主教爲阿爾伯特（Albrecht of Brawdenburg）向德國富商富格爾家庭借得巨款對利奧十世行賄，一五一七年，利奧十世答應阿爾伯特兼任美因茲大主教，負責在德國發售贖罪券，將收入一半還債，一半上交教皇。阿爾伯特又把這件事交給多明我會修士台徹爾（Johannes Tetzel）具體負責。台徹爾爲了推銷贖罪券，大肆宣揚贖罪券的功效，他說：「贖罪券乃是上帝高尚的禮物，買了贖罪券的人，不但他以往的罪得赦免，就是將來的罪也可得赦免。而且爲已死的人買贖罪券，也能使他們立刻脫免罪罰……現在你們就是只有一件衣服，也當脫下來賣了，火速來買贖罪券，因爲不久上帝要追尋忽略救恩的人。你們要相信上帝已將赦罪的全權交給教皇了。」并說只要買贖罪券的錢幣落入錢箱叮噹一響，其已死親屬的靈魂馬上就從煉獄飛升天堂云云。

台徹爾的這種宣傳與馬丁路德等人在大學裡新講授的神學理論完全相反，使他們很氣憤。在同事們的支持下，馬丁路德于一五一七年十一月一日晨在維登堡教堂大門前貼出題爲《關於贖罪券效能的辯論》的九十五條論綱（以下簡稱《論綱》）。這本是當時學術辯論的一種正常做法，但卻在德國掀起了一場軒然大波，轟轟烈烈的宗教改革運動由此開始了。

在《論綱》中，馬丁路德首先把有關懲罰、悔改、赦免的問題作爲討論的重點，因爲這些問題既與贖罪券的買賣、宣傳直接相關，又爲當時信徒所普遍關心。馬丁路德認爲懲罰并非如教廷所說是指煉獄中受到的各種折磨痛苦，它主要指的是在罪惡過犯中人的內心總是處于一種恐懼、絕望、自相矛盾的境地中，「罪惡的懲罰是與自恨同長久」（第四條），「地獄、煉獄和天堂之間的區別似乎是與絕對、將要絕望、和確信之間的區別相同的」（第十六條）。而且這種懲罰是針對著活著的人的，「臨死者因死亡就免除了一切懲罰」（第十三條）。所以將懲罰解釋成死後在煉獄中的外在的、肉體上的懲罰是荒謬的。「將教條所定的懲罰變爲煉獄中的懲罰，很顯然是仇敵在主教們睡覺的時候所撒的一種稗子。」（第十一條）。馬丁路德認爲既然懲罰主要針對的是內心的罪，所以悔改也應該發自內心，「……與自恨同長久，因爲這才是眞正內心的悔改」（第四條）。當然，內心的悔改應該表現出行動來，「因爲內心的悔改若不產生肉體外表和各種刻苦，便是虛空的」。（第三條）馬丁路德還爲悔改「是說信徒一生應當悔改」（第一條），「一直繼續到我們進天國」（第四條），「這句話不是指告解禮，即神甫所行的認罪和補罪說的」（第二條）。因此，「每一個眞正悔改的基督徒，即令沒有贖罪票，也完全脫離了懲罰和罪債」（第三六條），只要悔改就能得救。相反，「那些說爲求獲得救贖或贖罪票幷不需要痛悔的人，是在傳與基督教不符的道理」（第三五條）。所以，悔改與購贖罪二券者是對立的，「最有學問的神學家也很難一面宣講贖罪票的好處又一面宣講眞心痛悔的必要」（第三九條）。針對羅馬教廷關于教皇有赦罪之權，所以要被赦罪就得購買贖罪券的宣傳，馬丁路德尖銳地指出，赦罪之權只在上帝，「教皇不能赦免任何罪債」（第六條），「教皇除憑自己的權柄或憑教條所科的懲罰外，既無意也無權免除任何懲罰」（第五條）。所以赦罪的恩典來自神，「任何活著或死了的眞基督徒，即令沒有贖罪票，也都分享基督和教會的一切恩惠，這些恩惠是上帝所賜的」（第三七條）。通過上述分析可明確地得出結論：「靠贖罪票得救，乃是虛空的」（第五二條），「說教皇的贖罪票能使人免除各種懲罰，而且得救，乃是犯了錯誤」（第二一條）。馬丁路德認爲贖罪券的買賣不但與基督教關于懲罰、悔改、赦免的教義相矛盾，而且還具有很壞的社會效果，它造成了人們的思想混亂，使人貪慾大增，遠離上帝，「那些說錢幣一叮噹落入錢筒，靈魂就超越煉獄的人是在傳人的揑造」（第二七條），「錢幣一叮噹落入錢筒，只能使貪婪增多」（第二八條）。「贖罪票，照宣講者所說的，是最大的恩典，其實它所謂『最大』，不過是指它們爲最大的牟利工具」（第六七條）。在《論綱》中，馬丁路德還揭露了羅馬教廷在宣傳贖罪券買賣時的許多自相矛盾之處，他質問「教皇爲得錢以建立一個教堂的小理由而救贖無數的靈魂，他何不爲神聖的愛和靈魂痛苦的大理由而使煉獄空虛呢？」（第八二條）「教皇的財富今日遠超過最富有者的財富，他爲建築一個聖彼得堂，爲何不用自己的錢，而要用貧窮信徒的錢呢？（第八六條）「如果教皇現在頒發贖罪票，是爲拯救靈魂，而不是爲得錢，那麼以前頒發的贖罪票既是同樣有效，他爲什麼把它們擱置呢？」（第八九條）綜上所述可以看出，馬丁路德所攻擊的，是對贖罪券效用的過分宣傳，在《論綱》中，他并沒有直接攻擊教皇和羅馬教會，甚至也不完全否認贖罪券的作用，不否認以煉獄的存在與教會的補贖。相反，還多次提到教皇對贖罪券買賣中的各種弊端并無責任，主張維護教皇和羅馬教廷的聲譽。但是，由于贖罪券的買賣、宣傳涉及羅馬教會的許多傳統，因而馬丁路德對贖罪券買賣的抨擊不能不同時對羅馬教會有所觸動，從中也能夠看出以後的宗教改革思想的端倪。關于教皇制度，《論綱》肯定：「……教皇的赦免是不可蔑視的」，但又指出這只是因爲「他宣布上帝的赦免」（第三八條），二者不可等同，「說那飾以教皇徽號的十字架是與基督的十字架同樣有效，這是褻瀆。」（第七九條）關于聖品階級，《論綱》也承認他們有「代表上帝」的權力，但同時強調眞正赦免人罪債的是上帝（第七條）。在理性與權威的關係上，《論綱》一方面聲言：「……贖罪票若是按照教皇的意旨和精神宣講的，那麼這一切疑問都要迎刃而解，而且根本就不會發生。」（第九一條），但指出：「對平信徒的這些論點和疑問僅用教皇權來壓服，而不用理智來解答，乃是使教會和教皇受敵人恥笑，并使基督徒不愉快」。（第九十條）在所謂教會的「寶藏（功德庫）」問題上，馬丁路德強調「教會的眞寶藏乃是上帝的榮耀和恩典的神聖福音。」（第六二條）這眞寶藏也與贖罪券的買賣無關。（以上所引《論綱》條目均摘自《路德選集》上册，徐慶譽，湯青譯）《論綱》中的上述觀點，有意無意地向羅馬教會的傳統提出了挑戰，因此《九十五條論綱》一經發表，立刻遭到了代表羅馬教廷頑固勢力的美因茨大主教阿爾伯特和台徹爾等多明我會修士們的攻擊，他們向羅馬控告馬丁路德蔑視教皇權威。起初，教皇利奥十世認爲這不過是「醉漢的囈語」，用不著大驚小怪。但是，由于《論綱》表達了長期以來鬱結在廣大德國人民心中反抗教廷的心聲，兩星期之內，《論綱》便傳遍了整個德國，一個月之中就傳遍了歐洲，并被譯成多種語言文字。

教皇因路德的《論綱》引起的麻煩而大爲震怒。一五一八年，路德寫了《解答》（Resolutions）爲自己辯解。書中強調他承認羅馬教會的正統性，表示自己的原意完全是爲了維護教會的權威，不想竟引起了爭端，願聽從教皇發落。不過，他在書中又肯定公會議的權威高于教皇，否定聖徒的聖迹和歷任教皇所增加的各種赦罪理論和行爲，而後者卻正是教廷主要財政收入的依據。因此，教皇于一五一八年七月召路德去羅馬受審。路德馬上請求薩克遜選侯腓特烈給予庇護。腓特烈爲了維護自身的經濟、政治利益，宣布支持路德。德意志諸侯的不合作態度，迫使教皇不再堅持要求路德去羅馬，而改爲去奧格斯堡見樞机主教卡叶坦（Cajetanus），一五一八年十月，路德在帝國衛隊保護下前往奧格斯堡，卡叶坦十分蠻橫地要路德公開承認錯誤，遭路德拒絕。路德返回維登堡，留下了一封要求向不明眞相的教皇申訴的信。

一五一九年，德皇馬克西米連去世，利奧十世擔心與他有矛盾的法王或西班牙王當選皇帝，便拉攏薩克遜選侯，派特使米爾提茲（Karl Von Miltite）送金玫瑰給腓特烈。米爾提茲到德國後，看到幾乎半個德國都公開仇視教廷，只得同路德私下談判，雙方都作了妥協，教皇不再要求路德到羅馬去受審，并將台徹爾免職；路德則答應不再發表任何煽動性言論和文字。一九一九年三月，路德寫信向教皇請罪，并呼籲德國社會各階層群衆忠于羅馬教會。

（三）馬丁路德的改革活動

路德雖然作了讓步，但教廷中的強硬派卻不肯就此罷休。強硬派代表著名神學家約翰艾克（Johannes Maier ECK, 1486- 1643）要求與路德就教皇權力至上問題進行公開辯論。一五一九年七月，雙方在萊比錫舉行論戰，結果艾克取勝，他迫使路德承認自己的立場同胡斯有些類似，并認爲康斯坦茨公會議處死胡斯的作法是錯誤的。這樣一來，路德便由否定教皇的絕對權威發展到否定公會議的權力至上，最後只承認《聖經》的權威了。在羅馬教會看來，路德在這場辯論中徹底失敗了，因爲他承認自己是異端。一五二〇年春，由教皇駐德使節起草通諭將路德開除教籍，當衆焚毀其著作。六月十五日，教皇簽署通諭，并勒令路德在通諭公布之日起六〇天內公開聲明放棄自己的觀點。于是，路德被迫于教廷決裂。一五二〇年八月—一〇月間，路德先後寫成了被稱爲德國宗教改革運動的三大論著：《致德意志基督教貴族公開書》、《論教會的巴比倫之囚》、《論基督徒的自由》。

《致德意志基督徒貴族公開書》的內容主要是反對羅馬教廷的三道護牆。羅馬教會主張神權至上，把神職人員稱作「屬靈等級」，高居于「世俗等級」之上。路德則宣稱世俗權力亦上帝所委派，同樣是「屬靈等級」，對教皇、主教、神甫都有權施行懲罰，包括使用武力。路德捅破了這道神權至上的紙墻，實際上是主張君權神授，君權至上。他還宣稱，所有基督徒都是「屬靈等級」，教徒一經洗禮，便成爲神甫。因此，神職人員同一般教徒的區別只是分工專職不同。而不是等級地位不同。對此，馬克思評論說：路德「把僧侶變成了俗人，但又把俗人變成了僧侶」。（馬克思：《〈黑格爾法哲學批判〉導言》）羅馬教廷的第二道護墻是強調教皇、教會具有至高無上的神聖權威；而路德則主張《聖經》的權威高於教皇及教會，而且每個虔誠的教徒都能根據信仰解釋《聖經》。所以，馬克思評論說，路德「破除了對權威的信仰，卻恢復了信仰的權威」。（同上）羅馬教廷的第三道護墻是，只有教皇才有權召開宗教會議，路德則呼吁德意志皇帝仿效四世紀時羅馬皇帝君士坦丁召開宗教會議，討論改革教會的弊端，如譴責羅馬教廷在德國榨取大量財富，從事神職買賣和教廷的奢華揮霍等。

《論教會的巴比倫之囚》是路德以學者、神職人員爲對象，用拉丁文寫成的。文中用巴比倫來影射羅馬指責羅馬用不合《聖經》的聖禮制度把教會變成了俘虜。他以《聖經》爲根據，否認除洗禮、聖餐以外的其他聖事。因爲聖禮制度和教士特權是羅馬教會賴以存在的基礎，所以路德不承認聖禮制度，也就等於不承認教皇的權威。

《論基督徒的自由》是路德與教皇妥協的產物。一五二〇年十月十一日，路德與教皇特使密晤，達成協議：只要路德寫一本書表明自己的正統信仰，并給教皇寫一封信表明並未攻擊教皇本人，便可對他既往不究。于是，路德就寫了《論基督徒的自由》，并故意把寫作日期倒塡爲九月，以表示本書是寫在教皇通諭在德國正式公布之前，其第一部分論證「因信稱義」，宣稱基督徒可依靠信仰上帝而獲得心靈上的自由，擺脫教會繁文縟節的束縛。第二部分論證基督徒言行必須合乎信仰，舉行任何宗教儀式都必須是信仰的表徵，眞正出自內心。同時，路德還眞的給教皇寫了一封信，表示效忠。信中說：「我絕無意攻擊您個人，我甚至期望能蒙您賞識，爲您的事業服務。」

誰知教皇卻撕毀了協議，在德國公布開除路德教籍的通諭。路德便又寫了《反對敵基督者的通諭》，斥責教皇是假基督，教皇的座位是撒但的椅子，并在十二月十日當衆把通諭燒毀，與教皇公開決裂。一五二〇年十月，西班牙人查班五世當選爲皇帝，名義上他是一位除了英格蘭、法國、葡萄牙和教皇國以外的整個中西歐的統治者，實際上他在德國的勢力很弱。他是位虔誠的正統派信徒，擁護羅馬教廷，也需要教會的支持。教皇對他則一面拉攏，一面施加壓力要他鎮壓德國的宗教改革運動。一五二一年一月二日，教皇宣布給路德定罪，但腓特烈選侯等認爲未經帝國會議審訊，不算定論。查理五世不顧教皇使節的抗議，對選侯讓步，于一五二一年一月廿七日在沃爾姆斯召開帝國會議，傳訊路德。當時，德國諸侯既不滿教皇對他們的壓榨，又不願皇帝勢力過于強大，而且鑒於康斯坦茨會議處死胡斯后所引起的嚴重后果，害怕處死路德也會引起農民和平的暴動，所以，他們聯合向皇帝提出了一〇二條意見，對教廷表示不滿。四月十七日，路德到會後，依靠諸侯們作後盾，拒不讓步，堅決表示不放棄自己的主張，除非有人能用《聖經》或其它正當理由指出他的錯誤。四月十九日，皇帝查理五世發表了反馬丁路德的宣言，但遭到腓特烈等人的反對。查理五世既不願得罪教皇，又不敢得罪德國諸侯，只好先讓路德離開沃姆斯，然后再下逮捕令。四月底，路德離沃姆斯返維登堡，腓特烈爲保護其安全，派人故意半途將他劫走，送往瓦德堡將他保護起來。五月六日，帝國會議發布沃姆斯敕令，宣布馬丁路德爲異端，不再受帝國保護，焚毀其著作，并在帝國境內通緝路德及其支持者，但已經是一紙空文了。

路德在瓦德堡隱居期間，主要從事《聖經》的德文翻譯工作。不久，維登堡因宗教改革發生動亂，路德返回維登堡。

（四）德國宗教改革運動的分化

路德在瓦德堡隱居期間，宗教改革運動在德國風起雲湧。在維登堡大學，路德的支持者對公共禮拜和修道生活提出改革，反對彌撒，要求廢除修道誓願，反對聖像、聖物崇拜，在他們的倡導下，維登堡奥古斯丁修道院一些修士脫離修院自行還俗。不久，其它各地的修院相繼效尤。一五二一年十二月，維登堡一批學生和市民闖入教堂，趕走教士，破壞了聖方濟各修院聖壇。當年聖誕節，城堡教堂副主教卡斯塔特在主持聖餐禮時不穿神甫服裝并准許平信徒領聖杯，他還廢除了告解和禁食，主張教士結婚。在他領導下，維登堡市政府下令解散各保守派宗教團體，沒收其財產，規定一律用德語舉行禮拜。一五二二年，宗教改革迅速發展成一場反封建教會的群衆運動，在圖林根地區，已經出現了群衆武裝起義的迹象。

這時，德國的政治舞臺上形成了三派勢力：一派是由皇帝、部分諸侯和貴族組成的保守派，他們支持羅馬教廷，維護封建統治，反對宗教改革；一派是由部分反對羅馬教廷不滿的諸侯，低級貴族和城市中產階級組成的溫和改革派，他們支持路德，主張沒收教產，取消教會特權、森嚴的等級制和繁瑣的崇拜儀式，要求建立一個擺脫教皇控制的國家教會，但他們反對暴力，害怕宗教改革引起武裝革命損害自身的利益；一派是由城市平民，廣大農民和部分激進的知識分子組成的激進的改革派，他們在宗教改革的旗幟下進而要求變革整個社會制度。

一五二〇年，德國的茨威考城出現了一個以礦工、紡織工人爲主體的再洗禮派，他們反對西歐的封建制度及其主要支柱羅馬教會，以《新約・啓示錄》中關于千年王國的說法爲根據，抱著在現世實現公平社會的狂熱，用模糊的宗教形式提出一個與封建制度對抗的社會理想，主張財產公有，反對貴族和教會的封建土地占有制，宣傳一個人人平等的千年王國即將到來，基督將再次降臨，永遠統治，壓迫他們的封建王侯和僧侶都將毀滅，接受末日審判；他們不承認羅馬教會強制兒童的洗禮，主張成人後必須再次受洗等。一五二一年十二月廿七日，三位「茨威考先知」來到維登堡，聲稱他們受聖靈感動解釋《聖經》。他們的宣傳對卡斯塔特等的影響很大。一五二二年一月底，在卡斯塔特的推動下，維登堡通過法令，強拆除各教堂內的聖像，禁止彌撒，只准舉行簡單的禮儀。群衆用石塊攻擊不服的教士。維登堡的社會動蕩起來。

維登堡的動亂對薩克遜選侯的不利，也不符合路德的意願。一五二二年初，路德發表了《勸基督徒勿從事叛亂書》，書中宣稱：基督徒必須服從執政者，「上帝禁戒叛亂」，并咒詛群衆起義是由于「魔鬼的挑動」。他鼓吹：第一，群衆首先應承認自己有罪；第二，反對教皇統治要靠「謙卑禱告」，等候上帝施行審判；第三，要靠宣傳基督教「信仰」去消滅教皇制度。一五二二年三月，路德從瓦德堡趕回維登堡，接連八天發表演說，反對用暴力改革教會，驅逐「茨威考先知」。卡斯塔特指責路德是「維登堡的新教皇」，被市議會解職，不得已離開維登堡。隨後，路德又到撒克遜選侯區各城市去宣傳宗教改革是要求教徒內心的轉變，反對使用暴力。一五二三年春，路德又發表《論世俗當局的權力》，宣揚封建統治的法律與武力是出于上帝的旨意，世俗君主是上帝「懲罰的手」，人人都應順從。從此，路德就與平民階級的宗教改革運動分道揚鑣。恩格斯在《德國農民戰爭》中曾評論說：路德「毫不躊躇地拋棄運動中的下層人民，倒向市民、貴族和諸侯一邊去了。剿滅羅馬的號召銷聲匿迹了。路德的調子改成和平發展與消極抵抗了。

(五)路德派新教在德國的確立

以馬丁·路德爲代表的市民溫和派在宗教改革中爲使德意志擺脫教廷的掠奪，提出建立不受教廷統轄的、本民族的、獨立的國家教會。他主張廢除教會法和教會法庭，根據《新約·羅馬人書》第十三章第一—七節，信徒應服從世俗政府的「在上的權柄」，而教皇的統治權在《聖經》中找不到根據，是不合法的。路德還積極提倡用本民族語言舉行崇拜活動。一五二六年，他編定了「德文彌撒和崇拜儀式」。一五二九年，皇帝查理五世在斯拜耶召開帝國會議解決德國宗教改革問題。會上支持羅馬教會的諸侯占多數，重申一五二一年沃姆斯帝國會議反對異端的禁令，恢復羅馬教會的一切的特權和產業。爲此，支持路德派的諸侯于四月六日聯合向會議提出抗議書，被稱爲「抗議者」、「抗義宗」，或「抗羅宗」，也稱「新教」，而稱羅馬教會爲「舊教」。

一五三〇年一月，查理五世爲盡快解決國內宗教爭端，以便全力對付再洗禮派動亂和土耳人的威脅，提出在奧格斯堡舉行帝國會議。爲此，路德派起草了《奥路斯堡信綱》供會議討論。《信綱》措詞溫和，共二八條。前廿一條是闡述路德派的基本主張和「因信稱義」的神學思想，並宣稱：「在信仰方面，我們的教會沒有那一項和羅馬教會的意見相左，我們只是消除了各時代所造成的違反教規宗旨的一些弊端而已。」還指名攻擊再洗禮派等激進教派。後七條指出羅馬教會應改革的弊端，主張廢除繁瑣豪華的崇拜儀式，簡化教士等級，准許神職人員結婚，准許平信徒在聖餐中餅酒同領，取消修道誓願等。《信綱》雖有和解之意，但教廷中的強硬派卻發表了措詞激烈的駁斥書。最後，皇帝支持教廷，發布《奧格斯堡敕令》，譴責路德派，迫令路德派收回《信綱》，嚴懲侵占教會財產者。路德派不服，發表了《奧格斯堡信條之辯護》。會議期間，支持羅馬教會的諸侯（即舊教諸侯）結成士瓦本聯盟，支持路德派的諸侯（即新教諸侯）結成施馬爾卡德聯盟，雙方對峙。查理五世只好于一五三二年七月間同施馬爾卡德聯盟簽訂協約，答應下次宗教會議或帝國會議召開之前不干涉路德派的活動。

一五三四年，教皇保羅三世（Paulus III, 1534-1549在位）即位，他的政策是聯合法國反對德國，激化了舊教諸侯與教廷的矛盾。一五三四年，閔斯特等地爆發再洗禮派起義，舊教諸侯與主教無法應付，被迫求救於新教諸侯。一五三五年，新教諸侯幫助他們鎮壓了再洗禮派，并擴大了自己的勢力。一五三六年，士瓦本聯盟瓦解，施馬爾卡德聯盟成爲唯一強大的諸侯聯盟，一些舊教諸侯也倒向新教一邊。與此同時，英國和北歐諸國紛紛建立國家教會，脫離羅馬教廷；信奉舊教的法王爲對抗查理五世，轉而支持路德派。于是新教勢力大增。一五三八年九月，教皇駐德國使節惊呼，除波希米亞外，幾乎所有諸侯都成了新教徒。

一五四〇年，查理五世爲扭轉德國局勢，提出新舊教諸侯進行談判，探討建立德國教會的可能性。一五四一年，談判失敗。一五四七年，查理五世利用新教諸侯內部的的矛盾戰敗政敵。一五五〇年，頒布《血腥詔令》，鎮壓新教，恢復舊教的封建神權統治。皇權的增長引起教皇和所有諸侯的普遍不安。新舊教諸侯結成同盟共同反對查理五世。一五五二年，查理五世戰敗。一五五五年，雙方締結《奧格斯堡和約》，承認路德派的合法地位（其他新教派仍屬非法），并根據「教隨國定」的原則，承認諸侯擁有決定其臣民宗教信仰的權利。從此，路德派新教教會才正式享有合法地位。

德國的宗教改革運動，在羅馬教廷統治範圍內引起了連鎖反應。歐洲各國內相繼發生了對羅馬教廷的宗教改革運動，不僅派生出許許多多適應新興資產產階級需要、脫離羅馬教廷的新教派（如路德宗、加爾文宗、安立甘宗等），更重要的是它以宗教改革運動的形式，揭開了西歐資產階級革命的序幕，是資產階級反對封建階級的第一次大決戰（唐逸《基督教史》頁一九三—二〇六）。

二、學說

（一）得救是與上帝發生新的關係

路德在奧古斯丁修道院中，他以虔誠修煉，富於修道熱情知名。但路德在努力勤修之後，依然得不到心靈的平安。罪惡的感覺在他心上有如重負。施道比次告訴他，眞正的懊悔不以懼怕上帝的刑罰爲起點，乃以上帝的愛爲起點。所以路德固然能說，首先用福音開啓他心靈眼目的是施道比次；究竟他心靈遠象的明朗化，還是一種履霜堅冰的進程。路德專心研究俄坎，戴依（D'Ailli）比力（Biel）等後期經院哲學諸名家之作，直到一五〇九年。他後來在一生事業中專重啓示方面客觀的事實而輕忽理性，都是由於這種研究而來。近一五〇九年之末，奧古斯丁的思想似乎對他別開生面，迅速的引起他對於那爲亞里斯多德思想所左右的神學表示反抗。奧古斯丁的神祕主義，以及他注重的基督爲人之生與死所有的救贖意義，都令他深受感動。安瑟倫與伯爾拿也幫助了他。到了講授詩篇時期（一五一三—一五一五），路德心中確有把握，知道得救是與上帝發生新的關係，不在乎人生所行任何善功，乃在乎全心依賴上帝的應許，所以一個得蒙救贖的人，雖說仍爲罪人，但已白白的全蒙恩赦，由這種藉著基督與上帝發生的新而喜樂的關係中，自然而然的流露出來一種情願遵從上帝旨意的新生活。這是注重保羅教訓中一個極其重要的方面。然而這也不全是保羅所講的。就保羅而言，基督徒最大的特點乃是一種復興了的道德人生，就路德而言，基督徒的第一特點乃罪得赦免。但路德與保羅同樣主張，得救在根本上是個人與上帝發生正當的關係，這種正當的關係乃以上帝的慈憐爲依據，爲憑證，藉著基督代人受苦彰顯出來。基督擔當了我們的罪，又將祂的義歸到我們身上。在這一點上路德所得德國神祕派，特別是陶勒爾的幫助不少，所以他才知道這種變化人心的信仰，並非如同他從前所想的，一部份在乎人的工作，乃是完全出乎上帝的恩賜。他講授羅馬書（一五一五—一五一六）之前所作的一番預備功夫，更加強了這種信念。這種他能料定當時一種普遍見解是荒謬的，是出乎伯拉糾的一派思想，按這種普通見解，上帝要將恩典權輸於那些盡力爲善的人心裏。此時在路德心目中，一切努力行義的思想基礎，均已全部拆毀無餘。

雖說對於得救的性質和方法路德已經滿心領悟，可是他自己的心尚未得到平安，他仍須更進一層的得到確實把握，知道他自己確已稱義。他也像奧古斯丁一樣，起先不肯自認有這把握。等到他講授羅馬書至後一半，特別是到了一五一六年底幾個月當中，他才豁然領悟，知道信心既爲上帝所賜，其中便已包涵個人得救的憑據，對於這一點他才得了確實的把握。自此以後，就他個人的經驗說起來，全部福音包括在「罪得赦免」一語內，這就是「好信息」，能使人心充滿平安、喜樂，及對於上帝絕對的依靠。這就是絕對依賴上帝的應許，依賴上帝的「道」。

一五一七年，路德不得不發言來反對一件極大的弊端。教宗利歐十世已准布蘭登堡的亞勒伯特（Albrecht）之請，以一身而兼三職，即：買音慈的大主教，馬得堡的大主教，及哈伯司達（Halberstadt）的主教行政權，而教宗之所以准予所請，不外乎大宗款項之收入。亞勒伯特既化費如許金錢，爲補償計，他設法取得自一五〇六年以來，在他教區以內，教宗所發行贖罪票半數的收入，這種贖罪票爲原建築羅馬聖彼得新堂而發行，直到今日這座教堂在羅馬依然名震遐邇。當時徵收這種贖罪票款專員名帖次勒（Johann Tetzel）（1407-1519），此人乃一多米尼古派修道士，大有口才，因急圖進款增大，所以他用盡種種荒謬絕倫的話來描寫贖罪票與人所有益處。就路德言，既然得救是與上帝發生正當關係，捨此別無得救之法，帖次勒這種言論思想簡直是毀滅宗教。帖次勒遊行宣傳雖爲選舉區薩克森所禁，不能在那一帶地方推行這種運動，可是當這風聲傳入薩克森時，路德便起而宣講，極力反對這種弊政，且於一五一七年十月卅一日將他永垂不朽的九十五條，貼於威登堡城教堂大門上，因爲當時這個大門也就是該大學的佈告欄。

路德此時是極度緊張的爭戰之中。他自己的一些觀念迅速的集結起來，漸形堅實。人本主義一派的同志，像烏利赫芬胡騰那樣的人，都起來擁護他，領導一種民族抗爭，反對羅馬。路德自己也開始感覺他的工作實有拯救德國脫離教宗權勢壓迫之重要性，他所反對的並非教宗個人，乃一種教宗制度；他漸漸的認爲這樣一種制度是敵基督的。他所講的得救教理，更加發出效力。一五二〇年五月，他寫了一篇短文，題爲論善功（On Good Works），先講「信賴基督」乃「一切善功中最高的善功」，講明此點之後，他又肯定的說明，一切正當的手藝，以及人生多種職業，都有善的成分在內，都可稱爲善功，又駁斥那些以「善功的範圍是如此狹小，只限於在教堂中作禱告，禁食，施捨賙濟」的人。路德這樣剴切言明人生日常生活乃爲服事上帝最好的場所，而不是不自然的禁慾主義生活，這是他對於更正教思想所作極大的貢獻，也是他與古代及中世紀基督教思想脫離關係的最大標幟。

在一五二〇年，路德作了三篇劃時代的論文，這要算他最有成就的一年，他的領袖地位亦由此建立穩固。這三篇論文第一篇在八月間出版，題爲：致德國基督徒貴族書（To the Christian Nobility of German Nation），全文熱血沸騰，信念堅定，德文流暢，所以一經刊行，不久便遍傳帝國全境。文中列舉三道保障教宗制度的羅馬城垣，均被推倒。既然一切信衆均爲祭司，故強以屬靈的位分高於屬世，是無根據的。這種普世信衆均爲祭司的眞理又推倒了第二道防城，即解釋聖經之權全操於教宗之手，而且第三道防城亦同時推倒，即召集議會改良教會之權，祇有教宗有權舉行。「一個眞正自由的議會」爲改良教會舉行的，應由國家當局下令召集。講完這層之後，路德又提出一種改革教會的方案，但他的提議不是從神學理論方面著想。乃是從實際方面設想。教宗擅行管理，委任，以及徵稅等行爲當加抑制；冗繁職務應予撤消；德國教會事務應歸一位「德國總主教」辦理；教士可以娶妻；教會節令過多，應予減少，使不致妨害勤儉端莊的生活；沿門行乞，連那些行乞的修道會也當在禁止之列；娼寮院應該封閉；奢侈生活當受取締；各大學的神學教育應加改良。無怪乎由路德的工作所生的效力至深且鉅，因他所講盡是深謀遠慮的人士老早就思想過的。

過了兩個月，路德又用拉丁文發表一篇論文，題爲：教會被擄到巴比倫（Babylonish Captivity of the church），文中討論神學中最重要的一些問題，即聖禮，對於羅馬教會所傳講的道理嚴加攻擊。路德說，聖禮只有一種價值，就是爲上帝的應許作證。聖禮是要證實：上帝叫人與基督聯合，賜人赦罪之恩。聖禮堅固信心。拿聖經作爲標準來測驗，雖說認罪禮因有使人歸回洗禮之用，所以也有些聖禮價值，但嚴格說來有洗禮與聖餐兩種可算聖禮。修道誓願，朝聖，各種功德，都是人所想出來的方法，用以代替洗禮對於信心所白白應許的赦罪恩典。路德批評平信徒不准領杯的習慣，對於變質說表示疑問，又對於以聖餐爲向上帝獻祭的教理加以拒斥，至於其他羅馬教會所公認的聖禮，如：堅振禮、婚禮，授職禮，及抹油禮，他都認爲在聖經中並無聖禮地位。

路德在一五二〇年所發表的第三篇論文爲：基督徒自由論（On christian liberty）。說起來簡直是一件奇蹟，路德當時的處境，不啻身處於狂風急浪中，教宗咒詛之令正當其時頒行到了德國，他還在寫完兩篇嚴厲攻擊教會論文之後，又平心靜氣的寫成此篇。在這篇論文中，他心神安定，滿有把握的將一種似非而是基督徒經驗指點出來：「基督徒最自由，乃萬有之主，不受任何束縛；基督徒有作萬人之僕的義務，受一切人管束。」基督徒是自由的，因爲他已因信稱義，不在善功律法之下，乃與基督發生了新的親切關係。基督徒是僕役，爲愛所束縛，必須以全生遵行上帝的旨意，爲人群服務。在這篇短文中，路德一派主張的能力和弱點都格外明顯。就路德言，福音的精意乃是藉著信心所成就的罪得赦免，而這種信心正如保羅所講，不是別的，乃是人心與基督所發生的關係，是活潑的，能變化個人的生活。在這篇短文之前，路德加上一封致教宗利歐十世的信，這封信是最奇怪的，信中路德向教宗個人表示好意，對於教廷及教宗權位則痛加斥責，將教宗看作「羔羊坐在狼群之中」。在路德的識見中，自然還有許多細節尚待清理闡釋，但他在基督教福音神學上的綱要，已在一五二〇年這一年中和盤托出。（華爾克《基督教會史》頁五二七—五三七）

（二）因信稱義的教義神學

馬丁路德（一四八三—一五四六）在埃佛特大學原本攻讀文學，後來投身奧古斯丁修道院研讀神學。一五一二年，他奉派至威丁堡大學教導聖經，曾講授詩篇（一五一三—一五一五）、羅馬書（一五一五—一五一六）、加拉太書（一五一六—一五一七），和希伯來書（一五一七—一五一八）。這段時期，馬丁路德在神學，尤其是因信稱義的教義上，不斷的成長。鑽研聖經本文的結果，使他越來越不能滿意於「新路」的觀點。

馬丁路德在一五一七年公佈批判贖罪券九十五條，造成他第一次名聲大噪。然後在菲比錫辯論會中（一五一九年六—七月），他被認定是經院學派的激進批評者。一五二〇年，他連續發表三篇論文，奠定了神學改革家的名聲。在《致德國基督徒貴族書》（Appeal to the christian Nobility of the German Nation）中，他疾呼教會需要改革。十六世紀初期的教會，不論在行事或教義上均背離新約。他的德文簡扼而詼諧，使一些高度嚴肅的神學理念大衆化。這篇論文大受歡迎後，他又發表第二篇，《教會被巴比倫俘虜》（The Babylonian Captivity of the Christian Church），以強勁有力的文筆指出，福音已淪爲教會機構的俘擄。他認爲，中世紀教會中複雜的祭司和聖禮體系已構成福音的桎梏。教會本應是福音的僕人，卻變成了主人。這個觀念路德在《基督徒的自由》（The Liberty of a Christian）中，探討因信稱義基督徒生活意義時，又作進一步的闡釋。

馬丁路德可能是改教家中最富創造力的一位。然而，他在神學上所造成的震撼並不是靠他的任何一部鉅著。馬丁路德的文章大多是回應當時的一些爭議而寫。只有兩本信仰問答系統地陳述基督教信仰的基本觀念，其餘多屬牧養性質：嚴格說起來，不能算是神學學術的一部份。儘管如此，馬丁路德的神學觀點深深地影響西方基督教思想。例如，一五一八年一份文件中（The Heidelberg Disputation）簡短的「十字架神學」，對於二十世紀神學，諸如莫特曼（Jurgem Moltmann）的《被釘十字架的上帝》（Crucified God）影響甚深。（麥葛福《基督教神學手册》頁八一—八二）

(三)認識神必須以基督爲中心

馬丁路德於一五三五年寫成其主要的著作，加拉太書注釋，論及人如何可以認識神的問題。他肯定神是有可能藉著自然爲人所認識，但這是有限度的、不充分的認識，必須有聖經的啓示加以補充及校正。路德藉此書所討論的，強烈地主張要認識神必須以基督爲中心。

根據約翰福音一18，除了通過耶穌基督之外，神不願意人用他的方法來認識祂。在這以外，也沒有其他的方法可以認識神。基督便是神應許給亞伯拉罕的後裔，神所有的應許都是以基督爲根基。因此，我們若想要認識神，並且知道祂的旨意，惟一的方法、惟一的人、惟一的鏡子，便是基督。神藉著基督宣告祂對我們的恩典及慈悲。在基督裡，我們可以見到的神並非是震怒的主人及法官，而是恩慈良善的父親，祂祝福我們，拯救我們脫離律法、罪、死，以及所有罪惡的綑綁，並且藉著基督賜給我們祂的義以及永生。這是一份對神的確實並眞正的認識，是來自神的信念，是不會失效的，是神用明確的方式描述（Deingit）祂自己，除此之外沒有其他的。

從羅馬書一19－20可以知道，每一個人按天性自然對神有某種一般性的認識。「神的事情，人所能知道的，原顯明在人心裡，因爲神已經給他們顯明。自從造天地以來，神的永能和神性是明明可知的，雖是眼不能見，但藉著所造之物就可以曉得，叫人無可推諉。」在人類的過去及現在，在所有的國家民族中，有各種不同的祭儀和宗教，這是充份的證據，顯示曾經某些時期中，所有的人都對神有一般的認識。至於這認識按照人的本性或經由先人的傳統，這並非本文所打算探討的。

有些人可能會提出異議：「若所有的人都認識神，保羅爲什麼說，加拉他人在他宣揚福音以前不認識神？」我的回答是：人對神的認識有兩種（Duplex estcognitio Dei）：一般的及特殊的。所有的人對神都有一般的認識，亦即知道神存在，知道祂創造天地、祂是公義的、祂刑罰作惡的……等等。但是一般人卻不知道神對我們有何計畫，祂要賜下什麼，祂打算作什麼，以至於祂能夠將我們由罪及死中拯救出來。這是對神正確的、眞正的認識（Propria et vera est cognitio Dei）。某些人的面孔是我們熟悉的，但我並非眞正認識祂，因爲我們不知道他的意圖。同理，所有的人按著本性知道有神存在，但他們並不知道祂要什麼、祂不要什麼。聖經說：「沒有明白神的」（羅三11）；「從來沒有人看見神」（約一18）；亦即沒有人知道神的旨意是什麼。若是你知道神存在，但卻不知道祂對你有何旨意，這有什麼用處呢？有些人對神的旨意有不同的揣測。猶太人認爲神的旨意是要他們按照摩西的誡命來敬拜神；土耳其人認爲他們應當遵守可蘭經；修道士認爲他們應當遵守各樣的吩咐。但全部都被騙了，如同保羅在羅馬書一21所說：「他們的思念變爲虛妄。」他們並不知道什麼是討神的喜悅，什麼是不討神的喜悅，卻按照他們自己的心思及想像來敬拜神，他們以爲認識眞神，但事實上卻不認識神。

保羅有鑑於此，說：「從前你們不認識神的時候」，亦即當你們不知道神的旨意的時候，「給那些本來不是神的作奴僕」（加四8），也就是說：「是受你們自己心中的夢想及想像而綑綁，便自以爲是，以爲應當用種種的行為或儀式來敬拜神。」因為人接受了「有神」的大前題，因而產生出各種不同的偶像崇拜。若是沒有有關神明的認識，這些偶像崇拜根本不可能存在。但因為人按心中對神的認識，產生出有關神的空洞而且邪惡的想法，所以這些都是沒有神的話語為根據，且與之相違背的。但他們卻視那些空洞、邪惡的想法為眞理，據之以為準則，想像出一個與眞正的神截然不同的假神。修道士所想像出來的神，是一個會因為他遵守「生活守則」而赦免他的罪，賜下恩典和永生的神。這樣的神並不存在，因此修道士事奉及敬拜的並不是眞神，而是他自己心中虛構的偶像，是他自己想像出來、自以為是的及空洞的。但即使是理性本身，都不得不承認那些只不過是人的意見，並非是神。因此，若有人不按照聖經而想要敬拜、事奉神，事實上並不是事奉眞神，而是「給那些本來不是神的作奴僕」。（麥葛福《基督教神學原典菁華》頁七八—八〇）

（四）信心使得信徒與基督結合

馬丁路德論得以稱義的信心，本文原於一五二〇年以德文發表，路德指出信心使得信徒與基督結合，正如婚姻使新娘及新郎結合一樣。因著與基督結婚，靈魂得以由罪中脫離出來，成為「單身自由的」。路德此處的用語暗示「與罪離婚」以便與基督結合的比喻。信徒藉此聯合得享基督所有的豐盛，基督則吞嚥信徒的罪。本文強調，路德眼中的信心遠遠超越僅止於頭腦上同意某些主張；信心乃在基督及信徒之間建立一個活潑而個人的關係。

信心並非僅止於人了解神的道滿有恩典、自由及聖潔，更加使人的靈與基督結合（Voreynigt auch die seele mit Christo），正如新娘及新郎結合一樣。按照保羅所言（弗五C—D），這個婚姻使基督及人的靈成為一體，因此不論是順境或是逆境，二人都共同分享所有。這表示基督所擁有的，屬於信徒；信徒所擁有的，屬於基督。因此，基督擁有所有的好東西，以及聖潔，這些現在都屬於人的靈所有。人的靈擁有許多惡習罪犯，這些現都屬於基督。在此有一個快樂的交換（Froelich wechtzel）及努力。基督是神，也是人，祂從未犯罪，祂的聖潔是不可征服的，是永恆及大能的。藉著結婚戒指（Braudtring），亦即信心，祂將信徒的罪變成為祂自己的罪，有如祂自己犯過罪一般，使祂得以將罪吞滅在祂裡面。因為祂的公義堅強有力，沒有任何的罪能夠征服祂的公義。藉此監誓，亦即信心，使人脫離罪惡，變成單身自由人（Leding und frei），可以投入新郎基督永恆的公義之中。這豈非是一件快樂的事（Ein froehliche wirtschafft）？基督是富有、高貴、聖潔的新郎，娶這位貧窮、卑微、有罪的小妓女（Das arm vorachte boetzes huerlein）爲妻，將她所有的罪惡都拿走，將祂一切的好處都交付給她。罪不再能夠打擊壓倒她，因爲她現在是在基督裡，爲基督所包庇，滿有新郎基督一切的公義。（麥葛福《基督教神學原典菁華》頁二九四—二九五）

（五）因信稱義得救眞理

路德的神學思想博大精深，我們從他的改教運動中，已可窺見其主要的神學信仰和主張，他的根本改革，是屬於教理性的改革，其改革的近因，是因他的良心不安，不忍再看到天主教贖罪票的買賣，反對善功得救，以及一切不合聖經的做法，主張因信稱義得救眞理，在他的九十五條當中一條寫道：「信徒需要知道，我們畢生過著悔改的生活。」他以信心和稱義的新觀念，取代天主教那含有功德行爲的告解禮，他說：「行善不是一種功德，乃是一種隨在信心之後的新順服。」認爲我們只要向神認罪，就可蒙赦免。

在中世紀期間，教會與國家混淆不清，屬靈的權益，經常與屬世的權益互相牴觸，國家與教會都沒有行使各自獨立的原則，兩者混雜一起，路德卻堅持政教分離的原則，以後在奧斯堡的信條上清楚陳述，在屬世和屬靈的權力之間，劃定一個明顯的界限，教會與國家之權限應該分開，即政教之分離。關於教會禮拜儀式，路德保留羅馬教之崇拜中，不違背聖經的一些禮儀，以維護歷史上的連續，不過有些成分，如彌撒祭、做禮拜有功德的思想決定廢除，由繁瑣鋪張禮儀，轉移到達個人信仰和智力的傳揚福音上。他立意改革現有教會，回到新約時代教會的基本理想和實行上去。他主張神甫、男女修道士離開修道士的生活，自由婚嫁，廢除修道院的禁慾主義，他修正了聖洗儀式和婚姻的典禮。保留私下認罪，視之爲牧師工作的一種重要方法，在主的晚餐中，可以遞杯給平信徒。他主張聖禮最要緊的是上帝給的一個實據，已爲人預備了生命和救恩，認爲領受聖餐者在主的晚餐中，實在是吃了基督的身體，喝了基督的血，這與慈運禮的主張完全相反，慈運理認爲主的晚餐所用的餅與酒，純粹是一個表象或表號，而路德卻堅持上帝決不以虛空的記號欺騙信徒，他認爲慈運理的理論不屬靈，不合於教會，而且違反聖經，因此二人領受不同，成了永久的分離。

路德認爲文藝復興、人文主義、屬靈主義，均無足夠的力量，克復舊的時代而創造新的時代，他們均缺乏堅強的意志和思想，致使不能拆毀中世紀天主教的體系，他的改革不採用人文主義（Humanism），因人文主義消除宗教的超然因素，並輕看宗教爲一種道德主義。且不採納蘇西尼主義（Socinus），因爲它主張神體一位論，對贖罪又作不妥當的解釋。也不採用重洗派（Anabaptrists）的屬靈主義，因爲他的教理不妥當。又以堅定的立場反對寂靜主義（Quietism）、神祕主義（Mysticism），因他認爲神有活潑的性格，並認爲人應當關心倫理上的事，那極端的神祕主義，認明聖靈的聲音，爲後來的宗教神祕主義作了先鋒，所以路德反對這些過度的精神主義（Spiritualism）的團體而不提倡之。

路德的改革，具有奧古斯丁和保羅兩者的特性，他表示贊成奧古斯丁的神恩獨特說，並強調人不能靠自己天然能力獲得新的屬靈生命，這樣看法使他採取一種溫和的決定論，由於他贊成奧氏的看法，便回頭去研究保羅的著作，以後便於一五一五年至一五一六年，寫出了羅馬書的講稿名著。從中可以看出與這道理相連的思想，時常在壓迫著他，也顯示他在這種掙扎中，怎樣的始終將自己投在上帝藉著耶穌的救恩裡，而堅定不移。這種恩典的宗教信仰，代替了他那律法的宗教信仰，而且使他與上帝重新建立直接的和個人的關係，這是原始基督教的信仰特性。他因殷勤研究奧氏著作和保羅書信，而能助他充份了解聖經啓示人類罪惡的道理，律法的義，與上帝眞實的義，他深知人文主義者，沒有徹底領悟保羅得救的道理，甚覺痛心，他凡事以福音中上帝的應許「道與聖禮」爲根據。

在路德改革長期的發展中，最後的重要之點，就是他能充分的獲得上帝的恩典和救贖的實據，他的改革，是從他自己靈魂的經驗而產生，他有許多論悔改和救恩確據的著作。在改革上，他最關心救世論，他主要的問題，是「我將如何找到那位恩慈的神」？這個問答，可從他的講章、眞道問題，及一切著作中看出，他對神學推理的特性無趣，對於最基本的問題，諸如神的聖潔、神的愛、人之罪性、律法與福音、基督、信心和稱義等，他是完全透過本身的經驗及自己悔改的觀念，來處置這些問題。他是先知，是偉大的宗教天才，大有才智，能洞察自己深奧的體驗，並能覺察他當時代一切的情感，和有屬靈的需要。他的信息，解答了衆人心目中的各種問題。他的宗教改革，不是要創立一個新宗教，亦不是要構成基督教思想的新型態，乃是要保守以往歷史中最好的成果而力求上進。

路德推翻了羅馬天主教的功德體系，他以爲救恩之盼望，絕不能依靠人現狀之事或人所能做到的。人需要神，救恩之路乃從上面開始，所以把整個體系都建立在神恩慈的旨意上，就是神藉著基督的功勞，赦免了人的罪。他曾主張人要持守並力行善事，棄絕一切藉賴行爲蒙恩的思想。在教理方面，也能看到他的保守主義，他是採納基督教界的普世信經，指出尼西亞信經和使徒信經，都是有權威的文件，對於奧古斯丁所主張人自然敗壞教理，及其對人意志之影響看法，都予樂意接受。他的救世論，亦從奧古斯丁講起，只是認爲奧氏不會區別稱義和或聖而已。他的神學思想，是建立在一種神人有機的聯合之原則上。神在基督裡，藉著基督賜人救恩。在道成肉身上，看到神與基督兩性的位格聯合，祂的人性參與祂神性的屬性中。他認爲在可見與不見的教會之有機關係上，看到神人的聯合，這不是指有兩個教會，乃是只有一個教會，而包含雙方有關係的聯合。

路德主張唯有藉著信心，在基督裡依靠神的恩典，那不安之心便得平安，他指出人爲獲得救恩所作的一切努力，都是徒勞無功，人不能作什麼，僅能因著信，接受這恩典而已。這恩典是一種白白的恩賜，要賜給凡尋找神的罪人，並有救恩的確實性，信心之路才是確實可靠之路，他用這話論信心，即是「你信多少，就有多少。」他在神學思想上，反對中世紀的經院哲學，將神之觀念作爲每一種神學中心的這種作法，也不贊成它藉著推理的哲學，企圖證明神之絕對性，描述神安祥地棲在祂本身之內，並享受祂自己。經院派的神觀表明神與人之立約上，並把神與人列入一種律法的道德主義體系中。他認爲神若不是全能的，萬有功效的，祂就不是神；全能的神是世界和歷史的主宰，他否定形而上學的神觀，而樹立一種純宗教的神觀，他認爲神是純眞之愛、慈悲的意志、和純然的仁慈，祂的恩典是白白的，絕不以功勞爲條件，而拒絕一切行爲之義，拒絕人用哲學方法認識神。

路德相當看重神的忿怒觀念，他爲神的忿怒，就是祂施刑罰之義，神的愛就是賜恩典之義，神爲著維護祂的義，就必須發怒，祂的義是爲要阻止人類可怕的罪，但在基督裡，祂的忿怒就止息了。關於地獄問題，路德認爲罪人在他的良心裡，已經體驗到地獄的苦頭，一顆邪惡的心，會有種種的懼怕，這便是影射著地獄的眞相，在末日以前，人從內心就能知道地獄之事，在審判之日，在神最後榮耀顯現之後，不敬虔者的靈魂與身體，都要受到神的永遠忿怒。路德認爲神常在宇宙中活動、工作，祂是萬能的，無所不在，祂在死亡、陰間裏，甚至在惡徒中，在其心中，因祂造萬物，統管萬物，萬物都必按祂旨意而行。路德對於基督的認識，是祂有神性與人性，基督的神性是藏在自己的人性中，爲人之耶穌，就是成爲肉身的神，是永恆之道，是聖父獨特的啓示和顯現，神只藉著基督，向人顯明祂自己，基督之兩性的統一關係，即眞神、眞人存在於一位格裏。

路德對於律法與福音的看法，認爲律法是施令，福音是施給，新舊約都有律法與福音，律法是顯明人的罪，使人苦惱，並叫人預備去領受那恩典的福音，律法是揭露人敗壞的情況，因此人需要律法，路德所以極力攻擊反律法主義者(Antinomians)，他說到甚至人有了新生命以後，也需要律法，因律法指示人明白的旨意，使人有深切的悔改，而福音是一種白白的恩賜，必須與律法並行，福音是靈性病者的救藥，使人甘心遵行神的旨意。路德對於稱義的教訓，是認爲罪人的稱義，乃因有信心之罪人，靠著與神之相交而成爲義；只有追求義並行義的人，才能被稱爲義；稱義是藉著基督的功勞，赦罪和基督之義的歸與，相信耶穌的罪人，就被神宣告爲義，人有信心之義，便有能力行善。

路德的教會觀，他認爲教會是由道組成，是衆信徒之團契。福音即神的道，是教會的生命和本質，凡信徒都應有兄弟之愛交誼，並須彼此分擔重擔和彼此分享，上帝與人人接觸，祂召集那被聖靈管制的人，以建立其國度，是看不見的國度，是從心靈上顯明出來的，即看不見的教會才是眞教會，是聖潔的，有聖靈的管制，有基督的統治，教會需要宣揚福音和行使聖禮，教會不是像天主教的用魔術方法，分給人救恩，教會沒有神聖法規，沒有教階等級之分，在神面前每個信徒都是平等的，都能一同領受神的恩典，在神面前都是祭司，而否定教階的教會組織，不過教會乃須有許多不同的職分，如受過特殊訓練的傳道人，是與信徒有所不同之處，路德認爲政教應當分開，教會不應該指使政府做事，政府也不應該干涉教會的事務。

路德認為教會需要宣講赦罪之道，並施行聖禮，唯有聖靈藉著道工作，唯有道才能喚起信心，道也成全聖禮，聖禮訴諸於信心，即信靠儀文之信心，聖禮只是促進信心之記號而已，沒有信心，聖禮就無益處，有信心領受聖禮才有功效。聖經只提到洗禮和聖餐兩種聖禮，依路德看來，洗禮有兩種意義：

1、是神與人之間的立約記號，因此洗禮只有一次，是向人保證神的恩慈和不變的旨意，就是要赦免人，在人重生時賜給聖靈，使人重生成聖，洗禮一開始，就使人更新，得神恩典和聖靈，叫人剷除自我和罪惡。

2、是強迫人要天天治死罪惡，所以信徒要過著如同天天受洗禮的生活，因此他是反對那種錯誤的行為之義，並反對嬰兒受洗為神慈愛旨意的一種憑據。至於聖餐的意義，是一種交遞的聖禮，使信徒與成全赦罪和救恩之基督聯合，也使信徒彼此聯合，彼此相愛，互擔重擔，依路德看來，在聖餐中不僅有基督的祝福，並有基督的臨在，而要與祂的百姓交通，因此，提倡基督眞正臨在於聖餐的教理。他說基督的身體與血眞正臨到餅和酒之中。在這一點上，已如前面所述，他與慈運理領受不同而分離了。路德的觀念，以後便成為合質說，但在今日的一般教會，在領受聖餐時，仍如慈運理的主張，聖餐為一種象徵，是一種紀念的筵席是矣。

路德認為我們唯有藉著聖經，才能明白耶穌在地上的生活。聖經內容就是基督，祂是構成聖經的原則，他認為上帝的道，是主要指著教會所傳那活潑之道，這道之眞理，依據那成文的道之上，所以他反對狂熱派者，因此派主張內在亮光之神學，他也反對慈運理對儀文之象徵的解釋，認為慈氏有一種不敬虔的態度，意圖憑藉著理性貫通聖經。路德以聖經是唯一的權威，教會不比聖經優先，若說教會存在，比正典聖經之構成，來得早而優先，這種講法是愚拙的。聖靈是聖經著者，但他對聖經正典的看法，也有幾分自由派的觀念，例如：他不信所羅門是傳道的著者。喜歡以斯帖書從舊約中被刪除，因認為它有濃厚的猶太國家主義之情緒。他不接受希伯來書五章四至五節，十章十四至卅一節這兩段經文，因都拒絕人在洗禮後之懊改。且不接受該書十二章十七節：以掃「雖然號哭切求，卻得不著門路，使他父親的心意回轉。」他認為這些經文與四福音和保羅書信等之精神不合。他也認為雅各書二章廿一節：「亞伯拉罕因行爲稱義」這句話與保羅書信相抵觸。又以爲啓示錄的文句是模糊不清，與令人明白的彼得、保羅、耶穌所說的語句不一致。由此可見，路德並不反對聖經作低級或高級等的批判。至於正典聖經之範圍，路德沒有提出個人的看法，但卻信聖經之靈感說，他承認聖經有屬神與屬人的因素，這種屬神與屬人之關係，猶如在基督位格中神性與人性之關係一般，這種關係，對路德與教會而言，都是一種奧祕，一種信心的問題。（李道生《世界神哲學家思想》頁一五八—一六六）

三、結語

綜上所述，馬丁路德的上帝觀，他認爲得救是與上帝發生新的關係，因信稱義的教義神學，認識神必須以基督爲中心，信心使得信徒與基督結合，因信稱義得救眞理等神學思想。

馬丁路德是德意志改教運動的主要領神。其父出身農民，可是卻在冶礦工業上有成，因此才能送兒子受高等教育。路德在學期間受到貧民生活弟兄會的影響。而在一五〇一年進入厄福大學之前，他於喬根修完他的預備教育。一五〇二年得到大學學位，一五〇五年得到碩士學位。爲遵照他父親的意願，路德開始學習法律，於一五〇五年七月間的一個暴風雨的恐怖中，他立誓終身爲修士，因而進入修道院學習。

當路德在修道院時，他非常認眞地學習神學，一五〇八年受威丁堡新成立的大學之聘請，講授道德哲學。一五〇九年，他又回到厄福，繼續研讀神學，並講解神學。

他在厄福的老師是屬於俄坎威廉及其弟子比爾所主張的唯名論神學，在求得神學眞理上忽略理性的任務；而在得救問題上，則較傳統的經驗學派更強調人的自由意志。一五一〇至一五一一年間，路德爲了承受聖職而赴羅馬，當時目睹聖職人員的世俗化而大感震驚，又因他們對宗教上的漠不關心而感徬徨。一五一一年他回到德意志威丁堡，一五一二年完成神學博士學位，同年被任命在大學中長期教導聖經。

一五〇七到一五一一年間，路德在靈性上經歷很大的掙扎，想要藉著嚴守修道院規章、不斷認罪與自我苦修來作成得救的工夫。或許由於路德受到無名主義敬虔與教訓的影響，所以他視神爲一發怒的審判官，期待罪人贏得他們自己的義行。

路德改變他對稱義的看法，部分原因是因爲他與本團總主教施道比次（John Von stapiutz）接觸，以及誦讀奧古斯丁著作的結果，但絕大部分還是由於預備大學課程時研讀聖經之故。路德突破性之經歷，一般認爲是在一五一七年之前；在這次經歷史，他得到一神學上的突破，完全體認到唯獨因信稱義的教義。可是，根據最近學術的建議，此事之發生，按照路德自己晚年時所說，則是在一五一八年後期發生的。這解釋主張，路德從唯名論觀點來了解因信稱義是逐漸形成的。唯名論認爲在得救的過程上是由人先開始，而奧古斯丁的看法則認爲是由神白白的恩典先開始，然後才有人的合作。一直到路德發表他「三重稱義」（Of the Threefold Righteousness, 1518年未出版）的講章之後，路德宗的神學才得到清晰的表達與完全的發展。在此神學中，因信稱義被視爲法庭上的行動，而在此行動中神稱罪人爲義，不是因爲人所作的功德，乃是因爲耶穌基督道成肉身的贖罪，且此稱義的過程不是一生之久，乃是立即被稱義。

宗教改革起於一五一七年十月，正是路德公佈九十五條，抗議贖罪券販賣的弊端之時。該九十五條被印成德文散佈德意志各地，引起人們對贖罪券的販賣產生抗拒的浪潮。當贖罪券之販賣受到嚴重挫敗時，教皇就意圖制止他，要他保持沈默。最初路德所面臨的，是他本教團於一五一八年四月廿六日在海德堡所召開的會議，但路德卻用海德堡信條來護衛自己信的，並且因此而得了一些人。

一五一八年八月，路德又被召喚至羅馬，辯駁一項異端的指控，可是他卻沒有教導任何一項與中古世紀教義相衝突的教訓。因爲路德似乎不可能在羅馬受到一公正的審訊，所以路德的君主弗萊得瑞克從中干預，並要求教皇派代表到德意志來。於是在一五八一八年十月，路德與卡吉坦主教會談，於一五一九年一月又與米泰茲主教會談。在此兩項會談中，都未能使路德收回或放棄以往信仰的聲明；雖然如此，路德還是以禮來對待教皇的代表者。

一五一九年七月，路德在來比錫質疑教皇的權威與教會的不可錯謬性，並且堅持聖經至上。因此，路德的論敵愛克，將路德視爲十五世紀波希米人的異端者胡司約翰，目的乃是在打擊他，使他受羞辱。此次辯論之後，路德愈發的放膽直言，也愈發確信地來表白他的信仰。一五二〇年，他寫了三篇意義重大的小册子，第一本就是《告德意志基督教諸貴族書》，目的在喚起德意志人改革教會與社會，因爲教皇與教會沒有這麼作。第二本就是《教會被擄至巴比倫》，此小册所產生的結果，可清楚的預見將使路德置於異端的地位中，因爲它攻擊中古教會的整個聖禮制度，而路德僅主張二種聖禮；即洗禮與聖餐，而非七種聖禮，他也攻擊聖餐化質說與獻祭牲的彌撒。第三本小册是寫給教皇的，名爲《基督徒的自由》，其內容是非辯證性的，只清楚教導唯獨因信稱義的要道。

在路德尚未出版這小册之前，教皇開除他的諭令已開始草擬，於一五二〇年一月生效。路德在一五二〇年十二月，爲了表示他對教皇權威的抗拒，在衆人面前將諭令焚毁。路德雖被教會所定罪，但他仍然於一五二一年四月在沃木斯召開的帝國會議之前接受聽證。沃木斯會議中，他們要求路德撤回他的教義，但是他堅持不改初衷，因此他也抗拒了皇帝的權威，於是遭受到皇帝的禁止，命令焚毁他一切的著作。路德從沃木斯返家的途中，被朋友架往瓦特堡城堡（Wartburg），在那裏隱居了一年。期間他又寫了一些小册子抨擊天主教會的一些習慣，並開始將聖經翻譯成德文。一五二二年路德回到威丁堡，處理因他不在而引起的混亂，並自此開始一直留在威丁堡，直到死時。一五二二年他與從前作修女的范波拉凱撒琳（Catherine von bora）結婚，育有子女六人。路德擁有一極其豐滿快樂的家庭生活，但是他的生活卻因經常生病，以及信仰上的攻擊而受到影響。

路德脾氣非常暴躁，經常以辯論的方式，極端苛刻的言詞來回答他的論敵。一五二五年德意志南方農民起來反抗，拒絕聽從路德要他們以和平方式提出不滿的呼籲，所以路德就寫了一本小册子攻擊他們，標題爲：「反對兇殺的農民大衆。」爲了聖餐的問題，路德與瑞士的改教家慈運理發生爭執，於一五二九年在馬爾堡的聚會中企圖解決這分歧，可惜未能成功，導致抗羅宗運動的分裂。路德的工作非常沈重，不但寫作，還教導、組織新教會，爲德意志宗教改革提供全面的領導。

他最重要的神學著述，就是一五三八年所出版的《施馬加登條款》，此信條清楚解明他的神學與天主教之間的不同。

然而，路德從未視自己爲新教會的創始者。他奉獻一生於改革教會，並恢復保羅因信稱義的要道爲基督教神學的中心。一五二二年，贊助他的人開始想用他的名字來認同他們自己屬於路德，但路德卻請求他們不要這樣作。後來路德寫著說：「讓我們消除一切黨派之名，只稱我們自己爲基督徒，……我和普世的教會都一同主張基督一貫的教訓，祂是我們唯一的主。」一五四六年二月十八日，路德在平息兩路德派間之糾紛的旅途中逝世。葬於威丁堡城堡的教會墓地中。（趙中輝《英漢神學名詞辭典》頁四一一—四一三）

第二節　慈運理的上帝觀

一、傳略

慈運理（Zwingli, Ulrich Huldrych 1484-1531 A.D），或譯「慈溫利」、「茨溫利」，瑞士宗教改革運動領袖。曾在巴塞爾（一四九四）和伯恩（一四九六）學習，一四九八年入維也納大學，一五〇二年入巴塞爾大學，一五〇四年畢業。受神職後，於一五〇六年在格拉魯斯任司鐸，博覽教父著作。一五一六年調艾因西德倫任職。一五一八年在許多人表示反對的情況下，被任命爲蘇黎世大教堂民衆司鐸。一五一九年鼠疫流行期間，他忠於職守，身染鼠疫幸得康復，而其弟則死於次年。經過這些事，他的思想和言論都在靈修和教義方面達到新的深度。一五二〇年蘇黎世市當局批准他宣講「眞正經義」，他的講演促進反對禁食和教士獨身制的運動。而這種運動正是一五二二年瑞士宗教改革運動的發端。一五二三年是蘇黎世宗教改革運動的關鍵時刻，根據預定，茨溫利應於一月間在蘇黎世與康斯坦茨代理主教進行辯論。事先茨溫利發表《六十七條論綱》。該地區大多數司鐸贊成該文中的主要論點，於是獨身制取消，禮拜儀式改革，大教堂也即將經受改革。改革的主要內容之一是改組大教堂的學校，使之成爲語法學校兼培訓改革派牧師的神學院。十月間，除去教堂聖像問題引起第二次辯論。茨溫利和猶得在辯論中取得勝利。在一五二四、一五二五兩年間所進行的改革包括拆除聖像和風琴、解散隱修院、廢除彌撒而代之以簡單的聖餐禮、改革洗禮儀式、增加朗誦《聖經》次數、變革神職人員體制和編譯本國文《聖經》（蘇黎世版《聖經》於一五二九年出版）。茨溫利發表多種著作，鼓吹宗教改革。宗教改革運動迅速從蘇黎世擴展到全州及鄰近各州。森林地區的盧塞恩、楚格、施維茨、烏里和翁特瓦爾登五個州借助於天主教神學家艾克，抵制改革潮流，但巴塞爾和伯恩等重要城市則支持茨溫利。蘇黎世與巴塞爾及伯恩兩州，通過協商成立基督教城市聯盟，這個聯盟除以過去巴塞爾加入瑞士聯邦的條款爲基礎外，另加共同信仰聲明。一五二五年起，瑞士教會內部發生爭執，同時又受境外路德派干擾。一五二五年一月和三月，茨溫利同再洗禮派舉行辯論，但無結果而中斷。市政會議逮捕再洗禮派領袖，並在一五二五年十二月將他們判處死刑。茨溫利著《論洗禮》，從神學角度駁斥再洗禮派，指出洗禮象徵上帝與信徒立約。在聖餐禮問題上，茨溫利同路德發生嚴重爭執。路德拘泥於耶穌「這是我的身體」一語的詞句，認爲基督的血和肉確實存在於聖餐的餅和酒中，或與餅與酒同時存在，或以餅與酒爲表象，雖然餅和酒並沒有變成血和肉。茨溫利則認爲此處「是」一詞意爲「代表」，後來儘管路德和茨溫利在大部分問題上達成協議，但在聖餐禮問題上分歧仍然存在。這時森林地區五個州聯合反對基督教城市聯盟，神聖羅馬帝國皇帝也作出出兵干涉姿態。城市聯盟在卡佩勒向森林地區各州聯軍發動進攻。在第二次卡佩勒戰役中，茨溫利任蘇黎世軍隊的隨軍牧師，死於戰場。（《大英百科全書》第三册三一九頁）

二、學說

（一）基督的體與血並不眞正存在於聖餐中

慈溫利（Huldreich zwingli, 1484-1531）出身於農民家庭，曾在巴爾塞、維也維等地求學，受人文主義者影響較大。一五一六年任艾因西德教堂神甫，開始要求「淨化宗教」，建立一個完全以《聖經》爲根據的教會，認爲教皇的職權在《聖經》中找不出根據，并提出廢除「朝聖」活動。一五一八年，在馬丁·路德的影響下，他積極反對教皇在瑞士出售贖罪券，蘇黎世議會支持慈溫利，迫使教皇召回去兜售贖罪券的方濟各會修士。慈溫利的博學和愛國主義思想深得人心，被選爲蘇黎世大教堂的「民衆教士」，系統地向人們講解《新約聖經》。一五二〇年，慈溫利在胡斯思想影響下，反對修道院制度，反對教堂懸掛聖像，反對齋戒與教士獨身制，特別反對教會什一稅制度，他認爲，根據《聖經》，什一稅應出于自願。一五二一年，蘇黎世議會根據慈溫利的提議禁止外國政府（包括教皇）在瑞士召募僱傭兵，一五二二年又規定只准宣講有《聖經》根據的道理。于是，慈溫利遭到康斯坦茨大主教及托鉢修會的攻擊。一五二三年一月，蘇黎世議會根據慈溫利的動議召開神學辯論會，全州神職人員六〇〇餘人參加大會。慈溫利發表《六十七條目》，系統地闡述自己的主張。他強調《聖經》權威，否定教皇和教會的職權，認爲只有基督才是教會的元首，《聖經》中有肯定世俗政府權力的論述，因此，基督徒應服從政府。他反對「善功贖罪」，否認彌撒的獻祭性和聖徒代禱作用。強調得救在于「信心」。他還否定煉獄，提倡教士結婚。慈溫利的主張得到市議會的支持，宗教改革運動在全州迅速發展，群衆焚燒教堂內的聖像，搗毀修道院。一五二四年，蘇黎世封閉了修道院，沒收教產，把宗教節目減爲四個，大批修士修女紛紛還俗；同時，蘇黎士成立了政教合一的樞密院，慈溫利成爲樞密院實際的領袖。一五二五年，全州停止彌撒，改行聖餐禮，廢除主教制，幷規定羅馬教會教徒不得出任公職。運動由蘇黎世發展到伯爾尼、巴塞爾、聖加倫等地，甚至連德國的施特拉斯堡也由路德派轉向慈溫利派。

慈溫利的宗教改革遭到瑞士幾個鄉村州的抵制，其中五個州結成舊教聯盟，謀求與奧地利聯合共同對付宗教改革，爲此，蘇黎世先後聯合康斯坦茨、伯爾尼、聖加倫、巴塞爾等城市組成「基督教公民協會」，謀求法國的支持，與舊教聯盟相對抗。一五二九年五月，蘇黎世議會向舊教聯盟宣戰，慈溫利親自隨軍出征。舊教聯盟由於沒有得到奧地利的支援，被迫於六月在卡匹爾簽訂和約，慈溫利派取勝。一五三一年，雙方再戰于卡匹爾，慈溫利陣亡，舊教職盟取勝。慈溫利各州的宗教改革因此遭到沉重打擊，繼慈溫利任職的布林格爾（Heinrich Bullinger, 1504-1575）不再直接參政，各州的信仰由各州自行決定。此后，瑞士宗教改革的中心就由蘇黎世轉移到了日內瓦。

慈恩利的神學思想與馬丁·路德不盡相同，最大的分歧在于對「聖餐」的解釋。路德認爲聖餐中的餅和酒經祝聖后實體雖未發生變化，但基督的體與血卻與之聯合而共存，這種主張稱爲「同體論」。慈溫利既反對羅馬教會的「變體論」，也反對路德的「同體論」。他認爲聖餐只是一種象徵性紀念禮儀，基督的體與血幷不眞正存在于聖餐中。雙方自一五二四年起曾就問題撰文爭論。一五二五年以后，路德認爲慈溫利派支持群衆暴動，咒罵他們是「狂人、異端、謀殺犯、魔鬼、假冒為善」。一五二九年，為對付羅馬教廷的反攻，慈溫利與路德在馬爾堡會談，簽訂了十四條協議，但在聖餐問題上仍然沒有取得一致的看法。今後，路德又訂了十七條信綱，重申「同體論」，遭到慈溫利的反對，雙方最終決裂。（唐逸《基督教史》頁二〇九—二一一）

（二）謹守遵行聖經所啓示的上帝旨意

慈運理與路德在許多方面意見實在是相同的，但他們的性情有別，而宗教經驗又不大一樣。路德的宗教造詣經過了一番內心深刻的奮鬥，由於他的心靈與上帝的關係得到全然改變的感覺。慈運理所取的是人本主義者的途徑，不過他所達到的境地，是大多數人本主義者所未曾達到的。他所注重之點與路德不同。就慈運理而言，神學的中心事實不是得救之法，乃是上帝的旨意；就路德言，基督徒生活乃是因罪得赦免而享有自由的兒女地位。就慈運理言，基督徒生活中最重要的，乃是謹守遵行聖經所啓示的上帝的旨意。

慈運理注重理解，好批評。他與路德在基督教教理上之不同見解，莫有甚於對聖餐的解釋，就因為這一點不同，不幸終致福音運動分成兩大派別。就路德言，基督所說：『這是我的身體』一語，當作字義的直解。路德深邃的宗教情緒，使他覺察到在聖餐中實際的領受基督，為與基督聯合交通及蒙赦罪的證據，聖餐可為上帝應許的證明。但對基督所說的這句話，早在一五二一年就有一位荷蘭律師，名和恩（Cornelius Hoen）者，極力主張以「這表明我的身體」為正當解釋。和恩這種主張到一五二三年為慈運理所注意，於是這位瑞士神學家才知道他所久已傾心的見解，正與這種象徵的解釋不約而同。自此以後，他乃公開否認基督的身體臨在聖餐之中的任何主張，主張聖餐的記念性質，他以為聖餐的意義在乎聯合全教會的信衆，共同敬向他們的主表示忠誠。到了一五二四年，這兩種對抗的見解，演成一場激烈的筆墨官司，雙方各以短文小册發表意見，路德與布根哈根（Bugenhagen）站在一方面，慈運理與厄科蘭巴丟站在另一方面，與每一派主見相同的人從中參加辯論者亦不少。路德所作最重要的論文是一五二八年的《關乎主晚餐之大認信》（Great Confession Concerning the Lord's Supper）。雙方發表意見均疾言厲色，不稍寬假。依慈運理看來，路德這樣武斷的主張基督的身體臨在聖餐內，無非是公教中不顧理性的迷信所遺留下來的餘孽，一個物質的身體祇能一時在一處地方。依路德看來，慈運理所主張的解釋，是將有罪的理性高舉超越於聖經之上，他借用一個大概是由俄坎傳下來的經院哲學派的判定，證明基督的身體能以同時在千萬聖壇上臨在聖餐之中，這判定乃是說，基督神性中的各種品質，其中包括能以一時同在各處的品質，都包涵在基督的人性。路德也極力主張信徒在聖餐中所領受的乃神性人性俱全的整個基督，惟恐有人將基督的位格分裂了，路德宣言慈運理及其所有擁護的人皆非基督徒，慈運理則斷言路德比較羅馬教健將罩爾更壞。然而慈運理的見解不但得有操德語的瑞士人民的同情，即德國西南部的很多地方也表示贊成。對於這種福音運動勢力之分化，羅馬派自然從旁表示欣慰。

（華爾克《基督教會史》頁五六三—五六五）

（三）聖餐只是紀念基督之死

瑞士改教家慈運理先後畢業於維也納和巴塞爾大學，之後在瑞士東部接受區牧的職務。他對基督教人文主義的訴求，尤其是伊拉斯姆的著作，甚感興趣，深信當時的教會需要改革。他在一五一九年接任蘇黎世城內的一個牧師職位後，藉著城內大教堂的講壇宣揚改教。改教的主題起初是教會道德重整，沒有多久就延伸至批判教會的神學，尤其是聖禮神學。英文 Zwinglian（慈運理的）意指慈運理的主張，認爲基督不在聖餐中；聖餐只是紀念基督之死。

在早期的改教運動中，尤其是瑞士東部，慈運理扮演重要的角色。但是，他的影響力遠不及馬丁路德和加爾文：他沒有馬丁路德的創造力，亦缺乏加爾文在系統方面的恩賜。他的西文名字有的譯作 Urich，也有譯作 Huldreich，最常見到的是 Huldrych。（麥葛福《基督教神學手册》頁八四）

（四）論「這是我的身體」

慈運理論「這是我的身體」：本文於一五二六年二月二十三日以瑞士德文首度發表，標題爲：Eine klare unterrichtung vom nachtmal christi，慈運理（Huldrych zwingli）在文中，解釋拉丁文的「這是我的身體」（Hoc est corpus meum, 太廿六 26）的意義，他運用的論證法，清楚顯示他十分熟悉和恩的信就此論題的立場。慈運理認爲對「是」這個字的解釋，惟一可以接納的，是承認其象徵性意義。

有些人聲稱，「這是我的身體」，是指餅亦即基督實際的身體，這論證有兩個清楚的漏洞。首先，聖經沒有給我們任何理由可以相信，當教皇或其他的人說：「這是我的身體」時，基督一定便是在那裏。我們不能夠說因爲基督說「你們也因當如此行，爲的是記念我」，因此基督的身體必定在那裡。第二個漏洞是沒有看到。當我們想要用神的活來證明任何事以前，必須先正確地了解神的話。例如，當基督說：「我是葡萄樹」（約十五5）之時，我們必須首先考慮祂是使用象徵語。換言之，祂有如一棵葡萄樹一樣；正如枝子從葡萄樹得滋養，否則無法結果子，信徒也同樣應當在祂裡面，否則什麼都不能做。若是你反對如此解解基督所說的「我是葡萄樹」，而堅持祂必定是一棵眞實的葡萄樹，結果等於是將基督變爲一棵木頭。同時，當你解釋「這是我的身體」時，必須首先確定祂的原意是否要將祂實際的肉身及血賜下。否則我們只是爭論既然祂如此說便是如此解釋，是徒勞無益的爭論。惟有當祂自己是如此打算時，你才能如此解釋，否則你便是誤解了祂。讓我們考慮此教義的基礎。若基督是說：「這是我的身體」，我們將「是」這個字按字義解釋時，必定表示基督實際的、本質的身體的同在。但這種解釋有兩個明顯的錯誤。

首先，如果按字義、本質來說，祂是以肉身存在餅中，則我們實際上是用人的牙齒及咀嚼將祂咬碎。我們不能夠以「在神凡事都能」爲藉口。因此，顯然基督的肉身並非按字義的、個人的存在餅中。若是存在的話，其本質應該是可以感覺得到的，會被牙齒咀嚼到的。因此，我們若將「是」按字義解釋，基督的身體必須是可見的、本質的、親身的、可觸知地存在於餅中（So muB te der lychnam christi Sichtbar, wesenlich, lyplich, empfindlich da sin）。因此，即使在這錯誤教導的本身，都可以找出證明，這些字不可能是意指我們親身品嚐耶穌的身體和血。因爲若神說「這是我的身體」是按字面意義的話，祂的身體應當按照字面意義、實際在那裡。但是我們並沒有這種經歷，也感覺不到任何這樣的存在，因此可以推論，基督所說的話並非是指實際的肉身及血。因爲若果眞是此意，則我們應當可以不斷地感覺得到，因祂不會說謊。你看，所謂按字面意義眞實存在於餅中的辯證，實際上是自打嘴巴。

第二個錯誤乃源自與第一個立場可以相提並論的字義解釋，亦即我們所吃基督的身體，是在餅裡面或下面，而餅的本身則仍然是餅。若「是」一字爲實質的，按字義解釋，說餅仍然是餅，卻否定變質說，亦即餅的本質被變成爲身體，將是明顯的錯誤。在此我將使用證明一個錯誤的論證。

神的話是活的，祂說「這是我的身體」，因此，那是祂的身體。但若我們按字面意義的解釋「是」，一如第二個錯誤所主張的，則餅的本質必定會被完全改變，成爲肉身。但這意味著餅不再存在，因此我們不可能說餅仍存在，但我們吃的身體是在餅內或餅下。這立場全然不合理性。它完全不承認基督的話「這是我的身體」有可能是象徵性的、比喻性的意義，反而堅持將「是」按字面意義的解釋。但接著卻又忽略此字，說：「基督的身體在餅中被我們一同吃下去。」但基督並沒有說：「你們拿來吃，我的身體是在餅裏面。」祂乃是說：「這是我的身體。」如此的矛盾，是多麼的可怕！若我如此扭曲基督的話語，則審判的斧必定會臨到我。第二個錯誤爲顯而易見的，只要加以比較，便會發現二者彼此抵銷。第一個主張「是」這個字顯示肉身及血都在聖禮元素之中。但是若按字義解釋，則摧毀了第二個主張，亦即按字義解釋的同時，相信餅仍然是餅。若按字義解釋此字，則餅不再是餅，乃成爲身體。

另一方面，第二個錯誤最起碼承認，餅的本質並非變成身體的本質，如此證明「是」不能夠按字義解釋。

若是按字面意義解釋，則身體應當與餅同樣是可察覺的。因爲正如在祝謝（這是他們的用語）以前，餅是可察覺的，由祝謝（Wyhung）的那一刻開始，亦應同樣可察覺到身體的存在。因此第一個錯誤站不住腳，我們也可以由此推論二者均爲明顯的錯誤。因爲當第二點指出「是」應當按字面意義解釋時，是採取了一個無法站立得住的立場，正如上述，我們無法避免用象徵法來解釋此字。然而當我強硬地揭穿這個漏洞、指出他們的立場沒有根據之時，他們卻一味地聲稱：「我們忠於基督簡明的話語，我們相信凡是跟隨基督簡明話語的基督徒，都不會誤入歧途。」但你們所謂「簡明的話語」，實際上卻是最不明顯、最難解的用字。若是我們誤解一個字，視之爲聖經的簡明用語，則基督便是一段葡萄樹、一隻愚蠢的羊，或是一扇門，而彼得便是教會的基石。相反的，這些用字簡明、自然的意義，應當是所有相似情況均適用的，是所有信徒都能夠輕而易舉、自然而然地明白的用法。（麥葛福《基

(五)注重上帝的絕對意旨

慈運理的神學思想，從改教運動中，已可看出他的主要神學信仰和主張，他是注重上帝的絕對意旨；而路德則注意上帝絕對的愛、在基督裡的上帝仁愛與恩典，和恩典的客觀的效力，即道與二聖禮。慈運理係根據上帝絕對的旨意的道理，斷定上帝的命定是絕對的，人類得救，完全依賴這些命定，人類的功勞與道德，佔不到任何地位，上帝從永遠已揀選誰得永生，誰受永死或永刑，所以救恩的確定，是在乎上帝的旨意與揀選，是無條件的，不變而永恆的，揀選令人得救，甚至被揀選者，在未得信心之先死了也能得救，上帝的旨意，藉著耶穌基督在愛和憐憫裡顯示出來，並藉著聖靈有效的感化才能領受。

慈運理在建立神學體系上與路德各不相同，慈運理認爲嬰兒受洗，不過是爲了增加教會人數的方法。路德則不離嬰兒受洗，因洗禮是帶子女到救主面前的唯一方法。他強調因信稱義的教理，因信稱義爲靈魂帶來平安。慈運理則強調因信稱義是一種武器，用以撲滅天主教功德的行爲。路德看重聖禮，認爲聖禮是恩典的導管。但慈運理卻把聖禮保留爲基督徒外在的記號，因爲基督已經那樣設立而吩咐的聖禮。

慈運禮從律法的觀點運用聖經，聖經是一本活的法則，他不了解律法與福音的區別，認爲律法好像福音，是上帝慈愛旨意的啓示，律法並不定人的罪。但路德卻指出律法是定人的罪，福音乃是拯救人，律法功用，是叫人知罪、認罪，而在福音裡，人有潔淨的根源。至於有關上帝的教理，是慈運理神學體系的中心點，其整個結構皆建立在教理上，其神學體系，是以神爲中心，非以基督爲中心，而強調上帝之主權，堅決主張一神論，極力反對天主教敬拜遺物和圖像，認爲上帝是永存的，經常工作的無所不知的，是一切良善之起源，是第一推動因和萬因之因，上帝統治世界，猶如靈魂支配身體一般。凡違背祂旨意的事，都不會發生，凡發生的，都可能追溯到祂的能力，上帝的旨意，就是永不改變地管治全宇宙，由於這種決定論推論的結果，慈運理宣告說：「一切邪惡和一切良善，都同樣地可歸因於上帝，連亞當犯罪墮落的事，亦可歸因於上帝，但我們不能控告上帝有罪，因祂不處在律法之下。」

又說：「若在人裡頭，絕無自由意志的話，便可把偷盜、兇殺，和一切罪都推給上帝，並說一切是由祂的旨意所弄成的。既然如此，諸如姦淫、兇殺就都不是罪了。因它們是出乎神之作爲，上帝爲其始因、推動者、指使者，但事實上，它們是出乎人的作爲，所以它們就是罪。因上帝不受律法之限制，但人須受律法的定罪，上帝從太初就知道並有意思，要造將墮落的人，不過，同時祂也決定祂兒子，要取人性而成爲人，以便拯救墮落的人類。」慈運理對於罪的看法，認爲原罪，就是那不完善的性情之軟弱和缺陷，人在出生時，便帶有這種缺陷，唯人本身沒有過錯，這種遺傳的罪是一種疾病，但不是一種罪債，他並不否認叫人受可怕咒詛的墮落，與原罪或遺傳性罪的事實，他看這樣的罪，不過是一種道德上的毛病而已，與本身的過犯無干。他認爲原罪使人的性情變成脆弱，但人的肉體比靈魂更有能力，從原罪的疾病裡出生個人的罪來，猶如樹枝從樹幹生出來一般。因此，罪就是忽視創造主之律法，並寧願聽從自己而不跟隨主，罪就是違背上帝，人是沒有自救的可能性。至於信心方面，他認爲信心是堅固被揀選者的一種記號，依他看來，揀選不需要倚靠心，但信心卻隨在揀選之後，對那些從太古以前已被揀選的人而言，在他們未有信心之先，早已被揀選了，因此，被揀選者承蒙揀選，乃是靠著上帝所灌注之信心，這樣他們必定得救。

慈運理論到基督的位格，是要把祂的神性和人性精細區別分開，但卻主張基督的單一位格，慈氏說，基督升天之後，按其神性來講，祂是無所不在的，但依其人性而論，祂卻被限定在天堂某個固定的地方。至於教會眞理，慈氏認爲眞正的教會，就是基督的身體和信徒的交往，是由那些被上帝旨意所註定得永生的被揀選者所組成，唯有上帝知道這個被揀選者的教會，信心使被揀選者，能夠明白屬於這個教會的會員，然而他卻不知道別人，是否屬於這個教會的會友，這樣推論，實際上就會形成兩個教會，一爲可見的教會，是由那些藉著施行聖禮而稱呼基督爲主的人所組成；一是不可見的教會，只是包括被揀選者而已，慈氏不會溝通這兩個教會間的密切關係。

慈運理對於聖禮的施行方面，在他看來，聖禮不能帶給被揀選者甚麼，因被揀選者，早就有把握他們蒙揀選的，且是藉著信心得到了救恩，至於聖禮之施行，乃是將個人所持有的恩典，作爲一種公開的見證，藉著領受聖禮，表現他是教友，因此，聖禮就是會友與教會聯合的記號，並藉著公開的告白，以表現會友之忠心，聖禮沒有超然的內容，只是某事外在的象徵而已。聖禮中的洗禮，就是用清水洗淨的一種儀式，洗禮表現他已進入教會作了神的百姓，就要過著正直純潔的生活，因此洗禮是一種內在重生的記號和象徵。至於聖禮中的聖餐，也是一種記號和象徵，起初慈氏的看法，是與伊拉斯母相同，認爲在聖餐中，係有基督的身體眞正的臨在，後來有了改變，便與伊拉斯母破裂，同時也不贊成路德的合質論，便主張象徵論，他說聖餐就是與基督相交，信心是聖餐構成的因素，基督實際上不臨在於聖餐中，不過藉著信心的力量，我們便能想到基督，或將基督活畫在我們的心中，所以聖餐主要還是一種紀念基督之死，因上帝將聖子救贖的功勞當作禮物賜給我們，所以聖餐也是一種上帝感謝的方法。路德與慈運理亦因對於聖餐領受的意義，各人主張和看法不同而分離了。（李道生《世界神哲學家思想》頁一七六——一七九）

三、結語

綜上所述，慈運理的上帝觀，基督的體與血，並不眞正存在於聖餐之中，謹守遵行聖經所啓示的上帝旨意，聖餐只是紀念基督之死，論「這是我的身體」，注重上帝的絕對意旨等神學思想。

慈運理是瑞士神學家，爲一鄉村郡長之子，入維也納大學，與范瓦特爲友，成爲一人本主義者。在巴色完成其學業。吸收其師韋頓巴之聖經教訓，後與伊拉斯墨接觸。

一五一八年末被召爲蘇黎克大教會神甫，在一五一九與一五二五年之間取消彌撒，鼓吹改革。關于公衆崇拜問題，以及對聖禮的見解，慈氏對過去舊傳統採取比路德的改革運動更激烈的分裂步驟。例如神甫可以結婚，彌撒改爲紀念耶穌基督之死的筵席，改修道制，特別強調聖經權威以及聖餐之紀念性質。對他而言，聖禮只不過是傳達神的恩典而已，僅爲一象徵。慈運理值得被紀念爲第一位改革宗神學家。

慈氏晚年從事政治活動，於一五三一年卡伯爾戰役中陣亡。改教運動在瑞士受到阻止。（趙中輝《英漢神學名詞辭典》頁七一七—七一八）

第三節　布塞珥的上帝觀

一、傳略

布塞珥（Bucer〔Butzer〕，Martin 1491-1551 A.D）或釋爲「布瑟馬丁」，德國天主教神學家，約於一五一八年投入信義宗主義（Lutheranism），成爲斯特拉斯堡（Strasbourg）的改革運動者。一五四九年他應愛德華六世（Edward VI）之邀請，移居至英國。他主要以釋經及教會論的教義聞名於世。

二、學說

（一）聖禮是基督救恩的上帝觀

布塞珥〈論聖禮〉。德國改革家布塞珥於旅居英國的那段時期（一五四九－一九五五），寫成這本改革宗的教牧神學，指出他對聖禮在改革宗教會生活中的意義的了解。布塞珥在這篇論文中，指出聖禮有牧養的功能，特別是能帶出確據的效果。

這包括下列事件：首先，每次主持聖禮的，都應當是聖潔無可指責的教士，接受聖禮者也必須是按照神的話語而言，可以確知其爲聖潔無可指責的人。

藉著洗禮，信徒得以洗淨罪惡、重生更新而得永生、被納入主基督裡、披戴祂，這些都是只爲那些蒙揀選得永生的人所保留（徒廿二16；多三5；提前十二12－13；加三27）。論到爲信徒的嬰孩施洗；主的話語明顯可見：「我……是要作你和你後裔的神」（十七7）、「你們的兒女……是聖潔的了」（林前七14）。但是，如前所述，成人受洗以前，必須接受回答，以確定他們口中所宣告的確是他們心中所相信的。

其次，既然罪得赦免，又得以與基督相交，是藉著這些聖禮，那永恆的救恩之約因此被印證及確證（Foedusque aeternae salutis obsignatur et confirmatur），因此必須在全教會面前，向那些準備接受聖禮的人解釋其奧祕，並且盡量用敬虔的方法來慶祝。因此，古代教會整整用八天來慶祝洗禮的奧祕。爲了更加有效，他們只在復活節及五旬節舉行洗禮，除非有人有死亡的危險……。

在施行每一種聖禮之時，卻應當閱讀適切的經文，並且儘可能虔誠地加以解釋，接著，切切勸勉接受聖禮者按著正道來接受聖禮，也應當加上切切的向神禱告及感恩，以及敬虔的奉獻。因爲他們藉著這些聖禮，得到極大的祝福，亦即罪得赦免，承受永生，自然不可空手朝見神。（出廿三15）（麥葛福《基督教神學原典菁華》頁三九六）

三、結語

綜上所述，布塞珥的上帝觀，聖禮是基督救恩的神學思想。

布瑟馬丁爲司逃斯堡的改教家，出身寒門，受教於阿拉斯田人文主義學校，爲多明尼加修道會員（一五〇六），屬阿奎納經院學派，後爲熱心的伊拉斯督派。一五一八年，因受路德影響，遷至海德堡後又成爲路德派。一五二一年脫離修道會，成爲改教家，因結婚（一五二二）而被除教，後來避難至司逃斯堡（一五二三）。很快成爲該地之改教領袖。加爾文曾在其門下受教。（趙中輝《英漢神學名詞辭典》頁九九。）

第四節　墨蘭頓的上帝觀

一、傳略

墨蘭頓（Melanchthon, philip 1497-1560 A.D）著名的早期信義宗神學家，馬丁路德的密友。他寫成《教義要點》（Loci communes, 第一版發行於一五一二年）以及《爲奧斯堡信條辯護》（Apology for the Augsburg Confession），是第一個將信義宗神學系統化的人。

二、學說

（一）論因信稱義

墨蘭頓《論因信稱義》：墨蘭頓所寫的《教義要點》首次於一五二一年以拉丁文出版，他在其中討論他對因信稱義的看法。論題重點在於信心與行爲的關係，有些人批評他的立場不但貶低好行爲的價值，也否定新約論及基督徒生活的「獎賞」，墨蘭頓就此特別作出回應。

為什麼惟有因信可以稱義？我的回答是：既然我們是單單因著神的慈愛才得以稱義，而信心顯然是承認神慈愛的標記，無論你是用什麼應許來領受神的慈愛，所以唯有因信可以稱義。若有人驚訝為何唯有因信可以稱義，他應當知道人稱義是單單因著神的慈愛，完全不是因為人有什麼功德。信靠神的慈愛，便不是靠自己任何的行為。若有任何人否認惟有因信可以稱義，便是侮辱神的慈愛。我們得以稱義，純純是神慈愛的作為，絕非因為我們自己的行為有任何好處，這是保羅在羅馬書十一章的清楚教導，因此，我們必須承認惟有信心人才可以被稱為義：惟有藉著信心的渠道，我們才能接受神所應許的慈愛。

因此，稱義被歸於信心，亦即被歸於神的慈愛，與人的努力、行為、功德無關。義的開始與成長，都與神的慈愛相連，因此整個人生的義，都惟獨因為信心。這也是先知以賽亞稱基督的國度為慈愛國度的原因：「必有寶座因慈愛堅立」（賽十六5）若我們是因自己的行為稱義，則國度不會是基督的國度，也不是慈愛的國度，而是我們自己的國度—我們自己行為的國度……。

你會問：「這麼一來，我們就沒什麼可邀功了嗎？那麼，為何聖經由頭到尾都提及『獎賞』？」我的答覆是：是有獎賞，但卻不是因為我們有什麼德行，而是因為父的應許，祂將自己放在債務人的位置，應許將獎賞給我們這些完全不配得任何獎賞的人……保羅在羅馬書六23說：「因為罪的工價乃是死；唯有神的「恩賜」，而非「債務」—雖然事實上它的確是「債務」，因父已經應許將永生賜給凡相信的人。（麥葛福《基督教神學原典菁華》頁二九六—二九八）

三、結語

綜上所述，墨蘭頓的上帝觀，論因信稱義，而信心顯然是承神慈愛的標記等神學思想。

墨蘭頓是德意志改教家，為一人文學者，一五一八年加入威登堡大學，擔任希伯來文與希臘文聖經與神學教授，聲言唯聖經具有權威，而非教皇與會議之諭令，開始和路德同工，為路德之最大支持者。

一五三〇年日耳曼皇帝查理第五，鑒於土耳其人西侵，召開國會於奧斯堡，企圖解決羅馬教與福音派之爭，以求聯合一致抵抗公敵，乃命福音派呈報信仰說明書。此際路德正處於沃木斯會議皇帝禁令，與教皇逐出教令之下，不能赴會，於是墨氏乃受託起草，完成著名的《奧斯堡信條》，路德評其婉轉溫和。後羅馬教雖無和解之意，使墨氏協合之苦心未能得償，但奧斯堡信條卻在信義宗中被普遍認為基本信條，而且影響及於其他復原教宗派，成為他們個別信條的骨幹，也被認為是改教運動的里程碑與凱旋門。此外，墨氏在神學史上尚有二大貢獻，一為修訂路德激烈派神學，使信義宗的神學較為穩順。二為將路德神學予以系統化，他的《教義要點》（Loci Communes）即是改革神學的第一本系統神學，一五二一年出版，其中論及意志的捆綁，律法恩典，唯獨賴恩，因信稱義等重要教義。駁斥經院學派，也是他將信義宗神學系統化的結晶。此外，他並幫助路德將新約譯成德文。

因為墨氏對於古代哲學和文學很感興趣，以致使亞里斯多德的哲學侵入信義宗的領域，並為信義宗的新經院哲學開闢了道路；又因他愛好古代文藝，所以特別注重教會的遺傳，且於一五四二年給予遺傳以獨立的地位，致與聖經並列。他使信義宗接受三個最古老的信條：使徒信經，奈西亞信經，阿他那修信經。他特別注重遺傳與教會的職務。

令人惋惜的是，墨氏與路德神學思想上的輕微差異，使信義宗內部發生紛爭，前後達二十五年之久〈一五五五—一五八〇〉，直到一五八〇年著名的《協同信條》與《協同書》完成，才結束了紛爭。由此可見墨蘭頓神學思想影響之巨。（趙中輝《英漢神學名詞辭典》頁四三三）

第五節　加爾文的上帝觀

一、傳略

加爾文（Jean Calvin, 1509-1564）法國宗教改革家，加爾文教派的創立者。出生于法國諾用城的一個中產階級家庭。一五二三—一五二八年在巴黎學習神學，后去奧爾良學習法律，于一五三二年獲博士學位。他受人文壬義和馬丁路德派思想的影響，參加法國的宗教改革運動，創立了加爾文教派，成爲當時歐洲宗教改革的著名領袖之一。他的主要著作《基督教原理》于一五三六年首次發表，目的是向法國皇帝說明宗教改革運動并無非法之處，后經過多次修訂，于一五五九年再次發行。在該書中，加爾文系統地闡發了他的神學、哲學觀點。

「預定論」是加爾文宗教哲學的一個基本原理。他斷言宇宙間的一切事物都是上帝預先安排好了的，不僅人的得救和滅亡由上帝預定，甚至人的每根頭髮也全被上帝數過，每只麻雀被打死也全出自上帝的預定。因此，一切都是必然的，沒有什麼事物是出于偶然的。

加爾文從「預定論」出發，否定天主教壟斷人的救贖，宣揚上帝通過基督救人之說。加爾文和馬丁路德都宣傳「因信稱義」，都相信奧古斯丁的「預定論」。不過馬丁路德講「預定論」是從原罪出發，認爲人無能自救，只能由神的預定而得救；加爾文則認爲神的預定如何，要由人的活動結果驗證，這樣就鼓勵人去發奮進取。在加爾文看來，雖然神命是不可抗拒的，但人卻不應懈怠，而應當勤奮工作，努力追求，謀事在人，成事在天，人的活動結果正是神意的表現。

加爾文教派具有反封建的資產階級性質。它反對天主教的教階制，認爲神職人員應由信徒選舉產生，神職人員和教徒之間、教徒和教徒之間人人平等，主張教會共和化、民主化。他否定天主教的權威，主張取消天主教的繁雜的宗教儀式，以《聖經》爲唯一的權威，認爲信仰基督就可得救。

加爾文教派在歐洲的影響是巨大的，他不僅推動了日內瓦、荷蘭的宗教改革取得成功，而且還成爲十七世紀英國革命的旗幟。（《中國大百科全書》哲學I頁三三八）

（一）加爾文在日內瓦的宗教改革

日內瓦位于瑞士西南部，是法國、尼德蘭和意大利之間的貿易樞紐，商業發達。一二九〇年，日內瓦被阿爾卑斯山南麓的薩伏依公國所控制，市政官員均由薩伏依公爵委任。一四四四年，薩伏依公爵控制了日內瓦主教職位，踐踏市民權利，激起市民階級的反抗。十六世紀初，市民階級的力量逐漸壯大，組成市民大會與主教和市政官共同管理日內瓦。市民大會每年召開一次，選舉四個理事、一個司庫，由當年和上年的理事再加上廿五名市民代表組成小議會，負責管理公共事務（一五二七年增設二〇〇人的大議會討論重大政治問題）。一五二六年，日內瓦與信奉新教的伯爾尼、弗賴堡結盟，推翻市政官，逼走主教。一五三〇年，日內瓦主教勾結薩伏依公爵攻打日內瓦，日內瓦市民在伯爾尼、弗賴堡支援下擊敗了主教的進攻。日內瓦市民要求宗教改革的呼聲日高。

一五三二年，教皇克萊門特七世派人在日內瓦兜售贖罪券。六月八日，反對派市民一夜之間把大標語貼到全城各教堂的大門上，抨擊教皇權威，要求宗教改革，宣稱任何人只要誠心悔改，罪就能得赦免。神甫們派人撕標語，雙方發生械鬥。十月法國宗教改革家法雷爾（Guilaume Farel, 1489-1565）來到日內瓦宣傳宗教改革。日內瓦市議會一面禁止市民侮辱羅馬教會，一面又寬容宗教改革派的宣傳。一五三四年後，法雷爾等新教徒舉行公開辯論宣傳改革，新教徒人數猛增，他們佔領教堂，搗毀聖像，廢除彌撒，趕走修士。兩派衝突造成流血事件。一五三五年，日內瓦主教再次勾結薩茯依公爵出兵，企圖佔領日內瓦，鎮壓宗教改革。日內瓦市民在伯爾尼支援下于一五三六年三月取得勝利。五月廿一日，日內瓦市民大會決定皈依新教，法雷爾深感任務艱巨，便邀請密友加爾文出山協助。

加爾文（Jean Calvin 150-1564）出身于法國一個律師家庭，在巴黎學習期間深受人文主義及宗教改革的影響，從一五三一年起便參加了新教徒的活動。一五三三年，加爾文的密友尼古拉·哥普（Nicholas Cop）就任巴黎大學校長，發表就職演說時，他引用了伊拉斯謨和路德的話抨擊教會，要求改革，在法國引起很大震動，爲此，當局要逮捕他。同時，當局懷疑哥普的講演稿是加爾文撰寫的，指控他爲異端。加爾文被迫逃亡。一五三四年十二月，加爾文流亡到瑞士巴塞爾，結識了許多新教領袖人物，形成了比較系統的神學思想。一五三五年，加爾文在巴塞爾完成了他的主要神學著作《基督教原理》。一五三六年七月，加爾文去斯特拉斯堡途中，因戰亂被阻于日內瓦，應法雷爾的邀請留下來幫助他進行宗教改革。

爲了把日內瓦建成加爾文理想的社會，他提出重整日內瓦的宗教道德。他編訂了《教會信條》、《教理問答》，一五三七年七月由大議會通過後強制市民宣誓遵守，規定對信奉舊教或保留聖物者給以處罰，不準婦女穿奇裝異服和色彩鮮艷的衣服，否則，連其母親一起關押兩天，禮拜天禁止娛樂，不對兒童進行宗教教育的父母要取消市民資格等等。加爾文的這套強制措施，激起部分市民的不滿，處于地下狀態的羅馬教會乘機活動，反對派勢力漸佔上風。一五三八年二月，反對派控制了大議會，勒令教士不得過問政治。四月，議會決議解除法雷爾和加爾文的職務，限二人三天內離境。一五四〇年，日內瓦支持加爾文的一派掌握了政權。一五四五年五月，議會宣布恢復加爾文和法雷爾的榮譽地位，請加爾文回日內瓦工作。此后，加爾文在日內瓦又工作了廿三年，幫助新興資產階級建立起主張加爾文派信仰的神權共和國。

一五四二年一月，大議會核准了加爾文編寫的《教會憲章》（Ordonnances Ecclesiastiques），確立長老制教會組織體制，除加爾文派外，其他教派均爲異端。爲鎮壓異端，加爾文甚至與羅馬教會合作。如西班牙人文主義塞爾維特（Miguel Serveto, 1511-1553）曾因反三位一體說和同情再洗禮派而受教會迫害，一五四〇年在里昂附近的維恩行醫，并寫了《再論基督教原理》，反對加爾文的預定論。由于加爾文和里昂的羅馬教會異端裁判所告密，塞爾維特被捕。后來，塞爾維特逃出監獄到那不勒斯去的途中經過日內瓦，被加爾文發現，將其拘捕交付小議會審判，結果，塞爾維特被判火刑。一五五三年十月，塞爾維特被處死。一五五五年，加爾文鎮壓了反對派的武裝暴動，從此，加爾文在日內瓦大權獨攬，運用各種手段傳播自己的神學思想。一五五九年，加爾文創建了日內瓦學院，用重金聘請西歐著名學者前去講學，使日內瓦學院成爲培養改革派傳教士的中心，他還把大批畢業生派往法國、尼德蘭、蘇格蘭、英格蘭、德國、意大利等地宣傳加爾文派的主張，使日內瓦獲得了「新教的羅馬」的綽號。

（二）加爾文的神學思想

《基督教原理》是加爾文的主要神學作品，完成于一五三五年，當時加爾文還沒有形成自己的系統神學思想，書中的主要觀點和馬丁路德基本相同。全書按《使徒信經》的方式分四部分：論聖父、論聖子，論聖靈，論聖教會。原書篇幅不大，幾經增訂，到一五五九年再版時，已增加到初版的五倍。加爾文的神學思想很受路德與慈溫利的影響，如反對羅馬教會和教皇的絕對權威，主張「因信稱義」，認爲《聖經》中上帝的啓示是唯一最高權威等。

后來加爾文在這個基礎上形成了以「預定論爲中心」的神學體系，在新教諸教派中創立了「加爾文宗」（亦稱「長老宗」、「歸正宗」）。

加爾文認爲，由于亞當犯罪，人的本性完全敗壞，陷于罪中，絕無行善的能力，靈魂永無救的希望。上帝爲了彰顯自己的榮耀，對世上的每個人都作了永恆的判決，這個判決就是預定。根據預定，有人得救，稱爲上帝的「選民」，有人受永罪，稱爲「棄民」。「選民」并不能自救。爲了拯救陷于罪中「選民」，基督道成肉身，代爲受死，承擔了「選民」的全部罪孽。上帝先將救恩賜給他所預定的「選民」，「選民」才能憑這恩賜相信基督的救贖，「因信稱義」，獲得永生。既然得救完全取決于上帝的預定，「選民」獲救的恩寵永不失落，那麼，一切善功、聖事等就都不起作用，這就否定了神職人員和羅馬教的作用與權威。

關于教會，加爾文認爲應分爲兩種：眞正的教會是無形的，是由「選民」組成的；另一種教會是外在的有形教會，包括一切「自認爲敬拜一位上帝與基督的人」。有形教會中有「選民」，也有永無得救希望的「棄民」，只是爲彰顯上帝的榮耀，必須由有形教會強迫他們服從上帝的誡命，接受教會的約束。但是「選民」必須加入教會，因爲「教會外無救恩」。在這個問題上加爾文與慈溫利意見相左，慈溫利認爲只要上帝預定，非基督徒也可以得救。

加爾文只承認洗禮和聖餐爲聖事，而且他從預定論出發完全否定聖事與得救的必然聯繫。路德認爲聖事是顯示上帝的應許，喚起信仰的手段，加爾文則認爲上帝只通過聖靈直接啓迪「選民」，使之產生得救的信心，聖事不過是爲榮耀上帝而制定的禮儀，所以必須服從，並非獲救的手段。對于聖餐的解釋，加爾文既不同意路德的「同體論」，不像慈溫利那樣認爲只是象徵性的紀念儀式，他認爲領聖餐并不是領受基督的實在肉體，而是憑著信仰領受那實在的屬靈的基督，是獲得上帝恩寵的證據。

加爾文比路德更重視《聖經》的權威。路德從未試圖單純依靠《聖經》的權威創立一種教理體系或《聖經》學理，他甚至把《聖經》中的律法和福音對立起來，對律法充滿了反感。加爾文則視《聖經》爲「永恆的眞理準則」，是教義和生活的標準，是一切完美信仰和對上帝正確認識的源泉，是教會組織、紀律的依據。他重視律法，認爲律法雖不是得救的途徑，卻是上帝的啓示，是社會秩序和法律的基礎。

加爾文的「預定論」認爲，誰是上帝的「選民」雖是個奧祕，但人可以憑借自己對基督的信息和按《聖經》的準則行事來獲得救恩的確證。「選民」在現世的使命是盡力遵守上帝的誡命，在社會上有所成就，以彰顯上帝的榮耀。他認爲做官執政、經商贏利、放債取息、發財致富和擔任神職一樣，都是受命于上帝，財富不是罪惡，而是蒙恩的標誌，只要在道德品質上不違背《聖經》，在財富使用上不揮霍浪費，就應該鼓勵人積累財富。他還用《聖經》中的亞伯拉罕是個擁有大批財產的富翁作爲自己的理論根據。加爾文的這種主張衝破了教會勸人安貧修道的傳統，體現了資本主義原始積累的精神，爲新興資產階級追求利潤提供了神學根據。因此，在加爾文派信徒中出現了一批克勤克儉、冒險進取的新興資產階級實業家。另一方面，加爾文提倡「選民」世俗生活的目的是「榮耀上帝」，他們必努力從事日常工作與勞動，積極爲社會服務，在教徒中就出現了一批視勞動爲神聖、全心全意工作的勞動者，同時也培養出一批具有強烈政治責任感的信徒，他們把與違反上帝意志（即不符合《聖經》）的政權作鬥爭看作是上帝賦與他們這些「選民」的神聖職責，爲榮耀上帝不惜犧牲一切。虔誠的加爾文派信徒都相信自己是預定的「選民」，爲榮耀上帝而自覺地過著以勤勞、儉僕、積極向上爲光榮，以奢侈、浪費、不勞而獲爲恥辱的生活。因此，加爾文的「預定論」比路德的「因信稱義」更能直接滿足新興資產階級在政治、經濟等方面的需要，爲他們提供了一批精明的統治者、刻苦的勞動者和反封建的堅強鬥士。加爾文派的教會也更符合新興資產階級建立「廉價教會」的要求。加爾文思想成爲新興資產級精神的眞正代表。

(三) 加爾文宗教會的體制

加爾文非常重視教會本身的建制。他認爲教會與國家都是由上帝創造，都是神聖的，上帝的目的是使兩者協調工作。教會負責信仰、崇拜和道德，國家則保證教會行使其職能。因此，神權政治是最理想的社會制度。在日內瓦的神權共和國中，爲保證教會不受世俗政權的控制，加爾文根據《新約聖經》和日內瓦市政權的組織形式，創立了「長老制」教會。教會的最高權力機構是「長老會」或「長老法庭」，由平信徒中推選長老十二人和牧師五人組成。牧師為終身制神職人員，由議會推舉，長老則每年改選一次。長老會定期開會，商討教會諸項事宜。教會的懲處以開除教籍為限，更重的懲處則由政府處理。長老的任務是注意人們的道德紀律，維持社會秩序；牧師的職責是講解《聖經》，負責管理教會和培養神職人員。由日內瓦各教堂的牧師共同組成「牧師團」，不經牧師團許可，任何人也不得在日內瓦傳教。此外，教會中還設立教師和執事，教師負責領導日內瓦的學校和宗教教育工作，執事是由平信徒選出來協助牧師、長老工作的非專職工作人員，從事救濟、醫藥等慈善事業工作。這種組織形式后來為其他國家加爾文派教會所採用，各基層教堂由平信徒選舉長老來管理，牧師由長老聘請。教區長老會由基層教堂的長老、牧師一人共同組成。這種組織形式使教會帶有更濃厚的反封建性和更多的民主性，更易為資本主義發達的西歐各國所接受，因而傳播較廣。（唐逸《基督教史》頁二一一—二一七）

二、學說

（一）萬事皆以上帝的旨意為最後決定

根據加爾文所講，人之最上知識即認識上帝，認識自己。人從自然界得來不少知識，叫人無可推諉。然而惟有聖經能給人充分的知識，因為聖靈在相信的讀者心中見證，使他聽見上帝的聲音。聖經叫人知道上帝是善的，祂是萬善之源。人生最大的本分乃是順服上帝的旨意。當人受造之時，原是善的，也能順服上帝旨意；但因亞當墮落，人之原有善良和能力均失落了，所以現在的人靠自己絕無行善的力量。既然如此，人所行的毫無功德可言；一切人都在沈淪滅亡的情勢中等候定罪。在這種全無辦法，毫無生望的情況中，因著基督所作的功勞，有些絲毫不配蒙拯救的人，居然蒙了拯救。基督代替這些人死，受了祂們的罪所當受的刑罰。然而這種贖價之付予與接受，都是出於上帝的自由行動。它是以上帝的愛為主因的。

除了一個人將基督代他所作的佔為己有，否則，基督的工作便與他無關。這種佔有是聖靈作成的。聖靈是照自己的意旨，用自己的方法，決定於何時何地在人中造成悔改的狀態；又在人心中啓發信仰，這意旨如同路德所講，是信徒與基督間所發生的生命結合。有了這信仰的新生命就是得救，但得救是行出義來。得救的信徒行出善事來蒙上帝喜悅，這就可證明他已與基督結合爲一。「我們稱義雖不在乎善工，卻也不是全無善工。」所以加爾文所講的「善工」與羅馬教一樣熱烈，在他心目中，善工卻沒有完成得救的關係。基督徒行事爲人的標準，就是聖經所記上帝的律法，這標準並非用以判斷人之得救，乃是用以說明上帝的旨意，叫那些已經得救的人努力實行出來。這注重律法爲基督徒生活指導的見解，是加爾文思想中特有之點。所以加爾文主義老是注重品格，不過照加爾文講，品格是人得救之果，並非得救之因。祈禱是培養基督徒生活主要的工具。

既然一切的善都出於上帝，人悔改歸正自己不能開始，開始之後又不能拒絕，所以有人得救，有人滅亡，必有上帝於其中加以選擇，其理甚明—此即所謂揀選與捨棄之道。既然萬事皆以上帝的意旨爲最後的決定，若要在上帝的旨意之外追溯這種選擇的原因，必係荒謬絕倫之論。然而就加爾文看來，揀選之道是基督徒最大的安慰。試一思之，上帝爲每一個人立定了得救的計劃，是何等穩固的一種自信，不但可以安慰那些自覺不配得救的人，連祭司和君王的勢力也不搖動這種信念。這種道理也激動人與上帝同工，完成祂的旨意。

上帝爲維持基督徒生命，設立三種機構：教會，聖禮，政府。嚴格說來，教會乃由「一切上帝所揀選的人」所組成；但教會也包括「世上一切……自認爲敬拜獨一上帝與基督的人」。然而在「謊言與虛僞操權得勢」的地方，不能有眞正的教會。新約指明，教會的職務有：牧師，教師，長老和執事，由他們所服務的地方教會中推舉出來。聖職的起源是雙層的：有上帝在暗中宣召，又有「教友的認可」。這樣，加爾文便承認了地方教會有權舉任職人員，但依當時日內瓦情形，加爾文不得不拿該城政府來代替民衆發言。加爾文也承認教會有完全獨立主權施行懲治，以革除教籍爲最後裁判。教會裁判之權不能超出革除教籍以上，然而連這種獨立權之保留，其他改教領袖也都放棄了，以期無礙於國家督察之權。上帝設立政府，爲使他保養教會，保全教會遠離異端之危害，對那些單以革除教籍尚不足以刑罰的罪犯再加以懲處。加爾文只承認兩種聖禮—洗禮和晚餐禮。關於那兩個爭論達到了焦點的問題：基督如何臨在晚餐之中；加爾文也如同布澤爾一樣，站在路德與慈運理之間，就形式講，與那位瑞士改教家較爲接近；就精神上講，卻更爲接近那位德國改教家。他同意慈運理，否以任何形式的基督的物質身體臨在說；然而他還是用極清楚明確的話，斷言於聖餐之中，人可憑著信仰而領受那實在的屬靈的基督。「基督，從祂肉體的實質中，將生命輸入我們的心靈中，而且是播散祂自己的生命到我們裏面，不過基督實在的肉體並不進到我們裏面。」（華爾克《基督教會史》頁六一二—六一四）

（二）預定在神的恩典之後

加爾文的神學體系，常被認爲是以預定論爲其中心。然而，若仔細讀他的《基督教要義》卻無法證實這種說法。加爾文對這個教義採用低姿態處理，只用四章作說明（第三卷，第廿一至廿四章）。預定論被定義爲「神永遠的喻令，其中祂決定將如何對待每個人。因爲祂創造每個人，狀況並不相同，讓某些人有永生，而其他人受永刑。」在談預定論時，加爾文似乎曾一度提到它是「可怕的喻令」；「這個喻令，我承認，是可怕的。」不過，可怕的一詞，拉丁文或許最好譯爲「可敬畏的」；加爾文自己對這一段的法文翻釋，讀爲「我承認，這個喻令會使我們害怕。」

加爾文對預定論的分析，從觀察事實開始。有些人相信福音，有些人卻不信。預定論的主要功能，在解釋爲何有些人會對福音有反應，有些人則不然。這是爲了要解釋人對恩典有不同的回應。加爾文的預定主義，必須視爲對人類經驗資料的反思，從聖經的亮光解釋它，而不是從基於神全權預設而作的推演。相信預定論，並不是單獨的一道信仰條款而是按照聖經所提供的資料，反思恩典在個人身上的功效，面對這類謎樣的經驗，而作出的結論。

此處必須強調，它並不是神學的發明。加爾文並沒有將前所未知的觀念介紹到基督教神學界來。許多中世紀後期的神學家，特別是「新奧古斯丁學派」之人，如黑米尼的貴格利和奧維多的胡格利諾（Hugolino of Orvieto），教導絕對雙重預定的教義，即，神將某些人放在永生中，另一些人放在永刑中，與他們有功德與否全無關係。他們的命運完全在於神的旨意，不在自己。事實上，加爾文有可能主動採用這種中世紀末期的奧古斯丁派理論；這個說法太像他自己的教導了。

預定論非但不是加爾文思想的中樞，反而只是補助教義，是要解釋恩典的福音宣揚出來後，令人不解的結果。

不過，加爾文的後人嘗試發表他的思想，在新的理性之光中重新詮釋，而也許難免（倘若可以說，這是一種退步，落入某個預定論模式）會改變他對基督教神學的架構。（麥葛福《基督教神學手册》頁四五九—四六〇）

（三）論人對神本能上的認識

加爾文論人對神本能上的認識，在一五五九年版的《基督教要義》（Institutest）中，開宗明義地討論，我們如何才能得到一些有關神的知識。他認爲惟有從聖經中，才能夠得到對神正確完整的認識。然而，他也堅持主張，本能上的認識神是有可能的，是爲人完全認識神作好準備，讓人沒有藉口可以推說不知道神的存在或神的本性。

在人的思想中，亦即人自然的本能中，有一種有關神的意識（Divinitatis sensus）。這是一個無可爭論的事實。沒有人可以託辭不知，因爲神常常更新甚至增添這種意識，以致所有的人都知道有神的存在，也知道神是他們的創造主。任何人不敬拜神，不用他們的生命去事奉神的時候，他們自己的良心已經定了他們自己的罪。若有人想要找出一些不知有神的人，最有可能應當可以在較落後、眞正遠離文明的民族（Ab humanitatis cultu remotiores）當中找到。但事實上（套用一位異教徒的話來說），世上還沒有哪一個國家是野蠻到這個地步，也沒有哪一個民族是落後到這個地步，以至他們中間無法找到有神存在的普遍信念……。自從創世以來，沒有一個地區、城市或家庭是沒有宗教信仰的。這個事實本身便足以指證，在所有人的心中都已銘刻了有關神的意識。

天上及地下有無數的見證都在宣告神的智慧所行的神蹟，不單只是天文學、醫學，以及所有自然科學（Tota physica scientia），這些能供人作詳盡觀察、比較神祕的事件所作的見證，另外那些強迫自己採取最無學問、最無知識者之角度的人更可以見證，他們只要一打開雙眼，便無法不看到神存在的見證。（麥葛福《基督教神學原典菁華》頁八〇—八一）

（四）預定論的五項特點

加爾文是改革宗最偉大的神學家，他雖然沒有獨創新的神學，但卻能精通路德和奧古斯丁主要的思想，採納路德的大部份基要教訓，他有敏銳的頭腦瞭解宗教上的觀念，並能表達那些觀念，他亦有精確的邏輯思想，在這一點上，是勝過路德，在組織基督的觀念上，也優於默蘭頓，在他被逐出日內瓦年間（一五三八—一五四一），是十分趨向於路德主義，後來由於兩人對聖餐的看法不同而分離，他堅決棄絕路德所主張的基督臨在於聖餐中之教訓，認爲路德的聖餐的教理，原是一種教皇所揑造的，全然不合理的，是極力反對羅馬教的化質說的道理，他的看法是處在路德與慈運理之間，是折衷於路德的實體論，和慈運理的屬靈主義，他相信聖經神聖的奧祕，是寄於有形體之記號與屬靈的眞理。聖餐之意義，是寄於儀文所表明的應許，即「爲赦罪之緣故，基督爲你們捨棄身體，並爲你們流血」，基督所說這些應許與記號，互相交織而成，祂爲我們死是有效的，祂的功效包括救贖、公義、成聖、永生，以及賜給我們的所有其他益處，加氏的部份看法與路德相似，不過最大的差別，就是路德在於確信基督臨在聖餐之中，此乃不爲加氏所贊成，加氏強調餅與酒，只基督的象徵而已。基督並無附身於餅和酒的食物上，餅和酒是記號，是保證，並以印證堅定祂的應許，即祂身體實在是肉，祂的血實在是可喝的這種應許，「這是我身體」，意指「這是代表我的身體」，餅使人怎樣得到營養、支持，保持身體的生命，照樣，基督身體，也能給人屬靈的生命，支持靈魂的生命。加氏說：「基督在祂升天之日，便從一個地方進入到另一個地方，基督的身體是有限的」。若有人主張基督再一次進入這種會朽壞的餅和酒上，那是錯了。他在基督論上，對基督人性參入基督神性這一點上，隻字未提，但在天堂與地上搭架橋梁，他說，就要依靠聖靈才能有效地作成，聖靈作聯結工作，是導管，藉著聖靈，凡基督所有的，都要賜給我們，既然聖靈在信徒身上動工，那麼聖餐僅對基督徒是有功效。總之，加氏的教訓，既非如慈運理所主張純粹的象徵說，也並非是像似路德所主張的實在論，他的看法，實際上乃是屬靈的看法。

加爾文對洗禮的看法，在其「基督教要義」一書中寫道：「凡認洗禮只不過是一種在衆人面前告白宗教信仰記號的人，便是那還沒有摸到洗禮主要意義的人」。他講到洗禮積極的恩賜，是含有赦罪的應許，治死肉體，賜給屬靈的生命，和有分於基督等，他認爲洗禮的益處，是靠著那與洗禮有關的聖靈而獲得。他強調恩典的應許，說到上帝要行那由儀式所表明的事，應許是確實的，上帝要將赦罪帶給被揀選者，洗禮是一種恩典的工具，所要教導我們的，是上帝要赦免人，就赦免人，洗禮好像是一種律法的工具，藉此，上帝保證被揀選者的衆罪惡都得蒙赦免。

加爾文講到預定的道理，前面已有所述，是堅持神自永遠預定所要遇到的事，而教導雙重的預定論，說到得救者與被棄者都是預定，這就是雙重的預定論，絕對的預定，是神對人類歷史的計劃，他定義預定爲神的諭令，命定誰蒙揀選得救，誰被棄絕受永刑，神是自己決定各人的命運，因爲人人受造不都有相同的命運，所以人人都被列在這兩個終局之中，或預定得永生，或預定至永死，即得救者與被棄絕者。加氏以爲蒙揀選的人，不得不自願藉神的恩典而得救，他們藉著聖靈得重生，且是一次得救，永遠得救，對於這些得救的人，是至終不能從恩典的地位墮落，其預定的道理，影響了加氏所講關于聖禮的道理，他承認主所設立的兩個聖禮，在那蒙揀選的人身上，發生預定的效果，反之，對那些未蒙揀選的人，聖禮是虛空而無意義的，我們現將加爾文主義的預定論，加以歸納起來，可以分爲五項特點於左：

1、無條件的揀選—他認爲神的揀選，全不考慮到人的意志，神在創世以前，揀選某些人來得救恩，完全是出於祂自己至尊無上的旨意。祂特別揀選某些罪人，不是基於他們的信心或悔改，反之，乃是神將信心與悔改賜給那些已被神選上的人，這信心與悔改爲神揀選的果效，非揀選的原因，因之，揀選並不是由於人有品德或善行而決定的，是神照祂的主權揀選人，且藉著聖靈的能力，使人來衷心接受基督。

2、有限度的救贖—基督僅爲祂所揀選者死，是祂救贖的工作，是爲某些特別蒙揀選的罪人擔當的刑罰，在實際上已爲他們取得了救恩，而且也爲他們獲取了全部的救恩，其中包括與祂聯合的信心，凡屬基督爲之而死的人，聖靈必把信心賜給他們，是牢不可破的，而保證他們的救恩是永遠有效的。

3、人全然的敗壞—人的墮落而全然敗壞，是由於亞當的墮落，全人類都不能靠自己而發生得救的信心，來相信福音，不能在屬靈方面擇善棄惡，須靠聖靈扶助來到主前，使罪獲得重生，信心是神賜給罪人的恩賜，只有被揀選者，才能領受救恩的呼召。

4、不可抗拒的恩典—神的恩典是不可抗拒的，是向那些蒙揀選的人，所發生內在的呼召，不能被抗拒的，而終於會使他們悔改相信，受聖靈的引導，甘願來到基督面前，一定得著救恩，決不失效，這是聖靈特別施恩於蒙揀選的罪人，因之神的恩典是無法抗拒的。

5、永遠的得蒙保守—凡蒙揀選者，被基督救贖，並由聖靈賜予信心，是無條件享有永遠的安全，永遠得救，蒙受神的大能所保守，因神既已做的，就必做到完成爲止，人所得的救恩，永遠不失去。以上之五特點，是在一六一八年十一月至一六一九年五月，於多特大會上（Synod of Dort）所確定認爲是合乎聖經中救恩教訓的神學體系，而被稱爲「加爾文主義五基要信仰」，且以此五要點來駁斥亞米念派所提出的五條見解，視爲荒謬，因此被罷黜逐出教會之外，而採納了加爾文的五點思想爲正統。加爾文論到原罪問題，認爲人的本性存有一種遺傳性的敗壞，這種敗壞從人肉體中產生的，由於亞當犯罪的結果，人人都要受咒詛，所以嬰兒雖未結出罪孽的果子，但在他裡頭卻有罪孽的種籽，因此世人都是神所憎惡的，這種敗壞一直存在人的裡面，結果結出各種罪的果子，人的本性缺乏一切的善而易於作惡，加氏明白色慾之意，說到在人身上每一件事，包含悟性、意志、靈魂、身體，都被色慾所玷污，可見人是全然敗壞，不能自救。

加爾文論到基督與祂的工作，基督是爲要成爲我們的救主，就必定是神人，我們若需有分於基督受苦的果子，祂受必須成爲人而受苦，也必須是神爲我們戰勝死亡，祂是有先知、祭司、與君王的職分。至於一個罪人稱義與成聖，加氏說到神爲基督的緣故，宣告罪人爲義，認爲罪人的稱義，全然是基督史實性的救贖，而不是基於靠著基督的靈，所產生的那種道德的更新。他教導說，成聖的工作，立刻與稱義連結在一起，凡基督所稱的義，沒有一個不被成聖的，人若要對神有一種新的態度，就必須先要被神稱爲義的，凡經歷這種稱義的，都能同時領受到成聖的靈。

加爾文對於教會的看法，認爲教會是歷代被揀選者的總和，神預定祂所成就的，與道之工作有關聯，則教會亦即持有道和聖禮的衆信徒之總和。加氏論及不可見的教會，是神聖的，是從可見的教會出來的，但這可見的教會卻有許多假冒爲善的人。被揀選者都有一種心願，是要彼此影響，而產生一種交契，彼此分享神給與他們的福分。我們相信那不可見的教會，並要尊重可見的教會，促進其教會的聯盟，教會絕不可停頓在不結果子的境上，凡脫離可

見的教會，就等於否認上帝和基督，教會是爲上帝一種影響力的象徵。（李道生《世界神哲學家思想》頁一九二—一九七）

三、結語

綜上所述，加爾文的上帝觀，萬事皆以上帝的旨意爲最後的決定，預定在神的恩典之後，人對神本能上的認識，以及預定論的五項特點等神學思想。

加爾文主義（Calvinism）的原則就是聖經，也就是加爾文教義的來源。十六世紀宗教改革家，都主張一個高尙的聖經觀，堅持聖經就是神的話，是以書面的方式，在聖靈的默示之下所寫給人的啓示；他們堅決主張，聖經是基督徒信仰與生活唯一無謬的準則，在這一點上，所有著名的改教家都一致承認。有這種信仰，所以加爾文主義堅持聖經是人認識神，及認識神旨意、作爲的唯一來源，因爲創造與護理雖然啓示神的永能和神性；但是，自然與人都受到罪的破壞，以致不能作爲彰顯神的適當方法；此外，也不能啓示神的救贖之愛或作爲，因此，完全認識神的方法，只能直接從神給人的啓示中得來，那就是藉著衆先知、使徒，又藉著耶穌基督—祂自己就是永活的道—記載在聖經中的話及作爲。

聖經不但啓示了神，也告訴我們人是什麼。人是神所造的，就應當履行對神的責任，履行神爲人安排的責任。聖經同時也告訴人，關於人自已，他當信甚麼；關於神他當信什麼。總而言之，人必須憑信心接受聖經有關人自己與神之間關係的啓示。

第一，在崇拜的事上，聖經是我們唯一的根據，因爲神在聖經中告訴我們，當如何敬拜。第二，聖經也告訴我們，人當如何在這世界中生活並約束自己。第三，人是神所造的，而其生活最高目的也都記載在聖經中。如此說來，在加爾文主義中，聖經在基督徒思想、生活、言行中，佔有絕對中心的地位。

從聖經的教訓中我們得到加爾文主義的基本原則：神的主權。這也是加爾文主義思想的中心。加爾文主義者相信，聖經的中心思想即三位一體的神；此三位一體的神，即一神但有三個位格，三位格完全獨立，且絕對自足；神在多方面完全的啓示祂自己，神是有完全至高權者，祂不需要倚靠在祂以外的任何事物。

萬物是神所造的，爲神所有，但不等於神（與汎神論相反）。加爾文主義從不接受宇宙是從神分出，是神之一部分的觀念；也不相信，神一旦造了世界，就任憑它內在的自然律運行，而不加管理（自然神論即如此主張。）宇宙的繼續存在與運行，包括人的自由行動，是有神每時每刻奇妙、權能的護理與支持。

雖然人犯罪是按著自己的意思、願望與神隔離，但神爲了達其至高、終極的目的，榮耀自己，卻也容許人犯罪，同時用恩典來救贖這些罪人；因此，從有史以來，就有兩個相衝突的原則對立：即罪惡與救贖，隔離與和好。這兩個原則在舊約歷史中可以很清楚看見，而且在耶穌基督救贖工作中得完滿的結果。從舊約時期起，此衝突一直持續到神聖靈在人心中工作，使罪人悔改進入神國爲止。

神聖靈所救贖的這些人，是萬古以先在基督裡就被選召的，並不是靠著人有信心、義行，乃是憑著神自己的白白的恩典與慈愛所救贖的。若不是神藉著聖靈重生人，就沒有一個人能本著自己悔改而信靠神，因爲人的本性已被罪敗壞，沒有能力來到神面前。因此，基督死而復活，爲叫神選民與祂和好，神將所屬靈恩賜給他們，使他們能信基督爲救主。

對加爾文主義而言，人與神和好完全是神的工作，是永遠主權的恩惠。這樣，蒙揀選的人是永遠不會滅亡，必至終蒙保守。

凡接受神之主權此聖經原則的人，也要接受基本的倫理原則。因爲神是有主權的神，是一切受造物的主宰與創造者，所以一切的人在今生，在一切所行的事上要服事祂。使人眞能負責任的是神的主權。

因爲人與神疏遠，人沒有盡到應盡的責任，反而希求用神所創造的物質與屬人的智慧，來滿足自己的欲望及榮耀；結果，把神美好的創造曲解、玷污，並予以誤用，甚至毀滅。另一方面，基督徒承認他對神的責任，乃在發揚神的榮耀，藉著物質，以及自己的恩賜來造福社會，這是他人生的使命。

加爾文主義終極目的，就是榮耀神。創造與救贖從根本上說，並不是爲了滿足人的喜悅，所以傳福音、社會服務，以及相類似的其他工作，不應該被認為是為了人的好處，乃是為了榮耀乃位有主權的三一真神。在世上服事神，基督徒當尋求彰顯神的尊嚴、能力與恩惠，以致能在世上榮耀祂。他不當看自己所做的事僅僅是屬世的活動，當看為歸榮耀給神的事。

加爾文主義的思想系統，雖然在加爾文所著之書中寫的很清楚，但於一六一八年多特總會所發佈的信經中，卻有更詳盡的說明，即一般所稱之加爾文主義五特點，(1)人類完全墮落；(2)無條件之揀選；(3)限定的〔特定的〕贖罪；(4)不可抵抗之恩召；(5)聖徒蒙保守。（趙中輝《英漢神學名詞辭典》頁一〇五—一〇六）

第六節　蘇西尼的上帝觀

一、傳略

勒略蘇西尼（Lelio sozzini 或 Scinus 1515-1562），或譯為「索西奴」，出身於謝拿（Sien）望族，專門研究法律之學。對於神學，他的思想原屬福音派，且自一五五〇至一五五一年在威登堡住過整整一年，與墨爾頓友善。他到過瑞士許多城市，在日內瓦頗受歡迎，最後定居於區利赫，即死於該處。他的思想轉向於三位一體問題，發端於塞爾維塔斯之被判死刑，但他心中所臆測的在他生前並未發表過。他的侄子浮士妥（Fausto 1539-1604）聲名較他顯著，一五六一年他在里昂，一五六二年他在日內瓦。浮氏的思想雖甚激烈，已受其叔父思想著述之影響—但不如一般所傳說之甚—在形式上他卻是羅馬教會信徒，且自一五六三至一五七五年住在義大利。從義大利他又搬往巴塞爾，一直住到一五七八年，因應比安得拉他之聘，才往德蘭斯斐尼亞去。翌年他又遷往波蘭，在那裏直住到他一六〇四年逝世。

二、學說

(一)神體一位論主張以聖經為真理的源頭

神體一位論派之所以能於波蘭建立基礎，應歸功於浮士妥及其他領袖，他們所信之道於拉寇問答（Racovian

Catechism）中作了有力的說明。對於這本問答書之寫作，浮士妥盡力不少。此書以一六〇五年出版於拉寇（Rakow）城，故有拉寇問答之稱，而拉寇也是這些「波蘭弟兄」工作的中心。這問答書把唯理的推測與固執的超自然思想冶於一爐，眞是一種奇異的混合。它主張以聖經爲眞理的源頭，但新約眞理的證明，端賴其中所記載的許多神蹟，而以基督復活一神蹟爲首要。這樣用超自然的眼光證明新約，也就是保證舊約之眞實無訛。新舊兩約之作都爲使人了解永生的道路，其中所記雖有些超出理性以上，但其價值總不違反理性。聖經要人相信上帝是存在的，且是賞善罰惡之主，人本來是必死的，憑著自己不能找著永生的道路，所以上帝賜他聖經，生命，又以基督作榜樣。基督不過是人，但祂一生完全順服上帝，作人榜樣，滿有屬神的知慧，所以上帝賞賜祂復活，賦予祂一種神性，所以他如今還能聽人禱告。基督徒的生活包括：以上帝爲樂，祈禱，謝恩，捨棄世界，謙卑，忍耐。由基督徒生活所生的效果爲赦罪與永生。洗禮與聖餐禮均爲基督所設，應當保存，且具某種象徵的價值。這派思想斷言人在根本上是自由的，卻否認原罪與預定之理。

（二）基督受死是表明順服的最好榜樣

在思想批判方面，蘇西尼派最大的成功爲其對救贖的補罪教理所加的攻擊，而這種補罪教理卻是一切改教家所一致承認的。他們說補罪的要求原與上帝的本性不合。既有赦罪，便毋須補罪，此二者乃互相排斥的觀念。以無罪的人代替有罪的人受罰，是絕對不公平的事。基督受死是表明順服的最好榜樣；在必要時，這種順服也是每一基督徒所應該表明的；但基督的順服雖大，卻不超過祂所應該有的，所以祂不能將祂順服的價值轉移給他人。假如這種轉移是可能的話，那末，人便毋須在道德上去努力追求公義，而品格也受因此羸弱了。（華爾克《基督教會史》頁六九六—六九八）

三、結語

綜上所述，蘇西尼的上帝觀，神體一位論主張以聖經爲眞理的源頭，基督受死是表明順服的最好榜樣等神學思想。神學一位論能於波蘭奠基，全賴浮士妥等所信之道，於《拉寇問答》（Racovian Catechism）中作了說明。此爲現代神格唯一論派最早之信條書，約於索西奴死後（一六〇五）問世。在此問答書中清楚表面索西奴神學。以「基督教爲何？」問題開始，回答「基督是爲求得永生，神所啓示的方法。」啓示的眞理超於理性，但與其理性並不違反。基督超於人，但不是眞神，如果是眞神，祂就不會死。（趙中輝《英漢神學名詞辭典》頁五五三）此說不符合聖經眞理。

第七節　伯撒的上帝觀

一、傳略

伯撒（Beza Theodore）（Theodore de Besze, 1519-1605 A.D），是法國貴族，於一五四八年去到日內瓦，成爲加爾文主義的代言人。於一五五八年被任命爲日內瓦神學院（Genevan Academy）的教授，於一五六四年加爾文死後，被公認爲改革宗神學的主要發言人。

二、學說

（一）神全權旨意的上帝觀

伯撒《論預定的因》。伯撒是加爾文在日內瓦的追隨者之一，頗富名望，是加爾文主義的主要支持者。他寫此封信給加爾文，正値預定論在日內瓦備受爭議之時，伯撒指出預定論的最終根據，在於神全權的旨意。

若有人問及，是什麼原因，導致神自亙古之時便已決定揀選某些人，咒詛其他的人；我想我們必須如此回答：藉此，神可以更加清楚地彰顯祂無邊的大能。若這些人接著問及這永恆的定命有何「物質因」（Material cause，他們如此形容），我除了指向神的旨意，別無可答。神對祂所創造的萬物，擁有完全的自由，正如窰匠有完全的自由從同一團泥中，製造出一些貴重的器皿，以及一些卑賤的器皿一樣。若有人問及爲何神預定某些人得救恩，某些人被毀滅，我將再一次指出那是神的旨意，祂按著自己的權能，製造出一些貴重的器皿，又從同一團泥中製造出一些卑賤的器皿，同時藉著如此的分別，也表達出祂自己獨特的審判。因此，面對這些問題，我不會訴諸於「次因」（Secondary Causes, 其中包括基督及亞當），而是以其後有何跟進爲主。這個問題並非質疑揀選或是咒詛的程度，而是其執行。神命定了某些次因來執行祂的定旨。我們可以爲我們爲何蒙揀選、如何蒙揀選找出原因，亦即出於神的大愛，祂在基督裡面看我們（祂在永恆的過去已決定將基督賜給我們），祂無法不愛我們（Non potuit nos non amare），因此使我們在祂裡面成爲公義聖潔。但若問及什麼原因導致神咒詛某些人，我只能回答說此原因必定是在人的本身，因爲他們繼續不斷地墮落犯罪，自然應爲受到神的義恨。這種人合理地遭到神的棄絕……因此，「神從創立世界以前，在基督裡揀選了我們。」（弗一4）我的領會是：當神自永恆之中預定我們蒙揀選之時，同時也使基督同樣順服於這個定命（Simul huic decreto substravisse christum），因此神得以在基督裡面揀選了我們，使我們得蒙稱義，得到榮耀。另外一方面，當祂預定某些人會滅亡之時，祂同時也任命了亞當，使那些已墮落的人在亞當裡更加剛硬，以至於神可以在他們身上施行祂的至高權能。（麥葛福《基督教神學原典菁華》頁三〇二—三〇三）

三、結語

綜上所述，伯撒的上帝觀，指出預定論的最終根據，在於神全權的旨意等神學思想。

伯撒爲法國神學家兼著名希臘文學士，曾爲加爾文寫傳記，著有新約希臘文和拉丁文的翻譯本。塞維塔斯之死，引起大衆對加爾文的責難，只有伯撒爲加氏辯護，後成爲法國改革的發言人，也繼加爾文爲日內瓦市政的領袖。（趙中輝《英漢神學名詞辭典》頁七三）

按預定論（Poreordination）爲加爾文所主張，謂神預定人得到永遠的救恩。加爾文寫道：「有些人被預先定得永生，其餘的人當然受永刑……。因此我們說，每一個人不是被預定得永生，就是得永死。」保羅也說到神：「因爲祂預先所知道的人，就預先定下效法祂兒子的模樣」（羅八A）。阿民念派、路德會、天主教等都接受預定得永生，不接受預定滅亡之說。（同上頁二五九）

第八節　蘇亞萊的上帝觀

一、傳略

蘇亞萊（Francisco suarez 1548-1617 A.D），一譯作「蘇亞雷斯」，西班牙出生的天主教耶穌會神學家和哲學家，國際法奠基人之一。人們常常認爲他是聖T、阿奎那之後，最傑出的經院哲學家。他是一位富裕的律師之子，一五六一年開始在薩拉曼卡學習法律，一五六四年離去，參加耶穌會。一五七一年起講授哲學。一五八〇年在羅馬（後來在阿爾卡拉）耶穌會學院任神學講師。一五九七年獲博士學位。一五九七—一六一六年在科英布拉擔任教授。他是一位學問淵博，治學很有條理的學者，其著作單是不完全的巴黎版（一八五六—一八七八）就有廿八卷之多。他在哲學方面的主要研究著作是《形而上學論文集》（一五九七），此書成爲歐洲大多數大學（無論是天主教的還是新教的）的課本達餘百年。這部著作專門討論人的意志問題和一般同特殊現象的概念問題。在書中，他援引了亞里斯多德和阿奎那的學說，也涉及到其他經院哲學家的論述。他脫離了阿奎那的立場，因此，人們就把他的體系單獨稱爲蘇亞雷斯主義。曾應教皇保羅五世等人之請，寫了一些爲基督教國家性質作辯護的著作，用以反對英國聖公會神學家的說法，即國王有權利以上帝在人間的代表身份進行統治。這一君權神授之說當時由英王詹姆斯一世提出，他後來將蘇亞雷斯的《辯護書》燒毀在倫敦聖保羅大教堂的臺階上。蘇亞雷斯在《辯護書》和《論法律》（一六一二）中闡述其政治理論和法律哲學。他在駁斥君權神授之說時宣稱，政權最初是屬於人民自身的；國家由人民所同意的一項社會契約產生。他爲一個人對於生命、自由和財產所擁有的天然權利進行辯護，而對亞里斯多德認爲某些人生來就要受奴役的看法予以駁斥。在《論戰爭和印度群島》中批評了西班牙殖民當局的所作所爲。他認爲印度群島在世界各國的大家庭中如同其他國家一樣，也是主權國家，在法律上和西班牙是平等的。（《大不列顛百科全書》中文版册⒁頁一一八—一一九）

二、學說

(一)宇宙觀中特殊的貢獻

在蘇亞萊的哲學作品中，速從知識論跳入形上學，發展他本體論的特殊主張，從他的哲學著作中，看出他所提出的五點，是關於宇宙觀中特殊的貢獻：

1、所有的存在都是一體的，這一體的存在，本身不能是虛僞的，不能有缺陷，所以它應該是眞實的、完善的，同時討論到最後的本體的現象時候，它也只有一個，如果它本身是雜多的，這所有雜多的存在，應該有一個原因，這個原因又必須是單一的，如果它本身是雜多的，它們一齊需有一個單一的原因，所以推論到最後，在蘇氏的學說中，存在的本身是眞善美，是唯一的。

2、所有的認識作用，都必須透過主觀的心靈，以及客觀的外在事物綜合，亦所謂的認識作用，不可能是完全主觀的幻覺，不可能有眞正客觀事物的存在，因爲所有的知識，都是由於主體去認識客體，而客體的眞實性，及主體的能知性，應該是連在一起的時候，才有知識作用的產生，因此在蘇氏的學說中，宇宙的眞實性，不是惟物的、唯心的，而是心物合一的。

3、人與人之間，或是人在獨處的時候，都有一個倫理的標準，人與人之間的倫理標準，可以人的良知去選擇，而最終會發現，必須是仁愛與互助，人單獨存在的時候，應該愼獨，因爲人在單獨存在的時候，應該是上帝與他一起存在的時候，而人的孤獨性，若不能把握住的話，表示他的內心沒有愛，缺乏神性。

4、本質與存在一致性，因爲蘇亞萊覺得所有的存在，都是眞善美，唯一的，故此他認爲所謂存在的本身，也就是本質的本身，它們二者，只是一物的兩面，相輔相成，不可分開。

5、世界是受造物，在創造的過程中，神的觀念，是世界存在的基礎，亦就是說，整個宇宙雜多的存在，只是分受了眞善美聖，以及唯一的存在本身，而這存在本身，站在本體論與形上學的立場來看，在蘇氏的說法，就是上帝本身，這上帝由於自己的理念，而創造了世界，把自己的眞善美，以及唯一分受給這個世界。蘇亞萊領導近代士林哲學，因爲士林哲學在近代文藝復興一片反對的宗教聲中，仍然能夠提出人的情、理、法三者，尋找人的內心眞正眞理，而不爲外在世界的喧嘩所掩蓋。每一種哲學，在遭遇到危險時候，如果還要存在，則必須以一種新的面目出現，近代哲學中的賈依堂與蘇氏，都是設法以一種新的方式，尤其是用人類能夠理解的方式，詢問存在的眞實意義，其一方面可用直觀的理念，另一方面也可以用對自然科學的觀察，新士林哲學，在這時期的表現，可能對自然觀察有一種誤會，或是邏輯結論不恰當，但他們所提出的整體的人性，在情、理、法方面，在知、情、意方面，並不勉強，牽強附會，因爲一種新的哲學體系，總會遭受到傳統的批判，尤其是復古的一種思想，總會和一種新進的思想有所衝突，近代的士林哲學，完全站在這種背景之下產生而發展的。在近代的革新聲中，蘇亞萊的哲學思想，最主要的一種貢獻，在於擺脫中世的一種習慣，中世哲學中有不清楚之處，就要去問「啓示」，近代的新士林哲學，再也不必問「啓示」，而設法問「理性」，希望能夠藉著人的知、情、意三方面的努力，爲自己尋出一條思想的通路。（李道生《世界神哲學家思想》頁二〇七—二〇九）

三、結語

綜上所述，蘇亞萊的上帝觀，是關於本體論中宇宙觀的特殊貢獻，他認爲所有的存在都是一體的；所有的認識作用，都必須透過主觀的心靈，以及客觀的外在事物的綜合；人與人之間的倫理標準，可以人的良知去選擇；本質與存在的一致性；世界是受造物等神學思想。

按本體論（Outology），此乃論及神之道理，意欲闡明至終眞實之性質。其目的乃確定神眞正客觀之存在，與一般人觀念之神有別。（趙中輝《英漢神學名詞辭典》頁四九八）

第九節　胡克爾的上帝觀

一、傳略

胡克爾（Hooker, Richard約 1554-1600 A.D），伊利莎白王朝時代主要的聖公會神學家，以其巨著《教會政制法規》（Laws of Eclesiastical polity）聞名於世，爲聖公會主教建制辯護。

二、學說

（一）論教會的純正

胡克爾〈論教會的純正〉：英籍神學家胡克爾於一九五四年寫成此文，為奧古斯丁「看得見的教會」（Visible church）的觀點辯護，並與神祕、看不見（無形）的教會（Mystical or invisible church）加以區別。胡克爾採用奧古斯丁所用的一些聖經比喻（例如網住各樣水族的網，生長麥子及稗子的田地），用以形容「看得見的教會」的混合性。因此，他堅住完全的聖潔生活並非教會的標誌或必須有的特性，教會必須有的特性，應當是其教義及聖禮。

同一個人，有可能同時屬於撒但的會堂，也屬於耶穌基督的教會嗎？若教會是指祂神祕的身體，則不可能，因為祂的身體單單只是由眞以色列人、眞的亞伯拉罕後裔、眞的神僕及聖徒所組成。然而若就耶穌基督的教會作為看得見的身體而言，則這是有可能的，也是常出現的情形，關乎外表的認信的主要部分，按其內在思想、外在的說話，甚至他們認信的一部分而言，在神的眼中都是可憎的，在看得見的教會眼中亦是可恨的。因此我們的救主將天國比喻為網，被聚攏的既不是魚，看來也不像魚（太十三47）；祂又將祂的教會比喻為一塊田，所有的人都知道也看見，麥子中有稗子混合共同成長（太十三24），直到世界的末了。但神一向都將一些看得見的教會放在世上，甚至是當神子民在曠野中敬拜金牛時，當他們向銅蛇燒香（王下十八4）時，當他們向巴力屈膝時，當他們向偶像燒香獻祭時……卻仍有人保存神的律法，遵守祂的約的神聖封印，甚至在神的子民極端不服從，背叛神的時候，祂都有一群看得見的羊群存在。（麥葛福《基督教神學原典菁華》頁三四四—三四六）

三、結語

綜上所述，胡克爾的上帝觀。論教會的純正，為奧古斯丁「看得見的教會」作辯護，教會的特性，應當是教義及聖禮等神學思想。

按教會可界說為「有形教會」與「無形教會」—有形教會是我們眼所能見的教會，即信者之衆，而無形教會則為所有記載在羔羊生命册上的（啓廿一27）。此區分是為避免把有形教會的會友都當作得救的人，或換言之，公開

的認同神的百姓。（趙中輝《英漢神學名詞辭典》頁一三八）

第十節　亞米紐斯的上帝觀

一、傳略

亞米紐斯（Jacobus Arminius 1560-1609）或譯作「亞米紐斯・阿民念」、「亞米念雅各」，生於荷蘭奧特瓦特城。其先世均於荷蘭爭取自由時期喪生，因得友人之助，從一五七八到一五八三年，才能在萊丁大學受教。後來他得阿姆斯丹商會的資助往日內瓦去了。一五八八年他在阿姆斯特丹任牧師職，受人贊揚爲一位心境和平的宣道者與牧師。一六〇三年他被推舉繼名教授朱尼阿斯（Franz Junius 1545-1602）爲萊丁大學神學教授，以迄逝世。亞氏爲人不好爭辯，但於一五八九年因受委任向谷仁赫特提出答覆，又爲墮落前論（這一說是主張先定人們的永生和永死，然後決定他們的墮落）作辯護，反對德佛特（Delft）兩位牧師所講。所謂墮落前論與上帝預定計劃之理有關。上帝是否定誰人被選，誰人被棄，然後准許人類墮落，以爲完成其預定計劃之工具？（神學術語上稱Supra Lapsum墮落前論）抑是上帝預先知道人類將要墮落，又准許人類墮落，然後才規定誰人被選，以爲拯救一部分人類之法（神學術語上稱（Infra Lpsum墮落後論）。亞米紐斯將這些問題仔細研考察，就對於無條件的預定教理全部表示壞疑，而斷定人有自由。這種自由雖與墨蘭頓所論的見解相符，卻與純粹的加爾文主義格格不入。於是劇烈的爭辯發生於亞米紐斯及那主張無條件的預定論者的大學同學哥馬拉斯（Franz Gomarus 1563-1641）之間，不久荷蘭抗議宗大爲這種爭辯所激盪。（華爾克《基督教會史》頁六九九—七〇〇）

二、學說

（一）基督爲一切人受死

此次爭辯對於基督贖罪之理，產生了一種重要的學說，即一六一七年格柔丟所發表的。照安瑟倫講，基督受死無非要賠償上帝損失了的尊榮。在諸改教家看來，基督受死是代替他所救贖的人所犯的罪受罰，因爲他們破壞了上帝的正義，這種代人受罰是上帝本性的基本要求。因爲上帝固然是有憐憫的，但祂必得是公義正直的，照加爾文一派的見解，基督捨生流血固然能救萬人，但衹對那些被選信徒方能生效，基督也只爲他們死。蘇西尼派對於這種種見解均以激烈的批評，以爲上帝的本性並不要求刑罰，且又否認一人應受之罰，能以另一人所受之苦來作代替之理。格柔丟所要答覆的，就是蘇西尼這一派的批評。上帝是一位大有道德的主宰。犯罪是破壞上帝的律法。上帝好像世上聰明睿智的君王，假如祂自己願意，也可以施行饒赦，但只管饒赦，而全不表明祂怎樣尊重祂所設立的律法，是不啻賤視祂的律法。如此說來，基督受死並非代人的罪受罰—罪是白得赦免的—乃是要尊重上帝的律法，向上帝神聖的行政機構表示敬禮，說明上帝雖可取消刑罰，究不得不表證祂行政的威嚴。這樣解說基督受死，便不致於違反公義了。這是上帝向受人侮辱的律法，表示敬禮。好像世上聰明的君王一般，上帝也可以向人提出條件，如以信仰與悔改爲條件，對那些自願接受這條件的人廣施赦免。這種學說之巧妙是無可否認的。因爲這學說可以消除由亞米紐斯派所講基督爲一切人受死而生的惶惑。假如基督眞爲一切人受死，不單爲被選的信徒受死，而且是代人犯罪受罰的話，那末，何以一切人不都得救呢？格柔丟就以否認代人受罰來作答覆。他對於蘇西尼派也指出了一個肯定的理由，說明基督何以受死。然而在一切爲解釋贖罪而提出的學說中，惟他這個學說最帶劇場風味，最難令人滿意，因爲福音的信息，不是說基督爲表彰一般正義而死，乃是在一種眞實的涵義中，基督爲我而死。（華爾克《基督教會史》頁七〇二—七〇三）

（二）凡信耶穌基督的人神預定會得救

亞米紐主義由亞米紐（Jakob Arminius, 1560-1609）得名，他反對改革宗「特定救贖」的教義。他認爲，基督爲每個人而死不單是爲蒙揀選者。這種觀點在多特會議之後盛行於荷蘭的教會中，導致《抗議信條》（Remonstrance,1610）的出版。以下這段話肯定了基督工作具普世性，範圍普及所有的人：

神在創世之前，藉著一道在基督裡永遠而不改變的喻令，決定要從墮落和有罪的人類中揀選人，承受永生，就是凡透過神的恩典，相信耶穌基督，並持定信仰，順服到底之人。……世人的救主基督是爲所有人、每個人而死；

透過祂在十架上的死，祂爲所有人得著和好與赦罪，但是，惟有相信的人能夠享有。

如此，預定的概念保存下來，然而其相關的架構卻完全改變。多特會議認爲，預定是一件個人的事，亞米派卻認爲，這是集體的事：神預定了一群特殊的人會得救，就是凡信耶穌基督的人。藉著相信，個人能實踐預定得救的條件。（麥葛福《基督教神學手册》頁四六二）

（三）慈悲的上帝願意萬人得救不願一人沈倫

在十七世紀改革宗內部最大的爭辯，就是亞米紐斯派，因此派的基督徒相信慈悲的天父上帝，願意萬人得救，不願一人沈淪，並相信墮落的人，其所以至終或遭滅亡，或得拯救，雖純賴上帝在耶穌基督裡的恩典，但順從或拒絕恩典，乃是全由個人負責，而不應歸於上帝，此派於一六一〇年發表的亞米會派抗議信條（Arminian Articles of Remonstrance）他們的立場，顯然違反正統的加爾文派預定論，如是形成了兩個對壘的局面，在此對壘爭辯中，加爾文派是一貫的、保守的、嚴格的；亞米念派是有彈性的、前進的、寬大的，他的神學傾向於廣泛的自由主義，他認爲加爾文派的預定論，勢必將上帝作爲罪的創始者，他對神的揀選雖不否認，但不以這是由於神的預定，而以爲是由於神的預知，他與其從徒的思想，可列五條於左：

1、有條件的揀選—神在創世以前揀選某些人來獲得救恩，是基於祂預見這些人會對於祂呼召發生反應，祂預知誰要相信福音，揀選是按照人的行動爲條件，所預見的人信心爲根由，完全是從人的自由意志而來。加爾文主義則謂揀選並無條件，全由上帝全能的旨意。

2、普世的救贖—基督爲萬人死，祂的救贖工作，使人人都有得救的可能，祂並非僅爲蒙揀選的人得救恩，惟有相信祂的人，才能實蒙其惠，眞的得救，所以其條件是人必須相信，接受基督的救贖，才會發生果效。

3、人的自由意志—人的本性雖然是因亞當的墮落影響而敗壞，無能自救，但並沒有敗壞到完全無望的光景，所以需要藉聖靈在基督裡由上帝重生，而人是有自由意志，可以自己運用，選擇善而撇棄惡，相信神的救恩，得著永生。加爾文則謂人是全然的敗壞了。

4、人可以抗拒恩典—神的福音，人聽見了，聖靈也在人的心中呼召，儘可能使罪人來得救恩，然而人是自由的，人能夠接受聖靈的呼召，人若是相信，聖靈就能叫人重生，人也能夠抗拒聖靈的呼召，人若是不信，聖靈就不能叫人重生，因此，神的恩典，並不是不能抗拒的，加爾文的觀念與此恰恰相反。

5、人可能從恩典中墮落—凡已經相信基督，並與祂賜生命的聖靈，使人重生眞正得救的人，若不自己守住信心，就可能再回轉到邪惡的世界，離棄聖道，而從恩典中墮落，失去了他們的救恩，反對了加爾文的救恩永不失去的道理。

以上之五條，抗議者認爲是符合上帝的道，使人得救訓，並且從這論點上說，是爲人得救足足有餘的，爲亞米念派於一六一〇年呈交荷蘭教會，並要求教會採納，但至一六一九年五月，被多特會議（Synod of Dort）所拒絕，認爲這些教條並不合於聖經，乃定亞米念派的見解爲荒謬，且被逐出教會之外，有的甚至被逐出國境，這次會議採取了一五六二年的比利時信條（Belgic Confession）和海德爾堡問答（Heidelberg of Catechism）亞米念派在歷史上是循道公會主義（Methodism）的先鋒，此派所論罪惡和恩典，自由意志和預定的教義，多爲安立甘宗（Anglican）所採取，其神學思想日後在英國起了深遠的影響。（李道生《世界神哲學家思想》頁二〇〇—二〇二）

三、結語

綜上所述，亞米紐斯•阿民念的上帝觀，基督爲一切人受死，凡信耶穌基督的人神預定會得救，慈悲的上帝願意萬人得救不願一人沈淪等神學思想。

阿民念是荷蘭改革宗的牧師。因反對加爾文主義獨行於全國，而自成阿民念派，強調人在得救上的責任。他覺得天主教有惡也有善，所有抗羅宗的信徒應當以弟兄之愛對待他們。雖連遭攻擊，但在他未死之前，仍是來登神學院神學教授。

阿民念主義（Arminianism），赫門雅各（Jacob Hermann），拉丁名阿民念(Arminianius, 1560-1609)，爲荷蘭神學家，在接受嚴格的改革宗訓練後，就有關加爾文派在人得救上，神有主權及其他相關題目的教條上存疑。其從者，後稱爲阿民念派或抗辯派，將阿民念的著述故意渲染，並在抗議文中闡明他們自己的見解，包括五點，茲述之如下：

1、神揀選人或遺棄人，乃根據預見人的信心與不信。

2、基督的死是爲所有的人，爲每一個人，雖然只有信者得救。

3、人是太敗壞了，以致需要神恩以起信與作善事。

4、此恩可遭拒絕。

5、凡眞正重生者是否能在信仰上確被保守須再檢討。

經過相當的討論後，此說在多特總會（一六一八—一六一九）中被定爲異端。在荷蘭仍有人主張阿民念派的信仰，其中有格魯修等人。在這些人的領導下，阿民念主義成爲與傳統的改革宗大相逕庭的反調主張。阿民念派的信條大致如下：

1. 神對於自由的人所有的知識是介乎中間的。
2. 神的預旨是根據祂的預知：揀選預見有信心的，遺棄預見拒絕恩典者。
3. 神在人裡面的形像包括在人治理低等受造物。
4. 亞當受造是在無辜中，而非在眞正聖潔中。
5. 行爲之約在墮落後己被除掉。
6. 罪包括在意志的行動中。
7. 罪污是由亞當承襲而來的，然罪孽並未歸之予任何人。
8. 人的敗壞乃爲墮落之結果，不應說是全部的。
9. 人未失去自決之功能，亦未失去傾向行善之意志。
10. 贖罪並非絕對必要，但僅表明神在許多方法中選出一個來表彰祂的愛，與祂的公義無涉。

11. 贖罪是大公無私地給萬人，爲每一個人預備的，只是使人有得著救恩的可能性。人能否眞正得救，還看人是否悔改。

12. 普通恩典與特殊恩典之間並無分別。

13. 福音的呼召是由普遍夠用的恩典伴隨著的，但這個恩典可能受到拒絕。

14. 悔改與信心在重生之前。

15. 人的意志乃重生的原因（神人合作說）

16. 信心是人的善行，被神接納的根據。

17. 沒有基督之義歸給信者這回事。

18. 信者能在今生能得完全遵行神旨意的地步（即完全成聖）。

19. 只要人在世上活著的時候，就可能從恩典中墮落，至終完全失去他的救恩而滅亡。有的阿民念派甚至主張：

20. 愛是神最高屬性，是祂屬性中的本質。

21. 創造的宗旨乃是爲了受造者的幸福。

22. 人被造在本質上是必朽的。

23. 贖罪並非絕對代贖性的與刑罰性的，乃是表明性的主張神道德治理，根據對福音順服給予得救的可能性。

24. 除了個人的特別啓示之外，今生不能確知得救的事。

荷蘭的阿民念派是受了十八世紀唯理主義思潮的影響。現代的抗辯派仍主張伯拉糾的教訓，對聖經默示與三位一體存有寬鬆的見解。阿民念派在荷蘭以外，在法國、瑞士、德國、英國以及全世界仍有相當的影響。

循道會（即衛理公會）強烈地持守一修訂式的阿民念主義，有時被稱爲「福音派的阿民念主義」。此派所著重的教條（即三、七、八、九項所提出者）與加爾文派有距離。（趙中輝《英漢神學名詞辭典》頁三八—三九）

第十一節　培根的上帝觀

一、傳略

法蘭西斯培根（Bacon, Francis 1561-1626），英之倫敦人。始倡說歸納法，而開科學研究之端。於近世哲學史中，最占重要地位者也。其父尼古拉（Nicolas）夙受女王依利薩伯（Elizabeth）之知遇，故培根少時，嘗出入宮庭間。修學於康勃利治大學及里尼提（Frinity）學院。每讀亞里士多德之書，有所不慊，蓄意訂正之。尋遊巴黎，治法律學。一五八二年，獲辯護士免狀。後八年，女王任之爲顧問，然不甚見用。八四年，選爲國會議員。居國會中，歷三十年之久。詹姆士一世立，復擢爲宮廷顧問，尋遷樞密院列卿。一六一七年，進掌璽大臣。明年，轉大理寺卿。敘勛男爵，列籍貴族院。後議院劾其納賄，褫職下獄。時年六十矣。事解，隱居不出，潛心著述。政府特頒歲俸十二萬鎊，以酬其學問之功。著述甚富，而學問進步論，新論理學，論文集等，最爲學者所寶重。（樊氏《哲學辭典》頁五七二）

二、學說

（一）啓示的神學必須依歸神之話言

神學分自然的與默示的兩種。自然神學是關於神的知識，這種知識可以依自然的光明與人類的沈思得到。這樣知識的範圍，若研究得眞確，足以駁倒無神論（Atheism），並足以明白自然之法則，然而不能建立宗教。

培根說：「稍微有點哲學知識的人，就主張無神論；但研究哲學深了的人，又要轉宗教一方面來，這很容易由經驗得到的事。」然而這種研究不能供給關於神之健全之知識，天上的神祕，也非理性所能認識。由感覺而生的知識，科學所由生的知識，對於神學都不能有所幫助。「感覺如同太陽光線，太陽光線照在地面，反遮蔽了天體。」關於天上的神祕，我們必須訴之於默示的神學，「捨去人類理性的小技能，借重教會的大輪渡，以期達於彼岸。在這種場合，哲學的光輝，不能再爲我們的燭光。我們的意志雖然反對天定的法則，然而不能不服從他，我們的理性雖不以神話爲然，究不能不信仰他。神聖的祕密愈荒唐而不可信，吾人對於神之信仰與尊崇愈心切。畢竟，信仰之價值高於知識之價值。因爲知識由感覺發生，而感覺由物質方面而得來；至於信仰則由精神得來，是較有價值的東西。所以啓示的神學必須依歸神之話言，不能遵循理性之命令。」這理論不僅用於神祕的事情，並且遵用於道德法則之解釋，因爲有一大部分道德法則不是自然的光明所能說明其高深的。所以培根反對經院學者由哲學家之原理演繹基督教之眞理；他並且認定科學與信仰之結合是不合理的。但宗教的原理及信條如果假定了，我們就可以由他們演繹推論。如果承認了假設，就要承認結論。「恰如各種遊藝一樣，其遊戲之法則既先行規定，遊戲的時候，就要完全遵照；不過遊戲的技術是藝術與理性的事情。（梯利《西洋哲學史》頁二九三－二九四）

（二）宗教教義爲信心的對象

培根雖非實驗科學和實驗方法的創始者，但他確是「實驗哲學」的建立人，確是代代實證哲學之父；他是第一個人，以極清楚與極流利的語言，證明眞正的哲學，與自然科學，目的相同，冥索的形上學，乃是沒出息的東西。他以公然反對形上學者的口氣，向讀者呼籲，要他們「勿如此存想，以爲我們企圖建立哲學的派別，猶如希臘或若干近代人所企圖著的，因爲這決不是我的存意；同時我們亦不相信，任何關於自然的抽象意見，或關於事物的原則，對於人類的幸運，具有若何的重要性，能有若何的供獻。」這樣，他不單反對亞里斯多德，而且反對「每一關於自然的抽象意見」，換言之，反對每一不以科學爲基礎的形上學。

其次，他又把「原初的哲學」（Prinary philosophy）和「形上學」（Metaphysics）二者，加以區別。原初的哲學所研究的，是各特殊科學的共同觀念，共同命題，質言之，即下列三科學的共同觀念，共同命題，其一爲史學—包括社會的歷史和自然的歷史；其二爲詩學，其三爲哲學—在此項下，分爲自然神學，自然哲學和人類哲學三部。」（依據培根的奇特的分類，則爲這些不同的科學「乃自不同的三種心力而生出，即記憶，想像與理性是。）」至於形上學，乃是自然哲學的玄想部分；它所研究的，是形式（經院學者所說的形式），是最後因，而自然哲學的實際部分，即物理學的部分，所研究的，只是實效的因與本質。培根並不重視形上學，非獨不加重視，甚且稍加諷刺，所以他在一方面，稱「最後因」為不生育的處女，同時，卻把不生育的處女，作為形上學的題材。說到他的自然神學，其唯一目標，則為「對於無神論的駁斥」，須知宗教教義，並非知識的對象，卻為信心的對象。（威柏爾《西洋哲學史》頁二四三）

(二)凡歸依基督的人便能從聖靈重生得救

培根在哲學領域中，未佔重要地位，其唯一的貢獻，是倡導「實驗方法」，在他最主要的著作「新工具」書中，是以學問的目的為「實效」，也就是「實用」，一切的知識，都是為了達到目的的手段，所以他們提倡「知識即權力」（Knowledge is power）的學說。他以自己的經驗為起點，去探討知識的問題，而提出過去方法的錯誤，推論新的科學方法，他要得到眞正的知識，先要放棄四種偶象，前兩種是先天的弱點，後兩種是後天的形成，分述如左：

1、種族偶像（Idola Tribus）：是來自人的遺傳本性，是人人共同的錯誤，以主觀的立場，當作客觀事物的標準，每一個人在自己的環境與傳統中，所保留未經思考、批判、歸納的知識，傳統下來一些人云亦云的東西，這是世界所有民族無法避免的，在做學問上，應先求其標準性。

2、洞穴偶像（Idola specus）：因個人的性癖，或特殊教育生活環境所形成，使人如生活在洞穴中一樣，因而形成一種特殊的主觀心理，這是個人專有的錯誤，如井底之蛙，個人只有自己知識的極限，卻以為知道很多，但眞正有學問的人，實在認識自己的無知。

3、市場偶像（Idola Fori）：由於社交習俗之薰染，或文字語言的借用，而形成先天的成見，在市場中的所有傳聞，道聽塗說，聽來的知識，人不去推論其可能性與眞實性，反正別人如此說，人人如此信，就以為是眞理，那是錯誤的。

4、劇場偶像（Idola Theatri）：由自己的哲理學說，或門戶主義所形成的主觀意見，人崇拜或相信某種學說推論的過程，以為用這種方法推論可得眞理，但其可靠性如何，就不再去追究了。這等於在劇場中崇拜一種偶像，把推論學說的錯誤，爲自己崇拜的眞理。

由此，培根認爲這四種偶像，都是阻止人得知識，都是所有錯誤知識的來源，爲要消除這些偶像，他以爲要用歸納方法，是要人直接去觀察自然，找出因果律，此歸納法分爲三段落：第一是收集（Collectio），就是把日常生活所遇到的經驗收集起來，留下那些有關部分。第二是排棄（Exclusio），就是排除那些無關的部分。第三是總括（Vindeminatio），就是把所得到那些剩下的部分，來一個總結，把它們排成一個體系。在這個總結之後，也就是歸納法的完成，其所用的觀察與試驗，給科學的方法一大貢獻。

在歸納法方面，培根又把學問分類，不以學問所研究的對象爲標準，而依人的認識能力來分類，凡收集到不同類的資料，應該排棄，他列舉學問的分類表，以爲整個的學問，可以是人的或神的學問，關於神的學問是神學，關于人的學問，他主張人的認識能力有三種，即記憶、想像與推理。記憶產生歷史；想像創造詩歌；推理構成哲學，這一部份可以討論天、人、世界問題、神學問題，討論生物學、人類學、心理學、自然科學，以及其中之物理學、超物理學，即形上學等方面。他的歸納法，一方面提出在哲學中，討論自然神學，尤其是討論物理學所有有效方法，然而同時也跳出了，超越了這種屬於感官的方法，而走上推理，走上宗教，走上神聖。如他在「論科學發展」的著作中，曾經一再提出，一點點的哲學，會引導人走上無神主義，走上物質至上的錯誤看法，可是偉大的哲學，卻會引人歸向宗教。他的歸納法之運用，最後還是做人的問題，是知人、知物、知天的整體學問的總匯，而尤其是在人性達到最終歸宿的時候，必然達到歸依宗教信仰的情操層面。

培根論到無神論的謬亡與禍害說：「只有初習哲學的人，才趨向於無神論；造詣稍深者，便能體會宗教的道理；淺學之士，只能看到萬事的次因，以致不能深入；必深思博學的人，始能探本窮源，始能澈悟，主宰萬有的眞神上帝。」又說：「如果否認上帝，便是摧毀了人類的尊嚴，因爲注重肉體，人類便成行屍走肉，便與禽獸無異，人類所以爲萬物之靈，不僅在有肉體，乃在其有靈魂，如果否認了靈魂，人便失去了上帝的形象，直同下等動物。其次，人類所以會有超越的境界、非常的力量、過人的忠勇，乃在其堅信上帝的保佑與眷愛；如果否認了上帝，便根本阻抑了人性向上的發展，所以無論從何點來說，無神論都是荒謬之談，只是使人自毀其尊嚴，無由超脫人類之弱點，提高其德性。

培根論到宗教與政治關係說：「政府應有四大柱石，便是正義、計謀、財富和宗教。而以宗教爲首要，因爲國家的治平，國運的昌隆，須視人民能否並如何守法崇德以爲斷，故政府首要之目的，乃在使其人民能奉公守法，崇禮明德，此則非從弘揚基督聖道不爲功。因爲徒法不足以自行，如果沒有基督聖道，縱有良法美意，即使國富兵強，仍難保國家的長治久安，故立國之道，非在武力，不尚霸術，迷信武力統治者，一旦遭受挫敗，即應幡然憬悟，弘揚聖教感化人心，期挽國運」。所以他特別強調說：「從世界歷史來看，任何宗教，任何法制，都不能和基督聖道相提並論，等量齊觀，因爲只有聖經，才能使國家社會蒙受最大的福祉。」

培根篤信基督，曾經發表「我的信仰」（Confession of Faith），其大意是說：「我信基督的受難，足以除去世人的罪孽，凡歸依基督的人，便能從聖靈重生得救，我們得救，完全是本乎神的大恩，和祂復活的大能，使我們的靈命復活成爲上帝的兒女，作爲基督的肢體。」我們從這位大思想家的言論中，概可窺知其對聖經眞理領受之深，對信仰眞神上帝之敬虔，而視基督聖道爲興民立國蒙福之基也。（李道生《世界神哲學家思想》頁二一一—二一五）

三、結語

綜上所述，培根的上帝觀，啓示神學必須依歸神之話言，宗教教義爲信心之對象，凡歸依基督的人便能從聖靈重生得救等神學思想。

培根是虔誠的基督徒，所以不是無神論者，他承認上帝是萬有之源，承認有不死的理性靈魂，承認有自然的眞理，也有啓示的眞理。培根的「雙重眞理觀」，主要是劃分科學與宗教，知識與信仰的界限，目的是爲科學爭地盤，在當時起著進步作用。

第十二節　多恩的上帝觀

一、傳略

多恩（Donne, John 1752-1631），英國玄學派詩人，散文作家，對十七和廿世紀的作家影響巨大。他擅長把激情與機智的辯論融爲一體，戲劇性地描述人的複雜心情。他使用的比喻大膽而不落俗套，能使普通詞彙產生豐富的詩意，而又不歪曲英語習語的本質。作爲一個重要的教會人士和講道者，他對英國國教觀點的形成作出過貢獻。多恩出生於倫敦富裕的天主教家庭。一五八四—一五八七年在牛津大學學習。一五九一——一五九四年在倫敦學法律。參加遠征西班牙和掠奪西班牙船隊的冒險活動後，於一五五八年成爲掌璽大臣埃格頓爵士的祕書，皈依了英國國教，一六〇一年進入議會。同時，寫了許多詩歌，大多模仿古羅馬詩人，其中有給男友的詩體信、五首正規的諷刺詩、一章諷刺史詩《靈魂的輪迴》（一六〇一）、一卷愛情哀歌以及一些警句。儘管多恩借用古典體裁，但他的戲謔和大膽想像使他的詩十分新穎獨特。到一六〇一年爲止，他還寫了許多不同情調的愛情詩，這是他最負盛名的詩。同年十二月，和丁·莫爾爵士的女兒安妮祕密結婚，不僅遭到女方家長反對，也觸犯了法律，曾被一度監禁，爲上流社會排斥多年。但他對安妮的愛情至死不渝。一六〇一年寫《假殉教者》一文，爲維護國教和王權申辯，被詹姆斯一世賞識。此後他在宗教界的地位逐漸提高，一六一五年正式出任教職，不久晉升爲王室牧師。劍橋大學奉國王意旨，授他以神學博士學位。一六二一年十一月任聖保羅大教堂教長。多恩在改信新教前後，內心都有一些矛盾和懷疑，對於自己靈魂能否得救，始終缺乏充分信心。一六〇七—一六一三年所寫的宗教詩反映了這種內心鬥爭，屬於英語宗教詩中的最佳者。擔任教職後，把主要精力用於講道和撰寫《緊急時刻祈禱文》。他的講道稿現存一六〇餘篇，其中有些激昂雄辯，氣勢磅礴。他的《詩集》當時膾炙人口，在他死後的九〇年中再版了八次。但在十八世紀，他的詩不再爲人們所欣賞，他被認爲是一大怪才。從十九世紀初起，有識見的讀者開始承認他的詩才。到了廿世紀，不僅他的詩，甚至他的講道稿都引起了人們極大的注意。《大英百科文全書》册四頁三九二）

二、學說

（一）論基督的工作

多恩的這首詩指出對道成肉身及贖罪的理解，是在英國內戰以前，英國神學的全盛時期所通行的觀點。在此早期的版本中，此十四行詩被收集在十二首詩集的第十一首；後來的版本則收集了十九首詩，此詩被放在第十五首。

你是否會愛神，如祂愛你一樣！
我的靈魂，當融會貫通，這整全的默想！
神的靈，藉著天使，在天上等候，
用你的胸懷，作祂的聖殿。
父出生一個兒子，是最蒙福的，
仍然在出生，（因爲祂從未生完）
祂選擇了你，使你得著兒子名分，
附合祂的榮耀，安息日無盡的安息；
你好像被打劫了的人，祂搜尋又搜尋才找到你，
被偷的東西己被變賣，寧願損失，或再贖回；
榮耀的兒子降臨，被殺，
我們是祂所造，被撒但偷去，祂使我們得解放。
以前人被造成像神一樣，這是何等的恩典，
但神竟然變成像人一樣，這是更大更多的恩典。
（麥葛福《基督教神學原典精華》頁二四四—二四五）

三、結語

綜上所述，多恩的上帝觀，論基督的工作，指出道成肉身及贖罪的神的恩典的神學思想。這首詩眞情流露感人至深，不愧爲一代文豪，神學專家。

第十三節　烏社爾的上帝觀

一、傳略

烏社爾（Ussher or Usher, James 1581-1656 A.D）或譯爲「烏杜爾」、「阿賽爾」，著名的愛爾蘭安立甘（Anglican）作家，後成爲阿馬（Armagh）的大主教，堅定地持守加爾文的神學立場。

二、學說

（一）永生確據的基礎

本文分析信徒有永生確據的基礎，第十七世紀阿馬修道院的大主教烏杜爾在文中主張，稱義的確據是結果，不是先決條件。他清楚而精確地列出後來被人稱爲「實用性的三段論法」（Syllogismus practicus, practical syllogism），證明任何人若顯示稱義的結果，便可以視之爲已得稱義的明證。

但，確定我的罪被赦免，我得以被稱爲義，對「稱義」不是必須的嗎？不是的！稱義不是信心的作爲，而是稱義之隨之而來的果效及結果。沒有人會因爲相信他已被稱爲義而得以稱義，因爲他必須先被稱義，然後才能夠相信自己已被稱爲義？……使人得以被稱爲義的，是信心，是信靠基督而得到赦罪，承認祂是惟一的救主，惟有倚靠祂才能得救。……只有信心才能使人得以稱義，我確信如此；我的信心反映出確據，我確信如此，而且，此論據可以表達如下：

主題：無論何人，只要相信基督是世人的救主，惟有信靠祂才可以得到稱義及赦罪，這樣的人便得以稱義，罪得赦免。

副題：我眞正相信基督可以使人稱義，罪得赦免。

結論：因此，我毫無疑問地相信我已得稱義，罪得赦免。但許多時候，前面兩個命題都被接受了，可是，軟弱的基督徒卻很難導出以上的結論。（麥葛福《基督教神學原典菁華》頁三〇三—三〇四）

三、結語

綜上所述，烏社爾的上帝觀，論永生確據的基礎，主張稱義的確據是結果等神學思想。

阿賽爾是英愛爾蘭教會總主教，一六〇七年任都柏林大學神學教授，聖帕特立克校長，為傑出之學者；十九歲時與一耶穌會士爭辯。一六一五年支持加爾文主義。曾多次訪英，努力保持愛爾蘭教會的獨立及加爾文信仰，一六四一年再度訪英，未料愛爾蘭發生政變而無法回去。一六四三年受韋敏斯德大會邀請為會員，後被婉拒。著作豐富，以聖經編年表最著名，包括主前四〇〇四年世界的創造。另有《愛爾蘭與英格蘭宗教論》（一六二二）。（趙中輝《英神學名詞辭典》頁六八〇）

第十四節　霍布斯的上帝觀

一、傳略

霍布斯（Hobbes, Thomas 1588-1679），英之哲學家。生於威耳斯（Wiltshire）之馬默斯布里（Malmesbury）。其父，牧師也。霍布斯自幼敏慧，居小學之日，既能以拉丁文譯希臘詩。年十五，入牛津大學之麥格達璘（Magdalen），習論理及物理學，於煩瑣派之學風，甚不滿之。卒業後，受加文底錫（Cavendish）伯爵之聘，為家庭教師。一六一〇年，師弟相將出游，至法義諸國。二六年，伯爵死，又二歲，其子亦死，霍布斯乃閒居倫敦，與培根約翰孫友善。其飜譯希臘名著，即在是時，已而復為教師，暫留巴黎。加文底錫伯爵有遺嗣，至是已十三歲，伯爵之夫人，遺書延之，復為幼子傅，以是歸英。旋又挈弟子輩，游於法義，途次，獲與笛卡兒，伽桑狄等交，學說益進。三七年，返國，始用力著書。四〇年，國王謀加害於王權黨，霍布斯懼禍及，因之巴黎。四七年，英王召之，使以數學教世子，即後之查理士二世也。五一年，其傑作國家論告成，大爲正教會及王權黨所忌，不能安於職，辭去。乃查理士二世立，乃優禮之，歲遺厚祿。年九十一而卒，終其身，無家室。英國之經驗派學風，雖祖培根，然培根但泛言研究學問之途，宜以經驗爲引導，其純取經驗態度，而解決實際問題者，端推霍布斯。霍氏主張機械論感覺論，以爲哲學之所研究，惟能以物界爲限，而不宜及於非物。如就凡人所得而思惟者言之，則一切存在，皆是物體，一切事象，皆是運動，各得以機械的說明之。即精神作用亦然，精神之最原始者，乃是感覺，感覺反復，乃生認識，所謂理性，不外感覺之發達者耳。由感覺而有快不快之別，故人間行爲，全以求快避苦爲歸。由個人行爲而生風俗習慣，由風俗習慣而生道德。國所由立，其原理即出乎此。蓋人人各欲求快而避苦，而弱不足以敵強，乃相結合，而與強者相約，爲之制法度，立君長，設宗教，以防其相侵相害，故國家之立，實出於不得已。其國家論一書，即申斯旨者。題曰《利維坦》（Leviathan），此本一怪物之名，相傳此物健啖，任何巨獸，皆能吞噬之，故用以喻國家也。是書之外，尚有人性論，自由與必至，皆不朽之作。（樊氏《哲學辭典》頁九三九—九四〇）

二、學說

（一）上帝本身也是有形質的

空間中有物體的眞實世界這是成立的。想像的空間之外，尚有眞實的空間，或由物體而產生之空間概念；物體的眞形狀產生空間的觀念於我們的心中；由這種意思看來，想像的空間乃是心理的一種變狀。無論何人都不能離體積與形狀之變狀而有所想像；他如靜止、運動、顏色、硬度……之變狀，雖是新陳代謝，彼此相承，但物體則永久不消滅。運動的意義，是不絕的捨棄這一個地方而得著那一個地方；即是由此處轉於彼處。運動除了運動之外，不能有別的原因。當一個運動發生別的運動時，其意，不是這一個變動，變成那一個變動，乃是這一個變動消滅，那一個變動發生。當某物體發生或消滅一種變動於別的物體中的時候，就是前者有所作用於後者之上。這便是因果的關係。凡變化及運動之有效力的原因，是運動。權力不是異於一切動作的事態，其所稱之爲權力者，因爲別的動作由他產生。關於運動的起源問題，非哲學家所能解答，雖宗教家乃能解答。宗教家說，上帝創造天地時，把他所認爲良善的自然與特別的運動賦予於一切的事物。

物體之外，無經院哲學家所說的無形的實體或精神。實體與物體是同一個東西，若說有無形的實體，就同於說有無形的物體，這是不通之論。且而若有精神或靈魂，也非吾人所能知，因吾人之知識起於感覺，而精神或靈魂，據說，不作用於感官上。聖經也未曾說有那無形質的非物質的靈魂。霍布斯並且認上帝本身也是有形質的。上帝之存在爲吾人所知，且能用因果法證明之，但上帝之本質如何，則非吾人所知。（梯利《西洋哲學史》頁二九九—三〇〇）

按霍布斯的上帝觀是錯誤的，譬如說他認爲上帝本身也是有形質的，聖經明白地記載上帝是個靈，是無形的。霍氏之說，是不符合聖經眞理的。

（二）萬物皆受神的意志所支配

說到靈魂或精神，有時候，他把它看爲大腦的動作，又有時候，把它看爲神經的實質。他說，據我看，精神乃是一種精鍊的物體，精鍊到如此程度，致使感官的觀察，不能及到它。在宇宙間，沒有無實體的精神之存在，即在聖經中，亦不說及如此的東西。不問其爲動物，或爲人，兩者均是具有實體的東西，只在程度上，稍有不同。除了語言以外，我們並不比其他動物，佔有若何優勢；我們並不獨具自由的意志，正像其他的動物一樣，我們亦受不可抵抗的慾望的制裁。沒有慾望的理性，沒有物質誘力的倫理原則，決不能在人類意志上發生若何勢力；人類的意志，全受著想像的慾望，熱情，與情緒的驅迫，此所謂情緒，當然不外愛，惡，恐懼，希望四者。「一種自願的動作，乃是從意志出發的動作」，但意志本身，即係非自主的東西，意願不是我們的作爲，我們不是意願的主人。每一動作，皆有其充足理由。據自由論者說，所謂自由或自願的動作，蓋指那種動作，雖有充足理由，可使之發生，但不一定發生。不容說，如此一個定義，是荒謬的，是悖逆的，因爲一件事情，或一種動作，倘不眞實發生，那必因爲沒有充足的理由，使其發生；在這裡，充足的理由，即是必然性。我們人類，正像其他生物一樣，處處地方，皆受必然的法則，或命運，或神的意志的支配。善與惡，只是相對的觀念，前者與悅意的事情相符，後者與不悅意的事情相符，在道德上，正像在其他諸事上，「利害」二字，乃是最高的裁判者。什麼絕對的善，絕對的惡，絕對的公道，絕對的道德，這一切，均只即是無數幻影，無數神學者與形上學者的空中樓閣罷了。（威柏爾《西洋哲學史》頁二四七）

霍布斯對於靈魂或精神雖有意見，但亦承認人類或生物一樣或受神的意志所支配。至於善與惡是相對的觀念，似有如告子所說的性無善無不善的理念。

（三）上帝為屬於啓示或信仰的事

英國經驗主義者由培根（Bacon）以降，大皆著重討論有關經驗知識的建立問題。上帝觀本不是他們所要討論的主題。但上帝的問題在傳統哲學中既為一主要問題，自柏拉圖以後有無數哲學家皆想由知識的觀點上去證明他的存在，並與形而上學、知識論，及倫理學諸方面的問題相連結，故經驗主義者的主題雖不是上帝觀的問題，他們由對知識問題的建立的討論，終要關連到上帝觀一問題上去。

大致地說，英國早期的經驗主義者如培根與霍布斯（Hobbes）皆深受文藝復興以來科學思想的影響，重視科學的成果，要從科學觀點上去講哲學，去建立一依於科學知識的新的哲學系統。他們以過去傳統的哲學或為獨斷主義或教條主義的工具，或為玄學或形而上學的護符。他們強調經濟的重要，要由實際經驗中去了解事物的規律，而不為任何教條所拘限。他們以理性須限於對由經驗而來的觀念作推理的運用，而不能純以此去從事超經驗事實的玄想。所以他們所緊緊地把握著的是感覺經驗對象。理性的作用則只用在對此對象的了解。

至於上帝觀的問題，則是超感覺經驗的問題，在依於經驗而建立的哲學系統中不能有地位。他們因襲傳統對自然與超自然，或理性與啓示不同的劃分，以有關上帝的問題為超自然與非理性所能討論，而為屬於啓示或信仰的事。故霍布斯拒絕神學於哲學之內，以教會中傳教士所講的上帝為非哲學知識的問題。（李杜《中西哲學思想中的天道與上帝》頁二四九—二五〇）

三、結語

綜上所述，霍布斯的上帝觀，謂上帝本身也是有形質的，是不符合聖經眞理的，因爲上帝是個靈，是無形的。至於萬物皆受神的意志所支配，上帝爲屬於啓示或信仰的事等神學思想，所言尙是。

第十五節　赫伯特的上帝觀

一、傳略

赫伯特（Herbert, George 1593-1633 A.D），十七世紀英國主要的宗教詩人，重要的玄學派詩人，以詞句洗鍊，妥貼見稱。一六二〇年在劍橋大學被選爲講演員，自認爲這是「大學中的最佳職務」。一六二七年辭去此職；一六三〇年被任命爲貝默登教區長。臨死前將大半詩稿送交費拉爾，後者於一六三三年以《聖殿：聖詩及個人抒懷》爲題發表。《聖殿》（The Temple）中除了個人抒懷以外，尙收有教義詩，其中首篇《教堂門廊》和末篇《教會的勇士》最爲突出，其他詩均寫宗教儀式。在詩中都運用普通語言。柯爾律治在十九世紀評價赫伯特「純淨、豪邁、眞摯無出其右」者。赫伯特工於格律，全面掌握韻文技巧。直到廿世紀雖亦遭受一般評論家對玄學派詩人的非議，但仍受讀者喜愛。（《大英百科全書》册六頁二九九）

二、學說

（一）論基督的死及救贖

赫伯特〈論基督的死及救贖〉：這首詩被收集在名爲《聖殿》的詩集中，約於一六三三年寫成，詩人在其中探索與「救贖」有關聯的用語。有關舊約「救贖地」（Redeeming land）的觀念，赫伯特發展出一種想法，指出以基督的死爲代價，神合法地得到一塊寶貴的土地。他也探索有關十字架的羞辱及謙卑的概念，帶出救贖中法律和財政的層面。

我久爲租戶，地主是個有錢人，

尚未成功，我決心放大膽，
我爲他製造一間套房。
爲要得到新的小型租約，取消舊的，
我在天堂祂的住所尋找祂；
他們告訴我，祂最近已經離去，
有關一些土地，是祂大手筆買下，
早就在地上買下，爲要得爲己有。
我直接回轉，知道祂偉大的出生，
我據此極力地尋找祂；
在城市，在戲院，在花園，在公園，在法院；
最後我聽到刺耳的噪音和笑聲，
是小偷和殺人者的聲音：在那裡我望見祂，
祂直說：「你的套房蒙應允」，說完，便死了。
（麥葛福《基督教神學原典菁華》頁二四五）

三、結語

綜上所述，赫伯特的上帝觀，論基督的死及救贖，指出以基督的死爲代價，神合法地得到一塊寶貴的土地的神學思想。以詩歌文學的表現方式，達到宣教的效果。

第十六節　笛卡兒的上帝觀

一、傳略

笛卡兒（Descartes Rene 1596-1650），法國哲學大家。合理派之祖，與經驗派之培根齊名，皆近世哲學之前驅者也。生於都倫尼（Touraine）之貴家。體羸弱，而穎悟過常人，好鉤探玄理。幼入耶穌社所設學校肄業，顧不慊於其學風。及年十八，遂離校而游巴黎，閉戶靜修。其深思潛索者，蓋歷三年之久。以爲讀死書，不如求活知識於自然界也。初，疑學問爲無益，曾習武術，故知兵事。二十二歲。赴荷蘭，投效於奧蘭治侯摩利斯(Morris)爲義勇兵。已而改隸巴維也拉（Bavaria）之軍。一六一九年之冬，居營中，擁爐瞑思，忽於研究學問之法，有所覺悟。由是退伍，一意委身學術。既遍游歐陸諸國，乃返巴黎。盡屏俗務，以著書力學爲事。猶慮紛擾，二九年，避地荷蘭。不欲令人識其居址，徙家至十三次，其求學專精如此。四七年，國王特頒歲俸以旌之。後二年，瑞典女王克利斯顚（Christian）馳書相招，遂至瑞京。年既老，不耐北地苦寒，踰歲，病卒。笛卡兒之學，其特徵有三：㈠力排傳承的舊說，能擺脫神學家思想之束縛。而謂一切學問，當自懷疑設問始，眞可云知識者，從自我之理性中得來。蓋惟個人的主觀的之是尙者，所謂唯理主義也。㈡別闢爲學方法之蹊逕。笛卡兒於哲學外，本擅長物理學解剖學，而尤以數學大家聞。如解析幾何，即其所發見者。故多從數理立言。以爲數學之思考形式，不外直觀與演繹。由直觀以認識公理，此明白無可疑者。執此爲基，而演繹之，則眞理自可發見。嘗謂判別眞理之準有四：一曰，非存之心中，有條理而明晰者，不得認爲眞理。二曰，既認爲眞理矣，當更分析其要素，窮詰其疑難。三曰，以所思得者，整理之，自簡而繁，俾有秩序。四曰：旁求證例，以檢覈之，衡校之。氏之自爲學，蓋即由斯道也。㈢完全主張二元論。不獨嚴設心身之別，又於宇宙本體，亦以物質精神之二元解之。終至謂神與世界，乃對立並存者。後來麥爾伯蘭基之偶因論，斯賓挪莎之一體兩面論，即思有以補此二元之缺點。而近世哲學史上，所由有一元二元之爭，唯心唯物之辨，以致建設種種體系者，雖謂笛卡兒之創業，實與有影響焉，可也。生平著述賅博，而最擅令名之方法論（一六三七又嘗合其「光線屈析學」「氣象學」「幾何學」三篇而出版，題爲哲學論文。）及其第一原理冥思錄（一六四一）哲學原理（一六四四）三種，可稱代表之作。餘尙有激情論，人間及成胎論，及論文集等，不具舉。（樊氏《哲學辭典》頁六三八—六四〇）

二、學說

(一)在上帝裏面思想與實有聯合為一

笛卡兒，法國籍，也是虔誠天主教徒，他的思想學術卻大部分成於荷蘭。他在荷蘭於一六三七年著方法論（Discourse on method），一六四一年著默想錄（Meditation on the First Philosophy），以及一六四四年著原理篇（Principia）。依他的思想來看，惟有心思所能完全了解的方算實在的知識，單是博學不算理解。心思所與接觸的物體與觀念均極雜亂，又互相連帶關聯，須得拿來分析解剖，使之簡單化，然後才有了解的可能。所以一切知識均以懷疑為起點；求知之近程全在乎求得一個立足點，或說一個出發點，使疑竇無存留餘地。這一點笛卡兒也如同奧古斯丁一樣，在他那能思想的自我存在中找著。即在懷疑之中，「我既思想，是以有我在。」假如我們將這樣一個能思的「自我」考驗其內容，便不難發現其中包涵著大於其自身所能產生的觀念，既然凡事均不能無因而自有，那末，必有一能產生這些觀念的原因。即此可以證明上帝之存在及其與吾人思想之相關。在上帝裏面，思想與實有聯合為一。如要我們的觀念眞實，像上帝所有，須得使之清晰明顯，合乎邏輯，像幾何定理所能表證的。雖物質一如心思，源出上帝，但在一切事物之中物質與心思作對。最後的分析，物質所有的不過是廣袤性與上帝所安置的純然機械的運動而已。是以動物正如機器，使笛卡兒煩惑不解的，乃為人身與人心二者之間如何關聯。笛卡兒派哲學影響當代思想最深之處不在其詳細的內容，乃在其主要二點：一為所有概念必待證實方可消除疑竇，一為任何相當證據必須有能以數學表證的可靠性，這兩條原則引起極其重大的後果。（華爾克《基督教會史》頁七四四—七四五）

(二)神存在之論證

神之存在之論證：現在我們有了基本的原本和知識的標準。然則此外還有什麼是我們所能知道的呢？如果我們有神好欺騙人的觀念，則任何事物是否眞確，尚屬疑問；我們尚不知道神是否存在，也不知道他不是一個騙子。這種難關須得解除。我們的觀念有些似是生成的，有些是造成的，其中多半似乎是由外界得來的。有一些觀念我們當作外界的結果或印本。然而這些東西也許是虛幻。神為這些觀念中之一種。然而無論什麼東西不能生於無，凡存在的東西，都是有其存在的原因；這也是自明的道理。而且，結果與原因，其大小必相同，其眞實亦必相同。如一最完全的東西，決不能由比較不完全的東西裏頭生出來。我們必不能是神的觀念的原因，因爲我們是有限的不完全的，而神的觀念是無限的，完全的。所以神的觀念必是神給我們的，而神必是存在的。這種神存在之論證，不是安瑟倫（Anselm）之本體之論證，是因果的論證，根據一種完全的實體之概念而來。這不是因我們有了神之概念，遂說神存在，乃是說因爲有知道神的人，必有此知道神的人更偉大的東西。但是也可以說無限的觀念，僅是消極的概念—完全之否定。據笛卡兒說，有限的觀念包含無限的觀念或神之觀念，是不可能的；假設我們心中，沒有比較我們本身完全的東西的觀念，我們又如何能夠懷疑，如何能夠希望呢？懷疑之中，便含有眞理之標準，不完全之中，便含有完全之標準。

再者，我們不能爲我們自己的存在之原因，因爲我們有一個完全之觀念；假如我們創造自己，必定已將自己創造的很完全，且而必能保護自己，卻是事實上不是這樣的。假如我們的父母創造我們，父母必能保全我們，卻是事實上也是不能的。歸根結底；免不了完全而存在之神之觀念。我們并無能力認識神之不存在。這是安瑟倫與奧古斯丁所用的本體論的論證。

有的人以爲神聖的完全必不止一個原因，此實未加深思之論，因爲若有許多原因，便非完全了；所謂完全，必祇一個原本，一個神。神必是自爲原因，如果神還有別的原因，別的原因必還有別的原因，由此類推，以至無限，永遠不能得其究竟了，我們就有無限的退步，而無歸宿了。

我們的神的觀念得自神，所以是與生俱有的。神不僅是原因，又是我們存在之原型，神是依據他的影響，創造人類。神創造人時，把神之觀念放在人之心中，並不足奇；好比工人把他記號，印入他的製造品之上。設使神不存在，人亦不能成其爲人，並且神之觀念亦不得有。吾人知道神及人之心靈，較之知道有形的物體還熟悉些。我們對於神之觀念加以深思，就知道神是永久的，無所不能的，無所不知的，並且是至善與眞理的本源，萬事萬物的創造者。神無形質，不能以感官感覺之。神有智慧與意志，不過與我們的意志和智慧不同。他不願意犯罪或作惡，因爲罪惡是存在之否定。這是尋常有神論的見解，尤常見於經院哲學之中。鄧·斯各塔斯（Duns scotus）主張理性不與默示衝突時，我們方能承認理性，笛卡兒對於這是表同情的。又如斯各塔斯說神可以安排一個與現在不同的世界，事物所以是善的，乃是神將他鑄成這樣；但非因其爲善神乃鑄之。這也是笛卡兒表同情的。（梯利《西洋哲學史》頁三一〇—三一一）

(三)神的存在即自完整的觀念而發生

再進一步說，神的存在，即是自完整的觀念而發生，因爲存在是完整的必要條件，倘沒有它，神將變成最不完整的實體了。這是安瑟倫麥（St. Anselmus）的論辯，推究它的意思，好像神的存在，憑恃我們所具的完整觀念，那決不是笛卡兒的涵義。我們不能說，神存在著，因爲我們的心靈，意想著他；卻當說，因爲神存在著，所以我的理性，意想著神。我們對於神的信仰的眞正基礎，並非我們自己對神的概念—要使如此，那我們的基礎，將變爲主觀的與無力的基礎了；我們的基礎，乃是神自己，他在天生的無限觀念中，將他自己，顯示給我們了。倘在這裏，如有人提出異議，以爲說個比喻，山或山谷的存在，並不自山與山谷的觀念的交互關係而發生，我們相信，如此的異議，只是一種詭辯。從那個事實中—即從那個沒有山谷我們不能意想山，沒有山我們不能意想山谷的事實中，我們不能推出山或山谷的存在，卻能推出此二觀念，聯繫一起，不能互相分離。同樣地，從我不能意想神，除非把他看爲存在體的事實中，我們亦能推出：在神的觀念中，實包函著完整體的存在。

這樣，我已知道：(1)我存在著；(2)神存在著。就中神的存在的確定，乃是最重要的事，在它上面，憑恃著一切眞理一切確定性，一切積極的知識。沒有它，我的觀念，不能踰越「我思故我在」一步，我只知道自己，將永不知道我以外的非我；憑恃他的大力，方能使我破除那障礙—那道由懷疑所設置的存於思想與外物之間的障礙；而且，從積極方面說，它又告訴我，(3)實體的世界，實存在著。唯獨神，而且只有神，方能贈賜我那觀念的眞實性；唯獨神的觀念—那個神所設於我中間的觀念，方係永久的武器，可排除懷疑論。概括地說一句，倘找離棄神的觀念，不加睬理，那我儘可設想，感覺的世界，乃係一幻影，或爲妖魔所擺佈，或爲我自己的心靈所創設。可是，一俟神爲萬物的創造者，神實存在著的觀念，被證實了以後，那我認爲世界實存在著的本能上的信念，即已獲得堅強的根據了，因在那時，我將從一個完整體中——一個永未能騙我的實體中，接受外物的世界了。到那時候，懷疑之事，將不可能；任憑在我心中，留著如何樣式的懷疑痕跡，總有一天，將爲不可動搖的理性的信託所征服了。

上面所所說的三種實體——即它們的存在已被證實了的實體，亦即「神」，「我」、與「實質的世界」三者，我們可各予一個定義如下：什麼是神？神是無限的本質，在他上面，一切事理，皆憑恃著，而他自己，卻不憑悖什麼。什麼是我或靈魂？我或靈魂，乃是運思的本質。什麼是物？物是佔積的本質。此外所說「本質」乃是一種存在的東西，但它不需要其他的東西，去資助它的存在。（威柏爾《西洋哲學史》頁二五三—二五五）

（四）思維中最清晰又明瞭的觀念—「神」

在知識論方面，笛氏係應用自然科學的數學原則，提出「清晰與明瞭」（Clara et distincta）爲尋找哲學眞理的準據。從而，肯認「懷疑方法」（方法的懷疑 Dubitatio methodica）或「悟性的眞理」（Intuitus animi），足以搜尋絕對不可懷疑暨絕對可靠的眞理：「我思，故我在」（我思我存；Cogito, ergo sum）是他思想的立足點，它且和「我懷疑，故我存在」（dubito, ergo sum）義理相通。至於它的徑向，無不在肯定主體我的存在，亦即作爲主體的思維我（res cogitans）、意識我、理性我的存在。

笛氏接而轉出，試圖尋找外在事物的存在基礎，但總認爲感官不可靠（因有惡靈的欺瞞），最後，終於提出所謂思維中最清晰又明瞭的觀念—「神」，以他的眞誠、全能與至善，來保證作爲伸展物（Res extensa）之客體事物的存在。

在形上學方面，笛氏也藉「清晰又明瞭」的觀念這一觀點，找出心（精神）、物（物體）、神三元，或三種「存在」，而稱之爲「實體」（Substantia）。但這三者，總歸爲心與物，視之爲宇宙間所存在的兩種實體。

實體下有「屬性」（attributum），有如：心的屬性是思維，而在物則是擴延性；屬性下有表象，也稱爲「樣態」（形態 modes），有如：心的樣態是認知、意欲、喜怒哀樂等，而在物則是形狀與空間裡的運動。

笛氏並且認爲，感官所觸及的是樣態，而思想所思及的，才是屬性與實體；不過，在他的形上學裡，卻認爲「實體」才是眞實、眞正的存在，其它的，祇不過是附屬品。

在倫理學方面，也視最清晰又最明瞭的觀念，即最高的「實體」之存在—神—，爲人的理性或精神（悟性之愛amor intellectus）所追求的目標；從而，也證明人是一個自由的存在者。（陳俊輝《新哲學概論》頁三四〇—三四一）

（五）神是一位「至高完美的存有者」

笛卡兒於一六四二年提出神存在的論證，與安瑟倫於十一世紀所提出的論證有明顯相似之處。神是一位「至高完美的存有者」。存在是一種完美，因此神必然有完美的存在，否則祂便是不完全的。笛卡兒用兩個例子（三角形及山）補充他的論證。想起神，就等於想起祂的存在，正如同想起一個三角形，就等於想起它的三個角度等於兩個直角的角度之和，或如同想起一個山，就等於想起山谷一樣。

詳盡思考此論題後，我深信神的本質必定是包括存在，正如三角形的本質必定包括「三角形三個角的角度總和等於兩個直角」，也正如山這個概念必定包括有山谷在內。所以，想到（Cogitare）神（亦即一位「至高完美的存有者」而不想到存在，比想到山而不想到山谷更加的荒謬不合理。我不可能去思想有關神不存在的論題（亦即一位至高完美的存有者缺少至高的完全），這甚至比我去思考一匹馬是有翅膀還是沒有翅膀更加荒謬……。每當我思想那位首先及至高的存有者時，就如同從我心靈的寶藏中取出此觀念般，我必須將所有的完美的歸於祂。此種必然的感覺清楚保證，當我隨後指出存在是一種完美時，我的推斷是正確的：那首先和至高的存有者的確存在。（麥葛福《基督教神學原典菁華》頁三三）

（六）上帝是無限偉大不可思議的

笛卡兒的學說，首先主張是知識的問題，從知認出發，最主要者是人類認知的心靈，因需有東西被認識，乃從知識論跳上形而上的層次，追求存在的本質與實體，但要有理論的架構，而要從這理論中尋求做人的道理，於是再從形上學下來，建構一稱新的倫理學。我們現以簡單的方式，來分述他的哲學體系：

1、知識論：他以爲在所有的學問中，最確定不被懷疑的，是數學的公式，如二加二等於四，全體大於各部份等類的原理。他認爲我們的理智，與數學的形式極爲接近，不能夠懷疑的，那才是眞正的眞理，所以他設計一種眞的標準，完全是以自己腦子能夠理解與把握的一種尺度，作爲知識的開始，知識的尺度，即眞理的尺度，就是「清晰明瞭的觀念」。在感官世界中，所接觸每樣事物，如果很清晰明瞭，則其本身應有某種彩色，形狀及存在主要地位，而在整個的環境中，把它襯托出來，如鶴立雞群，乃是清晰明瞭的。笛氏同時認爲感觀作用，有時會有欺騙，因爲感官是有極限，如在實驗室中，在廣大的平路上，眼睛是靠不住的，就不可以完全信賴感觀作用，如一些道聽塗說的知識，或是學習得來的知識，都是可能有誤，不太可靠，就不能完全接受它。笛氏認爲最可靠的爲學方法，是在強調懷疑方法，其理由是凡經我的理智認爲絕對明顯的，才能接受，把所有不能完全肯定的，不能清晰明瞭的觀念、事物、意見，都一概推出，並加以疑惑，而主張在疑惑中找眞理，其方法由人的清楚觀念開始，如他所說的名言「我思，故我在」，其理由是由於我思，是一個清晰顯明的觀念，而知道我必然存在，因爲我在認識上，先對一切懷疑，則我必有懷疑思想，如我不存在，我怎麼懷疑呢？可知懷疑思想是在我身上，故「我思，我存在」。

笛卡兒從懷疑得出的存在，是思維的存在，亦即一種心靈的存在，但另一種肉體的存在，是不能用清晰、明瞭的觀念的尺度去衡量，所以須從知識論跳上本體論，而承認心物二元的說法，思想與肉體的存在，變成兩種互不想容的東西，心靈的存在，無法證明外在世界的存在，因此，他以人的感官作用，可以觀察聽得，但在日常生活感官作用會受欺騙，以爲所有罪惡與錯誤，都是魔鬼而來，他說因爲有惡魔的存在，欺騙我們，而比這惡魔更有力量的，那是上帝的存在，他認爲上帝的存在，是最清晰，最明顯的觀念。這當然是存在，因爲祂存是全能的、全善的，祂是全能的可以以制服惡魔，祂是全善的，可以使我們認清外在的世界，因此，他以爲有上帝出來保證，則我們的知識，可以用自身清晰明瞭，來保證主體心靈的存在，亦可以用上帝最清晰明瞭的觀念，來保證外在世界的存在。

2、形上學：笛卡兒從知識論中，所得心與物的存在，化爲心物二元，在形上的世界上繼續存在下去，這心與物的存在，形成了整個宇宙的眞象，這心和物的存在，畢竟是實體，不是我們肉眼看得見的；肉眼所看見的，不是實體，而是實體所表現出來的表象。笛氏從實體下面又重新提出屬性問題，這種屬性對心靈而言，就是思想；對物而言，就是伸展性。我們的感官接觸，就心靈而言，是人的情緒，相對於物言，是人的運動，如椅子可以被移動至另一處，其動表示它是一物，有伸展性的東西，如人會發脾氣，會哭笑，表示人有情感，如此，整個宇宙成爲心物二元，呈現出世界上各種不同的東西，能夠由我們的感官去接觸，也能夠由我們的思想去把握。笛氏以爲用他的知識方法，確實把握住眞實的世界，這就是心物二元的世界，而我們生存在這世界上，是要從形上學落實到日常生活的一條道路。

3、倫理學：笛卡兒是被稱爲理性主義者，知識來自理性，人要問的是我們認識什麼，知道什麼東西存在著，我們如何生存在這個世界上。笛氏在這方面，以爲上帝既然是最清晰明瞭的觀念，那祂是我們生活的目的，而人要以自己清晰明瞭的尺度，去衡量這個世界，設計可以使得我們完全適合上帝的旨意而生存。但人是自由的，可以行善或作惡，可以肖似上帝，向上帝學習。相反的，人也可以向魔鬼學習，行使欺騙方式，因此在這方面，笛氏以爲人與人應和平相處，不應欺騙，而應該講求眞理，所以他認爲理知的生活，才是眞實的生活，人與人之間的交往，是應該以眞誠相待而處之。

笛卡兒雖然是理性主義者，但他對於上帝創造天地萬物之事，卻與一般理性主義者，見解迥殊，他說：「關於上帝創造天地的目的，我們不能僅憑理性，擅加揣測，我們不能妄自尊大，作上帝的謀士，關於這點，我在沈思默想的時候，深深覺得，上帝創造萬物，其目的究竟如何，我們實在難以測度，關於上帝的存在，我們實在毫無置疑之餘地，因爲宇宙間有許多事物，我們至今還不能理解其如何創造，何以創造的道理，因爲上帝是無限偉大的，不可思議的，而我人類的卑微渺小。上帝是無所不知，無所不能的；而我們人類，卻是愚昧無能。僅從這個觀點來說，我們便應信服上帝，關於天地萬物的奧祕，決非人的聰明智慧，所能遽加臆測，我們不能自作聰明，妄作上帝的謀士，因爲僅用科學方法，從各種假定的目的，演繹出來的一切原因，都是不可靠的。」（李道生《世界神哲學家思想》頁二一七—二二〇）

（七）由上帝觀念的存在以論證上帝的存在

笛氏對上帝存在的論證有二：

1、由上帝觀念的存在以證上帝的存在

由反省中我覺得我有各種不同的觀念。上帝觀爲各種不同觀念中之一。由此諸觀念皆可爲我所反省上說，它們皆爲我心靈的知覺對象。但若就它們來源的異同上說，則其他觀念皆可由我加以說明，惟有上帝觀不能由我加以說明。因我爲一有限的存在，此上帝觀則是無限的觀念。故此觀念不能原於我自己。因有限的我不能爲無限的上帝觀的因。因此，必有一在我生之時即刻印此一上帝觀念於我的心靈中的無限者。此無限即爲上帝。

2、本體論的論證

此論證（指笛氏沈思錄中的本體論論證）是當上帝的存在已被前一論證證明了之後，再進而本清楚而明白的準則所建立的論證。此論證的要旨與上章所述安瑟姆的論證相同。但笛氏則將它關連到對知識的了解上說。由知識的觀點上說，凡爲我清楚而明白地了解到：某一事物的性質是屬於某一事物的，即爲屬於某一事物的。我清楚而明白地了解到：上帝具有完全的本質，而此完全的本質中包涵著存在，因此，存在是屬於上帝的。故上帝爲一存在的上帝。（李杜《中西哲學思想中的天道與上帝》頁二四〇—二四一）

（八）因果與本體論證上帝的存有

關於上帝的存有，胡院長鴻文謂笛卡爾提出了以下兩項論證：

第一、因果論證：

其一、他以爲一件事物不能來自虛無，更完全者不能來自較不完全者，在我們心中具有一種清晰明瞭的觀念，即是最完善完美的觀念，此一觀念既不可能從較不完全中產生出來，我當然不是此一觀念的創造者，我不可能產生

「無限實體觀念」或「最完全者」觀念，此一觀念的來源問題，上帝便是能使我們心中具有「最完全者」觀念的惟一動力因，是以確知此一觀念的全知全能者之必然存在。

其二、因果論證不但肯定了上帝「爲最完全者」觀念的原因，同時證明上帝亦是有限精神實體本身（具有最完全觀念的意識自我）的原因，我的存在必須依靠上帝的存有。

第二、本體論證：

笛氏又在沈思錄中仿照聖安瑟倫的證明方式，提出了有關上帝存有的「存在學論證」。笛氏推論，神的本質既是「究極完全性」，理應同時包括存在性。換言之，當作全知全能而完善完美的上帝必須存有，因若不存有，則不可能有究極完全的本質。

以上兩項論證，前者係採自多瑪斯的第二論證，後者是採自安瑟倫的本體論證，笛氏以自己的話語，嚴密的邏輯推理提出了上帝存有的論證，充份的表現出理性主義的特質和精神。

心身的屬性：笛卡爾和斯賓諾莎不同，以爲「本質」一詞可以適用於上帝及其他受造者。按士林哲學將「本質」一詞先應用於自然事物，然後以相似的意義應用於上帝，笛卡爾則從因至果，先應用於上帝，然後運用於受造之物。除了萬有的主宰上帝以外，受造者包括具體的和能思想的，需要上帝的同在才能存在。

屬性植基於本質中，但能將本質加以彰顯，屬性則並不是同等的，主要的屬性則可爲其他的屬性所依賴。

笛氏以爲心靈本質的屬性是思想，而物質的屬性爲廣袤，主要的屬性與本質密切的關聯，難以截然劃分，但本質雖無屬性仍然可以存在。

笛卡爾確認上帝的存有，其對於本體則採取心物二元論。對於心物究竟如何認識，仍然成爲問題，本書所提出的構成主義，盼能對此有所闡明。（《本體論新探》頁六五—六六）

三、結語

綜上所述，笛卡兒的上帝觀，在上帝裏面思想與實有聯合爲一，神存在之論證，神的存在即自完整的觀念而產生，思維中最清晰又明瞭的觀念—「神」，神是一位「至高完美的存有者」，上帝是無限偉大不可思議的，由上帝觀念的存在以論證上帝的存在，因果與本體論證上帝的存有等神學思想。

笛卡兒是法國哲學家與數學家，爲現代哲學之父。受教於耶穌會學校，曾爲軍人，一六二三年歸巴黎，從事學術的研究，後因嫌巴黎之煩擾，移居荷蘭，專心著作。一六三五年出版了他的方法論（Discours de la Methode），又集其他光學、氣象學、幾何學的論文爲《哲學論集》（Principia philosophiae）爲一代大師。此外有《冥想錄》、《感想論》、《規則論》等著作。「我思故我在」（Cogito ergo sum）—（由於證明自己的存在，也就證明了神的存在）是他哲學的根本思想，屬唯心論。

笛卡兒是一位大部分在荷蘭工作的法國人，常被稱爲現代哲學之父。爲重建人類知識的基礎，他開創一個知識探尋的方法，其程序與結果已博得後世跟隨者的注意。

在宗教改革時期，知識驗證的問題急速興起；不同的宗教信念，科學的質疑與古典懷疑論的復甦都是有關因素。笛卡兒對所有，以及任何已確定的事物設下方法學上的質疑，爲要發現無可置疑眞理的指標和內容。藉著論證能以不同的方式描述與評估，使他形成一原則：「我思故我在」。此一懷疑個體自我存在的舉動構成其存在的明證，因爲只有一個存在的自我才能思想，或懷疑。笛卡兒繼而探討神的存在，以及外在世界的存在。前者不只用一個方法證明：一個完全存有的觀念，存在於對個體自我不完全的認識之中，而不可能出自完全存有之外的其他來源。再者：如三角形的概念含有三個角相等於兩個直角的性質。同樣的一個完全存有的概念也含有神眞實的存在。況且，如果神是慈愛的，不欺騙人的，我們必須推論我們所覺知到的世界眞實存在著，因爲神的善保證事物所展現的，與其本身是一致的。懷疑論被克服。

在神學方面，重要的結果繼另一組信念而來，是有關心智與身體的關係的信念。笛卡兒是位二元論者，主張人由兩種具體不同的本質所組成（心智或心靈、與身體），各具有思想及延伸的特徵。此外，是非物質的心靈，而不是肉體組成人。此信念與笛卡兒嘗試要說明、辯護的相去甚遠，特別在本世紀的哲學領域裡，受到嚴重的批評。但有些基督教的哲學家，如路易斯（H.D Lewis）主張「笛卡兒二元論」的形式對基督教信仰是不可少的，它包括了死後生命的信仰。在神學與倫理學，在不同的方面，這個是很重要的問題。

笛卡兒不只是一位哲學家，他也是一位傑出的數學家，在他《分析幾何》一書裡，用代數的觀念描述空間關係，他也是一位敏銳的科學家。他在歐陸的繼承者，傑出的斯賓諾沙和萊布尼茲，與笛卡兒同被冠上「理性主義者」的記號，使人注意到擁有與獲得知識上，除了感官之外，還有心智所須扮演的角色。（趙中輝《英漢神學名詞辭典》頁一九六—一九七）

第十七節　歐文的上帝觀

一、傳略

歐文約翰（Owen, John 21616-1683），著名的英國清教徒神學家，於克倫威爾共和國（Oliver cromwell's Commonwealth）時期被提昇至高位，以激烈地護衛改革派的恩典教義，抵擋亞米紐主義（Arminianism）而聞名於世。

二、學說

(一)神主權的上帝觀

歐文〈論神的主權〉：歐文的詩篇注釋第一版於一六六八年發表，強調神創造的完全主權，所有被造萬物都是由神所命定。這種強調成爲改革宗的特色。雖然人的墮落帶來破壞性的影響，但歐文強調被造萬物的每個層面都仍然在神主權的權威之下。神藉此設定祂對被造萬物各個層面的旨意。對歐文及一般的改革宗傳統而言，神的主權的教義在揀選上有特別的應用；一個人是否得救，完全仰賴神的旨意。歐文在此討論相關的意見，以神一般的創造爲焦點。

神從無有中創造出萬物，祂也可以創造其他的世界，更多的、甚至與現在完全不同的宇宙。若非神全能的支持，被造物連一刻都不能生存下去。若非神有效的影響及支持，沒有任何東西能夠繼續留在原處、原路線、原有用途。若是有任何東西可以沒有祂而存在、生活、行動多一刻的，則我們可以自由地與祂爭論如何支配它們，並趕快成就我們的欲望。但由天上的天使，到地上的蟲及田野的草，全部不斷地傳靠祂的權能。爲什麼有些被造成天使、有些成爲蟲、有些成爲人、有些成爲畜牲？是被造物自己的選擇、設計、發明，藉由他們自己的智慧引起的嗎？還是僅止於神的主權？受造物明眼可見神按照自己的心意創造及安排萬物，絕無他法，若仍然膽敢埋怨神做的不好，豈非瘋狂兼愚蠢？即使是埋怨的人本身，也是因著神的旨意而得以存在。萬有歸一，無論神如何做，向何人做，無論是多或少，整個國家，整個城市，或一個人，無論是高或低；無論是富或貧，好或壞，全部都是祂手所作的工，祂有權按祂自己的美意來處理它們。（麥葛福《基督教神學原典菁華》頁一四九—一五〇）

三、結語

綜上所述，歐文的上帝觀，論神主權，強調神創造的完全主權，一個人是否得救，完全仰賴神的旨意的神學思想。歐文約翰爲英國著名的牧師及神學家，亦爲清教徒偉大教士之一。亦爲一改革宗神學家，不從國教者，在倫敦任牧師職。他爲那些脫離國教者爭辯、謀取利益。著有歐文約翰全集，其中著名的是《聖靈論》。

他傾心於公理制的教會行政。於皇后大學與牛津大學受教，曾於國立教會內熱衷於清教主義。初被封立後，他認爲自己是一位長老會的清教徒，但經過仔細考查之後，他採取了公理會的制度，而且終其一生爲公理制主要闡釋人。在他牧會期間，他伴隨克韋爾（Cromwell）首先到蘇格蘭，後到愛爾蘭爲國會從軍牧師，後訓練傳道人爲克韋爾的國家教會服事。

自一六五二至一六五七年間，他任大學副校長。在一六五〇年間，他不但在牛津大學頗具影響力，在倫敦國家事務上亦舉足輕重。他對公理教會行政的獻身，可在莎威爾信仰宣言的起草文上（一六五八）可見一斑。由於一六六〇年英國政治與宗教方面的變革，歐文從基督教國立教會脫出，而成爲一非國立教會者。他深知他不能在一國立教會內服事，因爲他不但反對主教制，他也反對明文規定的崇拜章程的概念。在以下二十年間，他爲英國不從國教者的領導人，並爲倫敦公理會牧師。

他今日被人紀念，並非由於他爲一教育家與政治家的優越成就，主要乃是因爲他的神學著述，他的著述汗牛充棟，發展至四十餘年。他在加爾文主義（特別在救贖、神的揀選上），傳統的大公信仰（三位一體與基督論上），教會政治，以及聖潔的追求上，都有堅實的見地。雖然他是一位具深度並具內覺的著作家，但寫作體裁頗爲堅硬，思想很複雜。（趙中輝《英漢神學名詞辭典》頁五〇六—五〇七）

第十八節　巴斯噶的上帝觀

一、傳略

巴斯噶（Blaise Pascal 1623-1662 A.D），一譯作「巴斯喀」，法國之神學家，尤以數理學科學知名。早慧，十二歲，已於幾何學上，有所發明。後又繼作計算器，發見測量氣壓之法則。因讀冉森一派之書，大有所感，頗傾心宗教。然未幾，仍淡視之。以愛讀孟坦著作，漸頗放逸。又後，以失戀故，復皈依冉森教。墮河死。多有哲學倫理學上之著作。而 Pensees 一種爲最著。（樊氏《哲學辭典》頁五三）

二、學說

（一）哲學的論證或使我們得到眞理之神

巴斯噶是一個天才的數學家、物理學家。他的神祕論滲合有一部分的懷疑論。他表同情於冉森會（The Jansenists of port Royal）之舊教改革運動，而採用笛卡爾之二元論之機械論的自然觀。他又承認空間、時間、運動、數目、物質等第一原理之確實性。他說事物之根底及目的，皆非人所能知；究竟的知識也不是我們所能得到的。人不能證實神之存在，也不能證實靈魂之不滅，哲學的論證也許使我們得到眞理之神，然而永不能得到愛情之神。所以理性終於懷疑，一到我們尋味最深之時，便發生困難。然而在宗教的感情中，我們直接經驗看神而認識和平：「心有其自己的理性，爲理性所不知。」然而自然的事物—人類的本性與人數的社會—既然是罪惡的，其能救

濟我們的，祇有神聖的思想、默示與教會的權力了。（梯利《西洋哲學史》頁三二五）

（二）唯獨「心」能認識福音書中的「人性上帝」

巴斯噶氏之年代，爲一六二三—一六六二年。其著作之譯成英文者，C. Kegan paul 於一八八五年出版的 Thoughts，和一八八九年出版的 Provinocia Letters，爲其爲一物理學家、數學家，尤其爲一著作家時，這位 Pensees 和 Lettres provinciales 的作者，可與笛卡兒並名。當其爲一哲學家時，於最初時，以同一程度，感受笛卡兒式的獨斷主義（因此最與他的「幾何學性」相合）和蒙旦的新懷疑主義的影響，可是到了後來，因爲受了王者的態度的影響，突然改變心境，變爲奧古斯丁式的基督教的熱心教徒，他的 Pensees，無異於他爲新信仰所作的辯詞。他看透了理知的一切弱點，故變爲懷疑論者；又看出了自然的一切醜態，故又變爲悲觀論者；唯獨「心」（Heart）—其實，如稱它爲心，毋寧稱它爲天良—能將眞的上帝，顯示給他，使他認識福音書中的「人性上帝」。自此而後，他對於哲學，除嫌惡外，別無他感。在近代研究巴斯噶的人們中，有 Vinet 者，承認他是叔本華（Schopenhauer）和士來厄馬赫（Schleiermacher）的先驅者，確具識見；至若 Cousin，只看到巴斯噶的存疑部分和瘋狂部分罷了。至於我們，雖不否認，在他的神祕論中，具有病態的部分，但總覺得他的哲學，含有三大眞理：⑴使無天良，則理智與經驗，決不能使我們認識眞理；⑵經驗而無天良作爲指針，必使我們陷入悲觀主義；⑶意志—即巴斯噶所說的心（Coeur）和情（Sentiment）—居於理性之前，它的大力，可使理智服從的法則。（威柏爾《西洋哲學史》頁二六四—二六五）

（三）在人心中應具有的崇拜地位

巴斯噶（巴斯卡）身爲數學家、物理學家兼密契主義者，則反對笛卡兒學派視理性主義爲神學的解決方法之一；巴氏區分哲學爲：一爲求知的「理性的邏輯」，另一則是尋索福祉之「心靈的邏輯」。前者應依據數學原則，而後者則宜託靠信仰。這自是批判笛氏對「神」觀念的曲解；即視神只作爲知識上被利用，並藉以認知（事物）的對象。巴氏企圖挽回「神」在人們心中應具有的崇拜地位。（陳俊輝《新哲學概論》頁三四一—三四二）

（四）神存在的證明

巴斯噶—神存在的證明：巴斯噶的《沈思錄》（Pensees），原稿乃於一六五八—六二年在法國寫成，後來在他死後採集成書。在此選集中，巴斯噶強調就認識神而言，心靈的重要性比理性的重要性高，同時也論及理性的限制。他同時指出，除非人清楚知道人的悲慘及在基督裡得救贖的可能性，否則「認識神」是沒有用的。

我們得知眞理，不僅是藉著我們的理性（raison），同時也是藉著我們的心靈（Coeur）。我們藉著心靈而得知基本定理，不僅與理性無關，理性嘗試駁倒眞理時，更顯徒勞無功。懷疑論者只有一個動機，便是駁倒眞理，他們卻無法達成目標。我們知道我們不是在做夢，我們無法用理性來證明這一點，這正好顯示理性的弱點，而非我們的知識不可靠。我們喜歡用理性來審判萬事，但我們理性上的無能，並不足以否定我們的證據，只足以令我們謙卑，不再以爲理性是學習的唯一方法。

理性所抵達的終點，便是認出在理性的界限以外，還有無窮的東西。若理性無法認出此點，則它是殘廢無能的。若自然界的事尚且超越理性，超自然界的東西還用說嗎？用形上學的證據來證明神存在（les preuves de dieu metaphysiques）與人的理性距太遠，也太複雜，因此產生的影響很小。就算是能夠幫助某一些人，這也只不過在他們觀看示範的片刻而已，因爲一個鐘頭之後，他們總會害怕他們曾經欺騙自己。

若有人認識神，卻不認識自己的悲慘情況，或有人知道自己的悲慘，卻不認識那位能醫治他的救贖主，兩者有同樣的危險。這些洞察力（Connaissances）中的一項，或足以令認識神卻不知道自己悲慘的哲學家感到驕傲，或足以令知道自己的悲慘，卻不認識那位能醫治他的救贖主的無神論者感到絕望。即使有人相信數目之間的關係是非物質的、永恆的眞理，它們的存在需要靠稱爲神的第一個眞理，我仍然不認爲他們離得救更邁近了一步。

（五）神在基督裡的自我啓示

神的隱藏：此短文集寫於一六五八—六二之間，巴斯噶認爲神至少必須部分地隱藏自己，這是應當而且必須的。否則人類會變得傲慢自大，以爲靠自己的能力可以發現完全的眞理。神在世上的「隱晦」迫使人類承認自己的限制，因此才會注意到神在基督裡的自我啓示。

除非我們接受下面這個前題，我們不可能明白神的工作。這個前題便是：神的旨意是令有些人盲目，同時光照另一些人。

既然神是隱藏的，不支持此點的任何宗教都不是眞實的，而不對此加以解釋的任何宗教，都是無教化的。

若是沒有隱藏，人類不會知道自己有多腐敗。若是沒有光，人類無法找到醫治的盼望。神應當部分地隱藏自己，部分地啓示自己，這是正確的，也是有用的，因爲若有人認識神，卻不認識自己的悲慘情況，或知道自己的悲慘，卻不認識那位能醫治他的救贖主，兩者有同樣的危險……。

就我們在世界上能夠看得見的東西而言，神既非完全缺席，亦非明顯臨在其中，而是一位臨在而又隱藏的神。萬事都戴有這個標誌。（麥葛福《基督教神學原典菁華》頁三三—三五）

（六）無極的大小印證神的偉大美善

巴斯噶係法國數學家、物理學家、哲學家、神學家，他看出世界上任何的事物，都有兩種無極，無極的大則啓示神的盡善盡美；無極的小則反證神的偉大高超，人類懸在兩極之中，上不及天，下不及的地。他的智力，同樣不能了解無極的大和小，笛卡兒生在科學的初興時代，誤認天地間的事物都可以用理智解決的，宇宙之謎可以憑科學找出答案，巴氏卻提出單憑科學不能找出最後的眞理；單憑智力不能解決宇宙之謎，並且指出人類的微小和可憐，人類明白自己的微小就偉大了。宇宙壓制人類，人類卻比宇宙偉大；因爲人類了解自己的脆弱性，明白死亡無可避免，宇宙卻一無所知，人類是偉大的，也是微小的，只有基督教的教理，表現出這種特性，上帝造人的時候，便要人光榮偉大，人類作下原始罪惡，從此墮落，成爲微小可憐的動物，耶穌基督替人類贖罪，恢復了人的偉大，給人類希望和光明，基督教是最了解人類的宗教，哲學家不向基督教尋求眞理，卻憑理智作盲目的摸索，那是錯誤的。

我們人類不能憑智力知道上帝是否存在；善人是否一定得著善果；惡人是否一定得著惡報。可是憑著智力的判斷，我們可以肯定說，相信宗教有百利而無一害。根據數學的可能定律，相信宗教是眞實的；上帝是存在的；總比不相信好些，有利些。明白現實世界是有涯的；可能的將來是無涯的，我們就知道怎樣作選擇。奉守基督教，遵守教義，冒險不會很大，最多不過犧牲數年，甚至數十年的享樂，但是可以獲得永恆的快樂，無極的幸福。巴氏對於信仰的這種辯證方式，不是對那虔誠基督徒說話，他的書是寫給懷疑哲學家，以及宗教自由思想的人讀的，單是信仰還是不夠，算不得眞正的信仰，得不了永恆的幸福，我們還需要謹守基督教的教義，神恩的扶助。我們低首承認理智是薄弱無能的，放棄人類是宇宙主宰的虛榮心，得過苦修生活，割斷一切情絲，隔離社會，消除凡俗的思想，放下一切阻礙心靈修養的俗事，爲了好接受神恩。

巴斯噶是一位存在主義者，他說明基督教的存在，與遵守教義的福利後，進而證明基督教是眞實的。用直接的歷史證據，說明祂是眞實的，他根據聖經研究猶太民族史，指出猶太是唯一能領會上帝的民族，他用語言學確定聖經的眞實性，證明舊約裡關於上帝的奇蹟，以及新約所記載救主的故事，都是眞實的，他承認基督教有許多故事，不是理智所能接受的，但它卻能維持不衰，就足以證明它是神聖的宗教。上帝隱藏起來，不露形色，這不能說是祂是不存在的；正相反，祂隱藏，就是因爲祂存在，假如全人類都見到上帝，全人類都信仰祂，都能得救，享受永恆的幸福了。巴氏是用語言學和歷史學作辯證的根據，把宗教看作是一種事蹟，用理智批評這些事蹟，從而證明這些超凡事蹟的眞實性。這種方法，在他之前沒有作家應用過，是他很大膽的創見。惜因他的歷史修養不深，語言學智識不夠，他的辯證不足以勸服宗教自由思想的人。未想到讀者用同樣的方法，也能否認上帝的存在和基督教的眞實性，未想到保護基督教最有效方法，就是把它和理智隔離，理智與宗教是不能並存的。

巴斯噶認爲人生最主要的，不只是知識論，也不只是由知識論所建立起的本體論，而以爲無論是知識或本體，都只有一個目的，那就是引導出我們人類的道德意識，促使我們行善避惡，他能提出科學與信仰一體的看法，以爲理性與心靈是一體的，而人除了理知之外，還有心靈，人更需要有一個豐富的心靈，唯有透過心靈才能活得心安理得，所以巴氏的一生，都在提倡理性與信仰的和諧，他在學術上最大的貢獻，是把邏輯分爲兩種：一種是理性的邏輯，理性追求的是知識，其對象是眞理，可以用數學的原理，物理的公式去獲得世界上的眞理。另一種是心靈的邏輯，心靈追求的，不但只是眞理，而是幸福，人之所以能夠追求幸福，那是因爲他的內心有信心與信仰。因此，巴氏以爲完美的人，需要有理性的邏輯去分辨善惡，也需要有心靈的邏輯去擇善避惡，亦因如此，把知識和信仰聯結在一起，而是運用了理性心靈邏輯的方法。

巴斯噶在笛卡兒的學派中，敢於批評笛卡兒所用的上帝的概念，只是把上帝的做爲利用的對象，沒有把上帝變成崇拜的對象。上帝在巴氏看來，是信仰的客體，而不是認知的實體，上帝對人不但只用了祂的理智，而且用了祂的愛心，因此人對上帝眞正的理解，也應該用「愛」，而不是用「認知」；應該用「信仰」，而不是「認識」。巴氏以爲理性主義者首先用的「懷疑」，畢竟把知識搞亂了，使得心物二元無法得到統一，所以他是提倡以「信仰」代替「懷疑」，固然在知識論中，可以用「懷疑」，在人生哲學中，卻要用「信仰」，故此，他是倡導雙線的人生哲學，針對於世界，外界的事物，我們可以用「懷疑」，用「清晰明瞭的觀念」做爲要求，可是針對我們自己的生命，及超過我們的上帝，則必須用「信心」與「信仰」。巴氏之提出神與人之間是雙線的關係，神爲人有利，也是人崇拜的對象，但不是因神對人有利，人才去崇拜祂，而是人去崇拜祂，這崇拜的動機對人有利，因此，巴氏的「上帝」，不但是人知識的對象，也是人崇拜的對象，他這樣思想，對於後來存在主義的始祖祁克果，其影響非常之深，以致西洋廿世紀的哲學思想，能夠一反以往的理性主義路線，而走向了情意的路線，可以說是巴斯噶開了先河。他首先提出人的存在，除了理性之外，還有心靈；除了知識之外，還有幸福的追求，而最後的分析，人可以沒有知識，但是不能夠不追求永恆的幸福。（李道生《世界神學家思想》頁二二八—二三一）

三、結語

綜上所述，巴斯噶的上帝觀，哲學論證或使我們得到眞理之神，唯獨「心」能認識福音書中的「人性上帝」，神在人心中應具有的崇拜地位，神存在的證明，神在基督裡的自我啓示，無極的大小印證神的偉大美善等神學思想。

巴斯噶是法國神學家、哲學家、數學家及科學家，因早年受詹森主義之影響，而大肆抨擊耶穌會教義，企圖爲基要的基督教衛護。他強調個人的經驗：「心知有理，口道不出。」著有《冥想錄》，強調個人的決志與信基督為救主。（趙中輝《英漢神學名詞辭典》頁五一四）

第十九節　杜仁田的上帝觀

一、傳略

杜仁田（Turretin, Francis 1623-1687 A.D），或譯為「特里敦佛蘭西斯」，重要的改革神學家，出生於義大利，於一六五三年開始在日內瓦學院（Genevan Academy）擔任神學教授，被公認為此時期加爾文思想的代表人物。

二、學說

(一)基督的三重職分

加爾文的著作，特別是他的《基督教要義》（Institutes of the rhristian Religion, 1559）所建立的模式，日後普遍地成立改革宗基督論的立場。基督的重要性以他的「三重職分」來理解，亦即基督為先知、祭司及君王。身為先知，基督宣告神的旨意。作為祭司，祂為罪作出代贖。作為君王，祂統治祂的子民。杜仁田是十七世紀著名的日內瓦神學家，是改革傳統的主要倡導者，在此更加完整的解釋此立場。原文於一六七九年以拉丁文發表。

基督的職分不外乎是在神與人之間作中保，父差祂進入世界，聖靈膏抹祂，委以此職分。此職分包括所有基督必須作成的工作，祂的使命及呼召是要在一位被得罪了的神，與得罪神的人（Erga deus offensum et homines offendentes）之間，作復和的工作，使他們彼此聯合。……基督身為中保的職分，可以分為三個不同的任務：先知、祭司及君王。基督同時承擔此三職，而非個別單獨地承擔；也惟獨祂才有能力同時承擔此三職。就其他人而言，因著他們的軟弱，此三職必須分開（沒有任何凡人能夠獨自承擔此三職，此三職分的尊嚴及責任非一人所能擔當）。而因著基督至高的完美，集中此三職於基督一身。有人可能同時是君王及祭司（例如麥基洗德），有人可能同時是君王及先知（例如大衛），有人可能是祭司及先知（例如有些大祭司），但從來沒有一個人完全實現此三職於一身，這是惟有基督才能作得到的，因爲惟有祂才能夠持守此三類職分所具體表達的眞理……人類因罪而墮入三重的悲情中（亦即無知、罪疚、從罪惡而來的壓迫和綑鎖），必須有此三重的職分才能解決。只有先知的職分才能醫治無知；只有祭司的職分才能醫治罪疚；只有君王的職分才能醫治從罪而來的壓迫和綑鎖。先知的光驅散因錯誤而來的黑暗。祭司的功績除去罪疚，爲我們帶來復和。君王的權能將罪及死的綑綁除去。先知向我們彰顯神；祭司帶領我們去到神那裏；君王使我們與神聯合，使我們與神一同得榮耀。先知藉著照明人心的靈啓迪人心；祭司藉著安慰的靈安撫人的心及良知；君王以使人成聖的靈，勝過人悖逆的傾向。（麥葛福《基督教神學原典菁華》頁一九七—一九八）

三、結語

綜上所述，杜仁田的上帝觀，論基督的三重職分，先知、祭司及君王的神學思想。

特里敦佛蘭西斯，加爾文派神學家。特里敦是一位移民至日內瓦的義大利抗羅宗的孫子，是於十七世紀初瑞士主要神學家的兒子。特里敦本耐特（Benedict Turretin）是在多特總會（一六一八—一六一九）著成加爾文派信經的贊助人，他在瑞士及法國極力推介多特信經。Francis 正如他父親一樣贊助此同一的加爾文主義信仰，並以學術性的方式對正統加爾文主義廣爲宣介。

佛蘭西斯出生並死於日內瓦，但受教於不同的神學機構：日內瓦、里敦、烏吹特、巴黎、掃模，曼特班等神學院。於一六四七年成爲日內瓦義大利教會的牧師，並於一六五三年被任爲神學教授。他因剛直不阿固守加爾文主義而著稱。於一六八八年他出版了著名的四大卷的《要義》（Institutio）。佛蘭西斯特里敦死於日內瓦，爲其子 Jean Alphonse 繼爲牧師（一六七一—一七三七），Jean 與父立場相反，企圖移除學術性的加爾文主義標準。

佛蘭西斯特里敦的神學一般說來乃是伯撒（Theodore Beza）以及反對阿民念的荷蘭神學家的傳統的加爾文主義正統神學。此外，反映逐字聖經默示的觀念，正如記載在一六七五年所完成的瑞士信條中。特里敦對此神學的貢獻乃是創造正確完整的教義立場。加爾文的神學提供了基層架構，而特里敦小心翼翼地根基由聖經得來的原則予以發揚光大。

此純正信仰於十八世紀並未得到支持。有關聖經經文由繼續使用人本主義解經學者，以及懷疑聖經逐字默示（瑞士信條）與不可錯謬性（比利時信經）提出了問題。此外，如特里敦之子這類的神學家故意貶低正統教的使用，企圖分裂抗羅宗的勢力；取而代之的，他們基本信仰就是使徒信經，以促進合一。

無論如何，佛蘭西斯特里敦的神學，在十九世紀為美國普林斯敦神學的長老會信徒，尤其是著名的查里赫治（Charles Hodge）所復興。特里敦的神學要義於一八四七年重印，成為美國長老正統訓練的標準教科書。（趙中輝《英漢神學名詞辭》頁六七二—六七三）

第二十節　格林克斯的上帝觀

一、傳略

格林克斯（Arnold Geulincx 1624-1669 A.D）或譯為「高林克斯」、「裘淩斯」、「海林克斯」，荷蘭哲學家。生於盎凡爾斯（Anvers）。其學宗笛卡兒。與麥爾伯蘭基（Malebranche）俱主張偶因論者。修學業於烏爾文大學，即為同大學之教授。其後更膺萊丁大學之聘，教授哲學。（樊氏《哲學辭典》頁四八一—四八二）

二、學說

（一）依祂的無限智慧制定法則

格林克斯（Geulincx）解釋物質稍有不同。他說，我們不能作用於物理界，物理界亦不能作用於我們，這本來是實。然而我們的意志不是藉神的特別行動創造運動之機會，運動也不是藉神的特別行動創造觀念之機會。神也未嘗豫先立定身體及與心靈間之調和。我們的意志雖然是自由的，但神知道我們之意志之向往；全體宇宙都是根據神的知識安排的。「神依祂的無限的智慧制定了運動之法則，而使獨立於我們的意志及權力之外之運動與我們的自由意志符合的。」格林克斯之知識論，也與笛卡兒哲學不同：他說，我們不能知事物之眞像；唯有神知道他們，我們只知道自己的自我。（梯利《西洋哲學史》頁三二三）

（二）神爲我行動和思想的眞正主宰

據笛卡兒學派的二大代表—即格林克斯（Arnolb Geulincx）和麥爾伯蘭基（Nicholas Malebranche）說，則謂身與心間的「可見的」活動，只有超自然的神的參加，方能解釋明白：神於每一意志發生之時，輒參與其間，使此意欲，得於吾人身體內，激起一種運動—一種非靈魂本身所能激起的運動；同樣地，神於每一身體的動作發生之時，亦參與其間，使此項動作，得於吾人靈魂內，激起一種知覺—一種非身體本能激起的知覺。所以，我們的意志，只是偶起因（Occasional causes），唯獨神，方係吾人活動的決定因；同樣，感官的對象，亦只是偶起因，唯獨神，方係吾人知覺的決定因。

如此一種偶起論（Occasionalism），從表面上看去，似乎非常素樸，實則，它的當中隱藏著深刻的絕滅論。因爲第一，倘使心與身間，沒有直接影響；倘使神—即無限的智慧與無限的善，是物質與靈魂間的必然的和唯一的中間人，那我們必與荷蘭的笛卡兒學者巴爾退則・柏尅同調，斷定著說，原來一切方式的魔法，魔術或精神論，均只是可嫌和可譏的迷信而已。

非獨此也，倘使神爲我那一切知覺和一切運動的決定因，那末，所謂我，僅一虛有其名，並無實質的主體，唯獨神，方爲我那行動，我那思想的眞正主宰：他在我的當中行動著，又在我的當中思想著；前一種結論（即神在我當中行動著），爲格林克斯所倡導，後一種結論（即在我當中思維著），爲麥爾伯基所倡導。

據格林克斯的意見，我們人類，若嚴格的說起來，並非心靈，乃是心靈的變形（Modes），除去了變形，只有神存在著。（威柏爾《西洋哲學史》頁二六二—二六三）

（三）心物關係如鐘錶的發動者鐘錶匠（神）

自笛卡兒創建他的哲學體系之後，其弟子與同事間，則出現了程度各異的贊成者與反對者。如：支持他的學說的，則有產生所謂機緣論（偶因論 Occasionalism ）的；這種論調意謂著：心、物之間全無交往，能促使這兩者得以均衡者，乃是它的外在原因，也就是「神」。

又在這贊成者之中，要以機緣論者高林克斯（裘凌斯 Arnold Geulincx, 1624-1669 ）—主張：心、物的關係，有如鐘錶，而它的發動者與聯繫者，只是那位預先（先天）的安排者，鐘錶匠（神）—爲代表。（陳俊輝《新哲學概論》頁三四一）

三、結語

綜上所述，格林克斯的上帝觀，神依祂的無限智慧制定運動法則，神爲我行動和思想的眞正主宰，心物關係如鐘錶的發動者鐘錶匠（神）等神學思想。

海林克斯爲形而上學者、邏輯學家和偶因論哲學家的主要倡導者。生於安特衛普。偶因論以勒奈・笛卡兒的著作爲基礎，並包括一個綜合的倫理學說。曾在魯文大學學習哲學和神學，後任該校教授（一六四六）。可能因爲他同情詹森派，於一六五八年被解聘。詹森派是天主教的一項運動，它強調人的罪惡本質，並強調人只有靠上帝的恩惠才能得救。他逃往荷蘭的萊登後，接受了約翰・卡爾文的嚴格的、類似詹森派的神學。一六五八年九月起以行醫爲業。第二年並批准不公開地講授哲學，爲時僅數月。一六六二年任萊登大學邏輯學講師，這時才擺脫貧困。一六六五年，任該校編外的哲學與倫理學教授。其主要著作有《新著》（一六五三）、《再論邏輯》（一六六二）和倫理學論文《論德行》（一六六五）。去世後，他的學生C彭特科耶以老師的筆名菲拉列托斯發表其六篇倫理學論文（一六七五，書名爲《認識你自己》）。海林克斯接受了笛卡兒的形而上學進展，從懷疑到認識、從認識到上帝，並且肯定了在形成判斷時意志的主導作用。但其目的在於使意志服從理性的權威。由於受到聖奧古斯丁著作的啓發，他試圖完成笛卡兒體系。不可理解的神同他的創造的之間的對立構成了他的偶因論基礎。上帝用肉體的「偶因」產生人的各種姿態。儘管人們可能認爲他們行動時未備外力幫助，實際上上帝在他們內部發生作用，使他們的意志產生效果。一八九一—一八九三年，其著作被輯成三卷，名爲《安特衛普人阿諾爾德・海林克斯哲學著作集》。

（《大英百科全書》册六頁二一二—二一三）

第二一節　斯賓挪莎的上帝觀

一、傳略

斯賓挪莎 (Baruch Spinoza 1632-1677 A.D)，一譯「斯賓諾莎」、「斯賓羅撒」，荷蘭之哲學名家。其先世，本出猶太。自葡萄牙而徙家亞姆斯德登 (Amsterdam)。其父經商，饒於財。斯賓挪莎自幼受神學教育，於舊約希伯來法典煩瑣哲學諸書，研求甚備。後漸致疑之，而傾心於笛卡兒及白魯諾之學。猶太教會以之爲背教也，嚴詰之，或陰謀刺殺之。卒宣告破門，逐之出亞姆斯德登。時年甫廿三耳。於是匿居一友家，易名曰比尼狄 (Benedict)。尋孑身去國，居萊丁 (Leyden) 附近一市。貧無所得食，流寓諸方，爲人磨眼鏡以餬口。最後，始得定居海牙 (Hague) 者七年。久罹肺疾，自知不起，而勤學不一日輟。卒年四十四，未娶。斯賓挪莎性行高潔。既避禍，惟閉戶潛修，不與世俗通來往。能安貧困，其友某，將死，舉巨產贈之，辭不受。德意志選侯路德威 (Ludwig) 遣人齎厚幣，聘之爲斯脫拉斯堡 (Strassburg) 大學哲學教授，且以自由研究相約，亦辭不受。著述浩瀚，不可具舉。其生平心力所注，則在 Ethica 一書，一六六五年脫稿。嘗躬赴荷京，以出版爲請，卒不見許。故後，始由其友取以授梓。斯賓挪莎主張泛神論。以爲「神也者，唯一之實體，而萬物之內在的原因也。神即自然，非超乎自然之外。同此實體，而著之於有延長界，則名之曰物，著之於有思維界，則名之曰心，物與心，一體而二面者也。」又謂「眞正之宗教的要求，惟對神而用其完愛者，始得滿足。求如是完愛者，須自於永恆相之中，得眞認識。具此眞認識，則神人直接合一。造此妙境，遂泯有限無限之別。故吾之愛神，亦即神之自愛也。」斯賓挪莎之於數學，造詣甚深，故多用幾何學之理法，以闡哲理。其說頗極幽玄之觀。（樊氏《哲學辭典》頁六八三—六八四）

二、學說

（一）「產生自然的自然」稱爲神

斯賓諾莎探討了當時哲學的各種問題，建立了一個完整的哲學體系，其中包括實體、屬性和樣式的學說，唯理論的認識論和方法論、無神論、政治學說和倫理學等。在這些方面，他都爲人類認識的發展和社會的進步作出了積極的貢獻。

斯賓諾莎在實體、屬性和樣式的學說中，論述了他在宇宙本體問題上的唯物主義觀點。他把實體定義爲「存在於自身內並通過自身而被認識的東西」，認爲實體不能爲任何別的東西所產生，存在屬於他的本性，它必定是自因。它按照自己本性的必然性而行動，因而是自由的。實體是唯一的、絕對無限的，對它不能有任何限制，因爲限制就是否定。

斯賓諾莎把實體稱爲神。但他認爲神既不是超越的，也不具有類似人的屬性，不會發布天命。他所說的神不是宗教所信奉的神。他把神等同於自然，是一位泛神論者。但他所說的作爲實體的自然，也不直接就是人們通常所感知的五光十色的自然界。他認爲，作爲實體的自然是不可分的、不變化的，只是人的理智的對象。它雖然沒有意志和目的，但是會思想。他把自然區分爲「被自然產生的自然」和「產生自然的自然」，只把後者稱爲神。這個被抬高到神的地位的自然，正是馬克斯所指出的，是形而上學地改了裝的、脫離人的自然。

斯賓諾莎認爲實體有無限多的屬性。他把屬性理解爲由知性看來是構成實體本質的東西，認爲在無限多的屬性中，人們只知道兩個，即思維和廣延。它們在各自的範圍內都是無限的。至於二者的關係，他指出，通過它們所認識的是唯一的和不可分的實體，二者是同一的。但他又認爲，一個屬性不能產生另一個屬性，每一個屬性必須通過自身來認識。

實體和屬性要通過具體事物來表現。斯賓諾莎把具體事物稱爲樣式。他把樣式定義爲：實體的特殊狀態，亦即在別的事物內並通過別的事物而被認識的東西。樣式有兩樣：無限樣式和有限樣式。無限樣式是由實體的屬性的絕對本性直接派生出來的，廣延屬性的無限樣式是運動和靜止，思維屬性的無限樣式是絕對無限的理智。有限樣式則是實體通過無限樣式派生出來的，廣延屬性的有限樣式是有形的具體事物，思維屬性的有限樣式則是它們的觀念。

他認爲，每一個有形體的事物的觀念就是它的靈魂，因此一切個體事物都是有生命的。這是斯賓諾莎的物活論思想傾向。

他認爲，人並不特殊，也是遵守自然的共同規律的自然物。人的心靈主要是由人的身體的觀念構成的，人是身體和心靈的統一體。

斯賓諾莎認爲，萬物的存在和動作都在一定的方式下爲神的本性的必然性所規定，只能在一種確定的方式或秩序中產生和動作。因此，他認爲，一切都是必然的，「偶然性」只表示我們知識上的缺陷，實際上並不存在，這是他的機械決定論思想。

斯賓諾莎哲學中含有較豐富的辨證法思想。他關於「實體即是自因」的基本原理，要求從自然界事物自身的相互作用去說明自然界，反對孤立地觀察事物，反對在自然界之外去尋求原因。他還指出，對任何一件事物的規定，即是指出此物不是他物，也就是指出「此物的非存在」，因而規定或肯定即是否定。斯賓諾莎還提出，只要通過理性認識了自然的必然性，依照理性的指導而生活，就可以得到自由。這裡含有自由是對必然性認識的辨證法思想。

斯賓諾莎給認識規定的任務和目的是取得眞觀念，最後達到使心靈與整個自然聯繫起來的統一知識。所謂眞觀念就是必定符合對象的觀念。二者必定符合的原因在於觀念的次序和聯繫與事物的次序和聯繫是相同的。認識達到的最後目的不僅僅是認識自然，而且是一種幸福的境界。

他把知識分爲三類，第一類是通過感官和記號得來的，被稱爲意見或想像；第二類是通過推理得來的，被稱爲理性；第三類是直接從認識到一個事物的本質得來的，被稱爲直觀知識。他認爲，第一類知識是錯誤的原因，第二類和第三類知識必然是眞的。他把感性認識和理性認識割裂開來，對感性認識基本上是否定的，認爲理性不通過感性就可以認識眞理。這突出地反映了他的唯理論特點。同時，他特別強調演繹法，甚至用幾何學的方法來寫他的《倫理學》。

斯賓諾莎認爲眞理的標準就是眞理自身。他把眞觀念必定符合它的對象只當成眞理的外在標誌，他更重視內在標誌，即清楚、明白和確定性。這是他的唯理論的又一突出表現。

斯賓諾莎在什麼是認識對象和任務等認識論問題上，旣堅持唯理論，又作出了唯物主義的回答，與笛卡爾的唯理論有區別。但由於他否認感性經驗是眞理知識的來源，因此他的唯物主義在認識論上不能貫徹到底。

斯賓諾莎的無神論在西方無神論史上占有突出的地位。他根本否認有人格神、超自然神的存在，集中批判了神學目的論、擬人觀和天意說，要求從自然界本身來說明自然。他開創了用理性主義觀點和歷史的方法系統地批判聖經的歷史，考察了宗教的起源、本質和歷史作用，從而建立了近代西方無神論史上一個較早和較系統的體系。

他考察了聖經寫作的歷史之後，大膽地指出，摩西五書的作者並不是摩西本人，聖經是許多人著作的偶然湊合，其中包含著種種矛盾。他還指出，聖經中記載的預言出自預言家的想像，預言家沒有什麼學問，科學知識不能從預言來。他還認爲，聖經中講的奇蹟，有的是普通的自然現象，有的是出自作者的偏見。

斯賓諾莎認爲，人由於不能用現成的規則控制環境，常常陷入困境，因而產生一種恐懼感，誤認爲這一切都是由上帝造成的。這樣，他在一定程度上揭示了產生宗教迷信的認識論根源。他還明確指出，宗教迫使人們把帝王敬爲神明，是封建專制制度欺騙人民的工具。這在一定程度上揭露了產生宗教的社會根源。

斯賓諾莎的無神論是不徹底的。他是一位泛神論者，而且並不主張徹底消滅宗教。（《中國大百科全書》哲學Ⅱ頁八三四—八三五）

（二）萬有爲一無量的實質可名之爲上帝

發揮笛卡兒思想原理的爲荷蘭一位猶太作家斯賓挪莎。後世敬虔主義及浪漫主義均引用斯賓挪莎的著作，取其一元論及泛神論的傾向。他以萬有爲一無量的實質，可名之爲上帝，亦可名之爲自然，這實質以兩種形式或兩屬性而爲人所知，即思想與廣袤性，一切有限的人或屬性，皆爲此二者之說明。在當時的學術爭辯中，斯賓挪莎對理性主義的發展極有貢獻。（華爾克《基督教會史》頁七四五—七四六）

（三）神是一個宇宙永久必然的統一有機體

普遍的實體——斯賓羅撒的哲學系統，完全表現於他的《人生哲學》之中。這部書共分五部：(1)神，(2)心之本性與起源，(3)情緒之本性與起源，(4)人類之束縛及情緒之力量，(6)理智的權力，或人類的自由。思想之起點是實體的定義。實體就是自己存在，挺然獨立，無需借助於別的事物之概念而後可以認識的東西：若不假定有實體，無論什麼東西都不認識，然而不假定別的東西，實體是仍然可以設想的。實體是絕對獨立的原本。

由這種實體的定義，必得其次的結論。如果實體是絕對的東西，必定是無限的，如其不然，就不能是獨立的。而且實體是唯一的，不然必受別的東西的限制，而非獨立的東西。實體又必是自爲原因(causa sui)的，如爲別的東西所產生的，則必依賴於別的東西上面。所以實體是自由的，不受外界的東西的限定；他又是自決的，他的一切德性、行動，必由他的本性而來，恰如三角形的性質，必由三角形的本性而來。個人不能認爲實體，因其有所限定：一切限定皆屬於消極的，所以不能爲實體。無論智慧或意志都不屬於實體；實體不思想、計劃、判決，實體未依照有意識的目的而行動：這種目的論完全非其本性。

斯賓羅撒說：「以萬事萬物爲神之任意的造就之見解，比較以神所作之事，是出於爲善之目的之見解，近於眞理。因爲這種見解，似乎以神之外有別的東西，離神而獨立。其實這種見解不過是給神以一種命運，並是誣蔑了萬事萬物之存在，及本質所依賴之第一的自由的原因（神）。」

萬事萬物之單獨的永久的無限的必然的自然的，自爲原因的原本，叫做神或大自然神非離開世界，如笛卡爾所主張的樣子，由外界的超自然的原因作用於世界上（有神論），乃是在世界之內而爲宇宙之內存的原本神在宇宙之內，世界也在神之內，神爲萬事萬物之源（這就是泛神論）。世界和神是一而非二。原因與結果無顯然之區別；神未嘗由他創造出來什麼東西，離他而獨立，神是存在於萬事萬物中之永久的實體或本質。關於自動的原本或實在之本源，斯賓羅撒用經院哲學的術語，稱爲能造的自然(Natura naturins)，關於原理之結果，稱爲所造的自然(natura naturata)。

神之屬性——自然或神的定義到底如何呢？換言之，神之屬性到底是什麼呢？斯賓羅撒所說的屬性，是理智所知覺的構成實體的本質的東西。有些人，如黑格爾 (Hegel)、愛爾特曼 (Erdmann) 以屬性爲知識的形式，實際上非屬於神，乃由人類的思想給於神的。有些人，如斐雪 (Fischer)，認屬性爲神的本性之眞實表示，不僅爲人類思想之形式，且是神之實在的性質。後者之說，或者是正當的；斯賓羅撒原是一個理性論者，承認思想之必然的形式爲有客觀的確實性。然而因爲一切決定的東西都是消極的東西，所以他對於應用有限的性質於無限的基礎之上，還躊躇不定。但他想免除此種困難，遂附加無限數的屬性於無限實體之上；且無論何種屬性，其本質都是無限的、永久的。神爲無限大，他有無限等級的無限性質。

無限的屬性之中，人心所能知道的，僅有思想與體積兩樣，自然以無限的方法表示其自己，而人僅知道，他有體積與思想，因人是有形質的有精神的東西，所以神或自然畢竟也是心物兼有的東西，凡有空間或物質的地方，便有心靈或精神，反而言之，凡有精神或心靈的地方，便有物質或空間這兩種屬性，既然是實體的本性之要素，必定有實體的地方便有屬性，並且任何地方，都有體積與思維在其各自的種類之中是無限的，但非絕對的無限，換句話說，無論體積或思維皆不能爲唯一之屬性，既而神有許多別的屬性，當然都不能謂之爲絕對無限的。這些屬性都是絕對獨立的，不能互相影響心理，不能發生變動於物體中，物體亦不能變動於心理中。如果兩種東西之間，無有共同之處，這一種東西就不能爲那一種東西的因；因爲所認爲其果者，並未含有其因中的東西，否則那種結果便是無中生有了。這是斯賓羅撒採取機會論及麥爾伯蘭基的學說，主張唯同類乃能產生同類，精神不能產生運動，運動也不能產生精神。

我們不能像唯物論派，以物質說明精神，也不能像唯心論，以精神說明物質。精神界與物質界——思維界與運動界——是一個普遍實在之表示，有平等的等級。此非彼之因或果，彼亦非此之因或果，都是一種原因之結果，同是由一種實體出來。一個不可分的自然或神，由一方面看去，是具有空間與運動的東西，由另一方面看去，是一個理想的世界，這叫做心物平行論 (psycho-physical parallelism)。精神界之秩序和關係，與物理界之秩序和關係相同。自然界中，也有一個眞實的圓，與我們的概念的圓相當。（梯利《西洋哲學史》頁三三〇—三三二）

神的名辭，在斯賓羅撒的哲學中，有種種用法：或以神與宇宙是同樣的，或以神與其屬性是同樣的，或以神爲具有無限的屬性之絕對統一的實體，或以神爲高於其他屬性之統一的實體，然其眞正的意義，大概神是一個宇宙是一個永久必然的統一體的宇宙是有機的全體，複雜中之統一體。

斯賓羅撒顯然的否認神有人格與意識，認定神無感情無理智又無意志，他不遵循目的而動，然萬事萬物必遵循法則由他的本性出來。他的行動是因果的，不是有目的的。他的思想由世界上之觀念之總匯組織而成，他有思想的能力或屬性，表現於絕對無限的理智中，或思想之永久必然的狀態中。而此等狀態又依次表現於人類精神中。然而斯賓羅撒說神自知其本質，又知由其本質所生一切東西。（同上頁三四三）

（四）宇宙是神本身神是宇宙本質

斯賓挪莎系統中的基本觀念，爲本質 (Substance)、屬性 (Attribute) 和變形 (Mode) 三者。他說，「我所謂本質，乃是存在於其自身中，而又爲其自身所意想的東西，或換句話說，乃是無需他物的概念，方得被意想著的東西。」「我所謂屬性，乃是理知所認爲構成本質的常德的東西。」「我所謂變形，乃是本質的變化，或換句話說，乃是存於他物之中，而又爲他物所意想著的東西。」

從本質的定義中，可以推出：⑴本質是它自己的原因，要不如此，那它將爲他物所產生，既爲他物所產生，那它就非爲本質了；⑵本質是無限的，要使有限的話，它將爲其他本質所限制，而憑恃他們了；⑶它是唯一的本質，因爲，倘若有二本質，它們將互相限制，而喪失其獨立性了，換言之，將不成其爲本質了。所以說，只能有一個本質，這個本質，不倚恃他物，卻爲每一他物所倚持著。即在此點，斯賓挪莎的體系，和笛卡兒的哲學，稍有差異；但斯賓挪莎之所以有此差異者，則因體系的本身，使他變成如此。笛卡兒自己，當他界敘「本質」一詞時，曾說，實在講起來，只有神，方爲本質；「本質」之詞，當其加於創造物時，其所具意義，與加於創造主時，大不相同，但他並不移除曖昧的涵義，卻仍以本質之詞，稱呼有限的事物；同時，爲欲與神相區別，乃稱之爲被創造的本質，好像他的定義，可使一個被創造的相對的和有限的本質，變成任何東西，但不能使之變成非本質的本質。因此，我們必須限制「本質」之詞，不用於任何事物，——假如此事物，不倚其自身而存在；反之，必須保留起來，加於那個實體，——那個存在於其自身中，而又爲其自身所意想的實體，那就是神，只有神是本質，本質即就是神。

本質，既是唯一的實體，又不倚靠他物，所以它是絕對自由的；此所謂絕對自由，意即它只爲它自己所決定，不爲他物所決定。它的自由，與必然(Necessity)相同，但與強迫(constraint)殊異；依據必然而動作，意即自己決定自己，依據強迫而動作，意即雖有自我，亦爲外的原因所決定。神當動作，而且當照實際的情形動作，這是必然的事，正像圓圈應有相等的半徑，亦爲必然的事。因爲圓圈是圓圈，所以它的半徑相等；因爲本質是本質，所以它具有變形，但它爲自由的，因它自己的本性，並非外的原因，強迫它變化。絕對的自由，既排斥強迫，又排斥無常。

本質是永久的，是必然的；或用經院學派的語言來說，它的常德，包涵著存在。它不能爲一個體，或爲一神，而如宗教上的神所代表著的；因爲，在那場合內，它將變爲決定的實體，而一切的決定，均是相對的絕滅。它是一切人性的存在的總淵源，但不爲任一神性的存在所限制。它既沒有理知，又沒有意志，因此二者，都設想著人的性質。唯其非理知的，故於行動之時，不具任何目的；它是一切事物的有效原因。斯賓挪莎說：「我承認，那種把一切事物，受制於神的不關心的意志，同時，又使它們倚恃神的無定性的見解(即笛卡兒，耶穌派會徒等的見解)，實比那種把神看爲有目的性的，神於事物間所展示的行動，均以善爲旨歸的見解，更近於事理之眞。因爲抱持後一見解的人——例如，柏拉圖，似乎於神之外，另設某一東西，不倚靠神，而神於行動時，卻須把它看爲模型，卻須以它作爲目標。不容說，如此一種看法，只是另一方式，把神屈服於命運之下，乃是最悖理的看法；須知所謂神者，正像我們前面所說的，乃是構成萬物的存在的最初因，和構成萬物的存在的唯一自由因。」

斯賓挪莎雖稱神爲宇宙的原因，但此所謂「原因」，它的涵義，與一般所指者，大不相同。他於原因所持的觀念，和他的本質觀念，完全同一；他於結果所持的觀念，又和他於意外，變形和變化所持的觀念，全然相同。據他說，神爲宇宙的原因，個中情形，正像蘋果爲紅色的原因，牛乳爲白色，甜味和液體的原因，不像父親爲兒子的原因，亦不像太陽爲熱力的原因。父親爲兒子的外的和暫瞬的原因，兒子有一單獨的存在體，和父親的存在體不同；

推此以言熱力，雖與太陽相連，但與產生熱力的太陽之外，另有一存在體，存於太陽之旁，存於太陽之外。神與世界的關係，就不如此了，他非世界的超越的和暫瞬的原因，卻是世界的內在的 (Immanent) 原因；換句話說，倘若我們眞正懂得斯賓挪莎，那就應當明白，神非一般所說的世界的原因——一種在世界之外活動著，並於一次之間，造成此世界的原因，反之，卻是世界的永久的底層，又是宇宙的最內層的本質。神非宇宙的暫時的創造者，而如二元論和基督教所意想著的；亦非人世之父，而如神秘論派和諾斯替教徒的玄想所假定著的；他是宇宙的本身，從永久的方面來說，又是永久和不滅的宇宙。神與宇宙這兩個字，實指著一件事，而且是同一件事，至於自然——那個爲一切實體的淵源，又爲一切實體的總和的自然，乃是神或宇宙的結果。簡言之，斯賓挪莎既非一無宇宙論者 (Acosmist)，亦非一無神論者 (Atheist)，乃爲一嚴格的宇宙神論者 (Cosmotheist)，或嚴格的泛神論者 (pantheist)，那就是說，他的宇宙，即是神本身，而他的神，乃是宇宙的本質。（威柏爾《西洋哲學史》頁二六七——二七〇）

（五）神即自然即實體

斯比諾莎生於荷蘭的阿姆斯特丹 (Amsterdam)，爲猶太人後裔，年輕時接觸過希伯萊民族的神學教育，自深受笛卡兒影響之後，思想則帶有泛神論的傾向。斯氏一生獨身而清苦度日，以英年(44歲)長辭人間。

他的思想架構有：知識論、形上學與倫理學，卻在實質上關涉著神學的思考。

1、在知識論方面，以「保存自己」(conservatio sui) 爲哲學思考的緣起（泛現猶太人與環境抗鬥的存在精神與性格），另由幾何學的假設，提出「存在」乃以找尋「實體」的基礎爲目標。

詳言之，斯氏視每一種的存在，應有他（它）自己的實體，而屬性與樣態，也都以實體爲出發點；換句話說，一切現象乃緣自「實體」，所有的樣態，都要歸屬於「實體」。斯氏在知識論裡所找到的最終的唯一實在，就是實體—神—本身，這個「實體＝神」，則包容了神、世界與人；由此自可看出他泛神論的因緣。

此外，斯氏又將知識分成道聽塗說、不成文經驗、舉一反三與哲學（幾何）四種；並且視後者才是出自理性，最爲可靠，是把握眞理的唯一途徑。

2、在形上學方面，斯氏係以泛神論爲主要思想架構，並且視神爲一創始終成者：運用實體的唯一性與萬有的一體性之原則，將實體區分成兩種：一是神本身，又作：實體本身，或唯一的「自因存在」(Ens causa sui)；可稱之爲「能產的自然」(Natura naturans)；另一是整個實體所展現的，或作：神的無限屬性所分化成的自然界、或現實世界，可稱之爲「所產的自然」(Natura naturata)。所以，斯氏的神觀，應可稱爲：「神即自然即實體」(Deus sive substantia sive natura) 說。

斯氏視「能產」、「所產」全屬於實體的內在作爲，這自是肯定實體唯一，而排除笛卡兒的心、物二元實體觀：心與物均是實體表現出的屬性，前者爲思維屬性，後者爲伸展屬性。唯其具有全備無限的屬性者，則是神本身；至於人所知覺的，也僅是思維與伸展性兩者。

關於實體概念的規範，斯氏曾提出兩種原則：相應於思想法則，即提出實體的「同一律」—實體只能變化成實體，卻無法變成虛無，這自是肯定實體本身的存在性——，而相應於存在法則，則提出萬有的「因果律」—本體爲一。至於現象的分合因源，最後，總是歸向於萬有的存在基礎：實體；這自是著重萬有本身的形成因與目的因。

3、在倫理學方面，也同樣源自「保存自己」的存在動因，肯認在「永恆形相之下」(Sub specie aeternitatis)，以觀照萬有，並確認萬有的總根源，乃在實體、自然、神本身；人唯有竭力追求使自己多認識神的屬性，使自身消融在大自然中，並契入與神的冥合裡，這才是人生眞正的幸福。

儘管神是唯一的實體與絕對的自由者，人卻能夠運用清晰又明瞭的觀念，即透過理性去決定一切，這莫不顯示：斯氏一方面肯定了命定論，另一方面卻摒斥倫理學上的目的論。然而，終究他卻視人宜以理性姿態，去敬神愛人，認定這才是一種理性的人生觀與健全的倫理態度。

總之，斯氏是由笛卡兒對實體的定義作出發點，終而靠一元論的方法——導生了泛神論——以解決笛卡兒所提出的實體二元性的問題；他運用數學方法以證明倫理學的嘗試，可說影響了後來德國歷史哲學的開創者赫德（赫德爾 J. G. Herder, 1744-1803）——赫氏將斯氏的泛神論改變成了有神論——哥德 (Goethe, 1749-1832) ——十九世紀生命哲學的開創者之一——謝林、黑格爾 (Georg Friedrich Wilhelm Hegel, 1770-1831) 以及觀念實在論 (Ideal-Realism) 者史萊馬赫（斯萊馬赫 Friedrich Ernest Daniel Schleiermacher, 1768-1834) 等人，並且促生了心物平行論和唯理主義有關聖經思想的批判。（陳俊輝《新哲學概論》頁三四二—三四三）

（六）論神的無痛感性

斯賓諾沙 (Benedict Spinoza) 論神的無痛感性，這一篇的哲學論證十分重要，對十八世紀的基督教神學有相當的影響。斯賓諾沙的推論是，神若有任何感情 (passion)，即表示祂的存有有所變化，祂是在邁向更大或較小的完全。無論是那一種情況，神的完美必須打折，因爲祂可能成爲更完美（亦即是說祂開始時並非完全），或成爲較不完美（亦即苦難使祂不再完美）。因此，斯賓諾沙指出，我們不可能說神愛任何人，因爲這與神是完全的神的概念不一致。命題十七：神是沒有任何感情的，祂也不會因爲任何經歷而受到影響，感覺到歡喜 (laetitia) 或悲哀 (tristitia)。

實證：所有提到神的概念都是眞實的，亦即是足夠的 (adequate)；因此神是沒有感情的 (Deus expers est passionum)。神不可能變成較高或較低的完美，因此，祂絕不會受到喜樂或悲傷的影響。(Q.E.D.)

推論：嚴格來說，神不愛任何人，也不恨任何人，因爲神不受任何喜樂或悲傷等情緒的影響，因此不會愛任何人 (neminem etiam amat)，也不會恨任何人。（麥葛福《基督教神學原典菁華》頁一五〇—一五一）

（七）基督是上帝的殿上帝藉著祂啓示出來

蘇比諾莎是十七世紀衆思想家中的核心人物，他受了希伯來民族的傳統，對於哲學最關心的問題，是「存在」的問題，亦即是其整個民族生存的問題，由於其民族生活背景，處處受人欺侮奴役，而使蘇氏憂國憂民之憂患思想，深受影響，感到自己民族的懦弱，追求生存的困難，所以他在本體論上設法補救，認爲如果人與上帝本身，是一種存在的話，則上帝也不會讓人類自取滅亡，因此，蘇氏最先的動機，是要「保全自己」，而相對的是「毀滅自己」，爲要使自己存在，保全自己，設法從本體論開始，其整個架構，是覺得宇宙間只有一種實體；只有一個實體，這個實體本身就是上帝，且照笛卡兒的說法，實體之後有屬性，屬性之後有樣態（方式），這是存在體系所構成之三大元素。在上帝這個實體來說，祂有心靈和事物兩種屬性，因此，在蘇氏的學說中，心與物的二元，成爲神的單元，他說：「神即實體，即自然」，神的本身即是實體，即是自然，將上帝與自然的概念連在一起，而有類似泛神論的思想，把神與自然混爲一談，未能分辨神及有位格而永存造物之主，在神學上頗多可以非議之處，但在蘇氏的「書信」中，卻仍見證基督，說：「基督是上帝的殿，因爲上帝乃是藉著祂完全啓示出來。」

我們所謂心物二元，其實只是一種存在的兩面，這種一種實體，有兩面不同屬性的劃分，在蘇氏學說的情結，是從實體出發，一面有心靈的世界，即「能產的自然」，另一面是屬於物的世界，是「所產的自然」，這種實體即是神，即是自然的說法，使整個世界上，心與物二元的對立，都由於一種存在來支持，以致到最後有的存在，無論是心到物，其實都是不可分的，因爲它不可分，所以就保存了自己的存在。從這本體論開始的哲學思想，蘇氏在倫理學上的重要發表，是人應該依靠上帝，應該把自己的存在，消融在神的本體中，而神的本體，在每一個人的心目中，已經早就存在，因此，人在倫理道德的行爲方面，在宗教信仰上，本來就不太困難，因爲人可以在自己內心中，尋找上帝的存在；尋找自己本身內在的神性，只要人能在內心發展神性，他就可以與天地合一，與上帝永存。

蘇比諾莎有被稱爲「愛神的哲學家」的名銜，因爲他的單元宇宙論，不但指出存在的唯一性，且更主要的，是說明人性在宇宙，仍然有毀滅自身的可能性，爲要避免這種災禍，在保全自己的設計中，人與神與世界原本爲一的構想，絕不是在倫理學中，用不著修身，就可以安然獲致天人合一，以及物我合一的境界，而是需要個人自己，在知識論上，去意識到「神即實體即自然」的眞諦，在倫理學上，去相信神的恩惠，拯救人類於淪亡，這種信仰不是純理論的，它需要實踐去補足，此實踐就是在日常生活中心靈的愛，去愛世界、愛上帝，在蘇氏看來，愛是合一的最大動力，也是人性免於淪亡；能與神、與自然結合的唯一保障，因而在理性主義偏於理知的學說，蘇氏提出了存在與理解的根基是信仰，而且這信仰需由愛去實行。雖然在教會方面，尤其是在猶太傳統宗教方面，對蘇氏的學說不以爲然，但是在哲學的觀點上，能將超越的上帝，用內在的上帝來表出，使其與人性、物性接近，似也能以解釋道成肉身的奧秘，可見蘇氏學說，在西洋整體哲學思想看來，實有過人之處，他是被人稱爲理性主義者。（李道生

《世界神哲學家思想》頁二三三—二三五）

（八）上帝是超越於理性之上的

斯賓諾塞的泛神一元論：依照中古時期神學家的觀點，上帝既被認爲是可以爲理性所了解的，即是合理的。因爲理性所了解的是合理的。上帝既是合理的，即不是不合理的。合理的與不合理的相反，故上帝爲不合理的的否定。合理的是眞實的，故上帝是眞的。眞實的與不眞實的相反，故上帝爲不眞實的的否定。不合理的既被否定，故只有合理的，故上帝即是合理的，亦即是理。理是眞實的，故上帝亦即爲眞實的。但依照斯賓諾塞的觀點說，我們不能離事而說理。現在事中，上帝爲理，故上帝亦在事中。故在斯氏的哲學中上帝等同於理，理等同於事，上帝即等同於事。事見於宇宙的萬物，故上帝即爲宇宙中的萬物。此即是泛神的一元論。在此泛神的一元論中，傳統猶太人的超越的上帝觀即不能有地位，而被認爲不合理的。因就斯氏的觀點上說，上帝爲自因的，並爲無限的，故上帝爲無外的。上帝如爲無外的，則我們不能說於上帝之外，有與上帝相對的事物。若果沒有任何東西是在上帝之外與上帝相對的，則我們即不能說世界萬物是外在於上帝，上帝是超越於萬物之上而萬物是由上帝所創造的。又如前面所說，上帝是等同於理，理在事中，故上帝亦在事中。若是如此，則我們亦不能說上帝可以離事而另有獨立於事外的意志，並要本此意志而創造宇宙萬物。故此，斯氏的上帝必爲內在於萬物，而以萬物（此包括心與物）爲他的屬性的獨立自存無外的本體，而不是超越於萬物以萬物爲外在於他自己的創造主。因此，斯氏只以上帝爲能生的自然，而此能生的自然不離他所生的萬物，而不以上帝爲一擬人化而有意志的人格神。

由突顯人的理性而求事事合理的觀念上去了解上帝的問題，如上述斯賓諾塞的思想所表現的，上帝的超越性好似是無法保持的。但此應是就理性的積極求了解上說。至於由消極上說，則理性並不能排除有可以未被了解的。因理性所了解的只爲它自己活動所依循的形式，即思想自身，及被收攝於此形式中而了解的經驗內容。於此外不能說理性的了解。由此一點上說，理雖或可等同於上帝，但理性的了解卻不能全等同於上帝。因在原則上人雖可說上帝是合理的，卻不能說上帝是完全可以被理解的。此不是完全可以被理解的卻不一定是不合理的。因此只是表示一不可理解的消極顯示而已。故它並不是理性所要排除的。此處所說的消極顯示，蓋即爲傳統宗教思想所持以說上帝的超越於了解之上，以見理性的限度，及爲啓示留地位的意義。但在斯氏的哲學中，則欲去除此一地位而不完全成功。因斯氏有上帝有無數屬性，而我們可以了解的，只爲思想與廣延兩屬性的說法。故斯氏的能生的自然，雖只可以從所生的自然上去了解，而上帝亦只能由世界去了解，而我們所了解的所生的自然或世界，卻不是與能生的自然或上帝完全相等。因上帝仍有不爲我們所可以知的無數屬性。此無數屬性，因是不可知的，故在理解之外，沒有積極的內容。但因它們是不能由理性所否認的，故可說是合理的。我們如由凡不能爲理性所了解的爲超越於理性之上，則斯氏的上帝觀，即仍有一方面的超越性的意義。（李杜《中西哲學思想中的天道與上帝》頁二四二—二四五）

（九）上帝的觀念和實體與模式

關於斯賓挪莎對上帝的觀念和實體與模式，胡院長鴻文有精湛的評述：

1、上帝的觀念：伯魯克・斯賓諾莎 (Baruch Spinoza 1632-1677 A.D) 受有一些猶太作家的影響，他因在猶太家庭中長成，他以「上帝」一詞來代表最後的實在。形而上學的哲學家，爲要對世家作合理的解釋，常將衆多歸結而成爲統一的。斯賓諾莎的哲學認爲經驗中的多種存在，解釋爲起因於惟一的無限的實體，他稱之爲「上帝」或「自然」。

斯賓諾莎對於實體的解釋，以爲「實體存在於其自身中，並非由外在的原因所造成」。他稱實體爲「自己的原因」。此項定義暗示著實體完全是「自賴」的，無論就其存在、屬性及其變化言之，實體都不依賴外來的原因。這就是說實體的本質包含著存在在內。

按照斯賓諾莎的意見，如果人們對於實體有了清晰分明的觀念，那麼，存在就屬於實體的本質之內。既然存在同涉於實體的性質，其定義必然包含存在在內，因此從定義中即可確定其存在。

斯賓諾莎認爲實體不可能是兩個或多個而成爲有限的，必然是單一而無限的。心和物乃是實體的屬性。

2、實體與模式：就邏輯演繹的程式而言，斯賓諾莎並不直接從無限實體至有限模式，在二者之間，仍有無限與永恆的模式。

他以爲神聖的屬性包括思想與廣袤，其他的屬性尚多，但難以瞭解。他以爲從認識上帝爲有神聖屬性的無限實體，到認識上帝所給予的模式，即是從認識「能產的自然」到「所產的自然」。

他以爲就廣袤的屬性而言，其基本的特性爲動、靜 (motion and rest)，個體的動靜雖是有變化的，然而整個的動靜則是不變的。整個性的動靜和力量，就是上帝在廣袤之屬性下，所有無限與永恆的直接模式。

他又表明就思想的屬性而言，上帝直接而永恆的模式爲「無限叡智」(absolutely infinite understanding)。「無限叡智」與動靜則成爲直接的無限模式。

他以爲間接的無限模式，乃是宇宙整體的範型，就思維屬性言，是心靈總括系統 (The total system of minds)；就廣延屬性言，是物體總括系統 (The total System of bodies)。

他指出現實分殊的有限模式，在思維方面是個別心靈，在廣延方面則是個別物體。個別的心靈有物體的觀念，而與物體的現象相對應。

他以爲無限模式的無限事物，必須來自上帝本性的必然性，一切事物的分殊存在與活動，都是上帝本性的必然性所規定的。就每一現實事物本身而言，可以說是偶然的，但是就整個宇宙的必然秩序而言，每一事物都是依從神之本性必然衍生的。

他以爲此無限系統是一個系統，而不是兩個系統，不是一個心靈的系統和一個身體的系統。但是這一個系統可以從兩方面看，即是可以從思想的屬性和從廣袤的屬性兩方面看。

他以爲在廣袤屬性下的每一個模式和在思想屬性下的模式相對應，此思想的模式即稱爲觀念。他以爲這種對應不要被認爲是兩種秩序，兩套原因，而是只來自一種秩序，不過可以從兩方面來看而已。

他以爲如果說只有一種自然秩序，就不能說人類的心靈屬於一種秩序，身體屬於另一種秩序，人是整個的，人的心和身是一體的兩面。笛卡爾派所說心靈和身體的「交互行動」，並不是一個眞正的問題。斯賓諾莎泛神論觀點，爲正統信仰的基督教會所反對，他是猶太人，他未曾將創造和被造者分開，顯然違背新舊約聖經，他所說的模式究竟如何解釋，仍須以正當的觀念再行加以探討。（《本體論新探》頁六七―七〇）

三、結語

綜上所述，斯賓挪莎的上帝觀，產生自然的自然稱爲神，萬有爲一無量的實質可名之爲上帝，神是一個宇宙永久必然的統一有機體，宇宙是神本身神是宇宙本質，神即自然即實體，神的無痛感性，基督是上帝的殿上帝藉著祂啓示出來，上帝是超越於理性之上的，上帝的觀念和實體與模式等神學思想。

斯賓諾沙出生於荷蘭之猶太人，乃聖經及猶太法典之偉大學者；信泛神論，否認自由意志說，其著作影響宗教思想家頗大。（趙中輝《英漢神學名詞辭典》頁六四三）

第二二節　陸克的上帝觀

一、傳略

陸克（Locke, John 1632-1704），英國人，經驗派哲學之大家。生於索美塞得（Somerset）。其父，法家也。屬巴力門黨，故陸克自少，愛好自由。年廿，就學於奧克斯福之基督學院（Christs College），治神學科。是時學風偏於保守，所教猶是煩瑣哲學之遺，氏不滿之。矢志專攻醫學及自然科學。年卅三，從使柏林，爲使館書記官。明年歸，見知於沙甫慈白利伯爵，延至其家，爲訓課子弟，兼備顧問。由是頗留意政治。及沙甫慈白利伯爵出而秉政，以之典秘書。後隨伯爵去位，一六七五年，以養病，遊法義諸國，歷五載而歸。伯爵再出山，充秘書如初。越歲，同去職而出遊。及伯爵歸國，爲朝廷所忌，遯居海牙。因亦從焉。由此殫力著述。又五年，威廉三世即王位，召歸，將重用之，多所獻替。陸克終身不娶，晚歲，寄居愛色克斯（essex）友人家，卒於旅中，年七十三。所爲書廣涉哲學宗教政治道德教育諸方面，而人間悟性論（Essay concerning Human Understanding）一書，尤稱傑作。先是培根之經驗論，僅就研究學問之法立言，至陸克，始推及於認識之起源及其界限。近世哲學，特取認識，爲一討論之對象者，始陸克也。陸克力駁笛卡兒一派之天賦觀念說，而謂『觀念非自初潛在悟性中，亦非由悟性產出。悟性如白紙然，一切觀念，皆由經驗以起。經驗有二，一是感覺，一是反省。比如闇室，有二窗戶，觀念之光，由茲以入。而由感覺以得者，則有第一物性之觀念，與第二物性之觀念。前者，屬諸其物，如延長形數動靜諸性是。後者，非眞屬諸其物，惟獨吾感官而後起。如色音香味寒暖諸性是。是皆單純觀念也。悟性但受納之，而未及自動。迨悟性自動，更取是等觀念，結合之，比較之，始有複雜觀念。其爲類三。曰樣態，曰實體，曰關係是也。樣態觀念，或由同類之單純觀念，或由異類之單純觀念，結合以成，故亦生純複之別。至於實體觀念，仍不外多數單純觀念之結合，而心以之爲從屬一定事物者。吾見夫某某性質，常相結合而發現，因謂此性質，必有所依倚以存之實體。其實實體爲何，仍不可認識。其曰關係，則謂由比較事物而得者。首即因果之觀念，次即同異之觀念也。若既知覺觀念之相合不相合，是謂之認識。由其確實性之程度分之，則認識有三種。一曰直覺的認識，如曰「我識我在」是。此最確實者。二曰論證的認識。則謂兩觀念之合不合，須假其他直覺的觀念以爲媒介，而始得明瞭者。如曰「神之存在」是。所須媒介觀念益多，則其確實之度漸減。三曰感官的認識。得自感官的經驗之知識是也。此知識是特殊，非普遍，故僅有蓋然性。顧此蓋然之確實性甚強，人固未有疑及外物之存在者。』此即其悟性論之大旨也。（樊氏《哲學辭典》頁六五七—六五八）

二、學說

（一）一切崇高的思想都來自經驗的簡單觀念

洛克的哲學思想。洛克對哲學的目的和任務作了新的規定，認爲傳統哲學在用理智從事哲學研究的時候，往往不考察理智本身的能力，不知道人類知識的起源、本性和範圍，結果便妄談天賦觀念的存在和作用，被意義不清的術語引入迷途，魯莽地闖進不能找到知識的領域，對不可知的事物妄發議論，興起沒有意義的爭辯，產生否定知識的懷疑論。洛克提出，要把對人類理智本身性質和能力的考察作爲哲學研究的第一步，通過這種考察，「探討人類知識的起源、確定性和範圍，以及信仰、意見和同意的各種根據和程度。」這個新的提法後來受到康德的注意，成爲康德「批判哲學」的先聲。

一切知識來源於經驗。洛克認爲無論在思辨領域，還是在道德實踐領域，都不存在作爲知識源泉和基礎的天賦觀念，必須把天賦觀念作爲知識的主要障礙進行批判。他認爲人生之初，心靈猶如一張白紙，沒有任何標記。只有後得的經驗才在這張白紙上寫上觀念的文字（見白板說）。他說，我們的全部知識是建立在經驗上面的；知識歸根到底都導源於經驗。因此，他表示甘願充當一名「小工」，爲建造知識大廈掃除障礙，準備地基。

經驗的內容和實質。洛克認爲經驗有兩種，即對外物作用的感覺和對內心作用的反省。他總結了德謨克利特的原子論和十七世紀機械唯物主義的微粒說，認爲世界萬物均由物質微粒組合而成。在此基礎上，他把物體的一切性質或能力分爲第一性的質和第二性的質兩類。前者指物體的結實、廣延、可動等；後者指由第一性的質所派生的，使他物發生變化的能力以及在我們感官上產生顏色、聲音、氣味、滋味和冷熱、硬軟等感覺的能力。它們都是我們一切感覺的物質基礎和客觀源泉，但只有關於第一性的質的感覺才與產生它們的物體性質相似，而第二性的質在我們心中產生的各種不同的感覺則與產生它們的物體性質完全不相似。

對觀念的分析。洛克認爲觀念起源於外物的性質或能力對我們感官的作用。因此，由不同性質的經驗產生的感覺觀念和反省觀念就有簡單和複雜之分。簡單觀念是原始的觀念，是構成一切知識的基本材料。人心憑它自身的能力，把這些簡單觀念加以組合、比較和抽象，構成一切複雜觀念。一切崇高的思想，都來自經驗的簡單觀念。這就是洛克對於知識來源於經驗的原理所作的論證。這個原理，過去的唯物主義者早已提出，但作系統的論證，則是洛克的獨特貢獻。他對天賦觀念論的批判和對知識來源於經驗的論證，適應了近代實驗科學的要求。

對知識的分析。洛克的經驗主義立場並未在認識論的一切方面徹底貫徹，表現在：

①在知識的性質和等級的問題上，洛克受到笛卡兒唯理論思想的某些影響。他把觀念當作人心進行思維和推理的直接對象，而把知識說成是對觀念間是否一致的知覺。他把知識劃分爲三個等級，即直觀的、證明的和感性的。

他認爲直觀知識是人類認識能力所能得到的最清楚最可靠的知識，卻把感性認識擺在最低等級。爲了使這種唯理論思想傾向與經驗論相調和，洛克指出，知識雖立足於對觀念間是否一致的知覺，但作爲眞理，這種一致必須符合於客觀事物的眞相。

②在關於知識的範圍和界限問題上，洛克通過對人類理智能力的考察，認爲我們既不可能有關於物體的科學，也不可能有關於精神和神靈的科學。因爲這兩門學問乃是關於實體觀念，即關於物質、精神的知識。而在洛克哲學中，所謂實體觀念無非是共存於一個實體中的各個性質觀念的集合體。我們對這些性質觀念的共存關係不可能有必然的知識。對共存關係的認知，既不來自直觀，也不得自邏輯論證，而依賴於經驗的陳述。從物理方面說，集合於實體觀念中的諸簡單觀念，乃是實在事物的性質或能力在感官中引起的結果。這些性質和能力是由物體的實在本質或原始性質，即物質微粒組成物體時的組織結構，數量關係和運動決定的。只有認識了物體的這種實在本質，才可以認識到物體各種性質之所以必然共存的內在根據。洛克這種自然觀要求哲學和科學從自然的外部屬性深入到物質微粒的內在結構中去，具有深刻的科學含義。可是他卻認爲，物質微粒非常微小，永不能爲感官所認識，即使感知到它們，實在本質和外部屬性之間也沒有可發現的聯繫，仍不能由此而推論出物體的各種性質及其在人類感官中所產生的諸簡單觀念之間是否必然共存。洛克承認自然的進程是有規律的，一定的原因總是產生經常一致的結果。但在原因和結果之間找不出必然的聯繫，只能根據日常經驗進行類比，從相似物體的日常結果來推斷它在相似場合下所能產生的結果。這樣得到的知識只有概然性，理智在實體（物體、精神）方面遠達不到科學的程度。洛克要求哲學家在物質能否思想，靈魂是否非物質實體等問題上要謙抑從事，安於無知；在理性與信仰、科學與宗教、唯物主義與唯心主義之間採取妥協態度。這一部分理論已經提出和論證了英國唯心主義哲學家、不可知論者休謨哲學的根本原則，是休謨哲學的理論源泉。

③洛克肯定數學和道德學知識不僅有必然性，而且還是符合於本質的實在知識。在他看來，數學的基本觀念數與形和道德學的基本觀念善與惡、正義與不義都是樣態性的觀念。樣態觀念是心靈自由集合一定的簡單觀念構成

的，這些簡單觀念就構成了它們的實在本質，在邏輯上表現爲規定其本質的定義。樣態觀念本身就是原型，它們不但不必符合於客觀存在的事物，相反，倒是應用主觀構成的樣態觀念去衡量客觀的各種情狀。如果它們符合於這些觀念的實在本質和定義，便賦予它們以相應的名稱。例如三角形狀的觀念便是一種實在本質。據此把符合這種實在本質的圖形稱爲三角形。就數學而言，不是觀念必須符合於實在，而是事物與觀念相符合。道德學亦是如此。它的眞理與確實性在於我們構成的道德觀念自身，然後以此去衡量道德行爲的善與惡、正義或不義。這樣，數學與道德學才是實在的知識，才有可能成爲科學。這種知識論爲德國哲學家康德的先驗唯心主義播下了種子，成爲所謂「哥白尼式轉向」的先聲。洛克在論知識中得出的結論，不符合他的經驗主義原則，但提出的問題是深刻的。（《中國大百科全書》哲學I頁五五三—五五四）

（二）以因果理論表證上帝之存在

英國思想家陸克(John Locke 1632-1704)。他於一九二〇年發表了人類悟性論(Essay Concerning Human Understanding)一文，文中否認了天賦觀念之存在，以爲心思有如一片白紙，五官感覺將所得來的印象書於其上，以後由心思將這些印象聯繫組合起來，而成觀念，又由簡單的觀念聯結而成較爲複雜的概念。陸克要解明一切自命爲知識者，須拿以經驗爲根據的理性來批評，方可斷定，是否合乎理性。如此考究，他便能以因果理論表證上帝之存在；道德也能以同樣方法表證出來，如同數學上諸定理一樣，宗教必得要在根本上是合乎理性的。宗教也許超出理性以上——遠非經驗所能達到——但不能違反理性。這些見解陸克在一六九五年間所寫成之基督教的合理性(Reasonableness of Christanity)一書中盡行發揮；聖經所帶來的信息，用神蹟證明，遠非自然理性所能領悟，但其信息決不能與理性相牴觸，而且連神蹟也不能證明任何根本不合理性的事理。所以陸克雖有誠心作基督徒，對於宗教之奧妙問題卻很少相信。在他看來，只要承認耶穌爲彌賽亞，實行他在世所傳講的道德就算夠了；那道德與理性的指使根本相合，而他所謂的理性又與受過啓發與教導的常識無大區別。（華爾克《基督教會史》頁七四七）

（三）精神的實體就是神

除了精神與物質兩種實體之外，還有一種精神的實體，就是神。我們本來無神之先天的觀念，然而我們若依我們的自然能力之正當的應用，可以認識神。神之存在，與兩直線相交其對角相等，是同樣確實的。我們構成神之觀念，是把由存在、綿延、知識、權力、幸福等等之經驗而來之觀念擴大之，而至於無限，再綜合之，以構成神之複雜的觀念。然而吾人未嘗知道神的眞實本性。

洛克證明了神之存在是因果的、目的論的。他說人都確確實實的知道他自己的存在，又知道無不能產生眞實的有。所以如果有眞實的有，必有產生之者。而且有既由其他的有而生，必有其他的有所具的一切東西。萬有之永久的根源必是萬能之根源，所以這個永久的根源，必是無所不能的，同時，又必是無所不知的。無思想的物質不能產生思想的東西。如果神曾經創造了思想的東西，他必定又創造了宇宙之次一點的精美的東西，宇宙乃所以能成其無所不能。然而吾人雖可以想像神，卻不可以想像神爲物質的。即或他是物質的，他畢竟還是一個神。物質雖不能與永久的精神共悠久。如有人問神如何能由無造有，洛克就說，我們雖不能想像思想如何能發生運動，然而我們不能否認這件事。（梯利《西洋哲學史》頁三五九）

（四）我們對於神亦具有指證的知識

什麼是知識？知識只是我們對於觀念的相聯與相符的知覺，或對於觀念的相距與相異的知覺；根據此定義，當知我們的知識，不能超越我們的觀念一步，非獨不能超越觀念，且其範圍，將較觀念爲狹，因爲我們對於大多簡單觀念的聯繫，往往莫知莫覺，不與其分。因此，我們可以決定說，雖則我們的知識，可比現在大大進步，但終不能抵達一日，可使我們知道我們所欲知道的關於觀念的一切，亦不能抵達一日，能使我們解決一切關於觀念，並根據觀念而發生的問題。例如，我們具有「物質」與「思想」的觀念，但終不能知道，究竟純物質的東西，能夠運思，抑不能運思；亦不能發現，究竟全能之神，曾否將知覺與思想的力，給與物的某種組織。我們完全知道，我們的靈魂，確實存在著，但不知道此存在體，究是什麼。如有人自願麻煩，蓄意解決精神論者與唯物論者的臆說中所包涵著的困難，那他不妨試試，但他的理性，終不能使他確實決定，究竟應當承認靈魂的物質性呢？抑當排斥靈魂的物質性呢？正像我們絕對不知道，究竟在體積與思想間，在物體與知覺間，是否具有一定的反對性，或一定的相關性一樣，我們亦不能知道，究竟在物質的次性間（例如在物體的顏色、滋味與氣味間），或在物體的次性以及次性所憑恃的初性間，存著如何的關係，是相合的關係，抑是相反的關係。

雖則我們的知識，不能超過我們的觀念，或超過我們對於觀念與觀念間的相合或相拒的知覺；雖則我們的知識，不能衝破事物的表象，深入事物的本眞或本質；但我們不能因此之故，即謂我們的知識，是虛幻的，是無中生有的。

我們對於自己的存在，具有直覺與直接的知識——雖則我們對於靈魂的形上學的常德，茫無所知。我們對於神，亦具有指證的知識——雖則我們的理解力，不能理會他廣大的屬性。末了，我們憑恃感覺，亦可知道其他事物；當然，我們對於這些事物，不能直接知道它們，因此，只當我們的觀念，與實物相符，我們的知識，方算是眞實。但我們並非絕對沒有徵驗；究竟我們的觀念，是否與物的本眞相符。這是一定的，我們的簡單觀念，與外物相符，因為我們的心靈，既不能不憑感覺，使外物呈現於一己之前（例如生而盲目的人，對於外物，即不能具有適切觀念），則我們對於外物所具的觀念，决非想像的幻構物，乃是外物在我們心中所造成的自然的與正規的產物，這是很明顯的事。其次，我們可用下一事實，證明外物的眞實性，那就是說，在實物所激起的觀念與記憶所引起的觀念間，實有極大區別存在著，例如，附隨前者的快樂或痛苦，在後者中，因為沒有實物，置於面前，故不易發生。末了，我們的諸多感官，可於相互之間，證明其他感官的報告，是否眞實。例如見火的人，倘若發生疑問，究竟他所見者，是實物，抑係幻影，那他儘可用觸覺去觸知；倘他放進手去，感覺灼痛，那他應當信服了，因為幻想的火，絕無如此效力的。（威柏爾《西洋哲學史》頁三二三—三二五）

（五）神為人類知識成立的基礎

洛克出身於律師家庭，和霍布士在牛津大學同窗，熟悉傳統哲學、神學、醫學、拉丁文和希臘文。他獲有學士、碩士，唯其嗜好也兼及物理、化學、政治、倫理與教育等。《人類悟性論》(An Essay concerning Human Understanding 1963) 是他主要的代表作。

他的學說體系有：知識論、形上學與倫理學等。

在知識論方面：主張一切知識來自感官，同亞里斯多德一樣，認爲人類的認知能力，即悟性，有如一塊「白板」(tabula rasa)，這是先天的；至於知識的內容，則是後天的。人心如白紙，外物透過感官暨感覺 (Sensation)，便可在人的心中留下印象或觀念；人的心靈具有反省 (reflection) 作用，將它運用、記憶而保存下來，便形成了知識。因此，知識在洛氏看來，有感官的、論證的與直觀的三種；而祇有後者，才是最高的與自明的。詳言之，爲證得「知識」，洛氏便對外物作分析，終而歸納出：有對應於人的感覺的物之「初性」（第一物性 first qualities）—如：物體的運動、數量、形狀與伸展性……等——以及應對於人的反省的物之「次性」（第二物性 Second qualities）——如：物體的聲、色、香、味、觸、冷、熱……等——兩種的區分。洛氏認實體有二：即心與物。但是，心與物卻無法「直接」的交往，所能接觸者，只是雙方先有初步的溝通：感官（心）對次性（物），而後逐步才能有心靈和初性的交流。爲此，洛氏則視直觀所把握的客體知識，可用名詞、或諸概念來表明；然而，這卻難以保存知識的可靠性，甚而，更易於使人懷疑它的準確性。

在形上學方面：則類似笛卡兒也把實體分成心與物兩種；但這兩種，則各具有不同的屬性。不同的屬性，又呈現出不同的樣態。有如：心爲實體，思想是它的屬性，喜、怒、哀、樂是它的樣態；至於物之爲實體，伸展性便是屬性，運動、靜止便爲它的樣態。洛氏似乎不以「神」能使物質具有思想能力，而作爲人類知識成立的基礎，這是與笛卡兒不同的所在。

在倫理學方面：洛氏視教育可輔助倫理目標的達成，他並不同意霍布士的「弱肉強食」、「人與人的關係爲豺狼」(Homo homini lupus) 之學說；他乃認爲，人間的祥和，有賴於對眞理的追尋。至此，宗教本身，之有助於眞確知識的獲得，是他對宗教倫理的一大證言。（陳俊輝《新哲學概論》頁三四六—三四七）

（六）神觀是將人的理性和道德品質投射而產生

洛克的《人類悟性論》(Essay concerning Human Understanding, 1690) 一書，發展出一個對神的觀念，成為後期自然神論的特色。其實，洛克的這本書可以說為自然神論奠定了知性的基礎。他主張，「理性引導我們明白這個確定而明顯的眞理，即必有一位永恆、大有能力、大有知識者。」這一位的屬性，乃是人類理性所承認適合神所擁有的特性。探討過那些道德和理性特質適合神之後，洛克主張：「我們將每一項都擴大到無限的概念，再把它們合在一起，就成為我們複合的神觀。」換言之，神觀是將人的理性和道德品質投射到無限而產生的。（麥葛福《基督教神學手册》頁二二五）

(七)基督徒需要相信基督是彌賽亞

洛克的《基督教的合理性》(Reasonableness of christianity, 1695) 便呈現了這種發展。洛克指出，基督徒唯一需要的信條，便是相信基督是彌賽亞；而為罪獻祭的概念則刻意被擺在一邊。「所需要的信心，就是相信耶穌是彌賽亞，那位受膏者，是神應許賜給世人的。……我不記得基督曾在任何一處自稱為祭司，或提到任何有關祂祭司職分的事。」（同上頁四〇一）

(八)人藉著經驗而衍生有關神的觀念

洛克的《人類悟性論》(Essay Concerning Human Understanding) 發表於一六八九年十二月。在以下段落中，他主張，人藉著經驗而衍生有關神的觀念。人的思想將世界已有的觀念藉由外推法擴張至無限大，衍生出有關神的觀念，推知神是至高的存有。因此，有關神的觀念乃源自經歷，而非純粹理性。

我們心目中有乃令人費解的至高者的存有，我們若加以探討，便會發現，我們乃藉著相同的方法得到這個觀念的。我們心中有關神及其他靈的複雜觀念，是源於我們沈思而得的單純觀念。正如藉由自我經歷，得到有關存在及持久、知識及力量、樂趣及幸福，以及一些其他素質及力量的觀念。這都是擁有勝於無有的。當我們將這些觀念應用於那位至高存有者時，便會將這些觀念擴展至無限大，加以配合，便成為有關神的觀念。因為我們的思想自感官中得到一些概念，並且有能力將其中的一部份擴大。

若我發現我知道一些事情，其中有一些，或甚至全部都是不完全的知識，則我可以構思有其兩倍之多的知識。然後我可以再一次的構思，又再一次地增加知識。如此便擴張我對這知識的概念，並延伸至對所有存在之物或可能存在之物的理解。我也同時可以嘗試構思對它們有更完全的認識，例如它們的特質、能力、成因、結果、關係等等，直到我對它們全部都擁有完全的認識，以致其內在一切及有關事物都包括在內，如此便構成了無限的或無窮的知識這個概念。我也可以如此處理「能力」，直到我們來到無限為止。我們也可以如此思想存在的時期，無始無終，以形成永恆的存有的概念。我們可以如此處理延伸的程度，以致將存在、能力、智慧及所有其他的完美特質（我們能夠想得出的）都歸於那位無界限、無限制的權能的存有者，亦即我們稱之爲神的那位。我們以理智所能夠構思最好的概念加在祂身上。這一切的結果，都來自我們得自理性的運作、反思、感官、外在的事物等所得到的單純概念加以擴張，直到無限的地步爲止。

將無限與我對存在、能力、知識等方面的概念加以結合，便形成那個複雜的概念。我們用我們所能構思最好的概念加以表達，這便是那位至高的存有者。（麥葛福《基督教神學原典菁華》頁三一一—三三）

(九)上帝存在可由間接推論出來

陸克引用培根經驗哲學的原理，研究人性問題，謂一切觀念，皆由經驗而生，爲英國經驗哲學的泰斗，被稱爲經驗主義的鼻祖，認爲一切知識，最終是依賴知覺，重視人類理智在宗教中的最高權力，因此提倡宗教容忍，他的哲學始點，與笛卡兒同樣，在求得確定不移的知識，希望人生能夠生活在眞實無妄的世界中，這亦即奠定以後經驗主義，從知識論走向倫理學的路線，他強調人的知識皆來自經驗，在知識論上最先的設計，是以心靈如白板(Tabula Rasa)，除非由感觀經驗，印上一些概念，否則人類便沒有知識，心靈如白板的理由，在於日常生活的體驗，人生來沒有知識，卻有獲得知識的潛能，就是人類悟性的能力，如此，他主張認識的能力是先天的，知識的內容是後天的，人是有先天觀念，後有知識，而觀念的來源是自覺與反省，這是悟性兩種能力，如暗室之兩個窗戶，導引人入光明的知識。

陸克從感觀經驗中獲知，外界事物所呈現出來的，是色、聲、香、味、觸覺等。恰與人的五官相對應，這客觀世界所呈現出來的五種：是感官予料（Sense-data），而主體的目、耳、口、鼻、手足等，都是感官，有天生的能力，能把握住感官予料，知識最初的出現，即在於感官與感官予料的接觸，而產生感官作用，其作用發生後，在主體的悟性中，就有了粗糙的知識原料，有了色、聲等概念，主體悟性則能利用這些概念，當作原料加工，而經過反省作用，製造出各種知識，從這種感官經驗獲得的知識過程分析，歸納出主體與客體的本身性質，在主體方面，悟性才是主要的知識主體，而感官其實只是條件，理由如：我看見一張桌子，並不是我的眼睛看見一張桌子，只能說我用我的眼睛看見一張桌子。同樣，在分析客體時，客體本身的存在，才是主要的，其感官予料，並不是客體本身，因此，洛克分析以爲客體有實體、初性與次性之分，實體才是主要的存在，物的初性質與性質，只是依附在實體的東西，本身並不存在，像積或顏色，本身無法獨立存在，必須依附在物質之上，成爲高的桌子，或白色的襯衣，才能存在。

陸克在知識的分類上再加努力，把人從感官獲得的知識，再次分層，確立其高低層次，認爲知識可有三種：

一是直觀知識——是自明的眞理，如白非黑，男非女，圓非方等，此乃直接明顯，而不需要任何證明或解釋的知識，都是清晰明瞭的。

二是論證知識——是人不能直接由兩個觀念，辨別其同異者，必須依附其他觀念比較，方可認識，如數學的知識，上帝存在，或是靈魂不死等，可由間接推論出來。

三是感官知識——是那些單獨的、個別的事物，呈現在日常生活中的具體現象，亦無需用證明，且亦不可能證明的存在物，如桌子，或張三等是。

在這三種知識的分類上，陸克以爲直觀知識最爲可靠，其次是論證知識；最後才是感觀知識，他以爲由感官作用，或是反省作用所得來的知識，可分單純觀念，以及複合觀念，這單純觀念，一種是由感官得來，如顏色是由視覺而來；一種是由幾種感官聯合獲得，如積，可由視覺、觸覺得來；一種是由反省得來，如思想、意願等；最後一種是由感官及反省同時得來，如能力、存在等。這複合觀念，亦即由兩種或兩種以上的單一觀念所構成，可分三種：一種是型態，其本身不能獨立存在，必須依附在他物之上；一種是實體，其本身就是存在的基礎，如物的存在，人的精神存在；一種是關係，此觀念起自比較、因果的推論，同異觀等等。

陸克主張感官經驗的重要性。因此，在他建構知識論以後，即進入倫理學的領域，以爲人生哲學最重要的，是要使人感官快樂，過得幸福，由感官快樂影響心靈快樂，而使整個人都幸福快樂。陸克這種快樂人生，是先由個人修養獲得，逐漸普及每人身上，由個人幸福快樂，走向國家民族，甚至全世界的幸福快樂。因爲人生的目的，在於幸福和快樂的追求，故此，社會有責任教導人民，用合法手段去獲得快樂和幸福，這是陸克特別重視的教育哲學，其設計籌劃最深刻的便是宗教哲學，他認爲人性的極限，在倫理道德之上，要以啓示來補足，宗教能給人認錯的勇氣，及幸福的保證。

陸克對於宗教頗爲注重，曾研究神學，一度欲爲傳教士，雖有志於宗教，然對於自然科學的實驗趣味更加濃厚。他的一生治學，乃以聖經爲指南，在他許多哲學名著以外，曾費了十四年的光陰，寫了一部「聖經發凡」，在書中的自序說：「聖經一書，其廣博精深，完善美備，實在無與倫比，殊足驚奇，因爲我們從聖經中，可以得到至深至奧的知識，可以了悟至尊至寶的眞理，可以領受至美至善的教訓，這種教訓，非同尋常道德的教條，而有無數聖徒的行爲，作了有力的見證，而幾千年來，俗世學者的成就，不但微不足道，且有重大錯誤，所以，一般僅重經驗自作聰明的學者，孳孳鑽研，沾沾自喜，顚倒了保羅的名言（見林前一25），以爲人類的愚拙，總比上帝聰明，那爲天下荒謬可笑無知的愚人！」陸氏又說：「古今往來的哲學家，關於道德方面，雖然寫了許多書，但終不及福音裡面道德觀念的崇高，所以，使人得到眞正完善的道德知識，最好的方法，只給他一本新約全書。」

陸克的一位親戚，一日問他：「什麼是教導青年明白基督教眞理最妥善的捷徑？」他回答說：「教他研讀聖經，尤其是新約，這乃是一部永生之道的書，這是一部使人得救，只有眞理，絕無錯誤，上帝親自著作的書。」他說此語，實可作爲一般青年的良箴。他雖是一位智慧卓越的哲學家，但仍謙卑爲懷，認爲所知有限，只有上帝的啓示，才最完備，他曾說：「當我遇到難題，竭盡所知，無法解決之時，我每靠上帝的啓示，豁然貫通，迎刃而解，此乃誠然最爲快感的事。」他的虔敬信仰，亦由此概可知之。（李道生《世界神哲學家思想》頁二四三—二四七）

（十）無始的永恆存在即是上帝

洛克(Locke)爲稍後於培根與霍布斯的英國經驗主義者。就英國經驗主義哲學的建立上說，洛克的貢獻比培根與霍布斯爲大。但就對上帝觀一問題的直接見解上說，他沒有什麼新的貢獻。他不同意培根和霍布斯因襲傳統區分神學與哲學爲超自然的與自然的，上帝問題爲非哲學問題的說法。他以爲我們對上帝有論證的知識。上帝的存在是可以被證明的。但他對上帝存在的證明並無新的見解，只是就已存的後驗論證略加修改而成。他以爲：由直覺上我知道我自己存在。我同時知道我的存在是有開始的。有開始的存在不能自己存在，必另有一存在使它存在，然後它才能存在。因此，必有一無始的永恆存在。此無始的永恆存在即爲上帝。

洛克對上帝存在的問題的直接的了解雖無新的貢獻，但他對先天觀念的駁斥，不相信人生下來有任何的觀念，而以一切觀念皆源於經驗的見解，則釐清了西方傳統上對觀念問題的許多糾纏，並由此而排除了傳統上由先天觀念以說上帝存在或由人的先天觀念以說一超經驗的形而上學或神學的說法。我們即由此一點上說，他爲促成上帝觀念的離異的先導。（李杜《中西哲學思想中的天道與上帝》頁二五〇—二五一）

（十一）樹立了經驗主義的原則

胡院長鴻文謂洛克樹立了經驗主義的原則，他爲知識下一定義云：「知識者乃觀念之聯合協調，或牴觸不協調之知覺也。」以後柏克萊和休謨在經驗論上雖各有其主張，但對洛克所持的原則並未加以改變。洛克對經驗中的觀念，分爲外感觀念與內省觀念，外感觀念乃係由五種感官所獲得色、聲、香、味、觸等五種觀念。內省觀念則有知覺、記憶、辨別、比較、複合、定名、抽象等作用所獲得的觀念。先由單純觀念，單純觀念相複合而有複合觀念，複合觀念可分爲以下三類：第一爲模式，第二爲實體，第三爲關係。其中與形上學較有密切關係的爲實體的觀念。吾人在此要予以較詳細的說明，以顯示其究竟意義。

洛克以爲就廣袤、形狀、顏色和其他的可感性質而形成複合觀念，這是人們能夠知道的，至於物體的實體觀念則並不知道。雖對事物的屬性非常熟悉，但對於物體本身則並沒有清晰的觀念，所以也不能抽象，而構成抽象的實體觀念。

洛克對於本質分爲「眞實本質」與「名義本質」(Real and Nominal Essence)，他指出既然有些人認爲事物的本質是完全不可知道的（並非毫無理由），對於「本質」一詞所含的意義不可不加以考慮。

第一、「本質」可以認爲是任何存在的事物。則事物內部的構造（一般以爲是不可知的實體），而爲可見之性質所依托的，即可稱之爲本質，這是「本質」一詞適當的基本含義。

第二、代表種類的本質係人工的結構。各學派對於「種」和「類」的意義經過了多次的辯論，本質已失去了原來的意義，不是用來表明事物的眞正結構，而是用於種和類的人士的結構方面。誠然，原來認爲各類事物都有一眞正的結構，無疑的必然會有某種眞正的結構，共存的單純觀念集合體才可以依托於其上。但是各個事物又是排列在各種類的名稱之下，各與此所代表的抽象觀念相符合，於是各種類的特質乃以此抽象觀念予以表明，而以各種類的名稱稱謂之。

洛克對於前述第一項稱之爲眞實的本質，第二項稱之爲名義的本質，通常人們往往以名義的本質代表眞實的本質，而眞正的本質究竟如何尚未清楚闡明，本書所說的構成主義，即係對此進而深入研究所提出的觀念和原理，可以對觀探究。（《本體論新探》頁七八—七九）

三、結語

綜上所述，洛克的上帝觀，一切崇高的思想都來自經驗的簡單觀念，以因果理論表證上帝之存在，精神的實體就是神，我們對於神亦具有指證的知識，神爲人類知識成立的基礎，神觀是將人的理性和道德品質投射而產生，基督徒需要相信基督是彌賽亞，人藉著經驗而衍生有關神的觀念，上帝存在可由間接推論出來，無始的永恆存在即是上帝等神學思想。

洛克是英國哲學家。知識面頗廣，對認識論、政治、教育、醫學更加熟練。主要貢獻有：1.清晰有力地描述了產生於十七世紀英國動亂年代的社會原則和政治原則；2.對於人類認識的闡述，包括對當時的「新科學」的研究。曾就讀於威斯敏斯特學校和牛津大學，學習期間對傳統課程不感興趣，而被經驗科學和醫學所吸引。一六六三—一六六四年曾撰寫《自然法則論文集》（未曾出版），研究了道德、社會和政治生活的根本原則。然而他最感興趣的還是經驗科學。早在一六六八年就加入皇家學會，因而瞭解科學的進展。同著名科學家牛頓等人是好朋友。與政治家沙夫茨伯里關係密切，曾作過他的私人顧問和家庭教師。他堅定地主張符合憲法的君主政體、基督教新教徒的繼承權、公民自由、宗教寬容、國會裁決和英國的經濟擴張，把這些作爲獻身的目標，這使他成爲輝格黨的思想領袖。曾受到劍橋柏拉圖學派、宗教信仰上的自由主義學派以及伽尋狄學派的思想影響。所著《論寬容的信札》（一六八九）認爲沒有人能具有完全的智慧和知識，用以支配他人的宗教形式；每一個都是一個道德的存在，對上帝負責，這以自由爲先決條件；與個人意志對立的強制只能取得表面的順從。《兩篇關於政府的論文》（一六九〇）是多年來考慮眞正的政治原則的成果，認爲政府是一種信託，其目的是保證公民人身和財產的安全；當統治者失於職守時，國民有權撤銷對他的信任。政府和政權是必要的，而公民的自由同樣是必要的；君主立憲制國家就是人民在其中仍享有自由的一種政府類型。透過這些社會和政治問題，洛克看到最重要的因素是人的本性。然而他認爲對於人的瞭解，只觀察他的行爲是不夠的，還必須研究他對於知識的接受能力。《人類理解論》（一六九〇）主要是爲了檢驗一下人的理智能力，看它適於處理什麼對象，不適於處理什麼對象。洛克認爲人的知識有兩個來源：1.通過感覺獲得的外部世界的經驗；2.通過反省達到的內部世界的經驗。出自這些源泉的經驗知識是不確實的，只能提供或然性的東西；而知識的觀念是確實的。通過推理，可以從以經驗爲根據的命題推知關於物質世界和精神世界的更爲一般的結論。依據理智的直觀，可以得到具有普遍必然性的知識，但其範圍有限；大多數知識只是或然的。洛克在《人類理解論》中制定了現代科學的認識論基本原則。晚年的著作有《教育漫話》（一六九三）、《基督教的合理性》（一六九五）。（《大英百科全書》冊九頁五二九）

第二三節　施本爾的上帝觀

一、傳略

施本爾 (Spener, philipp Jakob 1635-1705 A.D.)，或譯「斯彭內爾」，被公認爲是德國敬虔主義 (pietism) 的創始人，特別重視信仰中的經驗及靈修層面，認爲這正是現代信義宗正統主義所缺乏的。

二、學說

(一)論聖經及基督徒生活

敬虔主義者最主要的信念之一，便是基督徒生活中最重要的影響力來自讀經。施本爾於一六七五年寫成《敬虔的願望》(pia Desideria)，提出一個計畫，希望能夠重新刺激基督徒對聖經的重視。這個計畫包括提高聖經在人心中現有的地位，並在「教會聚會」中開始研經的聚會。這些一般被視爲「查經小組」的前身，在許多現代教會中已成爲普及的特點。

教會應當考慮，除了慣常採用的講道方式，也常用其他的方式教導會衆多讀聖經。首先，可以鼓勵會衆殷勤讀經，特別是新約。要求每位家長擁有一本聖經，最起碼一本新約，應非難事。同時應當要求家長每天朗讀聖經，若家長不能讀，應當請其他的人讀。

其次，可以鼓勵會衆自己讀經。例如，在公開敬拜時用固定的時間一卷一卷地誦讀聖經，不需要解釋（或者加以簡單的總結）。這能建立所有的人，特別是那些不能閱讀，或閱讀能力低，或沒有聖經的人。

第三個方法，或許不太容易實行（我寫下來以供進一步的反思），便是引進古代使徒式的教會聚會。除了我們例常的講道聚會以外，還可以舉行一如保羅在哥林多前書十四26—40所描述的聚會，並非一個人獨自講道（在其他的時間仍可採用此方式），而是由所有有恩賜、有知識的人輪流講道，表達他們對某些主題的意見，供其他的人思考，而整個程序都必須留意避免混亂和爭吵。（麥葛福《基督教神學原典菁華》頁八四—八五）

三、結語

綜上所述，施本爾的上帝觀，論聖經及基督徒的生活，最重要的便是讀經的神學思想。

彭斯內爾是德意志基督教神學家、著作家、虔敬教派領袖。自一六五一至一六五九年在施特拉斯堡學習，立志要改革信義會正統神學習俗；特別反對教會組織僵化和教牧人員行爲渙散。卅一歲主持美因河畔法蘭克福的信義會，創辦稱爲「虔敬學校」的團體多處。與德國教牧人員有大量通信；一六七五年著《虔誠的稟告》一書，此書概述虔敬主義的基本綱領。有人認爲他過分強調實踐，失之偏頗，有損於教義。一六九一年遷居柏林，任聖尼古拉教堂教長，在勃蘭登堡普魯士宮廷的支持下實行改革。一六九四年勃蘭登堡選帝侯按虔敬派原則成立哈雷大學。由於斯彭內爾的推荐，他的門生托馬西烏斯和弗蘭克在該校任職。斯彭內爾死時，虔敬派已在德國確立，其影響及於英格蘭乃至美洲英屬殖民地。（《大英百科全書》册14頁二二六）

第二四節　馬萊布郎的上帝觀

一、傳略

馬萊布郎 (Nicolas Malebranche 1638-1715 A.D)，一譯「馬爾伯蘭基」、「馬勒伯朗士」、「馬勒布朗雪」、「馬粒布郎雪」。法國唯心主義哲學家、科學家。生於巴黎。他自幼孱弱多病，十六歲才被送入拉馬什公學讀書，十八歲畢業。當年進入巴黎大學神學院，他對世俗事務感到厭煩，喜愛靜居沈思。一六六〇年加入奧拉托思教團。該教團鄙棄亞里士多德，崇尚奧古斯丁。一六六四年他被受予神父聖職。他讀了笛卡兒的《論人》等著作後成爲笛卡兒主義者，後來由笛卡兒的二元論逐漸轉到奧古斯丁的宗教唯心主義上去。他的著作繁多，主要有《眞理的探索》（一六七四—一六七五）、《形而上學對話錄》（一六八八）、《基督教沈思》（一六八三）等。他繼承笛卡兒的唯理論，反對經院哲學，以理神論即自然神論代替有神論。他的哲學曾在歐洲許多國家公開講授。一六九九年被接納爲法蘭西科學院院士。他在十七世紀末和十八世紀初獲得了極高的聲譽和地位。

自然觀—馬勒伯朗士承認客觀世界的存在，並認爲有兩種實體：以廣延爲特性的物質實體和以思維爲特性的精神實體。客觀世界（包括人的肉體）是物質的，「我」是精神的，而人是靈魂和肉體的結合。他和笛卡兒一樣，是機械唯物主義者，甚至認爲人的肉體也是機器。這種學說不僅嚴重地打擊了中世紀經院哲學，也徹底地推翻了舊的物理學，開闢了機械唯物主義的物理學。

認識論—馬勒伯朗士認爲感覺是溝通客觀世界和主觀世界的橋梁，不過由感覺得來的知識經常是錯誤的。感覺在反映物體的廣延、形狀、運動時不完全正確，不過它反映的東西至少是客觀存在的；至於反映的冷熱、顏色、聲音、氣味等的感覺，則只是精神的一些變化。他輕視感覺，重視理性，這和笛卡爾是一致的。

馬勒伯朗士與笛卡爾的主要不同之點在於，他發展了笛卡爾的形上學。笛卡爾認爲在精神實體和物質實體之外還有一個上帝實體，用上帝的存在和上帝不是騙子來保證客觀世界的存在。馬勒伯朗士則過分誇大上帝在人的認識上的作用，認爲精神和物質是異質的，不能互相作用，精神不能認識物質的東西，只有通過物質的原型觀念，即心智的廣延，才能認識客觀事物，而這種觀念存在於廣大無垠、無所不包的上帝那裡，人們是在上帝那裏看見萬物。

馬勒伯朗士認爲，上帝在創造世界的同時，也創造了一些「一般法則」，即自然界總的規律，它們是世界的第一原因，是永恆不變的，而世界上的萬事萬物卻在不斷地變化，這些變化不是來自一般法則，是由於「機緣原因」。機緣原因是自然界內的原因，是世界的第二原因；由各種機緣而產生一系列因果連鎖（見原因與結果），這種因果連鎖的必然性，則是根據上帝永恆不變的法則，即第一原因的。例如，我在街上摔了一跤，我發現我摔跤的原因是由於一塊石頭絆了我一下，因此石頭絆是原因，摔倒是結果，然後這個結果又變成原因，這個原因又產生結果，比如骨折或其他事故。如果沒有石頭在街上這個「機緣」，便不會有這一系列的因果連鎖。主張機緣原因的學說叫做「機因論」，又叫「偶因論」。馬勒伯朗士是這種學說的主要代表。

馬勒伯朗士強調上帝的全能作用，認爲如果不經上帝同意，人連一個小指頭都動不了。但他堅決反對擬人觀的有神論，反對把上帝看做是天上作威作福的帝王，因爲那樣一來就貶低了上帝的形象，而把人的形體過於美化了。

他認爲上帝不是這樣或那樣的存在體，而是無限完滿的存在體，或者是無限地無限的無限。這在當時的歷史條件下，在反對中世紀的經院哲學上，曾起過不可磨滅的進步作用。（《中國大百科全書》哲學Ⅰ頁五八五－五八六）

二、學說

（一）觀念是在神心中

麥爾柏蘭基（Nicolas Malebranche, 1638-1715）由另一方面觀察笛卡爾所提出來的問題。他是耶教會中的一個演說家。耶教會中盛行奧古斯丁的學說，而麥爾伯蘭基又很嗜好笛卡爾的學說。他讀了笛卡爾的論人（Traite de l'homme）之著作，遂使他專心致力於讀笛卡爾的全部著作。他的目的在調和宗教與哲學——調和奧古斯丁與笛卡爾的學說。

麥爾伯蘭基說，如果思想與運動是完全有別的，運動怎樣能發生感覺，心理如何認識眞的體積。這似乎是不能的事。心理的東西，唯心理認識之，因相同的東西，唯相同的東西認識之。我們所見的，不是眞世界或眞體積，乃是觀念之世界，理智之世界，或理智的空間。觀念是在神之心中，只有神具有精神的屬性。實在的物體或創造的空間不能影響精神；除了精神的物體——觀念之物體——不能影響精神。我們所見的萬事萬物都是觀念，不是有體積的物象本身。照這樣看來，麥爾伯蘭基的學說，乃是唯心論的泛神論（An Idealistic Pantheism），若他的學說到此爲止，哲學史批評他爲基督教的斯賓羅撒（Christian Spinoza），確有一部分的眞理。然而他未曾主張只有一種普遍的實體，只有一種最高的理性（Supreme Reason），包括一切可能的事物觀念。物質的世界屬於不可知之數（Terra in Cognita），其存在與否，不得而知。物質的世界之觀念，是我們心理的直接對象，不是物質的本身。若不由自然的或超自然的啓示，我們不能認識物質的本身之存在。如果神毀壞這個創造的世界，並且依然繼續的像現在影響我，我將繼續的見著現在所見的東西，我將相信這個創造的世界存在，因爲感觸我的心理之世界並不是現在的世界。我們所以相信這種世界的，是因爲啓示告訴我們有這種世界。如果麥爾伯蘭基反對這種不可知的世界，他的學說就是泛神論，但是唯心論的泛神論，並不是斯賓羅撒的泛神論。麥爾伯蘭基對於因果問題的討論，與後世休謨對於因果問題之批評相似。他說我們不能由內外的經驗引出因果間必然關係：假定有此必然關係的是理性；必然的因果概念

是包涵在普遍的實體之概念中。（梯利《西洋哲學史》頁三二四—三二五）

（二）神是精神的住處

依據麥爾伯蘭基的意見，則謂神是精神的住處，正像空間是物體的住處；他和靈魂的關係，正像光和眼睛的關係。正像我們的眼睛，在光中居住著一般，我們的心靈，亦居於神中，在神中思想著，在神中觀看著。我們並未知覺物體的本身，僅知覺著物體的觀念型，或物體的理想的本質，而如它在神當中所存在著的。眞的，心靈的眼，怎能觀看物質的東西呢？觀看一樣東西，意即同化了它，豈不是使它變成我們自己的東西嗎？然而，在眞實上即已互相排斥的本質，猶如心與物所表示著，怎能互相同化，使成爲一體呢？一雙心靈的眼，怎能觀看或吸收非心靈的東西呢？心靈不能觀看什麼，或吸收什麼，它所能觀看能吸收者，唯心靈而已。（威柏爾《西洋哲學史》頁二六三—二六四）

（三）人係被動的接受神本質之模糊認識

至於強調「存有主義」(ontologism)—主張：人係被動的接受有關神本質之模糊的認識，但對於有限事物卻可由反省清楚的認知，儘管這樣，作爲「首先存有」(primum ontologicum)的神，卻是首先被人認知，人從祂身上乃可知悉一切……—的馬勒布朗雪（馬粒布郎雪、馬萊布郎 Nicolas Malebranche 1638-1715），也是笛氏思想的推衍者：把心物二元消融到唯一的實體（神）裡，視心物全是神的顯象。（陳俊輝《新哲學概論》頁三四一）

（四）一切的存在都是在上帝之中

由於笛卡兒在知識論上的二元對立，無法得到合理的消解，於是至最後成爲心、物、神的三元，請上帝出來保證物質世界的存在，馬萊布郎與其他一些笛卡兒學派的學者，出來以「機緣說」來解釋心物二元的合一，這種「機緣說」的解釋，其所展示出來的內容，就是上帝由於是如一個非常精巧的鐘錶匠，祂同時造成兩個不同的鐘錶，雖然兩個不同，卻能走得完全一樣，亦就是說心與物根本上沒有和諧，「心靈」不能夠認識外在世界的「物」，可是由於上帝的居中作用，使得心與物能夠以「機緣」的一種方式得到和諧。因此，知識最終的原因是上帝，人的心靈，只不過是在上帝之中，認識外在的世界而已，而外在世界的一切運動變化，也只是由上帝所支配，如此，不但心與物的存在需要上帝，而且心與物之間的知識關係，也需要上帝的作用。這種機緣說發展到後來，尤其是在馬氏的學說中，以爲不只是我們的知識在上帝中，也就是一切事物的觀念在神之內，甚至一切的存在都在上帝之中，上帝之外沒有其他東西，於是笛卡兒學派的二元學說，日漸由二元走上單元，使觀念慢慢的變爲現實，使思想慢慢的成爲存在。

在笛卡兒的設想，是以理知爲中心，把人與神都局限於理知之中，馬萊布郎則設法把上帝從理知之中分出來，使上帝有其獨立的存在，而把人的理知、人的存在，放入上帝的存在之中，把心與物都放入上帝的單元之中，以「機緣說」解決了心物二元問題，使心與物兩種不同的存在，能夠在單一的上帝的存在之中。馬氏不但解決了這一問題，也要解決心靈與心靈當中的「雜多性」，以及事物與事物間的「雜多性」，他以爲心的實體，個人雖然不同，但仍然在上帝中可以找到和諧，事物與事物之間，雖然個別不同，仍然屬於上帝所創造，仍然在「機緣說」之中，與其他的事物，其他的心靈，能夠共同存在於上帝之中。因此從這種機緣說的學說看來，心與物的存在，原來只是現象界的存在，不是本質的存在，那眞正的存在只有上帝，其他的一切，只不過是上帝的表象而已。

馬萊布郎這種消解二元的說法，最後是很清楚地會走向理性主義的第二階段，以爲眞正的存在，只是上帝，而其他的一切，只是在上帝之中。其「機緣說」的原義，並非反對因果的存在，而「機緣」的意義，只表示著我們不知道原因，意思說在我們探討知識論的時候，總以爲心靈是主體，而外在的世界是客體，我們去認識它，但事實上在「機緣說」中，尤在馬氏的學說中，以爲人的心靈並非是主體，眞正的主體是上帝。人的心靈，只是上帝用來認識外在世界的工具而已。同樣，外在世界本身，也不是眞正的存在，因爲它的一切，都由上帝在支配，這樣，「機緣說」在知識論上，指出了心靈的感應，並不一定可以說出所以然來，而主要的還是在理知方面，推論出最後的一個原因，才算是眞正的原因。這種知識論與本體論的學說，本來可以解決笛卡兒的困難問題；但在另一方面，「機緣說」卻把倫理學中的一切課題忽略了。（李道生《世界神哲學家思想》頁二二二—二二四）

三、結語

綜上所述，馬萊布郎的上帝觀，觀念是在神心中，神是精神的住處，人係被動的接受神本質之模糊認識，一切的存在都是在上帝之中等神學思想。

馬勒伯朗士是天主教士、神學家和笛卡兒主義的主要哲學家。他試圖將笛卡兒主義同聖奧古斯丁的思想以及新柏拉圖主義綜合在一起。他是國王路易十三秘書的幼子。曾在拉·馬什學院和索邦神學院學習哲學和神學，一六六四年被命爲教士。由於他偶然閱讀了笛卡兒的《論人》，感到必須對數學、物理學和笛卡兒的作品進行系統研究。主要著作是《追求眞理》（三卷，一六四七—一六七八）。其他著作包括對於光和色的性質、微積分學和幻想心理的研究。其科學研究工作使他在一六九九年被選入科學院。其形而上學中最重要的是這樣一個學說，即「我們在上帝身上看到一切事物」。如果人與上帝之間沒有聯繫的話，則人類既不可能認識內心世界，也不可能認識外部世界。無論是物體位置的改變，還是一個人思想的變化並不是直接由物體或個人本身造成的，而是直接由上帝造成的。人們通常稱爲「原因」的東西只不過是上帝爲了造成後果而製造的「偶然的誘因」。笛卡兒對於偶因論的運用顯得猶豫而且前後矛盾，而馬勒伯朗士則把它發展得更加完備。他還使笛卡兒的肉體和精神之間的二元論同正統的天主教可以和諧共存。他認爲精神和肉體之間之不能相互作用不過是一般的被創造事物之間不可能相互作用的一種特殊情況。至於感覺，他認爲感性經驗只有一種實用價值。作爲取得知識的輔助手段，感性經驗是靠不住的，因爲它們並不提供眞正的證據來證明所覺察的事物的實際性質。只有觀念才是人類思想過程的對象。上帝的精神或理性包含人們所能發現的全部眞理觀念。上帝在思索了人們只部分地認識而上帝能完全認識的同樣觀念之後便創造了世界。笛卡兒聲明人的存在無需論證就能知道，但上帝的存在則需要論證。而馬勒伯朗士則認爲人自己的本質是無法認識的，而上帝的本質卻是無需任何證據的千眞萬確的事物。（《大英百科全書》册十頁六三—六四）

第二五節　萊布尼兹的上帝觀

一、傳略

萊布尼茲(Leibnitz, Gottfried Wilhelm 1646-1716 A.D.)，德國哲學名家。萊比錫(Leipzig)人。其父亦學者，格丁根大學之教授也。幼稟庭訓，涉獵圖籍甚博。初入萊比錫大學，治法學家言。年十七，得博士學位於亞耳多爾夫(Altdorfer)大學。自法學外，最嗜哲理之書，旁及文學歷史數學物理之屬，靡不深通。尤有幹才，長於政治外交。亞耳多爾夫大學，擬聘之爲教授，辭不就。尋應綿斯(mentz)侯爵之招，纂訂法典。年廿四，擢爲控訴院判事。屢因公出遊英法諸國。方滯留巴黎時，每以餘暇，研究數理，發明多端。其篤學如此。一六七六年而後，爲漢諾威(Hanover)侯之顧問，兼長圖書館。方伯林之設學士會院也，多斡旋其間。院成，推以爲會長。一七一〇年，加爾四世，聘爲宮廷顧問，授爵號。終生不娶。其著書多種，以人間悟性新論及神惡論單子論爲最知名。其人間悟性新論，乃反對陸克之經驗說，而主張先天說者也。萊布尼茲之學，以博贍稱，人謂亞里士多德以後，罕見儔匹。而於哲學數學二門，效績至鉅。即以其哲學言，亦能廣採諸家思想，而融會貫通之，以自建體系。特主多元的單子論及豫定調和說。其說頗近於折衷性質，蓋以謀宗教與科學之調和爲主而於宗教中，又以謀新舊兩教之調和爲主者。至其揭唯心之幟，以與英國之唯物論經驗論哲學抗爭，則態度頗明顯云。(樊氏《哲學辭典》頁七一五—七一六)

二、學說

(一)創造其他一切單子的最高單子即上帝

萊布尼茨的哲學思想，是一種客觀唯心主義，通常稱爲「單子論」。它是在揚棄和反對機械唯物主義觀點的鬥爭過程中逐漸形成的。他少年時代曾受過經院哲學所宣揚的亞里士多德學說的熏陶，不久由於閱讀了近代一些科學家和哲學家的作品又一度接受了原子與虛空的觀點，但他經過一番考慮，發現原子論觀點包含著內在的矛盾：這種物質的原子既具有廣延，就總是可以無窮分割而不能是不可分的最後單元；這種被虛空隔離開的原子無法構成連續的整體，與宇宙的連續性原則相違背；僅以廣延爲本質屬性的物質原子也無法說明事物的運動變化和質的多樣性。爲克服這些矛盾，他主張構成萬物最後單元的實體不應具有廣延或量的規定性，而應具有各自不同的質，並應具有

「力」作爲推動自身變化發展的內在原則。這樣的實體是與靈魂類似的某種東西。他起初稱之爲「實體的形式」或「實體的原子」等等，最後稱之爲「單子」。他認爲：單子因無廣延，眞正不可分，也沒有「部分」，是眞正「單純」的實體。單子既無部分，就不能由各部分的組合或分離而自然地產生或消滅，其生、滅只能出於上帝奇蹟式的「創造」和「毀滅」；單子既無部分，因而無物能進出其內部，故每一單子都「沒有可供事物出入的窗子」，是各自徹底孤立的。單子既與靈魂相類似，因而也具有「知覺」與「慾望」；每一單子憑其知覺「反映」全宇宙，如同鏡子映照事物一樣，在此意義下，每一單子就是反映萬物的一個不同「觀點」。同一宇宙，由於所處「觀點」不同，就反映出不同的面貌，形成每一單子獨特的質。世上沒有兩個單子在質上完全相同，也就沒有完全相同的兩個事物。單子由於知覺的清楚程度不同而有高低等級之分，由構成無機物的、具有模糊的「微知覺」的單子，到動物的具有感覺的「靈魂」，再到具有清楚的自我意識或理性的「心靈」，以至比人的心靈更高的「天使」之類，最後達到全知、全能、全善，創造了其他一切單子的最高的單子，即上帝。每兩個相鄰等級的單子之間，有無數中介的單子，從而構成一個連續的系列，其間並無間隙或「飛躍」。他明確肯定「自然從來不飛躍」。單子與單子之間，是彼此獨立的，但單子所構成的事物卻又是彼此互相作用、互相影響的，從而構成一個和諧的整體。萊布尼茨認爲這是由於上帝在創造每一單子時就已預先確定其本性，使它在以後的全部發展過程中自然地與其他單子的發展過程相一致，這就是所謂「前定和諧」。從這個觀點出發，萊布尼茨又認爲，世界是上帝所創造的一切可能世界中最好的世界，這就是他的所謂「樂觀主義」。（《中國大百科全書》哲學I頁四四四—四四五）

(二) 上帝乃最先的單子

來布尼茲，此人一生之最後四十年任漢諾威 (Hanover) 圖書館長，而且盡力追求天主教與抗議宗之重新攜手。他不像斯賓挪莎相信宇宙乃一個實質，而相信所謂實質卻有無量數之多。每一實質爲一「單子」(Monad)，即一無可再加分析的動力中心。每一單子乃反映整個宇宙，不過各單子所有的感覺程度不同，其間差別的程度乃自然無感覺以至最高活動。單子感覺愈大愈明，其距神性也愈近。上帝乃最先的單子，在祂理解之中，萬事均赤露敞開。一切觀念想像均包涵在單子之中，乃生而俱有，惟需要加以啓迪至於明朗化。這種試驗眞理之特點，亦與笛卡兒與斯賓挪莎所講者同。一個單子不能影響別一單子；一切所有好似交相影響之處，全出於事前安置好了的和諧，正如同許多完全準確的鐘錶一同指著同一時辰。單子累集的身體並非實在佔住空間。每一單子有如數理上之一點，所謂時間與空間，只爲便於理解，單子的集合爲少不了的方面。上帝創造世界爲要彰顯祂的完全，所以在一切可能的世界中，祂就揀選了這最好的世界。這最好世界之中有些似爲惡劣之處，如不完全，身體上的痛苦和缺欠，或者道德上的錯誤，但是必需要有的，因爲上帝不能造成一個更好的世界。人怎樣得知？來布尼茲的答覆乃是說，人藉著天賦觀念之辨明便可得知。（華爾克《基督教會史》頁七四六—七四七）

（三）神是最高等的單子

來布尼茲之神學。神是最高等的單子——諸單子之單子。他的存在可由幾方面證明之。連續的原理在諸力之序列之最後階段上，需要有一個最高的單子。再者，解釋諸單子之本身，必需有一個原因，以相當於充足理性的原理（宇宙論之論證）。最後，自然之秩序與調和需要一個調和者（物理的神學的論證）。世界之原因必在世界之外；原因必祇有一個，因爲宇宙是一個，又必是合理的，因世界中有秩序。還有一種認識論的論證。即是永久的必然的眞理，——邏輯與幾何學之眞理，假定有一個永久的智慧。

神如同一個單子，是一個個體，——人。但是他超乎一切單子之上，是超自然的，超理性的，最完善而眞實。人不能構成一個完備的神之觀念，因爲神是最高等的單子，而人是有限的單子。唯有完備的心，方能知道完備的心。然而人能由各單子所有之性質以推及其最高等的單子，而以神爲全知，全能，絕對的善。人由這種方法構成神之概念，以神爲超理性的，但不能與理性相反。人慕神而又有神之曖昧的觀念。人對於神之認識，其明白的程度各不相同，因而有各種不同等級的宗教。

神是完美的，不與別的單子相同，無變遷與發展。他本身是完全的；他的知識是完全的；他的目光一傾注，就看見萬有之全體。他是實現的實體。他依照一種計畫創造這世界，世界爲一切可能的世界中之最好的。他的選擇不是無根據的，乃是依據善之原理——道德上之必然。他又受制於邏輯上的必然；思想基本法之支配神，恰如其支配人。

然則世界上的罪惡，如何解釋之呢？這個世界是最可能的世界，換言之，這個世界中有最大的可能的差異與調和。然而世界不是一個完全的，他有他的缺點；神若無限制、無阻礙，則不能表現其本性於有限的法式中；這些限制是玄妙的罪惡；由此而生痛苦（物理的惡）與罪犯（道德的惡）。再者，惡非善與美的障礙，其對於善美之功用，恰如一幅畫上之黑暗處所，適所以完成美善的。且而道德之得到力量，在其與罪惡戰爭。惡實爲使吾人趨向善之刺激力。這種主張，又回到斯托亞主義與新柏拉圖主義，而爲中古時期基督教神學之公同的主張。（梯利《西洋哲學史》頁四一九—四二〇）

（四）神超越人正像人超越動物

來布尼茲的神學，具有極大的困難，它的性質和笛卡兒所碰遇到的，全然相同；後者於結局時，承認「本質」之詞，當其加於神時，與加於萬物時，涵義全然異致，因而說，假如我們所指的，是本質之詞的嚴格意義，那我們不能用以指稱萬物，即此數語，到了後來，遂引起斯賓挪莎的體系。來布尼茲的神學，很顯明的，亦陷入同一「兩難論法」或則神爲一單子，要使如此，有限的事物，不能稱爲單子——假如我們所指的，是單子之詞的嚴格意義，這樣，無異把他的單子說，全部推翻了；或則被創造的事物爲單子，要使如此，那就不能稱神爲單子——除非我們把神和他的創造物，看爲完全相同的東西。然而來布尼茲的機警的天才，雖遇如此難點，亦能自圓其說。他說，雖則神的觀念，由我們的智慧看來，是含混的，是矛盾的，但這並不因爲它的本身如此。我們的心靈，於沈思絕對體時，常覺含混矛盾，不能自圓其說，就此事實，即是證明人的靈魂，並非「諸單子的總單子」，它於本質的序列中，佔一席位，但非最高席位；唯其如此，所以我們對於最高實體，只能具一含混觀念。正像植物對於動物，僅具一含混知覺，動物對於人，亦僅一含混知覺，同樣，我們亦不能完全知道神：我們對於較高的實體，對於絕對的實體，亦僅能得一含混的與模糊的觀念。爲欲完全了解神，我們必須自己爲神，我們對於神，其所以不能有一適切觀念者，即是證明最高的實體，實超越了我們，這是最自然最妥當的解釋。神超越了人，正像人超越了動物，動物超越了植物，植物又超越了其他較低的東西。假如我們所說的理性，是指人的理解力，那末神，當其超越人性之時，亦即超越理性，超越自然，或換言之，當他的完整性，超越吾人之時，他亦超越了吾人的智慧。

這位辯神論的作者，正像聖托瑪斯一樣，把神的意志，附屬於「神性的理性」(Divine reason) 和它的永久法則之下。這是來布尼茲的唯理論的特質，和笛卡兒及他的宗師們——即斯科的派人 (Scotists) 和耶穌會教友——所主張著的，涵義全然不同，據後幾種人說，不僅形上學和倫理學上的眞理，即連數學上的公理，亦皆憑恃神的意志。但他說：「我們絕不能想像，猶如有時所想像著的，或如笛卡兒以及後來的坡雷脫 (M. Poiret) 所信仰著的，以爲永久的眞理，既倚靠著神，那就是強制的，並依靠他的意志的。……據我看，這是最不合理的設想。……因爲假如所謂公道（做個比喻），強制設立，不憑理性，假如神於公道，只偶然的碰到它，猶如我們抽籤時的情形一樣，那末，他的善德，他的智慧，將不於公道中顯現，而且此種公道，對於他，將不具拘束力。假如我們所謂公道，所謂善德，全憑他的諭令而創造，而設立，毫不根據理性，那他儘可破壞它們，並變遷它們，我們將無理由，可資信仰，他將遵守它們，順服它們。……我們說（與斯賓挪莎同調）神動作著，但不自知其如此，我們說這句話，並不比說，他的知識，不能於對象中，發見善和公道的永久法則，或比說，神有一意志，全憑意志而行，並不顧到這些法則的話，更不虔信，更與理性相背。

神於創造萬物時，全爲他那無限的理性所決定，因而必至創成最優越的可能世界。在此最優越的可能世界內，亦有罪惡，但只瑣細地存在著，它的大用，在於抬高善的地位，增進善的榮耀。就全體而論，整個世界，乃是最完美的世界。在辯神論內，他研究著形下的，形上的，和倫理的罪惡問題，其主要鵠的，在於駁斥那般思想家——那般承認罪惡的存在，即爲反對神的主要理由的思想家。這是一本通俗書，但非一科學書。我們讀此書時，好像這位作者，曾入神的最後密處，故於神的情形，非常熟悉，因而描述之時，亦非常自然。我們眞不懂，像他那樣的作家，對於神的知識，有如此之確切，說他不是自然法和倫理法的創造者，又說他的意志，完全憑恃他的智慧，又說他根據智慧，必然地創造了最優越的可能世界，卻會相信，神是超理性的，非人所能理解的。這是多矛盾的事！他像許多神學家一樣，先把宇宙眞宰，驅入神秘之境，然後又把他加以界敘，加以描寫，把他的屬性，一一列舉出來，好像形容一株植物或一顆礦石一樣。即就爲此緣故，又因他於經驗主義所持的特殊態度，我們敢大膽的說，他的單子論，雖如此之偉大，如此具有獨倡力，如此表示近代的精神，但他的爲人，仍當歸屬經院學派的團體。（威柏爾《西洋哲學史》頁三〇〇—三〇五）

（五）中心單子即神學上的「神」

萊布尼茲生於德國的來比錫（Leipzig），年少時唸過形上學，而且曾在耶拿（Jena）大學學過自然科學方法；二十歲時即得到博士，他一生對於中國文化，則懷有極大的熱情。

他的學說有：知識論、形上學（單子論 monadology）與辯神學（原神學 Theodizee），目標係遵循著調和笛卡兒的心物二元論與斯比諾莎的「神即實體即自然」之一元論的路線。

在知識方法，係著重思想法則，而指出充足理由律（凡果必有因）、矛盾律（思想中有矛盾者，不可能在實在界中存在）、連續律（萬物有序）與單一律（思想指導了存在的目的性，即萬有的目的因，決定了它的形成因、形式因與質料因）四者，是架構存在（者）體系的思想律。

他的思想淵源，總可上溯到埃里亞學派、柏拉圖，近至笛卡兒學派的和諧以及斯比諾莎的統一宇宙觀。在形上學方面，他提出的單子論，係想拯救斯比諾莎只強調一個實體，而忽略「個體」的危機；再者，更想解決笛卡兒及其學派的心物、主客二元的對立：整個宇宙係由一個中心單子及圍繞其四周的許多單子所組成；單子本身是一種力量、一種能、一種存在，祂不僅存在於感官世界中，而且又是觀念界裡宇宙萬物的最終元素。不過，單子與單子之間，並無來往的通道，因各自是獨立物。然則，彼此卻有先天上的和諧——稱作「預定和諧」（Harmonia praestabilita）——即都環繞中心單子，並依中心單子爲依歸（由此可見亞里斯多德的「內在目的性 Entelecheia 該學說的影響力）。

萊布尼茲視單子為精神性，為一種單獨的實體，自是以多元論的立場，企圖解決笛卡兒的心物二元學說中之視物（體）為實體、為最終實在的難題。

在辯神學方面，萊氏以本體論證、眞理自足論證（受柏拉圖觀念學說的影響）、存在有其本質論證與預定和諧說（如前述，受亞里斯多德學說的影響），肯定中心單子的存在；而此中心單子亦即其神學上的「神」。

為此，萊氏認為這個世界，即是神創造出所有可能世界中之最好的、最有秩序的，以及最能滿足人性的一個完美的世界。（陳俊輝《新哲學概論》頁三四四－三四五）

（六）中心單子即是西方傳統中的上帝

萊布尼茲的學說，主要是完成西方文藝復興時代理性主義體系，理性主義，原從笛卡兒開了先河之後，由於找到「主體我」的存在，而一直無法使客體存在有同樣的地位，雖有蘇比諾莎舉出了「神即實體即自然」的說法，以實體的唯一性，設法貫通主客的對立，但在萊氏以為無法解釋宇宙的眞象，他所提出的理由，就是「個體」存在問題，原來以為唯一實體，至少在「能產自然」的思維法則上，應該完全相同，可是卻意識到自己的想法和感受，是與蘇氏不同，顯然表示二種不同實體存在的事實，因此，他就從個體之硏究，而步步走向宇宙整體的設計，個體與個體間有其相同的地方，在傳統類比概念看來，天地萬物每種東西，相互間至少都是存在，都分受了存在的部份，這樣，在存在的永恆相形之下，都應該是相同的；同樣，相對於反方面的虛無概念，各種事物，都站在同一陣線上，以存在的尺度，去超度虛無。但因為有個別存在的形式，不同的時空範疇，而萬事萬物之間，自有其相異處，這是萊氏與蘇比諾莎，在哲學觀點上的不同，最好的例證。

萊布尼茲的哲學思想重心，是在調合相同與相異的問題，在邏輯的可能性，就是要統一多元與單元，或是要包羅多元，又含有單元的宇宙體系，這乃是萊氏的單子論（Monadologie），主張單子是一種具有能力的單一獨立體，是宇宙萬物最後的元素，其數目是無限的，可以稱成世界上各種事物，單子與單子間沒有來往，只有組合，每個單子皆是獨立的，其組合的力量，是由於先天性的「預定和諧」（Harmonia preastabilita），此和諧存在每個單獨的單子之內，藉著外在的精神力量，與同性質的單子組成一體，如此，宇宙的整體是一貫的，是井然有序的大宇宙。

萊布尼茲以為單子有兩種不同的形式出現，一是必須的單子，當是清晰明瞭的，是永恆的眞理，同時是其他單子存在的基礎，這種眞實與存在，是宇宙萬物必須的東西。反之，一是偶有的單子，則屬感官世界的事實，是日常生活中的東西，多是不很清晰明瞭的，可有可無的。這種必須的單子和偶有的單子，其二者加起來，才是眞實的世界。

萊布尼茲先前為了解釋單子與單子間的關係，而推出「中心單子」的架構，中心單子是衆單子之首，是超乎所有單子之上的一種存在。他離不開西方宇宙論的影響，把「上帝」的一切特性，都描寫在中心單子身上，這中心單子，即是西方傳統中的上帝，只是西洋中世的上帝，是啓示的，信仰的上帝，而萊氏則把中心單子理性化，沒法用理知的方法去瞭解祂、描繪祂，這就是萊布尼茲的原神學(Theodizee)。

在原神學中，萊氏最先提出了上帝存在的明證，從四種不同的角度來闡明：

1、先是由實體論論證：認為如果神的存在，在邏輯的法則上，是可能的話，則祂就必然存在，因為上帝的定義，就是存在的基礎，思想的基礎，只要有存在，有思想，也就必須有上帝。

2、是邏輯的論證：邏輯要求永恆的眞理，而眞理的表出，永遠是清晰明瞭的觀念，因之，清晰的明瞭，推出最清晰明瞭之觀念時，就是理智的最高境界，也就是上帝的存在。

3、是世界偶有性的證明：在所有的事物，都是偶有性時，就不可能有必須性事物存在，而且偶有事物的開始，也必須有絕對的必然性存在，否則不可能從偶有變成必然，因而便推論出上帝的必然性。

4、是因果原則再次運用的證明：預定和諧總是一種果，而不是因，更不是最終的原因，因此從預定和諧的事實，亦應該結論出上帝的存在。

從上述四種論證所導引出來的上帝，當然就是完美的上帝，萊氏以為我們現有的世界，必定是許多可能的世界中，最完美的一個世界，上帝也就在各種可能性中，選擇了這個最適宜、最可行的，最實用的世界給人類。（李道

生《世界神哲學家思想》頁二三七—二四〇）

（七）由理性思辨上以證明上帝的存在

萊氏既主上帝超越於世界萬物之上，故亦以爲我們可以由理性思辨上以證明上帝的存在。並以上帝不僅爲宗教信仰的對象，亦爲合理的存在眞實。他曾從四方面去論證對上帝的存在，分述如下：

1、本體論的論證：萊氏本體論的論證，大致上是繼承安瑟姆與笛卡爾的說法而成。他對當時對此論證的疑難曾有解釋，但只是試圖去除此論證的可疑處，而未改變此論證的根本涵義。他仍在接受傳統上對上帝的觀察，以上帝爲最完全的存有，存在爲最完全的存有的一完全或一要素，故上帝觀包涵存在。故上帝即爲存在的上帝。

2、充足理由律的論證：世界上每一特殊事物都是偶然的。因每一特殊事物都是可以邏輯地不存在的。不但每一特殊事物如此，整個世界也是一樣。它的存在也是偶然的。因它也是邏輯地可以不存在的。但偶然存在不能成爲事物存在的理由，故世界上沒有任何東西可以說明此世界之所以存在的理由。但每一物存在皆有它的充足的理由，整個世界存在也有它的充足的理由。今世界存在的東西既不能說明此世界存在的理由，則此理由必在此世界之外。此在世界之外作爲世界存在的充足理由即爲上帝。

3、永恆與必然眞理的根據的論證：萊氏分別眞理爲兩大類：一爲必然眞的永恆眞理；一爲偶然眞的事實眞理。事實眞理之所以爲偶然眞，因爲此依於我們所在的宇宙的秩序而成，而此宇宙的秩序則只是由於事實的偶然連結而成。因此，偶然眞理只是事實地與偶然地眞，而不是必然地與永恆地眞。但必然的永恆眞理則是常眞。故它不能依於事實的偶然連結，而必須依於必然的存有。此必然的存有即爲上帝。

4、預設的和諧的論證：宇宙萬物共同表現了一完美而和諧的秩序。但萬物既爲由單子所構成，而單子又爲無窗口而彼此沒有交通的實體，則萬物如何能共成一完美而和諧的宇宙秩序呢？此必由於一在單子以外的原因使其如此。此在單子以外的原因即爲上帝。亦即是宇宙的完全而和諧的秩序是由上帝在創造衆單子時所預先設定的。（李杜《中西哲學思想中的天道與上帝》頁二四六—二四八）

(八)理性與事實和單子原理

胡院長鴻文謂萊勃尼茲爲一理性主義者，他對於形上學的觀點，可由下列數點說明之：

一、理性與事實

萊勃尼茲早年即有宇宙普遍和諧的觀念，他認爲宇宙是一個整體的和諧的系統，統一和衆多，合作和區分，全般的說來都是和諧的。文藝復興時期的哲學家如白魯諾(Bruno)、古沙(Cusa)都有宇宙普遍和諧的觀念，萊氏於此都受有很深的影響。

萊勃尼茲以爲上帝如果從可能的世界中自由選擇創造了一個特殊的世界，於是發生了一項問題，上帝爲什麼選擇了這個特定的世界？那麼，上帝作如此的選擇有其充足的原因(Sufficent reason)。他以爲除了充足的原因以外，還需要一項補充的原理(Complementary principles)，此項原理則含蘊於完全的原理(principles of perfection)中。

他以爲在每一個可能的世界都有其最大的完全性，上帝爲何創造此特殊的世界而不創造另一個，因爲上帝所選擇創造的世界是有其最大的完全性，此種完全的原理表明上帝行事在目標上說是最好的，譬如就人們行事的觀點言，乃是由於在他看來這是最好的。上帝更要選擇祂認爲是最好的。

他又進而回答另外的一個重要問題，上帝自由選擇那最好的，祂的選擇是否有充份的原因呢？他承認這是有的。如果說上帝要選擇那完全的，上帝創造最完全的世界是否成爲必然的呢？但他對於邏輯的或形而上的必然性與道德的必然性則加以區分，上帝選擇創造那最好的，乃是關於道德上的必然性，而不是關於邏輯或形而上的必然性。反乎邏輯的和形而上的必然性會造成矛盾性，但是反乎道德上的必然性則並非如此，這與偶然性並不違背，其發生是可能的。

二、單子原理

(一)單子的性質：萊勃尼茲把實體觀念的來源和自覺意識加以連結，而有基本性的事實的眞理。「我存在」一命題爲基本性的事實的眞理，是一項直接性的眞理。我確定我自己是存在的，我瞭然於自己爲一統一體，由此而獲得一般性的觀念，實體爲一統一體。他將實體的觀念和自覺意識相連結，這和斯賓諾莎以自己爲唯一實體的模式是不同的，那樣將要在必然性的秩序中而認識個人了。他雖不以笛卡爾的「我思故我在」爲基本的存在命題，卻同意笛卡爾的原則是有效的。

他以爲不可能用任何辯詞絕對無誤的論證外在世界是存在的，心靈的存在比任何可感對象的存在更爲確實。他以爲我們在道德上應承認物體確實存在，可見的物體爲單純而不可分的質體所組成，此種單純的質體即爲他所說的單子 (Monads)，這是事物組成的原素。

萊勃尼茲所說的單子和德謨克利圖斯與伊璧鳩魯所說的原子並不相同。單子是無部份的，無廣袤的，無形象的，不可分的。複合的本質可以由於單子的集合而存在，也可以由於單子的分散而消滅。但是單子是單純的，其本身不可以集合或分散。伊璧鳩魯所說的原子雖是不可分的，卻是有形體的，伊璧鳩魯以爲靈魂是由光滑、圓潤和精緻的原子所構成，這自然是不對的，而萊勃尼茲則以爲單子是精神的，這和前面所說的原子自有不同。

萊勃尼茲認爲單子雖然無廣袤形象，而其在性質上彼此是有區別的。每個單子所含知覺 (perception) 和嗜欲 (Appetite) 的程度不同，每個單子的性質上有所區別，而整個的宇宙則形成了有組織的和諧的系統。每個單子按照其內部的構造和規律而發展，不受其他單子行動的影響而有所增減，因爲單子是單純的，不可以增加，也不可以減少，但是每一個單子賦有不同程度的知覺，各以其本身的能力反映宇宙的整個系統。

萊勃尼茲重新肯定多數個別性本質的存在，這點和笛卡兒本質相同。但是他不認爲有幾何性的廣袤，有形的一團是集合而成，但是人必須說定有眞正實體的單位，幾何之點並不能構成一個整體，如果沒有實體的單位，則在一團中便沒有本質性和眞實性的東西了。事務極端的組織是點，雖然不是數學之點，這點必須是形上之點，和僅在表面上不能劃分物理之點有別，亦與不能實際存在的數學之點不同。此形上之點是在邏輯上先於體而有的。此種本質性的單位，萊勃尼茲即以「單子」名之。

萊勃尼茲以爲每一個單子是行動的原理和泉源，單子並不是無生命的，乃是有行動和自行發展的內在傾向。實體可以稱之爲「存在，並且是能夠行動的。」實體不可稱之爲行動本身，行動乃是實體的行動。他以爲單子有一種行動的原理或原初的力量，和單子實際上繼續性的行動有區別。

他主張單子是無廣袤的形而上之點，單子結合而成爲複合的物體，但是無廣袤的單子怎樣能構成有廣袤的物體呢？他對於這個問題的回答相當的晦暗。他以爲沒有兩個單子是不可以辨認的，但是爲表明多數起見，必須要把單子認爲是相似的，這樣，就成爲不可辨認者了。於是，單子與單子就必然形成了「重疊」，這種「重疊」的性質具有抵抗性，這就具備了物質的性質，而成爲不可穿透的。廣袤就是彼此相似者或不可辨認者的無限重複。

萊勃尼茲以爲在一個組成體中有主宰性的單子 (dominant monade)，主宰性單子的性質爲其所組成的身體限定。如果共存現象的秩序——空間，和連續現象的秩序——時間，乃是起因於單子的互相知覺，空間和時間就純然是主觀的了。但他並不完全認爲是如此，因爲不同單子的不同意向預設了客觀的相關位置。這樣，空間就不純然是主觀的了。但是他對於主觀性和客觀性的關係並未有圓滿的解釋。不過，萊勃尼茲的時空觀念帶有主觀性，對於康德頗有影響，康德以爲時空是感性的先驗形式，無疑的是萊勃尼茲時空觀進一步的發展。

萊勃尼茲是個多元主義者，他沒有很多的個人或靈魂，這與斯賓諾莎主義是不相容的，他所說的單子沒有兩個完全相同。每一個單子由於其內部的潛力而發展，各造成了不同的世界。他以爲每一個單子有如主詞包括所有的謂詞，原有的力量或體現的活力乃是其變化的規律，引伸的力量則發展成爲現狀以及其未來的狀態，原有的力量成爲連續發展的規律，而引伸的力量，則在連續發展中決定其特殊性的項目。

他以爲單子雖然是無數的，但是卻預函著有連續的變化，而並不構成一混亂的集團，各個單子雖然各是一世界，但是卻按照上帝「預定的和諧」而變化，單子與單子之間適應而融洽，宇宙是一個有秩序的體系，每一個單子各有一特殊的功能，單子在預定的和諧中彼此相關，各反映整個的無限的系統。

萊勃尼茲的意見，以爲上帝在造物之初，即預立了宇宙的和諧，萬物即按照靈魂和身體的規律運行不已，成爲自然的現象，談到靈魂和身體的關係，他比喻說上帝造了兩個大鐘，以後即保持了其完全性，不需要再加以修理了。這個比喻可以推及於上帝預定的和諧，但是他並不是說世界是個機器或鐘在進行著，並不需要上帝再加以任何力量，他主張世界有賴於上帝的保守，並依賴祂而繼續存在，但是這個鐘卻不需要再加修理了。

他從「預定的和諧」之原理發現這可以和最後原因與機械原因相調和。物質的活動是按照確定的規律。就普通的言語說，你可以說它是按照機械的規律而活動，按照完全的原理，這成為上帝預定的和諧之系統的一部份。靈魂由於其嗜欲、目的和方法按照最後原因的規律而活動，身體則按照有效原因的規律而活動，有效原因和最後原因彼此也是和諧的。

萊勃尼茲以為既然每一個單子從其有限的觀點反映整個的宇宙，那麼，每一個單子就是有知覺的。他為知覺下一定義，就是內在的狀態表象外在的事物。又由於單子間無相互的作用，則知覺之變化必係由於其內部的原理，他把這種原理的活動稱之為「嗜欲」，每一個單子都有「知覺」與「嗜欲」。他所說單子之有知覺，乃是說由於預定的和諧，每個單子反映環境之變化，並非謂其有自覺之意識，至於每個單子有「嗜欲」者，乃謂從一反映表象至另一反映表象之變化，乃係由於其內部之原理自動而使然。

他以為在一個組成體中主宰性的單子的位置為其所組成的身體限定。他又指出如果共存現象的秩序、空間，和連續現象的秩序—時間—乃是起因於單子的互相知覺，空間和時間便純然是主觀了，但他並不完全認為是如此，因為不同單子的不同意向預設了客觀的相關位置。這樣，空間就不純然是主觀的了。但他對於主觀性和客觀性的關係並未有圓滿的解釋。不過，萊勃尼茲的時空觀念帶有主觀性，對於康德頗有影響，康德以為時空是感性的先驗形式，無疑的是萊勃尼茲觀念進一步的發展，而萊氏的時空論則係與其單子說是有密切關係的。

萊勃尼茲確信上帝的存有，提出了充足理由律與預定的和諧。他的單子說，就其性質與其組成的要求言之，應與形上學和本體論有關。萊勃尼茲的單子說是受到了中國哲學的影響，其對單子性質的表露不夠明確。（胡鴻文《本體論新探》頁七〇—七七）

三、結語

綜上所述，萊布尼茲的上帝觀，創造其他一切單子的最高單子即上帝，上帝乃最先的單子，神是最高等的單子，神超越人正像人超越動物，中心單子即神學上的「神」，中心單子即是西方傳統中的上帝，由理性思辨上以證明上帝的存在，理性與事實和單子原理等神學思想。

萊布尼茲是德意志唯理主義之哲學家。認爲宇宙是由無數簡單之個體（不能再分的物質或力量中心）組成，節節升高，而以至高個體（即神）爲最高。神是萬物之源，惡乃世界所必須之部分。（趙中輝《英漢神學名詞辭典》頁三九〇）

第二六節　柏克萊的上帝觀

一、傳略

柏克萊 (Berkeley, George, 1685-1754)，或譯「柏克立」、「伯克利」，英之哲學家。生於愛爾蘭之奇爾鏗尼 (Kilkenny)。其先世，則英蘭人也。少時，學於達布林 (Dublin)。又在忒利尼的學院 (Trinity College) 專攻哲學。一七〇七年，成數學書二種。又作庸書，頗詆煩瑣主義。一七〇九年，公其視覺新論。論視覺的意識，如距離，大小等，非客觀的存在，力破陸克第一第二物性之說。其明年，復撰人間知識之原理，以完其意義。柏克立之哲學體系，大抵具是書中。自是，暫任教會職。一三年，徙居倫敦，廣與學者交遊，名大起。以法教師，從使節，歷遊歐陸及義大利，西西里諸地。二一年，返愛爾蘭，復爲牧師。夙有意爲美洲土著，宣揚教化，乃以二八年，赴羅得島州 (Rhode Island)，新建一校於紐波脫 (New port)。政府初許佽助，而未能踐約，三四年中，悉移私財以爲用，終不克支持，罷歸倫敦。是時撰小哲學者 (Minute philosopher or Alciphron) 一書，讀者咸稱傑構。三四年，任愛爾蘭之克羅因監督。五五年，隱於奧克斯福市以終。柏克立糾陸克之短，而否定抽象觀念。略言「觀言有若普遍的者，實仍是單獨的，與一切實在之爲個物，其理正同。而謂之物質的本體，則抽象觀念之極端者。凡言存在，自是被知覺之謂。既非所知覺，而云有本體存在，非矛盾而何。」人謂認識論上之觀念論，至柏克立而旌幟蓋鮮明也。（樊氏《哲學辭典》頁四〇四—四〇五）

二、學說

(一)上帝所產生的全知全能全善的無限精神

巴克萊哲學從洛克的經驗論出發，承認知識起源於感覺。但他認爲知識的對象就是觀念。他把觀念劃分爲三種，感覺觀念、反省觀念和想像觀念。所謂想像觀念是借助於記憶和想像，對感覺和反省所感知的觀念的分解、結合或表象。這三種觀念雖有差別，但最後都歸於感覺。在這個意義上，觀念就是感覺。在關於觀念或感覺的來源這一認識論的基本問題上，巴克萊斷言，觀念只能同觀念相似，不能同別的東西相似；觀念不是對客觀事物的反映，因此觀念的產生不需要假設外物的存在。反之，物卻是「一些觀念的集合」，例如，當某種顏色、滋味、氣味、形象和硬度經常在一起出現時，我們把這些觀念作爲一個單獨的物來看待，並用蘋果的名稱來表示它。在巴克萊看來，不是由物派生感覺觀念，而是由感覺觀念派生物。這就是巴克萊修正洛克的經驗論而提出的主觀唯心主義的基本觀點。

巴克萊還認爲，除了作爲知識對象的感覺觀念之外，一定還有別的一種東西在認識感知它們，這就是心靈或自我。它是不同於感覺觀念的另一種東西。知識對象即觀念是在心靈或自我中存在並爲它所感知的。這就是巴克萊所提出的「存在即是被感知」的著名命題。

巴克萊從主觀唯心主義觀點出發，採用種種詭辯手段，企圖摧毀唯物主義的物質概念，即否定物質世界的客觀存在。他利用洛克關於第二性質理論中存在著的混亂，進一步加以唯心主義的歪曲。巴克萊斷言，既然承認第二性質是存在於人心中的，而事物的各種屬性又是不可分割地相互連結在一起的，那麼第一性質就和第二性質一樣也只是存在於人心中的。巴克萊還以誇大感覺的相對性來否定物質屬性的客觀性。他說，所謂廣延、形狀、運動完全是相對的，是隨著感覺器官的結構或位置的變化而相應改變的，因此它們完全依賴於人心，而不是存在於人心之外的任何地方。巴克萊進一步斷言，既然一切可感性質都只是存在於心中，爲感知者所感知，它就不能存在於心外那種無思想、無感知能力的所謂的物質實體中，同時也就無需「假設」那種獨立於人心之外的物質實體來作爲它們存在的「支撐物」。即使把物質實體作爲獨立於心外而存在的「假設」，但沒有活力的、純被動的物質實體也無法說明它如何產生心中的觀念。所以，哲學上的所謂物質實體，只不過是一個根本不存在的抽象概念。物質就是「虛無」。

經過以上的論證，巴克萊最後得出了結論，說物質不能作爲產生觀念的原因。他認爲既然觀念不是來自外部的物質世界，觀念自身又是被動的、被感知的，一個觀念不能成爲其他觀念的原因，那麼觀念產生的唯一原因，就只能是某種精神。精神是能動的、能感知的，但個人精神是有限的，雖說可以產生某些零散的觀念，但不能產生那種穩定的、以有規則的系列出現在人心中的觀念。這種觀念只能是一個全知、全能、全善的無限精神即上帝所產生的。

這樣，巴克萊除了肯定作爲知識對象的觀念存在外，還肯定感知者和上帝及其感知的存在，在這個意義上，他關於存在的更完整的表達是：存在即被感知和感知。他在主觀唯心主義的基本前題上，又加上一層客觀唯心主義的思想，從而完成了他的「非物質主義」哲學的論證。

巴克萊爲了給宗教神學建立新的理論基礎，企圖調和科學和宗教的尖銳矛盾。他採取的辦法是給科學劃定範圍，不允許科學干涉神學，進而篡改科學的實質，把科學放在唯心主義認識論的基礎上。在他看來，一切自然事物和現象都只是各種觀念的集合，觀念之間的關係並不表示客觀存在的因果聯係，而只表示一個符號同用符號所標誌的事物的關係。他把自然規律說成是上帝的意旨。是上帝把觀念印入人心時所依據的最一般規則。認識了這些規則，人們就用來規範自己的日常行動，並能作出推測，預言未來，以便趨樂避苦。因此，巴克萊規定，自然科學家的任務在於了解上帝所造的那些標記，而不是認識事物本身的客觀規律。

巴克萊的主觀唯心主義哲學，標誌著英國經驗論歷史發展中的一個轉折點，對後來英國和西方的唯心主義流派發生了很大影響。休謨的不可知論是巴克萊唯心主義經驗論發展的必然結果，現代西方哲學中的實證主義、馬赫主義、邏輯實證主義等流派，都與巴克萊哲學一脈相承。（《中國大百科全書》哲學I頁二二二—二二三）

（二）所有一切觀念均由上帝而來

柏克烈(George Berkeley 1685-1753)爲人易爲情感衝動，他在百慕達(Bermuda)地方嘗圖創辦宣教學院一所，以引領美國印第安人信道爲目的，又在羅得島住了些時，於一七三四年作了愛爾蘭克羅因(Cloyne)主教。在柏克烈的思想中，除了心思觀念之外，別無存在。普通所謂物質，不過是人心思想中所有的印象，此外別無知識。既然同類方能相感，所以人之心思祇能爲別種心思所感。既然觀念是普世的，不變易的，必得有一個普世的，永恆的，不斷工作的心思在人心思中造成觀念。這樣一個心思就是上帝。我們所有一切觀念均由祂而來。但觀念並非祇是主觀的存在於人心思中。吾人所謂之自然界，從一方面說，即上帝心思中的一串觀念，銘刻在人的心思之中，而成固定不變的秩序；不過上帝觀念之實在性僅依我們所能領悟的，是露於我們的心思之中。柏克烈所否認的雖祇是物質之實在，其實他所要推翻的，乃是以世界爲一大機械的概念，這種機械論把世界看爲一大鐘錶，爲一位全智全能者所製造，造成之後聽它自行自動，不加干涉，這就是自然神論的學院。柏克烈要用上帝一種普及的、不變易的、屬靈的活動去代替這種機械論。他的思想在哲學界雖說頗受推尊，但在一般人心目中，未免過於微妙，與常人官能所指證的不相應合。（華爾克《基督教會史》頁七六三—七六四）

（三）神暗示我們某等觀念有一定秩序

但是你們如果說我們心中觀念或感覺必有什麼原因，那嗎，這原因必定是一個自動的實體。然而這個實體必不是一個物質的實體，因爲沒有這樣的東西，所以必是一個非物質的自動的實體，必是一個心靈。心靈是一個不可分的自動的實體，因其感知種種觀念，就名之爲悟性，因其作用於觀念上，就名其爲意志。觀念不是由心靈構成的，因爲所有的觀念概是被動的，所以我們不能有能動的觀念或影響。我們祇能感知心靈所產生之結果，不能感知心靈之本身。我們祇有心靈之概念及心之作用，如愛、惡、欲等等。

有些觀念，我們能隨意構成，隨意取消。就這一方面言之，我們的心是自動的，我們有力量支配我們的思想。但是我們無這種力量支配我們的感覺。我們張開我們的眼睛，凡在視野之內者，都要呈現於我們眼中，我們無力選擇我們所願見的或不願見的，我們無力規定某種特別物體呈現於我們的眼目中，某種特別的物體不呈現於我們的眼目中。所有呈現於眼目中的觀念，概不是我們的意志之創造物。所以有另外的意志或心靈產生之。感覺的觀念比想像的觀念強健些、活潑些、明白些；他們有秩序的聯貫，不如人之意志所想像的結果之無秩序，這種有規定的秩序，足以證明其主宰者之智慧與仁慈。我們所依賴的神心，引起感覺觀念於我們心中，他有一定的方法，叫作自然法則。我們由經驗而知道這些法則，這些法則告訴我們某某觀念，在一定情形中伴隨著有某某觀念。換言之，神暗示我們某等觀念有一定的秩序，他們把食物觀念與滋養料觀念聯接一起，把睡眠的觀念與休養的觀念聯接一起，把火的視覺與體溫聯接一起。我們感覺中若無這種有正規的秩序，我們就茫然無所知，而不能有所作爲。因爲感覺中有了這種正規的秩序，我們方能整理我們的行動，以圖生活之便利。我們發現了我們的觀念中有這種秩序的關聯，於是誤信這種觀念產生那種觀念，例如火產生熱，睡眠產生休養，身體的操練發生康健。由神印入感覺中之觀念，可以名之爲眞實的事物；由感覺所激起之較不正規的、不顯明的、不固定的觀念，可以名之爲事物之觀念或影響；他們是代表事物者。然而我們的感覺畢竟是觀念；他們存在我們心中，但他們是比我們的想像顯明些、固定些、有秩序些、有聯貫些的觀念。他們依賴於思想的實體者比較的少，因爲他們是有較有力的神心之意志激起的。（梯利《西洋哲學史》頁三七九—三八〇）

（四）神支配世界之善意及對人類之深仁厚澤

當今最偉大的原理是萬有引力之原理。引力所指者不過是引力本身之結果，並未指出引力之狀態及其原因，據說引力是普遍的：彼此相引相吸，是萬物所固有之根本性質。這種事情中並無什麼根本的東西，不過完全依賴於主宰的心靈之意志而已，主宰的心靈之意志，使某某物體按照各種法則，相吸相引。想探究異於心或心靈之自然原因，是無益的。萬物是聰明善良的造物主之創造品，所以哲學家須用其心思才力以研究萬有之最後的原因。一種好方法是指出萬物所適應的各種目的及原來爲創造萬物而定之各種目的。觀察與實驗是必需的方法。觀察與實驗是於人有用的方法，可以使人得到概括的結論。這不是萬物間必然不變的關係之結果，乃是神支配世界之善意及對人類之深仁厚澤。我們盡力觀察現象，可以發現自然之普遍法則，由所得之普遍法則，可以推演別種現象。這不是一種演繹的，因爲一切演繹概是假設自然界之主宰之作用始終如一，且遵循吾人所不明之原理之法規。（梯利《西洋哲學史》頁三八四—三八五）

（五）創造的大靈方能製造觀念

我們亦知道，不僅通常人如此，即連哲學家，亦堅信著物質的存在，此其故，很容易明白：只因他們覺得，他們自己，並非自己的感覺的創造者，遂以爲他們的感覺，乃自外物之中，印刻得來。他們相信，物質是觀念的外因，卻不相信，所謂觀念，乃自創造的大靈中，直接得來，唯此大靈，方能製造觀念。他們不乞助後者，因爲第一，他們不覺出下一假定的矛盾；即「假定事物，活像我們的觀念，但存於我心之外；第二，因爲至高的靈，雖於我們心內，激起各種觀念，但無有限的與特殊的可感覺觀念，映於吾人目前，故不易於認識，不像人類諸作用，因有人體的身材、顏容、四肢、運動等項，呈示我們左右，易爲我們所覺察；第三，因爲神的作用，是有一定規律性的，而且是劃一的。任憑什麼時候，只要自然的行程，一爲奇蹟所更動，人們即更察覺超等的大力；但使日常的事物，依著日常的道途，進行上去，縱使具有大力，亦將不能引起我們的反省了。」

否認物質爲心靈以外的本質，如此一套學理，可使無數哲學上的困難問題，從此絕跡，不再發生：實體的本質，能思想否？物質果可無限地分析著否？物質如何影響著心靈？如何在精神上，發生作用？諸如此類問題，將全脫離哲學界了。其次，科學的分類，亦可因而簡單得多：一切人類的知識，均可於二大項下，包括盡之，其一爲觀念的知識，其二爲精神的知識。又次，唯此學理，又可征服懷疑論，使失所藉口。假如我們的所見，與古人相同，以爲心靈之外，有一本質，而我們的觀念，只是此本質的影像，則懷疑論爲必然結語，無可避免。依據此臆說，我們只能看見事物的現象，不能窺見事物的本眞；究竟所謂體積，所謂形態，所謂運動，是些什麼？究竟物的「自如」，如何樣式？諸如這一切，我們概無從知道。我們所能知道者，只是感官所接的事物的表面關係而已。一切我們所見的，所聽的，所觸的，均只是個幻影而已。所以，一俟我們把觀念與事物二者，加以區別，一切上述的疑慮，均將隨同發生，莫可解詰了。（威柏爾《西洋哲學史》頁三三二—三三三）

（六）人的感覺是直接由神在人身上所造的心象

柏克萊出身於英國愛爾蘭望族，早年修習神學、數學；之後，歷遊巴黎、義大利諸城，曾任職愛爾蘭主教，對自由主義思想頗有見地。

他的作品有：《人類知識原理論》（論人的知識原理：Treatise Concerning the Principles of Human Konwledge, 1710）等；思想間架有：知識論、形上學與神學等。

1、在知識論方面：不認爲有心、物或主、客體之二元（反對洛克的四分法），也徹底反對祇視物體爲實體的唯物論，僅視主體（精神）唯一，客體的存在端繫於主體的認知。爲此，即強調觀念的實在，而否認外在事物的精神性：運用「存在即被知覺；esse est percipi」原則，指出事物如要存在，祇得依附觀念，而留在主觀的精神、意識裡。

柏氏的這種學說，指出了知識的內在意識之中，又得自於存在的知覺，故亦爲經驗論（因爲，觀念全來自後天的），也是主觀觀念論。(Subjective idealism)。

2、在形上學方面：則類同知識論，係以心靈爲唯一的實體，無論物體的初性、次性，均依存於人主體本身的認識；思想主體之「存在，就是知覺」(esse est percipere)，而被思考的客觀物體的「存在，就是被知覺」。

柏氏有似笛卡兒，也以「神」爲人類知識之所以有其可能的唯一保證；因爲，在他而言，外物客體要不是成爲主體（人）觀念中的存在，至少，就是存在於神的認識裡。這自是否定了客體存在的獨立性，而且認爲，如果無觀念的存在，就極易於流入古希臘理論懷疑主義者哥奇亞(Gorgias)的獨斷中。

3、在神學方面：相映於形上學的探討，則以經驗主義立場建立觀念論、唯心論，而反對唯物論、懷疑論及無神論。柏氏先是由「存在就是知覺」，肯定了主體的精神能力；繼而，探討神的心靈，視之才是最終、唯一的實體：人的感覺並無物質對象爲其後盾，而是直接由神在人身上所造成的心象。人的心靈具有被動性，而神的心靈才是主動性，且不受時空的影響。唯其如此，整個宇宙諧然有序，也才能有條無紊地生存下去。這種學說，也可說是一種「無實在世界的唯心論」；因爲，他主張唯有神絕對、又唯一。

柏氏的這種思想，終於導引後來的休謨，之偏向極端，而且否定主體的實體性本身。（陳俊輝《新哲學概論》頁三四八—三四九）

（七）神爲三位一體

三位一體的教義說到神爲「三位」，因此，若說神爲「一位」(a person)，就等於否認三一神論。從歷史來看，這種反對意見很有道理。十六世紀凡以「一位」來提到神的作者，大半否認神爲「三位」。因此，在《哲學的注釋》(Philosophical Commentaries) 一書中，柏克萊主教 (Bishop Berkley) 特別注明，爲這緣故，不要稱神爲「一位」。（麥葛福《基督教神學手册》頁二五三）

（八）在觀念界中最高的層次是上帝

柏克萊係愛爾蘭的主教兼哲學家，以主張唯心論哲學而著名，其唯心論哲學謂吾人所保有之知識，係吾人所思想者，宣講一切外表的物體，是上帝思想的原型，在人類的思想中複製而出。柏氏以爲外在的世界，是根本不存在的，它的存在，完全是吾人心靈的觀念，就物質界言，一切存在之物，皆是被感覺的，因爲「人之所知」，皆是經過知覺，由知覺經意識而生觀念，故一切存在，皆與人的心中意識有關，再者，人除了五官感覺之外，連內在的感情、思想、想像，也存在人心中，因爲人能感覺出內在的感情、思想、想像的存在。故「存在就是感受」(Esse est percipere)，或譯作「存在就是知覺」，這點充份發揮了近代哲學之父笛卡兒的「我思我存」成果。但這是站在主體立場，論到知識的感觀作用是積極的，是主動的；若從存在的知識客體方面去看，知識卻是被動的，消極的，柏氏以「存在即是被感受」(Esse est percipe)，或稱「存在即被知覺」。這樣，客體的存在，即依附在主體之上，沒有獨立的存在；反之，主體卻是感受的主體，感受的行爲存在，感受的主體，當然也就存在，於是客體即成爲主體的附庸，甚至成爲主體的受造物。如此，柏氏乃以爲主體是知識論中唯一的主人，且是實體，是自存的，而客體本身並不存在，其所以被認知，完全是由於主體意識的行爲。

柏克萊就精神界言，人身內有一個非物質性實體，此實體便是「心靈」，心靈是在人身上找不到的實有物，人所找到的，皆是單獨的器官，而器官無此心靈體，便不能發生作用，故心靈是一個存在的精神體。心靈的作用，是悟性與意志。悟性能使人的感官獲得各種觀念；意志能命令感官發生作用，故觀念本身不是心靈，而是心靈所產生的結果。人不易明白心靈的本質，只知道心靈的作用，而心靈的特性是自動自主的，可藉意志發動五官的行動，亦可藉悟性組成分解觀念，意志能使人施行愛惡的行爲，悟性可組成飛馬、金山等人爲觀念。人的心靈是一個自動的實體，觀念是一個依屬的東西，觀念本身不存在，是因外物藉感覺經悟性，而存在於人的心靈中。總之，柏氏的思想，由感觀的經驗論，漸走入了理性精神領域，因之，被列入唯心論者。

柏克萊從經驗主義的知識論中，建立其唯心的形上學體系，上有觀念；下有感觀世界。和柏拉圖哲學一樣，只有觀念界才是眞實的，而感觀世界，只是分受了觀念界的存在。從這觀念界中，柏氏更建立了他的神學，因爲若有人問到，深山中的百合花根本從無人去感受，怎麼會存在呢？他就說，在上帝的觀念中，早就有了那棵百合花的存在了，於是在觀念界中，又有了存在的層次，最高的是上帝，然後是人，而人因有靈肉的結合，跨越觀念與感觀兩個世界，靈魂由於精神的觀念作用，屬於觀念界；肉體則由於伸展性，屬於感觀界。由於這種形上學的哲學架構，他把人安置在宇宙上下二元的中間，於是順理成章地建立了倫理學。

柏克萊對於倫理學的說法，就是人性在虛幻的感觀世界，度一個精神的生活，因爲感觀世界不但在知識論上是虛幻，而且在本體論上亦是假象，因此，凡與感官相連的東西，都不值得追求，世界上的一切功名利祿，榮華富貴，都是過眼雲煙，一瞬即逝，人性要求觀念界的永恆價值，凡是由彼岸來的信息，包括一切道德理念、藝術情操、宗教信仰，都是人性在今生的至寶，是人生在這感觀的世界上，與上天能夠取得聯繫的媒介，尤其是宗教信仰上的啓示，其根本上是來自彼岸的信息，是人生對未來的一種把握，宗教信仰因此成爲柏克萊哲學的最後出路，並且也是他的人生哲學之最高峰。（李道生《世界神哲學家思想》頁二四九—二五三）

（九）以上帝爲主的主觀觀念論

巴克萊的上帝觀及上帝存在的論證：繼承洛克起而發展英國的經驗主者為巴克萊 (Berkeley)。但巴氏所發展成的哲學系統是以上帝為主的主觀觀念論，而不是以感覺觀念對象為主的感覺經驗論。

巴氏之所以發展和建立成一推尊上帝的主觀觀念論，與他的信仰有關。他從小即相信基督教，後來並成基督教的主教。因此，他反對無神論。並以無神論歸源於唯物論。但雖然如此，他的主觀觀念論並不是建立於基督教的信仰上，而是發展洛克的經驗論而成。因為就洛克的「一切觀念源於經驗」的觀點上說，「物之體」在洛克的思想中實無根據，而應被揚棄。但洛克則一方面說一切觀念源於經驗，另一方則維持「物之體」的說法。巴克萊既以無神論歸源於唯物論，唯物論為依於「物之體」的觀念而來。故要去除洛克所主「物之體」的說法。他去除的理論大要如下：如依洛克所說一切觀念皆源於經驗，我們不能有「物之體」的經驗，則我們即不能有此觀念，亦不能有有關「物之體」的知識。我們既無「物之體」的知識，即不能說「物之體」。若我們無「物之體」的知識而仍說「物之體」，則我們所說的只為一無所指涉而無意義的名詞。「物之體」既為無所指涉而無意義的名詞，則即應在思想中被除去。「物之體」既被除去，則一切存在的東西都是可被知覺的，「存在即被知覺」一命題即得以建立。又凡被知覺的既都是觀念，而觀念為被知的對象，故說觀念即涵有知覺此觀念的知覺者。故存在不但是被知覺的觀念，而同時包涵知覺觀念的知覺者。故對存在的界定應說為「或為被知覺或為知覺者」。由此巴氏即於觀念之外而肯定一知覺觀念者的心靈。

依巴氏，心靈可分別為人的有限心靈，與上帝的無限心靈。因此，依於知覺而存在的觀念即可被了解為或為依於人的有限心靈的知覺而存在，或為依於上帝的無限心靈的知覺而存在。由觀念的不能離開人之心靈而被了解，與由存在的不能離觀念而被知覺的事實上說，「存在即被知覺」一命題的知覺者需要以人的有限心靈為說明的根據。但由於感覺對象可不為人的有限心靈的知覺而獨立存在，即感覺對象雖不為我們知覺而仍可以獨自存在上說，則依於被知覺而存在的感覺對象即不是依於人的有限心靈而存在，而是依於上帝的無限心靈而存在。由此，巴克萊即由感覺對象為觀念，而此觀念不依於人的有限心靈而存在，以證明必有一具有無限心靈的上帝的存在。其證明之大要如下：感覺事物是確實地存在著的。如果它們確實地存在著，則它們必需要為一無限心靈所知覺。因此，有一無限的心靈或上帝存在。

巴克萊由對洛克的觀念論的批評與發展而成他的主觀觀念論，並由此而證明上帝的存在，有他的獨特的地方。但就他以上帝為基督教信仰的對象，同時是可以由思辨上加以證明的觀點上說，則與洛克及中古時人的見解相同。

（李杜《中西哲學思想中的天道與上帝》頁二五一——二五二）

（十）上帝更是一切原因最後或最高的原因

胡院長鴻文謂柏克萊的學說思想可就下列幾項重點說明之：

柏克萊認為知識的現象就是觀念，觀念的來源有三：（一）由感官印入；（二）考察人心各種情感和作用以後所生的；（三）受記憶和想像的幫助而產生。觀念聯合可構成一獨立事物，而給予一名稱，例如蘋果等，由於這些東西對於人心的觀感如何而刺激起愛、憎、喜等觀念。

他表示觀念是知識的對象，知覺就是人心 (Mind)，亦即為心靈 (Spirit)，或靈魂 (Soul)，或自我 (Myself)。觀念是在心靈中存在的，觀念的存在是由於其被知覺。

柏克萊提出了「存在就是知覺與被知覺」，他認為人人都應該承認，我們的思想、情感，和想像所構成的觀念，是存在於心以內的。各種感覺或觀念不論如何組合或混雜，都不能存在於心以外。我寫字用的桌子所以存在，因為我看見它，我走出書室後，如果說它還存在，因另有知覺的實體可以知覺到它。他又說如果謂有不思想的事物，離了知覺而外，絕對存在著，那是不可理解的。存在就是知覺與被知覺，或者說存在就是被知覺，離了被知覺和思想它們的人心，便不能有任何存在。

為了使柏克萊所提出的觀念更加明晰，我們須就洛克所提出的初性和次性，探視柏克萊對此所表示的看法。柏氏不贊成對事物劃分為初性與次性，他主張將此二者合併而稱為「可感性質」，人心知覺可感性質而發生觀念，他認為觀念和可感性質是一致的。由是他認為人心知覺可感性質而成為觀念，觀念即成為可感性質的觀念，而不再剩下什麼不在所知覺之內的。於是柏克萊以爲除了心靈或能知覺的實體以外，並無別的實體。一切可感的性質，如顏色、形相、運動、氣味、滋味等等都是感官所知覺的觀念，而非實體。他的用意是要使可感性質置於知覺的支配之下。否認物質實體的存在，以徹底反對唯物主義。

柏克萊以爲心是主動的，物質是被動的，觀念亦是被動的，觀念不可能成爲主動的原因，心可以成爲主動的原因。上帝更是一切原因最後的原因或最高的原因。

洛克承認有心的實體和物的實體，柏克萊則承認有心的實體而不承認有物的實體，這是他二人思想不同之處，他們都認識上帝的存在。

柏克萊信仰上帝甚爲虔誠，他力倡「存在就是被知覺」，他以承認有心的實體，而不承認有物的實體，他以爲所知覺的對象和可感性質是一致的，物附屬於心，他堅決反對唯物論。（《本體論新探》頁八三—八四）

三、結語

綜上所述，柏克萊的上帝觀，上帝所產生的全知全能全善的無限精神，所有一切觀念均由上帝而來，神暗示我們某等觀念有一定秩序，神支配世界之善意及對人類之深仁厚澤，創造的大靈方能製造觀念，人的感覺是直接由神在人身上所造的心象，神爲三位一體，在觀念界中最高的層次是上帝，以上帝爲主的主觀觀念論，上帝更是一切原因最後或最高的原因等神學思想。

伯克利爲愛爾蘭哲學家、經濟學家、數學家、物理學家和主教。提出新的感覺理論，拋棄傳統的物質實體的概念。其理論在十八和十九世紀時曾被誤解，現已根據其修訂筆記《哲學紀事》（又稱《備忘錄》）的觀點重新評價。一七〇〇年入都柏林三一學院，畢業在該院任教，一七二四年任德里副主教，一七三四年升任愛爾蘭克羅因主教。主要受英國哲學家洛克所代表的經驗主義和以馬勒伯朗士、培里所代表的大陸懷疑主義所影響。他在修訂筆記提出：他早先反唯物主義的論證，是立足於顏色、氣味和其他感覺性質的主觀性，而現在代之以對「存在」之意義的簡明、深刻的分析。客體的「存在」意即被感知；主體的「存在」意即感知。知覺者和被知覺者只是兩項關係，其間並無第三項，所謂客體的「觀念」。其《視覺新論》（一七〇九）考察視覺和觸覺的各種問題，結論是「視覺的眞正對象不在心外」。《人類和知識原理》第一卷（一七一〇）將全部感覺對象移入心內；否認物質實體、物質原因和抽象的一般觀念。肯定精神實體，並得出神學的和認識論的結論。《希勒斯和斐洛諾斯三篇對話》（一七一三）對前者的主要論證作了補充。《論運動》（一七二一）否認牛頓的絕對空間、絕對時間和運動，進一步分析其反唯物主義。因而獲得「馬赫和愛因斯坦的先驅」稱號。他的《阿爾希佛朗，或渺小的哲學家》（一七三二）更堅決地維護有神論和基督教，同時還攻擊自然神論和自由思想家，特別討論了語詞在宗教論證中的作用。（《大英百科全書》册三頁十六）

第二七節　蒲脫勒的上帝觀

一、傳略

蒲脫勒 (Butler, Joseph 1692-1752)，或譯爲「巴特勒」，宗教家，英國巴克州 (Berkire) 人。學於奧克斯福大學，曾任布利斯滔 (Bristol) 之首席牧師。一七五〇年，爲杜咸 (Durham) 之主教。著有神學哲學之書多種。大體調和宗教思想與自然科學之間，其於倫理學，則主張良心說。（樊氏《哲學辭典》頁八五三）

二、學說

（一）上帝統治人心的良知

蒲脫勒的著述在當時雖較柏克烈學說更有聲望，但就哲學才能或永久價值而言均有遜色。蒲脫勒原屬長老宗，但早就轉入了英國國家教會，於一七三八年作了布里斯托 (Bristol) 主教，一七五〇年作杜咸 (Durham) 主教。他費了無窮的心血，著成了於一七三六年問世的宗教的類比 (Analogy of Religion)，乃一部坦白公正而又細心謹愼寫成的書。他答覆自然神論，從自然神派與反自然神派所共有的前題開始，即：上帝存在，自然界循著一致的方向進行及人的知識有限諸點。兩方都承認上帝是自然的創造者；假如反駁自然界的一致的方向與反駁啓示同樣感同困難，那末二者均由一位上帝而來很屬可能，而且兩相類似之點也使人得到同一的結論。靈魂不死之說至少極有或然性。今生之苦樂既隨行為而定，來世亦必大概如此。就在世為人而言，人之一生盡在考驗時期；大概來世命運亦由今生考驗的成績而定。對於自然界所知既係有限，所以不能說啓示全無或然性，更不能說啓示沒有可能；至於說實際上曾否有過啓示，此乃歷史問題，要用神蹟與預言之完成作為考證。蒲脫勒的著作對於自然神論所作的答覆，在當時許多人看來，算為無可駁倒之論，而英美大學在很長時期中將此項著作列為必修科，但是他的見解都是幾經慎重權衡雙方輕重之後而下的不很確定的斷語，以之對付現代許多問題就要完全失敗，故人多以為由他的著作所引起的疑問較之所能解決的問題更多，誠非過論。他的著作感人最深之點，在乎道德的熱情，將上帝用以統治人心的良知，高舉在人行動之上。（華爾克《基督教會史》頁七六四—七六五）

三、結語

綜上所述，蒲脫勒的上帝觀，謂上帝統治人心的良知之神學思想。

巴特勒是英國國教的神學家與辯護家，著有《宗教類比》一書，攻擊自然神論，嘗試在自然世界中為基督教找合理的根據。（趙中輝《英漢神學名詞辭典》頁一〇二）

第二八節　親岑多夫的上帝觀

一、傳略

親岑多夫 (Zinzendorf, Nikolaus Ludwig, Count von 1700-1760 A.D.)，或譯為「辛眞多夫」，德國作家，對當時神學界的理性主義 (rationalism) 十分反感，重視基督教信仰的情感及經驗的層面。他的概念與敬虔主義 (pietism) 相近，是紇仁護特的宗教社區 (religious Community at Herrnhut) 的創始者。

二、學說

（一）論得救的信心

親岑多夫於一七四六年九月在倫敦的弟兄禮拜堂 (Brethren Chapel, London)，從不同的角度，講了九篇有關基督徒信心的信息。其中第一篇名為「論得救的信心」(Concerning Saving Faith) 奠定了虔信派教徒 (pietist) 特色的立場，亦即在個人裡面產生的信心導致個人的歸信。

沒有人能夠在他自己裡面創造出信心，必定是有某些事在他身上發生，亦即路德所謂的「神在我們裡面的工作」，使我們改變，給我們新生，令我們從心裡、靈裡、理智上及所有的能力上都成為脫胎換骨的新人。這便是 fides，正確地說就是「信心」。在我們的裡面若要產生信心，必須先有苦難，因為人若沒有苦難，便聽不到信心，無法相信。

我們所感受到的苦難，是靈裡的苦難，當我們變成貧窮，當我們看見我們沒有救主，當我們明顯感受到我們的不幸之時。我們清楚地看到自己的腐敗，因此而痛心憂慮。接著，有如病人面臨危機，伸手求援，希望找到有人能幫助他們度過危難。當他們遇見能夠幫助他們的人時，無需查驗對方的身分，便接受了首先臨到的幫助。當初耶穌所醫治的一位婦人便是如此。她用了十二年的時間看盡了各種不同的醫生，在他們的手中吃盡苦頭，最後她來到耶穌那裏，心裡說：「我只摸祂的衣裳，就必痊癒。就算我無法摸到祂，只要我能夠摸一下祂的衣裳縫子，都一定能夠幫助我痊癒。」（太九21）

苦難中的信心會有何果效？這種出於愛、欲得救恩的盲目信心能帶來什麼結果？對一個素不謀面的醫生，連他的名字也不知道，從未聽過他，也不認識他，完全不知道他是什麼樣的一個人，卻大膽地相信他，能帶來什麼結果？值得感恩的是，通常會產生愛的結果，正如許久以前瑪挪亞及他的妻子的經歷一樣，他們雖然不認識那位來找他們的，但他們卻愛祂，向祂說：「請將祂的名告訴我。我們雖然不認識祢，但是我們愛祢。我們希望知道祢是誰，等到祢的話應驗的時候，我們好尊敬祢。」（士十三17）這便是苦難中的信心：完全不認識對方，但心中卻相信：「祂願意幫助，祂願意安慰，祂有能力幫助，也願意幫助。」我的心告訴我，這便是我童年時聽說過的那一位，這便是我曾在某些場合聽說過的那一位。他們稱祂為救主、神的兒子、主耶穌，或任何一個曾經聽說的名字，或任何一個人在焦慮及苦難中曾經想到的形像。簡而言之，「祂必須要幫助我！哦！我但願祂能夠來幫助我！只要祂能夠照顧我的靈魂，使我不致滅亡！主啊！憐憫我吧！」(Kyrie Eleison！)（麥葛福《基督教神學原典菁華》頁三〇五－三〇七）

三、結語

綜上所述，親岑多夫的上帝觀，論得救的信心，唯有信心才能得救的神學思想。

辛眞多夫爲德國一貴族兼宗教領袖。於一七一九－一七二〇之間曾漫遊歐洲，與改革宗神學、無教會團體與天主教接觸，開拓了他對基督教的了解。曾於自己之土地內建設一村，俾受迫害之莫拉維基督徒遷居該處，並進行佈道工作。其早年工作影響衛斯理約翰甚多。其神學強調個人對基督的愛與忠誠，強調「屬靈內心的宗教」。一七三一年訪哥本哈根，邂逅一西印度群島黑人，點燃起他對國外宣教的熱火。頭一位莫拉維宣教師於一七三四年被差派至加勒比群島。辛氏於一七四一－一七四三年訪問美洲，在印第安人中間工作，並建立莫拉維教會。辛氏企圖聯合在賓州之德國信義會，但終歸失敗，後來由慕林波完成其志，但莫拉維教會仍自行其道。（趙中輝《英漢神學名詞辭典》頁七一七）

第二九節　埃亭爾的上帝觀

一、傳略

埃亭爾(Oetinger, Friedrich Christoph 1702-1782 A.D)，或譯爲「歐丁格」，著名的德國敬虔派神學家，反對渥爾夫(Christian Wolff)的理性主義(rationalism)，接受敬虔主義神學家本革爾(Johann Albrecht Bengel)的觀點。他的著作強調人需要有信心及復興。

二、學說

（一）歸信神的上帝觀

埃亭爾〈論歸信〉：這本重要聖經用語字典選粹（按照敬虔主義的立場）出版於一七七六年。埃亭爾強調歸信(Conversion)這觀念的重要性（此觀念在德國的信義宗主義裡面被漠視），並指出此觀念對信徒的更新的重要性。請注意本文強力護衛律法的角色，強調律法能夠使人知罪，並向人指出他們必須更新的內在及外在範疇。律法主義常是敬虔主義的潛在危機，路德宗的評論家一向亦對律法主義避如蛇蠍，指斥律法主義扭曲了路德因信稱義的教義。

什麼是歸信？答案：若你離開錯誤的目的及風俗，轉向神的話語及神的律法，你便學會詩篇第一篇所指示的主要目的。若你看見你過去是如何的盲目，在黑暗之中，在撒旦的權勢之下，那麼你就行在蒙福的道路之上了。所有的講道都有一個目的，就是要使人看見，他們從童年開始，便受到許多錯誤的目的所牽引，心被蒙蔽，爲的是要使他們能夠仰望耶穌，視耶穌爲達到愛的最高律法，因而使他們能夠免於受到心中剛硬及罪惡網羅(Sundengewebe)的綑綁，不再爲自己找出千百種的藉口，而是完全的轉向，面對公義，因他們不論是內在或外在，均蒙召歸向公義。他們的全人，全部的能力，都繼續向著神所定爲美好及公義的事，直到神的話語完全進入他們裡面，判斷他們隱藏的動機及心思。因此，所羅門的箴言及詩篇一一九篇都指出，你歸信神，並非只是一般而言廣義空泛的歸信神，而是全心、全意、全副精神及能力都具備地轉向律法中所見證的基督。（麥葛福《基督教神學原典菁華》頁三〇七）

三、結語

綜上所述，埃亭爾的上帝觀，論歸信是全心地歸向神律法中所見證的耶穌基督的神學思想。

歐丁格爲德國神祕派神學家，尊重英國的自然神教派。他的許多教義係來自瑞典堡，著書甚多，影響很深，受敬虔派人士歡迎。（趙中輝《英漢神學名詞辭典》頁四九七）

第三十節　愛德華滋的上帝觀

一、傳略

愛德華滋(Edwards, Jonathan, 1703-1758 A.D)，或譯爲「愛德華滋・約拿單」，著名的美國神學家，持守改革傳統，最爲人所注意的，是他按照流行一時的啓蒙運動概念，用形上學的方法護衛基督教義，同時肯定地宣告傳統的改革教義。

愛德華滋爲美國麻州公理會牧師，其神學著述是美國歷史上最完全又令人佩服的部分。愛德華滋是一位公理會牧師的兒子，於一七二六年從耶魯大學取得學士學位後就加入宣教的行列；此外他也獨自研究，有一段時期也在耶魯擔任講師，並在紐約市長老教會內服事過一段時間。他第一次擔負責任的地方是在麻州的諾坦普頓，他一直在那裡事奉，直到一七五〇年因爲與會衆爭執入會標準而遭解聘時爲止。此後，他就在麻州 Stockbridge 邊界事奉，向印第安人與白人宣教。一七五八年三月廿二日，他因感染天花而去世，當時他僅擔任新澤西大學校長幾個星期而已。

二、學說

㈠神在人的信賴中得榮耀

愛德華滋最經常研究的，就是奧古斯丁對人的罪與神的完全充足所作的描述。他早期的講道，如「神在人的信賴中得榮耀」(一七三一年)、「神所賜超自然的亮光」(一七三三年)，以及「在發怒之神手中的罪人」(一七四一年)，就已廣爲人所歡迎，而這些主題也充滿在他後期的神學論述中。人類罪惡的根乃是與神對立；神因罪人輕蔑基督爲他們的緣故所作的工而定他們爲有罪乃是公正的；歸正意謂著內心徹底的改變；眞基督教所包含的不只是對神與聖經中的事實有所瞭解，而是對神的美善、聖潔與眞理有新的「意識」。

一七五四年，愛德華滋將這許多的見解彙總發表在下面這篇論述中：《仔細、精確地調查時下一般對自由意志的看法，此項調查對人類、美德與惡行、獎賞與刑罰、讚美與責備都是絕對必要的》。在這份權威的論述中，愛德華滋主張，「意志」並不是一項自主的機能，它只是能表達出人類最根本的動機而已。「意志」導出行動，完全是根據遍及人裡面最強烈的動機而來。愛德華滋在這裡所主張的，乃是傳統的奧古斯丁派與加爾文派的樣式，認為人類的行為總是和其自身的品格一致。但他的辯證技巧卻特別致力於顯出現代「自由意志」觀念的貢獻僅是排除了人類的責任，並降低人類選擇的分析力到一毫無意義、無止盡退化的地步。

最先浮現在愛德華滋腦海中的是對歸正的暗示，他認為人類的本性是繼承來的。意思也就是說，除非神親自改變人的品格，或用愛德華滋的話說，除非神深植一新的「內心的意識」，使人愛神、服事神，不然因著本性，罪人是絕對不可能選擇榮耀神的。重生（神的作為）乃是悔改與歸正（人的行動）的基礎。

在愛德華滋死後才出版的《原罪》（一七八五年）一書中，他辯護著這人類本性的觀點，而此觀點支撐著《自由意志》的辯論。此書辯稱，所有的人類都在亞當墮落時也跟著墮落了，結果所有的人都承襲了亞當所犯的罪。愛氏覺得如此他可以指出個人要為自己所犯的罪負責，而且他也受到墮落罪性的約束，直等到神主權之恩改變他。愛氏樂意在亞當和其餘人類之間假定一柏拉圖式的關係，並且他也提供了一項很難解的哲學上的理論。

愛德華滋由於加爾文主義的信念，以及大復興經歷的結果，因此他也對教會和末世論提出了重要的觀念。對愛氏來說，教會乃是基督的新婦，只有重生的人才配作基督的新婦。總歸來說，神雖然是人心的裁判者，可是地上的教會卻有責任保守教會的品格，尤其是在守主餐上，務必保持聖潔。在這一點上，愛氏和他外祖父(Solomon Stoddard)的觀點大相逕庭；他外祖父主張開放的聖餐，甚至不信的人都可領受，因此愛氏因著反對這種信念，而在諾坦頓付上了極大的代價。

愛德華滋受到早期大復興成功的鼓勵，而支持當時即將在新英格蘭出現的千禧年黎明派。他有一系列的講章，終於在一七四四年出版，書名為《救贖工作史》。這本書表明了他對聖靈在復興中工作的結果而產生實現的國度的盼望。他的死使他未能完成他的計劃，但的確完成了一部與之有關的著作，即《神創造世界的目的論》（一七六五年出版）。在這本書中，說明了神榮耀的一般異象，即全部歷史將逐漸趨近神榮耀的異象。（趙中輝《英漢神學名

詞辭典》頁二二一—二二三）

（二）論創造的美

本文爲愛德華滋文集，是他從未打算出版的筆記及隨筆，現在收藏於耶魯大學圖書館中。愛德華滋在其中指出藉著被造的萬物，人可以有限度地認識神。愛德華滋與加爾文一樣，認爲大自然反映出聖經中的眞理，但聖經遠比大自然更加清楚及權威性。愛德華滋採用的方法與加爾文的方法在許多方面都十分相似。對愛德華滋而言，這個論題在神學上及靈性上都是十分重要的，特別是考慮到啓蒙運動 (Enlightenment) 所產生的惟理主義 (rationalism)，對基督教神學帶來極大的挑戰之後，更增顯其重要性。愛德華滋強調「大自然的書卷」(Book of nature) 與「聖經的書卷」(Book of Scripture) 的一致無間，藉此指出「大自然的宗教」必須在基督教的福音中才能完全的發揮。

神是無限智慧的，若祂安排祂所創造的萬物發出祂的聲音，指教那些仰望祂的人，描繪神的奧祕，散播與神自己及祂屬靈的國度有關的事情，這是自然而適宜的。神的工作其實是神的一種聲音或語言，向有智慧的人指教有關祂自己的事情。我們理當有此想法，相信神會藉著這種方法以及其他的方法來作工，以教導指示人：換言之，他藉著他的工作如繪畫一般地來描繪出神的事情。我們知道神樂於採取這種教導的方式……。（五七）

若我們看見神的事情的影像，視之如神的聲音，特意要藉此教導我們一些屬靈的、屬神的事，顯示其卓越的優點，可以清楚而容易地向我們的頭腦傳達指示，在我們的理性中刻骨銘心，造成影響，則我們便知道神已經向我們說話。不論我們在那裡，不論是有關什麼事，我們都能夠清楚的看見神聖之事的表徵呈現眼前，也大大的印證聖經的話語，因爲這些事與聖經是一致的。（七〇）

從兩方面看來，聖經的書卷是大自然書卷的詮釋者：首先，向我們宣告自然世界的構造所象徵及代表的屬靈奧祕；其次，具體應用大自然書卷中的符號和預表所代表的屬靈奧祕。（一五六）

這個可見的世界之廣大是無法想像的，其廣大無邊的華麗，難以理解的諸天的高度，等等，只不過是一種預表，象徵神的世界，亦即屬靈的世界無限的華麗、深度及榮耀：亦即祂的能力、智慧、聖潔、愛，這些難以理解的事物，透過這個世界來彰顯，以陳明道德及自然的良善、光明、知識、聖潔、快樂等的偉大，也就是呈現這個世界的偉大，彰顯天堂的深度。這些事物常用以下方式來比較：祢的慈悲比諸天還偉大，祢的眞理高達諸天，祢的榮耀超越諸天等等。（二一一）（麥葛福《基督教神學原典菁華》頁八七—八八）

三、結語

綜上所述，愛德華滋的上帝觀，論創造的美，指出藉著被造的萬物，人可以有限度地認識神的神學思想。

愛德華滋的主張被認爲是全美最偉大的福音派神學家的主張，或許也是各種主張中最偉大的，而他的主張乃是根據他深遠寬廣的著述，以及他重視實踐與理論宗教的結果。他是第一次大復興時期的神學家，而他爲此運動所作的解說，每一點的重要性都不下於懷特腓推動此運動所作的貢獻。他同時也是十八世紀實驗加爾文主義最有能力的闡釋者。在他辛勞的牧師活動，以及廣受歡迎的講道與著述之餘，他仍找出時間從事簡化神學結構的工作，而此簡化的神學結構仍是今日學者的一大挑戰。至於他的貢獻到底有多大，我們可從耶魯大學出版部出版的最後一版有關愛德華滋的工作的書中就可看出，他不僅是在一些神學分界上作更仔細的定義，同時在形而上學、倫理學與心理學上也都有很大的貢獻。（趙中輝《英漢神學名詞辭典》頁二二一—二二三）

第三一節　約翰衛斯理的上帝觀

一、傳略

約翰・衛斯理 (Wesley, John 1703-1791 A.D.)，英神學家、牧師，及聖詩作者，是循道主義 (Methodism) 的創始者。與他的弟弟查理同樣深受敬虔主義 (pietism) 的影響，對他早期的神學帶來極大的衝擊。他藉著聖詩及講道來表達他的神學，而非寫作系統神學的著作。

衛斯理約翰是十八世紀福音復興的主要人物，衛理（循道）宗派的創始人。衛斯理出生於英格蘭厄普胡(Epworth)，父親母撒母耳，母親蘇姍娜，同胞有十九人。雖然父母的祖父都是清教徒、不信奉英國國教者，但他們還是回歸英國國教，他父親大部分的工作是擔任厄普胡（一六七九－一七三五）和洛德（一七二五－一七三五）的牧師。衛斯理的童年，受到他非凡母親循循善誘，逐漸灌輸他極重要的虔敬觀念，領導全心愛神。

二、學說

（一）論稱義

約翰．衛斯理因信稱義的講章最初於一七四六年發表。這講章最著名的地方，在於其中批判墨蘭頓及加爾文有關「法庭稱義」的概念。衛斯理認為將基督的義歸算給人，在道德上及神學上卻站不住腳。他指出，當神稱人為義時，神受到欺騙，或是假裝我們實際上是另外一個人（指基督）。衛斯理講解了羅馬書的一些經文，認為我們應當放棄法庭中的稱義觀，採取更合乎聖經的稱義觀，亦即將稱義單純視為「寬恕及赦罪」。此文最後所指的經文，引自羅馬書三25。

稱義最起碼暗示當神宣稱人為義時，祂是受到了欺騙。祂以為他們是某種身分，實際上他們並不是；因此祂作出他們原本不應得到的宣告。但這並非暗示神對我們的審判與事實眞相相反，祂認為我們比我們的眞實狀況更好，或相信我們這些不義的人為公義的。斷然不是如此。無所不知的神，祂的審判必定是以眞理作為根據。祂的智慧萬無一失，不可能因為另有公義聖潔的人，而認為我是無罪的、是公義的。祂不可能將我與基督混淆，正如祂不可能將大衛與亞伯拉罕混淆一樣。若有人蒙神賜下理解，應當公正不倚地觀察判斷，他必定會看出，這種稱義觀與理性及聖經均不合。

稱義在聖經中的意義，便是寬恕——罪得赦免。父神因為子流血所作的挽回祭，祂「赦免過去的罪，藉此彰顯祂的公義（或憐憫）」。這是保羅藉著整卷羅馬書所表達的立場。（麥葛福《基督教神學原典菁華》頁三一〇－三一一）

三、結語

綜上所述，衛斯理的上帝觀，論稱義為「寬恕及赦罪」的神學思想。

衛斯理的神學與宗教改革的神學非常類似，肯定神的主權藉著聖靈的工作來改變我們「有罪的、惡毒的本性」，這個過程他稱之爲先來的 (prevenient)、稱義的 (Justifying)、成聖 (Sanctifying) 的恩典（恩典幾乎與聖靈工作同義）。

按照衛斯理所說，由於原罪，聖靈在神和人之間關係上著手是必要的。人被罪和死所困，經歷到聖靈仁慈的照顧，聖靈防止他們離「道」太遠，以至他們終於明白福音對他們一生的要求時，祂保證他們能自由地回應接受。

第三二節　查理衛斯理的上帝觀

一、傳略

查理・衛斯理 (Wesley, Charles 1707-1788 A.D.)，英聖詩作者及神學家，重視敬虔，敵對加爾文主義。與他的哥哥約翰共同推動十八世紀的英國福音復興運動。

二、學說

（一）論在基督裡的救恩

一七三八年五月廿一日，查理・衛斯理在莫拉維亞教徒波勒 (Peter Bohler) 的帶領下，經歷到奇妙的信主經驗。這首詩歌寫於一年之後，衛斯理把他對基督之死，對基督徒的重要性的認識，寫成詩歌。請留意這首詩歌將與救恩有關的概念，包括解放和光照串連在一起的方法。這首詩歌原名「白白的恩典」，可以說是「救恩天則」的總結，十分強調基督的自我降卑。請留意詩中明明提及神的受苦及受死，特別是驚呼道：「不朽的神竟然死去！」此處刊載最初的英文本文（與後來的版本有顯著的不同），未經任何改動。請留意具神學重要性的第五首詩，論及救恩的主觀確據，以及基督徒的經歷層面，但卻在現代版本中被省略。

如此大恩，我竟得蒙
救主寶血好處！
祂爲我死！——是我造成祂的痛苦？

爲了我？——祂追尋死亡？
奇異大愛！我的神，
何竟爲我而死？

× × × ×

何等奇妙！永生主竟受死！
誰能明白祂奇妙的設計？
首生的撒拉弗嘗試，發聲歌頌，高深神聖愛，
卻徒勞無功。
這是全然的慈悲！讓世人敬拜；
讓天使心中不再測量！

× × × ×

祂離開天上父的寶座，
（祂的恩典，白白賜與，無窮無限！）
祂倒空自己，只留下愛，
爲了亞當無助的後裔，流出寶血。
這是全然的慈悲！白白賜與，廣大無邊，
因爲我的神！這慈悲竟找到了我！

× × × ×

我靈受困，長久不醒，
在罪惡和人性的黑暗中，緊緊受綑鎖

祢的眼中射出生命之光
我醒來，地牢有光照耀，
我的鎖鏈跌落，我心得自由，
我起身，前行，跟隨祢！

× × × ×

內心仍有細小聲音，
輕語我衆罪已赦免；
贖罪寶血仍近身，
是它平息天上的忿怒；
我感覺祂的創傷傳來生命；
我感覺我的救主在我心。

× × × ×

現今不再恐懼咒詛，
耶穌與祂所有，現都歸我，
主內生活讓祂居首，
穿起義袍聖潔無垢；
放膽接近永恆寶座，
藉主救贖，冠冕在握。

（麥葛福《基督教神學原典菁華》頁二四六－二四七）

三、結語

綜上所述，查理衛斯理的上帝觀，論在基督裡的救恩，白白的恩典，是救恩天則的神學思想。他是約翰衛斯理之弟。亦為英國宗教復興運動中一領袖，又係一讚美詩作者，生平寫作極豐，其最佳者已譯為多種文字，且為全教會所採用。

第三三節　休謨的上帝觀

一、傳略

休謨(Hume, David 1711-1776)，英國哲學家，以主張懷疑論著名。家於壹丁堡，因入其地大學肄業。會父歿，其後見人，強之習法律，不懌，遂棄學而習商。尋赴法國之理姆斯(Rheims)，就拉弗勒西之耶穌社學校，刻苦修學。居其間四年，日過圖書館，流覽載籍。出其心得，著人性論。是書初出，不為人所經意，及第三四卷成，稱道之者漸衆。一七四一年，論文集出版，名迺大起。一七四七年，克勒爾將軍奉使維也納及都靈(Turin)，乃從之出遊。越二年而歸國。有辨護士公會所設圖書館，延以為董理，因得縱觀群書，博收史料，以成英國史。年五十二，復隨使至法國，訂和約，歸而仕於朝。未幾，退隱故里，以著作終其生。休謨區印象與觀念為二，而為觀念乃印象之模寫。凡人以其得自印象者，由主觀作用，分之合之。苟其觀念與印象不相應，乃生謬誤。即如「因果」之觀念，實亦主觀所自產，其視之如有必然性者，特以吾反覆經驗之故而生。至於現象界，有無與此相應之必然性，固吾所不能知也。「本體」之觀念亦然。既云本體，即不能憑印象而知覺，所可知覺者，祇個獨之狀態與作用。其思之如有本體者，以吾知有若干印象，常於空間上共存，而由吾聯想作用，因一印象，以思及他印象，其結合既鞏固，遂用主觀投射於客觀，而思之如果有本體者也。從休謨說，則舊來之形而上學，欲就超經驗之對象，而加以論證者，實已踰悟性之範圍，幻想而已。其自命懷疑論者以此。至若自然科學，倫理學之屬，凡立乎經驗範圍以內者，休謨固承認其確實性。故論者亦謂休謨決非主張懷疑論者，寧目以經驗論批評論為宜。（樊氏《哲學辭典》頁一四〇一—一四一）

二、學說

（一）證明上帝存在或不存在都是不可能的

休謨應用他的經驗論、懷疑論和快樂主義倫理學觀點，對有關上帝觀念和宗教的問題，做了詳細的考察和專門的論述。主要內容是：

1、批駁上帝存在的證明。休謨認爲，以往對上帝存在的證明是缺乏根據的。因爲如果懷疑外存的世界，就會更茫然地找不出證據來，以證明那個神明的存在或它的任何屬性的存在。對於當時最爲流行的「宇宙設計論」的證明，休謨指出，建造房屋誠然需要由建築師設計，但以此爲根據而推斷有一個世界造物主存在，這是違反一切類比規則的，因爲這兩者相似的程度比太陽和蠟燭相似的程度還要小得多。與此同時，休謨也反對無神論的觀點，認爲這種觀點渙散人們的道德聯繫，有害於社會生活的安寧，因而也予以排斥。休謨按經驗論觀點解釋上帝觀念的來源。他指出，人們把關於自身的智慧、善良和力量的特殊觀念無限地加以擴大，最後就形成全知全能、盡善盡美的上帝觀念了。

2、論宗教的起源。休謨探討了從多神教到一神教的發展過程。他指出，由於原始人對自然現象的無知，把它們當作希望和恐懼的對象；人們的想像力又把它們加以擬人化，用愛憎使之成爲現實，用祈禱和供奉來感動它們。這就是偶像崇拜和多神教的來源。此後，在人們對生活和幸福的追求中，把這些簡單的神祇觀念逐步加以擴大，最後形成了統一的無限完善的上帝觀念，也就產生了一神教。

3、揭露宗教的危害作用。休謨指出，民衆宗教的基本特徵是野蠻和怪異。那些犯極大罪行、幹最危險勾當的人通常都是最迷信的人。教會和僧侶對於狂熱的暴行不但不加制止，反而加以利用。因此，基督教成了分裂和宗教戰爭的舞台，給人們帶來巨大的災難。休謨雖然批判宗教，但並不完全否定宗教。他認爲，證明上帝存在或不存在都是不可能的，但信仰上帝，卻是可以的，而且是必要的。在他看來宗教信仰是社會的最堅固的支柱。對普通群衆需要借助宗教來加以控制，而學術界人士則需要通過懷疑論哲學使自己成爲健全的、虔誠的基督教徒。（《中國大百科全書》哲學Ⅱ頁一〇四三）

綜上所述，休謨的上帝觀，並不是否定上帝的存在，而是認爲「上帝存在，或不存在，都是難以證明的」；因爲哲學重「分析」，是有所窮的；神學重「啓示」，是無所窮的；欲證明上帝的存在，唯有仰賴於神學矣。

(二)神蹟爲其超自然的和由上帝而來

休謨的哲學思想可於一七三九年所出的人性論(Treatise of Human Nature)一書中窺其全貌；但此書乃早年作品，人多未加注意。後來在一七四八年著有哲學短篇文集(Philosophical Essay)，一七五七年又著有宗教自然歷史(Natural History of Religion)，雖說所發揮的觀念與前相同，但這次卻爲人所注意。從哲學方面來講，休謨乃第一流推理精明的思想家，雖與陸克之出發點相同，對於陸克的學說卻加以激烈的與破壞性的批評，對於宗教又徹底的懷疑。他以爲我們所有的知識均由經驗得來，但經驗進入我們裏面，都是各不相關的孤獨印象和觀念。我們平常以爲這些印象之中有因果關係或有某種實質聯合而生，其實均由心思的習慣造成。這些好似互相聯屬的觀念，無非是我們的心思慣常行動所用的方法。我們所能實在察覺的，無非是在我們有限的觀察中，將數種經驗會合一起。於是我們就馬上斷定，以爲在它們當中有因果相關。這樣說來，所謂實質亦爲「虛構」。假如因與果並無其事，那末，我們也不能拿因果爲理由去辯論上帝之存在。而且既無實質，在人經驗中亦無永存眞正的我，所以永生不滅之論亦無哲學根據。在休謨的思想中亦有歷史批判之萌芽，所以他也說：從歷史的研究來看，在人類演進之中，多神論實先於一神論，所以歷史並不證明自然神論所講人類原來認識一位上帝的論調，又不證明自然神論所主張一種原始的合乎理性的自然宗教的存在。休謨對於當代之自然神派或反對自然神派的正道派所作的批評大多理論過於精微，而又過於激烈，兩派人士均難於完全了解。

休謨言論中最引人注意的，爲對於神蹟的批評，因在當時神蹟被認爲啓示與基督教之主要保障。他的辯論理由是兩方面的。經驗是一切知識的來源，我們的經驗證明自然界行動一致，比證明人由觀察所作的報告是不會錯誤的，遠爲可靠。所以我們說，對於神蹟所作的報告，其爲眞實與否，大有錯誤之可能，而自然界萬事之行動一致，不受外來干涉，絕少有錯誤之可能。並且，即令是對於非常事蹟之發生所作的報告是眞實的，假如不能證明那件異蹟是由上帝神能特爲某種目的作成的，還是不算證明了那事理，要證明一事是特爲某種目的作成的，就更艱難得多了。這種理論的效力至爲深遠。今日很少有人仍抱十八世紀的立場，相信神蹟爲基督教主要的證據。現在人不以神蹟證明啓示，反以啓示證明神蹟之可信。現在那些接受神蹟記載的人，大多以啓示爲極其超自然的和由上帝而來的，以致將神蹟看爲是適當的相隨而來。自從休謨發表此類批評以來，神蹟問題越來越被人看爲特別難解的一個問題。英國自然神論的爭論的結果是產生了懷疑論，而休謨的著作是懷疑論最有力的表現。（華爾克《基督教會史》頁七六五—七六七）

（三）神之存在爲千眞萬確的

神——我們雖然信仰世界獨立存在，因此，合理的宇宙論成爲不可能的。我們也不能證明心靈實體之存在及靈魂之不死；因此，合理的心理學成爲不可能的。最後，我們不能證明神之本性、屬性、命令計劃，因此，合理的神學成爲不可能的。目前常見的現象，譬如一塊石頭的分子及凝結力，尚且是不明白的，我們怎樣能確切的斷定宇宙的起源，追究其永久的歷史？我們的思想若欲上極悠久的往古，下究無限的來世，換言之，若欲研究宇宙之創造及構成，神之特徵及本質、無始無終、全知全能、無限無變、不可了解的普遍、神靈之能力與作用，我們的各種心能千萬做不到。

神之存在不成爲問題，其成爲問題者，爲神之本質。神之存在爲千眞萬確的，是我們的希望之本源，道德之基礎，社會之柱石。沒有什麼東西能夠無根源而存在，宇宙之根源我們叫作神，我們認神爲各種完全之標準。然而我們不能了解神之屬性，更不能假定他的完全有些像人類的完全。休謨極力攻擊目的論的論證——由宇宙之秩序及美、善推論神之智與善。他說，若非各種事件精密的相似，我們不能完全信任類推的方法。宇宙與房屋、家具及機器，其間大有不同；我們不能由結果中約略的相似，而推論出來相似的原因。本來，智慧是自動的原因，我們看見自然之某某部分藉此自動的原因以產生變化於其他部分中。但人與其他動物之思想理智、計劃亦不過是像宇宙原本中之冷或熱、愛或憎及日常所見者之一。我們不能由部分推全體，而得到確實的結論。縱或能夠，我們腦中小小的激動——所謂思想者——又何能爲宇宙之模型呢？我們能想像自然不絕的很透徹的影印浩瀚的宇宙嗎？如果看見一所房子，我們可以十分確實的斷定他經過了建築家或泥瓦匠之手，因爲明明白白的是我們所經驗過的某種結果發生於某種原因。但宇宙不恰像一所房子，我們不能確切的推出相似的原因，宇宙中用類推，是不十分可靠的。關於宇宙方面，若由結果推其相似的原因，衹有瞎猜或想像。

我們又不能以神心類似人心，若果如此，必流而爲擬人論 (anthropomorphism)。人心不斷的變遷；決不配與神心之單純不變性相比擬。再者，爲什麼不以物質的世界爲止境呢？說神之理性的構成自有其秩序，由其本性使然，與說物質的世界之部分自有其秩序，由其本性使然，其意義相差不遠。我們經驗著物質是如此，經驗著精神。

想由宇宙之本性推論神之本性，其結果必發生毛病。用這個擬人論的推論法，我們必不能給神以無限性，因其結果不是無限的；又不能給神以完善，因爲宇宙不是完善的。縱或宇宙是完善的，但其精美的工作是否應該歸功於一個創造者，尚不能確定。在現世界成功之前，也許經過悠久的時期，創造了許多世界，沒有好結果，白費工夫，迨經過許多的試驗，長久的時期，慢慢的進步，而後成功現有的世界。而且這種證據上，也不能證明衹有一個神：也許有許多神聯合的製造此世界。再者，人是有死的，藉世代輪迴以更新其種族，然則我們又何必用此類推法遂將宇宙的境遇擯出於神之外呢？又爲什麼不完成我們的擬人論，而給神以肉體呢？

據休謨說，還有一種假設，以世界是一個動物，神是世界之靈魂，他使世界實現，而世界又實現他。世界顯然的多似一個動物或植物，少似一個鐘或一件縫紉器。所以世界之根源類似動物或植物之根源，其或然度高多了。動植物之根源是繁殖或發育。所以世界之根源也可以斷定爲類似繁殖或發育。其實，這些假設都幻想；我們並無建設宇宙創造論之材料。我們的經驗是有限的，不完的，不能揆度萬事萬物。但是比世界爲動物的假設，與比世界爲一個人的假設是同樣的可能，或者前一種的類比，比後一種的類比較爲切近些。

休謨又說，我們不能由宇宙推論出來一個具有如同人類所具有的道德的性質的神。自然之目的或用意，似乎在保護並傳播種族，但不在保護並傳播他們的幸福。世界上苦痛多過幸福。世界上痛苦的事實，足以證明神不是仁慈的或萬能的。身體的與道德的罪惡，使我們不能推出來一個善神。也許有人說人類理性薄弱無力，不足以了解宇宙之目的。但是這種說法，也不足以推出神是善的，僅足以警戒人必須由其所知的下推論，不可由其所不知的下推論。神是必然存在的東西；我們沒先天的論證。有的東西而不存在並不矛盾。我們不能證明神是由於他的本性之必然結果而存在，因爲不知道他的本性是什麼。我們知道物質的世界有各種的性質，故足以證明物質世界之存在。

休謨對於宗教之起源，認爲人之所以信仰神，不是由於思想、好奇或純粹的愛好眞理之結果，乃是由於幸福之渴望，來世痛苦之恐懼，死亡之恐懼，報復之希望，飮食及其他必需之慾望。最古的宗教必是多神教或偶像崇拜，而不是有神論。

休謨雖有上面的一些懷疑的思想，但是，他說若果有好的悟性的人，一受神之暗示，決難否認神之觀念。萬物中之目的、意旨或計劃是顯然的，我們若擴大我們的悟性，即足以洞觀此目的或意旨或計劃，並且必定十分相信有不可見的，且有理智的原因或主宰之觀念。這種普遍的趨勢——信仰不可見的具有理智的主宰——若不是一種本能，至少也是通常人性的從性，這種信仰可以認爲是造物主賦予人之一種特記或標幟。（梯利《西洋哲學史》頁三九九—四〇二）

（四）神的觀念是「人性共同隨從物」

至於形成神的觀念的普遍傾向，如說它不是原始的本能，那它至少是「人性共同隨從物」。即此一命題，實包涵著休姆的神學的樞紐。他以直捷語詞，反對一切實證的宗教 (positive religions)，據他說，所謂宗教，並非「他物，只是病人的夢囈」，只是「人形的猴子的頑皮幻想」。不朽之說，只是「一句謎語，一個謎，一種不能解釋的神祕。」他以下列論證，反對奇蹟，他說道：在全部歷史中，尙不見任何奇蹟，爲足數的人所證實，而此足數的人，具有如此確切的知識，教育與學問，可保證吾人，他們自己，決不至上幻想的當；或具如此可靠的忠誠，可使他人相信，像他們這一類人，決不會存心欺人；或在人類面前，具有如此優越的信用與令譽，要使一旦他們被人發見，他們亦在說謊，那他何必受巨大損失。同時，在全部歷史中，亦無任何可作證明的事實，在如此公開的情形下發現，在如此巨大的區域內發現，可使偵察之事，自由進行，而無所妨礙。驚奇與駭異的情緒，常於吾人心內，激起一趨勢，致使吾人易於信仰那些事情，彼所謂奇蹟者，即從那些事情的信仰中，產生出來。超自然的關係或事件，常於愚昧與野蠻的民族間，非常流行；其在文明的民族內，如有這些事件，那必自愚昧與野蠻的祖先中，取獲淵源，這般愚昧與野蠻的祖先，常用神聖的制裁與權威，加於這些事件，傳給他們的子孫。這是一條公理：任何證據，俱不足證實一奇蹟，除非此證據，是如此的性質，它是虛偽，比諸它所希望證實的奇蹟，更爲奇特，更具有超越性。（威柏爾《西洋哲學史》頁三六四—三六五）

（五）宗教是從多神教演進到一神教

休氏出身於蘇格蘭與英格蘭交界處的一個貴族世界，熟悉英國史，曾任職駐法大使；可說是英國啓蒙運動的終結人物。《人類悟性論》(Enquiry Concerning the Human Understanding) 爲他的代表作之一。

他的學說間架，有：知識論、對因果關係的討論、倫理學以及宗教哲學等；而其思想內涵，則爲經驗主義與懷疑主義。

①在知識論方面：視感覺爲一切經驗的基礎，否認有所謂心、物、神等諸「實體」的存在，至於他認爲最清晰又明瞭的東西，就是「印象」(impression)。印象係得自感官對外物的認識和內在的反省，而憑人的記憶保存爲觀念或思想。所謂記憶，也便是印象的印現 (copy)。至於知識的形成，即是通過類似性 (resemblance)、時空連續性 (Continuity) 與事物間的因果關係 (Causality) 三種方式的聯合運作而成。所謂「自我」，這對休氏而言，並非什麼主體或實體，而祇是一堆心象的組合。

②在因果關係的討論上：休氏以感覺經驗作出發點，認爲萬有之呈顯爲有因果「關係」，純係個人習慣 (habit) 的反覆所形成的主觀信念 (belief)，而非事物在本質上存有內在的必然聯結 (necessary Connection)；不然，則會攪混了時間上的「在這以後」(post hoc) 與因果上的「因此之故」(propter hoc)，且往往將之混同使用。休氏對因果關係的質疑，在根本上即否定西洋傳統以來向所支持的因果律的絕對性：所謂事物的「本質」，祇不過是一堆觀念

(idea) 或印象而已，事物與事物之間的關係，只存在著繼起的蓋然性而了無絕對必然性的關係。這則表明了休氏是一位懷疑論的實證主義者 (Skeptical positivist)。

③在倫理學方面：既主張物理的因果關係爲蓋然性，此自必導使倫理價值方面喪失一絕對的規準，而極易淪入快樂主義與功利主義的窠臼裡；儘管如此，休氏卻主張「正義」的價值，視大衆的福祉爲倫理的指標。所謂天生的「同情心」(Sympathy) 即是道德的根本。人的一切行爲，皆取決於自然的稟受，眞正的有利（爲己、爲人），便是道德的善。

④在宗教（哲學）方面：雷同於對道德之強調感受，而認爲宗教感或宗教情操，可優於制式宗教。因而，否認理論性的神學：宗教緣生於個人內心的需求，此純屬主觀性，而不具客觀性的價值。換句話說，休氏係從宗教學角度，認爲宗教純由人情緒性的需要才產生；最初的形態是多神教，而後才演進到一神教。他也認爲，宗教對人生活層面的影響，乃甚於對所謂宗教「眞理」本身的探討；這也是功利、實用主義的宗教觀，顯示休氏是第一位以哲學方法詮釋宗教緣起的人物。（陳俊輝《新哲學概論》頁三四九—三五〇）

（六）人的見證不足以證實神蹟曾發生過

休謨 (Hume) 的《神蹟短評》(Essay on Miracles, 1748) 一書指出，神蹟顯然不可能發生。他強調，在當代沒有類似新約的神蹟發生，如復活；因此使得新約讀者不得不完全依賴人對這類神蹟的見證。對休謨而言，倘若當今缺乏同類的事，人的見證就不足以證實神蹟曾發生過。（麥葛福《基督教神學手册》頁一〇三）

（七）從經驗上以論證上帝存在的嚴重挑戰

休謨的哲學之所以成爲從經驗上以論證上帝存在的嚴重挑戰，即在於他的哲學爲純現象式的經驗主義。我們在前面曾指出，「物之體」、「心之體」，與上帝觀在休謨的純現象式的經驗論中皆是要被排除的。排除的理由是我們不能有有關三者的經驗。我們既然不能有此三者的經驗，我們即不能有它們的觀念，亦即不能有有關它們存在的知識。故它們應被排除於哲學之內。休謨此說，如前面所提及，是由洛克與巴克萊的經驗論發展而來。故我們如接受經驗論的前題，我們對此結論將沒有問題。亦即我們如不想懷疑經驗論的前題，我們即不會問我們可否說因為我們沒有一東西的直接經驗而不能說它的存在。但即使我們要問此一問題，休謨將繼承巴克萊「存在即被知覺」的說法以答覆此一問題。若一東西永遠不能被知覺，我們即無從說它的存在。但我們在此要討論的問題則不是於知覺之外是否可說存在，而是我們可否由一些已被經驗的東西去證明一些未被經驗的東西。「物之體」與「心之體」的問題，我們於此不討論。讓我們集中在上帝的存在一問題上。即我們可否說因為我們沒有有關上帝的直接經驗，而說我們不能有上帝的知識呢？我們可否由我們可以有的感覺觀念以推證上帝的存在呢？過去哲學家謂可以證明上帝的存在即是因為我們沒有有關上帝的直接感覺的觀念，故要證明。如我們能由我們可以有的觀念以推證上帝的存在，則我們雖不能有有關上帝的直接感覺的觀念，但上帝的存在的問題仍是可證明的。但由休謨的哲學以答覆此一問題，答案則是否定的。所謂對從經驗上以論證上帝存在的嚴重挑戰，即在此否定的答覆。

因為依照休謨，我們所知的如只是觀念，則所謂知識問題將是觀念與觀念間的關係的問題。休謨分別此關係為七種，稱為哲學的關係：⑴相似，⑵同一，⑶時空上的關係，⑷量或數的比例，⑸質的等級，⑹相反，⑺因果關係。對此七種關係休謨再大分為兩類：一為觀念與觀念間的關係，包括前面所分七種中的⑴⑷⑸與⑹四種。一為事實的關係，包括前面所分的⑵⑶與⑺三種。但在此有一點先要釐清的。如前面所說，我們所知的只是觀念，所以有關知識問題成為觀念與觀念間的關係的問題。但休謨在第二種類別的第二類卻說「事實的關係」。此好似與上說不一致。但據休謨的原意，所謂「事實的關係」並不是離觀念而說事實，如洛克所犯的不一致的弊病。休謨所指實為已有的觀念與未來的觀念的關係。至於第一類則為已有確定的觀念的相互間的關係。因第二類所指為涉及未來的觀念，尚在未知之數，故以事實名以便識別。

休謨由對觀念與觀念間的關係的類別，進而依此而分別為兩類不同的命題，並由此而說兩類不同的知識，即形式命題與經驗命題，和形式知識與經驗知識。由於知識只限於或為形式的，或為經驗的，我們若要由此以說上帝的存在的知識，則我們即見到它既非形式的亦非經驗的，故我們不能說有有關上帝存在的知識。

就休謨的知識觀點上看，上帝存在的知識不能是形式的，亦非經驗的，是沒有問題的。此只是重新顯示上面所說我們不能有有關上帝存在的經驗知識的意義。但我們所問的問題仍未解答。因我們仍可並且要問我們可否說只有此兩種知識。我們可否根據經驗的事物以推證一超經驗的上帝。如我們在前面所提及，傳統哲學家多數認爲是可以的。但休謨則以爲是不可以的。並且以爲凡自稱爲獲得此種知識的人，他所謂知識或是不合因果關係的知識，或是違背邏輯律則的知識。故它只是似是而非的知識，而不是眞知識。

如我們在前面所提出，「物之體」與「心之體」皆被排除於休謨的哲學中。因此，因果關係不能是一本體與屬性的連結的關係，而是事件與事件間的連結的關係。但依休謨，一觀念與另一觀念是彼此孤立分隔而不能確定它們彼此間的任何關連的。因此，由事件與事件上去說因果關係，我們即不能確定任何事物彼此間的必然性的關係。我們日常所作的因果推理並無任何客觀的根據，而只是依於我們所熟習的經驗習慣。因我們在過去的經驗中，常常見到有A事件出現時即跟隨著發生B事件。故我們即習慣地由A而推B。以A爲B的因，B爲A的果。但我們從經驗中不能發現A與B間任何必然的關係。我們也不能由過去的事件歸納出一普遍原則以保證將來由A推B的因果推理。因爲我們沒有理由謂過去如此，將來亦必如此。故依休謨，因果原則是不能依經驗而建立的。因果推理是概然推理，而不是必然推理。即是我們不能由某因必然地推某果，只能概然地推某果。故此，某因與某果的關係不是必然的關係而是概然的關係。所謂概然的關係，即某果如有證驗的實證則爲眞，否則爲假。因此，依休謨，上帝存在的問題即不能由因果推理證明。因上帝的存在是不能有經驗的實證的。

至於證明上帝存在的知識是違背邏輯的，則由於邏輯的推理是由前提推結論，結論必然地爲前題所涵，而不能超出於前題所涉及的之外。因此，依我們經驗感覺而建立的前題如沒有上帝，即不能經由邏輯的推理而推出一上帝。若我們的前提不是依於經驗感覺而建立，則此前題爲不關涉存在事實的前題。由此前題而推出的結論亦即爲不關涉存在事實的非存在結論。因此，亦不能由此而推證上帝的存在。休謨的純現象的經驗主義的是非得失，我們於此不擬評論。然而就它去除「物之體」、「心之體」，與上帝觀，及否定藉因果關係或邏輯關係以論證上帝存在的有效性的觀點上說，此不但對我們前面所論有關西方哲學要由知識觀點上去說明本體的意義，並等同上帝於本體的見解受到了嚴重的挑戰，同時亦使西方一千多年來試圖以希臘重智的思辨哲學以羽翼基督教教義的神學受到了重大的打擊。如休謨的觀點成立，則傳統的基督教神學必要改變。在哲學思想上必須另有新的說法」的問題，我們於此暫不說。因爲如我們所知，休謨的哲學只是消極地提出此問題，而並不是也不能積極地回答此問題。對此問題的回答要待康德以後。故我們在此要說的只是上帝觀念的問題經休謨的純現象經驗論的懷疑後，由中古以來將宗教信仰的上帝觀與理性思辨的上帝觀結合爲一的觀點所受到大的挑戰。此挑戰發展爲後來康德對傳統哲學上有關上帝存在論證的批判後，即使上帝觀問題走上了本章所說的離異的道路。（李杜《中西哲學思想中的天道與上帝》頁二五五─二五九）

（八）未能認識最高的存有（上帝）

休謨的學說，有其缺點，也有其謬誤。如緊抱著「印象優位原則」，企圖解決一般問題，往往與眞理相去甚遠，這是休謨學說的缺點。又如休謨反對因果關係的觀點是錯誤的，「休謨的作品爲休謨所撰寫」，這不是因果關係嗎？胡院長鴻文在《本體論新探》一書中曾指出：

休謨可以說是極端的經驗論者，他曾在經驗方面加以分析，他說，人心的知覺可分爲印象與觀念，兩者的不同處，乃在於前者與後者相比，較爲鮮明活潑有力。印象爲直接獲得的知覺，是以呈現鮮明有力之印象。當人們已經離開當前所感覺的對象，而於某時某地的思想或推理中印象最現，即可稱之爲觀念。

他提出了其所稱人性論的第一原則：就是「印象在觀念之前」。他以爲如果有一種觀念，分析其如何自印象產生，於是而確定是項觀念是否具有眞實性，他就此種論點提出了他所說的「印象優位原則」。他的很多論點都是根據「印象優位原則」的，但很多問題關鍵之所在並不在於印象，緊抱著「印象優位原則」企圖解決一般問題，往往與眞理相去甚遠，這是休謨學說的缺點，也是極端經驗論所可能產生的問題。

他對於洛克所說單純觀念與複合觀念的主張大體上是接受的，他對於觀念聯合提出了三項原則：（一）相似性

(resemblance)，（二）鄰接性 (contiguity)，（三）因果性 (cause and effect)。他又加以擴大而提出了哲學上的七種關係：（一）相似性 (resemblance)；（二）同一性 (Identity)；（三）空間性、時間性 (Space and Time)；（四）數量性 (Quantity or Number)；（五）等級性（質的程度）(Degrees)；（六）矛盾性 (Contrariety)；（七）因果性 (Cause and Effect)。

以上七項中相似性、數量性、等級性、矛盾性四項係完全依賴於觀念，其間雖有變化，但是觀念則不變，可以稱之爲觀念的關係。另有同一性、空間性和時間性以及因果性，雖認識觀念但仍發生變化，須確切考察乃得知其實情，可稱之爲事實的關係。休謨站在經驗論的立場來看時間和空間，他以爲時空不能作無限制的劃分，雖然古代哲學家即已提出：「一尺之棰，日取其半，永世不竭。」也可以說，時空可以作無限制的劃分，但是休謨則加以反對，以爲空間之劃分必然有其最小之單位，而時間之劃分必然要有最小的瞬間，此皆站在經驗論的立場，而對於出乎經驗以外者加以反對。

休謨對於因果問題持反傳統的觀念，他提出如謂由A以至於B，但如根據「印象優位原則」，由A如何至於B無清晰的印象可尋，他於是承認A在B前，並不認爲A即B之原因。

他復提出在A和B之間，有「經常伴連性」(constant conjunction) 和「必然連結性」(Neccessary Connection) 二者，前者並不能決定因果關係，而對於後者雖可能決定因原關係，而休謨對之則另有一種解釋，即是他以爲所稱之「必然連結性」並非客觀的存在於A與B本身，乃是由於經常觀察兩種事件反覆出現的規律性次序，便在心中藉著想像作用而產生一種「習慣性期待」(Customary Expectation)，這是主觀的而非客觀的。休謨的此種說法顯然是不承認因果關係的存在了。休謨於是爲因果關係下了如下的定義：

第一種定義：「原因爲一種觀念，其相似於前者的對象亦以相似的關係，前置或鄰接於相似於後者的對象。」

第二種定義：「原因爲一對象前置或鄰接於另一對象，並與之相連結，亦即有了一對象之觀念時，人的心靈即決定構成另一對象之觀念，有了一對象之印象時，即形成另一對象較爲活潑的觀念。」

但是休謨反對因果關係的觀念是錯誤的，現代的科學和發明都是要運用因果關係，始克有濟。從古代哲學的形上學、實在論，以至於近代的科學研究，都是承認並運用因果原理的，休謨的作品爲休謨所撰寫，這又不是具有因果關係嗎？休謨的觀點顯係錯誤。

如果說洛克承認心的實體和物的實體，柏克萊承認心的實體而不承認物的實體，休謨則既不承認心的實體又不承認物的實體。他說，他不知有什麼非物質的，不可分的，不可消滅的心靈實體，他聲稱沒有哲學家所說的單純的一貫的「自己」(Self)，人們身中無有此種原本。人與自己合一時，只過一些冷、熱、光、暗、愛、恨、苦、樂等知覺，若無知覺，即抓不住自己。所謂心靈不過是各種知覺的總匯。休謨此種觀點甚爲謬誤，人人有其自己獨立的人格，有記憶、思想、感情、意志，並非僅知覺而已。即就知覺言之，有有知覺者，知覺亦係靈魂所發生的作用，不可否認。且休謨所提出上述之論點，有思想與感情、意志，且這是發自休謨的，可見休謨有自己的人格，他曾以種種方面無法自圓其說，自己承認失敗。

休謨具有反形上學的觀點，未能認識最高的存有，休謨反對人的靈魂之存在，但以不能自圓其說，而不得不承認靈魂之存在。他提出「印象優位原則」，印象並不能了解事物內涵之眞象，他因著重於印象，以致否認因果之必然連結，而陷於錯誤。（《本體論新探》頁八六——八九）胡院長的批評，可謂一語中的。

三、結語

綜上所述，休謨的上帝觀，證明上帝存在或不存在是不可能的，神蹟爲其超自然的和由上帝而來，神之存在爲千眞萬確的，神的觀念是「人性共同隨從物」，宗教是從多神教演進到一神教，人的見證不足以證實神蹟曾發生過，從經驗上以論證上帝存在的嚴重挑戰，未能認識最高的存有（上帝）等神學思想。尤以胡院長的評論，可謂鞭辟入裏，得其肯綮。

休謨於宗教上屬懷疑派，不信神蹟，主張未來不可預期，神若能推測未來，祂就必是有限的；又謂人一切論及自然與靈性之意想，俱由人之經驗而來。除《人性論》外，其他有關宗教之著述，都在攻擊自然神學。

休氏在本世紀英語系世界哲學上的影響甚大，他被稱爲當代宗教哲學的創始者。就他的一般哲學，他自己可視爲洛克 (Locke) 急進的繼承人，運用並發展洛克所強調感官經驗在知識上的地位，以完成知識的懷疑論。不管此一特性的描述優點爲何，休謨宣稱要將這些仍舊活生生的經驗加以區分、獨立開來——例如，將道德判斷的描述誤爲理性而非情感，並將觀察與推論所建立的因果關聯誤爲經驗事實。

有些人支持休謨，使基督教從錯誤地依賴「純理性」的病態信念中被釋放出來，而能降服以信心崇拜。但宗教信仰當然很少能從他的著作中找到直接的安慰。他未曾是位無神論者，但他所有的企圖要談論及相信神的傳統方式陷於困境，而不提出明顯地與基督教可並行不悖的積極選擇。跟隨他的人，兼有他的精神與論點，仍舊這樣活下去。（趙中輝《英漢神學名詞辭典》頁三三五—三三六）

第三四節　康德的上帝觀

一、傳略

康德陽瑪諾 (Kant, Immanuel 1724-1804)，德之哥尼斯堡 (Konigsburg) 人。先祖出自蘇格蘭。其父業鞍工。家貧。父母皆篤信基督教，以懿行稱於鄰里，康德自幼化之。年十六，入哥尼斯堡大學，攻哲學、神學、數學、物理學諸科，而以哲學數學爲主。於牛頓 (Newton) 之學深研而精通之。在大學日師克努悆 (Knutzen)。克努悆者，直傳華爾富 (Wolff) 之哲學系統者也。康德年廿二，卒大學業。爲私宅教師者，歷九年。二十三歲時，始試著書。一七五五年，爲哥尼斯堡大學之講師，居是職者十五年，其間所講演者，爲倫理學、純正哲學、物理學、數學諸門。至後兼教授倫理學、人類學、地文學。及年四十六，舉爲正教授，主論理學及純正哲學之講席。燕那 (Jena)、耶爾蘭根 (Erlangen)、哈勒 (Halle) 諸大學，慕其名，爭聘之，咸辭不赴。九六年，以老辭。卒年八十。終其身，僅一遊但澤 (Denzig)，未嘗離鄉里。鰥居無妻子。恆日起居有定律，毋或差忒，人以方諸哥尼斯堡之大時鐘。惟乍得盧梭之愛彌爾小說，讀之，愛不忍釋，食後，至忘散步。自此事外，未一改常。常與其友約同乘出遊，其友遲至十分時，則獨乘先行，友於中途要之共載，弗許。其天性方嚴如此。生平忠於爲學，沈思博覽，迄老弗衰。論者推爲學人之範。居大學日，從之遊者甚盛。蓋不獨服其學識，抑亦景厥德行也。

康德著書，多至四十種許，而其學說系統，具有三批判之中。三批判者，曰純粹理性批判，曰實踐理性批判，曰判斷力批判。綜其一生思想以觀，大凡有三期。其第一期，猶多承萊布尼茲(Leibuitz)華爾富之合理說。入第二期，則既旁取英國經驗派之思想，而所受影響於休謨(Hume)之懷疑主義者尤深。故於Prolegomena一書，序之曰：「休謨之教訓，足破我獨斷之夢。」其所著可感界可想界之形式及原理(一七七〇)，明明唾棄萊布尼茲，而主張時間空間之先天說矣。第三期，發表自己之特見。始主張批判哲學，而以闡明認識之權能及界限爲發足地。其與孟特爾遜(Mendelssohn)書，自言所作理性批判，沈思熟慮，歷十二年，始就。愼之也。分疏三書之要略如次。

純理性批判者，即其研究認識論之結果。康德以時間空間，爲感性之先天形式，以十二範疇，爲悟性之先天形式。謂人之認識能力，不出此形式以外。其存諸自然界若所謂「時間性」、「空間性」、「因果性」、「實體性」等云云，皆從吾悟性以生，並非離悟性而自存之實在。故悟性爲自然界之立法者，有所與而無所受。吾所目爲客觀之自然界，全爲主觀之形式所制約。有時間空間因果實體等等形式以鑄冶之，然後客觀之認識，得以成立。故吾人惟就自然界之形式方面得有先天的認識耳。顧此自然界一語，嘗解之曰：「因悟性而觸發之事物相。」若夫離悟性而獨存之實在，是之謂物自身。此是超自然的超經驗的之對象。不獨非經驗的認識，抑亦不能從先天的認識之，故決非悟性之所得者。昔之獨斷論，初不深究夫認識力之權能及限界，而肯定之，或否定之者，俱失也之。其純粹理性批判中，凡三部分。(第一)爲超越的感性論。(第二)爲超越的分析論。前者，論直觀形式及其客觀普遍性。後者，詳說範疇，以明純粹悟性之根本原理。二者，皆論認識現象之可能，及支配此現象之法則所由來。(第三)爲超越的辯證論。則說物自身之不可認識，而拒斥實在論中之合理說，以定知性之限界者。第觀於理性批判，才足以見康德哲學之消極方面。其積極方面，則俟諸實踐理性批判。實踐理性者，意志之謂，是書即康德之倫理學也。既云有物自身存在，而又云，超出吾人理性以外非可得認識，然則以何根據，而認有此對象？曰：「是出自實踐理性之要求，故得而肯定之，且不能不肯定之也。」康德所說形而上之對象，計有三端。曰意志自由，曰神之存在，曰靈魂不滅。夫現象界既成立於悟性之形式中，是一切事物，胥為因果律所宰制。是起諸必然，而非有自由者也。然併意志而謂之無自由，則責任云云，後悔云云，又何從得有。洵如是，道德將不能成立，而人生復有何意義。其不至於此者，以吾自有實踐理性，而從此實踐理性之必然要求，姑認定其為有自由者。故所謂「我」，乃有可想的性格與經驗的性格之別。存於現象界之我，是不自由之我，是為經驗的性格。惟超乎經驗之本體我，則有自由，謂之可想的性格。康德所謂基準 (postulate 或要求假定) 者，意即如此。至於神及靈魂，不屬經驗界之對象，不屬認識力之範圍，亦由基準而起。何則，吾意志中，常希望一完全之境焉。曰：「脫離感性而純從良心之命以行動」是。假如謂此希望，終有實現之日，則靈魂不滅一說，先不得不予以承認。又言，道德雖非以幸福為目的，而目睹福與德之不一致，於人意究未能滿足。雖福德一致之不可期諸現世，厥證灼然。故不得不設想未來，而信有絕對的正義之審判者。是即所謂全知全能之神。故謂之有神存在者，本非知性所能證明，特意志中必然不可避免之要求，有以使然耳。是故純粹理性之權能，但局限於現象界，用以指示實際之生活。其導吾於絕對之實在界，而為人生解決最深邃最切要之生活者，不在知性而在意志。故謂之實踐理性之上位 (primat der praktischen vernunft)。言意高出於知也。要言之，康德既於一方，反對懷疑論，而說吾人之於自然界，能有普且必之先天的認識。又於他方，反對消極的獨斷論，而謂超經驗之對象，得從實踐理性之自然要求以肯定之。此所以建樹道德宗教之根基，不欲使之破壞也。夫既嚴設現象與物自身之別矣，一則為必然的機械的之經驗界，一則為有自由有目的之可想界，乍觀之，似不免陷於二元。於是不得不更提出究竟的絕對的之問題，冀此兩兩反對之經驗界與可想界，得以歸於統一。其判斷力批判之作，即以此根本問題為主腦。是即康德之美學及目的論也。

自人言之，吾居空間時間之形式中，初不外自然界之一物，而自其道德的行動以觀，則又為具有可想的自由之生類。是故人也者，不獨是現象，亦是物自身。不獨從自然而生，抑亦秉自由以行。是故經驗界與可想界，雖若相反，而第觀於人身，已足見此兩者之合一。然則謂此兩界，非分別存在而有通其之根柢者可也。康德即借其所說認識原理，以批判此問題，曰：『所以有自然界與自由界之別者，物自身之本性如是耶？抑人間認識力之性質使然耶？凡人之有思維作用，皆是比量的。以欲認知事物，故必豫想其事物之有差別。云無差別，即無認知。如曰：別有與此思惟之我，顯現於反面，而彼此顯現，又必眞爲事物自身之本性，是言也，初無可爲保證者。毋寧曰，如是區別，亦以受制約於認識力之範圍故爾。要之，謂吾人思維中，既無法以泯差別相，故綜合自然界與自由界之一元的絕對眞理，乃超出乎認識力之外者。故吾人於此，不能直接認茲原理。唯有求諸自然界事實，而以暗示此反對之合一者，舉出證據。其事實爲何，曰「美的對象」，曰「有機物」，是已。自然界之美的對象，一面則從自然法則而顯現，一面則使吾人精神中，引起無關心之快感。然則自然界之非僅機械的，而又與人間精神之目的，有所關係，即此不已足暗示之乎。質言之，美的對象，是自然，亦是自由，二而一者也。不獨自然美爲然也，更即藝術美觀之，亦若是。藝術者，天才之事業。方其爲之，固未嘗有規矩準繩之念，絲毫存乎胸中。及其既成，乃與規矩準繩，不謀而合。且稍涉以意識者，反露痕跡，而非絕品。可見有天才之士，精神即是造化，能純任自然而動作。然則自然與自由之同其根柢，而非有絕對的差別者，不又可以此事實徵之乎？不獨美的對象爲然也，更即有機物觀之，亦若是。世間一切有機物，決非由機械的或意識的，而合部分以成全體者。所謂部分，寧由全體而產出之，保存之，此與天才之動作正同吾人不能以因果說明之，必假以爲有某目的觀念在，而由此目的以生起者。質言之，即解釋有機物，必適用「目的論」之原理，而不可適用「機械論」之原理是。是有機物亦足暗示自然與自由之合一者也，凡此種種事實，可知所以有反對者，皆局於人間認識力之性質，而莫可如何。苟離卻比量的認識，而追探本原，則自然界與自由界是否終歸於一，蓋究竟不可知。』其判斷力所論究者，大旨如此。與其純粹理性批判中云「物質現象與精神現象之存諸根柢者是否同一不可知」者，命意正同。故亦有稱康德之哲學，爲不可知論 (Agnosticism) 者。

康德於自然科學，造詣亦深。其早歲，嘗著一般自然史及天體論，頗應用牛頓之思想，以說明天體發生之次第。假定有所謂「星雲」(Welthbel) 者，由種種元素而成。初在混沌狀態中，以濃淡之度殊，而生游離及凝集諸象。是爲星雲說。後有法人萊布拉斯(Laplace)者，其說明天體，與之略合，故又謂之康德萊布拉斯說也。(樊氏《哲學辭典》頁五八六—五九一)

二、學說

康德的哲學，可分爲三個時期：

(一)康德哲學的三個時期

1、先批判期哲學：在先批判期，康德在匿名出版的《自然通史和天體論》裡，生動地解釋了無限宇宙的各部分在空間中的聯繫，探索天體的根源及其運動變化的規律，提出了在天文學史上有重大意義的太陽系自然形成的「星雲說」。他立足於牛頓力學，而在世界觀上卻超出牛頓。笛卡兒曾說，只要有物質和運動，就可以構造出世界。康德進而說只要給我物質，就可以構造出世界。認爲宇宙中的物質微粒自身有引力和斥力，引力和斥力相互鬥爭產生元素的運動，運動是自然的永恆的生命。趨向引力中心運動的元素，由於斥力作用，從直線運動向側面偏轉，形成圍繞引力中心的圓周運動。由於物質自身的運動，經過一系列自然發展過程，形成了太陽系和宇宙，根本不需要外力推動。所以在整個運動變化過程中，上帝不起任何直接作用，元素本身是生命的源泉。

康德還承認上帝創造物質，不過，他並沒有給予這種觀點以重要意義。他強調的只有一點，整個宇宙、整個天體系統是物質基於自身運動自然形成的。特別是他取消了牛頓的「第一推動力」，進一步限制上帝的作用，以物質自身運動發展的辯證法代替牛頓的純由外力推動的機械論。

這一時期他持上帝是無所不在的理性秩序的近似泛神論的觀點，對因果律表示懷疑，提出道德行爲根本在於個人意志決定的觀點。

2、過渡期哲學：六十年代末，康德全面地考慮了休謨對因果律的疑難，他欣賞休謨根據經驗論對因果聯繫觀念的起源問題所做的分析，認爲這種分析很有啓發性，但是堅決反對休謨否認從因果關係必然性的錯誤結論。他在過渡時期主要考慮三方面的問題，歐幾理得幾何學及自然科學的普遍性、必然性和客觀有效性，人類自由的可能性，從以上兩方面必然涉及到的空間、時間的性質。

康德一七七〇年提出的就職論文《感覺世界和理智世界的形式和原理》標誌著過渡時期的開始。他認爲人感覺到的只是現象，理智世界才表象眞實的世界。空間、時間是心靈的內在條件，零星的彼此孤立的感覺在空間、時間先天規律安排之下成爲現象。現象是物在與主體的關係中表現的樣子。根據純概念才能認識實在世界。康德認爲牛頓的絕對空間和時間的理論是一種虛構，又認爲萊布尼茨關於空間時間是事物之間關係的觀點不能成立，認爲這種空間時間觀點與歐幾理得幾何學顯然不能協調。這篇文章所提出的空間時間的新理論是他改變方向的重要一步。

3、批判期哲學：在這個時期，康德建立起獨特的批判哲學體系，其中包括以先驗論、二元論和不可知論爲基本特徵的認識論，以及在此基礎上的倫理學、美學等。（《中國大百科全書》哲學Ⅰ頁三九三—三九四）

（二）上帝兒子之中基督爲最高標榜

康德的學說，不過是一種認識論。一方面他站在陸克與休謨的立場上，主張在吾人的知識中有某物或某種刺激——即知識內容——是由外而進入心思，另一方他又站在來布尼慈與窩爾夫的立場上，主張人心稟賦有某種品質，能於那外來之物加以形式，使之自成範圍，這種品質因其非自經驗得來，所以也是超越的；時間與空間乃是用以理解事物所必須的主觀條件。心思按照其自身所具的法則，類別自外而來的事物。這些法則稱爲範疇。這樣說來，知識乃由兩種原素產生的——內容是自外而來的事物，使事物形成的是心思法則。人生的經驗均爲這兩種原素所賜；但我們由它們所得來的知識，並非事物的本身之所以爲事物，乃是外來的事物經過心思作成形式之後所具的現象。用這種「純粹理性」去表證上帝，自然宗教以及宇宙的結構，如同窩爾夫所設想的，在理智上絕無可能。此類事物自身之所以爲事物，其存在的性格我們無法表證。我們可以拿自然界在準確的法則範圍之中來研究，但所謂法則也者，不過是我們自己的思想模型而已。

單從純粹的理性方面去研究，超越經驗以外的絕對知識是無法獲得的，然而人有道德的感覺，使他知道什麼是應該作的。康德於一七八八年所著實踐理性批判(Critique of the Practical Reason)一書即對此點作充分的發揮。當人面對何者當行一問題時，他立即感覺心中所存之「絕對訓令」(categorical imperative)—是一種訓令，因爲命令我們怎樣行；又是絕對的，因爲是無條件的。你要如此行，好叫你行動的原則，可以作爲普遍法則用的——一言以蔽之曰，行你分所當行。蘊藏於人心之道德律是人生所有最高貴的產業，表明人並非一件機器，乃有人格的。隨著這「絕對訓令」而起的有三種自定。第一，最顯然的自定，乃是說，假如人當行分所當行，他便能行。所以爲人必得有自由。因有自由，故能領略那超越官能範圍以上的道德標準——一種道德秩序的範圍。第二種自定即靈魂不滅。假如人生當爲絕對訓令所指使，那末人的生命必須長久方能有所成就。與此密切相關的第三自定，善德應產生福樂。但人生的經驗並不證明有善德必有福樂，所以必得有一種使此二者聯成一氣的能力。這能力就是上帝，是爲第三自定。單就「純粹理性」而言，上帝的存在不過是一種假定；但在實踐理性之自定中，便成爲一種確實的信念了。

康德的宗教見解，基於實踐理性而非純粹理性，在他於一七九三年所著理性限度內的宗教(Religion Within the Bounds of Reason Only)一書可見一斑。因爲他以道德爲實踐理性的主要成份，於是宗教在他看來，不過是有神論的倫理學，惡與絕對訓令爭取人之臣服。凡爲這善德原理—絕對訓令—所統治之人，取得上帝的悅納，即爲上帝的兒子，在上帝兒子之中，基督爲最高的標榜。所謂無形的教會，就是由那些順服道德律的人所結合而成的理想團體。有形的教會原爲推進此種團結而設。這種團結之完成即爲天國。康德對於基督教神學所貢獻的，不是他在教理上所作唯理的解釋，那是他證明了人心寓有深奧的感覺，使宗教的信念與道德的行爲成爲當然之理。（華爾克《基督教會史》頁八三八—八四〇）

(三)神的存在僅有三個證明

吾人構造經驗全體的觀念，又把經驗世界認做離吾人而獨立的。吾人忘其爲吾人的觀念，故把他當做實體。吾人又把他當做個別的東西，而含有一切實在性，爲單純、永恆、全能的最高實在。這種觀念，康德稱之爲先驗的神學的理想。但此最高實在的理想，僅是一個觀念。吾人先造其對象，即現象的對象，次認他爲實體，後乃人格化之。

關於神的存在，僅有三個證明：即物理的、神學的、宇宙論的和本體論的證明，但都沒有價值。今先說本體論的證明：包容一切實在性之實在體的概念，不含有存在的意義。存在不能依據最實在的概念，吾人於此從一個完全任意的觀念，竟造出與其相當的一個物的存在。在宇宙論的證明中，吾人從可能的經驗（世界或宇宙）的觀念，論證一個必然的實在體的存在。這種實在體惟神可以當之。但不能因爲吾人設想必有一個絕對的實在體，遂斷定其存在。這實在又歸到本體論的證明了。再者，這種論證是從偶然論到原因。這種推論不能用於現象界以外，在宇宙論的證明中，是用以超越經驗的領域，應在禁止之列。康德叫這種推論爲論辯的假說。承認神的存在，爲一切結果的原因，是可以的，爲的是可以助理性之研求諸因的統一；但是爲說這種實在體是必然的存在，則不是正當的假設。要求一個無預件的必然爲萬事萬物之最後的支持者，原是人類理性之根基。

物理神學的論證是由世界的秩序推論神的存在。此種論證也不可靠。此說謂由世界的複雜、秩序、美麗，吾人不能想到其原因。此原因必有最高的完備遠出於吾人所經驗界。吾人認爲一切可能的完備，結合於此最高的完備中，而爲單一實體，有何不可呢？這種證明最爲人所尊重，是最古的、最明瞭的、且最契合於人的理性的；又足以指出與闡明吾人觀察所不能看出的自然的目的。但不能說這種證明是確實。這種論證是由自然物和人造物（家、船、錶）的類似推到必有同樣的因即悟性與意志，存於自然之根底中。倘吾人一定要講原因，只好由人造物類推，因爲人造物的因果，是吾人完全知道的。若理性不依其所知的因果，而依其所不知的，曖昧朦朧的說明原理，則這種論證必無辯解的理由。但這種論證只能建立一個世界建築師，這個建築師是受其所用的材料的性質之桎梏，而不是建立一個世界創造者。故物理的神學的證明，由經驗開始，結局歸於宇宙論的證明，而爲變相的本體論的證明。如果，這種論證是可能的，則本體論的證明成爲唯一可能的。

經驗的範圍以外，因果的原理不能適用，且亦無意義。故吾人若不構成道德法爲根底，而爲所指導，則不能有合理的神學。凡悟性的綜合的原理，僅可適用於現象界，至於最高實在體的知識，只能於超越的用法中行之，此行非吾人知識所能及。縱或因果原理得以超越經驗的限界，吾人也不能達到最高實在體的概念，因爲吾人絕不能經驗一切可能的結果中之最大的結果，而由之以斷定最高實在體的原因。但先驗的神學有消極的重要用處，可爲吾人理性的監察，而排除一切無神論、自然神教和擬人論。（梯利《西洋哲學史》頁四六三—四六五）

（四）合理的神學

其實，這第四條二律背反，其所駁雜的，如說它是宇宙學，毋寧說它是合理的神學(Rational theology)。在這裡，康德用了八十八頁的篇幅，批評辯神論(Theodiey)，又批評證明神的存在的論據。

本體論上的論據（安瑟倫和笛卡兒所主張著的），只從神的觀念上，推演出去，以爲有一最高的實體，確實存在那裏，實則此項推論，只與窮人的下一推論，具有同樣價值：我有一百「塔雷」(Thaler，德國銀幣名，合三馬克)的觀念，所以這一百「塔雷」，存在那裡——我的袋裡。先前時候，有馬冒底也的哥尼羅(Gaunilo of Marmoutiers)，亦曾以同一理由，駁過安瑟倫。

宇宙論上的論證，只虛僞地假定著，以爲設無第一因，則不能有無限的因果系列，於是將該列事物，與第一因或必然因相連，以爲如此一來，方完成了整套關係；它不知道，在實際上，在此所謂「第一因」與「繼起因」之間，仍有一巨大罅隙，把必然因從偶然因隔離，又把絕對體從相對體隔離。再退一步講，就算此項論證，堅強可靠，亦不因此之故，即可必說，此所謂必然的實體——它所證明其爲存在的實體，即是擬人性的神——神學上所稱呼著的神。

目的論上或「物理神學」上的論證，只從自然所展的最後性中，推測出去，以爲有一智慧的創造者，存在那裡。這一論點的長處，在能於心靈之中，設下深刻印象，所以一般宣教師，常喜引用它，而不引用上述其他論證。但從科學的觀點著眼，它同樣地不具任何價值，因爲(1)它從可感覺的論料出發，推至某種不屬於感官範圍的東西；(2)它公然承認，它只創設一個神，一個物質的創造者；(3)它憑什麼權力，可把宇宙與鐘錶相比，或與房屋相比呢？難道宇宙這架機件，必須有一機匠，存在它的前面嗎？爲何一定說它是某時間內開端的機械，而不說它是永久的實體呢？⑷末了，究竟什麼是最後性呢？究竟它存在於事物的本身中呢？抑只是我們自己的反覆性，即此反覆性，依著某種事物之或使我們喜悅，或使我們厭惡，而遂將它們的目的性，強制地加到它們上面去呢？（用斯賓挪莎語）

還有，道德上的論證，全以道德程序的目的性，道德法則的存在，以及道德意識和責任心的現象，作爲基礎，因而建立成功，而且從實踐理性的觀點立論，它的眞實性，確實毋庸否認，可是從純粹理性的觀點著眼，那它所犯的，正是「目的論的論據」的弱點，彼所謂道德論據者，推至究極，實只是「目的論的論據」的一種變形罷了。

總括一句，知識力的批評，它的極點，並不引至無神論，亦不引至有神論；並不引至唯物論，亦不引至靈魂與自由的精神性，它的最後結論，只是說，應當從形上學的事情中，退縮出來。我們在自己的直覺，自己的概念，自己的「先驗觀念」的範圍（魔術性的範圍）內，知覺著，判斷著，認識著，但我們所認識的，只是現象，只是存於事物與思想的主體間的關係，關於此項事物，它的本質，究是什麼，我們固無從知道，即關於思想主體，我們亦只認識它的現象，至於它的常德，亦將永久陷於神祕中。須知我們所說的世界，並非世界的本眞，它只是我們的感覺與我們的思想所重鑄了與改變了的世界；它只是我們的理智力與某種我們不知其爲何物，但激發著理知力的東西的混合機能；它只是兩種不可知的東西的關係，只是臆說中的臆說，只是「夢中的夢。」（威柏爾《西洋哲學史》頁三九四──三九六）

（五）存有者形式的論證

康德在該《批判》中而針對經驗主義與理性主義均探究「物自體（物自身 Ding an sich）」，而提出有關存有者形式的論證──「先驗辯證論（超越辯證論 Transzendentale Dialektik）」。這一理論，純粹是他再次反省前兩部分的成果：知識之所以有其可能，乃先有對時、空形式的直覺，而得到對感官界裡諸事物的認識，悟性 (verstand) 繼而以其「範疇」來界定思想的形式並配合諸事物的實質，而綜合成「觀念」。所以，在康德看來，理性 (vernunft) 與悟性有別；前者是後者的「體」，後者是前者的「用」。前者係純觀念的，後者乃屬感官界的、純直觀的。前者爲辯證性的、超越（感官）的，後者則是感官性的、物質性的。

循乎此，康德認爲批判理性所推導出來的三大觀念——靈魂、世界與神——乃不同於悟性的「概念」，而爲一種「理念」，爲一種「超實在」(Superreal)，所以，不能用到感官界；但它卻是悟性結構得以開展的園地。康德言下之意，當是指：「靈魂」並非什麼實體，而是「所有理性現象的總合」；而世界，如從前述數學的分量與性質，以及力學的關係與狀態來加以考究，當會出現「二律背反（正反論題 Antinomien）」的論證困境；至於「神」，無論是目的論、宇宙論或本體（存有）論證，都無法眞正把握到，卻只能由純理性所認可的一種「擬有」(Alsob) 設定：即一種倫理道德的「要求、假定、設準、規範、基準 (postulat)」。

這在在表顯出，康德視純理性有它的極限，而無法眞正把握到所謂的「物自體」的實質眞相：單憑純理性的思考、或感官經驗的知識論方式，並無法企及本體論的「物自體」；「物自體不可知」便是該《批判》的根本要旨。（陳俊輝《新哲學概論》頁三六一——三六二）

（六）基督的位格是透過祂的工作才爲人所知

因此，理性有能力判斷基督。康德在其名著《純粹理性限度內的宗教》(Religion Within the Limits of Reason Alone) 中，大力主張理性與良心需居優先，超過耶穌基督的權威。如果耶穌肯定理性所說的，祂的話便應當尊重，但若祂違背或超越理性，就必須予以拒絕。（同下頁二二七）

康德派對「實物本身」(Ding-an-Sich) 及其概念的區別：康德的論點爲：我們無法直接認識實物本身，只能對它產生概念，或了解它的影響力。這種觀點的哲學理由，不在本書的研討範圍之內，不過它的神學含義很清楚：我們得知耶穌的身分，是由於祂在我們身上的影響。換言之，基督的位格是透過祂的工作才爲人所知。因此，基督論與救贖論有緊密的關係。（麥葛福《基督教神學手册》頁三二八——三二九）

（七）存有並非屬性的一部分

康德——安瑟倫的本體論論證：康德並不欣賞安瑟倫及笛卡兒對神的存在提出來的論證。他似乎是第一個用「本體論」來論證神存在的方式，而他堅持「存有並非屬性的一部分」。因此，純粹因爲擁有關乎神的觀念，並不足以導致「神存在」的觀念。他使用「百元大鈔」爲類比，其重點與較早期的高尼婁相似：擁有某一觀念，並不意味著其實體必定存在。康德用德文 Thaler 來指通貨的統一，我將此字翻譯爲「元」(dollar)，可以添加時代感（實際上，「元」根本便是源於德文的這個字）。

「存有」肯定不是一項眞正的屬性，亦即「存有」不是可以用來加之於某一件東西的觀念，而只是對一件東西的斷定或一種肯定，而其本身是已經存在的。「存有」只不過是一個判斷的連繫詞。例如「神是全能的」這一命題中有兩個觀念，兩個都有其受詞：神及全能。「是」(is) 並沒有添加新的屬性，只不過斷定了這屬性與主詞的關係。「神」是主詞，有許多的受詞（「全能」便爲其中之一）。若我們根據這個主詞及其所有的受詞，便說「神存在」或「有神」，這實際上並沒有在有關神的觀念上加上任何新的屬性，我們只不過是將主詞本身連接到已有的屬性上。事實上，我們是將此主詞放在有如與此觀念相關的受詞的位置上，此二者的內容必定爲一，是相同的，並沒有新的東西加入此觀念中。即使我對其受詞的理解是絕對的，這觀念仍然不過指向一種可能性。換言之，所謂的眞實只不過是在表達一個可能性。一張眞實的百元大鈔，其價值不會超過可能性的一百元。後者爲此觀念的本身，前者爲受詞及受詞的肯定。在此情況中，我的觀念不能夠整全地表達受詞，因此我的觀念並不充分。眞實的一百元卻比有關一百元的觀念（亦即有關其可能性的觀念），對我的財務狀況會產生很不一樣的影響。就受詞而言，我的觀念並不分析地包括其是否實際的存在，而是綜合性地納入我主觀性的觀念之中。雖然我的觀念中納入了這一百元，但實際上在我觀念以外，並沒有實質地增加一百元。（麥葛福《基督教神學原典菁華》頁三六—三七）

(八)康德批判傳統的「上帝觀」

依康德，傳統哲學上對上帝存在的論證，可大別爲三種：

1、本體論的論證的批評

康德所說的本體論的論證大要如下：最完全的存有觀包涵存在。因它如不包涵存在，則它不是最完全的觀念。因此，如我們可以有最完全的存有觀，則它必然存在。因爲存在既被包涵於它裡面，而它又爲一可能的觀念，故它必然存在。

此論證亦可作如下的表達：最眞實的存有觀是絕對而必然的存有觀。如果如此的一個存有是可能的，則它即存在著。因爲僅僅可能（而非實際存在的）必然的存有是一矛盾的觀念。一個絕對而必然的存有觀是一個可能的存有觀。因此，一個最眞實的存有觀，即上帝，存在。

從康德的批判觀點看，此論證的錯誤有二：

(1)誤將存在式的綜合命題看作爲非存在式的分析命題。因分析命題的謂詞是被包涵於主詞中。故肯定了一命題的主詞即不能否定它的謂詞。但存在式的綜合命題則不然。它的謂詞不被包涵於主詞之中。故雖肯定了主詞，而仍可以否定它的謂詞。傳統哲學以上帝的存在是不能被否定的，以爲承認了上帝一觀念而否定祂的存在是自相矛盾的，即是以上帝存在爲一分析命題。但依康德，上帝存在一命題不是一分析命題。因存在並不是上帝的一種屬性。故否定上帝的存在並不同於否定一物體有廣延性。因否定上帝存在不是將存在由上帝中抽出去而否定之，而剩下其他的屬性，如知覺、慈愛等，而是否定整個上帝觀，故沒有自相矛盾的問題。至於否定一物體的廣延性，則是承認物體而否認它的廣延的屬性。故是自相矛盾的。

(2)誤將分析命題看作具有存在意義的經驗命題。依康德，分析命題只是重言命題。此可以只爲言說界的而不關連及存在界。故傳統哲學的本體論的論證所說「上帝爲最完全的存有。最完全的存有包涵存在。所以上帝存在。」若不以此去指涉經驗事實，則可以僅爲言說界的事。即只是一依於分析命題而成的套套邏輯，而不涵有存在的意義。我們若以此爲具有存在意義的命題而不提供有關的存在報告即犯有誤以分析命題爲具有存在意義的謬誤。

2、宇宙論的論證批評

康德所說的宇宙論的論證大意如下：如有任何東西存在，則一個絕對而必然的存有必定存在。現在至少我存在。因此，一個絕對而必然的存有存在。

從康德的批判觀點說，就上引宇宙論的論證看，如我們純以此爲一形式的問題，這自然是有效的。因它是一有效的假然推理式。但此論證要肯定的則不僅爲形式的問題，而同時是存在的問題。因它要藉此以肯定上帝的存在。但由存在上看，康德則以爲此論證爲無效的。因爲存在所關涉的爲因果關係問題。依康德，因果關係只能適用於經驗界，而不能應用於超經驗界。故我們只能由我的存在以推出一經驗界的因，而不能肯定一超經驗界的因，而以此因爲絕對的必然存有。故傳統哲學要藉此論證以肯定一超經驗的上帝即違犯或誤用了因果原則。

3、目的論的論證的批評

康德所說的目的論的論證大意可分爲以下四點：

(1)我們由我們所在的世界明顯地見到有一目的的安排。即是世界中的萬物都是通過不同的工具或藉著不同的手段以適應某一似安排好的目的。

(2)這種通過不同的工具或藉著不同的手段以適應某一目的的活動不是由自然事物本身而來的。因此，它即不是屬於自然事物的。

(3)因此，最少必有一種使萬物如此適應的原因，而這種原因，或這等原因，必爲具有智慧而且是自由的。

(4)存在於世上不同事物之間的彼此相互關係，與由此關係所產生的和諧系統，類似一人爲的藝術創作品。由此可證明只有一種使這世界之所以成爲如此和諧的原因。此即爲上帝。

從康德的批判觀點看，康德對於目的論的論證頗爲欣賞。但他仍以此一論證主要是依於類比推理。但由類比推理以論證上帝的存在是無效的。因類比推理爲一概然推理。要使一概然推理爲眞，它的結論必需有經驗的實證。上帝存在既不能有經驗的實證，故它即不能由類比推理加以證明。又除此之外，依康德，由類比推理我們最多只能推出一世界的建構者或設計者的存在，而不能證明一創造世界的上帝存在。

(九)康德批判成立後的「上帝觀」

康德的批判是被認爲可以成立的。因此，我們再不能由傳統有關上帝存在的論證以證明上帝的存在。傳統哲學是由理性思辨上以論證上帝的存在，今此論證既無效，則上帝即爲不是由理性思辨上所可以證明的。上帝既爲非理所指爲何亦成了問題。故康德的批判成立後，有關上帝的問題即產生了下面四種可能：

1、由信仰所說的上帝爲眞實的存在，但此存在不是由理性思辨所能證明的。因由理性思辨上所顯示的只爲人的概念，而此概念只是思想界的事。我們不能確定任何存在界的眞實與此相應。

2、我們不能說一信仰上的眞實。因信仰既是主觀上的事，我們不能脫離主觀而說它的客觀的眞實性，我們即不能以之爲眞實，而只能說我們相信一上帝。至於此上帝的內容爲何則不能說。

3、由信仰所肯定的上帝既不能確定他的客觀的內容，由理性思辨上所顯示的上帝觀亦不能確定一思辨界以外的眞實，故上帝觀即成爲或僅有主觀信仰上的意義而無客觀的眞實性，或僅爲思辨上的概念而無存在的指涉。因此，中古時期以上帝爲合二者而爲一的眞實存在即爲謬誤。此二者實應離異而爲二。但離異後的上帝觀既成爲僅有主觀信仰上的意義，或僅爲思辨上的概念，它的存在的眞實義既皆不能確定，故所謂離異後的上帝觀實爲無客觀存在意義的上帝觀。若我們所說的上帝必爲有客觀存在意義的上帝，而離異後的上帝觀既無客觀存在的意義，則即等於說我們不能有一客觀存在意義的上帝觀。

4、承認離異後的上帝觀爲無客觀存在意義的上帝。但不承認此處所說的客觀眞實爲唯一的眞實。並否認傳統上或由信仰上或由理性上以說上帝問題爲窮盡對上帝了解的道路。

(十)康德重新肯定的「上帝觀」

1、康德以實踐理性設定「上帝的存在」

(1)康德之所以能由實踐的理性上以設定上帝的存在，因依康德，粹純的理性所說的理性與實踐的理性所說的理性，雖同爲人的理性，但二者的功用則彼此不同。因前者主要是提供人先驗的範疇應用於經驗對象上以成就經驗的知識；後者則爲人提供道德律則作爲人的道德行爲或道德選擇的準則。故人要建立知識必需依照純粹的理性的知性範疇去建立。由此而建立的知識即必受知性範疇自身功用的限制。如我們在前面所提出的，知性範疇只限應用於經驗界，由經驗事實上不能說上帝，故由純粹的理性上即不能證明上帝的存在。但實踐的理性所提供的既不是建立經驗知識的條件，而是道德的行爲或道德的選擇的律則，由此律則以完成人的最完全的道德，以滿足提供律則者的道德的理性的要求。故爲了要滿足此一要求，我們必須肯定一上帝以爲完成最完全的道德的保證或依據。故我們即可並必須由實踐的理性中設定一上帝。知識的建立必須依純粹的理性所顯示的功用以建立。此爲無可置疑的事。道德的完成必須依實踐的理性所提供的道德的律則以完成。此當亦爲無可置疑的事。實踐的理性對道德的要求既爲完全的道德，人要完成此要求又既惟有設定上帝，而實踐的理性的要求並爲眞實無妄的，故它必須滿足，而滿足之道，只有設定上帝，故此，上帝的存在雖不能在「純粹的理性的批判」中給與證明，因它非現象界的事，但它既爲在實踐的理性道德律則的眞切要求下而設定的，實踐的道德律則爲眞，上帝的存在亦當爲眞。

⑵依康德，所謂幸福是指一個人於他的一生之中凡事皆與他的道德行爲相應的意思。此即涵有此自然世界所發生的事皆與人的道德行爲相和合。但人不是此世界的管理者或支配者。人不能使自然世界所發生的事與人的道德行爲相配合以建立福德的必然關係。因此，如福與德是具有先驗的綜合必然關係，或道德理性要求福與德相配合爲必須滿足的，則我們即須設定一存在於整個自然界之外的因作爲此相配合的根據，亦即我們必須設定一上帝以爲此相配的因，以符合道德理性的要求。現在道德理性中有關幸福的要求是眞實無妄而必須滿足的，故上帝的存在即必須設定以作爲人的福德得以合一而獲得幸福的保證。

2、康德以實踐理性設定「人的行爲自由」

依康德，惟有依照實踐的理性提供的道德律則而行的行爲爲眞正的道德行爲。於此之外，其他一切行爲皆不是道德的行爲。因此，道德的行爲爲自動自律的，而不是他動他律的。我們爲了要使此自動自律的行爲可能，即須設定人的自由。因人如沒有自由，則人的行爲將是落於因果關係中依於其他條件而行的他動他律的有待的行爲，而不是自動自律的無待的行爲。其之所以說是「設定」的，則因爲人是否有自由不能證明。在經驗現象界人落在因果串系中，人的行爲即受機械律則所支配，則不能說有自由。但在人的道德行爲中，人感覺得人有自由。故人的自由是依人的道德行爲的感覺與道德實踐的需要而設定的，而不是由理性思辨上或經驗感覺中所證明的。

3、康德以實踐理性設定「人的靈魂不朽」

康德以爲若我們道德實踐不限於此生，而設定人的靈魂是不朽的，則此要求即可不落空而非錯。因此，如道德律則的要求必須滿足而使它的錯爲有條件的，則人的靈魂不朽即應設定。又道德理性要求人的道德行爲要完全合乎道德律則，但活於此世上的人是不能在他的一生的任何時間中完全使他的意念與感情完全符合道德律則的。故實踐道德理性的要求將爲一自強不息繼續不已永無止境的道德實踐行爲。但人要自強不息永無止境地依照道德律則而行，由此而達到至善至潔以符合道德理性的要求，亦必須設定人有不朽的靈魂。道德理性的要求是眞實無妄而必須滿足的，故設定人的靈魂不朽以完成道德理性的要求亦爲眞實無妄而必須的。

總之，自由是爲要使人的自動自律的道德的行爲可能，而依於人的道德行爲的自由的感覺而設定的。至於不朽與上帝則爲了要完成道德律則的要求，與保證福德的合一而設定。（李杜《中西哲學思想中的天道與上帝》頁二六一—二七四）

（十一）論神之存在

關於康德哲學思想謬誤之處，胡院長鴻文有專著《從形上學論康德哲學》一書，具有精闢而獨到之見解。胡院長《本體論新探》一書中亦有論述，對康德所提出之意見加以辯證，說明上帝存有之論證的確切成立，上帝是眞實存有的。僅就有關「論神之存在」部分，恭錄其要點如後：

1、論關於「神之存在之本體論的證明」：

康德對於神之存在之本體論的證明持反對的態度，他以爲一個絕對必然的存在（神）之存在，乃理性之純粹概念，其客觀的實在性，絕難以理性所需者爲之證明。有如幾何命題三角形有三角，是絕對必然的，此乃一理性之純粹概念，超出於悟性的界域以外，並不能因此純粹概念，而謂三角形實際存在，康德否定笛卡爾所說存在屬於一對象的特性或本質的可能性，他說，存在對於一物本質不發生影響，即對於一物的本質不發生增減作用。他舉例稱，想像中的一百元和實際上的一百元係由同樣的數目所構成，如果認定鈔票是眞實的或存在的，只要把鈔票的概念應用到實際方面即可。康德除了反對笛卡爾的論點以外，並說明理想的觀念和實際的存在是不同的，不能因爲有了概念，就指明其實際上是存在的。

按神的存在之本體的論證首先由安瑟倫所提出，安氏在其有名的 proslogium 一書中提出了此項論證：人們有一無法想像有比其最偉大的觀念存在著，但一對象可有兩種不同的存在，存在於思想中又存在於實際界，但存在於思想中，同時又存在於實在界，要比僅存在於思想中者更偉大。否則，此吾人無法想像比其更偉大者，同時又是吾人能想像比其更偉大者，這顯然是矛盾的說法，以是可以得到結論的，無疑的，有一不僅存在於思想中，且亦存在於實在界之存在，吾人實無法想像一個比其更偉大者之存在，這就是神。

2、論關於「神之存在之宇宙論的證明」：

康德曾提及有關於「神之存在之宇宙論的證明」，謂此證明的公式如次：如有某物存在，則亦應存在一「絕對的必然的存在」（絕對的必然的有）；今我自身至少是存在，故一「絕對的必然的存在」必存在。此說蓋本於因果關係之法則，謂凡偶然必有其因，此因如仍爲偶然，又必復有其因，如是推而至於一最高因，更無立於其前者，則爲絕對必然之存在。康德謂宇宙論的證明，係利用經驗依次上升，至於一必然的存在而止。他以爲經驗之證明，對於此「存在」之一切德性，絕無所知，而理性則又於純粹概念之後面，尋求一絕對必然之存在，乃在一切可能的事物之中，包括對於絕對必然性不可缺之諸條件者。他以爲由一系列無窮盡之諸原因，以推出「第一原因」，此種推論爲不可能，蓋關於理性的使用之諸原理，即在經驗範圍中，亦不許吾人推出如此之結論，則更不能推廣於經驗範圍之外。

3、論關於「神之存在之物理學的證明」：

康德所述物理論神學的證明之主要論點：第一、世界萬彙釐然有序，必有爲之設計部署者。第二、此種符合於一目的的命令設計，必賴種種符合的方法途徑，始能使事物自身適合於諸確定的目的，是必須經一理性的原則爲之選擇規範，始能使之適合於此種目的。第三、必有一完善而睿智的原因創生世界。第四、此原因之統一性，蓋由於世界各部分交互關係之統一性推衍而來，此世界之各部份，恍若構成一藝術作品之各不同片段者甚爲相像。

康德對此亦持反對的態度，他以爲人的藝術其一切作品依倚而成，由果溯因，其層次至爲明顯。超人的藝術，行其奄忽曖昧疑莫能明。依此推理程序，自然之一切安排部署，其目的與和諧，只能證明宇宙程序之偶然性，而不能證明其存在的實質。此種依人的藝術推論之證明，至多只能證明一「世界之建築師」，不能證明一「世界的創造者」。此即由經驗界之偶然，以推知一必然的最高的存在，其不可能已有如上述。（《本體論新探》頁一〇五——一〇七）

三、結語

綜上所述，康德的上帝觀，康德哲學的三個時期，上帝兒子之中基督爲最高標榜，神的存在僅有三個證明，合理的神學，存有者形式的論證，基督的位格是透過祂的工作才爲人所知，存有並非屬性的一部分，康德批判傳統的上帝觀，康德批判成立後的上帝觀，康德重新肯定的上帝觀，論神之存在等神學思想。尤以胡院長對康德哲學的批判，頗具創見，富有學術研究價值。

康德爲德國名哲學家，謂理性既不能證明也不能否認神及不朽的存在。可是，道德應當以神爲先決條件，而且成爲「絕對命令」（即良心至上的道德律），他說：「大家均認爲當做之事，就是人人所當做之事」；「所以所作所爲，無論對人對己，都當以此爲目的，而非僅作爲方法用」。其所著《純理性批判》一書，在哲學、倫理學與神學方面均影響宏大。（趙中輝《英漢神學名詞辭典》頁三七七）

第三五節　勒新的上帝觀

一、傳略

勒新 (Lessing Gotthold Ephraim 1792-1781 A.D)，或譯爲「萊新」，德國啓蒙運動重要的代表性人物，以強烈的理性主義方式探討基督教神學聞名於世。

二、學說

（一）偶然與理性眞理的上帝觀

勒新〈論歷史的溝渠〉：本文於一七七七年以德文發表，是一篇重要論文，勒新在其中論及「歷史作爲偶然的眞理」與「理性作爲必然的眞理」二者之間沒有關聯。因此之故，拿撒勒人耶穌的全部歷史——包括祂的復活——沒有任何形而上的重要性。就算這個歷史是可以完全正確而實在的被認知（勒新根本懷疑此點），都不能夠作爲一個哲學或神學系統的基礎。本書書名爲《論靈與能力的明證》(on the proof of Spirit and power)，是勒新針對俄利根著作中的用語而產生的論題。

若沒有歷史的事實可以被證實，則不可能藉著歷史事實來證明任何事，亦即歷史作爲偶然的眞理，不可能成爲理性必然眞理的明證……。若是基於歷史的根據，我並不反對「基督使一個死人復活」，此一陳述，是否就表示我必須同時承認「神有一個與祂本質相同的兒子」？不反對前者，是否意味著必須要強迫我自己違反理性去相信後者？二者有何關係？……我由衷地相信基督（我無法舉出任何有力的歷史證據來否定祂的復活），宣稱祂自己爲神的兒子，也相信祂的門徒相信祂的宣稱。因爲這些眞理乃爲同類的眞理，相信一個，自然會相信另一個。但若要由歷史性的眞理推論到另一類全然不同的眞理，要求我以此爲根據形成我所有形而上學及道德的觀念，或因爲不能夠舉出任何有力的證據來否定基督的復活，而期望我就此改變我所有基本的神觀……若這不是 metabasis eis allo genos，則我不知道亞里斯多德這句話還有什麼意呢？

這便是那醜陋的大溝渠 (der garstige breite Graben)，雖然我經常認眞地嘗試跳越，卻無法橫跨。若是任何人可以幫助我橫越，我懇求他幫助我。我重申前述，我從不否認基督施行神蹟。但因爲這些神蹟的眞理不再能夠用現時發生的神蹟加以證實，它們只不過是有關神蹟的報告罷了……我不認爲它們有任何能力約束我，迫使我對耶穌其他的教導具有一丁點兒的信心。（麥葛福《基督教神學原典菁華》頁一九八——一九九）

三、結語

綜上所述，勒新的上帝觀，論歷史的溝渠，以歷史作爲偶然的眞理，以理性作爲必然的眞理之神學思想。萊新爲德意志作家兼哲學家，否認基督教，主張宗教根本上是人道主義。認爲基督教、猶太教與回教基本目的是一樣。萊氏是將歷史方法用於神學上的第一人。（趙中輝《英漢神學名詞辭典》頁三九〇）其以爲三教目的相同，頗値商榷，所論模糊，非哲學家爲學之態度也。

第三六節　施萊馬赫的上帝觀

一、傳略

施萊艾爾馬赫 (Schleiermacher, Friedrich Daniel 1768-1834)，一譯作「腓勒德立・士來馬赫」(Friedrich Daniel Ernst Schleiermacher)，或譯「詩萊爾馬哈」、「施來爾馬赫」，普魯士神學家、傳教家、古典語言學家。他對普魯士宗教、生活和文化影響重大，公認爲現代基督教新教神學的締造者。他在基督教教義學著作《基督教信仰闡明》中指出：基督教教義體現「絕對依存感」，而這種感覺正是知行合一的原始形式。他自一七八三年至一七八五年入虔信派摩拉維亞弟兄會在尼斯基所辦學校，逐漸對希臘和拉丁古典著作發生興趣，對宗教生活有獨特的體驗。一七八七年入哈勒大學，勤學而能獨立思考，除學習神學外，還認眞研究康德的哲學著作。後來在東普魯士施羅拜丹地方任多納伯爵家庭教師，除教學外還經常傳教。一七九四年通過第二次神學考試任蘭茨貝格助理牧師。一七九九年著《論宗教—致蔑視宗教的知識界人士》，系統地介紹基督教信仰，並向浪漫主義者指出，浪漫主義其實與宗教相差不遠，因爲宗教是「對宇宙的感受和直感」，是「有限者對於無限者的感受」，基督教就是這種感受體系之一。這部著作論述宗教與文化之間的活生生的聯繫，對當代青年神學家影響甚大。一八〇〇年施萊艾爾馬赫發表《獨白》，從倫理學的角度觀察宗教，指出宗教是自我個性的直感與行動。他認爲，每一個人的個性都是無限者本身的「代表象徵」。一八〇四年任哈勒大學宣教員和特別神學教授。一八〇七年拿破崙入侵普魯士，他被迫離開哈勒移居柏林，並四處演說鼓吹民族抗戰；他還協助馮・洪堡籌建柏林大學。一八〇九年任柏林聖三一教堂牧師，一八一〇年任柏林大學神學教授終生。他極力提倡普魯士教會歸一運動，促成路德宗和喀爾文宗的聯合。(《大英百科全書》第十三册二四四頁)

二、學說

(一)上帝是貫乎萬有之中

士來馬赫的思想言論之主要貢獻，在乎他將前人的研究結果綜合而自成系統，把神學建立於新的基礎上，把當代人士所未及見到的基督位格的意義指明出來。無論是正統主義或唯理主義，都把宗教在根本上作爲知識系統之接受，束縛行爲的外表規條。就正統派而言，宗教以承認啓示之眞理，順服上帝之旨意爲基礎。就唯理派而言，宗教乃是接受理性所指證的自然神學以及舉世共有的道德觀。在十八世紀期間，這兩派人士均以宗教與道德爲工具，用以達到永生的福地。在士來馬赫看來，宗教唯一的基礎是內心的感覺。唯信仰與行爲均由宗教中流露出來，但宗教的本身既非全部教理——無論是啓示來的或經理性證實的——亦非行爲的規範。

士來馬赫得自斯賓挪莎、來布尼慈，與康德者甚多。在他看來，在吾人經驗中，可以領悟到一個多方面的變動無常的世界，與一種統一的永恆的原理，兩下適成對照。於此兩下對照中，一方面我們知道有一位絕對的和永遠的上帝，因爲沒有祂，萬有均成混沌；一方面我們也知道有世界，因爲沒有世界，萬有均屬虛空。萬有之中隨在皆爲絕對者所充塞，所以上帝是貫乎萬有之中。他也與來布尼慈一樣主張人各爲一小宇宙，乃宇宙之反映。人將自己與那普通的、絕對的、永恆的比較起來，他便自覺是有限的、暫時的——換言之，感覺自己不能獨立。這種依賴的感覺乃一切宗教的基礎。將無限與有限合成一氣，引人與上帝調和，此即一切宗教所有的目的。所以每一宗教之價值，全視此種宗教共有的目的達到至何種程度。因此宗教不能以眞僞來作區別，只能以成效之多少以示區別。一切人類歷史中所有之宗教進步，均可算爲眞正的啓示，即人心間對內在的上帝增一層的領悟。在人類得知的宗教中，唯基督教爲至善，因爲它最能成就一切宗教所期望的。它的問題也是一切宗教所共有的根本問題，即罪與赦罪，失和與復和；而在基督教中，基督的位格又爲中心要素。祂自己一身將有限的與無限的，暫時的與永久的和合爲一，將人神合爲一體。所以他也是引領人類與上帝復和的中保。如此說來，士來馬赫的思想是極度的以基督爲中心。這種對暫時與永久——人與神——聯成一氣的生命是永生不滅的。在時間上連續生存，永不毀滅，這也是一大希望，但眞正的永生不滅，乃在乎生命之品質，不僅在乎時間之永久延長。

所謂教理，即指這些根本的宗教經驗用理智加以解說，加以闡釋；但這一類的解釋僅有相對的和次要的價値。它們曾經有過改變，也許還要改變。它們不過是那常住不變的眞理在時代中將自己表彰出來所採的形態。

在士來馬赫看來，個人乃是組成家庭，社會，國家，以及世界的份子，而人對這些團體的關係，一旦有了正當的了解，這就是道德。人將自己置身於這些關係中，擴大眼界，便可以驅逐自私。道德不是宗教，宗教也不是道德；但宗教卻對道德極有輔助，因爲宗教本於基督徒的良知，不息地挑起這什麼是當行的問題。

士來馬赫爲當日正統派認爲過於極端，又爲當日唯理派認爲太涉幻想；爲在十九世紀抗議宗教會中，影響現代宗教思想的卻以他爲最深切。（華爾克《基督教會史》頁八四一——八四三）

（二）認識思想與本質之同一——神

詩萊爾馬哈 (Schleiermacher) 排斥斐西特之唯心論，因爲斐西特欲從自我推演一切實在，而假定一個眞實世界之存在。我們須推想一切思想與本質皆有一個超越的本源；一切個體之根源皆在一個原理中，這種原理是同一之原理，一切差異與反對皆可其中消滅了。我們知道萬物之眞象，不僅知道萬物之現象，如康德所想者。然而因爲我們的思想之知覺的性質，我們不能充分的認識萬物之本源。因爲思想運用於相反的各方面，所以思想決不能實現其絕對的同一。問題在認識絕對的原理，認識思想與本質之同一——神；而此同一中含有合理的知識之可能。同一原理雖不能完全實現，但可以近似的實現；概念的思想雖免不了差異與反對，但根本的原理無差異與相反。所以哲學不是科學，是認識論，是思想術或辯證法。哲學是社會的或共同的思想之結果，指示我們逼近目的之方法。我們不能依據康德之教訓，由實踐理性充分的認識神。詩萊爾馬哈之眞理標準在其神之概念中；他的知識論建築於其上，以人類理智有分離事物之習慣，不能提摸神聖的自然之同一。

我們只能在宗教的感情中，或神聖的直覺中實現理想。我們在宗教的感情中直接與神交通。思想與本質之同一——神，在自我意識中，可以直接經驗著，但不能以概念的術語表明之。宗教是對於絕對世界之絕對服從的感情。有限的東西，是無限的，其存在有賴於無限；暫時的東西是永久的，其存在有賴於永久；這是直接明瞭的。詩萊爾馬哈反對啓蒙時期具有神學的論證之淺陋的合理論，又反對正統派以神爲司賞罰者之功利的見地，並排斥康德與斐西特根據道德以立論之宗教。據他說，宗教不是由理論的教條構成，亦不是由崇拜的動作及道德的行爲構成。因爲神是不能認識的，所以神學必是宗教感情之學說，其職務在闡明宗教感情之含意。

(三) 神與世界是一而不分的

詩萊爾馬哈之神學是斯賓羅撒的哲學與唯心論之結合，這是德國十九世紀之初期所盛行的。「絕對是有機的，類似於人類的心理，是思想與本質之同一，是七零八碎中之齊一。詩萊爾馬哈本來未嘗堅實的發揮斯賓羅撒的思想，但他有意綜合他的泛神論與二元論。他認神與世界是一而不分的，但萬物不是無本質的形式，世界有相對的獨立。合法的宇宙論，必須肯定神與世界之不可分開。神離世界就不能存在，世界離神亦不能存在。然而神與世界之間亦不可不加以區別，神是無時間空間的統一體，世界是有空間時間的複合體。

我們不可給神以人格，若果給了，就是神有限了。我們也不可以神有無限的思想與意志，因爲思想與意志是互相衝突的，一切思想與意志之本性上皆是有限的。神是普遍的創造力，是一切生命之本源。赫德、哥德、斐西特、謝零對於斯賓羅撒的實體皆作這樣的解釋。

個人對於「絕對」之關係，在保持個人之自由與獨立。各個個體的自我，是自我決定的原理。自由之意是各個人的才能，或天賦之自然的發展。然各個人的自我，似是埋沒於普遍的實體之中，而爲宇宙之一員，其個性必與宇宙相符合。然而各個體的自我有其特殊的才能或天賦，在萬有之全體中，必有其一定的地位；所以必須表現其自己的個性，以便實現全體之本性。詩萊爾馬哈對於人格所給之最高價值，與他對於自我發展及自我表現之堅固的主張，是德國思想界中浪漫思潮之特色。阻止他埋沒人類的心靈於普遍的實體，並發生他的個人主義的倫理學者，即是此種個人主義的思潮。他不同情於康德之嚴肅的道德論及理性與自然之二元論。若不把主觀的意志與客觀的意志結合於原始的自然的意志中，這種二元論永不能溝通。（梯利《西洋哲學史》頁五一〇—五一二）

（四）宗教便是一種絕對依存（神）的感受

史萊馬赫（希萊麥黑 Friedrich Ernst Daniel Schleiermacher, 1768-1834），為一批判哲學實在論者，主張「觀念的實在論」(Ideal-Realism)，他的學說統合了柏拉圖、亞里斯多德、斯比諾莎與謝林的思想；主張：感覺與理智的形式，即是實在界的形式，而和科學彼此不相關的宗教的本質，乃在於直接意識自己從屬於神道 (Gottheit) 的感受，即感受自身隸屬於宇宙整個的無限統一性。換句話說，史氏認為：宗教便是一種絕對依存（神）的感受，是個體意識到內存自我的獨特性之一種「同一」(Identitiy) 感；這種感受，不像奧多 (Rudolf otto, 1869-1937) 在《神聖者之觀念》(The idea of the Holy) 中所述的缺陷感或畏懼感，也不完全像田立克的「信」(faith)：終極地關切那一位終極地關切我們者。因為，後者的「關切」(concern) 部分是引生自「非有」(nonbeing)。

再者，史氏也認為，在絕對的依存感與直接的自我意識及「神覺」(God-Consciousness) 等義之中，其學說中的「神」，並不是一個完美存有的概念，而是有一股絕對依存的關係感。因而，在他來說，宗教即起自「一種直接的存在關係」(an immediate existence-relationship)。為此，他的宗教，乃呈現一種純形式與抽象的宗教。又，他在當代神學家中，乃是第一位覺知基督教在兩種涵義上為一歷史性的宗教：基督教本身有其歷史；而每一個基督徒，則是靠著把他總體的自我意識挪為和基督耶穌建立關係，而成為一基督徒。所以，基督也是基督徒的內在歷史。如此顯然可見，史氏甦活了奧古斯丁有關靈魂知識與神知識密不可分的關係；也為當今新教神學之提倡「基督中心論」(Christocentrism)，闢創了先河。他的後繼者，有：布蘭迪斯 (CH. A. Brandis) 與里德 (H. Ritter) 等人。（陳俊輝《新哲學概論》頁三七四）

（五）基督中心論

至於「宗教」，由前述推衍而來，便是：該股自我意識之感覺形式，其最高度的與最完美的發展模式；所有人類的文化，至終必定依靠這種宗教生活的薰陶與默化。詳細的說，史氏的這種宗教觀，係基於他早期《論宗教》一書之對個體性(individuality)的性質與價值的見解，他並且用兩種角度，來概括德國羅曼主義的世界觀：

1、是一個人僅靠在他人面前而對自我產生認識，亦即一個人單靠遵守及培養人性社會的道德，就能夠達成對自我的認知與表達；

2、是一個人潛移默化自己的人性，亦即靠認識自身的宗教性、審美性、科學性以及道德性，並陶鑄這一等層面的自我意識，以尋求宗教社群生活而達成自我的認知。

由而，可以推出「人是個宗教的存在者」(Man is a religious being)此一命題。史氏在神學上則加入了奧古斯丁、加爾文（喀爾文 John Calvin, 1509-1564）的思想陳營；不過，他卻更認得了這項事實；寓存在人的意識中之最基本與最廣泛的混亂，便是宗教性的混淆(religious confusion)。爲此，他在《基督教神學》裡，便把「罪」(Sin)定義成：未能對人是完全地(entirely)依賴（神）與相對地(relatively)依賴（世界中的各種事物、對象……等）這兩件事，作一清晰的區分。

史氏對「宗教」的理解，也可表述成：是一種感覺的決意(determination)、或一股絕對地(absolutely)依賴的感覺；這種感覺，則是一種有關存有者和神的意識。而爲深入了解史氏此說的本意，乃有四件事，須加以釐清：

1、是絕對依賴感，也是一種證同（同一identity）感；人從可能意知自己內在的唯一性(uniqueness)。這乃是一種稟賦，而非由外導入。史氏接著表示，這股感受，並不同於現代哲學期的宗教心理學家奧多(R. otto, 1869-1937)，之在他的《神聖者的觀念》(The Idea of the Holy)一書中所說的一種「缺憾」(dificiency)或「威敬」(awe)感；也不完全類同保羅田立克(Paul Tillich)之對「信」(faith)的定義：終極地(ultimately)關切那終極地關涉我們者。因爲，後者部分係源生於田氏本人所稱的「非存有」(nonbeing)；

2、是絕對依賴感——或者「直接的自我意識」、或「神覺」(God-consciousness)，這三者在史氏看來，它的內涵意義乃是等同的——僅因自我意識也含括了思考與決意（這兩者，係界於個人與其周遭世界之間理性關係的形式中），而能加以分辨。再者，這種絕對依賴感，也和相對依賴感（指個人處身在社群與和大自然及社會互惠的各種關係情境中，所必有的現象）有所區別：在絕對依賴感中，並無互惠的作用；

3、是「神」(God) 該字的原始意義，並非完美存有者的概念，倒是有關絕對依賴關係的感受。所以，在史氏而言，宗教並非源自觀念，也非源自決意，倒是始自對「一種直接存在—關係」(an immediate existence-relationship)，如洛克 (John Locke) 所說的一股直截意識；

4、其實，宗教不只是一股有限的感受，而是一個人的自我意識總體——在其中，有絕對依賴感與對世界的意識，乃是並存的，並且，也須達到某一活生生、又穩妥的秩序。

總之，宗教的內涵，在史氏認爲，乃缺少不了一種特殊的社會暨歷史形式（型態）；任何的宗教，均與它的創設者有關。爲此，史氏便把基督教界定成：一種有關目的觀之歧異的單一神論究的信仰 (a monotheistic faith of the teleological variety)；而萬有全部涉及拿撒勒 (Nazareth) 人的耶穌所成就的救贖關係。

就此而言，史氏可說是在當代神學家中，首先意知到基督教在上述兩種涵意上乃具有歷史性的第一位人物。所謂「基督徒」之成爲一個基督徒，便須就他攏總的自我意識，以調適和基督耶穌的關係；換句話說，基督必須成爲一個人自我意識的一部分、或他內在（心）的歷史不可。

從西洋歷史源流看來，史氏是重振了奧古斯丁有關靈魂的認知與對神的認識之不可分性的見解；同時，他又創立了當代新教神學的一種特異型式——「基督中心論」(Christocentrism)。（陳俊輝《新哲學概論》頁三九五—三九七）

（六）基督教神學與「絕對倚賴感」的關係

在這種對理性愈來愈失望，對人類「感覺」愈來愈重視的背景之下，看士來馬赫的貢獻，便格外清楚。士來馬赫強化了對感覺的看重。他主張，一般而言，宗教乃是「感覺」或「自我意識」的事，而基督教尤其如此。他的系統神學鉅著：《基督教信仰》（The Christian Faith, 1821; 1834 年修訂），乃是要陳明，基督教神學與「絕對倚賴感」的關係。《基督教信仰》的結構很複雜，集中於罪惡與恩典的辯證。這本書分爲三部分。第一部分論對神的意識，重點在創造。第二部分處理罪的意識及其含義，如可能會有救贖的感受。最後一部分思想恩典的意識，談個人與基督的工作。透過這個方式，士來馬赫能聲明「每件事都與拿撒勒的耶穌所完成的救贖有關。」（麥葛福《基督教神學手册》頁一〇九）

（七）神藉耶穌基督救贖了我們

對於異端與正統觀的歷史起源之辯，似乎意味這件事只有研究古董的人才感興趣。其實，這些觀念在神學上意義深遠。異端對於神學很重要。士來馬赫所著《基督教信仰論》一書中，在異端的探討上針對這點作了剴切的說明。士來馬赫聲稱，異端是保存基督教的「外貌」，而在「實質」上與它相反：「倘若基督教的特質乃是在於一切宗教情緒都聯於耶穌基督完成的救恩，那麼，異端將從兩方面興起。換言之，這個基本的公式大致會保留……但，或者他們將人物的本性作了某種定義，以致嚴格來說，救贖不可能成就；或者他們將救贖作了某種定義，以致祂不可能完成救贖。」

士來馬赫對異端的討論非常有意思，所以我們會詳加探討。一方面因爲它說明了異端與不信的區別，另一方面也因爲它顯示出，在神學中繼續有「異端」觀念的必要，即使這個詞因著濫用，已經聲譽不佳。

如果正像士來馬赫所說，基督教的特色在於神藉耶穌基督救贖了我們，並沒有藉別人，也沒有用別法；那麼，基督徒對神、耶穌基督，與人的本性之了解，必須符合對救贖的了解。因此，基督徒對神的了解，必須是一位能藉基督拯救人類的神；基督徒對基督的了解，必須是神能藉祂完成救贖我們之工的那一位；基督徒對人性的了解，必須是讓救贖可能且眞正實現的本性。換言之，基督徒對神、基督，和人性的了解，都要符合單靠基督救贖的原則。

按照士來馬赫的看法，拒絕或否定神已藉耶穌基督救贖我們的原則，便等於拒絕基督教。換言之，否定神已藉耶穌基督救贖我們，就是否定基督教信仰大膽宣告的基要眞理。什麼是基督教，什麼不是，就在於是否接受這原則。然而，「正統」與「異端」的區別，則在於同意並接受這原則之後，對它怎麼解釋。換言之，異端並非不信的一種模式，而是在信仰圈子內興起的。對士來馬赫而言，異端基本上是基督教信仰某種不完備或不可靠的模式。

異端接受基本原則，卻將其詞彙另作別解，以致內部產生不協調的結果。換言之，原則是承認了，但了解卻不完備。原則或許接受了，然而，

1、經過解釋，基督變成不能完成人類的救贖，或

2、經過解釋，人性（稱義的對象）嚴格地說，不能被稱義。

讓我們來檢視這兩種可能性。

救贖者是誰？這個問題的答案，必須能說明祂職分的獨特，以及祂爲何能成爲神與人的中保。所以，基督若要在神和我們中間作中介者，祂和我們在本質上必須有類似之處；而同時，祂又必須在基本上有不同之處。救贖者不是隨便一個人可以擔任的。只要未能同時高舉這兩點，以致肯定一點而造成另一點的否定，就產生了異端。

如果強調耶穌基督超越我們的方面，而未保持祂與我們在本質上的相似，祂就失去了使我們與神和好的能力，因爲祂和所要救贖的人失去了關聯點。另一方面，倘若強調祂與我們的相似處，而不承認至少在某一基本點上祂是截然不同的；那麼，這樣的救贖者本身還需要被救贖。倘若救贖在每一方面都和我們相似，在需要救贖的事上，祂也就和我們一樣了。所以，這種看法意味著：實際上我們全都是救贖者，只是程度有別；或意味著：救贖者無法救贖。

基督的救贖教義，顯然要求救贖者同具人性，只是不像我們需要救贖。按照士來馬赫的看法，正統基督教高舉了這個關鍵要義，堅持耶穌基督同時是神又是人。若單說耶穌是神，或單說祂是人，都比較容易；但要持守我們救贖的可能性與實際性，便必須堅持兩項皆眞。

從以上的討論可以明顯看出，高舉基督救贖原則，卻將基督的位格另行解釋，使救贖成爲不可能，可以產生兩種異端。一種爲，耶穌基督失去了與要救贖之人的關聯點——這種異端通常稱爲幻影說（Docetism）。另一種爲，祂

失去了要與救贖之人在本質上的不同處，成了一位只是悟性比較高的人——士來馬赫以伊便尼派 (Ebinitism) 作這種異端的代表。

士來馬赫又以類似的方法，探討一個問題：被救贖的是誰？對這個問題的回答，必須能解釋爲何人類的救贖必須靠賴局外者——換言之，爲何我們不能自我救贖？救贖的對象首先必須需要救贖，然後在面對救贖時，也要有能力接受。此問題的這兩方面必須同時成立，正如基督的人性與神性要並存一般。

倘若肯定人類需要救贖，而否定我們不能自救，結論便爲：我們可以自己擔任救贖者。如此一來，即使不是每個人都能辦到，至少也有一些人可以完成救贖之工，即或程度不一；而這與單靠耶穌基督得救的原則便起衝突。另一方面，倘若否定我們在面對救贖時，有接受的能力，那麼，救贖又變爲不可能。大致而言，這兩種立場可以用伯拉糾派 (Pelagian) 和摩尼教 (Manichaean) 兩個異端作代表。

以上列出的四種異端，士來馬赫認爲，可以視爲基督教信仰的四種自然異端，每一種都是由於對因信稱義的教義解釋偏差而來。早期教會爲這幾種異端辯論最劇烈，並非偶然。（麥葛福《基督教神學手册》頁一八五—一八七）

（八）基督的死是使人類能對神產生最高的意識

對這種以理性主義式看十字架的觀點，最主要的挑戰是士來馬赫所提出的。他堅持，基督的死有宗教價值，而非純粹是道德價值。基督的死不是爲了要建立一種道德體系，或肯定某種體系，而是使人類能對神產生最高的意識。士來馬赫主張，救贖的意思，是透過「基督活潑的影響之門徑」，在自然人的裏面激發、提昇神的意識。他認爲基督具有「絕對強烈的神的意識」。而這種意識擁有巨大的同化力，能夠帶來人類的救贖。

士來馬赫心中的模式，似乎是一位極富魅力的政治人物，他能夠用清晰而有力的話語，講出自己的異象，使群衆不但明白，而且深受吸引，爲之著迷，全力投效。然而這個異象仍是他的；雖然他促使別人投入，卻沒有減損自己的獨特性，因爲這一直仍然是他的異象：

「讓我們假定，有一個人第一次想到，要使某個自然形成的團體與一個文明社會結合（神話裏面有許多這種例子）；其過程爲：該狀況的理念首先在他的意識中成形，然後佔據了他的全人。接著，他使其餘的人都和這個理念相交，方法爲，透過動人的演說，令衆人意識到目前情況的不完滿。這位創始者在衆人裡面塑造了他自己內心深處的生命原則，同化了他們，使他們分享這生命，但同時，這種力量仍然屬於他。」

不過，嚴格來說，這不算是榜樣說(exemplarism，或作「範本論」)。士來馬赫用兩個重要的德文—Urbildlichkeit 和 Vorbildlichkeit—來探討這個問題：這兩個字都很難翻成英文。

1、Urbildlichkeit 可以譯爲「本身成爲理想的特質」。對士來馬赫而言，拿撒勒的耶穌是理想的具備神意識之人，是人類敬虔的極致(Frommigkeit)。單就這個觀念而言，它似乎接近理性主義的耶穌，即：他是人類道德的楷模。士來馬赫卻以兩種方法避免這一點。第一，他強調，拿撒勒的耶穌不只是道德楷模，示範出永恆的道德眞理。他乃是完全具備神意識之人惟一的理想榜樣—是宗教的榜樣，而不是純粹道德或理性概念的榜樣。第二，基督具備能傳達這種神意識給人的能力，正如以上所言：士來馬赫以 Vorbildlichkeit 來稱這種特質。

2、Vorbildlichkeit 可以譯爲「能夠在別人身上激起這種理想的特質」，拿撒勒的耶穌不單是理想的呈現，更具備在別人身上激發這種特質的能力。

根據這個說法，士來馬赫批判時人對基督的觀點。啓蒙運動的作者認爲，拿撒勒人耶穌只不過是人類的宗教導師，或是宗教原則、道德原則的榜樣。前面曾經提到，這不是說，耶穌創立了一套原則或教訓；這些教導所以有權柄，乃因它們符合理性的觀念與價值。因此，耶穌的權柄是衍生的、次要的，而理性的權柄則是直接的、首要的。士來馬赫稱這是對基督工作「經驗性」的了解，「視基督有救贖的成就，不過，這種成就乃在於使我們裏面愈來愈完全，而所採取的方法無他，惟靠教導與榜樣。」然而，士來馬赫的看法常被人稱爲，把救贖講成一種提昇生命的道德層次(Lebenserhohung)。總結而言，他獨特的觀念仍可以算作是純粹的榜樣觀，不足以向這種觀點構成有條理的挑戰。（麥葛福《基督教神學手冊》頁四一八—四一九）

(九)論三位一體

士來馬赫論三位一體：士來馬赫(F. D. E. Schleiermacher)在他的《基督教信仰論》一書中，把三位一體的教義放在最後討論，這討論代表了他對神學中的神論部份的最後詮釋。在此段文中，他表明了對三一論在基督教神學之特殊地位及功能的看法。

此一部分的重要主題是神的本質與人性的結合，以基督的位格及教會共有的聖靈爲例子。基督教的神學以此爲分水嶺。除非神存在於基督中，否則救贖不可能以基督的位格爲焦點。除非教會共有的聖靈也有如此的結合，教會不可能成爲基督救贖的傳達者及承繼者。這是三位一體教義的重要元素，指出在基督裡有完全的神聖本質，此神聖本質也居住在基督教會之中，是教會共同的聖靈。我們知道在基督及聖靈中的神，絕非任何更高的或附屬的神。三位一體的教義除此以外別無起源；當初也沒有其他目標，惟一的目標，便是儘可能明確地視神聖本質在其本身與人性的結合，的確就等於神聖本質。相信那些持不同的救贖教義的基督教分離宗派(Sects)應當沒有三位一體的教義——因爲他們沒有一個信念是可以與三位一體教義相聯的。天主教教義雖然在信仰上有其他的不同點，但也不至到此地步。從此可以明白，爲何那些因爲在三一論上持否定觀點的分離宗派，沒有在他們的神論及神的屬性造成分歧。因爲三位一體的教義，並非建立在至高存有者的本性的某種特別了解上。相反地，在基督的位格，以及人對救贖的需要與救贖的價值的觀點上，他們不得不採取一種分歧的論調。他們同時也不得不採取一種基督論及救贖論。根據此理，當三位一體的教義包括有這些元素時，便可以稱爲基督教神學的「頂石」教義(als den Schlu Bstein der christlichen Lehre)而當之無愧。總而言之，三位一體的教義的要素，便是此兩種在神性中彼此等同的聯合，以及此二者與神性本質的聯合。(麥葛福《基督教神學原典菁華》頁一五一——一五二)

(十)對神的看法

士來馬赫對神的看法可以總結如下：

我們所謂之神的種種性情，實與神的本身無關，只不過是吾人那絕對的依賴性，與上蒼發生聯繫時所表現出來的特質，如是而已。因此士氏認為所謂「罪」者，並非干犯神的律法之意，而是吾人靈性的主權，因著吾人的低級意識的力爭上游，而突然的終止了，這就是罪。這種說法在極端情況之下，可說是「目中無神」，或說是將神遺忘掉了。如此類推之，所謂「救贖」者對士氏來說，乃是恢復吾人「絕對依賴的感覺」，而基督徒的經歷，是恰巧將這感覺與基督聯在一起就是了。這樣倒退回去，若說吾人心中的「神意識」(God-consciousness) 必須經過基督，才能變成人心目中神存在的實際，若說一切有限的權能需經理性的作用，才能變為世界中神的存在，則吾人可以說，基督事實上乃是神在世上存在，和神藉世界以啓示自己的媒介，因為一切「神意識」的潛能都蘊藏在基督裡，對士氏而言，這正是基督之特處，即吾人無需用初期教會的信條，或希臘形上學的空談來解釋祂云云。救贖者，不過是與世人有同樣人的性情的人，他之勝人一等，乃因祂恆有神意識的潛在，而這神意識，也就是神在祂內心之眞存在了。換言之，士氏認為吾人莫以為耶穌乃正統基督教，其所信仰的道成肉身的「神而人」，祂不過是一個與神同行得十分親密的人，親密到使吾人可以乾脆的說，神確是在祂心中的一個地方。

所謂基督救贖之功者，乃指基督將其「神意識」與信徒分享，基督非為吾人擔罪，而是將自己的意志、動力、感召吾人。驟然視之，士氏似仍保留著一些古老的基督教神學名詞與內容，事實上其名詞與背後的用意，已與原意有天淵之別了。士氏談神人和好的時候，他的思想與正統信仰仍然相仿，他說，吾人因與基督有交通而改變了與神之間的關係，這就是稱義，因與基督交通而改變了生活方式為之入教，但當他談到三位一體之神時，他所指的就與正統信仰完全兩樣了，他雖仍稱三位一體為基督教義的根基，並且盡力搜羅理由來支持這種說法，但在他堅持吾人應避免「本質合一，與位格合一」的雙重說法時，他就露出了馬腳，自我矛盾了，因為神若果然如他所說，是人類宗教意識的產物的話，吾人就不能談神的位格這個客觀事情，因他自己說過，「神的獨立位格這件事，不可能為宗教意識的產品」，換言之，士氏的思想，乃是否認三位一體之神的「唯一神論」(Unitarianism) 之異端的另一種形式，他信有神，這神也是吾人所倚靠者，但耶穌則是一個對神有高度倚靠的凡人，而聖靈不過是吾人在教會中經歷神的別名而已。

士來馬赫所著「基督教信仰」一書，是七百五十頁的巨著，英譯文字苦燥刻板，加之他的思想極端抽象，令人讀之不知所以然，不過現在他的文字讓人讀起來，頗有熟習之感，因爲有意無意的，他的思想在羅賓遜(J. A. T. Robinson)所寫「對神誠實」(Honest to God)一書中，和田立克的著作內，皆有大量的重現，士氏與這二人的論調，其基本上是相同的，士氏對他當代的人解釋說，神就是吾人絕對依賴的對象，田立克、羅賓遜也因迎合世人的胃口，將神形容爲那位吾人遠離已久的「最終所關心的」，和「存在的基礎」。這上面三人，均以宗教經歷之分析來取代聖經爲據的神學，和過了時的自然神學，他們各有一套辦法，來作解釋傳統的基督教思想，而同用一種「依賴」的觀念，故其神學思想猶如同出一胎，異常相似，他們不再提及純正基督信仰的神，這位神是存在宇宙之上，是宇宙的創造者，祂是關心我們這個世界，存在世界之中，且是獨立完整的，萬物的氣息存留都在乎祂，對士氏來說，有神論與泛神論幾乎是分不開的，田氏不願承認神是在被造世界之外獨立的一位神，而強稱之謂「存在的本身」(Being of itself)，或說「存在的基礎」(Ground of Being)，至羅氏則以「有神論是否已瀕窮途末路？」的問題，爲其書中一章的題目，他的答覆就是鄭重推荐田氏的路線。

這對士來馬赫而言，任何騷擾我們對神的依賴，任何欲望叫我們想離神而獨立的就爲之罪，田氏則用不同的一套名詞，發表同樣的思想，他說罪者，乃不理吾人「最終關心的」，不願吾人「存在的基礎」，這三人對救贖的基督的看法，更是十分的一致了，他們對新約中耶穌的描述，均取懷疑的態度，他們無暇顧及純正信仰所篤信的「神而人」的基督，只相信基督是個完人。士氏認爲這完人之與衆人不同，在其恆有「神意識」的潛在，他視這完人爲最後的傳遞者，羅賓遜則稱之爲「看神工作的一個窗戶」，此窗之借其本身的完全透明、無有，而將神透過祂彰顯出來，對這三人來說，基督的重要性，非因祂爲人受刑擔罪，而是因爲祂對神有獨特的認識，所以能將神介紹給別人。田氏所謂「新存在的傳遞者」(Bearer of the New Being)，羅氏之爲衆效勞者(Man for Others)，歸根結柢，就是十九世紀士氏思想中的基督。（李道生《世界神哲學家思想》頁二五六—二五九）

三、結語

綜上所述，施萊馬赫的上帝觀，上帝是貫乎萬有之中，認識思想與本質之同一──神，神與世界是一而不分的，宗教便是一種絕對依存（神）的感受，基督中心論，基督教神學與「絕對依賴感」的關係，神藉耶穌基督教贖了我們，基督的死是使人類能對神產生最高的意識，論三位一體，對神的看法等神學思想。

施來爾馬赫爲德國復原派的神學家、牧師兼哲學家。有敬虔派的背景，他認爲宗教是種感覺與直覺，不是道理；信條乃是個人經歷的表達。他覺得，教義乃是基督教的外衣，反對正統派與唯理論。著有《基督徒信仰》（一八二一）等書。施氏企圖避免以啓示眞理爲根據的正統派信仰，以及以抽象思測爲根據的自然神學之間的其他途徑。他根據經驗的分析，對宗教採取了一積極的方法。

他企圖在基督教的基本要素上予以分析，並顯示這些要素如何與基督教信仰的主要信條有關。宗教的根基既非外部的活動，亦非頭腦的知識，乃是在兩者的背後：情感的繼續，或稱爲自我意識的覺知。宗教經驗的共同元素就是情感，或言絕對依存感。此種觀念非但成爲了解宗教的關鍵，亦成爲評定過去教訓的標準，並對現代人再解釋基督教的方法。施氏認爲罪被視爲是自主獨立的錯謬慾望。純正信仰派基督二性（神性與人性）的教義被人完全依靠的圖畫所取代。他藉著依靠神，對神深奧的經歷構成了在他裡面有神的存在。因此耶穌能默想出一個神對人救贖的認知。

施氏的影響在十九世紀中葉遠超於他的學生，他們組成了中保神學派。此外如巴特也受了他的影響，以人作爲宗教的根基。在廿世紀也有他的贊助者，在各方面來說，他的方法，他對神和人的見解，以及他的基督論都成了田立克與羅賓遜 (J. A. T. Robinson) 的思想根據。施來爾馬赫是現代神學之父。（趙中輝《英漢神學名詞辭典》頁五九九）

第三七節　黑格爾的上帝觀

一、傳略

黑格爾 (Hegel, Georg Wilhelm Friedrich 1770-1831)，或譯「黑智爾」，德之哲學名家。司徒嘉德 (Stutigart) 人。

年十八，入曲賓根 (Tubingen) 大學，修神學。是時才思未露，與謝林同學，較之長五歲，而名譽遠下之。一七九三年卒業，得學位，乃赴瑞士之伯倫 (Bern) 爲私宅教師。是時，始研究康德之學。居四歲歸國，復爲私宅教師於佛浪克弗爾 (Frankfort)。一八〇一年，爲燕那 (Jena) 大學之講師，始撰一小册，以辯斐希德、謝林兩家學說之異同，爲謝林袒也。其明歲，與謝林共刊行一雜誌，顏曰哲學評論，以鼓吹同一哲學。未幾，黑智爾漸不滿於謝林之說。謝林旣去燕那，二人交誼遂淡。〇六年，改正教授。其大學講義，多發表獨得之見，名漸起。會拿破崙用兵於普國，駐軍燕那，大學輟業，乃去，至邦堡 (Bamberg) 爲新聞記者。相傳法兵臨境之日，黑智爾猶修改講義不去手，嘗挾稿而望窗外，見拿破崙指麾士卒，竊自語曰：「此馬上之世界精神也。」人以是稱其篤學云。居邦堡凡二年，其主著精神現象論，成於是時。已而奴恩堡 (Nurnbung) 之高等學校，聘之以爲校長。一〇年，公其哲學概論及論理學。其哲學體系，大抵完具於斯。是時謝林之思漸衰，令名轉出其下矣。一六年，入海德堡 (Heidelburg) 大學，爲哲學教授。翌年，其哲學類典成，由此譽望益重。一八年，膺柏林大學之聘，承斐希德講座之乏也。權利之哲學一書，爲其著作之最後又最遜者。越二年，以患疫卒，與斐希德同葬。所著書，除前舉外，尙有法理哲學、歷史哲學、美學、宗教哲學等，卷帙浩瀚。時人以「哲學界之霸王」呼之。（樊氏《哲學辭典》頁七四〇—七四一）

宗教哲學是黑格爾在柏林時期開講的一個課程。他的宗教思想是促成他死後黑格爾派分裂的一個重要原因。與其青年時代相比，這時他對基督教的批判大大減弱了，甚至在哲學上與基督教和解。這不只影響黑格爾的宗教哲學，也給他體系的其他部分打上了神學印記。宗教在黑格爾體系中高於藝術，但低於哲學。在這一點上他繼承了亞里士多德以來理性主義的神學傳統，表現了明顯的近代色彩。他把宗教看作一種認識方式，認爲它是以表象認識絕對。他排除人格神，排除對神的盲目崇拜和對神的依賴感，而要求用思維把握神，使宗教在哲學中得到「揚棄」；強調神成爲人以及人提高爲神。黑格爾從來不把宗教歸結爲教士的欺騙，而把它看作是歷史和當代深刻矛盾衝突的表現及其解決。人對神的觀念同人對自己的觀念相應，這是黑格爾的一個重要觀點。

二、學說

（一）上帝時時努力在啓示祂自己

在黑格爾的思想中，宇宙即是那位絕對者——上帝——在奮鬥掙扎之中無時或已的發展。絕對者乃是靈，它的發展乃是按照心思自身本乎邏輯思想而遵循的法則。這些法則常循一個方向進行，而取三種步驟，第一步爲正論(thesis)，正論前進直到遭遇反對——反論(antithesis)。但正與反僅爲那絕對者之兩個方面。後來正論與反論終於聯合而成一體——合論(Synthesis)。與「觀念」這正論對抗的反論是自然界。這一正一反聯合而成一較高之合論，就是人，人是心與物二者之結合。既然萬有不是別的，乃是那按著一切思想定律在發展中的絕對者，所以思想律就是物的定律。既然人的思想乃是那絕對者思想之片段，所以就思想是眞正的而言，它對於心思以外的事物便能供給我們眞正的知識，而且在所有心思中思想都是同樣的，因爲都是那絕對者之片段。既然人乃由那絕對者分出而成爲覺悟的靈，所以有限的靈應該追求與那無限的靈發生關係，這種關係之實現即爲宗教。宗教也許是如同士來馬赫所講，起源於情感；但宗教不成爲眞正的知識，便不是眞正的宗教。任何宗教都是追求得知上帝，惟基督教最完滿的實現了這種追求。上帝時時在努力啓示祂自己，然而這種啓示的工作須循那三步進行。例如：上帝爲父，爲神性之統一——這是正論。祂以子把自己客觀化——這是反論。聖靈乃是結合的愛——這是合論。由這種進程而成三位一體。道成肉身同此一理。上帝爲正論，那有限的人性——反論——與祂截然不同，但兩下結合而成一較高之合論，即合神人二性於一身者。自黑格爾以後，那往日將神性與人性截然劃分之說日漸減少，而在十九世紀抗議宗神學思想中流行一種神人根本結合的意味。

黑格爾學說見解深邃，精巧動人，故大受歡迎，成爲當代哲學界中最具影響者，且大致說來對世界思想之衝擊亦至巨。黑格爾雖是宗教哲學家而非神學家，但他的研究深深地影響到神學。他的觀點不久也引起尖銳的反對，但也吸引一些人不斷爲他重新詮釋，尤以十九世紀下半期在英國、美國爲然。（華爾克《基督教會史》頁八四四—八四五）

（二）神是世界之活的動的理性

黑格爾名神爲「觀念」，爲潛伏的宇宙，爲無時間性的進化之可能性之總匯。精神是此「觀念」之實現，此觀念之本身中隱然的含有表現於世界中之邏輯的辨證的程序之全體；進化之一切法則皆內含於其中，而表現於客觀的存在之法式中。這個觀念是創造的「邏各斯」或理性，其活動之法式或範疇，不是空虛的軀殼或無生命的觀念，乃是構成萬物之本質之客觀的思想、精神的勢力。研究創造的「邏各斯」之必然的演進即是邏輯。這並非說純粹思想或邏輯觀念的神先於世界的創造而有；因爲黑格爾曾經說過，世界是永久的創造。神聖的精神絕無自己的表現；神是世界之活的動的理性，他自現於世界自然及歷史中；自然與歷史是神進化到自我意識之必然的階段（就無時不進化言之，進化不是暫時的。進化永久的向「絕對」發展，範疇永久的潛伏於其中，決不停止進化。範疇一個一個的繼續的進化，這一個範疇是那一個發展之條件。）神不是沒入世界中，世界亦不是沒入神中；無世界則神不成其爲神，神不能不創造世界，不然，就無從認識神。絕對中必有矛盾與一致。神不能離開世界。若無觀念，有限的世界不能存在，有限的世界不是一個獨立的東西；如果無神，他就無眞實的實在世界；所有之眞理皆有賴於神。我們心中的思想與感情，來來往往，不能耗盡精神，自然現象也是如此，來來往往，亦不能耗盡神聖的精神。我們的精神由思想與經驗而豐富、而擴大，漸次達到豐富的自我意識；神聖的觀念亦是如此，由其在自然及歷史中之自己表現而擴大，而漸次達到自我意識。在自給與自救之格律的程序中，普遍的精神實現其命運。他在他的對象中，思想其本身，因而認識其本質。絕對只能在進化中認識之，他高出於一切人之上。所以黑格爾不說神是一個自我意識的邏輯的程序，先於世界之創造而有。他離了世界，便不能認識。神是一個正在進化的，神只在人類的心理中充分的表示其爲自我意識的；因爲人類的心理可以把潛伏於普遍絕對的理性中之邏輯的辨證的程序，明白的表現出來。（梯利《西洋哲學史》頁五二二—五二三）

(三)耶穌基督是一個「神人」

東方的人，宣稱無限與抽象的神；希臘人卻於有限的神龕，崇奉眞宰。此項宗教上的二大極端，於基督教內，獲得調和，在這裡，東方的精神，與希臘的天才，已被合而爲一。由印度人看來，神是一切，人是無物；由希臘人看來，神是無物（或據極小勢力）人是一切；由基督教徒看來，既非抽象的神——天父，亦非抽象的人，卻是神與人的具體結合，而如耶穌基督中所實現著的。耶穌所顯示吾人的神，即是顯示耶穌的神；他既不是無限的實體，而如東方諸教中的神，他亦不是有限的神，而如異教諸神，他是一個實體，於同時之間，既是神，又是人，或換言之，他是一個「神人」(God-man)。在天堂與地土之間，在福音的神與人類之間，並無不可踰越的間隔；非獨如此，而且那位福音的神，降自寶座，親臨人間，過人的生活，受人的苦難，且又和人同樣的死去，後來，又從死亡之中，復活轉來，返歸榮耀寶座。基督教與前述二類宗教的關係，猶如詩與美術的關係，它包含前述各教，同時又潔治它們，完成它們。它是諸教的綜合，它是絕對的宗教。（威柏爾《西洋哲學史》頁四六一—四六二）

（四）基督教才使世界與神達到終極的統一

所謂「絕對精神」，在黑氏看來，也就是眞理自身（眞理自體）。它自身也有三個階段的發展歷程：藝術（正）↓宗教（反）↓哲學（合）。至第三階段的絕對精神的哲學，就是藝術哲學、宗教哲學與哲學之哲學，或作：絕對的哲學。至於以上的三個階段中，也各有其內在的辯證歷程：

在藝術中，有從所謂著重材料形式的東方藝術（如：印度、埃及）（正）↓過渡到內容與形式並重的希臘藝術（反）↓終於到精神顯佔優勢的耶教藝術（合）。

在宗教中，也有從東方的自然宗教（正）↓衍自個體性宗教（包涵主體崇高的猶太教、尙美的希臘宗教，與含目的性的羅馬宗教）（反）↓最後到基督的啓示宗教（合），才使世界與神達到終極的統一。

至於在哲學裡，它已是統合前二者的絕對精神的終極展現：絕對精神在這個階段裡，則能夠自由地認識自己、支配自己。所謂「知識的知識」、「藝術的藝術」與「宗教的宗教」，便是此一階段的完美展示。黑氏在這裡，顯示出他整個的思想體系，不外是要履現古希臘「用一切去衡量一切」的蘊意及終極眞理。

總括以上所述，黑格爾的「絕對精神」，不但展現西方「上帝（神）」的概念的蘊意，而且也若合符節地履現出了東方（中國）「天人合一」的究極理想：所謂「絕對精神」，乃是天命落實爲人性，通過人在知識、道德、藝術與宗教精神上的建樹，而成就的人格境界。遺憾的是，在他死後，其思想流衍所及，卻受到他弟子「左」、「右」派的詮釋，而有兩種截然對立的風貌出現。（陳俊輝《新哲學概論》頁三八三）

（五）黑格爾的辯證法與事物的眞理脫節

胡院長鴻文謂如果就黑格爾的辯證法應用於精神哲學，則有下列的問題發生：

其一、談到黑格爾精神哲學的發展：他曾說觀念通過否定之後生出自然，然後又合而爲精神。觀念如何通過否定而生自然，自然是由精神的否定而生的嗎？自然又從何而來？如果說自然經過辯證的程序始能形成，但是自然事物的形成及其結構均甚爲複雜，絕非一味以「正」、「反」、「合」的程序所可以說明。又如果說由「觀念」至「自然」再合而爲絕對精神，則是由觀念經自然的逐步展現而爲絕對精神，並非由絕對精神的展現而爲觀念與自然，這豈非與黑格爾哲學的基本原理大相違背嗎？

其二、在黑格爾的主觀精神中，於「旁己」談到「感情」，於「爲己」談到「悟性」與「意識」，是則無論是「旁己」或「爲己」，僅談及「感情」與「悟性」，並未談及「道德」與「意志」，則是以爲道德是外鑠的，又如不談意志，不足以構成知、情、意人格的要素，黑格爾被稱爲唯心論者，黑格爾所說的主觀精神，又與其唯心論的觀念相違背了。

其三、絕對精神之發展，絕非由藝術而宗教，以至於哲學。基督徒所敬拜的神是自有永有，最高的存有，聖經是由神的啓示而來，而藝術和哲學則是從人而來，他以爲藝術與哲學高於宗教，黑格爾之所說是錯誤的。

黑格爾以「正」、「反」、「合」辯證上升而至於絕對精神，對創造者與被造者未曾加以區分，與基督教信仰不合。他所說的「正」、「反」、「合」，並不能說明事物發展的眞象，吾人已指明其不是邏輯，而是一種程序，加以邏輯推論，其錯之處尚多。由是以言，黑格爾的辯證法與事物的眞理脫節。（《本體論新探》頁一一五—一一六）

三、結語

綜上所述，黑格爾的上帝觀，上帝時時努力在啓示祂自己，神是世界之活的動的理性，耶穌基督是一個「神人」，基督教才使世界與神達到終極的統一，黑格爾的辯證法與事物的眞理脫節等神學思想。尤以胡院長對黑格爾辯證法的批判，切中肯綮，深佩卓見。

黑格爾爲德國哲學家與形而上學者，就讀神學於杜賓根大學（一七八七—一七九三），其絕對唯理論與其辯證邏輯學之三段論法尤馳名於世。這兩說代替了神的潛在與超越，他認爲神是因時空而存在，並教導說：「眞即理，理即眞」。他也主張，一切經驗乃是人與人之間認識、協調的前題。

黑氏之著作有《心理的現象學》（一八九七）、《論理學》（一八一二—一八一六）等書。他在基督教思想的發展上居很重要的地位，但宗教對他而言，卻是一種幻象。他的思想是司逃斯破壞性聖經批判的主幹；也影響了費爾巴哈與馬克思的思想。（趙中輝《英漢神學名詞辭典》頁三〇一—三〇二）

第三八節　墨拉的上帝觀

一、傳略

墨拉 (Mohler, Johann Adam 1796-1838 A.D.)，或譯爲「莫勒」，德國天主教神學家，天主教神學杜平根大學創始者，被公認爲第十九世紀最重要的天主教神學家之一。墨拉最重要的著述是《教義學》(Symbolik, 1832)，嘗試就士來馬赫 (schleirmacher) 的復原教神學的角度，對天主教的立場加以澄清。

二、學說

（一）論傳統解釋聖經

墨拉〈論傳統〉是天主教杜平根學派 (Catholic Tubingen School) 的創始者，於一八三二年發表此文，指出傳統是教會裡面活的聲音，根據傳統來解釋聖經，可以保守基督徒群體避免錯誤。墨拉認爲，就算擁有無誤的聖經，本身亦無甚用處，因爲可能犯錯的人經常不斷的誤解聖經或錯誤地表達聖經。因此神賜給教會一種方法，可以確保聖經得到正確的解釋。請特別留意他的宣告：「傳統是活的道，在信徒的心中世代相傳。」

我們現在要討論的主要問題是：「我們如何得到有關基督的正確教義？」或者用更普通、更正確的方式而言，就是：「我們如何對基督耶穌所提供的救恩基礎有更正確的認識？」新教徒的答案是：「從聖經中尋求！聖經是無誤的。」天主教徒的答案則是：「藉著教會，我們唯有藉著教會才能眞正了解聖經。」並加一句補充：「聖經內有來自神的話語，是純正的眞理。至於聖經是否包括所有的眞理，是宗教及教會必須知道或有幫助的所有眞理，則是尙未經過考慮的問題。因此，聖經雖然是神無誤的話語，但無論聖經是多麼的無誤，我們自己卻不能避免錯誤。事實上，我們只有毫無錯誤地接受到神無誤的話語，才能避免此弊端。但是對神的話語的接受本身，是人的作爲，而人的作爲卻必然是可能有誤的。

聖靈會保證聖經中神話語的內容能夠正確地被傳遞到人的頭腦中，不至於有錯覺或錯誤的表達。聖靈有責任領導教會，賦予生氣。聖靈與人的靈在教會中結合爲一，形成一種深刻而確實的感覺。聖靈在眞理中，也帶領信徒進入所有的眞理。藉著緊緊依附於不朽的使徒傳統，藉著教會的教導，在教會中聽道、學道、活出眞道；藉著接受更高的原則，使她結出永恆的果子，這一切形成一種深層而內在的意識，是完全符合理解並接受成文的道的意識，因爲它是與聖經寫成的意識完全一致的。若藉著教會得到這種意識，以之熟讀聖經，則其中要素便是在進入讀者的思維中時，不致被改變。若使徒的傳統及教會的教導眞的如此落實在個人的身上，則甚至不需要聖經，已能掌握聖經的一般性內容。（麥葛福《基督教神學原典菁華》頁八八—八九）

三、結語

綜上所述，墨拉的上帝觀，論傳統解釋聖經，以傳統是活的道，在信徒心中世代相傳的神學思想。

莫勒爲天主教會史學家。生於今德國境內。一八一九年就神職，先後在杜賓根大學（一八二六—一八三五）和慕尼漢大學（一八三五—一八三八）講授教會史。一八三二年出版重要著作《論信經》，繼承一八二五年所著《教會歸一》一書的觀點，指出人要追求上帝，必須通過基督所建的教會。他同情新教，爲了謀求教會歸一，訪問德國和奧地利各主要大學，同當代新教學者交談。他希望基督教和天主教相互諒解而達到教會歸一。他這種希望對現代許多教會人士深有啓發。（《大英百科全書》冊十一頁53）

第三九節　紐曼的上帝觀

一、傳略

紐曼(Newman, John Henry 1801-1890 A.D)，羅馬天主教神學家，以聖公會成員的身分開始他的事業，有分於振興天主教的事工，特別指出教義有一個發展的進程(Development of Doctrine)的理論。

二、學說

（一）心靈直覺本能的上帝觀

紐曼〈信仰的根基〉：紐曼在此論證信仰的根據，乃建立於對神根深柢固的直覺或本能的知識，就算是理性的論證或實證都未必能加強此直覺或本能。沒有人能夠完全明白信心的完整邏輯結構。至終而言，宗教有賴於直接的、自發的「感覺」或「啓示」，這是無法用理性來掌握或解釋的。紐曼或許自己都沒有意識到他與巴斯噶有相似的地方，亦即二者均強調「心靈」在宗教知識及體驗中的重要角色。

我們根據經驗可知，導致信仰的推論行動縱然不再繼續，信仰仍然可以繼續持久。顯而易見的是，在人生過程中，不單各種習慣會影響我們的內在生命，我們也因著許多課題上的各樣信仰和意見而更加豐富。這些便是首先影響我們的思想形成的基本原則。有時我們意識到這些現象，有時卻又是並不明顯的，我們只在偶然間才會意識到它們的存在。但不論如何，這些都是我們的信念。當我們承認它們的存在時，我們都能找出某些形成此信念的原因，可能是輕微的，可能是強有力的，可能是可分辨的，可能是模糊不清的。然而，無論是基於什麼原因，無論我們是否意識到這些原因，這些原因都早已被我們淡忘了。有可能是根據他人的權威意見，有可能是根據我們自己的觀察、閱讀、沈思而形成我們信仰的正當理由。無論如何，我們已經將某些論題納入腦海中，並且已經佔有一席之地。我們曾經如此相信，我們現在仍然如此相信，但我們已經忘記導致此信念的正當理由是什麼。若就現況而言，這些信念在我們的腦海中自給自足，已有多年的時間。它們並非結論，並非經過推理的結果。這便是信仰與推論的不同之處。（麥葛福《基督教神學原典菁華》頁三七—三八）

三、結語

綜上所述，紐曼的上帝觀，論信仰的根基，乃建立於對神根深柢固的直覺或本能知識的神學思想。

紐曼為英國教士，曾在牛津大學任教；為牛津復興運動領袖之一，對羅馬教會頗表同情，許多復原教的信徒都因他的影響而成為天主教徒，著書甚多。（趙中輝《英漢神學名詞辭典》頁四八三）

第四〇節　費爾巴哈的上帝觀

一、傳略

費爾巴哈 (Feuerbach, Ludwig Andreas 1804-1872 A.D)，德國的黑格爾派神學家，他對宗教起源的觀點頗受馬克斯的影響。他的著作《基督教的本質》(Wesen des Christ entums, 1841) 中指出，基督教只不過是人的需要及盼望的投射，為西歐讀者帶來頗大的衝擊。

二、學說

（一）神的意識是人的自我意識之上帝觀

費爾巴哈〈論宗教的起源〉：費爾巴哈於一八四一年發表他的著作《基督教的本質》(Essence of Christianity)，指出宗教的基本元素，是人類將渴望及恐懼投射在一個想像的超越之處。因此，對神的意識 (The consciousness of God，士來馬赫著作中的主要主題) 只不過是人的自我意識罷了。

對神的意識是人的自我意識，對神的認識是人的自我認識。你藉著神認識人，也藉著人來認識神，二者實為一。神與人的關係，便是靈與魂與人的關係；而靈與魂與人的關係，便是神與人的關係。神是人內部自我的外在啓示。宗教是人類隱密寶藏的正式揭露，是人最深處思想的自白，也是隱藏之愛的公開表彰。

然而，將人的意識定義爲人的自我意識，這並不意味著虔誠的人會立即明白，他們對神的意識原來只不過是他們的自我意識。事實上，宗教的特徵便是缺乏這種認知。若要避免這種誤會，我們應當說宗教是最早的、絕對間接形式的人類自我意識。因此，在人類歷史中，宗教先於哲學，也先於個人的歷史。人類最初誤以爲他們重要的本性是在他們以外，後來才了解那實際上是在他們之內……因此，宗教的歷史進展包括：原先被視爲客觀的宗教，後來被發現爲主觀的；原先被視爲神，並如神一般被敬拜的，後來被發現只不過是人。原先是宗教，後來被視爲是偶像崇拜：人敬拜他們自己的本性。人將他們自己客體化，但卻沒有認出他們自己就是這個客體。後來的宗教也採取這個步驟；宗教上的每一進步都是更深化的自我認識。（麥葛福《基督教神學原典菁華》頁四〇三—四〇四）

三、結語

綜上所述，費爾巴哈的上帝觀，論宗教的起源，謂神的意識是人的自我意識的神學思想。

費爾巴哈爲德國哲學家，主張基督教自人類生活中消失已久，「基督教不過是一固定觀念而已」。他說，宗教是人自己的感覺，神是應人之需要而有的，祂自己並未分別存在。尼采、恩格斯與馬克思均受其影響。（趙中輝《英漢神學名詞辭典》頁二二五五）

第四一節　祁克果的上帝觀

一、傳略

祁克果（Kierkegard，Sren Aabye 1813—1855A.D.），一譯「齊克果」、「喀開卡」，或譯「克爾凱郭爾」，丹麥哲學家，又神學家也。哥平哈根（copenhagen）之富人。既卒哥平哈根大學之業，一八四一年，游於德意志，越歲歸國。四三年，以匿名著一書，題曰，吾誰適從，問美的生活與道德的生活之孰優也。更作一書答之，言惟宗教爲眞理。署本名。其思想，蓋於哈曼，保奈，特倫對倫布諸家爲近。否認信條及教權。丹麥之教會，極力詆毀之。

（樊氏《哲學辭典》頁六六〇）

克爾凱郭爾，丹麥基督教思想家，存在主義的先驅。一八一三年五月五日生於哥本哈根，一八五五年十一月十一日去世。其父是路德教徒、商人。他早年學習神學，但更喜愛哲學。古代希臘哲學家關於道德實踐和人生意義的思想以及基督教神學是他的思想的重要來源。主要著作有：《非此即彼》（一八四三）、《恐懼概念》（一八四四）、《哲學片斷》（一八四四）、《生活道路的各階段》（一八四五）、《最後的非科學預言》（一八四六）等。

克爾凱郭爾用個人的存在與黑格爾的絕對精神相對立，并用對存在經驗反省的方法，反對黑格爾的邏輯方法。他揭露丹麥國教會的醜行，宣稱自己的使命就是說明基督教的眞實教義。他的哲學主旨在於以個人生活的體驗論證個性原則和對上帝的信仰。

克爾凱郭爾認爲，存在就是由痛苦、煩惱、孤獨、絕望、情欲、熱情等情緒構成的個人的存在。他指出，個人無限關懷自己的命運，不斷努力造就自身；個人不斷地超越自身而趨向上帝，在對上帝這個「絕對的對方」的關係中規定自身。他認爲邏輯思維不能證明上帝存在，只有個人感到有罪時才能體驗到上帝存在。他用「選擇」和「階段」的概念說明個人行爲準則和生活態度，并把它們作爲其倫理學說的中心概念。在他看來，選擇是個人非理性的意志自主的行爲，是內在的決定力量，階段是個人存在的幾種不同的類型，由一個階段向另一個階段轉變沒有必然聯繫，它實質上是由個人選擇決定的幾種生活態度。克爾凱郭爾還把生活區分爲「美學階段」、「倫理階段」、「宗教階段」，并指出這三個階段中都貫穿著對死亡的恐懼。

克爾凱郭爾的哲學思想大都是通過文學作品表現的，而且往往採取日記、格言的形式。二次世界大戰期間，他的思想在德、法、美等國引起普遍興趣，并對存在主義的產生和發展起了推動作用。（《中國大百科全書》哲學Ⅰ頁六一六）

二、學說

（二）對於基督上帝的認識

祁克果對於基督、上帝的認識，可以從四點來說明：一、他的哲學開始於人、於神、於宇宙，與別人的關係，認爲是絕對不能把神或人當作客體 object，他以永遠應當是主體 subject，神絕對不是人思想裡面的客體，而是活的挑戰，迫使我們決擇的，同樣我們也不應把另外一個人當作客體，那樣會貶低他的人性。二、人不能以世俗歷史上去知道關於基督的事，因爲人不能完全憑「知識」去知道關於基督的事，基督乃包括神而人的相反相成之道，只爲信仰而有的一個「信仰對象」，而一切歷史消息，都憑歷史知識來作傳達工具，所以人不能從歷史中學習到關於基督的事，因這知道不是眞基督，基督的事，不能憑歷史知道，只能靠信心知道。三、基督主之爲上帝，永不能靠歷史來奠立，主的名自然已被傳揚到全世界，人若憑著信心，由假定祂是上帝著手，那末就將一九〇〇年來的歷史效果完全勾消，如祂在歷史輝煌的功效，對祂是無相干的，基督再來榮光中之事實，乃超乎歷史的理解之上，只有憑一個全無邏輯辯證之道，才能得著。四、基督乃是絕對者，基督教是本著絕對的立場入世，祂不是如同人所指望的那種委婉溫存安慰，反之，祂卻說到基督徒所當忍受的痛苦，然後才能作基督徒，就絕對者而言，只有一個時間概念，即是「現在」，對於凡不與絕對者同時的，絕對者對他即是不存在，所以基督徒要與基督眞正發生關係，就很顯然必與主同時，歷史年代五百、七百年不能改變基督，不能幫助我們知道基督是誰，誰有這對於人的信心，才能啓示出來。

我們就神學觀念與見解，綜合祁氏的言論略述三項要點：一、祁氏讀大學時，在校中看到黑格爾的學說，企圖把基督教吸收在一套理想的概念中，對黑氏以爲合乎邏輯的辯正法大起反感，黑氏以宇宙一切的律從「正」到「反」，最後必進入到「合」的階段，而祁氏卻以爲宇宙最終的眞理，尤其是神學上的論點，絕無可能達到「合」的階段，這些「正」與「反」的觀念，如「無限」與「有限」、「永恆」與「時間」、「預望」與「自由意志」、「一而三，三而一的神」等等，永遠都會停留在衝突、矛盾、對立的情況中，而唯一的和解，只能用我們主觀的信心來接受。二、祁氏對惟理主義，謂知識乃一切捆綁之源，產生極端非理性神學後面的哲學論點，即他的知識論點，如其解釋謂：人類始祖開始無罪，「無罪就是無知」，「精神尚在睡眠中」，這一塊界限是和平與安靜，「無知就是精神在愛中的情況」。奧古斯丁認為在眞正的信仰範圍內，信心先與理性，而祁氏在知識上犯了基本的錯誤，即以為人並不具有天賦的範疇，可以理解永恆的，超越的眞理，人若試圖去詮釋這些眞理，只能貶低它們的意義而成為有限的。對祁氏而言，人與神之間，似乎只能發生「實存性的相遇」，而不可能從神接受「客觀的眞理」。

三、由於祁氏過份強調神的超越、神的聖潔、神的尊嚴與神祕性，他以為人無法築起一道牆，跨越到神那裡去，只有神自己臨到人，可是也只有在弔詭性的意義中 (paradoxical and existential sense)，臨到人。

總而言之，歷代基督教的正統信仰，都是相信一位有位格、有理性的神，神並非無理性或非理性的，神固然是超越的，神與人之間固然有無限的性質上的分別，然而神也按照祂的形像造了人，對人有分於祂的屬靈性質，而樂意與人有交通，使人更能認識神。祁克果的宗教信仰，是屬於有神論的一個存在主義者，他注重人要如何行才能成為一個眞正的基督徒，這話則包括了人與神之間的，一切實質上與經驗上的關係。因此，他強調讀經、祈禱、省察、悔改的重要，強調信心的跳躍，他是一位信心堅定的基督徒，他認為除非透過基督教，不可能眞心找到人性，所以他的中心思想，是一切努力，一切事物，都要用來實現基督徒的人格完美，這些都是我們今日信徒所要認識與瞭解的，使我們能夠分辨是非，砥礪進步，在信仰眞理的根基上，堅立穩固，永不偏離左右，作個信仰純正的眞基督徒。（李道生《世界神哲學家思想》頁二六八—二七一）

（二）由個人的意志選擇上以投向上帝

祁克果 (kierkegaard) 既反對由分析抽象去把握客觀的事物與各別的個人，他對上帝的了解即不能由理性思辨上說。如我們在前面所指出的，上帝既不是由理性的抽象分析所能肯定的對象，則由具體體認中以說上帝即為由個人的意志選擇上以投向上帝。此被投向的上帝，即非由思辨上所顯示的絕對，而為由意志上所皈向的神靈。故祁氏的上帝為由整個具體人生的生活歷程上所呈現，而此即為人的最後的皈依。

依祁氏，人生在世上可有三種不同階段的存在：（一）美學的階段，（二）倫理的階段，（三）宗教的階段。此三階段可作橫面平舖地看，亦可作縱面立體地看。若由橫面平舖地看，我們即見到人生有三種不同的存在形態，或為泛溢的美情，或為嚴謹的德操，或為虔敬的皈依。此三種不同的存在形態，各表現了人生的一樣式。每一樣式各有它可貴之處，而可為人所嚮往。故若就人的所貴或所嚮往上說人生的意義，則祁氏的人生三階段的每一階段皆表示人生的價值，亦表示了人的眞正存在。但依祁氏所說存在意義的觀點說，則只有最後一階段才符合眞正存在的意義。第一與第二階段則不屬於眞正不存在之列。其之所以如此，即由於祁氏看人生不由橫面平舖地看，而是由縱面立體地看。因由後一觀點看人生，我們即發現第一與第二階段雖各為人生的一存在階段，並不表現人生的價值，但人卻不能完全安於其中而無欠缺的感覺。人對第一與第二階段的存在既有不安與欠缺的感覺，人即要去此不安與欠缺，而對人生另有追求。故人即要由第一階段的存在而追求第二階段的存在，並要由第二階段的存在而追求第三階段的存在。但至第三階段之後，則人不能再有進一步的追求。因此為人生的最後投向，而此投向即為人生的究竟，亦即人由虔敬的皈依中而獲得與上帝同在的眞正存在。

上述祁氏三階段的詳情，於此不擬再多說。我們想再一提的，是祁氏所說為人生的最後皈依或投向的所在的上帝，不是由人的理性思辨上所可以證明的。此只能由人的存在的發展上呈現。此存在的發展依祁氏並不是如黑格爾所說的人的理性思辨上的辯證的連續發展。而是由自我意志承擔中所表現的跳躍的不連續的發表。故人由所說的第一階段的生活發展至第二階段的生活不是由理性思辨上所能完成，而是一種意志的跳躍。由第二階段至第三階段更是如此。人由理性思辨中見不到上帝。上帝只在人的存在要求上，人的決意皈依中，亦即人的信心跳躍中顯現。人不能由理性了解上歸向上帝，人惟有在信心的跳躍中可以投向上帝與上帝同在。（李杜《中西哲學思想中的天道與上帝》頁二八〇—二八二）

（三）祁克果思想的評述

胡院長鴻文謂關於對祁克果思想的述評，我們在此且提出下列幾點：

1、祁克果與黑格爾：祁克果對於黑格爾頗不滿意，黑格爾以為歷史是絕對精神按「正」、「反」、「合」之展現。他則以爲歷史如按此程序而發展，則在歷史中看見辯證的變化，而很難顯明個人的活動。如果照祁克果的看法，來看歷史的變化，其間當然也有很多的問題。歷史並非純然表現個人的活動，自亦表現時代的精神，但並不妨礙個人的活動，若謂個人的活動與時代無關，或竟脫離時代而獨立，此種說法也是缺乏充份理由的。但黑格爾所說，個人可以儘量表達其意見，仍不能超越其所處的時代，此種說法也是錯誤的，東西歷史每有聖哲賢士或政治領袖以其才識能力扭轉或影響時代者不一而足，所謂國家以一人興以一人亡，史實具在，斑斑可考，足徵黑格爾以上的說法並不正確的。然而，有關於宇宙萬彙，其個別與全體，單獨與時代，究有何種關係，並發生何種變化，全體既不能抹煞個別，個別亦不能與全體毫無關聯，究竟如何仍應作更深切的研究。

祁克果如以自己爲虔敬的基督徒，那麼他的反對黑格爾，應該反對他的泛神論。黑格爾泛神論的觀念爲正統的基督教所堅決反對，這與祁克果的立場應極不相符。至於祁克果著重個人的存在，或個人的活動，此即存在主義者的觀點，存在主義者每以個人的存在來看上帝的存在，與基督教的正統信仰不合，正統信仰者自亦予以堅決反對，祁克果的立場在基督教會中被稱爲新神學思想之一派。

2、選擇的標準問題：在祁克果的概念中選擇的本質是沒有標準的，如果以某種標準來決定人的選擇，那就不是自己來決定選擇，那此種選擇在個人說是無決定性的，或說是個人在選擇此種標準，而非個人對於某種對象在進行選擇。如此說來，祁克果所說的選擇究竟如何進行呢？選擇之須要有標準，即是要按照標準對個別加以選擇，先選擇標準，然後選擇個別，這是很正常的，如此才可形成必然性、普遍性的知識。如果毫無標準各人按自己的意見進行選擇，則將各是其是，了無共同的尺度，易於成爲懷疑主義與悲觀主義，其後一些存在主義者所發悲觀和頹廢的論調即係由此而來，祁克果的主張如加以推演，則將成爲個人主義中的個人主義者了。

3、有限與無限問題：祁克果又以爲人的存在不可否認是有限的，以此推論最後體系建立時獲有絕對性的觀念是錯誤的。這幾句話輕輕帶過，似乎不大爲人所注意，但是卻要加以深入的研究。康德也曾提到從有限的事物累積不能至於無限，這是從下而上逆行綜合所採取的程序，這是由果來看因，而不是由因來看果。但是我們必須要分辨清楚，由果來尋找因，小果可以尋找大因，偶性的果可以尋找絕對的因，由果來尋找因，絕非由果來產生因，無論是康德或祁克果可以說都是發生了這樣的錯誤。由有限的果向上尋找原因，層層相因，必然至於最高絕對的因。否則，則其系列無法完成，當前的景況也無法站立得住了。所以有限之上必有無限，偶性之上必有絕對，而其基本原理是應由無限而後有有限，有絕對而後有偶性，有創造者而後有被造者，有一本而後有萬殊，有根源然後看其脈絡之所之，有元因然後瞭解其果實的結構與關係，此誠可謂合情合理，是無人能夠否認的。

4、知識的知曉問題：柏拉圖以爲人對於知識的了解乃是回憶，然而他卻以爲如果眞理並非在人裡面，人們對於眞理便成爲陌生的，便要從外面帶進來了。理性主義者認爲人有天賦觀念，認知之能力自亦包括在內，經驗主義者則以爲人有認知的能力，觀乎人心自有天賦之第一原理，而這德之良知亦爲人心所自有，由是而認識客觀的眞理，則可以達到脈絡井然，貫通無礙，這是中西的哲人所共同承認的。

存在主義除祁克果外，仍有雅士培、海德格等多人，其學說思想自各有其所見，然而其著重人的存在，並以人的存在來看最高創造主以及宇宙萬物的存在則是一致的。但是人可以其認知能力來認知最高創造主以及宇宙萬物，不可以人的存在爲基因而推論其他之存在，所謂差之毫釐失以千里，可不愼哉？（《本體論新探》頁一二三—一二六）

三、結語

綜上所述，祁克果的上帝觀，對於基督上帝的認識，由個人的意志選擇上以投向上帝，尤以胡院長對祁克果思想的評述之神學思想，可謂切中肯綮。

從哲學的角度來看，齊克果可以被稱爲存在主義之父。他有意地反對黑格爾的哲學，強調個人自決的角色，以及在具體、有限存在的疆界裡主動參與眞理。眞理必須「對我個人」是眞實的。從宗教的角度來看，他視自己寫作的目的在顯示作一個基督徒的意義爲何。這與當時丹麥國立教會「掛名的基督徒」是截然不同的。從神學的角度來看，他拒斥這分理智化的信仰概念，並具廣泛地反映道德抉擇的角色，與所謂超越其上的信心階段。（趙中輝《英

漢神學名詞辭典》頁三七九）

第四二節　立敕爾的上帝觀

一、傳略

立敕爾 (Ritschl，Albrecht 1822 — 1889A.D)，一譯為「利徹」、「黎秋」，德國神學名家。柏林人。初在波昂 (Bonn) 大學修學，頗傾心尼采說。後轉入哈勒大學，則甚受愛爾特曼 (Erdmann) 之感化。一八四六年，為波昂講師，後七年，進教授，講新約釋義及教義史等。一八五七年，改格丁根大學教授。因與陸宰交善，漸採其思想，以自組神學體系云。所著書有《稱義亦調和之教義》，《基督教之教育》，《神學及形而上學》，《敬虔派歷史》等，不具舉。德國自詩萊爾馬哈以後之神學，數利徹為巨擘。當其生前，既有利徹學派之目。其說之特徵，首在離神學與哲學為二事。以為基督教，自有歷史的基督，為信仰之完全根據，無須更借徑於思辨的推論。神之本質，人不可知，所可知者，其活動與顯現。如彼「神格」「化身」「三位一體」「神人兩性」等等，俱是形而上學問題，非神學所當論議。以是之故，乃區別理論的知識與宗教的知識。謂人之心意活動，本有印象評價與價值評價之別。宗教知識，純然存於價值判斷之範圍以內。所應研究者，只在其能否滿足人心之宗教的要求，與客觀事實無涉。又宗教者，非神與人之關係，而為人與世界之關係。人之價值，雖超越全世界，而亦為自然所制御。其心靈上目的，恆遭妨阻，苦痛煩擾，因之以生。所恃以解釋之者，惟有信仰。而宗教之價值，即存乎此。要之，利徹之神學，一方則反對保守派、獨斷派，而排斥超自然之信仰，以力避「奇蹟」「神性」諸問題之論難，他方則於新黑智爾派之合理的神學，純以理性律宗教者，亦所弗取，而應用康德之認識論，陸宰之價值說，以闡發宗教眞詮。其朋輩中，有哈爾那克 (Harnack) 瑪爾堡之赫爾曼 (Herrmann)，及蘇列爾 (Schurer) 等，咸贊同其說。嗣則曲賓根派之黑林氏 (Haring)，柏林之開夫坦 (Kaftan)，亦加入焉，皆所謂利徹派也。（樊氏《哲學辭典》頁二二三—二二四）

二、學說

（一）神就是愛的上帝觀

立敕爾的神論深受他的神學方法所影響。首先最值得注意的，就是他極少講到神的屬性。他堅決主張，基督教神學只對神在人身上的影響，和對這些影響所作的價值判斷有興趣。

舉例來說，他幾乎沒有提過三位一體的事，因爲他認爲這是關於神內在性情的教義，遠遠脫離了神與世界的關係，因此無法用價值判斷來說明。同樣的，他認爲傳統有關神形而上的屬性，如全能、全知和全在，也沒有多大意義。雖然他並沒有否定這些教義，但似乎只把這些屬性歸於理論層次，而非宗教知識。對立敕爾而言，基督教神學主張中最重要的一點，就是「神是愛」。他同時強調，基督教信仰中的神必須是有位格的、超越的，或「遠離俗世的」。

立敕爾對神國的興趣遠大於對神本身的興趣。在他看來，耶穌所宣告的神國，就是以愛爲基礎結合起來的全人類，而基督徒的信仰，就是緊抓住這個藉著身爲人類至善的基督所顯明的神國；因此信仰藉著耶穌的宣告，認識神就是愛。除此之外，信仰對任何有關「神的本體」的事都沒有興趣。

在立敕爾眼中，神國不僅是人性的最高目標和至善之境，也是神自己的最高目標和至善至美。這或許是立敕爾神論中最凸顯的一點。神的自我目標，也就是祂存在的理由，其實和我們完全一樣——在於神的國。

雖然他確認神的超越性，但是把神的存在與祂的國度在世界中的進展聯爲一體的說法，卻使他的神學較偏向臨在性的方向。因此很自然地，後來的自由的神學家就據此作出結論，以致自由主義的神論，在整體上所強調的是神在歷史中的臨在性，而非祂在世界之上的超越性。（葛倫斯《二十世紀神學評論》頁六四－六五）

（二）基督論

立敕爾神學中最受爭論的，應當算是他的基督論。神的國度再度成爲主導基督論教義的中心，立敕爾並且以此取代傳統教義中，他認爲屬於臆測和形而上的部份。

傳統基督論是遵照迦克敦信條（主後四五一年通過），主張耶穌基督曾經是，而今仍然是一個擁有兩種不同本性——人性和神性——的一位；祂的「神格」，就存在於祂神性的本性中。立敕爾卻堅決反對耶穌有神性的傳統說法，理由是：這是科學的事，不是宗教的事。他宣稱，耶穌的本性是祂早在對人產生影響之前就擁有的東西，和他對人的影響無關，因此這不是對耶穌的價值判斷，而是與宗教無關的主張。眞正對耶穌作宗教的評估，就當專注於祂在歷史上的作爲、宗教主張和道德動機，而不是去研究祂生而具有的本質或能力，「因爲他對我們的影響是在前幾方面，而不是在後幾方面」。立敕爾因此堅決主張，由於耶穌以一位神國使者的獨特身分來到世上，對基督徒而言，他就有神的分量；因此對耶穌神性的肯定，乃是基督徒根據耶穌的生命對他們的救贖所產生的價值，而作的價值判斷。

立敕爾對於別人批評他把耶穌貶爲「僅僅是個人」頗爲懊惱，花了許多篇幅爲自己辯護。他將耶穌的神性詮釋爲一種獨特的「使命」，是祂的父神賜給祂，要祂在人類中間成爲天國完美的化身，而祂也不負使命。由於祂將這個一生的職責視爲自己獨特的使命，並且完美無瑕地實現了這個使命，因此就是祂這個人，影響了歷史，使神和人類最高的目標得以實現；基督徒因此而認識耶穌爲「神」，這是根據祂的生命對神、對人的價值，所作的價值判斷。

立敕爾對於「耶穌的成就完全是出於祂自己的主動和努力」的結論並不滿意，而認爲祂內心一定有來自永恆的源頭和神的旨意：「……身爲神國的主和奠基者，基督是神永恆知識和旨意的目標，這目標乃是藉著他才得以成就；祂也是人類道德的合一；祂正是人類的原型；也可以說，基督不僅是在當時，也是在神知識和旨意的永恆裡，領先他的信徒（團體）而行。」

換言之，對立敕爾來說，基督的「先存」，只不過意味著祂或祂的工作在永恆裡被神所知道、所定意。不過，這種對基督先存的肯定，已經超出了立敕爾自己對神學所作的限制。

立敕爾神學的核心是基督爲人類所成就的救贖，但這件事是如何發生的？針對這一點，立敕爾提出了耶穌對父神「天職的順服」；耶穌完美地實現了符合神國度的生活方式；祂無罪的生命和自願的受死，不僅在歷史上彰顯出

神的國度，也呈現出這就是改變世界的力量。（同上頁六六—六七）

三、結論

綜上所述，立敕爾的上帝觀，神就是愛，以及基督論的神學思想。他不相信人藉知識能知道神之存在；謂宗教乃根據價值之鑒別，而非在客觀之顯示。反對形上學，以黑格爾唯心論來再解釋基督教。

立敕爾把神學探究局限於價值判斷的範圍，造成了幾方面的問題。舉例而言，他的神學無法接受對神超越性的完全認知。然而，如果神學不能探討神的內在本質，那麼理所當然地，神好像就只是爲了人類而存在；而除非神發揮出在人看來極重要的影響，否則神就好像消失了。有些評論者指出，從立敕爾幾乎把神的國度視同神，就可以看出這個危險的傾向了。

除了這超越性認知問題外，立敕爾的神學還造成神學在通俗性上的問題。他的神學很容易被指控爲主觀主義，雖然這些或許並非立敕爾的本意。李奇旻曾說：「有時候，立敕爾的神學的確像是使宗教退縮到一個孤立的角落，而將較寬闊的「人類知識」讓給「無關宗教的（或稱世俗的）」科學或哲學。」固然，立敕爾若是看到現代基督徒如此習於把「信仰」和「事實」分開，一定會感到駭然，但是也不能否認，他對於這種錯誤的形成要負一部分責任。

立敕爾神學中，或許沒有任何部分係他的基督論，引起那麼多的爭議。他爲什麼要如此勇敢的拋棄耶穌基督既有神性也有人性的古老教義呢？一部分的原因當然就是剛才提到的，他那既不合理也不一貫地拒絕本體論的態度；他不願探討事物在其表象和影響背後的本質或本體。

另一個原因就比較隱晦不明了。李奇曼一針見血地指出：「立敕爾和他同時代的人根本沒有從本體或（三位）一體的概念，去了解基督的神性；原因很簡單，在後啓蒙時代的德國，這些名詞簡直就是無知的代名詞，更不用說是毫無意義了。」換言之，立敕爾和其他自由派思想家一樣，傾向於採納後啓蒙時代現代化、高教育社會的共識，以此作爲神學的規範。這也就難怪二十世紀批判自由神學者，如巴特等人，要給立敕爾冠上一個有些刺耳卻不失公

允的帽子——「文化的復原教」。（道倫斯《二十世紀神學評論》頁六八—六九）

第四三節　賀得治的上帝觀

一、傳略

賀得治(Hodge,Archidald Alexander 1823 — 1886 A.D)，或譯爲「赫治亞歷山大」，著名的美國長老會神學家賀智(Charles Hodge 1797 — 1878)之子，自命爲十九世紀中葉「舊普林斯頓神學」(Old princeton Theology)的主要守護者，於一八七七應邀出任普林斯頓神學院系統神學教授，特別以他的聖經權威及默示論聞名於世。

二、學說

(一)聖經是神所默示的上帝觀

賀得治〈論聖經的默示〉：賀智是普林斯頓學派的首席神學家，他有關聖經的權威及默示的立場，對十九世紀的美國產生極大的影響。他的兒子賀得治在本文中，以非常清楚及直接的方式，指出「舊普林斯頓神學」有關聖經權威及默示觀的主要特徵。請特別留意聖經的權威與正確的解經之間的特殊關聯性。

神所使用的方法包括下面三項：

1、經文的寫成得到神的照管。神的救贖（啓示及默示爲其中的特別工作）由始至終是有神特別的眷顧，在祂的指引之下，歷史得以按照祂的安排發展。自然和超自然因素持續不斷地互相影響。不過，必然地，自然往往是常規，超自然是例外；但也偶有意外，神特別保守作者能夠擔當神要給他默示的工作，使他有完全符合需要的品質、教育、生活經驗。摩西、大衛、以塞亞、保羅或約翰，天資與個性、常理和恩典、農夫、哲學家或王子，每一個人及發生於他的每一件事，都是神在適當的時候所特別安排，使他能夠承擔所要做成的工作。

2、啓示眞理，是藉任何其他渠道無法得到的眞理。若作者並未擁有神要他傳達的知識，或是並非自然而然可以擁有時，神便用超自然的方式，用異象或語言向他啓示。啓示是超自然的，領受者是客體，神使用適當的證據使他確知那是來自神的眞理。這是直接的啓示，聖經中有相當的部分都屬於此類，例如對未來的預言、基督教的某些特殊教義、神話語中的應許及警告等。但聖經並非所有的內容都是屬於此類。

3、默示。作者本身受神完全的影響，亦即默示，使他們在這影響下藉著自己天然的本能書寫，而不論是選擇主題、思想過程、字句表達等等卻都不受干擾，自由發揮，自然而然地，結果寫出神的旨意要他們寫成的，也因此而擁有無誤及權威的特性。

因此，默示與啓示有所不同。首先，默示是聖經作者在所有寫作中不停的經歷，使他們所寫成的書卷的所有元素都同樣是無誤的。而啓示則只是在有需要的時候，才藉著超自然的方法達成。其次，啓示是神將作者無法用其他方式取得的眞理傳達到他的心中。默示是神的影響以主觀的方式進入作者心中，並不是傳達什麼，而是引導作者自然而然地發揮他們的本能，寫成有關歷史、教義、預言等無誤的記錄。這些都是神的設計要藉著作者傳達給祂的教會的。（麥葛福《基督教神學原典菁華》頁九〇—九二）

三、結論

綜上所述，賀得治的上帝觀，謂聖經是神所默示的眞理的神學思想。

赫治亞歷山大爲赫治查理之長子。一八四一年普林斯頓大學畢業；一八四七年普林斯頓神學院畢業；一八四七至一八五〇年曾至印度傳道；一八六四年任西方神學院辯證神學教授。著作有《神學大綱》（一八六〇，增訂版一八七八）、《贖罪論》（一八六八）、《公認信條註釋》（一八六八）、《赫治查理傳》（一八八〇）。（趙中輝《英漢神學名詞辭典》頁三一六）

第四四節　客勒爾的上帝觀

一、傳略

客勒爾 (Kahler, Martin 1835 — 1912 A.D)，德國信義宗神學家，致力於新約批判及解釋的神學層面的研討，於一八六七年被任命為哈勒 (Halle) 大學的系統神學教授。他最重要的作品是一八九二年寫成的論文，對「耶穌生平運動」(Life of Jesus Movement) 的神學假設大加撻伐。

二、學說

(一)耶穌是復活主的上帝觀

客勒爾〈論歷史的耶穌〉：此文為客勒爾於一八九二年講稿的增修版本，他認為基督教信仰最富關鍵性的，不是「歷史中的耶穌」，而是「被傳講的耶穌」。他為了要闡明他的立場，發表了一篇「對耶穌生平運動」的神學評論，對巴特及布特曼產生極深厚的影響。

「基督是主」。當彼得以耶穌為基督之後，耶穌自己指出，沒有屬血肉的很夠得到堅持，或傳授這個確據（太十六17）。當耶穌責備不信的猶太人時，祂也說出同樣的話（約六43—44）。後來彼得在大祭司院中不認主，印證了上述的話。保羅在書信中說出同樣的話，知道他的讀者完全同意他的觀點（林前十二3）。然而，無論是多麼確實的真理，有多大的影響力，它都是與另一個信念思想相連，亦即耶穌是被釘十字架，復活又活著的主。若我們問及歷史學家是如何處理此確實的真理時，便發現他們並非以福音書中常具爭議性及不連貫的敘事為起點，反而是以保羅的經驗為起點。他們發現早期教會的信仰乃建基於早期見證人所作的見證。復活的主並非福音書中所記載的歷史中的耶穌，而是使徒用整卷新約所傳講的基督。主被稱為「基督」（彌賽亞），是宣告祂的歷史性使命，亦即現代人所說的專職，或前人所說的「三重職分」，亦即宣告祂對全人類獨特的、超越歷史的重要性 (das Bekenntnis Zu Seiner einzigarten thergeschichtlichen Bedeutung fur die ganze Menschheit)。基督徒力排眾議，確實承認耶穌是彌塞亞，是基督，所關切的不單只是彌塞亞這個觀念（亦即人們心目中所理解及所期望的彌塞亞），同時也是關於拿撒勒人耶穌其人。當時是如此，現在亦是如此。早期的基督徒嘗試在講道中，之後，又在新約書信及福音書中證明耶穌是彌賽亞時，通常取兩種證據：以經歷為基礎，對祂復活的親身見證，以及聖經的見證。耶穌，對他們而言，更是舊約中的彌賽亞，但卻正是活著的主。（麥葛福《基督教神學原典菁華》頁二〇二—二〇三）

三、結語

綜上所述，客勒爾的上帝觀，論歷史的耶穌，謂耶穌是復活救主的神學思想。

客勒爾爲德神學家，欲以稱人爲義之信爲基礎，闡釋所有的基督教神學。其最大貢獻之一，爲分辨歷史事實上的耶穌（即生平確實可靠者）與歷史意義的耶穌（即基督教會在歷史過程中所宣揚之基督）。（趙中輝《英漢神學名詞辭典》頁三七七）

第四五節　詹姆士的上帝觀

一、傳略

詹姆士 (James William 1842 — 1910)，或譯爲「詹姆斯威廉」，美國哲學家，尤精於心理學。以倡導實用主義 (pragmatism) 知名。紐約 (New York) 人。曾在勞林斯 (Lawrence) 專科學院中肄業。一八七二年，爲哈畢德 (Harvard) 大學之哲學教授。著作不一種，其最馳聲者，爲心理學原理、實用主義、宗教經驗之種種，及其論文集。（《樊氏哲學辭典》頁八〇一）

詹姆士 (James William 1842 — 1910) 十九世紀末二十世紀初美國哲學家、心理學家、實用主義的主要代表。一八四二年一月十一日生於紐約市。一八五五—一八六〇年遊學於英、法、德和瑞士。一八六一年進入哈佛大學勞倫斯理學院，學習化學，比較解剖學和生理學，一八六四年轉入該校醫學院，因參加地質考察曾一度輟學，一八六八年回到哈佛，一八六九年獲得醫學博士學位。他先后在哈佛講授解剖學、生理學、心理學和哲學，一九〇七年退休，三年后在家鄉逝世。主要著作有：《心理學原理》（一八九〇）、《信仰意志和通俗哲學論文集》（一八九七）、《宗教經驗種種》（一九〇二）、《實用主義》（一九〇七）《多元的宇宙》（一九〇九）、《眞理的意義》（一九〇九）、《徹底經驗主義論文集》（一九一二）。

詹姆士哲學是實用主義流行和演變的一個重要環節，它擴大了皮爾士所闡述的實用主義的涵義，不再限於對觀念和命題作意義上的分析，而偏重於人類生活中的價值和效用。在詹姆斯的思想中，引人矚目的是意識流、徹底經驗和關于眞理的概念。詹姆斯所謂的意識流，指原始的、混沌的感覺流和主觀的思想流，是在人的生活過程中所產生的經驗。它猶如一條河流，連綿不斷，只有通過個人的興趣和注意把它劃分開來，這個河流才顯現爲實物，構成氣象萬千的現實世界。

詹姆斯的徹底經驗主義概念是意識流概念的繼續。他提出這個概念的用意在於使經驗論貫徹到底。他只承認人所直接經驗的東西，或者說只肯定純粹的經驗。這種經驗是人最初的混純的經驗，其中并沒有主體和客體，即意識和所意識的東西的區別，它既是思想，又是事物，二者在其中合而爲一。只有當一種新的反省的經驗，對原來的經驗從不同的情況重新考察時，才有主體和客體的區別。這樣，他就從其哲學中排除了客觀的物質世界，陷入主觀唯心主義。

詹姆斯所謂的眞理，是指觀念所能起的作用。他認爲，眞觀念能夠得到證實，造成所期望的結果，假觀念則與此相反。但它們都與是否符合客觀事物的實際情況無關，而取決於個人的主觀願望。他強調確定眞理的唯一標準是有用和有效，并由此否定眞理的客觀性和絕對性，把它當作純粹主觀的和相對的東西。他的這種觀點是實用主義眞理觀的最典型的表現形式之一。（《中國大百科全書》哲學II 頁一一三九—一一四〇）

二、學說

（一）一神教爲滿足我們情感及意志之有神論

詹姆斯「據實用主義的原理，若神之假設能滿足人意，他就是眞的。」一神教爲能滿足我們的情感及意志之唯一的有神論。神是宇宙之一部，是一個具有同情和權力之助人者，是一個最偉大侶伴，有與我們相同之意識、人格及道德。據有些經驗（忽然的變化及信仰的治療）所指示，我們能和這種神交通。本來，這種有神論的假設不能完全證實，但有些哲學家系統也不能完全證實；其根據都是建築在信仰之意志上。信仰之本質不是感情，也不是理智，乃是意志。信仰之意志不能用科學證實或否證。（梯利《西洋哲學史》頁六三五—六三六）

(二)有神論的宗教信仰

詹姆士的形上學，正像他的知識論，在一方面，採取經驗的研究法，在另方面，採取實際的研究法。以經驗方面說，我們必須接納實體，即如它所顯示的，即如我們於親知中所獲得的，那是「那種散布的、飄逸的，與流動的實體，我們有限的東西，均在其中遊移著。」它那最顯著的特質，即爲普通論理學所排斥著的。然而，論理學上的困難，即爲那種困難所阻撓著的理知主義所創造。因爲理智用抽象方法，處理事物，而後進向前去，好像該事物中，除所抽象者外，即無他物。解決的方法，不在用更多的抽象，卻須返歸原始的具體性。即此從理智的自限與挫敗的行程中，回轉頭來，乞助於直覺的光照的部分，遂使詹姆士發現自己的學理，受柏格森的證實。即此觀點，不單使他在形上學中，依附經驗主義的觀點，或把實體看爲與經驗同一的東西，且又接納費希奈爾(Fechner)的「超人類的意識說」(Doctrine of a superhuman consciousness)，以爲這是一種概然的臆說。此項臆說，從多重人性，扶乩術、降神術的「變態或超然的現象」中，獲得不少讚譽，尤其在宗教經驗中，可得種種譽詞，在宗教中，人多如此相信，以爲「我們住於不可見的精神環境，從它那裡，得到援助，我們的靈魂，於神祕中，與較大的靈魂，合而爲一，我們都是它的工具。」這樣，神祕的直覺，將「只爲普遍『意識領域』的突然的與巨大的擴張」，或換言之，只爲「領域邊際的無限的伸展。」

在這種意義之下，一種多元的與宗教性的形上學，獲得「直接的經驗上的證實」。可是同此觀點，又有道德生活與情緒生活的需求，作爲支撐。有神論是「所能意想者中最實際的合理解決法。」只有在具備有限責任的神的假定上，只有在非定命的世界—在它當中，一切應然之事均屬可能的假定上，方始惡的存在，在道德意志前，尚可忍受過去。只有在神下面，定一「忠實戰士」，爲正義而戰，相信最後勝利，經必歸於他自己的意志所望有所效勞的原因，只有如此一種感覺，方能使「生命值得生活下去。」這樣，實驗主義的認識論，連同它那經驗的與多元的形上學，相互結合，共同組成「戰爭式的道德主義」及「有神論的宗教信仰。」(威柏爾《西洋哲學史》頁六一九—六二〇)

(三)宗教的信仰必須通過驗證的過程

在宗教哲學方面，基本上，詹姆士很同情他父親所固守在喀爾文主義中之超位格的神學一元論 (Super-personal theological monism)。不過，他依然重視由實效論的立場，來檢視宗教上的各種概念，甚至教義所帶給人們的信仰經驗與實際效用。就此，詹姆士也認爲，宗教或非宗教之間的爭執，以及有神論與無神論之間的論辯，基始上，都可以藉他的實效論的檢視方法來消除。而這也就是詹姆士倚藉達爾文的進化理論，以進行宗教經驗的驗證所獲致的論點。何以如此說呢？原因是：誠如詹姆士本人的見解，他認爲所謂進化理論，乃是始自下述的一種「預設」，即「實在」的各個部分，都具有一種功能；而且，這「實在」的各個部分，在某方面而言，總是爲了某種（些）事物而存在。致使「有用」、「實效」、「有益」……等理念，便被當成詹姆士對「宗教」的詮釋規準。因爲，在詹姆士看來，每種事物或每種觀念，若想獲得它的意義與價值，就必須通過驗證的過程，以見它在實際感官經驗中是否產生效益而定。爲此，宗教的信仰與經驗，也不例外。

簡言之，對詹姆士而言，信仰之爲「眞」，就必須不斷經受驗證不可；不然，信仰本身就值得懷疑。（陳俊輝《新哲學概論》頁六四一）

(四)由實用主義的觀點以肯定上帝的存在

詹姆士 (James) 是一位徹底經驗論者而同時又是一位具有甚深的宗教感情的實用主義者。他在青年時期即深感到如何調和傳統的宗教思想與近代的經驗科學相衝突的問題。他對此一由西方文化逐步發展出來的衝突的不安，可說與笛卡兒與康德大致相同。但他卻不能接受笛卡兒或康德的哲學對此一問題的調解。因此，他乃試圖從實用主義的觀點去解答此一問題。依詹姆士，上帝是否存在或宇宙間是否有一位創造主，是不能由科學加以證明或否認的。我們只用實用主義的觀點去加以考慮。所謂由實用主義的觀點去考慮，那是我們不能純以此爲一經驗事實的問題，我們應以此關連及人生的價值的得以實現，或人生的期望的得以完成上去想。因此，詹姆士乃將此問題分別爲或爲對此問題的回顧或爲對此問題的前瞻兩方面去說。世間上是否有神，如是以回顧方面去看，則有神論者可以設立一全能的神作爲過去種種歷史事實之所以如此發生的解釋；無神論者則拒絕此一假設，而另從唯物論的觀點去說明過去歷史之所以如此發生。實用主義者對此兩種見解將不能置以可否。因爲我們不能於此兩者之外另立一可接納的標準去評定此二說的是非。但如所說的問題是關連未來的，以前瞻方面去說，則此問題即不是純爲一有關客觀的事實的問題，而是關連著人的主觀態度的問題。即人對人生宇宙價値的評定的問題。此問題既與人對人生宇宙價値的評定有關，有神論者與無神論者對此問題的看法既又不同，則實用主義者即可以說，因爲爲了要對人生的價値的肯定，道德秩序的維護，或給與人某一理想的嚮往，我們即要肯定神的存在，以作爲所說的人生價値，或道德秩序，或理想的嚮往的保證。因爲我們若不肯定神的存在而主無神論，則所說的要求將落空。故此，上帝存在的問題不是一純歷史事實或經驗事實的問題，而是關連著人的人生的態度或道德的價値的問題。故我們應由前瞻的觀點，或實用主義的觀點加以肯定。

詹姆士士除了上述由實用主義的觀點去肯定上帝的存在之外，並從同一觀點去說上帝是一位在知識或能力上，或二者之中皆是有限度的神靈。上帝不是一全知全能的上帝。故由上帝所創造的世界亦不是完全而無欠缺的。我們所在的世界是有欠缺的。此世界並非一成即永成而完全不再有改變。此世界時時在改變。它變好或變壞不是全由上帝決定，而是由人與上帝共同決定。因此，我們要與上帝合作共同努力以改良此世界。（李杜《中西哲學思想中的天道與上帝》頁二八九—二九〇）

三、結語

綜上所述，詹姆士的上帝觀，一神教爲滿足我們情感及意志之有神論，有神論的宗教信仰，宗教的信仰必須通過驗證的過程，由實用主義的觀點以肯定上帝的存在等神學思想。

詹姆斯威廉爲美國哈佛大學哲學及心理學教授。曾著作數種重要書籍如下：心理學之原則，宗教經驗之種類與實用主義等。（趙中輝《英漢神學名詞辭典》頁三六三）

第四六節　富希士的上帝觀

一、傳略

富希士(Forsyth peter Taylor 1848 — 1921A.D)，或譯爲「福賽斯」，英國復原教神學家，對現代德國神學十分有興趣，放棄早期所持守的自由主義神學立場。他最爲人所稱道的，要算是《耶穌基督的身分與地位》(person and place of Jesus Christ,1909)一書了，書中激烈地批評復原教自由主義者的基督論。

二、學說

(一)富希士〈論基督的位格〉：新教的自由主義的基督論強調耶穌的人性，有時他們的用語乃表示共同領受耶穌的信仰，而非相信基督。富希士對此趨勢提出批評，認爲這種方法沒有歷史基礎，也缺乏歷史支持的。

有些想要拋棄福音派信仰的人，他們說得最多的，不外乎：我們現在必須要作的事，是學術研究在現階段能夠提供給我們的，便是歸回到耶穌的宗教信仰之中。福音以耶穌爲信心的客體，而非爲信心的主體、創始者、典範而已。他們要求我們恢復實行耶穌本人的宗教信仰，是與基督的福音有所不同。他們告訴我們，我們必須學習的，不是相信基督，而是與基督一同相信……。

讓我們看看，有關基督教起源的近代理論帶來什麼樣的影響，看他們對基督教的雛形是所謂「耶穌的宗教」這項辯解有何立場。我所指的是德國所產生的宗教歷史學派……這個宗教歷史學派提供了一項偉大的服務，便是摧毀了十九世紀的虛構故事，該虛構故事指稱最早期的教會歷史中，曾經有一段時期孕育出一種耶穌的宗教，與基督的福音有別。該學派可能相信它自己有能力隔離並培養該耶穌的宗教，並藉著批判過程使它與福音脫鉤，並傳講給渴望自使徒那裡營救出來簡單信條的世界聽。此爲題外話，在此不予討論。但解決了這個問題，乃是一大成就。就我們所有記錄的表面價值而言，姑且不談論有關的詳盡批判建構，模仿耶穌所信仰這種行徑，從未出現於最早期的教會之中。由最早的記錄顯示，只有對一位復活的、救贖的、榮耀的基督的信仰，他們可以全心相信祂，但卻無法模

仿祂。就祂與神的關係而言，更是完全無法模仿的。（麥葛福《基督教神學原典菁華》頁二一〇—二一一）

三、結語

綜上所述，富希士的上帝觀，論基督的位格，祂與神的關係而言，可以全心相信祂，但卻無法完全模仿祂等神學思想。

福賽斯爲英國公理會牧師及神學家。其見解屬福音派，亦屬社會主義派。他看見十字架的重要而著了許多書，包括《積極傳道與現代心理》、《十字架的判決》與《基督教的戰爭觀》等書。（趙中輝《英漢神學名詞辭典》頁二六〇）

第四七節　哥爾的上帝觀

一、傳略

哥爾（Gore, Charles 1853 — 1932 A.D），十九世紀末葉及二十世紀初葉的主要英國神學家，於一九一一年被任命爲牛津主教。他以基督論的著述聞名於世，包括班普頓講座（Bampton Lectures），後來出版成書，名爲《神兒子的道成肉身》（The Incarnation of the Son of God,1891）。

二、學說

哥爾〈論基督論及救恩論〉：一八八三年，哥爾對一系列平凡無新意的基督論著作發表書評之時，轉而討論人性與基督身分之間的關係。當時涅斯多留主義十分盛行，許多人對耶穌基督的看法乃強調祂道德上的榜樣。哥爾分析用道德觀點來看基督生平的弱點後，便嚴正地宣告涅斯多留主義中的基督，只適合作柏拉糾主義者的救主。

有關基督位格的觀念若不正確，便會對人性的需要產生不正確的觀念。在涅斯多留主義的基督論中……基督只不過是人的一個榜樣，人若是足夠聖潔，便可以進入與神合一的美妙境界。但在此觀點中，基督只不過是許多人中間的一個，受到人的有限性所困，只能從外面影響他人……若是人能因著好榜樣從外面得救，則祂能夠作一位救贖主，但祂無法用其他方法使人得救。涅斯多留主義中的基督，在邏輯上只能夠與伯拉糾主義中的人有關……涅斯多

留主義中的基督，只適合作伯拉糾主義者的救主。（麥葛福《基督教神學原典菁華》頁二五二）

三、結語

綜上所述，哥爾的上帝觀，論基督論及救恩論，分析用道德觀點來看基督，只適合作伯拉糾主義的救主之神學思想。

哥爾爲牛津主教；出版關於全福音的書籍多種，如《基督與社會》（已有中譯），提出基督亦有錯，受制於人所有的限制等言論。（趙中輝《英漢神學名詞辭典》頁二八一）

第四八節　拉施德的上帝觀

一、傳略

拉施德 (Rashdall, Hastings 1858－1924 A.D)，英國現代主義 (English modernist) 陣營最出色的一位，特別強調基督之死的道德影響力，也以他對正統復原教的贖罪觀的批評聞名於世。

二、學說

（一）論基督爲道德榜樣

此篇講章於一八九二年在牛津發表，指出教父時期對馬太福音二十28（「正如人子來，不是要受人的服事，乃是要服事人，並且要捨命，作爲人的贖價。」）有嚴重的誤解。教父時期的「基督的勝利」(Christus Victor) 理論，乃是對一種暗喻作出過分的理解。拉施德認爲亞伯拉德的著作較爲可取，因爲他誤解亞伯拉德所教導的，是純粹的救贖理論中的道德影響說，指稱基督最多也只不過是一位有崇高道德榜樣的人。這個見解將在他後來的著作 (The Idea of Atonement in Christian Thought, London：Macmillan,1921）中，發揮得更淋漓盡致。

〔拉施德引述亞伯拉德對羅馬書二章的註釋，指出亞伯拉德強調喚醒在我們裡面的神的愛，並繼續說：〕亞伯拉德的救贖觀中，有三點值得我們留意：

1、他沒有提過代受刑罰的觀念，也絕口不提任何有關代贖或賠償的觀念，也沒有提過客觀有效的犧牲，這觀念雖然與代受刑罰這麼粗俗不道德的觀念不同，卻也難以劃清界線。

2、基督事工的救贖功效並非僅限於祂的死……祂的整個生平，由祂的生命中所產生出來的神整全的啓示，都挑旺人的愛，激起人的感恩之心，向人顯示神希望他如何幫助人在自己的不完全中達到基督完全的標準，藉此製造救贖，恢復神與人之間被罪所摧毀的合一。

3、根據這種救贖觀，基督使人稱義的事工具有眞實的果效，並非只具有律法上的虛擬果效。基督的事工眞的能使人變得更好，而不只是提供一個讓人看起來是好的，或使人能夠免於罪的刑罰的依據，卻沒有眞的比以前更好……。

我已經介紹一些亞伯拉德觀點的實例，從中你可能已經發現他的教導相當現代化，因而受到震撼。亞伯拉德雖然活在十二世紀，但他似乎與十九世紀的毛理斯 (F.D. Maurice)、金斯利 (Charles Kingsley)、及羅伯森 (Frederick Robertson) 有共識。至少，在其間的年代，除了劍橋的柏拉圖派 (Cambridge platonists)，我便找不到類似他那種可敬的基督理性主義 (Christian rationalism) 了。（麥葛福《基督教神學原典菁華》頁二五二—二五四）

三、結語

綜上所述，拉施德的上帝觀，論基督爲道德榜樣，指出教父時期對馬太福音二十章28節有嚴重的誤解之神學思想。

第四九節　柏格森的上帝觀

一、傳略

亨利・柏格森 (Bergson, Henri Louis 1859 — 1941)，或譯爲「伯格森」，現代法國哲學家。生於巴黎，系出猶太。少時學於康多塞學校 (Lyces Condorcet)。一八八〇年，卒高等師範學校業，歷任安塞 (Angers) 及克勒曼斐郎

(Clermont-Ferrand)等處爲教員。以所撰時間與自由意志論一文，得哲學博士學位。嗣至巴黎教學，一九〇〇年，任法蘭西大學之哲學教授，善講演。並列名於學士院。其學說稱直覺哲學生命哲學，乃從時間本質上，以破心物二元論，而建設一元的形而上學者。所著論文書籍多種，不可具述，若物質與記憶，創造的進化，精神能力，笑之研究等，尤著名。（樊氏《哲學辭典》頁四〇六）

柏格森的思想可以上溯到啓蒙時期的思想家盧梭和浪漫主義運動的反理性主義傳統。他反對十八、十九世紀流行的各種哲學主張，其中包括康德的批判哲學、孔德的實證主義、黑格爾的歷史哲學，和斯賓塞的機械進化論。他的全部哲學都是攻擊唯物主義和決定論的，帶有強力的反科學傾向。在認識方法上他貶低理智而推崇直覺，認爲抽象的概念分析只能歪曲實在，唯有依靠本能的直覺才能體驗世界的本質。

柏格森把時間分爲兩種：一種是科學使用的由鐘表度量的時間，也叫作「空間化的時間」；一種是通過直覺體驗到的時間，也叫作「綿延」(Duree)。在前一種時間中，各部分處於均勻、互相分離的狀態；而綿延則像河水一樣川流不息，各階段互相滲透、交融、匯合成一個不可分的永遠處於變化的運動過程。他認爲綿延是唯一的實在，而科學的時間只是抽象的幻覺。柏格森又提出，人的記憶也分爲兩種：即習慣記憶與眞正記憶。習慣記憶全憑大腦功能，例如通過背誦來學習；而眞正記憶則是精神活動，它像滾雪球一樣通過形象把過去的經驗全部保存下來，并不依靠大腦。因此，他強調精神決不屬於身體，身體不過是精神用來達到自身目的的工具。他還把生命同物質對立起來，攻擊唯物主義和機械進化論。在他看來，進化并不只是生物適應外界環境的結果，支配進化的原動力是宇宙間的生命衝動，進化就是生命衝動不斷克服感性物質、不斷創造不可預見的新形式的過程。在進化過程中，生命和精神表現爲上升的運動，物質表現爲下降的運動。

柏格森在他的社會哲學中，把道德、宗教和社會也分爲兩種型態。他認爲，封閉的社會受靜態的道德和宗教支配，只會遵守道德規範和信奉教條；開放的社會受動態的道德和宗教支配，嚮往英雄的崇高行爲，重視聖者的神祕經驗。這兩種道德、宗教和社會的對力反映出決定論與自由、理智與直覺之間的鬥爭。（《中國大百科全書》哲學

Ⅰ頁六八）

二、學說

（一）理智與直覺結合哲學才能接近眞理

柏格森之直覺主義：柏格森與浪漫派、實驗派及神祕派相仿，以科學與邏輯不能透入實在之裡面；概念的思想對於生活及運動無所幫助。科學所能了解者只是死東西的結晶，創造之剩餘廢物，無時間，生成之糟粕，而可以預料者。然而理智之作用仍有其目的，恰如實驗主義者所說，爲圖生存的意志之工具。然而理智之作用不僅如此；而實驗主義者所說的話，不過半眞而已。概念的思想所以用以適應死的固定的世界，即機械主義所支配之物質世界，並且獲得了很大的勝利。在無個性無裡面的死板世界中，科學與邏輯方有實用及理論的價值。但科學與邏輯若推廣其作用於動的活的及生長的世界中，就發生錯誤。理智不能認識多端的變化，並以變動不停爲虛幻；理智建設死的骨骼，並以其爲眞的實在。他常把靜的分子、永久的實體及原因加入變化之流中，凡與邏輯系統不合者，棄置不顧。科學之理想是靜的世界；他把流動的時間轉變爲空間的關係：因此，綿延、運動、生命及進化，他都認爲虛幻；科學把他們都機械化了。生命與意識是不能用數學的科學的邏輯的態度處理的；科學家以尋常數學物理的方法研究他們、分析他們，因而割碎了他們，毀滅了他們，並且喪失了他們的意義。玄學家對於他們不能給我們以科學的知識；哲學必須依賴直覺造出一種宇宙觀；直覺即是生命，眞實而直接的生命，對其本身一悟了然。宇宙中有一種東西，類似詩人之創造的精神，這種東西是活的，是推向前進的力，是生命的衝進 (an clan vitan)，不能由數學的理智了解，僅能由一種神聖的同情領會之，這種同情比理性能接近萬事萬物之本質些。哲學是在宇宙程序中，在其生命衝進中，提供宇宙之方術。直覺有似本能，是靈敏的心理的本能，本能對於生命比理智及科學對於生命接近些。實在、變化、內性、生命、意識只能由直覺領會。爲觀察之目的而觀察，非爲行爲之目的而觀察，「絕對」方可觀察出來。絕對之本質是心理的，不是數學的或邏輯的。正當的哲學對於理智及直覺須公平看待，因爲只有由此二者之結合，哲學家才能接近眞理。（梯利《西洋哲學史》頁六四四—六四五）

(二)神是不停的生命不停的動作與自由

生命的價值，全繫於它的強度與它的活動上。在這裡，生命與物質的二元性，又因下一思想，獲得調和，因爲假使沒有物質，奮力之事，將變爲不可能了。「只因物質發生抗力，而我們人，又能使它馴伏，所以它於同時之間，旣是一障礙，又是一種工具，更是一種刺激。」物質又分裂精神，使後者變爲個別化，這樣，他又發動了人格的組成與生長的事功。可是柏格森與尼采不同，從未於分裂之中，看過生命的統一性。有「幾種原始的與主要的生命的渴望，只能於社會中，求獲滿足。」「這是道德的人——最高度的創造者，他的動作，其本身是強烈的，又能同時增強他人的動作，其本身是大度的，又能點燃大度的火把與灶火。」柏格森的宗教想像，又爲同此觀念所啓發。憑此生命原理，猶如一個巨浪，從同一中心，向邊盪漾出去，「我們方覺自己，不再在人類當中，被隔離了，而人類全體，亦不再在他所征服的自然界中，被隔離了。……一切生存者，聚集一處，均受同一衝動的支配。」「如此界敘的神，絕無已被造成之意：他是不停的生命，不停的動作與自由。」(威柏爾《西洋哲學史》頁六一四)

(三)在事物進化現象中動工者便是神

1、柏格森認爲，事物是具有一種變動的特性，而且也擁有進化的事實。再者，在這類進化現象中動工者，便是「神」；祂是一股力，即生命衝力(Elan Vital)，能促使萬物驅前運動。

又說，萬物的「純粹變易，即眞實綿延，乃是一種精神的東西，或具有精神性的事物；直覺便是達到(證得)精神、綿延與純粹變易的東西。」由此可知，綿延與直覺、綿延與事物(對象)，甚至綿延與意識，似乎是了無區別的。因爲，在柏氏而言，「直覺首先徵示一切意識，倒是直接意識，亦即直觀，幾乎和所見的事物(對象)一無差別；……接著，直覺即是(成爲)擴展的意識，……而使我們見到無意識的存在。……」

在柏氏看來，事物之得以綿延而且存在，最終可歸諸於是上述的「生命衝力」之所致。物種便是藉著它由胚胎以至發展成各種新型態、新品種，這也就是「創造」。

2、柏氏由生命力的衝力，詮明物種乃至人種往上進化的方向，此係肯定精神或意識是它最高的演化世界。就此而論，柏氏應是反對生物的進化，乃在順應偶然的外在情境，或在實行預定的計劃，更且，也反對動物與植物有其「性」之分別。

再者，論及「本能」一事，柏氏認爲它與「智能」係有所不同；即彼此係具有相反相成的關係：

「本能無不涵有智能，智能無不包涵本能。……二者在元始之時，本爲相互涵括，而心之本象，即同時攝納這兩者。

「本能之爲天生知識，在知事物；智能之爲天生知識，在知關係。」

由於強調本能也就是生命力的作用，「原始的本能，即爲生（命）力之作用。」柏氏乃批判達爾文派的主張——即祂本能爲偶異累積的結果——；在柏氏看來，這是不明「本能」原是有它進化的眞實理則。而且，他也批評新馬克斯學派的論調，即認爲「本能」乃是過時的智能，亦即是由後天習得的知能遺傳而成。

3、總之，柏氏的生命衝力即生物進化說，它所標舉的，乃是表明生命的衝力，也就是創造性的進化的要求。它並不是絕對的進化，而是貫徹於物質之中的創化；因此，經常受到物質的抵抗。爲此，物種乃至人種的創化，是要求在「必然性」中，以求取「自由」。換句話說，唯有在物質中，生命衝力不斷自我創新，排除無數的阻力，始能證成它最高的精神意境。這種不斷的創進（創新），便是生物的必然趨勢。而，這種生命創生的本源，也是前述的意識，或心（意）。在此，顯然的事實是：柏格森藉事物（人）必須充實其自性，而在它（他）進化的途徑上拋棄屬於自體之「超人」的部分，來形容生命力全體的進化。

4、在《道德與宗教的兩個泉源》（一九三二——一九三五）中，柏氏已凸顯人在進化過程中的獨特地位：在人身上，智能已取代本能，而以社會習俗與遵守規則爲導向。就因爲人類自己感受到自身爲社會動物之一，能夠發明並且運用語言，而再次促使智能本身的發展，以及維持一個團體社會的生存；這便形成了一個所謂封閉的社會、封閉的道德與封閉的宗教。

其實，對柏氏而言，所謂封閉的道德，乃是靜態與絕對化的；而封閉的宗教，則是禮制化與教條化的。這兩類的制度，都對社會中的個體產生不少的壓力，以迫使接受爲社會發展必需的準則與行動規則。

雖說靜態宗教，源自於促使個人與社會發展的生命衝力，然而，柏氏的語意似乎在表明：神話、錯謬的幻想與迷信，便是它主要的特色。不過，與之類似而且又貫通的另一類道德或宗教，柏氏即稱它爲開放的道德與開放的宗教。尤其對於開放的宗教（又稱：動態的宗教），柏氏認爲，光靠人的智態並不爲功，而必須藉助於可作爲密契經驗的「直覺」，始有其可能。循乎此，在針對秉具密契經驗的宗教之探索中，柏格森則找到了基督徒的立場，以作爲他立論的註腳。因爲，在基督徒的個人體驗中，乃可接觸到神的存在，以及深切感受到神就是愛與愛的對象本身。（陳俊輝《新哲學概論》頁四八七—四八九）

（四）衝力與進化觀念的看法

胡院長鴻文謂：㈠對柏格森所說衝力與進化的觀念而言，我們提出以下一些看法：其一、進化論並非科學，迄今並未予以證實，而且很多與科學相違背的地方，柏格森冒然採取進化論的觀點，並無根據，不應如此。其二、他以爲「衝力」進入物理化學系統後，即分別有植物、昆蟲，和脊椎動物的發生，「衝力」如何解釋呢？何以「衝力」進入物理化學系統後，即有不同的生物發生呢？其三、如果柏格森所說的衝力就是大化流行的觀念，但易經所說的大化流行，有八卦、六十四重卦，以至三百八十四爻，柏格森所說如何能夠與之相比較呢？如謂衝力一衝出就有萬千事物，這又如何能加以解釋呢？

㈡關於柏格森所說的上帝與神祕主義：據云他在晚年宗教的面貌更加顯明，他談到主要的衝力乃是「超越良知」，可以上帝一名稱之。上帝應該是全能、全知、無所不在的，祂就要超越物質世界之上，而不僅是在其中顯明自己。他又說：「如果這不是上帝自己，也是上帝的創造能力。」上帝是存有的本身，是最高的存有，是絕對的存有，並未可以「衝力」來說明之。上帝創造並護理萬物，也並非「衝力」一詞所可予以說明。柏克森既然相信神，就應該按照眞道來相信，方爲正途。

柏格森講生命哲學，說明生命的重要，又以大化流行的能力說明宇宙萬物的變遷，但是在大化流行中亦必然要有個體的結構和變化，否則大化流行的力量，就不能順利進行。（《本體論新探》頁一二一－一二三）

三、結語

綜上所述，柏格森的上帝觀，理智與直覺接合哲學才能接近眞理，神是不停的生命不停的動作與自由，在事物進化現象中動工者便是神，衡力與進化觀念的看法等神學思想。

伯格森爲法國猶裔哲學家，一九一四年入選法國院士，一九二八年獲諾貝爾獎。他深信直覺法爲獲得眞象的途徑，智慧是次要的，強烈批評各種形式的智慧主義。他說眞象會進化，而傳統的哲學體系都難逃靜態和泛神決定論的命運，必須被新的創造性和自由意志哲學所取代。他的哲學深受一些宗教思想家歡迎，天主教的現代派是其中之一。（趙中輝《英漢神學名詞辭典》頁七二－七三）

第五〇節　杜威的上帝觀

一、傳略

杜威・約翰 (John Dewey 1859-1952)，爲美國之哲學家而兼教育家。於一八五九年生於美國威爾滿邦 (Vermont) 之柏林敦 (Burlington)。一八七九年，畢業於邦立大學，畢業之後，在鄉教學二年後，於一八八二年進霍布金斯大學。一八八四年，得哲學博士學位。一八八八年，充明尼蘇達大學 (Minnesota) 哲學教授，一八八九年，充密歇根大學 (Michigan) 哲學教授，後兼教育院之主任，一九〇四年，哥倫比亞大學聘爲哲學教授。一九一九年，來我國講演，翌年，充國立北京大學哲學教授，一九二一年，始返本國。在我國曾遊歷十一省，隨處講演，對於我國思想界之影響甚大。氏爲實用主義中工具主義者之領袖；將歐洲近世哲學自休謨、康德以來之哲學根本問題，一切理性派與經驗派，唯心論與唯物論之爭論，全行抹殺，謂此等爭論皆由於誤解經驗。其哲學根本觀念，大略如下：(1)經驗即生活，生活即應付環境；(2)在此應付環境之行爲中，思想之作用最爲重要；一切有意識的行爲皆含有思想作用；

思想乃根據過去之經驗解決現在之問題，預料未來之情境，換言之，思想即應付環境之工具；(3)眞哲學必須拋棄從前「哲學家的問題」，而變爲解決「人生問題」之方法。杜威極重視思想，其論思想亦有獨到之處。分思想爲五步：(1)思想起於遭遇疑難之境；(2)遇有疑難，即指疑難之點安在；(3)假設種種解決疑難之方法；(4)檢點各種假設之涵義，以觀何者最宜於解決困難；(5)證實此種解決使人信用；或證明其謬誤，使人不信用。杜威之教育主張，是平民主義的教育。平民主義之兩大條件爲：(1)社會之利益，須由組成社會之分子共同參與；(2)個人與個人，團體與團體之間，須有圓滿的自由的交互影響。杜威根據此二大條件，主張教育須養成：(1)智能的個性，(2)活動之觀念與習慣。智能的個性是獨立觀察、判斷、思想之能力。平民主義的教育，須使青年人用自己之思想，將經驗所得之觀念，實地實驗，對於一切風俗、習慣、制度，持懷疑的態度，不徒人云亦云。故云：「教育即是繼續不斷，重新組織經驗，使經驗之意義加增，使個人主宰後來之經驗之能力格外增加。」共同活動即是對於社會事業與群衆關係之興趣。平民主義的社會如股份公司，人人須有共同合作之習慣。故主張學校自身須爲一種社會生活，須有社會生活所應具之種種條件。學校中之學業，須與校外生活連貫一氣。（樊氏《哲學辭典》補遺頁二一三）

二、學說

（一）肯定一切超越而爲宗教上信奉的上帝

杜威(Dewey)是一位實用的自然主義者。自然的一切性質呈現於人的經驗中。人的知識爲人與他的環境相互反應而來的結果。故知識必依於人的經驗。人與他所在的環境相互反應而來的經驗或爲有限特殊的，此即爲一般科學的根據，或爲無限遍及的，此則爲形而上學研究的對象。然而不論它爲有限特殊的，或爲無限遍及的，當它呈現時，皆明朗而可爲人所知覺，而不是神秘而不可捉摸的。如傳統上所說的上帝爲神祕而超經驗的，則此上帝即不能在自然主義的思想中有任何地位。因此，杜威即由他實用的自然主義觀點上去反對傳統哲學由理性思辨上或神祕直覺中對上帝存在所作的任何肯定。亦拒絕一切傳統宗教依此而來的任何宗教教條，與由此而來的宗教上的種種形式活動。

但杜威雖反對或拒絕過去有關上帝問題的見解，他並非如邏輯實證論者一樣只是消極地排除此問題於知識的問題之外，或要藉此以取消此一問題。正如對形而上學的問題一樣，杜威要建立一新的形而上學系統以配合近代科學知識的新發展以代替傳統的形而上學，對宗教的問題他亦要由他的實用的自然主義的觀點上去解釋此一問題，以求其不與近代的知識觀念相違背。但我們於此並不能詳細介述杜威的實用的自然主義的宗教觀。我們要說的是他雖拒絕由傳統宗教信仰上或哲學思辨上所肯定的上帝，及由此而建立的宗教教條與宗教活動，但他並不否認人的宗教感情，或人對宗教可能有的某種態度。故他對由名詞所表示的「宗教」(Religion) 與形容詞所表示的「宗教的」(Religious) 作一分別。以前者代表他所要拒絕的，後者代表他所要肯定或承認的。但如我們在前面所說，依杜威，一切經驗既皆是明朗無隱的，則爲人所感覺到的宗教感情亦爲明朗無隱的。因此，對杜威來說，宗教感情並不是如傳統宗教家所說的一樣是一種特殊的宗教經驗或神秘經驗，我們可由此而肯定一超越而爲宗教上信奉的上帝，而是人對他向往的對象或理想所表現的一種虔敬的感情。此虔敬的感情可在人的藝術、科學，或道德的活動中，或人與人的友誼上，或愛情中表現出來。人在由實現他所期待的各種可能的理想而來的與宇宙或整個自然的和諧合一時的感覺更可以呈現出一更大的虔敬的感情。此虔敬的感情亦更爲杜威所重視。因此，宗教感情是遍及於整個人生的。人可以於他的生活中隨時隨地顯露此虔敬的感情。宗教感情既由整個人生活動的虔敬的感情上說，則宗教的活動即非如傳統基督教所說的只限於人與上帝之間的關係的事。故「上帝」一詞在杜威的實用的自然主義的觀念中即不是指謂一超自然而存在的人格神，而是指謂人由他所具有的智慧與行爲所實現的各種可能理想的統體。（李杜《中西哲學思想中的天道與上帝》頁二九〇—二九二）

三、結語

綜上所述，杜威的上帝觀，肯定一切超越而爲宗教上信奉的上帝之神學思想。

杜威一生寫了卅多本著作，近千篇論文。其中最能體現他哲學觀點的有：《我們怎樣思維》（一九一〇）、《實驗邏輯論文集》（一九一六）、《哲學光復的必要》（一九一七）、《哲學的改造》（一九二〇）、《人性和行為》（一九二二）、《經驗與自然》（一九二五）、《確定性的尋求》（一九二九）、《一種普通和信仰》（一九三四）、《藝術即經驗》（一九三四）、《邏輯：探索的理論》（一九三八）、《自由與文化》（一九三九）、《人的問題》（一九四六），以及與A・班特里合著的《認知與所知》（一九四九）等。（《中國大百科全書》哲學I頁一七三）

第五一節　赫士博士的上帝觀

一、傳略

赫士博士(Dr. W. M. Hayes 1860-1943 A.D)，係於十九世紀末被差遣來華之美國宣教士，曾獲法學、哲學、醫學、天文學、神學五項博士學位，在清末曾創辦山東大學堂。一九一九年創辦華北神學院於山東濰縣，並任院長。一九二九年遷於滕縣，建造校舍，成為規模宏偉的神學院。一九九一年蒙主恩典，華北神學院在台北東方神學院復校。

在中國神學教育方面，創辦較早，信仰純正，造就神的精兵較多，影響較為深遠的，華北神學院當係其中翹楚。而創辦人赫士博士，其堅忍不拔之意志、忠誠篤實之人格、勤儉好學之精神、博大精深之神學思想，彌足後世式法。

赫士博士之父，於美國南北戰爭(Civil War 1861-1865)中被南軍所殺；年幼時，矢志為父復仇，嗣戰爭結束，全國合一，乃專志讀書；因天資聰慧，成績優異，曾先後榮獲五項博士學位。學識淵博，可見一斑。

赫氏學成之後，先在美國傳揚福音，嗣被差會派赴中國傳道；乃於十九世紀末葉搭乘輪船來華；詎駛過夏威夷後，機械故障，隨波飄流，竟至迷航，情況急迫，全船惶然。

赫氏明曉情況，乃實用船上六分儀(Sextant，為航海時用以觀測日月星辰方位角度，而推定輪船所在之經緯度位置之儀器。)觀測判定船身所在經緯度位置，並指導技工修復故障；加速航行，到達日本時，僅較預定時間，晚數小時，而到天津外港塘沽，則毫無差誤。此事不但使全船人士驚訝感謝，以一位傳道人，竟能對天文航行學(Astronomical navigation) 及機械 (Mechanism)，學能嫻熟，救人脫離危難；新聞傳播，舉世皆知。

當時，袁世凱繼毓賢之位，任山東巡撫；得悉此事，乃派人於天津迎接赫氏，邀其籌辦中國第一所大學——山東大學堂；赫氏回答：不能立刻應允，須徵求差會之許可；結果，差回答覆：由赫氏自行視情況決定。赫氏乃向袁世凱提出八項條件：其中一項，就是守禮拜天，必須放假；袁世凱全部接納，並奏請慈禧太后核准，正式開辦。（據悉：唐紹儀曾加反對，因七日休息一日，不合中國國情體制，但袁氏答云：此事已經慈禧太后核准，如不同意，請向慈禧太后奏稟，唐氏遂不敢再議。）中國大學守禮拜天，當以山東大學堂為嚆矢。其後，國民革命成功，國父孫中山先生始正式規定全國各學校機關，禮拜天一律放假。此為赫氏為中國所作第一件大事。

後來，袁世凱野心勃勃，除逼迫國父讓出大總統外，並製造輿論，想做皇帝，擬聘赫氏為顧問，為赫氏嚴詞拒絕：「你雖聰明，但太自私，孫中山先生順應世界潮流，推翻帝制，建立共和國，你卻要恢復帝制，我不贊成！」袁氏終於稱帝失敗而亡。

赫氏一生節儉樸實，嗜愛讀書。每次吃飯，赫師母總是要搖三次鈴，赫氏才放下讀本。

一九一九年秋，赫氏離開山東大學堂，到山東濰縣，創辦華北神學院；（賈玉銘、丁立美、張學恭、胡鴻文院長等，皆其學生。）其動機，據悉應當時之齊魯大學，神學思想轉變新派，錯誤百出，如「新聞週報」(News week) 即係齊魯退休教授所辦，言論偏頗，赫氏曾為文駁斥；（路裔斯 Louis 所著「使徒行傳之研究」中，曾提及此事，可資佐證。）乃決心創辦一所信仰純正神學院，造就神的工人，傳播正確福音，以免瞎子領瞎子，誤入歧途。

創校之初，篳路藍縷，僅學生七人，教授一人，教室一間（實為地下室），老師坐在窗台上，學生站在前面，簡陋情形，概可想見。

因赫氏學識豐碩，教授認眞，校務蒸蒸日上，數年間即發展至學生三百餘人，大樓數座，大禮堂、飯廳、圖書館、宿舍俱全。其中宿舍為平房式，然前排日影不超過後排之門檻。有人詢問為何宿舍不蓋樓房？赫氏回答：學生畢業後，將分赴中國各地傳揚福音，並非赴美國傳道，如果住慣樓房，恐怕不太願意下鄉了。至於前後排之距離，則在使學生多獲陽光，以維目力健康。可謂思維細密，顧慮週到。

赫氏一生珍惜光陰，勤於寫作；從不虛應客套，說長道短；學生找他，如果轉彎抹角，問候師母，談論天氣，必遭斥責：「有什麼問題，直接說出！」缺飯錢、無錢買書，衹要用途正當，立予濟助。有人說赫氏不苟言笑，缺乏愛心，實係不了解；他待人誠實懇摯，惟不願浪費光陰，多說無益之話而已。

赫氏講課，甚少廢話，內容充實，精闢嚴謹；其神學思想，博大深遠，一般不易了解。

他經常手不釋卷，無論乘坐輪船火車，不愛談天說地，只喜閱讀書籍。但談論學問，上自天文，下至地理，興趣盎然，毫無慍色倦容。

在中國學問方面，亦頗精到；常與人討論中國古代對上帝的認識與崇敬，如：赫赫上帝，大哉上帝……等。其國文程度，不弱於中國秀才。他常詢問對方：「之乎者也」的「之」字，有何古文以其爲句首？對方常答不出，其乃列舉：「之子于歸」（詩經・周南・桃夭）、「之綱之紀」（詩經・鄘風・君子偕老）、「之死矢靡它」（詩經・鄘風・柏舟）、「之其所短」（國語・齊策）可見其對中國古文鑽研之深。以致有人說：爲他作任何事都可以，唯有不要貿然作他的國文老師。

其神學論著，中外神學家鮮能及之。美國浸信會神學家斯特朗 (Strong) 所著「系統神學」(Systematic Theology)，一般認爲最完備精到，但赫氏之著作，有過之而無不及。惟赫氏亦常引證斯氏神學，且表欽佩之忱。

赫氏樂於助人，但不求人知（不像一般人吹號角施捨），常將錢財交給道雅伯牧師，暗中濟助貧苦學生或教會。

其不苟言笑之態度，一年一度開放一次，即是畢業生聚會；此時，他一反常態，談笑風生，和藹可親，與平時判若兩人。

據說：一九二三年前後，美國石油大王洛克斐勒 (Rockfeller) 欲捐一百萬美金給赫氏，電詢其願否接受；赫氏回答：容考慮二週後答覆。經過禱告後，終於復電婉予拒絕。有人詢問爲何拒絕此筆鉅款？對神學院不是大有裨益嗎？赫氏答道：此款數額太大，如予接受，恐將影響信靠上帝之心志，而信靠人；何況此錢之如何得來，未得而知；不要此錢，心中反而平安。衡諸今日，能有幾人拒絕如此鉅額捐獻？其嘉言懿行，實足效法。

國民革命軍北伐，將到滕縣（華北神學院於一九二二年，由濰縣遷至滕縣）。因戰事危急，（北有褚玉璞、張宗昌，南有革命軍，西有共產黨與馮玉祥。）全校十餘外籍教師，連同眷屬數十人，均主張走避他處；但未聞老先生（赫士博士）說話，於是派代表謁見請示；赫氏堅決不走，他說：好牧人不能離開羊群跑掉。結果大家都留校不走。

一九四三年，日本人侵略，打倒滕縣；大家不敢再提走避；便一同被日軍俘虜，送入集中營。當時，赫師母已去世，赫氏患病，乃根據國際公法規定，凡八十歲以上者，可要求特權，居住原地不動；日軍向上級司令部請示，迨公文覆來，日軍故意壓住不發，仍將赫氏等移送濰縣集中營，赫氏爲表抗議，乃行絕食，後來公文發下，請赫氏回滕縣，彼不回去，終絕食而息勞歸天，享年八十三歲，衛道精神殊堪欽佩。

赫氏著作，據悉有：「教義神學」、「教牧學」（「司牧良規」）、「是非學」（「論理學」）、「羅馬書講義」、「以弗所書講義」、「四福音合參」、「使徒行傳講義」、「教會歷史」、「天文學要義」等。

赫氏對希伯來文、希臘文之造詣亦深，常引證舊約新約原文，解釋分析，使學生了解更爲清晰，一度曾在金陵神學院任教。

赫氏一生，獻身中國教會教育，前後五十餘年，遺骸與赫師母均葬濰縣。子二人：均獻身傳道，一英年於印尼喪生，一繼續爲主工作。（張之宜《赫氏博士略傳》）

赫士博士高徒胡院長鴻文博士，蒙主恩典，於一九九一年一天深夜，靜聽主的聲音，不斷地重複同樣的命令：「華北神學院復校……」胡院長於是召集華神來台師友會商，決定遵循主的旨意，在台北東方神學院復校，賡續培養基督精兵，院務蒸蒸日上。華神不僅歷來教授優秀，著作宏豐，而且學生素質亦不斷提昇，目前已有四位在國內外大學榮獲博士學位的各大學現任教授，刻正在本院博士班攻讀神學。至於對外開展方面，自一九九九年起，與北京大學合作，招收宗教學專業研究生，成效良好。本院刻正與美國德州羅柏克的聖彩神學院商談合作事宜。該院總部爲一龐大的神學團體，於卅七年前創建，目前已在世界各地設有八個分院（包括俄羅斯、羅馬、印度、印尼、利馬、墨西哥、厄瓜多爾、邁米亞等。）有一百多個國家派有傳道人，並在美國與若干大學具有關係。這對於廣傳福音，榮神救人，當有重要的意義，與光輝的遠景。

二、學說

赫氏博士所著《教義神學》（系統神學）一書，源於愛神殷切，靈意純眞，宏揚聖道，立論正確，思想縝密，膾炙人口，蜚聲國際，多年來爲神所重用。惟以原著係由中國文言文寫成，詞語艱深，譯名古異，了解不易，華北神學院師生多年來即盼譯成語體文，胡院長鴻文特譯成之，以應神學師生，與教內同道之需。譯筆流暢，奧義盡出。茲據是書，恭錄赫氏有關上帝觀之卓見，以見一斑。

神是萬有所本、所依、所歸、完備無窮的靈。（神爲靈，其靈性、智慧、權能、聖潔、公義、恩慈、誠實，均屬無限無量、無窮無盡、永無改變。）惟神的實有爲原理之一，所以先論何謂原理（或說原知）。

壹、原理的基準

原理乃是人直接所知屬於理性的概念。以眞理言之，爲觀察和思悟的基址，以時間言之，爲人靜觀萬物現象與人心作用，而自呈露於心中的。現分屬兩條加以探討。

（一）原理基準的特色

A從反面來看：①並非人在有意識以先，銘記於靈質之理，因爲人心並非如石碑那樣，可以接受所不知覺的道理。②並非與生俱來的知識，因爲人生時，並未見何等知識的憑據。③並非與生俱有隱而不著，以後不賴觀察及經歷而自顯的知識，因爲考察心理，可知不憑觀察經歷而自顯的概念是未曾有的。

B從正面來看：原理雖然是藉著觀察思悟而顯明於心，卻非由觀察與思悟而得，乃爲人觀察和思悟所必需的基礎。實如人的嘗味覺線，雖嘗於知有司覺系之先，而仔細加以思維，非有覺線不能嘗味，凡所稱原理，也是和此種道理相像的。惟以原理在意識中，其呈現的遲或早，則是隨人和原理而有不同，有人經歷多年才在意識中發現的，亦有一生尚未知覺的，然而仍然蘊藏於心中，爲日常思索的依歸。待人溯思其所以能辨識彼此，所以好善惡惡，所以見果因而推知原因，則可以直知衷心是有原理存在的了。

（二）原理基準的標的

欲辨別此理是否爲原理，須憑依如下的標準：

A原理爲人所公有。有種原理，以科學方法而言，雖有很多人不明瞭其義，然而觀察人的言行，及其心中所想望的，可以知道人皆時常加以應用。

B原理爲必然之理。這並非是說不能不予以承認，然而遇有適宜的環境，人心不得不予以承認。如實證論家否認原因之理，而其證明中必然要說到其所以否認的原因。持必然論者，不承認自由的論點，至其與人辯駁，則自由隨己意而行。又如普神論派不承認有位格者，然而仍知道我與物的大別，這不是有位格嗎？凡此即如人不信有空氣，然而辯論之間仍然呼吸空氣是一樣的道理。

C原理爲獨立純一在先之理。獨立的意義就是不依賴其他的理由以爲之證明。純一的意思就是非由數理所組合。在先的意思，是謂有此原理方可推之其他之理。譬如人先有空間的概念，始知方向與所處之地。然則，綜合言之，原理準度的由來乃是人心本有的知能。

貳、神的實有爲原理

（一）神實有爲公有的原理

普世的人類，無論有無教化，不分年代的古今，皆有敬神之性，與論神之說，可就用下列數點言之：

A蠻夷之族，如南非與澳洲的土人，發現新地的探險家，昔以爲他們並無敬神的知識，迨至仔細觀察，皆有其所拜之神。是以在此世界上，縱有一二不敬神的人，亦僅如億兆中之一；聾瞶瘖啞，不足以證明人類乃是不聞不見不言的，此種理由即爲人間普通之理，所以說人乃是敬神的動物。

B教化文明之區，雖有人不直接承認管理宇宙的大主宰，然而亦間接顯明其心中有此概念。如英國休謨 (Hume) 不承認有靈界，一天夜裡，偕同友人散步，於皎潔明月之下不覺喟然嘆道：「神哪，終於認識是有神的了。」福爾泰 (Voltaire) 遊阿勒伯山，遇到大雨滂沱，閃電雷鳴時，亦心中害怕而向神祈禱。達爾文 (Darwin) 曾謂其雖多所懷疑，然而從無不認在上有神，於此亦可見其所表明的心理了。

C時地相去遙遠的，亦同有此種概念，此是由於天賦之性，可知並非由於偶然。至其或有不盡相同不盡完全的，乃是由於概念的偏差，否則，同爲人類，必然會有同一的概念。

(二) 神實有爲必然的原理

A人處適當的境地，即顯露有神的概念，不得不承認神爲實有，如默想自己要有所依靠，必然要思及所依靠爲誰。默念自己的智能有限，必然會思想到一智能無限者。默思因果的理則，必然會思想到萬有的原因，這是人類所通常有的。

B凡人皆有宗教思想的方寸，所以心中亦必有有神的意念，此種意念若在人處於適宜環境時而不加以發展，則有如牲畜不能承受宗教的訓誨了。惟人心有衍繹歸納等思索之理，奧祕之能，可見這不但有其來源，並且此種來源亦大有深思之道咧。

C人心有可恃的行程 (Mental Processes)，則必有其行程的由來，惟其由來並非由於自己，乃由於思想之道的大原，此大原賦予思理之能，而竟證言大原的無有，有這種道理嗎？

(三) 神實有爲獨立而在先的原理

A神的實有，爲凡他知識必需的基礎，即是腦最通常的工作，如感覺意識等的所以確實可靠，無非因爲神在先創造人心，使之依據事理的實情，而不予以欺人之心才。很多人未曾思及所以依腦之最通常的工作而行，仔細思之，究無他故，亦是由於神所賦的心才而然。

B腦的工作之複雜的，如歸納衍繹等之所以可靠而足以運用，以六合之內，各事皆有其理，而萬物的創造，亦莫不是符合於人心之理，所以內外之事，無論大小，莫不是以一理貫之。如愛爾蘭的某數學家，已經證明光浪被阻礙必分七色，試驗者請其來觀看，他不去，他說試驗不能比較我的推算更爲正確。是以人心所以能知此等奧秘的道理，推論光受阻礙所生的變化而無誤，如果不是內外之理一以貫之，將如何加以解釋呢？

C萬物中顯明皆有計劃，由於有計劃而知其中有目的。但是有計劃和目的，必在其先有爲之設計的，如說沒有神，則萬物雖然顯有計劃，總不過是偶然而已。如狄考文曾說：以未排的鉛字相湊合，或者有二三字可以偶然成句，但不能偶然成一長篇，這句話是很實在的。

D人心有是非之律，每見有無理的事，不待思想而是非之律自然顯出，但既有此律則必有設立此律的。人也知道善惡昭彰有報，既有報應必有先有施行其報應的。如果說沒有報應者，此意見既置之於人心，則其來由便難以知道了。

綜論此四者，若不是以爲神實有之證，仍足以證明人心必先設定有神，則人思悟的才能與是非的判定，乃眞是可靠的。

參、評神實有諸概念由來的謬說

有的人不認爲神實有的概念爲原理的，其說不一，雖云各是其是，然而均非正當的解釋，因爲他們皆假定以直覺作爲替換之故。現試行糾正其三種說法如下：

(一)非由啓示而得

此種意見無論謂藉聖經或由遺傳，皆不足信，因爲人心非先有神實有的概念，自不承認啓示的可有的。設無太陽，人自然不去製日晷，無有神的意念在心，自不認聖經爲神的啓示。

(二)非由經歷而得

無論此種經歷是由個人的觀察和思索而來，有如洛克 (Locke) 之所說，或由歷代民族的感應與會合積累的成就，有如斯賓賽（Spencer）之所寫。或由人感情的性質，藉著宗教的感覺，與超乎感覺的實體（即是神）相交通而得到的，而此說乃是以無知的言語，使意思暗昧不明，因為有神的概念是由原理而來，不是由感情而來。

（三）非由推理而得

A很多人心中所以有神實有之念，並非由所知覺加以推理而得，乃是藉著適宜的環境，而直接顯著於心，有如直接受啓示的光景。

B有有神的信仰的，不是依賴其推理能力的強弱以為增減，推理強的人，未必即有堅定的信仰，而堅信不疑的信徒，對於神實有的論據，尚未明瞭其道的為數也很多。

C依理而推有神，雖可堅人信仰，然不足為有神的確據，因為理想的證明，不足以成為左劵，而且在有界限的，不能得到無界限者的實據。幸而人的得到所知，不限於理心，因為裁取之才，敬神之性，是非之心等，亦為知神之原，豈可就一端而賅括其餘呢？

肆、人知有神原理的範圍

（一）人對神直知的四端

原以人知道有神，以其對於神的事，亦能夠直知的原故。

①神為大理，如果說人的理心，不根據於知理之原，則無以解釋其來由。

②神為完善、無缺，為人心是非律之原。

③神有權能，為人的存活之所賴。

④神有位格，人當敬拜祂。

論到神的實有，乃為理性的直知（或云原知），並不是說人不能由呈現之才而直覺有神，當人未犯罪之先，常常與神相交，眞基督徒，亦有主親臨在的意識。聖徒在天時且親自覲見神面。世人在大難當前，或罪惡深重時，亦頻頻感覺神在左右。惟此屬於呈現之才的直覺，不如理心直覺有神，無如失去了愛神之心，以此心中的原理模糊，不能明白辨析，如果不是神藉著聖靈的特別工作，開導指引並加以扶掖，則不能得到與神爲友的知識，由知神之性而進於知神。

（二）聖經無須復證有神

神實有的概念，本在人心，所以聖經不再加以證明，這是說神的實有，人皆知道。聖經首句，不必說「起初有神」，而是說「起初神創造天地」，因爲人心皆有神實有之證，不須要從外邊再引用證據。然則在教牧宣講聖道時，當按照聖經完全的方式，也須時而依據聖經的話，以喚醒原知，如保羅所說：「自從造天地以來，神的永能和神性是明明可知的，雖是眼不能見，但藉著所造之物，就可以曉得，叫人無可推諉。」（教義神學頁三五－四四）

三、結語

綜上所述，赫氏博士的上帝觀，認神爲實有，神是萬有所本、所依、所歸、完備無窮的靈。並以神的實有爲原理之基準而闡釋之，復據「以宇宙有始有變爲證」「以宇宙顯有目的爲證」「以人有是非之靈性爲證」「有人以必然抽象之意爲證」補證神的實有。符合聖經所說的「神是自有永有的」道理，鞭辟入裏，得其眞諦。

第五二節　提勒爾的上帝觀

一、傳略

提勒爾 (Tyrrell, George 1861-1909 A.D)，英國現代主義 (English Modernism) 代表性人物，對傳統羅馬天主教的教導日增反感，亦以對復原教自由主義者哈納克 (Adolf von Harnack, 1851-1930) 的批評聞名於世。

二、學說

（一）論新教中自由主義者的基督

提勒爾認爲，新教中自由主義所謂的「歷史的耶穌」是沒有價值的，因爲那只不過是將現代學者的觀點及價值，投射於深遠的歷史人物耶穌身上。他對哈納克以及「深井」(deep well) 的評論更廣爲人所熟悉。

以哈納克及布瑟(Bousset)爲代表的評論家，認爲耶穌是一位有神本質的人(Divine Man)，因爲祂被神的靈所充滿，滿有公義。祂來到世上（這是假設，而非證明）的時候，猶太人正殷切地期待彌賽亞的來臨，要向他們的敵人施行報復，並且在地上建立一個或多或少超然的物質性神的國度。祂自己也似乎以屬靈的形式表達了此觀點，將之由物質改爲倫理的用語。祂有一個神聖的使命，便是建立一個公義的國度，讓神管治人的內心及良知。祂感到祂自己便是那位眞正的、也就是屬靈的彌賽亞。祂按照這種國度及基督的概念，辛辛苦苦地訓練出幾位追隨者。祂周遊四方，廣行善事（甚至醫治病人，對祂來說是個神蹟），教人行善。祂的福音的基本信息是神爲父，衆人皆兄弟，或說律法中的兩大誡命：愛神及愛鄰舍，又或者是神的國度在我們裏面。這些雖然都是當時敬虔猶太人的教條，甚至也是外邦人的哲學，但耶穌卻將之發揮至淋漓盡致，因爲祂自己以身作則，彰顯出偉大的人格，更重要的是，祂爲了祂的朋友及這些倫理原則而死。當然，祂或多或少是受當時時代的影響，祂相信神蹟、邪靈附身，更重要的是，祂相信世界即將結束。因此祂有許多的倫理觀受到影響，都成爲危機倫理。但這些卻只不過是祂中心思想及所關懷的事物的外加因素(accidents)，因此我們可以說，祂基本上是現代的人，因爲我們重新發現「信仰=義」這個公式是現代的，更是西方的、日耳曼民族的思想。（麥葛福《基督教神學原典菁華》頁二〇四—二〇五）

三、結語

綜上所述，提勒爾的上帝觀，論新教中自由主義者的基督，所謂的「歷史的耶穌」，那是將現代學者的觀點及價值，投射於遙遠的歷史人物耶穌身上之神學思想。

提勒爾爲愛爾蘭籍天主教耶穌會教士、哲學家、現代神學派主要成員。提勒爾原受英國聖公會教育，一八七九年改奉天主教，次年加入耶穌會，一八九一年被立爲司鐸，任蘭開夏郡耶穌會斯托尼胡爾斯學院教師。他認爲每個時代的人都有權根據當代學術知識水準調整基督教義。早年即持有自由主義見解，樂觀地相信天主教神學能夠包容科學新發現。用歷史的和批判的方法研究神學，招到教皇利奧十三和庇護十世的反對。他以不同的化名撰寫《人生因素—宗教》（一九〇二）、《教會與未來》（一九〇三）等書，抨擊教權至上主義。這些書更加使他爲教會所仇恨。一九〇六年退出耶穌會。次年教皇十世發表通諭譴責現代派神學。提勒爾公開駁斥這項通諭，因而受到絕罰。（《大英百科全書》冊 14 頁三一二）

第五三節　懷特海的上帝觀

一、傳略

懷特海 (Alfred North Whitehead, 1861-1947)，或譯「懷海德」，英國數學家、邏輯學家，過程哲學的創始人。一八六一年二月十五日生於英國肯特郡的蘭姆斯格特，其父是牧師。一八八〇年入劍橋大學三一學院專修數學，畢業後留校任教。一九一四年受聘爲倫敦大學帝國科學技術學院應用數學教授。一九二四年到美國哈佛大學任哲學教授，專意於建立其宇宙形而上學。一九三一年當選爲英國科學院院士。一九四七年十二月卅日卒於哈佛大學校園。主要著作有：《數學原理》（3卷，與羅素合著，一九一〇—一九一三）、《數學導論》（一九一一）、《關於自然知識原理的探索》（一九一九）、《自然的概念》（一九二〇）、《相對論原理》（一九二二）、《科學和近代世界》（一九二五）、《過程與實在》（一九二九）、《觀念的歷險》（一九三三）、《思想方式》（一九三八）等。

懷特海原是新實在論者，後來受到實用主義者詹姆斯，特別是直覺主義者柏格森的影響而成爲自然神祕主義者。他的基本論點之一就是，自然界是活生生的、有生命的，它處於創造進化的過程中。但與主要依賴於生物學的柏格森以及更早的唯靈主義不同，懷特海試圖用近代物理學和數學上的成就創立其活動過程哲學或有機體哲學。

懷特海認爲，現代科學已否定了把自然界各部分看作是死的機械唯物主義自然觀以及與之相適應的樸素實在論的認識論。這些傳統觀點認爲自然界是由永恆的物體所組成，這些物體也就是那些在一無所有的空間中到處移動的物質粒子，每個粒子都有它自己的形狀、體積、運動等。懷海特認爲，光和聲的傳播原理，表明色和聲都是第二性質，它們並非眞正存在於客體中。由此，他認爲那種想從感官知覺出發理解事物本質的觀點是膚淺的，是在認識論上迷失了方向，另一方面，他認爲，由於永恆物體在空無所有的空間中運動的圖景已被一種不斷活動的觀念所代替，因此，實物已被視爲和能同樣的東西，而能是純粹的活動。由於任何局部的振盪都會震撼整個宇宙，所以就不應當把任何事物看作局部的、獨立存在的東西。他認爲環境一直滲入到每一事物的本質。懷特海所建立的程序哲學，不承認存在著客觀的物質實體，而只承認存在著一定條件下由性質和關係所構成的「機體」。機體的根本特徵是活動，活動表現爲過程，過程則是機體各個因子之間有內在聯系的、持續的創造活動，它表明一機體可以轉化爲另一機體，因而整個世界就表現爲活動的過程。他把世界過程看作事件之流，永恆客體則構成可能性的領域，它一旦離開事件流，只是一個抽象世界，只有當它進入時空流後，才成爲具體的顯相。在懷特海看來，實在世界就是由具體的顯相組成的，它是全部潛存於可能性領域內的無限多的世界中的一個，實在世界是選擇的結果，最終決定這一選擇的是上帝。他指出，上帝把限制施於無限多的可能世界，才使這個唯一的世界以實際產生，所以上帝是現實性的源泉，也是限制性的根源。並且，由於限制的根源必定存在於運用了限制才產生出來的世界之外，理性也就不能夠發現這一限制性的根源，因此他強調上帝的存在就是最終的反理性。

懷特海還提出表述事物之間關係的「把握」概念，把握是指一物握住或抓住另一物。他認爲，一個實在的實體就是一個「把握性的事態」，亦即該實體其所把握的一切事物關係的綜合體，它不是一種永久性的事物，只是過程的基本活動中的一次暫時的選擇，它通過把握凝爲實在。他將把握看作是世界的基本活動，認爲一個機遇的肯定的和否定的把握，決定著它的特性，而使一個機遇最終如是的東西叫做「主觀目的」。主觀目的是事物要成其爲自身的內在衝動；它開始是潛在的，在事物發展過程中逐漸變成實在。主觀目的決定著事物在自我形成過程中加入何種把握。他指出，宇宙中每一事物都與其主觀目的實現有關，又都以其不同程度的主觀目的的決定性作用來把握別的事物。他關於萬物之間相互「把握」的觀點，與辯證法的普遍聯繫觀點不同，他通過這些聯繫方式神祕化的手法暗示萬物之間存在著神意的調配，認爲事物之中的「主觀目的」就是具體化的神意。

懷特海強調，認識是經驗主體的一種機能，認識的任務在於分析感官知覺中的自然界，而認識過程就是主體

「包容」客體的過程。他把主體稱爲「包容統一體」，把客體稱爲「感官對象」，認爲客體的性質不在於客體中，而是由主體的認識機能產生的，正像疼痛在我身而在割我之刀上一樣。因此，懷特海指出，「世界是在精神之中」，「我們在世界之中，而世界又在我們之中。」

懷特海對數學，尤其是對現代邏輯的發展有一定的貢獻。但他創立的過程哲學拋開實體，只談活動或過程的做法，則是企圖從世界組成中消滅物質，爲上帝的存在作論證。在他的思想影響下，哈特肖恩等人又進一步發揮了過程哲學的神學傾向。（《中國大百科全書》哲學I頁三一三）

二、學說

(一)上帝（神）是「實際事物」

懷特海的學說，簡要而言，「實際事物」或「實際緣現」一語，在懷氏的用語習慣中，乃可交互替換來使用；不過，在《歷程與實在》一書裡，懷氏卻指出上帝（神 God）只是「實際事物」，而不是「實際緣現」。然而，在《觀念的冒險》與《思想的模式》兩書中，懷氏則將上述兩語作對等的使用。

(二)機體宇宙論

懷氏談述「實際事物」（實際緣現）的歷程，則涉及三種階段：一、是由雜多資料（實際事物）作單純性的攝受——稱之爲「物理攝受」；二、是由「永恆對象」作攝受活動——稱之爲「概念攝受」；以及三、是對比攝受（與滿足）。由於這任何階段的攝受活動，都蘊涵「價值」的選擇，因此，任何的實際事物都內存了價值；這可是懷氏價值哲學的主要核心觀點。因爲，在懷氏看來，所謂任何實際事物（的形成歷程），也便是價值實現的歷程。各個實際事物，都以它自身的重要性與興趣（利益）作選擇的標準。爲此，懷氏的這種結合宇宙論與價值論的哲學觀，應可說是一種以「價值」爲中心的有機哲學、或機體宇宙論。

(三)自然神學的上帝（神）觀

再者，懷氏的「上帝（神）觀」，也是基於上述的「實際事物」觀念推衍得出的。基始上，懷氏視「上帝」亦爲「實際事物」，也就是上帝必然具有單純的物理攝受、概念攝受、轉化與對比攝受……等階段。不過，由於上帝本身並不是實際緣現，懷氏便以三種角度來表詮「上帝」這一概念的獨特性：上帝的根源性（原始性、先在性；God's primordial nature）、上帝的後得性 (God's consequent nature) 與上帝的超主體性 (God's superjective nature)。詳細的說明，有如下述：

A上帝的根源性：是指不同於一般「實際事物」的「上帝」，它可以對「永恆對象」作全部的概念攝受；這種上帝的諸多攝受的側面，即稱之；

B上帝的後得性：是指不同於一般「實際事物」的「上帝」，它基於自身的主觀方式（如：強烈的喜愛），而物理攝受了一切實際事物的所有感受，並且將之轉化、比較、整合而形成更具和諧性的層級世界（社會），即稱之；

C上帝的超主體性：是指不同於一般「實際事物」的「上帝」，它同時可被其它實際事物來攝受，又可被一切實際事物（包括它自己）來作直接攝受，即稱之。

就理論而言，懷氏的上帝之屬性它的位序應該是：先在性優先，後得性其次，而超主體性墊後。不過，在實際上，這三者乃是同時發生、同時存在，以及同時形成的。

在懷氏而論，上帝即是世界新生事物以及新秩序的誕生者、或創造者。但是，就它與實際事物（實際緣現）的關係而言，上帝也會被「對象化」，而成爲一般實際事物的感受、或攝受對象。從這兩者綜合看來，懷氏的上帝雖非具體的——由上帝的先在性角度而言——不過，它卻也是具體實際事物的根基。而，就「世界」本身而言，世界中一切的實際緣現，也都與上帝同時發生、同時完成，並且內存於上帝之中。或者，也可以這樣說：宇宙中的一切事物，它們之所以相互關聯而凝結成爲一體，乃是由於有上帝的存在之所致。

就由於懷氏的上帝理論之秉具如此的特徵，我們又可進一步的認識到：懷氏的宇宙世界觀，當是涵指一種動態的、有機的、連續的、網狀的、有限（而無界）的、美感和諧的，以及層級明確的創新的宇宙觀。

懷氏的這種形上學暨上帝理論，誠然可說是一種「自然神學」(Natural theology) 中的有神論。（陳俊輝《新哲學概論》頁五五六—五五八）

（四）進程思想中的神

一般都承認，進程思想的起源，爲美國哲學家懷海德，尤其是他的《進程與實有》(process and Reality, 1929) 一書。懷海德不滿傳統形上學（以「物質」和「實質」等觀念表達）的靜態世界觀，他認爲實有是一種進程。世界乃是有機的整體，是動態的，不是靜態的；事情是在發生。實有是由「實際的實存」(actual entities) 或「實際的狀況」(actual occasions) 組合而成，所以其特性爲形成、改變，與事件。

這些「實存」或「狀況」（這是懷海德的用詞）都有某種發展的自由，並受周圍情形的影響。在此或許可以看出生物進化論的影響。懷海德和後期作者德日進 (Pierre Teilhard de Chardin)，都容許受造物在進展中遵行某種大方向的引導。這種發展過程的背景，則爲永恆的秩序，就是成長所必要的組織原則。懷海德主張，神可說即是進程的秩序背景。他視神爲一種「實存」，但將神與其他的實存區別出來，因爲祂具不朽性。其他的實存只能在有限的時期內存在；神卻永遠存在。因此，每一個實存都受兩種資源所影響〔懷海德用「獲致」(prehend) 來形容這種取得經驗的行動〕：前一個實存和神。

所以，因果關係並不是指實存「被迫」要按某種方式行動，而是一種「影響」和「誘導」。實存相互的影響，是「兩極式的」，即包括心思與物質兩面。不但一切的實存是如此，神亦不例外。神只能以誘導的方式，在進程本身的限度內運作。神「遵守」進程的規則。神影響其他實存，也受它們的影響。懷海德有一句名言：神是「同受苦的知心者。」因此，神影響世界，也受世界影響。

進程思想重新定義神的全能，從世界整體的進程之內，用誘導或影響來作界定。這是很重要的發展，因爲它能解釋邪惡的問題，說明神在其中與世界的關係。在邪惡問題上，傳統是以自由意志觀爲神辯護，這對道德性的邪惡，就是由於人類的抉擇和行爲所造成的邪惡，頗具說服力（不過，仍有人爭論）。但是自然的災難——例如：地震、饑荒，和其他天災——又如何？

進程思想主張，神不能勉強自然服從神旨，或爲它定計畫。神只能嘗試從裏面來影響進程，用誘導和吸引的方式。每一個實存都具有某種程度的自由和創造力，是神所不能駕馭的。傳統的自由意志論，對道德之惡的解釋爲：人類有自由，可以違背神，不聽祂的話；進程神學 (process theology) 則主張，世界的各個組成體也有自由，忽視神對他們的影響或誘導。他們不一定要順應神。所以，神在道德上和自然災難上都無需負責。

以誘導的性質來解釋神的作爲，雖然有這些好處，但進程思想的批判者認爲，所付的代價太高。傳統神的超越觀似乎被放棄了，或以神爲進程中主要且永存的實存體，來作改頭換面的解釋。換言之，神的超越只不過是指：神比其他的實存更長久、更優越。

有幾位作者將懷海德的基本構想再加以發揮，其中最著名的爲哈茨霍恩 (Charles Hartshorne, 1897-?)、奧格登 (Schubert Ogden, 1928-?) 和科布 (J. B. Cobb, 1925-?)。哈茨霍恩將懷海德的神觀略作修改，其中最重要的主張：進程思想的神，應當更多從位格的角度來看，超過實存的角度。因爲對進程思想最主要的批判之一爲：它在神的完全觀上有所妥協。完全的神怎能改變？改變不就等於承認不完全？哈茨霍恩將「完全」重新定義爲：包容改變的能力，卻不致使神的卓越有所妥協。換言之，神能被其他實存改變的能力，並不意味神降至它們的層面。神高過其他實存，可是會受它們影響。

許多評論家認爲，進程神學的眞正力量，在於它對世上苦難的起源與本質之見解。倘若分析基督教傳統中對苦難問題的各種看法，便更能欣賞進程神學的長處。（麥葛福《基督教神學手册》頁二七二—二七三）

（五）上帝存在的實在論

懷海德以爲每一種存在，都有個別的單獨性，每一個存在與存在之間，都有一些聯貫性，統一性，他重視這個宇宙的整體性，乃是其形上學的一個基礎，所有自然科學所討論的，都是單獨的，個別的東西，在形而上的探討上，才可以知道宇宙的統一性，因爲他以爲整個宇宙，都是一個不可分的大統一，這個大統一，並非人的經驗可以抵達，經驗只能和單獨的東西相遇，而眞正理解每一種單獨的東西，其所以存在的意義及價值，則需要一個統一的看法，需要萬物一體，宇宙一體的感受，方可以理解到每一種事物與事物之間的關係。因此，懷氏的哲學，就經驗主義而言，他已超離了範圍，因爲他不再完全地使用歸納或演繹法，而是用一種「直觀」，追求一種永遠的現象，所以他的哲學，必然承認上帝的存在，因有上帝的存在，宇宙和人生才會成爲一個整體，人生在世界上，亦因此可以爲自己的未來設計，爲自己整個的存在，不但是今生今世，甚至於來生來世的存在問題，也要加以關心與設計。

懷海德認爲連知識在內，亦應參與理想進去，因爲在知識論上，我們所討論的所有個別的東西，如果不能夠有這種心態，知道透過每一種個別的東西，最後是要找到「存在」本身的話，則所有研究個別的東西，便無什麼大的作用了。因此，懷氏把他自己的理想最終點，乃是上帝，因爲上帝才是眞正地創造了整個的宇宙，連人生在內，都是向著祂去發展，這「有神」的信念，是懷氏哲學發展的高峰，並且同時也是他的哲學體系發展基礎，除了「神」之外，根本無法理解懷氏的哲學體系，無論其知識論或人生哲學、本體論或形上學，皆奠基於他的存在基礎——上帝之上，雖然懷氏的上帝，未必就是神學上的上帝，不一定就是基督教所崇拜的對象，但這種概念，卻是他的哲學體系最終基礎，是他的「實在論」哲學最終的實在，是一切存在最後的本體，而且宇宙整體性的最終聯繫，都是由上帝去計劃與引導，開始與終結。（李道生《世界神哲學家思想》頁二七四——二七五）

（六）自然神學的觀念

胡院長鴻文謂懷海德有自然神學的觀念，在他的整個哲學中處處貫串著宗教的精神，他在後來的階段中尋覓以自然神學表達他的宗教精神，但是卻並不以此一階段爲限。他認爲宗教在人的社會關係和人生經驗中蘊育著各個人經驗中的重要意義。除了此種廣泛的社會關涉以外，他認爲宗教仍關係於變動中不變的眞理。他將永久性的觀念和世界秩序之一般安排的概念加以連結，其間爲廣泛的關聯建立基地，然後再涉及於更多的特殊的安排方面。世界間的安排，被懷氏稱之爲「上帝最初的本性」，經比較而稱之爲宇宙間命題式的機能，這就是事素實際的程序經予以「評價」而獲致的「形式」。雖然懷海德曾經說過上帝最初的本性係作爲一種「概念的理解」，而他以爲對實際成就的缺乏，如加以解釋僅爲形式的圖表，仍需要他「概念理解」中的一種意念，包括一種興趣在內，此種興趣即爲促使此可理解的形式趨向於實現化。此種趨向於現實化即是說以主觀的形式供應特殊實際的實體，上帝表現而爲「具體化的原理」，於是實現的程序由此而興起。他以爲上帝並不創造其他實際的實體；祂預備開始的動力以促使其自行創造。他以爲每一實際的實體，包括上帝在內，均爲一切創造的特殊結果，這就表明繼續進展的程序，其間世界很多的因素綜合形成新的單位，稱之爲「合生」。此即爲創造進展而爲新鮮事物之多種程序。上帝爲要對其他實體形成的實體加以反應，祂需要有後續的本性，在祂的自行形成中促使其他的實體「客觀化」，這就表現而與自然的程序相鄰接。（胡院長鴻文《本體論新探》頁一三六——一三七）

三、結語

綜上所述，懷海德自然神學的上帝觀，當然是不符合基督教聖經神學的思想理念，胡院長鴻文對此有特別深刻的評論，其要點如下：

其一、在懷海德的自然神學中，無創造者與被造者之分，如此則宇宙萬物從何而來，並無清楚的交代，如果照他所說上帝亦須要自行形成，不啻說是在被創造之中，則需要有最高的創造者，這顯然是不可能的，上帝是絕對的，是無限的，祂不能列在被創造者之中，祂乃是創造者。

其二、如果照懷海德所說，上帝是列在被創造者之中，那麼，只是相對的，而非絕對的，如按逆行綜合的程序加以推理，則必無所底止，其程序不能完成，誠若如此，則相對的程序亦無法立定或進行，現有的宇宙萬物即無法存在。所以說上帝必然存在，祂是宇宙萬物的創造者和管理者，從亙古到永遠是永存的。

其三、上帝是完全的、無限的、無所不知、無所不能、無所不在，祂不可能被創造，不能對於上帝再增加些什麼，懷海德所說把上帝列於被創造的行列，而謂可得新的結果，這顯然是違背眞理的，正統信仰的基督教對此自然要予以反對、駁斥。

其四、近代有一些人採取理神論的觀點，如果仔細加以探討，此種觀念乃是站立不住的，理神論無法說明創造的動力和能力，生命的來源，受造物的類別及其精巧的構造，以及宇宙萬物的管理運行等，理神論並無充足的理由可予合理的說明，懷海德對於上帝的觀念不合眞理與此亦頗有關聯。上帝是有位格全能的神，這樣，便可以充份明瞭宇宙萬物如何被上帝創造和管理，這是本於基督教的正統神學，中國古代對上帝的認識亦與此相符合。（胡院長鴻文《本體論新探》頁一三七—一三八）

胡院長的評論，可謂鞭辟入裏，深感敬佩，特錄爲本篇的結語。

第五四節　特爾慈的上帝觀

一、傳略

特爾慈 (Troeltsch, Ernst 1865-1923 A.D.)，神學家、社會學家，參與創建宗教歷史學派 (History-of-Religions School)，重視宗教的歷史延續性。他最重要的神學貢獻應爲基督論方面，特別是有關信心及歷史之關係的探討。

二、學說

（一）論信仰及歷史

此篇論文最初於一九一〇年以德文發表，特爾慈在文中提出，基督教神學需要處理有關「信仰及歷史」的新問題。此處所探討的問題十分重要，有助於讀者明白，耶穌基督的歷史事件如何影響基督徒的生活及思想，這種影響在過去存在，也將繼續存在。

A基督教信仰的歷史關聯

信仰與歷史的關聯是現代宗教思想界所面對的一個難題。我們對宗教的理解及經驗，都是一種「現在進行」的宗教，藉著內在的經歷，得以確定有關神及永恆世界。但若說對神的這種經歷應當倚靠歷史人物及（某些）力量爲媒介，並且包括從宗教信仰的角度來認識歷史事件，卻令人感到困難。當我們面對如此的難題時，首要的問題，便是有哪些相關的歷史事件？其與基督教信仰的本質有何相關？由宗教心理學的立場看來，可以想到下列數點：

(a)信仰必定有具體的思想內容。

(b)基督教信仰是藉由相信在基督中自啓的神而提供救贖。

(c)基督教信仰的目標，是創造在人類中一個偉大的群體，經由信仰得到力量及提昇，同時因爲認定神的旨意而得以聯合。

(d)基督教信仰同時必須有一種基督教儀式，以便其發展及鞏固。

(e)基督教信仰自視爲啓示及救贖的最終成就，因此必須對其他宗教信仰採取一個立場。

上述這些論點都顯示信仰及歷史無可分割，因此我們需要用宗教的觀點來看歷史。偶爾也可能有需要忘記這些歷史的關連，使人可以發揮自己宗教性的創造力。但基本而言，任何的創新，都將不過是對歷史持有新的立場，或是對已有的立場作出新又更有效的應用。放棄歷史，相當於信仰的自我放棄，至終安於多變虛浮的宗教感覺，是完全由個人的主觀弄出來的東西。最早期的基督教時代建立這種歷史關聯的方法，是從普通歷史的自然發展中，把耶穌、教會、聖經分別出來，使其成爲神聖的歷史元素，從而使這種歷史關連得以建立。基於心理上的要求，信仰必須是臨在於個人的，因此也逼使信仰與歷史要產生關聯。

B對此歷史關係的異議

直到現代爲止，基督教信仰對於承擔這些歷史的關聯並無不滿。雖然對歷史有不同的解釋，但信仰總是在歷史當中找到最強有力的支持。就算當信仰的內容被轉換，成爲一種「只注視於目前」的純宗教 (gegen wartsreligion)，但它與歷史的關聯卻從未被廢棄過。現代世界首先提出基本的異議。這些異議包括：

(a)在每一個領域中，現代的世界都是個別自主的世界。

(b)宗教心理學說提供的分析，嘗試由科學、心理學的角度來看信仰，顯示在現實情況中，信心即能夠與現在及永恆的事物相聯，不可能只是與過去及暫時的事物相聯。

(c)若以歷史的角度來衡量歷史事件，例如古代教會及中古時代所未知的歷史事件，則不但顯示這些歷史資料是相對的、有條件的，甚至使得它們成爲被評論的對象。

（d）此外，現代的基督教包含有各種不同、互相攙雜的宗派，這本身便是按歷史而言把現代基督教分割。

（e）基督教所面對的困難，不僅源於與其本身歷史元素的關係，也包括與其他歷史性的宗教的關係。

（f）這些困難均是由宗教思想本身產生出來的，與對歷史的壓制性及歷史的學識有敏感度的思想結構是一致的。

基於這所有的原因，歷史對信仰帶來的問題，遠遠超過歷史對現代形上學及現代自然科學所帶來的問題。歷史給現代人的生活帶來一個眞正嚴重及嚴肅的問題，正如形上學及自然科學對宗教思想的影響，爲我們的宗教思想帶來多方面的轉變。對歷史的舊有態度已無法再繼續。人類歷史延伸過無限的時間，所有的歷史事件都是有條件性的、有時間性的，又歷史批判學的原則廣爲人所接受。這些都是我們必須承認的。在這種不得已的情況下，顯現出來的問題便是在信仰中，歷史如何仍然與之關聯。（麥葛福《基督教神學原典菁華》頁二一一—二一七）

三、結語

綜上所述，特爾慈的上帝觀，論信仰及歷史，耶穌基督的歷史事件如何影響基督徒的生活及思想之神學觀念。特爾慈爲德神學家與哲學家，係宗教歷史派領袖，欲探求文化、歷史及基督教思想的相互關係。（趙中輝《英漢神學名詞辭典》頁六七二）

第五五節　羅素的上帝觀

一、傳略

羅素．柏特龍 (Russell, Bertrand 1872–1970)，英人，以哲學及數學名。一八七二年五月十八日生於西英蒙穆斯府 (Monmouth Shire)。羅氏爲維多利亞時代名相羅素約翰公爵 (Lord John Russel) 之孫。初在劍橋大學三一學院學數學與哲學。繼爲其中特待學友及講師。教授邏輯與數學原理。一九〇八年，被選爲皇家學會會員 (F.R.S.)。羅素爲一新實在論者，根據其數學之批評的研究，在哲學上成立一種新方法。就精神言之，爲哲學中之科學方法；就方式言之，爲邏輯的與分析的方法。其哲學爲邏輯的原子論，或絕對的多元論，承認有個體與關係，而不承認由多數個體組成之全體。其心理學上主張頗有與行爲主義派與中立一元論派之心理學見解相同之處。羅素之政治哲學與其哲學方法有關，極端重視個人，主張根本改造社會，以社會制度能發展創造衝動，消滅佔有衝動者爲最宜。羅素於歐洲大戰中倡導和平，反對戰爭，受英政府之處罰。同時劍橋大學三一學院革除其數學原理之講職。一九一八年復下獄六個月。一九二〇年來我國講演，對於我國思想界之影響頗大。其政治學說社會學說之影響尤鉅。（樊氏《哲學辭典》補遺頁七）

二、學說

（一）說明上帝的問題不是知識的問題

羅素 (Russell) 與其他現代分析的哲學家對哲學問題的釐清，對知識問題的分辨與知識論的建立，及科學哲學的開展有劃時代的貢獻。但有關上帝問題則他們所關注的只是順著康德對此問題的批判，或順著休謨對此問題的態度的路向進一步說明上帝的問題不是知識的問題，傳統哲學由知識觀點上以證明上帝的存在皆爲無效的而已。故就他們所持上帝的問題不是什麼的觀點上說，並沒有創見。因所說的只是繼承以前人的見解。

羅素或邏輯實證論者對上帝問題是否只有上述的消極的排除說，而無任何的積極的有關上帝一問題的肯定呢？對此一問題的答覆，關鍵在對「肯定」一詞的了解。如此說的肯定是指傳統哲學所採用的方式對上帝存在的肯定，則他們既完全否認傳統哲學對上帝存在論證的有效性，自然沒有此一方式的肯定。如所說的肯定是指康德或存在主義式的肯定，則他們的哲學既異於康德或存在主義者的哲學，自然亦沒有康德或存在主義式的肯定。但雖然如此，我們卻不能說他們對上帝的意義全無肯定。對羅素或邏輯實證論者來說，他們並不否認上帝爲宗教信仰的對象。因在猶太人的傳統上以上帝爲超越外在人理性認知之外的說法，與他們的說法並不相違。他們要否認的只是以希臘的思辨哲學去證明上帝的存在而已。但如上帝僅爲信仰的對象而無認知的意義，則我們即不能給與上帝以任何客觀而有效的說明。因此，依羅素或邏輯實證論者的觀點看，所有關於宗教的言詞只有情感上的意義，而無客觀上的意義。宗教上的陳述應視爲繫屬於個體的內容的陳述，而非脫離個體的外延的眞理。（李杜《中西哲學思想中的天道與上帝》頁二八二－二八六）

三、結語

綜上所述，羅素的上帝觀，說明上帝的問題不是知識的問題之神學思想，僅是繼承前人的見解而已。

在傳統哲學中形而上學常與上帝存在的問題關連。故對上帝存在問題加以否定，即同時否定關連上帝存在的形而上學。故康德於他的「純粹理性的批判」中否定了傳統的形而上學，依於傳統的形而上學以證明上帝的存在的論證亦被否定。康德否定了傳統的形而上學及由此而來對上帝存在的論證之後，要對上帝的問題另有肯定，即肯定於他由「實踐理性的批判」所建立的道德的形而上學中。後來的存在主義者，不接受傳統的形而上學，亦不接受康德的道德的形而上學。他們對上帝的存在是由人的皈依投向上說。此爲人所皈依投向的上帝不是由經驗知識所肯定，故可說爲由存在式的形而上學所肯定。故對上帝的肯定仍爲形而上學的事。羅素與邏輯實證論者反對一切形而上學。故他們由知識論的觀點上反對以上帝爲知識對象之後，對於上帝的問題不再有所說，只以此爲信仰上的事，只有情感上的意義，而無客觀上的眞實的意義。這可以說就是羅素的上帝觀。

第五六節　史懷哲之上帝觀

一、傳略

史懷哲（Albert Schweitzer 1875-1965 A.D.），或譯「施韋策」，德國神學家、哲學家、風琴家、赤道非洲的傳教醫師。由於他爲達到「四海一家」所作的努力而獲得一九五二年諾貝爾和平獎金。施韋策出身信義宗牧師家庭，曾在施特拉斯堡大學學哲學與神學，一九〇六年著《從賴馬魯斯到符雷德：耶穌生活研究史》。他也是有造詣的音樂家，長於演奏大風琴，特別是巴赫的作品，師從巴黎風琴家維多爾。著有《音樂家詩人約翰・塞巴斯蒂安・巴赫》

（一九〇五），編有《巴赫的風琴曲》（一九一二—一九一四）。一九〇五年宣布打算成爲傳教醫師，以便從事慈善工作。一九一三年學成，與受過護士職業訓練的妻子一同到法屬赤道非洲加蓬省蘭巴雷內，在奧古韋河岸建起一座醫院，用他自己的收入及許多國家的個人和基金會捐贈來維持。第一次世界大戰時，他曾被當作敵僑拘留。因此轉而關注起世界問題，一九二三年著《文化哲學》，提出一個涉及一切生物的道德原則——尊敬生活，他認爲這對於保全文明是十分必要的。一九二四年回非洲，在醫院廢址上游約兩英里處，重建一所醫院。後增建一個痲瘋村，都由約卅六名白人醫生、護士及許土著工作人員進行照顧。一九三〇年發表《使徒保羅的奧秘》，又常在歐洲各地舉行演講與獨奏會。他在接受諾貝爾和平獎金時的演講《當前世界的和平問題》(1954)在全世界廣泛流傳。（《大英百科全書》十三册頁二五九）

二、學說

（一）耶穌之靈的上帝觀

史懷哲論「尋找歷史的耶穌」的失敗，此書的英文書名《尋找歷史中的耶穌》(The Quest for the Historical Jesus) 比原文更廣爲人知，作者史懷哲認爲，尋找歷史中的耶穌這項運動已告失敗。耶穌仍然是一個遙遠的、陌生的人物，其生平中一部分不爲人知，無法按照十九世紀的方法加以重建。

若有人想要談論「否定論的神學」(Negative theology)，這裡有大把的機會。沒有任何其他的神學探討，在說明什麼不是神的陳述上，能比得上「耶穌生平運動」(Life of Jesus movement, Leben-Jesu- Forschung) 的結果。拿撒勒人耶穌以彌賽亞的身分出現，傳揚神國度的道德規範，在地上建立天國，並且爲此而死，賦予祂的工作尊嚴。但這位耶穌，根本從未存在過。祂只不過是理性主義者所塑造出來的人物，自由主義者賦予祂生命，現代神學使用歷史方法爲祂作形像的包裝。

這幅肖像 (Bild) 並非被外來的力量所摧毀，而是經由一個接一個浮現出來，切實的歷史性困難使它倒下來，是由內部開始破碎、分解。就是以天才、技術、靈感和力勁應用於這些歷史問題上，也無法與過去一百三十年的神學中所建立的耶穌形像吻合。當這些歷史問題得到暫時的解答時，新的問題繼續出現。當懷疑主義及末世觀被提至其極限時 (Der Konsequente Skeptizismus und die Konzequnte Eschatologie)，此解體工作得以完成。問題是將所有的個別困難加起來，形成一個系統性困難的時候，就結束了現代神學「分區管理」(divide and rule) 的局面。所謂「分區管理」，就是要把問題單純化，每個難題只作單一處理，因爲整體的問題與每一個單一的問題都息息相關。

無論將來有什麼最終的答案，我們可以說：未來的批判學產生的歷史中的耶穌 (historische Jesus) 無法幫助現代神學。原因是這批判學的基礎是建立在我們已經公認的困難上。因著這半歷史性、半現代性的耶穌，我們對於耶穌作爲活在世上的彌賽亞的認知，主要是建基於最早期福音書作者的虛構性文學，或是建立在純粹的末世彌賽亞的觀念上。

上述兩種情況中產生的耶穌基督，都無法使現代宗教人士按照自己的風俗、思想、意念來理解，正如過去他們也未能明白他們自己所塑造的耶穌一般。耶穌並非可以用歷史方法創造出來，賦予祂與人同感及廣爲人知的特性。歷史中的耶穌，對現代人而言，只不過是一個陌生人，一個謎。

「耶穌生平運動」具有一段不平常的歷史。開始的時候，它是爲了要找出歷史中的耶穌，相信只要能夠找到祂，便能夠將祂引進當代，成爲當代人的教師及救主。歷世歷代以來，耶穌被教會教義所束縛。「耶穌生平運動」則將祂鬆綁，高興地在祂身上再次看生命氣息，迎著而來的是歷史中的耶穌。但是耶穌並沒有在那裏停留，祂經過了我們的時代，回到了祂自己的時代。過去四十年來的神學家感到震驚及不悅的，是無論他們如何盡力並任意的詮釋，他們都無法使祂停留在當代，而必須讓祂回到祂自己的時代。祂回到祂自己的時代，並非出於任何人爲的歷史設計法，而是有如鐘擺，一旦放手，便必然要回到其原來的位置。

理性主義、自由主義，以及現代神學所建立的基督教歷史根基不再存在。這並不表示基督教已經失去了它的歷史根基。歷史神學認爲自己有責任去執行的工作，只是眞實的、無可動搖的歷史根基的僞裝外表。這眞實的根基，是無須依賴任何歷史的確認證實的。

對我們的時代而言，耶穌具有某些意義，因爲由祂那裡發出一股強有力的屬靈力量 (gewaltige geistige Stromung)，並且通過我們的世代。任何歷史上的發現都無法否定或是證明這個事實。這便是基督教的堅固基礎 (Realgrund)。

只有一些人認爲，若是耶穌可以進入到我們的時代當中，有如我們一樣的生活爲人 (als ein Mensch unser Menscheit)，則祂對我們的時代將具有更大的意義。但這是不可能的。首先，因爲這位耶穌從未存在過。同時，歷史的知識雖然可以讓人更加清楚認識一個已經存在的屬靈存有 (spiritual existence)，但卻無法創造出一個屬靈的生命。歷史 (Geschichte) 可以摧毀現在，也可以將現在與過去加以調和。甚至在某一程度而言，可以容許現在投射進入過去。但是歷史不能夠把現在建構起來……。

我們正在體驗保羅所經驗過的。正當我們前所未有接近歷史中的耶穌，並正在伸出雙手，想要把祂拉進我們的時代之中時，卻不得不放棄這種努力，承認我們的失敗，正如保羅那句吊詭的話：「雖然憑著外貌認過基督，如今卻不再這樣認祂了。」（林後五16）我們甚至要作好進一步的心理準備，承認對耶穌的個人及生平的歷史性知識，不但無助於宗教信仰，甚至可能成爲信仰的累贅與包袱。

眞正對我們時代有意義且有用的，並非歷史上所認知的 (historisch erkannte) 耶穌，而是已在人類當中、在靈裡復活了的耶穌。勝過這個世界的，並非歷史中的耶穌，而自源自祂的靈，嘗試著影響及管治人的靈。

歷史無法就耶穌的歷史形式（乃是自行演化出來的形式），而區別出什麼是耶穌本身持久及永恆的重要性，將之引進我們的世代之中，成爲活的影響；就此而言歷史是徒勞無功。正如水中的植物，必須要在水中生長，才能夠開出美麗的花朵，一旦將之連根拔起，它會枯萎凋謝，不復原形。同理，若將歷史中的耶穌自來世思想的土壤中連根拔起，並企圖將這位從未存在於時間當中的人物「歷史化」，後果也同樣不堪設想。耶穌持久、永恆的重要性，絕對獨立於歷史知識，惟有接觸到祂仍在現今工作的靈，才能得知。我們對耶穌眞正認識多少，取決於我們擁有多少耶穌的靈。

按照歷史人物而言，耶穌對現代人來說是個陌生人。然而祂的靈，亦即隱藏在祂的話語之中的靈，卻是明確可知的。每一句話都按其特有的方式敘述完整的耶穌。祂在我們面前的陌生及絕對性，正好有助於每個人發掘他在與耶穌的關係中，自己所站的立場。

有人擔心若接受來世觀的看法，會破壞耶穌的話語對現代的重要性，因此，他們熱心地在其中發掘，任何可以被視爲不受來世觀所影響的元素。因此當他們發現任何經文，其措詞本身並非絕對有來世觀意味時，便感到歡喜若狂。因爲他們終於找到有些有價値的東西，可以被保存，不至於將來會被破壞……。

現代有關「耶穌生活」的論述範圍太廣，目的是希望把耶穌在祂當時整個社會中的所有生活描述出來。但是按照福音書的描寫，歷史中的耶穌卻是藉著與個人對話來影響人。他們按照個人所需來了解祂，並未對祂整體的生平有任何的概念，因爲即使對門徒而言，那都仍然是一個奧祕……歷史中的耶穌推翻現代的耶穌，這是一件好事，祂也應當推翻現代的靈，爲世界帶來刀兵，而非帶來平安。祂不是一位教師，也不是辯論者，而是發號施令的統治者(Gebieter und Herrscher)。因爲祂能夠在內心如此行，因此可以自稱爲「人子」。那只不過是指祂作爲發號施令的統治者這個事實而言，受到暫時制約的表達(zeitlich bedingte Ausdruck)。人們用不同的名字來表達他們對祂的認識，例如「彌賽亞」、「人子」、「神子」。這些名稱對我們而言，都已經成爲歷史中的比喻，而我們卻找不到可以用來描述祂對我們現有的意義的表達方式。

對我們而言，祂變成一位陌生的、無名的人，正如當年祂去到湖邊的人群當中，而他們不知道祂是誰一樣。祂對我們說出同樣的話：「跟從我！」並指點我們，祂必須要爲我們的時代成就的使命。祂發出命令，凡是順服祂的人，不論是聰明人還是普通人，祂會藉著他們與祂相交時必須要作、要掙扎、要受苦的事上，顯明祂自己。他們也將經歷到眞實的祂是個不可言傳的奧秘……。（麥葛福《基督教神學原典菁華》頁二〇六—二一〇）

(二)耶穌之心的上帝觀

史懷哲在他所著《上帝之國的奧祕》一書中，討論耶穌心目中的三種奧祕，可以解釋祂對末世的全部教訓。

一是史氏找到上帝之國的奧秘，在馬太福音十章23節，耶穌差遣十二使徒去講道的時候，所說的話：「我實在告訴你們，以色列的城邑，你們還沒有走遍，人子就到了。」從這章節及其他類似章節中，史氏結論，是耶穌盼望在那個時候，天國就會以超自然的姿態出現。最後等到使徒回來，而天國沒有來臨，耶穌感到非常失望。

二是彌賽亞身分的奧祕，史氏根據馬太福音第十一章3及14節「那將要來的」記載巧合，他覺得當時人並未把施洗約翰看成爲以利亞，而是把耶穌看成爲以利亞，要來爲基督作開路先鋒，史氏研究確定了耶穌身分，耶穌說：「人子要駕著天上的雲降臨」，他自己就是這位人子。

三是受難的奧祕，也是最重要的一個奧祕，當使徒傳道回來，人子耶穌未能大有能力的降臨，祂失望之餘，又根據以賽亞書五十三章，說明彌賽亞一定要爲祂的百姓死，於是耶穌預言祂的死，也是故意的到耶路撒冷去，觸犯了當時的領袖，把祂釘在十字架上，這樣就能促成了祂，是大有榮光的再來，和上帝之國的降臨了。（李道生《世界神哲學家思想》頁二八四）

三、結語

綜上所述，史懷哲以耶穌之靈爲上帝觀的思想，所著《尋找歷史的耶穌》，主要是針對當時德國開明神學派神學的一種反擊，所以，對那些批評他消毀耶穌的信仰的人，他的回答說只是消毀了開明神學家杜撰出來的耶穌，他認爲已將耶穌從錯誤解釋的桎梏中解脫了出來，而請耶穌登上偉大之王的寶座。

史氏對傳統之基督教要義模稜兩可，例如在有神論與泛神論間之區分。但由其生活中告訴我們，他是如何嚴肅的相信耶穌召他作門徒，是他一生最大的決定。道德倫理，事實上是他一生所最關心的，他認爲哲學的倫理學之所以不成功，乃因離生活太遠了，所以，在非洲時他提出「重視人生的道德原則」，作爲以上難題的解答。史氏於一九五二年獲諾貝爾和平獎。（趙中輝《英漢神學名詞辭典》頁六〇二）

第五七節　奧連的上帝觀

一、傳略

奧連 (Aulien, Gustav 1879-1978 A.D)，或譯爲「奧倫」，瑞典神學家，一九一三年出任隆德 (Lund) 大學的系統神學教授，一九三三年出任斯特仍內斯 (Strangnas) 的主教。他最主要的著作是有關贖罪論 (Atonement) 的教義，特別重要的是重新恢復用《基督的勝利》(Christus Victor) 的角度來看基督的死。

二、學說

(一)基督勝利的上帝觀

奧連〈論正統的贖罪理論〉，本篇論文極具開創性，有很大的影響力，原本以文章的形式在一九三〇年發表於德國。瑞典路德會神學家奧連在文中恢復贖罪論中的「正統」立場，或稱「基督的勝利」觀。他認爲這種方法能夠避免安瑟倫及亞伯拉德觀點的弱點。在此處引用的部分中，他指出他對贖罪論傳統觀點的憂慮。

(二)傳統立場的救贖論

在此讓我們就公認的立場，對救贖理論的歷史作一簡介。據聞，早期的教會並沒有發展（所謂）成熟的救贖理論。教父時期對神學的貢獻是在於另一個範疇，主要與基督論及三位一體的教義有關。至於救贖論，則只有沿著多種思路發展的初步努力，而那些發表的論點通常都帶有濃厚的神話色彩。較成熟的救贖理論教義，眞正始於坎特布里的安瑟倫，他因此在救贖理論教義史中佔首席重要地位。他在一本書 (Cur Deus homo ?) 中，發展出滿足說 (theory of satisfaction)，嘗試抑制（雖然未能完全克服）舊有聲稱基督的工作是得勝魔鬼的神話傳統；也揚棄了舊有的、有關「實際」救恩的觀點，提出他的新觀點，亦即救贖是由罪疚中得拯救。最重要的是，他清楚的提出「客體」救贖，亦即神是基督救贖之工的客體，基督對神的公義提出來的賠償，得與神和解。當然，我們並非暗示安瑟倫這個觀點完全是出於他自己的原始創意。石頭早已備妥，但是用這些石頭建造一個不朽的建築物的，正是安瑟倫。

(三)正統的救贖觀

有一種救贖立場，稱作「戲劇說」(dramatic)。此說並非全爲人所忽略，亦未被人扭曲，但若是不加以正視，將使人對救贖理論歷史的整體產生偏差及誤導。此說的中心主旨在於：救贖是基督戰勝魔鬼的勢力。基督——勝利的基督——與世上的邪惡勢力爭戰，並且得勝。人類原本受這「暴君」的綑綁及折磨，但是神卻在基督裡，使全世界都得以與祂和好。在此需要特別強調兩點：首先，這是一個完整的、適切的救贖理論。其次，此種救贖理論有其特色，與另外兩種理論相當不同。

因此，首先，我們不可理所當然地視此概念只不過是一種救恩論的教義，與後來發展出來所謂的救贖理論有所不同。「戲劇說」當然是形容救恩的工作，是救恩的戲劇；但這種救恩(Salvation)同時也是一種實實在在的救贖(atonement)，因爲藉著救恩的工作，神令全世界與祂自己和好，同時祂自己也得以和解。此概念有雙重背景：將神描述爲在基督裡與敵擋祂旨意的邪惡勢力爭戰，並且得勝。這便是救贖(Altonement)，此劇乃是一場宇宙的戲劇，神勝過敵擋的勢力，帶來一種新的關係——神與人之間和解的關係。同時，就某些程度而言，邪惡的敵擋勢力被視爲是神旨意的執行者，神是審判萬有的，此邪惡勢力則執行祂的審判。由此觀點看來，神勝過敵擋的勢力，使祂自己得到和解。祂藉著使世界與祂和解的作爲，自己得到了和解。(麥葛福《基督教神學原典菁華》頁二五四—二五五)

三、結語

綜上所述，奧連的上帝觀，論正統的贖罪理論，或稱基督的勝利觀，指出傳統的救贖論與正統的救贖觀之神學思想。

奧倫爲瑞典神學家，於一九一五年在烏普撒拉獲得神學博士學位，並在倫德大學任系統神學教授職(一九一三—一九三三)。對瑞典神學影響頗巨。主張贖罪的「戲劇」說。

二次世界大戰時，爲反抗納粹而工作，一九三七年任愛丁堡信仰與禮制大會副主席。(趙中輝《英漢神學名詞

辭典》頁五六一五七）

第五八節 德日進的上帝觀

一、傳略

夏爾丹(pierre Teilhard de Chardin 1881-1955 A.D)，中文名爲「德日進」。法國哲學家和古生物學家。他提出一種理論說，無論是在思想上還是社會生活上，人類都是在進化，最終將達到精神的統一。他把科學和基督教教義結合起來研究，宣稱人類歷史與十字架的道路十分相似。他所提出的若干理論遭到天主教內和他所屬的耶穌會內一些人的非議。一九六二年天主教聖職部警告信徒不要輕信他的見解。德日進十歲入蒙格雷耶穌會學院，專心學習地質學和其他規定學科。廿四歲任埃及開羅耶穌會學院教授。一九一二年受神職。第一次世界大戰期間擔任戰地救護，後來在巴黎公教學院任教。一九二三年第一次赴中國進行古人類學、地質學和其他問題的考察，第二次世界大戰期間他滯留中國。「北京人」頭蓋骨的發現與他有關，他對亞洲的成層沈積和各地層之間的相互關係以及化石年代有新的探索。一九三八年他的《人的現象》（一九五九）一書脫稿，其他著作有《人類的出現》（一九六六）、《人的未來》（一九六四）等哲學論文集和有關哺乳動物古生物學的研究報告。德日進一九四六年返回法國。後來遷居美國，曾受紐約市溫納一格倫基金會委托，前往南美洲考古。（《大英百科全書》第四册頁一七一）

二、學說

（一）人是宇宙萬物的中心

夏爾丹（德日進）通過地質和古生物資料，專門研究宇宙進化和人類起源的問題，論證無機物到有機物、從物質到精神、從生命到意識的進化現象，并肯定進化是必然的，生命進化的頂點將不可避免地出現人和人的精神、意識等現象。他提出，人的出現乃是進化達到自我意識的表現。人成爲各種文明的中心，同時也是宇宙萬物的中心。他以人爲中心，對宇宙的過去、現在和未來進行綜合的研究，斷言進化的最終結果。必定是人類達到超意識的全球統一，也就是所謂「奧米伽點」(Omega)，即意識的最高點。在他看來，當前世界正面臨著人類意識根本轉變的關鍵時刻，即從分化的力量轉變爲聚合的力量，向超意識全球精神轉化，這是人類進化不可逆轉的歷史潮流。他根據其宗教信仰，預言基督教精神的世界主義一定會實現。

夏爾丹的進化論觀點，曾於一九五〇年被羅馬天主教當局宣布爲異端，并禁止他發表言論和出版著作。但是，他的思想和理論已爲當時不少著名的思想家、哲學家、歷史學家和科學家所注意和推崇。尤其在他逝世後，形成了以他的名字命名的泰依亞主義。從第二屆梵蒂岡大公會議（一九六二—一九六五）開始，天主教逐漸重視和研究夏爾丹的思想，并把他關於人類歷史朝著世界主義發展的學說作爲基督教哲學現代化的一個組成部份。（中國大百科全書哲學Ⅱ頁九八一）

夏爾丹認爲，進化是在上帝創造的指導下實現的；進化只是一種過程，創造則是內在的和有生命的動力，這就成爲六十年代盛行的新托馬斯主義「進化一元論」學說。

(二)向前與向上的上帝觀

德日進發現人世間近百年來，出現了另一種上帝觀，教會向來以爲上帝只是「向上的上帝」，但一些無神主義、人文主義者，和馬克思主義者，卻似乎相信一位「向前的上帝」，帶領著世界向「最終的人性」前進。他認識到這世界不再是靜態的，井然有序不變的，而是動態的，更是一個變化的過程，因此許多人認爲這個不幸的世界依然是有前途，是可以改變的，向著一個更好而公正的世界邁進，但這並非表示宗教的終結；反之，德氏認爲這個世俗的世界，在根本上還是宗教性的，他是一位自然科學家，自然相信這個世界的前途，相信那位「向前的上帝」，但他以基督徒的信仰，也信那位超越的「向上的上帝」，如此，他不僅是要使人文主義者變爲基督徒，而最重要的，卻是有意在使基督徒能「成爲人，成爲完全的人」，認爲那些只是渴望來世，而不愛地上世界，不相信世界前途，也不幫助塑造世界的人，乃是太過殘弱，沒有心肝的人，他從不以爲得救之道，在於離開這個世界直往天上去爬，他深信通往上帝之道，是在於「向前」與「向上」兩半現實的合而爲一，換而言之，就是信仰上帝，必須先要

相信世界，先要完成地上的任務，爲世界的未來負起責任。（李道生《世界神哲學家思想》頁三五六—三五七）

三、結語

綜上所述，德日進的上帝觀，謂人是宇宙萬物的中心，向上與向前的上帝之神學思想。

德日進少有眞正的跟隨者，但他的思想有很大的迴響。許多他的想法反映在梵諦岡第二號文件裡。科學家可從他對宇宙超物質的觀點獲得啓示。

雖然如此，在許多特別聲明中，他遭受強烈的批評之害。當代生物學懷疑其理論所蘊涵的系統發生論與目的論。另一方面，保守的神學家發現他在創造、罪惡與基督教義及其他的錯誤。總之，德日進是廿世紀神話的縮影；結合科學與神學，彼此互不能公平對待的兩者。（趙中輝《英漢神學名詞辭典》頁六五七）

第五九節　雅士培的上帝觀

一、傳略

雅士培 (Karl Jaspers 1883-1969 A.D)，或譯「雅斯貝斯」、「雅斯貝爾斯」，廿世紀的德國哲學家。爲現代存在主義哲學奠定了基礎。一九〇一年入海德堡大學攻讀法律，後在柏林、格丁根和海德堡等地的大學學習醫學。一九〇九—一九一五年任海德堡大學精神病醫務室志願助理研究員。一九一三年發表《普通精神病理學》，一九一九年發表《世界觀點的心理學》。一九二一年任海德堡大學哲學教授。他主張科學原理可以運用於社會學和人文科學；哲學是對存在的主觀解釋。他致力於發展一種既不受科學控制又不會代替宗教信仰的哲學。認爲哲學應當爲人的自由而呼籲，應當注重人的生存，並以此作爲一切現實的核心。一九三一年發表《現時代的人》。一九三二年發表三卷本的《哲學》，這是用德文出版的最有系統的存在主義哲學著作。一九三三年希特勒當政，由於妻子是猶太人，他便成爲國家的敵人，最後被免去教授職務，並不准他出版任何著作。德國投降後，他發表《關於大學的意見》（一九四六），議論如何重建大學。一九四八年接受瑞士巴塞爾大學的哲學教授席位。在《哲學的遠見》（一九四八）和《哲學信仰與啓示》（一九六二）中，他主張建立世界哲學，其任務是制定一思維程式以有助於建立自由的世界秩序。他從存在哲學轉變到世界哲學是基於一種信念，即他相信有一種邏輯可使人類實行自由交流信息。他認爲所有思想在本質上都依據於信念，因此人類面臨的任務就是把哲學思維從對現實世界中倏忽即逝的各種對象的留戀中解脫出來。一生共出版三十種著作。（大英百科全書第十六册頁三八六）。

二、學說

（一）超越存在的上帝觀

雅斯貝爾斯承認個人的生存和自由受到限制，而且總是處於煩惱、孤寂、苦難、死亡、罪孽、鬥爭等「邊緣狀態」中，總是存在著各種悖謬和矛盾。但他又認爲通過「超越存在」的追求可達到無限和完滿。他強調生存和超越存在是不可分割的，生存本身就是不斷向超越存在的跳躍，生存的活動就是超越一切有限性以及各種矛盾和悖謬的活動。在他看來，超越存在是擺脫一切限制的「自生存在」，它是包容一切的大全，是人的生存以及一切其他存在的源泉和基礎。世界的統一性就在超越存在中。然而超越存在又是視而不見、聽而不聞的，它永遠僅僅透露一些關於它自身的消息，從來不成爲對象。它什麼也不是，因爲人們所知的一切都不是超越存在；但它又是一切，因爲一切事物都只能作爲它的密碼而存在。雅斯貝爾斯甚至把超越存在當作是上帝的同義詞，并指出要想達到超越存在，只有借助非理性的哲學思維，即內心體驗以及信仰。這樣，他的存在主義就直接通向了宗教信仰主義。（《中國大百科全書》哲學Ⅱ頁一〇五五）

（二）神的存在是宗教信仰的事實

雅士培的學說思想，是他與生俱來的疾病有關，在他讀書時，精研人體結構與疾病問題，使他的生命本身成爲必須解決的事，而對人生有更深一層的體驗，因此，感覺出存在的各種意義，他把存在分爲宇宙的存在、自我存在、神的存在三種，宇宙存在是經驗的事實，自我存在是意識訓練的事實，神的存在是宗教信仰的事實，因之，對於宇宙的存在，該用科學去求知；對於自我的存在，該用哲學去認識；對於神的存在，該用宗教的超越信仰去認識。

雅氏認爲生存的人，是離不開存在的宇宙，和存在的神，那三種存在雖各有不同的立場，但就存在的人來說，可以將兩種溝通，換言之，三種存在可以連貫，亦因此，他的哲學方法是主張溝通交往 (Communication)，是其特別著重的概念，其交往的對象就是宇宙、人、神，其過程是由宇宙萬物的物質存在，進步到人的自我存在，由存在的自我超昇，到完全完美的神，此進步與超昇的方法，是跳躍而不是串進，因爲三種不存在的立場是殊異的性質，彼此中間不是連續，雅氏以爲在這些交往中，個人才會慢慢地認識自己，知道自己存在的意義，進而實現自己的存在，完成自己的理想，亦即是唯有透過交往，人才能闡明存在，之後，人才能夠實現存在。

雅氏在闡明存在的眞諦之後，乃進入了實現存在的階段，其重心即在交往，交往的意義雖然在闡明存在中，有與神、與世界、與自己的區分，但至最後還是落實到與人的交往，在於關懷別人，在愛人的行動中實現了自己的存在。在雅氏的哲學信仰中 (philosophical faith)，說到在世上一定有一位是超越這世界的，超乎宇宙以上，而在宇宙以前者稱爲神，他心目中所指的神，並非是與大自然爲一體的上帝，而是在宇宙以外，我自己和宇宙的根基，他揭示超越界一詞，也包含位格性的神這層意義，換言之，他是一位有神論者，他相信神的實有，有絕對的道德規律，現象界的宇宙暫時置身在神與存在之間，吾人在時間中與神相遇，因爲宇宙原來就是神的言語，至於人是不完全的，軟弱而無能力，需要依靠超越的神，人在限制的境遇中，在失望與信仰的情況下，正是人與神溝通交往之良機，人在最痛苦憂患的時候，也就是人與神最能接近的時機，雅氏曾親身經歷到病魔的打擊，以及德國納粹政權下集中營的俘虜生活，因此，勸告他的國家同胞，人雖然不能明白上帝和了解祂，但是有信仰的人，好像是在暗中奉行上帝的旨意，緊緊拉住上帝的衣角跟祂而行，在祂的旨意中有信心，才能衝破一切的障礙，解除鬱結的憂患，得到最後的釋放與勝利。（李道生《世界神哲學家思想》頁三〇九—三一二）

三、結語

綜上所述，雅士培的上帝觀，超越存在的上帝，神的存在是宗教信仰的事實之神學思想。

雅斯培為德國存在主義哲學家，雅氏分別科學題材（物質世界）及人生存的範圍。在後者中，強調人的有限性，並謂在界限情況中（Grenzsituationen），如恐懼、罪感及死亡等，人有接受超越性的可能。但他批評基督教之論啓示過於唯我獨尊，認為超越性的啓示，並不限於任何宗教或歷史事件。（趙中輝《英漢神學名詞辭典》頁三六四）

第六〇節　布特曼的上帝觀

一、傳略

布特曼(Rudolf Bultmann 1884-1976)，或譯「布爾特曼」，德國基督教新約學者，主張對《新約》進行「非神話化」。他認為《新約》以彼時彼地的神話詞彙表達其實質信息，應把這些神話（童貞產子、道成肉身、基督復活）用廿世紀存在主義哲學的說法加以解釋，使現代人可以理解。他認為《新約》經文本質上是神話，不是歷史，而且他改用存在主義哲學去解釋經文，這就引起熱烈討論。布爾特曼還說，基督教教理不注重作為歷史人物的耶穌，而著眼於超物質的基督，而且也應當如此。基督教所信仰的是教會的宣言，其中包括復活的基督，而不是歷史人物耶穌。布爾特曼出身於信義宗牧師家庭。十九歲入蒂賓根大學研究神學，一九一二年在馬爾堡大學任講師，後又在布雷斯勞（一九一六）和吉森（一九二〇）大學任教。一九二一年返回馬爾堡大學任神學教授，直到一九五一年。在希特勒統治德國時期，布爾特曼拒絕改變觀點以適應納粹思想。他支持德國宣信會反對納粹宗教政策，但他沒有直接反對納粹政權。戰後德國各大學與外界恢復聯繫，他成為國際學術界要人。他允許門人獨立思考，因此，「布爾特曼派」又分化為兩派。一九五四年克澤曼提出要研究作為歷史人物的耶穌在基督教教義中的意義。後來又有兩位門人提出著重研究人類語言模式以解釋《新約》的方法。（大英百科全書冊三頁93）

二、學說

（一）十字架與復活的基督論

布特曼認為，想要重新塑造歷史的耶穌是條死巷子。對基督而言，歷史不具根本的重要性；只要耶穌存在過，而基督教的傳揚〔布特曼稱之爲（福音宣揚 Kerygma）〕建立在其人身上就夠了。因此，布特曼有一個出名的說法，就是將整個基督論的歷史層面減化爲一個字：「那」(that)。只要相信「那」耶穌基督是在福音宣揚的背後，就已足夠。

對布特曼而言，十字架與復活是眞實的歷史現象（亦即，它們曾在人類歷史中發生過），但必須用信心來辨識，才知道這些是神的作爲。十字架與復活在福音宣揚中連在一起，是神審判的作爲，也是神拯救的作爲。現今繼續有意義的，是這個神的作爲，而不是承載它的歷史現象。因此，福音宣揚所關注的，不是歷史事實，而是向聽衆傳達一個信息，要他們作抉擇，也就是將末世的時刻，從過去轉到宣揚的此時此地：

這就意味，耶穌基督只在福音宣揚中遇見我們，而不在別處，正如祂親自去面對保羅，要他作一決定。福音宣揚並不是傳揚宇宙的眞理，或永恆的觀念——無論是神或救贖主的觀念，而是傳揚一個歷史事實。所以，福音宣揚既不是永恆觀念的工具，也不是歷史資料的中介；最重要的一點，就是福音宣揚便是基督的「那」，是祂的「此時此刻」，在傳講的當兒，「此時此刻」便出現了。

所以，我們不可能再回到福音宣揚的背後，以它爲一種「資料」，以重塑「歷史的耶穌」，發掘祂的「彌賽亞意識」、他的「內在生活」，或祂的「英雄主義」。那些將只是「按肉體來看基督」，是不存在的。如今作「主」的那一位，不是歷史的耶穌，而是所傳講的耶穌基督。

這種遠離歷史的極端說法，讓許多人感到不安。我們怎能知道基督論確實建立在耶穌基督的位格與工作上？如果歷史的耶穌不再相干，我們怎能查驗基督論？在新約和教義研究的學科中，愈來愈多作者指出，布特曼只是快刀斬亂麻，但卻沒有解決危機重重的歷史問題。

對布特曼而言，惟一可能做的，也是惟一需要的事，就是知道一件事實：那 (das Dass) 歷史的耶穌曾經存在。但對新約學者艾伯靈 (Gerhard Ebeling) 而言，歷史上的 (historisch) 耶穌乃是基督論的基礎 (das Grunddatum)；如果能夠證明，基督論乃是誤解了歷史上耶穌的意義，基督論就無法成立了。艾伯靈的主張，可以視爲「歷史耶穌的新追尋」運動背後的觀點。

艾伯靈指出了布特曼基督論的重大缺失：就歷史學術而言，它完全不能公開讓人檢視。基督論會不會建立在誤解之上？我們怎能肯定，從耶穌的講道轉成論耶穌的講道，過程完全合理？艾伯靈的批判與蓋士曼(Ernst Kasemann)類似，不過他不是純粹從歷史來看，而是從神學來看。（麥葛福《基督教神學手册》頁三八一——三八三）

(二)耶穌復活在福音宣揚之中

布特曼認同史特勞斯的基本信念，就是：在科學時代不能相信神蹟。結果，耶穌客觀的復活便不再能採信；不過，卻可以用另一種方式使它顯為有意義。布特曼認為，歷史是「封閉的連續效應，亦即，個別的事件藉著不斷的因果關係連接起來。」復活和其他的神蹟，則會破壞這種自然的封閉系統。支持啓蒙運動的思想家，都發表過類似的觀點。

雖然在第一世紀，相信耶穌客觀的復活是完全合情合理的事，但是今天卻不可將它當眞。「我們已經在用電燈、收音機等工具，生病的時候也有現代的醫療設備與研究可以診治，怎麼可能同時相信新約那充滿鬼靈與神蹟的世界觀！」從第一世紀到今日，人類對於世界和人的存在，看法已經完全改觀，因此現代人認為，新約神話式的世界觀是有違理性、無法接受的。活在什麼時代，就會有當代的世界觀，這是無法改變的。現代科學化、存在式的世界觀，意味新約的世界觀已經不合理，要淘汰了。

為這緣故，復活必須被視為「神話事件，單純而簡單」。復活乃是發生在門徒主觀經驗裏的事，並不是歷史舞台上的事。對布特曼而言，耶穌的確復活了，他復活在福音宣揚之中。耶穌本人講的道，被轉化成基督教所傳揚的基督。耶穌成為基督教信息的一部分；祂復活在福音的傳揚中。

眞正的復活節信仰，乃是相信傳揚的道，就是能光照人的道。如果復活日的事件是在十字架之外的另一個事件，就只能說，自此開始了相信復活之主的信仰。因為這種信仰構成使徒所傳的道。復活本身並不是過去歷史的一個事件。所有的歷史批判上能肯定一點，即：最初的門徒開始相信復活。

布特曼一向持反歷史的看法，他讓人不再去注意歷史的耶穌，而轉向宣揚的基督。「復活節的信仰，就是相信教會是福音宣揚的傳承者；而信仰的內容即為：相信耶穌基督就在福音宣揚當中」。（麥葛福《基督教神學手册》頁三八七—三八八）

（三）新約的化除神話

布特曼論化除神話及聖經詮釋，於一九四一年六月四日發表演說，引入「新約的化除神話」(the demythologization of the New Testament) 一詞。此演說引起許多爭論，其主要內容是指出，新約中有關基督的宣告 (Kerygma) 是按神話的用詞陳述及理解的。布特曼從現存猶太人的啓示文字和諾斯底派的救贖神話取得這個用詞，其概念則為由宗教歷史學派 (History of religions school) 而得。在第一世紀這雖然是合法的，可以理解的，今天卻不再適用。因此，新約釋經的任務必須要除去神話性的宇宙觀，抽取其中的存在性眞理。

新約的宇宙論本質上具有神話的特性。世界被視為是一個三層結構，地球位於中心，天堂在上，地獄在下。歷史並非跟隨平穩不斷的路線演變，而是由超自然的力量所操縱控制。這個世界被撒但、罪及死亡所奴役，快速地邁向其終局。此終局將會很快地到來，而且將會是一個宇宙的大災難，末世的「災禍」將引進這個終局，接著那位審判者將會由天而降，死人會復活，最後的審判開始，人們將會進入永恆的救恩或永恆的咒詛中。這便是新約的神話世界觀，其傳揚的主題為救贖。

基督教的信息是否期望現代人接受這種神話世界觀？這是無意義的，也是不可能的。所謂無意義，是因為這個神話世界觀並不帶有多少基督教的色彩，只不過是一個前科學時代的宇宙論。所謂不可能，是因為沒有人能出於自由選擇接受某一種世界觀，我們在歷史中的處境已決定我們的世界觀。現代人不可能減少使用電燈和電線，也不可能在接受現代醫學及外科手術上的發明的同時，也相信新約靈界及神蹟的世界。

神話的眞正目的並不是呈現人所居住的世界的客觀圖畫。神話不應按宇宙論觀點來解釋，而應當按人類學的觀點，甚至最好是按存在的觀點來解釋。因此新約神話學的重要性並非在於其比喻，而是在於其對存在的刻畫。眞正的問題在於對這存在的了解是否正確。信心聲稱其爲眞確，而信心不應當與新約神話的比喻掛鉤……。我們的任務是對新約的二元性神話說提出一套存在主義者的詮釋……。我們必須找出新約是否提供了對我們自我的了解，並能夠挑戰我們去作出眞正有關存在的決定。（麥葛福《基督教神學原典精華》頁九五—九六）

（四）存在主義之末世論的詮釋

布特曼於一九五五年發表他的愛丁堡季富得 (Gifford) 講章，用存在主義的角度來解釋末世論，不持傳統的審判觀，相信審判是在信徒現在所作的決定中臨到信徒身上。

〔福音〕信息是神藉著耶穌基督彰顯祂的恩典。根據新約聖經，耶穌基督便是末世的事件，是神的作爲，將舊的世界推向終點。基督教會傳講末世事件時，藉著信心，會越來越經歷到末世的眞實。對信徒而言，舊的世界已經終結，他乃是「在基督裡新造的人。」「舊事已過」，顯示出舊的世界已經過去，現在已經「都變成新的了」，舊人已過，他已成爲新人、自由人。

基督教信息的吊詭是，我們不應當視保羅及約翰有關末世論的教導爲戲劇性的宇宙浩劫，而應當視之爲歷史中一再發生的事件，始自耶穌基督出現，一直繼續不斷。這種歷史事件並非歷史學家可以證明的。當教會傳講，信徒憑信心領受時，它便成爲歷史中的事件。耶穌基督是末世的事件，這並非過去已經受人公認的事實，而是在此時此地對著你我宣揚時，不斷成爲你我經歷的事件。

宣揚是呼籲，是呼籲要求回答，亦即要人作決定。這種決定，並非現在每一片刻所作的決定都是將來要負責的那一種決定。因爲信心的決定並非爲要負責任的行爲作決定，而是對我自己有嶄新的認識：神的恩典賜下新人給我，使我不再受老我的綑綁。這個決定，同時也是接受奠基於神恩典之上的新生命的決定。當我作此決定之時，我決定按照新的角度來理解我應負責的作爲。這並不表示那歷史性的時刻中，我不需要爲我憑著信心所作的決定負責任，乃表示所有負責任的決定都出於愛。愛包括毫無保留地愛自己的鄰舍，惟有當一個人脫離老我，成爲自由人時，才有可能如此去愛。

基督徒存有的吊詭，是信徒應當與世界分別出來、不世俗，但同時卻應當在這世界中，在他的歷史性之中。所謂的歷史性，是指並非活在未來。信徒並非活在未來，首先，因為他的信心及他的自由不是他能夠佔有的，那些都是末世的事件，永遠不可能成為過去的事實，只能夠不斷地發生；其次，信徒仍然活在歷史當中。按原則而言，未來一直向人提供自由的禮物，基督徒的信心，便是抓住這個禮物的力量。信徒從他自己的綑綁中得自由，必定實現於在歷史中作決定的自由之中。

基督身為歷史中的耶穌，又身為永遠常在的主，這是一個吊詭。基督徒又是末世的存有，又是歷史中的存有，這也是一個吊詭。描述這種吊詭最透澈的，當數富蘭克 (Enrich Frank)：

……對基督而言，基督的降世並非時間過程中的單一事件，有如我們對歷史的定義一樣。基督降世乃是在救恩的歷史中發生的事件，亦即在永恆之中的一樁末世事件，是這個世俗的歷史結束的時刻。同理，對任何「在基督裡」的基督徒的宗教經驗而言，歷史已經到達其終點。他因著信心，已經超越時間及歷史。基督降世是過去發生過「一次」的歷史事件，但是，也同時是一件永恆的事件，在每一位基督徒的靈裡，都經歷過基督降世、受苦、受死、復活得永生這一事件。基督徒因著信心，得以與基督成為同一時代的人，超越時間及世界的歷史。基督的降世是在永恆之中發生的事件，不能與歷史中的時間等量齊觀。基督徒在靈裡是超越時間及世界的，但在肉身中卻仍然在這個世界中，受制於時間，罪惡的歷史繼續不斷，基督徒也難以身免……這是基督徒所受的試鍊。但是歷史的過程卻能得到新的意義，因為基督徒經歷各樣的壓力及摩擦，使他的靈魂得到精鍊，他也惟有如此才能夠實現眞正的命運。歷史及世界並未改變，人對世界的態度卻已改觀。

在新約中，基督徒經歷的末世性有時會被稱為「兒子的名份」(Son ship)。戈迦吞 (F. Gogarten) 說：

「兒子的名份並非常性，亦非一種特質，信徒必須在生命中的每一個決策，抓住兒子的名份，因為在時間中的歷史便有此目的，因此必須在歷史之中發生。」基督徒的信仰「因為相信救恩有積極的末世性，所以從不會將人抽離出他在具體世界中的存在。相反的，信心要信徒進入世界，但卻必須保持清醒節制。……因為人的救恩只能發生於他在具體世界中的存在。」

我們沒有時間去形容賴荷・尼布爾 (Reinhold Niebuhr) 在他精彩的著作《信心與歷史》(Faith and History, 1949) 中，如何用相同的方法來解釋信心與歷史的關係。我們也沒有時間去與蒲成非特 (H. Butterfield) 在他的著作《基督教歷史》(Christianity History) 中的立場辯駁。我相信他並未清楚看到歷史性的問題，以及歷史性的本質，但他的著作包含一些重要的聲明。我同意他所說的「每一瞬間都是末世的」(Every instant is eschatological)。然而我仍願用另一種說法來表達：「每一瞬間都有潛能成爲末世的瞬間，在基督教的信仰中，此潛能得到實現。」

基督徒存在的吊詭是，他身爲不屬世的存有，但同時卻又是歷史中的存有。這與路德的說法相符 (Simul iustus, Simul peccator)。基督徒因著信心，其觀點乃超越歷史之上，雅斯培 (Jaspers) 如同許多其他人一樣，努力想證明此點，同時也不致失去其歷史性。基督徒不屬世俗，並非是一種特質，我們可以稱之爲「異類」(aliena foreign)，正如路德稱信徒的公義及正直爲「異類」一樣。

我們一開始便提出有關歷史的意義這一問題，這是歷史學的問題，我們也看到人無法回答這問題，因爲這是有關歷史整體意義的問題，但人無法站在歷史以外去觀察歷史整體。我們可以說，歷史意義在於現在，當基督徒憑著信心看到現在便是末世的現在之時，歷史的意義得到實現。人們抱怨說：「我看不到歷史的意義，我的生命與歷史無法分割，因此我的生命也是無意義的。」對這種人，我們應當加以告誡：不要四處張望，尋求普遍的歷史，你必須要探究你自己個人的歷史。歷史的意義便存在於你現在之中，你不能用旁觀者的眼光來看歷史。歷史便存在於你深思熟慮後的決策之中。每一瞬間都有潛能成爲末世的瞬間，你必須要喚醒這種潛能。（麥葛福《基督教神學原典菁華》頁四五七－四六〇）

（一）因信稱義的上帝觀

布特曼主張上帝和這世界，在本質上是不同的，人不能藉對世界所做的哲學分析，來認識上帝，我們只能藉著上帝的啓示才能認識上帝，其實在上帝的啓示中，祂仍然是高深莫測，因此啓示不可能從任何理性或經驗上，對啓示事件所做的研究找到，啓示須用信仰的眼睛才能看見。布氏說，我們只有藉因信稱義才能得救，也才能認識上帝。得救不在乎人的善行，我們用思維的方法研究上帝，是無助於我們對上帝的認識，上帝並不是人類思想活動的對象，故此他不相信人能客觀地談論上帝，所以對田立克的上帝本身等於存在(Being)之說，他是不能同意的。他認爲認識上帝，就是指人在生活上起了根本的改變，承認上帝是造物之主，就是表明承認我自己的有限性，相信我和這世界，乃是源於我和這世界之外。

布特曼說，沒有啓示，人就不能認識上帝嗎？身爲世人，必定知道上帝就是一切問題的解答。人會自覺本身的不完全，知道自己沒有成就，趨向死亡，當人有了這種自覺，上帝的話語，就是對世人問題的解答。我們能從啓示知道，上帝是我們的界限，祂也能使我們擺脫了我們的界限。我們要了解新約聖經，就得要先了解做人的意義。神學必須有一種哲學分析，指示人的眞正意義如何。在這一點上，布氏從海德格的思想中，找到了一些了解人性的亮光，海氏所提供的是當一個人要了解新約所寫的先期了解，他對人的看法，是不必從基督教的信仰去了解的。根據海氏的理論，布特曼發現一個事實，作爲人，必須跳出世界之外，人生存世上，必須先對他的存在有所認識，認清他有自由意志。

布特曼說到耶穌就是上帝的作爲，這不認爲包含著神話的成份，上帝的作爲是不違反自然的法則，若是違背了自然的法則，那就是一種神話。但上帝的作爲，是往往經由自然的事件發出的，比方在舊約上帝藉著一個王來拯救猶太人，脫離那被擄的命運，而不需神蹟。布氏認爲上帝的作爲，往往是順著自然的法則，只有具有信仰眼睛的人，才能看得見上帝的作爲，上帝在基督身上的作爲和神話之間的分別，就在於我們不能客觀地證明上帝，在基督身上的作爲。神話是迫著人去相信；上帝的作爲卻是去激勵人應有信心。布氏是一位激進的保守主義者，在他談論新約的歷史性時，就是採取一種激進的方法，他並不掩飾新約歷史中許多可疑之點，他承認新約中的言語，許多含有神話的色彩，他認爲我們不能使人相信一些違反自然法則的事，叫基督教信仰蒙受不白之冤，由於這些主張，布氏成爲一位激進派的神學家。（李道生《世界神哲學家思想》頁二八九—二九五）

三、結語

綜上所述，布特曼的上帝觀，十字架與復活的基督論，耶穌復活在福音宣揚之中，新約的化除神話，存在主義之末世論的詮釋，因信稱義的上帝觀等神學思想。

按照布特曼的新約觀念，如身體的復活、爲罪流血代償、永恆的生命、人類本性的道德理想，以及救贖的歷史，只會在有關救恩眞正是什麼的事上誤導人。這些基本上都是「神話的」想法，需要用存在主義的用語重新加以詮釋。一九四〇年，他開始稱此詮釋行動爲剝除神話或非神話化，在一般人的腦海中，與此詞特別相聯的，就是布特曼這個名字。（趙中輝《英漢神學名詞辭典》頁一〇一）

第六一節　田立克的上帝觀

一、傳略

田立克 (Paul Tillich 1886-1965 A.D.)，或譯爲「蒂利希」，德裔美國基督教神學家和哲學家。大學畢業後任德國信義會牧師。第一次世界大戰期間任隨軍牧師。戰爭中的屠殺和破壞使他深受刺激，他痛感十九世紀人道主義已經破產，懷疑意志自由哲學能否予人類以出路。停戰後德國國內一片混亂，這就使他確信，西方文明已接近毀滅，因此參加宗教社會主義運動。他先後在柏林、馬爾堡、德勒斯登、來比錫、法蘭克福等大學任教，積極參加以加深理解人類處境爲宗旨的討論小組。他努力寫作，一九一九—一九三三年共發表各種文章一百餘篇。其著作大都運用他在哈雷大學所樹立的觀點分析宗教、文化、歷史的意義以及當代社會問題。一九二三年發表《按內容與方法論進行學科分類》，試用上述觀點系統介紹人類精神財富。蒂利希很早就批評希特勒和納粹。一九三三年納粹政府禁止德國各大學聘用蒂利希。其後蒂利希赴美國任紐約協和神學院教授。無論是在協和神學院（一九三三—一九五五）、哈佛大學（一九五五—一九六二）還是在芝加哥大學（一九六二—一九六五），他都經常同大學生和研究生對話，探討人類存在的意義。一九五二年發表《存在的勇氣》，一九五七年發表《信仰的動力》，指出人類最深切的希望使人類與超乎人類本身的有限存在的現實處在對立地位。蒂利希在這兩部著作中探討人類處境，他的立論表明他熟悉現代精神分析和存在主義哲學所揭示的種種問題。至於系統地介紹人類精神領域的探索成果究竟是否可能，他晚年對此有所懷疑。但是他始終沒有放棄他在哈雷大學所確立的觀點，即抓住基督教因信稱義的教義，就可以瞭解人類的全部文化生活和靈性生活。（大英百科全書第四册頁二七三）

蒂利希先後受到傳統神秘主義和十九世紀德國哲學家謝林、存在主義的主要代表克爾凱郭爾、海德格爾的影響。其思想特徵是把基督教神學和存在主義緊密結合到一起。他認爲，神學包括三個基本問題，即：①本質的善；②存在的異化；③善與異化之間的分裂狀態賴以得到克服和彌補的某個第三者。用神學語言來說，這就是善、罪惡和拯救。他試圖從存在主義觀點出發解決這些問題，并爲此提出一種所謂焦慮的本體論。他把焦慮這個存在主義範疇作爲他理論的出發點，認爲二十世紀屬於焦慮尖銳化時期。在他看來，現代人有三種焦慮，即對命運和死亡的焦慮，對空虛和無意義的焦慮，對罪惡和譴責的焦慮。用存在主義的語言來說，這就是本體論的焦慮，認識論的焦慮和倫理學的焦慮。他認爲，這些焦慮使人悲觀絕望，處於生死之間的臨界狀態。但人寧願生而不願死，因而人只有信奉上帝，并由此獲得「存在的勇氣」而得到拯救。他的神學觀點和哲學觀點在美國和第二次世界大戰以後的聯邦德國的新教神學家中間頗有影響。（中國大百科全書哲學Ⅰ頁一五八——一五九）

二、學說

（一）論歷史中的基督「非必需性」

田立克對神學採取存在主義的進路，常導致他對基督教信仰中特定歷史層面缺乏興趣。基督教的本質是有關普遍的存在的可能性，田立克探討此觀點時，常常會提及有關「新的存有」(New Being) 的概念。這個「新的存有」與耶穌基督有何關係？田立克在本文中指出，他相信耶穌在歷史中的存在並非具有關鍵性的重要性。

上文按歷史的進路來評估聖經記錄，導致一個負面、一個正面的結論。負面的結論是，歷史研究不能爲基督教信仰提供基礎，也不能取走其基礎。正面的結論是，歷史研究對基督教神學曾有影響，也必須有影響。首先它對聖經文學（以此類推，歷世歷代的基督教講道亦然）提供了三種語意層次不同的分析；其次，它藉由幾個步驟顯示代表基督的象徵符號（以及其他系統性重要的象徵符號）的發展；最後，藉由所有歷史工作所發展出最好的方法，提供對聖經文學精確的語文學及歷史解說。

但是我們必須有系統地提出另一個問題，是不斷被提出來的問題，顯示出其中有相當的宗教性焦慮。若我們接納使用歷史的方法來處理基督教信仰的原始資料，對教會及其中每位基督徒的思想及生活，豈非帶來危險性及不安全感？歷史的研究豈不是能導致人對聖經記錄存有完全的懷疑態度？歷史評論豈非有可能得到一個結論，指稱拿撒勒人耶穌從未存在過？豈非有些學者（雖然他們只是少數名不見經傳的學者）作過如此的聲明？就算是這種說法永遠無可證實，但只要有人證明「耶穌從未存在過」是有可能的，無論其或然率有多低，豈非對基督教信仰帶來極大的破壞性？在回應之時，讓我們首先將一些理由不足及具誤導性的答案排除。若只是指出歷史研究尚未提出任何證據，可以支持上述的懷疑論，這個回答是不足夠的。當然，它尚未作到這一點。但眞正令人憂慮的問題，是它是否能在將來作到這一點！信仰不能有如此不肯定的根基。因此，若只是回答說歷史研究「尚未」提供支持懷疑論者的證據，是不足夠的。另外有一個可能的答案，雖然不是錯誤的，但卻具誤導成份。這個答案便是：基督教的歷史根基是基督教信仰的重要元素。基督教信仰可以使用它自己的能力，推翻歷史批判學中可能導致的懷疑論點。基督教信仰可以保證拿撒勒人耶穌的存在，也可以保證聖經所描繪出來的基本要素。但我們必須要謹慎地分析這個答案，因爲這是一個不明確的答案。問題是：信仰到底可以保證些什麼？無可避免的答案，便是信仰只能夠擔保它自己的基礎，亦即有一眞實本體出現，導致信仰的產生。這個眞實本體便是「新的存有」(New Being)，它克服了存在性的疏離，使得信仰成爲可能。這是信仰唯一能夠保證的——因爲其本身的存在與「新的存有」的臨在是完全相同的。在存在的情況之中及之下「新的存有」，是直接的證據（沒有結論介於其中），便是信心本身。這正是基督教信仰按其本性所能保證的。當有人發現自己被轉化進入到信仰的境界中時，沒有任何的歷史批判能夠質疑他們當時立即的認知。讀者可記得奧古斯丁及笛卡兒對激進懷疑論的反駁？那個傳統指出一種自我意識的無阻隔性，藉著參與在存有之內而成為自我保證。同理，我們必須指出惟有藉著參與（而非歷史的辯論），才能保證基督教藉以建基的事件的眞實性。它保證一個個人的生活，在此，「新的存有」克服了舊的存有。但它卻並不保證祂的名字是拿撒勒人耶穌。我們無法排除歷史中是否有此人的存在及生平的懷疑。祂可能有另外的名稱（這在歷史上而言是荒謬的，但在邏輯上而言是必然，也是使用歷史方法的結果）。無論祂的名字是什麼，「新的存有」在過去及現在的確存在此人之內。（麥葛福《基督教原典菁華》頁二一八—二二〇）

（二）相互關聯法

田立克的其中一個重點乃是護教，他認為，為要確保基督教的可信度，福音的傳揚必須要與世俗文化提出來的問題掛鉤。田立克認為文化所提出來的是「最終極的問題」，神學有責任作出回應。在此冗長但重要的文章中，田立克探究了基督教信息與世俗文化相互關聯的一般性原則。

「相互關聯」一詞可以有三種用法，可以指不同系列的數據的相關性，例如統計圖表；或指觀念之間在邏輯上的相互倚賴，例如兩極關係；或指整體架構中個別事物或事件實際的相互依賴關係。若用在神學上，此詞的三種意義都有其重要應用。宗教性的象徵以及其所象徵的東西之間有相互的關聯。用來形容人以及神的觀念上有邏輯上的相關；人的終極關懷及他終極關懷的對象之間有實際的相關。第一種互相關聯的意義指向宗教知識的核心問題；第二種相互關聯的意義決定了有關神及世界的陳述，例如無限及有限之間的相互關係。第三種相互關聯的意義則道出了在宗教經驗之內人與神之間的關係。神學上第三種相互關連思想，曾導致諸如巴特等神學家的反對，因他們唯恐任何人與神之間的相互關聯，會導致神在某程度上需要依賴人。神的本性深不可測，絕對不會依賴人。但神向人的自我顯示卻有賴於人接受祂的顯示方法。即使按預定論的教義看來，這仍是事實（預定論指人接受神顯示的方法乃神所預定，完全不涉及人的自由選擇）。神人間的關係，以及在此關係中的神與人，隨著啓示歷史的階段而改變，也隨著每個個人發展的階段而改變。在「神為我們」及「我們為神」中間有一種共有的相互依賴。神的震怒及神的恩典，按照神的存有的深度而言，在神的「心目」中並非對比（路德），但在神人關係而言卻為對比。這神與人之間的關係便是一種相互關聯。「神人的會晤」（卜仁納）對雙方而言都具有某種眞實性。按照此詞的第三種用法而言，這確是一種實質的相互關聯。

神人關係同時也具有認知性的相互關聯。象徵性地說，神回答人的問題，人則在神回答的衝擊之下提出問題。神學提出了人的存在所指向的問題，神學也按人的存在所指向的問題，從神的自我顯示提供答案。這形成一個循環，導致來到無法再將問題及答案分開的地步。然而這個地步並非發生於某一時間，而根本是屬於人生命的本質，屬於人有限性與神的無限性的結合（此無限的神創造人，將人由此無限性中分開出來）……。有限的人在本質上原與無限的神是合一的，就現存經驗而言是與他原本所屬的無限的神分開的，其特徵便是人有能力提出有關無限的神的問題。他之所以提出這些問題，這顯示他已經與之分隔開。

就內容而言，基督教的答案有賴於啓示性的事件；就形式而言，則有賴於所要回答之問題的結構。神是人類在自己的有限性中提出問題的答案。這個答案不是由對存在的分析衍生而得。存在隱含著「不存在」的威脅，若與系統神學中神的觀念相關連，我們便會用神存在的無限權能來制衡人「不存在」的威脅。在古典神學中，這便是存有的本身。若焦慮的定義是「認識自己的有限性」，則神的無限性便是提供勇氣的基礎。古典神學稱此爲神宇宙性的護理。若神的國度這觀念與我在歷史中的存在這謎相關聯，則神的國度便要改稱爲歷史的意義、實現及統一。根據這個原則，我們便可以成功地對傳統的基督教象徵作出詮釋。這不但保留住這些象徵的力量，同時也可以就我們對人類存在所作的分析提供解答。（麥葛福《基督教神學原典菁華》頁四五—四八）

(三) 神是宇宙萬物所有存在的根源

田氏對神的觀念，也是反對超自然神學與自然主義的說法，如這超自然神學，是認爲神與世界都是同樣的眞實，然而神的存在是獨立的，而世界的存在卻是依賴神。這自然主義，認爲神是不眞實的，只有世界才是眞實的，世界的存在是獨立的，而神的存在卻是人所造出來的。田氏是反對這兩種說法，他受存在主義的影響，且從存在與不存在 (Being and non-Being) 這種哲學上的本體論 (Oulology) 入手去思索神的定義，而並非由聖經啓示神的稟性而得來。田氏認爲神學家、哲學家皆要研究神，哲學家研究存在的眞實性的時候，亦會去想非存在的可能性，他發現從人性的層次來說，所有存在都有限的，受到非存在的威脅，於是他想到構成存在的根源，那絕對的——那決定所有存在的結構，而其本身卻不受到那些結構的限制的，這一定就是存在的本身(Being-itself)，而不僅是一個Being，這一定是所有存在的根源(The Ground of Being)，在神學上用的名詞就是神，假如我們說神乃是存在本身，神學與哲學在這一點上相遇，不謀而合了。

至於神這個詞彙，可以說是一種宗教的象徵符號，由各種原始的神話及崇拜所產生的，然而這並不意味著我們可以忽視神，神學家及哲學家，或每一個關心存在的意義的人，都會以一種最終關心的態度(Ultimately Concerned)去關心神的問題，田氏對於普遍一般有關神的觀念不以爲然，認爲這樣的神只是偶像而已，他說到承認神的存在與否認神的存在，同樣是無神論，對他而言，神不存在，因爲存在是有依賴性，一個存在的神，不過是另一個Being，無論是將祂放在別的Being旁邊，或是超過別的Being之上，都是把祂限制在時空之中，使祂成爲有限的，這樣的神是不値得最終關心的，祂的存在與不存在之問題，不能被問亦無答案，因此田氏不在自然之外，去尋一個超自然的Being，而是透過自然看到自然最深最超越之處，於是他作了一結論，神是「存在的本身」，或作「存在的根源」。他要建立一種超自然主義，與自然主義以外的觀點，或作這兩點綜合的觀點，他認爲超自然的觀點，是把神的無限性變成了有限性，而自然觀點，則又把神與宇宙認同，忽略了人性之外，還有「一種超越的聖潔」，而人是與「這聖潔的」隔離的，總之，他把這種綜合的觀點，稱爲「自我超越」(Self-transcendent)，或作「神魂飛越」(Ecstatic)。

田氏解釋「自我超越」一詞，包括超越與自我，神作爲存在的根源，無限的超越了一切以祂爲根源的存在，祂與世界對立，如同世界與祂對立一樣，同時祂也站在世界的立場上，使世界也站在祂的立場上，這種同時對立，同時同一立場互相的自由，乃是唯一能使超自然的超，成爲有意義的，我們並非指著有一個超自然的世界裡面一些神聖的實體，意思是指這個有限的世界，在它自己裡面超出了它自己之外，換言之，它是自我的超越，有限的有限性，指向無限的無限性，它超出自身之外，無非要以一種新的幅度回復到本身，這就是自我超越的意思。

田氏的神學思想，認爲本體是有限的，存在是自相矛盾的，生命是曖昧不明的這樣一種觀念開始，然在無意義的實狀態中，基督教的信息帶來了盼望，乃是「新存在」(New Being)，這概念原是從保羅書信中所得來的 (New Creation Christ 林後五17)，中文聖經譯作「新造的人」，若按田氏存在主義的神學觀點，譯作「新存在」似較合適，茲就他的神學體系，對於罪、救恩、新存在等涵義來作一些研究。

關於人在有限中生存，一直受到死亡與非存在的威脅，並且一直活在焦慮的當中，這種焦慮的產生，主要是由於他的靈性與神隔絕，這是他墮落以後的結果，所謂墮落 (The fall)，非指聖經所述亞當、夏娃那曾犯罪的故事，田氏認爲這只是神話而已，所象徵的是非時間性的轉變，從本質變爲生存，其結果是人與神的聯合被破壞，或謂人從他存在的根源隔離，這是罪惡的本質。至於焦慮產生另一因素，就是人不但瞭解他的有限，或作常將面臨一個「界限的境況」(Boundary Situation)，同時也瞭解他是自由的，他有自由選擇去實現自我，活出眞、善、美，或作他有「無限的自我超越的能力」，因此他永遠不滿足於他有限的狀況，當他沒有實現自我超越的時候，便會受到罪惡感的折磨，而終於產生焦慮。田氏認爲復原派的基督教 (protestantism)，是對這種「界限的境況」的答案，就是馬丁路德所強調「因信稱義」的原則，當人相信接受神的恩典，就是在他原來的境況下接受祂，他的罪惡感與焦慮便消失了。

田氏認爲宗教不是接受一些信條，不是在生活中表現一些行動，這根本不是傳統所謂的宗教，一個眞正有信仰的人，乃是一個表現「最終關心」的人，而當他經驗到「那無條件」的時候，他便會產生這種最終的關心。所謂經驗到那無條件的，就是不論在任何眞、善、美的追求中，人在謙卑與驚畏中降服下來，整個的靈魂、意志完全降服下來，一個表面沒有宗教信仰或甚至無神論者，也可以因信得救。不過田氏仍將耶穌放在他的神學中心，認爲祂是最高而最終的啓示，並且認爲祂是帶來新存在的使者，但他非常反對耶穌基督這個名字，認爲是不正確的，是混合著一個普通名字與一個特別的稱號。耶穌是一個歷史人物，基督是彌賽亞，是猶太人所仰望的救主，所以田氏不喜歡用耶穌基督這個名字，而把耶穌與基督分開來作使用，耶穌雖然也受到存在的各種條件限制，但祂的整體形態，並無與祂存在的根源隔離，而尤其因著祂的死，充分地表現了犧牲的愛，以及無我的生命，因祂是戰勝了有限的存在，而成爲帶來了新存在的使者。

田氏對於正統信仰基督是眞神，也是眞人，是神人合一的堅持，完全否決，他認爲耶穌之所以能成爲基督，成爲新存在者，就是因爲祂拒絕祂的門徒把祂當作神，祂犧牲自己，爲要不讓門徒把祂塑成偶像，成爲神以外的另一個神。田氏特別是以引用馬太福音十六章15—21節這段經文來支持他的論點，可是卻將「第三日復活」一句漏掉，由於祂的復活證明了祂的神性，田氏只作斷章取義的解經不可取法，他對耶穌生平來自新約福音書的資料，認爲大部分都是神話，四福音所描繪的耶穌畫像乃是歪曲的，如果人照字面來接受其中意思，便是迷信，所有宗教語言都是象徵式的，若是透過這些符號看到其中的靈意，那是最要緊的。

田氏認爲信仰的範疇，並不是由歷史的研究來干涉，而是基督教會的信心爲緊要，若在教會中可以看到那新存在所發出的能力，那就證實了新存在的出現，保證基督教的眞實性的是基督徒的參與(participation)，而非歷史的證據。他認爲復活只是整個神話的一部份，它所象徵的意義是很重要的，但卻不能把它照字面看作眞正發生過的事情，可是他也不否認他曾提出門徒生命的改變，以及新存在所發出的力量，於是他便發明了有名的「復回」(不是復活)的理論(The Restitution Theory)，這個理論就是說在門徒的心目中，耶穌死後卻仍然回復祂是基督的畫像。

(李道生《世界神哲學家思想》頁三〇二—三〇七)

三、結語

綜上所述，田立克的上帝觀，論歷史中的基督非必需性，相互關聯法，神是宇宙萬物所有存在的根源等神學思想。在他一生中，或許三大册的《系統神學》(一九六三年)是他最重要的著作。內中他主張，神應當被視爲存在的根源，是人類終極所關切的。藉著分享存在的根源，人因而領受他自己的存在。此外，人必須面對不存在。當他如此作，並勇敢地確定自己正面臨著不存在時，他就是達表了終極的關切。對人類而言，那「新的存在者」(New

Being）就是耶穌基督。當耶穌面向十字架時，對存在的根源來說，祂成了「顯明的」，那就是基督，新的存在者。因此耶穌基督乃是人類存在需要的答案。（趙中輝《英漢神學名詞辭典》頁六六二）

不過，田立克的神學思想，問題很多，不論神學家或一般讀者，都難懂得他的信仰是什麼？他立志要作一個哲學家，同時要作一個神學家，他以神學的態度應用哲學，在他的神觀中，上帝被染上了沒有位格的神，他對基督教義與救贖的觀念，只是作斷章取義的解釋，並非是一位聖經學者，而被認爲是最危險的神學家，他要使神學發生一種創作性的力量，能夠來影響他的時代；他的思想確是吸引了那些輕視宗教信仰的知識份子，使人去想到他存在的目的與意義，並且也使基督徒去面對他們所處的時代思潮，所帶給他們的挑戰，他對罪惡感與焦慮的分析，顯見他對人性有很深的透視，在他的神學作品裡，亦採用許多正統信仰所用的詞彙與觀念，使讀者摸不清他個人到底的立場是什麼，他的神學系統產生許多問題，是前後矛盾而曖昧不明的，至於他那「相互關聯的方法」，乃爲教內與教外人士的接觸點，有其價值與貢獻。他的神學頗受教外人士的欣賞，因他公開反對歷史性基督教的正統信仰；反對聖經的啓示，是自我的超越，尤其反對道成肉身的眞理，否定耶穌是神，所以能爲非基督徒所歡迎。一言以蔽之，田氏的神學系統，其根基的建立，就是存在的根源；其材料的使用，就是他的本體論，關於耶穌基督，以及聖經啓示其他觀點，只是一點配備而已，可見他的神學思想，只是一種賦有創作性的頭腦思想成果，而非爲基督教信仰信息，信徒應當分辨之。（李道生《世界神哲學家思想》頁三〇七）

第六二節　巴特的上帝觀

一、傳略

巴特（Karl Barth 1886-1968 A.D），瑞士基督教神學家。從十八歲起先後在伯爾尼和德國柏林、蒂賓根和馬爾堡等地學習，一九〇九—一九一一年在日內瓦任副牧師，一九一一——一九二一年在農民和工人密集地區阿爾高州任牧師。他痛感基督教開明派神學不能解決當代社會問題，因而參加宗教社會主義運動，設法把信徒中的工人組織起來。經過第一次世界大戰，歐洲陷入深刻悲觀情緒，一九一九年，巴特發表《羅馬書注釋》，強調上帝不同於人間任何事物，批判自由派神學中的理性主義、歷史主義和心理主義。巴特先後在格丁根（一九二一）、明斯特（一九二五）和波恩（一九三〇）教授神學。在《羅馬書注釋》的影響下，出現了辯證神學派。一九三三年希特勒上臺，巴特從一開始就反對國家社會主義和德國福音教會內部支持納粹黨的「德國基督教派」。他撰寫一系列小册子號召宗教界人士抵制他們。一九三四年，他同馬丁、尼穆勒等其他反納粹宗教界人士共同發起巴門會議，通過巴門宣言。這個文件是後來德國宣信會的信仰基礎。巴特拒絕無條件地宣誓對希特勒忠誠。因此不得不離開波恩，赴瑞士巴塞爾任神學教授，繼續反對納粹。他在第二次世界大戰期間，曾參加瑞士軍隊服役。在巴塞爾他繼續撰寫《教會教義學》。第二次世界大戰結束後，巴特一方面譴責近代德國從腓特烈大帝、俾士麥到希特勒的軍國主義傳統。冷戰期間，他反對搞反共十字軍一類的活動，主張和平，要求除掉在西方之間的鐵帶，反對把蘇聯與納粹德國相提並論，反對使用核彈。（大英百科全書第二册八二——八三頁）

二、學說

(一)耶穌基督體系中心的上帝觀

巴特在廿世紀廿年代初開始對基督教神學界發生影響。他猛烈攻擊當時流行的基督教自由主義神學，反對把神學變成人類文化的創造物。他不是原教旨主義者，但他反對把人類的論斷和上帝的言論混為一談，認為這會損害天啓概念，并使教會失去其批判的能力。他主張神學的解釋應獨立於人類的思辨，認為只有在哲學嚴格隸屬於上帝言論的情況下，才可以把哲學概念用於聖經的注釋。

廿年代後期，巴特積極宣傳他的基督教教義學。他認為，基督教的教義學應以耶穌基督作為它的體系的中心，上帝的啓示主要顯現在基督的事跡中，聖子的活動中包含聖父和聖靈的活動。他強調，基督教的教義學就是教會的教義學，神學家應當經常檢查教會的教義和布道，聖經便是這種檢查的依據，因為它是基督言論的體現。

卅年代，巴特與布龍納（一八八九—？）等人創立了「危機神學」或「辯證神學」，試圖用原罪解釋當時的社會危機和精神危機，認爲危機的出現是由於人們削弱了自己的宗教信仰，因而主張超自然的手段來克服危機。他強調理智應當服從於信仰，人類不可能依靠自己的智慧和力量得到拯救。他指出，現實世界裡的各種矛盾在這個世界裡是無法解決的，只有在超自然的世界中才能得到解決，而且唯有宗教才是拯救人類的靈丹妙藥。巴特這種危機神學在三十—五十年代的西方新教徒中頗有影響。（中國大百科全書哲學Ⅰ頁二五—二六）

（二）基督中心論

巴特的《羅馬書注釋》於一九一八年以德文出版，引起一陣轟動，帶動有關神與人性的辯證之風。在神與世人之間，有一個深不可越的鴻溝，是永遠不可能由我們這邊橫跨過去的。我們若是知道任何有關神的事，那完全是因爲神的自我啓示，絕非人憑自己的洞見可以想出的。神與人類思想及文明截然不同。巴特不厭其煩地強調神與人之間具有「絕對的、全然的質差」，使他成爲第一次世界大戰之後神學界最急進的聲音。

（保羅）只訴諸神的權威。這是他的權威惟一的基礎，此外無他。

神授權給保羅，傳遞神的福音。他受託要將神的眞理傳遞給人類，是嶄新的、空前的、喜樂的、有益的、不折不扣的「神的」眞理。福音並非指人具有神性，也並非指點人如何變成神。福音所宣揚的神是與人全然不同的。救恩是由神傳達給人類的，因爲他們只不過是人類，他們不可能認識祂，他們也沒有權利從祂身上得到好處。福音並非人憑自己的能力可以理解的許多事件的其中之一。福音是那萬物本源的道，這道是日新又新、永遠長新的，人應當以周而復始的敬畏戰兢之心來領受……。

我們的主耶穌基督便是福音，也是歷史的意義。在這個歷史之上，有兩個世界交會，又分道揚鑣：有兩個平面相交，一是已知的層面，另一個是未知的層面。已知的層面是神所創造的萬物，原是與祂合一，卻墮落離開神，因此這個「屬肉體」的世界需要救贖。這是人類、時間、物質的世界，亦即我們的世界。與此世界相交的，是另外一個未知的世界，是天父的世界，是最起初的創造，是最終的救贖。我們以及天父之間，這個世界以及天父的世界之間，彼此的交界線難以辨認，惟有在拿撒人耶穌、歷史中的耶穌身上，才可以看到其交集。（麥葛福《基督教神學

原典菁華》頁一五二——一五三）

（三）三一神論

巴特將三一神論置於《教會教義學》的最前面。這一點雖顯而易見，卻很重要，因爲他將對手士來馬赫所擺三一論的位置完全顚倒過來。士來馬赫認爲，三位一體也許是人對神最終的結論；但巴特則認爲，這個論點必須先說明，才有可能談到啓示。所以，三一神論被置於《教會教義學》的開頭，因爲在此題目之後，其他教義才可能成立。三位一體的教義能鞏固神向有罪人類的啓示，並保障其實現。巴特形容它是啓示的「說明性保證」；它闡明了啓示的事實。

「神啓示了自己。祂透過自己啓示出自己。祂所啓示的是自己。」巴特用這些話作開場白，設定了啓示的架構，並導出三位一體教義的公式。神在啓示中說話，而神學的任務便是探究：這種啓示的預設爲何，所包括的意思爲何。對巴特而言，神學是 Nach-Denken，即「回頭思想」神自我啓示的內涵。我們必須「仔細探究我們對神的認識，和神自己本性之間的關係。」巴特用這類言論，爲三一神論設定背景。神已經作了自我啓示，這件事既然能發生，表明祂應當是怎樣的一位神？啓示的實現使我們對神的本質有何認識？巴特對三位一體討論的起點，不是某個教義或某種概念，而是神說話，並且神的話被人聽見的事實。因爲，如果有罪的人類不可能聽神的話，那麼，神怎能被人聽見呢？

以上這個段落，只是簡述巴特的《教會教義學》中第一卷前半的某些部分，並穿插幾則引言。該章的題目爲「神的話的教義」，其中含義甚深，需要解釋。最主要的兩個題目必須注意：

1、有罪的人類基本上沒有能力聽神的話。

2、不過，有罪的人類聽到了神的話，因爲這話讓他們明白自己的罪。

啓示能夠發生，這件事本身便需要解釋。巴特認爲，這表示人類在接受的過程中處於被動；啓示的過程，從頭到尾，都臣服於神的主權之下。因啓示若是啓示，神必須能向有罪的人類有效地作出自我啓示——儘管他們有罪。

一旦能明瞭這個似非而是的吊詭，就可以跟得上巴特對三位一體的解說概要了。巴特主張，在啓示裡，神必須與祂的自我啓示是同樣的。啓示者與啓示之間應當有直接的對應。如果「神啓示自己爲主」（這是巴特慣有的宣告），那麼，神「首先在祂裡面」就必須是主。啓示是在時間裡複述神在永恆中的實況。因此，以下兩者必須互相對應：

1、啓示的神；

2、神的自我啓示。

用三一神論的術語來說，即：父在子裡面啓示出來。

那麼，聖靈又如何？這或許是巴特三一論中最困難的部分，即用：「已經啓示」(revaledness) 的觀念。爲說明這點，我們要一個巴特沒有用過的比喻。假想有兩個人，在主後卅年左右，於一個春日在耶路撒冷郊外行走。他們看見三個人被釘於十架，就停步觀看。第一個人指向中間那位，說：「有一個普通的罪犯被處死了。」第二個人指向同一位，回答道：「那是神子，爲我而死。」說耶穌是神的自我啓示，本身並沒有用；必須有某種方法讓人認出耶穌那是神的自我啓示。而「已經啓示」的概念，就是承認啓示爲啓示。

這種亮光是如何得著的呢？巴特說得很清楚：有罪的人類若未得到幫助，就沒有能力看見這種亮光。在啓示的解釋上，巴特不容許人類有任何正面的角色；他相信，若如此，便是將神的啓示臣服於人的知識理論之下。（前面曾提到，這一點受到許多人的批判，甚至像卜仁納等人，對他的目標甚爲同情，但也不放過這一點。）將啓示解釋爲啓示，必須是神的工作——準確而言，是聖靈的工作。人類並非先擁有聽神話語的能力，然後就聽見這話；聽見和聽的能力，都是聖靈一舉賜下的。

這番話似乎意味巴特是某種形相主義者，將不同的啓示時刻視爲同一位神的不同「形相體」。有人正是指控他有這項缺失。不過，若仔細思考，或許我們便不會如此論斷，而會從其他方面來批判。例如，聖靈在巴特的說明中處境不佳，而這一方面可以說反映出西方傳統整體的弱點。巴特對三一神論的持論儘管有弱點，但大家一致公認，在神學教義內遭忽視許久的這個教義，終於再度恢復了重要性。而在耶穌會神學家拉納的努力下，三一神論更進一

步得著鞏固。（麥葛福《基督教神學手册》頁三一六—三一八）

（四）基督才是神學的中心

巴特對於當時人類的宗教意識——宇宙即神，神即宇宙的泛神論起了反感，尤以人的驕傲，是把自己神化起來，人即是神，爲一切道德知識的準則，從此他極力強調神的超越性、神的絕對主權與自由；神是絕對無限、絕對聖潔的，與有限的、有罪的人之間鴻溝，是無法超越的，除非是神自己主動地在祂憐憫與恩典之中臨到人才成，神是屬於永恆的；人是屬於時間的，他受祁克果的哲學觀念影響甚深，從祁克果學會了區別時間和永恆的不同，指出神是完全的另一位，耶穌是眞神亦眞人，這也是似非而是絕對的道理，基督是被按立爲神的兒子，是藉著聖靈所按立的。以後他的神學思想，是完全建立在聖經之上，因他擺脫了神人間絕對隔離的觀念，而能用更嚴肅的時度，來看耶穌道成肉身的問題，他先前認爲聖靈乃神和人之間的交會點，後來卻主張基督才是神學的中心，在基督裡面讓我們看出神的本色包含有人性，人能認識上帝的啓示，是因爲人乃按照上帝的人性之形像造的。

巴特認爲神在基督裡啓示的光照下，使我們對神的全能有一種完全不同的認識，正因上帝無所不能，所以能夠變成軟弱，走上十字架道路，祂證明自己不是人所想像的神，而是眞正全能的神。祂是虛己去到罪人當中，爲要服事人，他深信人一旦離開上帝，自然而然就會犯罪，但神從基督身上啓示祂不願意看見人活在罪中，他主張罪在基督裡被制服、被寬恕、被擊退，耶穌說：「在人這是不能的，在神凡事都能」（太十九26），這就是巴特的人觀要旨。由於在神凡事都能，他十分強調新的生命，人是藉著上帝所賜的新的生命生活，上帝是能勝過罪惡的神，祂不願意高高在天與人隔離，卻要來到人間，擔當人的重擔，因此，基督教的倫理就是要教我們負擔別人的重擔，要愛仇敵，正是因爲神愛所有敵對祂的人。神愛世人，是在說明祂愛世界上所有的人，並且進入這世界，所以教會應當爲世界服務才是。

巴特相信耶穌基督是道成肉身的神的道，是完全的神與神人，爲世人的罪被釘在十字架上，在祂身上擔負了神審判與義怒，代贖了世人的罪，使世人與神復和，並從死裡復活，得勝了罪的權勢，使人因信祂而得以稱義，成聖，這些論點似與正統神學十分相符，但他很強調揀選的教義，基督在創立世界以前，同時就是揀選者與被揀選者，神在祂無條件的恩典與憐憫中，早就定意在基督裡揀選了我們每一個人，使基督擔當了世人的罪，使世人與神復和，這些早在未有時間、人類以前就定好了，因此從救恩歷史的次序來言，復和是先於創造與墮落，這是給人一種錯覺的觀念。而在揀選的教義上，他與聖經神學，尤其是與加爾文神學有了最大的出入，就是反對有些人會被揀選得救，有些人會至滅亡的說法，在他認爲所有的人，在基督裡都被揀選了，於是有人批評巴特是在倡導普世得救理論，而這理論是明明不合聖經教訓，因爲聖經啓示讓我們明白，有些人是因信得救，有些人是因棄絕救恩而滅亡，這是得救與否不變的定理。

巴特說，基督的復活，說明上帝接受了基督替人悔罪的事實，死原就是無，上帝能從無創造出萬有，使基督復活，亦需有同樣的權柄才成，祂使基督復活，意在表明並不撇棄祂所創造出來的世界，上帝啓示基督恆與世人同在，救贖必須具備復活的主，在此時此地和祂的子民相遇，神是永遠包容著那位遠行者，是與我們同命運、被害、死而復活的主，在這時代我們通往第一世紀的橋樑，乃是耶穌基督。至於教會的建立，其基石就是主的十字架和祂的復活，教會會友，乃是知道人的光景，是被耶穌改變的人，教會本身就是宣教師，負責向別人傳此信息的責任，教會佈道不能使人命運改變，改變世人乃是基督死與復活的事實。巴特認爲基督教，新奇之點，就是在於基督之本身，基督徒應該藉著認識基督，祂是一位被釘死而復活的救主，成爲新造的人，基督徒應該活出基督耶穌救主所賜的新生命來。

巴特的神學核心思想，就是耶穌基督，耶穌是眞神亦是眞人，這是一個極大的奧祕，巴氏對基督教神學最大的貢獻，就是他對自然神學的棄絕，而極力呼喊要回到正統神學的基礎，尤其是馬丁路德更正派所強調的聖經權威，他認識聖經有絕對的權威，並且是建立在先知與使徒所接受的權威上，而強調神的道是人能認識神唯一的途徑，就是神在他的絕對自由的主權與恩典中，來向人顯示祂自己的時候，那才是神眞正的啓示，不過他的啓示觀念，是與正統信仰差別很大，他仍對聖經存用高等批判方法，接受現代科學主義抨擊聖經神蹟，且不接受正統信仰聖經無誤的論點，而認為聖經作者都是凡人，寫出了各種錯誤與矛盾，他不承認聖經是神的道，是說聖經含有神的道，並且見證神的道，這是他對聖經啓示保持不同的觀念與說法。他在神學上最特出的貢獻，是在強調基督中的新人，他對三位一體的神，基督的神性，人的罪性，以及因信稱義等公開承認，實在興奮了世界許多信徒的信心，他的教義學，激發了神學上許多新發現，也曾受到天主教神學家很高的評價，他所一貫主張的神學，是以神在基督裡的行動為中心，表現出一種基督教信仰的喜樂，尤其是他能從自然神學的斷然棄絕，從以人為中心到以神為中心，以神的道為權威，這些都帶給教會的生機，信徒恢復熱心的研讀聖經，使許多教會眞正明白了耶穌基督教會，是完全奉耶穌為主，順從祂的話語的教會，他的神學思想，確是成為教會合一運動很大的力量，為執近代神學之牛耳，足可與歷代教會中神學界之權威如奥古斯丁、安瑟倫、阿奎那、馬丁路德、約翰加爾文等相媲美。（李道生《世界神哲學家思想》頁三一五—三二一）

三、結語

綜上所述，巴特的上帝觀，耶穌基督的體系中心，基督中心論，三一神論，基督才是神學的中心等神學思想。巴特對神絕對主權的觀點與其對墮落之人的觀點相聯，意謂著人的意志、情感與理智的破產，不可能使人發現上帝。人可回應神自我的開啓，但對此神啓人是毫無功勞的。

巴特主義是一個較新的神學，為瑞士神學家巴特和布倫納並他們的許多門徒所倡。這些人以為基督在本質上是實物的可能性，因此也不可能有神眞實的啓示；同時教訓人說，聖經並沒有提出任何含有普遍責任性和應用性的道德原則，大部分的危機神學家是已經否認或忽視了有形教會的社會道德責任；可是他們自己並沒有一貫不變地保持他們這些觀點，也沒有保持他們不發生例外。危機神學派即「巴特主義」，也作「辯證神學」或「新正統神學派」。（趙中輝《英漢神學名詞辭典》頁六八—六九）

第六三節　維根斯坦的上帝觀

一、傳略

維根斯坦(Wittgenstein, Ludwig 1889-1951 A.D.)，或譯爲「維特根斯坦」，奧地利哲學家，以對語言及世界架構之間關係的探討聞名於世。

維特根斯坦一八八九年四月廿六日生於奧地利維也納一個猶太人家庭，後入英國籍。一九〇八—一九一一年在英國曼徹斯特大學學航空工程。一九一二—一九一三年在劍橋從學於B・羅素。一九二〇—一九二六年曾在維也納附近從事鄉村小學教師等職業。一九二六—一九二八年在維也納期間，與M・石里克、F・韋斯曼等維也納小組成員有私人交往。一九二九年回到劍橋大學，同年六月獲哲學博士學位。一九三九年任該校教授，一九四七年退休，一九五一年四月廿九日在劍橋去世。

二、學說

(一)神存在的證明

本文原以德文寫成，於維根斯坦死後出版，指出用邏輯演繹法來證明神存在的限制，強調經歷及人生對形成神的信仰的重要性。

神的本質被認爲保證了祂的存在。這句話的眞正意義是：問題的關鍵並非某事物的存在與否。我們不是同樣也可以說顏色的本質保證了其存在，而不是白色大象的存在嗎?因爲這實際上意味我無法解釋「顏色」是什麼，或「顏色」這兩個字有何意義，除非我能用某種顏色樣本作爲例子。因此我並非解釋「若顏色存在，會是什麼樣的情形」。我們可以說：「若奧林匹斯山上有諸神的話，我們將可以描述那會有什麼樣子的」，而不是討論「若眞的有神存在，那會有什麼樣子的」。如此可更精確地決定什麼是「神」的觀念……。我們如何學到「神」這個字?我無法用完整的文法描述來形容「神」。但是我可以幫助形容這個觀念，我可以提出有關「神」的一大堆事實，或許也能收集一些貼切的例子。

……證明神存在的證據應當是可以使人信服神是存在的。但我相信當信徒們提出有關他們「信仰」的證據時，他們實際上是提出一個理智上的分析及基礎，而他們本身根本不是因爲這些證據而相信的……。生活可以教化一個人相信神，經驗也可帶來相同的結果。我並非是指異象或其他的感官經驗告訴我「這存有者的存在」，我乃是指各種不同的苦難。苦難使我們經歷神，與感官感受到物體的存在不同，也並非使我們產生有關神的推測。經驗、思想、生活乃強將這項觀念加諸我們身上。（麥葛福《基督教神學原典菁華》頁四〇一四一）

三、結語

綜上所述，維根斯坦的上帝觀，神存在的證明，強調經歷及人生對形成信仰的重要性之神學思想。

維特根斯坦前期哲學理論的核心是圖式說。他用這個理論回答語句爲何能表達實在世界中的事實，并回答關於命題的性質問題。後期哲學思想拋棄了圖式說及其在此基礎上所建立的邏輯原子論，以語言遊戲說代替了圖式說，以語言分析代替了邏輯分析，以日常語言代替了理想語言。

第六四節　布仁爾的上帝觀

一、傳略

布仁爾 (Emil Brunner 1889-1966 A.D)，或譯「布倫納」、「卜仁納」、「布隆內爾」，瑞士人，基督教正統派神學家。一九一六—一九二四年在瑞士奥布斯塔爾登任牧師。一九二四年任蘇黎世大學系統和實用神學教授。曾往美國和亞洲各地講學。從二十世紀卅年代起關心普世教會運動，一九四八年參加世界基督教協進會阿姆斯特丹會議。退休後，一九五三—一九五五年任東京國際基督教大學基督教哲學教授。布隆內爾是新正統派神學的倡導者之一，該派是針對第一次世界大戰後的絕望感而產生的危機神學。他提倡十六世紀宗教改革運動的中心思想，用以抵制自由主義神學。他主張繼續調諧神學與人文主義文化，但是他認爲理想主義、唯科學主義、進化論和自由主義表現人類的傲慢自大和自我神化，而這些因素正是現代世界各種弊端的根源。（大英百科全書第三册頁一四九）

二、學說

（一）啓示神學爲唯一的神學

布魯內爾曾多次去美國作訪問演講。支持巴特的主張而反對自由主義神學，贊成「辯證神學」。與巴特同被稱作新正統神學代表人物。反對把神學人文化和自由主義化。主張啓示神學爲唯一的神學，認爲信仰在於從《聖經》裡取得上帝對人類的啓示。但後贊同天主教在自然神學中所使用的「比擬法」原則，認爲從上帝所創造的大自然中亦可獲得有限知識以認識上帝；爲此受到巴特的指責。死於蘇黎世。主要著作有《啓示與理智》、《基督教與文化》、《神聖命令》、《叛逆的人類》等。（宗教辭典頁一二五四）

（二）論啓示的個人性

一九三〇年代，卜仁納及巴特之間產生越來越大的鴻溝。二人起初均被視爲「辯證法的神學家」(dialectical theologians)，強調神爲迥異於人的「相異性」(otherness)。但卜仁納後來越來越強調神向人類作出個人性的啓示，亦即人是「神與之談話的伙伴」(conversation-partner of God)。卜仁納主張神是與人對話的神，此文中所強調這種啓示的個人性，便是他的主張中的一部分。

神的自我啓示並非客體，而全然是一位主體的作爲與其自我的付出，此主體爲一個位格。祂啓示祂自己，是祂自己的主，與祂自己相交，是完全與被稱爲客體或受格者相對的。同理，個人的信靠亦並非主體性的，惟有當面對著一位客體時，其主體性才能成爲事實，此主體自其本身以外的外物中有所領受。在此背景之中，若說到領受，是指人將自己獻給神，讓神擁有主權。但若我們身爲信徒，按照信徒的立場而言，便知道我們所意味的，是啓示與信心的關係，與一般而言的眞理及認識的關係大不相同。聖經所記載的，的確是我們所謂的眞理……但聖經中的「眞理」與一般而言的眞理不同，因爲一般而言的眞理是藉著理性來理解事實，而聖經中的「眞理」則截然不同，是指神與人的相遇，神與人均有自我的付出，由此產生出相交的關係。這並非意味著聖經中的眞理觀與一般而言理性的眞理觀除此相異性之外，沒有其他相同的地方……聖經所關心的，是個人的回應，是在神的話語及信心相互關聯之時產生的個人回應。反之，我們是藉著反思聖經中有關個人性回應的基要眞理，才產生出對神的話語及信心的這種

了解。聖經中的眞理觀以此個人性爲主，也因此與所有其他的眞理觀截然不同。（麥葛福《基督教神學原典菁華》頁九四－九五）

（三）論神的形像

瑞士改革神學家卜仁納晚年發展出一種神學，主要針對神與人之間的對話或合作關係。卜仁納認爲，啓示亦即神與祂的子民之間的「對話」。據此文可知，卜仁納發展出「我——祢」關係的概念，是以人乃按照神的形像被造(imago Dei)爲根據。

神希望我能自動回應祂的愛，用我的愛來回應祂的愛，一個愛的回聲，一個對祂的榮耀充滿愛意的反思。我在基督裡遇見聖潔全愛的神的時候，必定會產生這方面對自己的認識。二者是相關、連貫的。認識聖潔全愛的神，與知道我的本性是神所創造的，是同一件事。因此，我成了何等人，必然是按神的心意而成的。神的旨意是要榮耀祂自己，並傳授祂自己。對我提出要求的這項寬宏旨意導致我的存在，是我之所以爲我的基本原因。現在我們必須進一步地詳細討論。

（A）希望榮耀祂自己、傳授祂自己的神，願意被造的人對祂愛的呼召作出回應，報之以感恩、回報的愛。神渴望祂所擁有的是有自由意志的人類。神希望被造的人不要像其他被造物一樣，只是祂旨意下的客體，好像是創造主榮耀的一個反射物。祂渴望從我們的「反映」中，得到主動、自發的回應。神藉著祂的道創造，祂是靈，自由地創造，祂希望得到一個不只是「反射」的「反射」，是對祂的道的響應，是一個自由的屬靈表現，是對祂話語的回應。惟有如此，祂的愛才能眞正以愛傳授出去。因爲愛只能在以愛接收的情況下才能傳授出去。人身爲被造者，其存在的核心是自由、自我、得以成爲「我」（一個位格）。惟有「我」可以對一位「你」作出回應。惟有一位能夠自己作決定的自我才能夠自由地回應神。機器人不能夠作出回應；動物與機器人不同，可以反應，但不能作出回應。動物不能夠說話，不能夠自由的作出決定，亦不能夠由它自我之中抽離出來，因此不能夠負責任。

擁有自由的自我，能夠自決，這是神按最初的設計所創造的人。但是由最初開始，這種自由便已受限制，並非主要的，而是次要的。事實上，它並非自我安置——如理想主義中的自我一樣——它乃是被安置，它不是a se，而是a Deo。因此，雖然人的回答是自由的，但同時也是被限制的。神願意我有自由，這是眞的，因爲祂希望榮耀祂自己，並將祂自己賜下。祂的旨意是使我有自由，以致我能夠作出這種回應。因此，由一開始，我的自由便是需要負責任的。責任是有限制的自由，這造成人的自由與神的自由之間的區別。這種限制同時也是一種自由，這造成人有限的自由與其他受造物之間的區別。動物，及神，都無需負責任。動物無需負責任，是因爲他們在負責任的等級以下。神無需負責任，是因爲祂在負責任的等級以上。動物無需負責任，是因爲祂們沒有自由。神無需負責任，是因爲祂有絕對的自由。然而，人卻只有有限的自由。這是人之所以爲人的關鍵，這也是人擁有自由的條件。換言之，人類有限的自由，正是人被造的目的：人類擁有這種「自由」，以便他能夠向神作出回應，以便神能夠藉著這種回應來榮耀祂自己，並將祂自己賜給受造物。

（B）然而，正是因爲這種要負責任的自由的性質，導致其目的有可能實現，也有可能不被實現。這個不確定性，正是自由的後果。神所創造的人性中，有形式的及具體的兩個層面。人必須作出回應，人必須負責任，這是無可更改的。無論是人如何使用自由，或是如何濫用自由，都無法改變這個事實。人必須負責任，無論人對創造主持何種態度，他都必須爲此負責。人可能會否認他的責任，也可能濫用他的自由，但是他卻無法免除他的責任。責任是人的構造中無可改變的部份。亦即人類中每一個人的存在，都包括有必須向神作出回應的事實，並非只有相信基督的人才有此責任。

人無論創造主的呼召作出什麼樣的回應，那都是一種回應。即使他的回應是：「我不認識任何創造主，我也不會順服任何神。」即使是這種回應，亦是回應的一種，也自然要負律法的責任。這種形式上的必要構造是無法改變的，是人存在必有的，亦是所有的人類都同樣擁有的。惟有當人眞實存活的情況中止之時，亦即當人是低能或瘋狂之時，才不需要負責任。

在舊約中，聖經用「按照神的形像被造」一詞來形容人性中的這種形式上的層面。舊約中所謂人是「按照神的形像被造」意味著人不可能失去此形像；即使他們犯了罪，亦不能夠失去此形像。因此這個概念不致受到罪及恩典，罪及順服等對照的影響，因爲此概念乃描述人的「形式」或「結構」的層面，而非「具體」的層面。那麼，如何才有可能認知這種「形式上」像神所反映出來的相像之處？此相像之處包括「主體」、「位格」，以及自由。當然，人類只有有限的自由，因爲人是要負責任的。但人仍然是自由的，因爲惟有如此他才會需要負責任。因此，人性的「形式」層面，亦即「按照神的形像被造」的層面，意味著人是一個主體，是自由的；這也是人之所以與較低級的被造物不同之處。此爲人之所以爲人的特質，此爲賦予人性的關鍵——惟有人所獨有。這些都是按照神的設計。

新約以此爲預設的事實，亦即預設人性乃是「按照神的形像被造」，並沒有更進一步地發展此概念。使徒門最重視的，是這種神賜特質的「具體」的實現；亦即人類應當按照創造主原本的用意來回應，作出能使神得到榮耀的回應，作出使祂能夠完全傳達祂自己的回應，亦即敬畏、感恩之愛的回應，不單只是用言語表達，更是用整個生命作出回應。新約「人乃按照神的形像 (Imago Dei 被造)」的教義告訴我們，這種正確的回應尚未出現，反而出現了截然不同的回應：不將榮耀歸給神，反而將榮耀歸給人及被造物；人不但不活在神的愛中，反而尋求自我中心。其次，新約宣告神已做成的事，爲的是要將這種錯誤的回應變成一個正確的回應。

因此，新約提及人類「按照神的形像被造」的人性已經失喪，而且不是部分的失喪，乃是整個失喪。人性不再擁有「神的形像」(Imago Dei)，但藉著主耶穌（神藉著祂榮耀了自己，付出了自己），人得以恢復神的形像。神的形像的恢復，亦即新造的人重新得到原本被造時的神的形像，乃是藉著信心領受，是神在耶穌基督裡所賜下的恩賜。

新約中的「神的形像」(Imago Dei)，按該詞「具體」的層面而言，與「在神的道中」同義。這意味著人在其本身並未擁有眞實的存有，乃是在神的裡面才擁有其眞實的存有；因此，這事實不能夠在人性裡面去發掘，必須藉著自省才能找出來的；並非是理想主義哲學中的「你」，而是由「你」產生出來的「我」；不是能夠藉由研究人性而了解的，惟有仰望神，或者，更具體而言，惟有仰望神的道才能夠了解。要成爲眞實的人，不能夠只是作人，要了解他的眞實存有，不能夠只是自省。我們眞實的存有，在於 extra nos et alienum nobis（路德）；是「偏心的」(eccentric)、是「狂喜的」(ecstatic)，惟有當人是在神裡面時，才眞正爲人。也惟有如此，人性才是眞正的人性。

由罪人的觀點看來，「神的形像」是在道成肉身的耶穌基督裡。耶穌基督是眞正的「神的形像」，惟有當人藉著信心「在耶穌基督裡」時，才能夠重新恢復「神的形像」。因此，對耶穌基督的信心，便是 restauratio imaginis，因爲祂使我們重新在神的道中存活，那是我們曾經因犯罪而失喪的。當人類進入神顯現在基督裡的愛，便成爲眞正的人。人類眞正的存在，是在神愛中的存在。如此，人眞正的自由也完全在乎神。Deo servire libertas（奧古斯丁），「事奉神便是完全的自由」(Whose service is perfect freedom)，此句名言表達出基督教信仰的本質。眞正的人性並非是天才，而是愛；人性本身並不擁有愛，也無法產生愛，而是從神而得，因爲神就是愛。眞正的人性並非源自全然發揮人的潛能，而是源自接受、領悟神自我彰顯的愛。因此，與神隔絕（罪），便意味著失去眞正的人性，也摧毀了「按照神的形像被造」的本質。當人心不再反映出神的愛，而是反映出人自己或是世界時，人便不再帶有「神的形像」，因爲所謂神的形像便是神的愛反映在人的心中。

既然藉著相信耶穌基督，人能夠再一次接受神愛的「首要之道」，神的形像(Urbild) 便再一次被反映出來，人性中恢復曾經失去的「神的形像」。「神的形像」按眞正的人性（並非按形式或結構的人性）而言，等同於人與神相交時對神眞正的態度，此乃與神創造之時的原意相符。你對神的態度決定你是誰。若是你對神的態度是「正確的」，與神創造時的原意一致，亦即，你憑著信心接受神的愛，如此你便是對的；若是你對神的態度是「錯誤的」，那麼你便是全然錯誤的。

「神的形像」有兩種概念：一是「形式」、「結構」的，亦即舊約的概念；一是「具體」的，亦即新約的概念。若是我們將此二者混淆，或不加以區分的話，我們的思想必然會變得非常不清晰。結果將會變成我們必須全然否認罪人擁有任何人性，或是我們必須承認罪人也是人，但是失去了神的形像；或是按照「具體」的層面來看，失去神的形像意味著神的形像變爲模糊，或是神的形像的一部分變爲敗壞，如此則淡化了罪的嚴重性。若是我們正確地區分上述「神的形像」的兩種概念，則這三種錯誤的結論均將自動消失。（麥葛福《基督教神學原典菁華》頁三一一—三一五）

（四）神是絕對的主體

布仁爾曾被稱爲危機神學家，新正統派，或是辯證法的神學家，由此觀之，他與祁克果、巴特、尼布爾、田力克、布特曼等人物關係相當密切，他受祁克果的影響，認爲人無法對神有任何眞正的知識，神的本質不能被容納在人客觀的觀念裡面，神是那「絕對的主體」，祂有絕對的主權與自由，只有當祂把祂自己向人啓示，人才能與祂相遇，而這種啓示只是間接的，他是強烈的反對正統信仰直接啓示的觀念，他認爲間接的啓示，也只能透過吊詭性，相互矛盾的語言。神並不是啓示一些教義，而是在耶穌基督裡啓示祂自己，耶穌基督才是「神的道」，可是卻是超過任何人的語言所能表達的，因此聖經只是間接的啓示，只是對那最高啓示的一種見證，他也像巴特一樣，認爲聖經是充滿錯謬的一本書，不過聖經是有它的權威，因爲它是首要的見證。

（五）聖經人格關係的神學觀

布仁爾比巴特對神的啓示的吊詭性與反理性更爲強調，神的聖潔與祂的愛；神的憤怒與憐憫；人的責任與神的恩典，這些眞理只能從「正」、「反」的辯證法管窺一點，終其一生，他稱自己的神學爲「辯證神學」(Dialectical Theology)，爲這一派眞正的代表者，其整個的實存系統，是在分得很清楚的兩個平面中進行，律法與福音，非人格(impersonal)與人格(personal)、世界的眞理與上帝的眞理、自然與恩典，布氏認爲前者都是非人格的，後者是人格，毫無疑問的，他是重視人格的一面，這種注重人格關係原是受到猶太神學家馬丁布伯(Martin-Buber)的影響在人格關係中，參預的雙方，保留其主體的地位，彼此在心靈中，將自己交與對方，在意義上尊稱對方爲「Thou」，在非人格關係中，對方是我使用之物，只爲了被我利用才存在的，在意義上被視爲「It」，雖然布仁爾相信只有基督教的信仰，能夠完全了解人格關係的意義，但他亦承認這種觀念，得自馬丁布柏所著的「我與你」(I and Thou)

一書內。因此他的神學的一個重點，就是人格關係，啓示並非是教義的傳遞，而是生命的交流，所以又自稱他的神學爲「聖經人格關係」。

三、結語

綜上所述，布仁爾的上帝觀，啓示神學爲唯一的神學，論啓示的個人性，論神的形像，神是絕對的主體，聖經人格關係的神學觀等神學思想。

布仁爾認爲神學與教會，應該不斷地以上帝之道的聖經爲準繩，繼續求改革，神學決不能具有固定形式，而應該重新結構以應每一時代之需要，美國許多神學家們認爲布氏是針對人類的實況立論，因爲他是更加國際化，而更加企圖使神學與人之現實問題發生關係。論到聖經啓示，是神學的規範和內容，它不是以神學爲主題的雜文集，而是神在耶穌基督位格中的自我彰顯。因此，基督論——有關基督的教訓，成爲軸心，一切其他的教訓的明瞭和解釋，都是由此出發，這是布氏首部鉅著「中保」的主題書名，本身已將他的信念表達無遺。後來在他的「教義學中」，將基督中心的教訓發展更爲完美。所以他對啓示、上帝、創造、人、罪、救恩、揀選、教會、和基督徒的希望等，都是從「上帝在基督中」的中心信念中發揮出來的，基督就是上帝要對人所說的一切，他強調神學上的基督中心，而有時忽略或忘記了他的大前題，以致他的神學理論，又變得相當的矛盾了，雖然如此，他對當代神學貢獻很大，他的作品在許多地方爲人所愛好，特別是在美國，更爲人所傳誦。（李道生《世界神哲學家思想》頁三二三—三二七）

布倫納爲瑞士新正統派之神學家。由於其講學、到各國演說及其著述，成爲國際知名人士。牧會八年（一九一六—一九二四）之後，他任茱麗克大學系統神學與實踐神學的教授（一九二四—一九五三）。退休後仍然到各處旅行，在日本東京國際基督教大學任基督教哲學教授二年（一九五三—一九五五）。

布氏被認爲是巴特較爲溫和的同志，一九三○年因自然神學的問題，兩人分道揚鑣。一九二七年他頭一次用辯證神學的方式來陳述基督的教義。布氏的思想深深受到齊克果的辯證與布伯馬丁「我你」觀念的影響，他以個人與神接觸的方式來看啓示。布氏反對新派與純正信仰的福音派，因爲福音派主張眞理是啓示的。他認爲聖經是普通的書，也應當受批判；而啓示總是間接的，其形式具有神祕性，他相信福音與不信者間已經存有一接觸點（此與巴特主張相反），但卻沒有說明是何接觸點。

其著作包括《神的命令》（一九三二），一九三七英譯。《背叛的人》（一九三七），一九三九英譯。《基督教與文明》兩卷（一九四八－一九四九）。《啓示與理性》（一九四一），一九四七英譯。《神人相遇》（一九三八），一九五四英譯。《教義神學》三卷（一九四六－一九六〇），一九四九－一九六二英譯。與巴特共著《自然神學》（一九三四），一九五四英譯。（趙中輝《英漢神學名詞辭典》頁九九）

第六五節　馬賽爾的上帝觀

一、傳略

馬賽爾 (Gabriel Marcel 1889-1973 A.D)，或譯「馬塞」，法國哲學家、劇作家及文學、戲劇、音樂評論家。一生喜愛旅遊、晚年精通八種外語。他在將現代外國作家的作品介紹到法國來這一任務中起重大作用。曾在巴黎大學學習哲學，一九一〇年成爲中學的哲學教師。起初他認爲哲學是超越感性世界的高度抽象思維形式。經過長期的探索，逐漸形成了他具體的謀求深化人類經驗的哲學。曾以不同主題寫文章，如流亡、被俘、別離、忠貞、希望等，反映了一九四〇－一九四四年德軍佔領期間法國人民的處境。馬塞對現代思想的貢獻是：他發掘並闡明了全部人類經驗。他思考和論述問題的方法是坦率的、直觀的、運用形象的比喻和現實生活中的實例來說明現實。應該說，馬塞是第一個法國的現象學家和存在主義哲學家。（大英百科全書第十册頁九十一）

二、學說

（一）上帝才能對人有所認識

馬塞爾的有神論存在主義與存在主義的其他主要代表人物如薩特、加繆，甚至與存在主義的創始人海德格爾的觀點，均有很大的不同，他的基本特徵是宣染孤獨的人的存在及其痛苦，并因此帶有明顯的宗教色彩。宗教倫理問題是其理論中心。馬塞爾認爲，人是不可知的，只有上帝才能對人有所認識，人只能寄希望於上帝，但上帝是不可能被證明的，因爲上帝不能由人的經驗去感知，而只能通過超驗的信仰和希望去接近。在他看來，人如果不相信上帝，就不再是個別的主體，而論爲「對象」，并因此成爲毫無意義的東西，從而陷入絕望之中。但他又認爲，由於人性的驅使，人必須抱有希望，所以必須信仰上帝。

馬塞爾指出，造成人們相互隔離的原因是「抽象的觀念」和「對象化」。「對象化」使人感到萬事與己無關，「抽象的觀念」則抹煞人與人之間的差別，從而也掩蓋了人的眞正的個別的存在，使人與人之間無法相通。此外他認爲，「占有」和「自欺」也造成人們之間隔離。

馬塞爾強調，人在本質上是一種過渡性的存在，人永遠在「旅途」中，永遠達不到終點，也根本沒有終點。人只有與上帝「交往」才能體驗到自己眞實的存在。其目的就在於用對上帝信仰的肯定來否定現實人的存在，用對上帝的崇拜來取代對現實生活的悲觀態度。（《中國大百科全書》哲學Ⅰ頁五八七）

(二)存有的奧祕

馬賽爾的學說思想，是在具體的情況中找出「存有的奧秘」來，因此很難捉摸他的思想要點，他因爲十分重視形而上的看不見的世界，而把我們感觀的世界以及形而上的世界，永遠要保持一種聯繫，這種聯繫的出發點，在於他自己對於生命的體驗，因此在他的學說開始之時，即提出「是與有」、「問題與奧秘」的課題。他以爲我們的存在是「是」，而不是「有」，也就是說，我們生存在這個世界上，我們並不是觀衆，乃是演員，我們直接體驗到自己的存有，如果是「有」的話，只有「佔有」，而「是」卻是我們的本身。亦因如此，馬氏所發展的存在哲學，認爲人擁有什麼，並不是他的價値或眞面目，人的眞面目及價値，在乎他「是」什麼，因爲人是「是」，所以他是一個「奧祕」，不會是一個「問題」，這個「奧祕」，是我們無法去討論和理解它，而只能以生命的體驗去體認它，只能夠以我們的體認，而不能夠以我們的知識。

人與「絕對的你」的交往，才是眞正解決人生的奧祕，人生問題的一條道路，最後馬塞爾認爲人要認識自己的存在，實現自己的存在，最主要的是要找到一個起點，就是自己的信念，對自己的信心，由信心而產生希望，亦即是對於未來有希望和信賴，才能把握住今生今世。馬氏的信仰與希望，都是以最高的存有——「絕對的你」爲指歸，他以爲神的存在不能證明，因爲神不是我人經驗所及，我人只能由跨越知識的希望和信仰達到，人性非有希望不可，所以必須信仰「絕對的你」，唯有和其他以及「絕對的你」交往，我們人才會得到幸福。至於交往同時也包括愛，愛則要求永恆，愛一個人，即等於向他說：「至少你不會」，馬氏又說：「假使死亡是終極的事實，那麼價值即消失於純粹的不可理解之中，事實像是被擊中要害……人的交往被擊中要害」，因此馬氏相信人有永恆的生命：「死亡是絕對希望的跳板。一個沒有死亡的世界中，希望也只能以萌芽形式存在」。換言之，死亡不但不應使我們絕望，反而更使我們相信永生。

三、結語

綜上所述，馬賽爾的上帝觀，以爲只有上帝才能對人有所認識，在具體情況中找出「存有的奧祕」之神學思想。

馬賽爾是一位典型的信徒，相信人有永恆的生命，靈魂不死，天主存有，正是他的永恆希望的歸宿，他的哲學思想，並不是從宗教信仰而產生，而是從哲學的體驗，找到了信仰，因爲他在加入天主教信仰以前，已經思想成熟了，雖然哲學思想與宗教信仰，兩者不是絕對相同，但是卻能互相配合的，有人稱他爲有神的存在主義者，且是把他排在存在主義的名單中，然他自己卻不承認，他的哲學著作與文學作品同樣齊名，他對個人存在的體驗，提供了不少的意見，他主張「存在」消除「不存在」，使一切的存在走上永恆，因此，也被人稱爲希望的哲學家。（李道生《世界神哲學家思想》頁三二九—三三二）

馬塞爾爲德意志天主教哲學家與神學家，認爲「奧祕」絕不同於「疑難」，非親自參與不能領會。在對神與社會的關係中，人必須藉著掌握「奧秘」參與「存在」方獲得生存之眞義。（趙中輝《英漢神學名詞辭典》頁四二六）

第六六節　尼布爾的上帝觀

一、傳略

賴荷・尼布爾(Reinhold Niebuhr 1892-1971 A.D)，廿世紀美國基督教有影響的神學家。他的父母很早自德國遷居美國。青年時決定效法父親榜樣，從事宗教事業。一九一〇年畢業於伊利諾州埃及默斯特福音會神學院，一九一三年畢業於密蘇里州聖路易市伊登神學院，一九一四年在耶魯大學獲神學學士學位，一九一五年又在該校獲文學碩士學位，同年任福音會牧師。自一九一五至一九二八年任底特律市伯特利福音會牧師，一九二八－一九六〇年任紐約協和神學院教授。他鼓吹「基督教現實主義」，著重討論人類生活中的罪惡宿根。一九三二年發表《道德的個人、不道德的社會》一書，指出民族和階級都是自私、自大和僞善的。以後他指出，這些罪惡的根源在於人本身有限性，它使人惶惶不安，岌岌自危，而這就是「原罪」。他早期信仰社會主義，曾參與創立社會主義基督徒團契。他本著自己的信仰從事政治活動，曾屢次作爲社會黨候選人參加競選。廿世紀卅年代社會黨在對外政策上主張和平主義或不干涉主義，尼布爾乃脫離該黨。一九四〇年成爲反共的左翼民主黨人。與他人共同創建美國民主行動會，一度任主席，又任紐約州自由黨副主席。卅年代他頗受馬克思主義影響，但反對馬克思主義的專制主義，反對美國共產黨的策略以及蘇聯的史達林主義。他竭力勸說受和平主義影響的基督教徒支持反希特勒戰爭。第二次世界大戰後，對美國國務院決策人員深有影響。他強烈支持以冷戰抵制蘇聯在歐洲的政治擴張。很早就主張美國承認中國，並且反對越南戰爭。（《大英百科全書》第十一册頁二二五）

二、學說

(一)基督教現實主義神學

尼布爾早年在神學上接受基督教自由主義神學和社會福音運動的影響，在哲學上受詹姆斯和杜威的實用主義影響。廿世紀廿年代，他積極宣揚自由主義神學，從事社會福音運動，并在政治上支持自由主義綱領，參加美國社會黨。卅年代初，他對自由主義神學的態度從懷疑走向反對，并一度傾向於馬克思主義，認爲馬克斯主義恰恰克服了自由主義神學的缺點，但他是從基督教的觀點來理解馬克斯主義的。卅年度後期，他的思想開始右轉，對馬思克主義採取敵視態度。一九四〇年退出美國社會黨。

尼布爾在拋棄自由主義神學後所信奉的神學，被稱爲「基督教現實主義神學」，這是新正統派神學的一個分支，是瑞士基督教神學家巴特和布龍納倡導的「危機神學」在美國的翻版。他強調神學應當密切注意當代最迫切的社會問題，要把基督教的教義與現代社會的社會事實、文化原則以及思想傾向結合到一起。他認爲人性皆惡、人生一切皆有罪，用原罪解釋人們的精神危機和社會政治危機，認爲危機的出現是由於人們削弱了自己的宗教信仰，主張用超自然的手段來克服危機，宣揚宗教是拯救人類的靈丹妙藥。他所倡導的基督教現實主義神學，在廿世紀中葉美國基督教神學中居於主導地位。（《中國大百科全書》哲學I頁六四八）

（二）信仰倚賴的上帝觀

尼布爾的觀念中，最突出的一點就是原罪的問題，但他並未把人當作罪人，沒有說世人承接了亞當的罪，他所謂原罪是指「人要求比他所應得的更多，因此無可避免的淪落罪中」。他認爲基督教對人的地位有極高的估價，因爲人是照著上帝的形像造的；是有限的受造之物；是具有靈性的生物，基督教也對人的道德有極低的估價，因爲人是普遍的犯了罪，在基督面前，世人都被判爲罪人。罪的由來，是因爲人具有思想、盼望、理想、道德律，而且人是有限的，對他靈性受到威脅，不可避免的死亡，但人又是自由的，知道自己的限制，又能超越機械的或生理的限定，因此人要求生命的意義與生存的理由，但人想做到完全又達不到他的理想，而產生焦慮不安，這是與生俱來的一部分，焦慮並非罪，卻可能成爲罪，或成爲信仰的原因，他能倚賴上帝，信仰上帝。（李道生《世界神哲學家思想》頁三三七）

（三）論原罪

尼布爾於一九三九年在愛丁堡大學舉行季富得講座 (Gifford Lectures) 之時，發表他對人性及人的命運的觀點。

他在當時，因強力主張罪的眞實性而頗富盛名。本文中，他探討原罪的問題，特別強調罪是無可避免的，但犯罪的人仍要負責任。

基督教教義中，傳統形式的罪論主張人無可避免會犯罪，是命運中不可避免的宿命，雖然人犯罪是無法逃避的命運，但是他仍然要爲此負責任。這看似荒謬的教義不但觸怒理性主義者，也觸怒倫理學者。此教義的明顯聖經基礎可見於保羅的教導。保羅一方面強調人榮耀他自己是犯罪，無可推諉。但另一方面，他指出人的罪是無可避免的瑕疵，乃源自始祖的犯罪……。

此處便是此立場最顯爲荒謬之處。原罪，按定義是人遺傳而來的墮落，最起碼是無可避免的墮落，卻不應被視爲是屬於他的本質天性，因此人無法擺脫責任。人犯罪是天生的，因爲人人都犯罪，但並非指人必須要犯罪。加爾文對此作出極爲謹愼的區分……。

罪既不是人本性中的必然，也不是意志下一時的心血來潮，而是出於人意志上的瑕疵，因此並非完全是故意的。但因爲出現瑕疵的是意志，而意志是有自由的，因此我們無法將此瑕疵歸咎於人本性中的污點。加爾文對此點有十分精確的見解：「柏拉圖將所有的罪歸因於無知，他已經得到該得的非難。我們也應當同樣地棄絕那些主張所有的罪均源自蓄意作惡及墮落的見解，因爲我們常常發現自己出於好意卻墮入錯誤之中。我們的理性被形形色色的欺騙所勝。」由加爾文的立場，我們可以看到原罪的教義在邏輯上的荒謬之處。加爾文堅持罪是「偶然的、意外的」，而非必然的，藉此他可以保持他的用語的邏輯性。但這若是眞的，罪不可能如加爾文的教義中所說的那麼無可避免。祁克果 (Kierkegaard) 的說法更加正確：「罪並非必然，亦非意外。」看來似乎如此不合邏輯的立場，難怪備受非基督教哲學家的嘲弄，也受到許多基督教神學家的輕視。

原罪論的關鍵在於看似荒謬的自由意志。奧古斯丁及改教人士詳細推敲保羅教義，一方面堅持人的意志受到罪的綑綁，無力實行神的律法。奧古斯丁宣稱人的自由意志是自由的，除了沒有行善的自由以外。……另一方面，奧古斯丁堅持自由意志的眞實性，特別是當他恐怕原罪論可能會威脅到人的責任這個觀念之時……。研究保羅神學的神學家持有如此不合邏輯立場的例子不勝枚舉，因爲他們一方面要堅持人有自由意志，要爲自己的罪行負責任；另外一方面卻堅持人有自由意志並非眞的自由，因爲按照人自己的意志，他無法行善，只能行惡。持守這兩方面的立場，必須犧牲邏輯上的一致性。

我們必須分析支持原罪論教義的複雜心理學，首先是有關試探及無可避免地犯罪之間的關係。這種分析可以使人明白爲何人無可避免會犯罪，但卻不能逃避他犯罪的責任。人受罪的試探，在於人的處境。人的處境是人有靈，應當可以超越所置身的時間及過程之上，亦即超越他自己。因此他的自由便是他創造力的基礎，但同時也是他的試探。他一方面參與在自然過程的必然性之中，另一方面卻可置身事外，預先看到這些環境的反覆無常和危險性，因此他感到憂慮。他在憂慮之中，尋求將他的有限變成無限，將他的軟弱變爲力量，將他的依賴變成獨立。換言之，他尋求逃避有限性及軟弱，但卻是藉著他生命中量的發展，而非質的發展。與有限的量相對立的是無限。人的生命在質方面的可能性是順服於神的旨意之下，此種可能性可用耶穌的話語加以表達：「爲我失喪生命的，將要得著生命。」（太十 39）（麥葛福《基督教神學原典菁華》頁三一九—三二一）

（四）超越世界的上帝觀

尼布爾思想的出發點，往往是人、物質和社會問題。他從自由主義神學轉向正統主義，因他發現大部份的社會生活問題，可以在正統主義裡面找到適當的答案來解決。他說人與神、有限與無限之間的關係，不能單用純粹的理性和邏輯的術語表現出來，它只能在以創世記中創造及墮落的神話故事表達出來。尼氏相信在宗教裡面，我們觸及生命的奧秘及其深度，不是用理性的描述捉摸得到的，他把神學比喻爲一個畫家，在一塊平面的畫板上，試圖把深度也表現出來，以便使畫產生立體的效果，這是一種錯覺，但這錯覺說明了眞理的實在，同理，神學家也要用我們這屬於時間、空間的世界所能了解的思想形式，來描寫上帝和祂的道路。

不過，上帝是超越世界的，所以凡我們所說的一切，嚴格來說都不得當，但從另一方面說，上帝不但超越世界，祂也臨在世界之內而活動，故此神學也能談論上帝，既然人間邏輯只能夠不恰當地描述上帝，我們就可像畫家用象徵的符號來指出另一面眞理的實在，因此可以說神學的功能，就是爲表現人生各方面的深度，尼氏把這種思想型態叫做「神話」(Myth)。用「神話」一詞，乃是萬不得已之稱，因爲一般人提到「神話」，就會連想到神仙的故事，尼氏所指的神話，雖然其表現的方法並不恰當，但它所指向實存的東西，就像那畫板上表現立體的效果幾近欺騙，其結果卻是收到了預期的效果，神學家之描寫上帝情形也是一樣，可以寫出眞理的實在。

尼布爾認爲我們必須把自然的世界，和人類歷史的世界分個清楚，因爲人的自由是獨特的，控制自然的法則和人所遭遇的完全不同；社會科學對人的行爲，是無法作事先的預測，而自然科學是可以作精確的預測的。至於歷史上的事件，是既定的事實，無法運用理性原則去預測，在歷史事件中，是用來啓示上帝的，上帝曾經藉著聖經所記載的事件，尤其是藉著耶穌的一生來向我們說話。歷史的意義是在基督中啓示的，祂是歷史的中心；是上帝的掌權在歷史中的彰顯；也是上帝之愛的意義。在基督中，上帝啓示了祂愛的律法，也彰顯了祂恩待百姓的力量；在祂裡面，人能獲得愛、智慧、和力量的新資源，可是生命在歷史中，是永遠不完全滿足的。基督來到世上給人應許，也給人審判，沒有任何秩序或改革建議，可以用來作爲上帝的旨意。

歷史必須等待在超越的上帝國中，才能完成實現一切，天國是在基督中彰顯，祂才是裁判，在祂裡面，我們看到最終的宇宙律，天國名詞，象徵著上帝對整個歷史的目標，上帝完全掌權、和個人及社會生活的最終實現與審判，在人類歷史中，我們只能局部實現上帝的旨意，因此，天國是在歷史的盡頭，或稱爲是超越歷史的，那每一項局部成就，都含有天國實現的意義，人之每一項決定，都在上帝統治權下，所以信徒既在現實生活中，對上帝的掌權有反應，且也活在希望中企盼著，對惡的完全勝利。（李道生《世界神哲學家思想》頁三三五—三三七）

三、結語

綜上所述，尼布爾的上帝觀，基督教現象主義神學，信仰倚賴的上帝，論原罪，超越世界的上帝等神學思想。

尼布爾爲美國神學家兼社會評論家，係美國新正統神學之先鋒。其弟尼布爾查理（一八九四——一九六二）亦係著名神學家，在耶魯大學教授神學與倫理學。（趙中輝《英漢神學名詞辭典》頁四八六）

第六七節　潘霍華的上帝觀

一、傳略

潘霍華(Dietrich Bonhoeffer 1906-1945 A.D)，或譯「朋諤斐爾」，德國基督教神學家。一九二三—一九二七年在杜賓根和柏林大學攻讀神學，後曾在紐約協和神學院學習一年，一九三一年返回德國任柏林大學系統神學講師。一九三三年納粹黨當權，朋諤斐爾立即表示反對，特別反對納粹排猶。德國基督教新教一部分教會反納粹，朋諤斐爾則是主要代言人。一九三五年他奉派前往芬肯瓦爾德（波美拉尼亞）成立神學院。該神學院於一九三七年遭當局取締，改變方式繼續秘密活動至一九四〇年。他在這個神學院倡導祈禱，單獨認罪和共守紀律等成例，日後載於他一九三九年所著《共同生活》一書。彼時朋諤斐爾對國際關係的看法接近於和平主義。自一九三一年英國劍橋參加國際基督教會議後，他擔任普世基督教會友誼促進會歐洲青年工作幹事，努力向世界各地基督教徒說明德國新教會鬥爭的重要意義，獲得英國聖公會奇切斯特主教貝爾的支持。一九三八年他的姻弟法學家漢斯・馮・多那尼介紹他與反希特勒組織建立關係。儘管他的活動受到限制，他仍能藉陸軍諜報處工作人員的身份從事抵抗運用。一九四二年五月，朋諤斐爾飛往瑞典，通過貝爾主教，代表反希特勒組織向英國政府建議進行和談，因盟國堅持德國無條件投降而未獲結果。一九四三年四月，朋諤斐爾被納粹逮捕，監禁於柏林。一九四四年七月暗殺希特勒案件敗露，搜查到的文件證明朋諤斐爾直接參與此案。於是他再次受審，次年在弗洛森比格（巴伐利亞）被處決。他自一九四〇至一九四三年間斷續撰寫《基督教倫理學》，該書片斷於他死後出版。（《大英百科全書》十二册頁八八—八九）

二、學說

(一)受苦的上帝觀

潘霍華自塔戈(Tegel)監獄寫出此信（在世俗世界中的神），論及在這個普遍不相信神存在的世界中，基督教面臨新的挑戰。有些人主張人類的「宗教性」可以是福音的接觸點，但潘霍華卻對此提出尖銳的批評。對潘霍華而言，受苦的上帝是最重要的主題。他所提的德文歌名意爲「若我知道回頭路，回答童眞之地的漫漫長路」。

再思想一下我們的主題，我逐步嘗試用非宗教性的方法來詮釋聖經觀念，但這個任務艱鉅，尚難以完成。

從歷史角度言，有一股洪流正導致全世界的自主。就神學而言，可見之於舍伯里的赫伯特 (Lord Herbert of Cherbury) 的主張：理性已足以帶來宗教知識。就倫理學而言。則來自孟田 (Montaigne) 及伯丁 (Bodin) 的主張：以生活的規則取代誡命。就政治而言，馬基維利 (Machiavelli) 則將政治與道德脫鉤，建立了「國家的理性」(reasons of state) 的教義。其後的格魯希烏 (Grotius)，與馬基維利十分不同，但在人類社會的自主上則有類似的主張。他認爲自然律便是國際律法，「即使沒有神」(etsi deus non daretus) 也一樣有效。哲學家則提出最後的工夫：一方面是笛卡兒的自然神論 (deism)，認爲世界是一個機制，自動運轉，沒有神的干預；另一方面則是斯賓諾沙 (Spinoza) 的泛神論 (pantheism)，認爲神就是自然。康德是一位自然神論者，菲希特 (Fichte) 和黑格爾 (Hegel) 則爲泛神論者。似乎大部分人的思想傾向人類及世界的自主。

〔在自然科學界中，此過程始於庫薩的尼古拉 (Nicolas of Cusa)、布魯諾 (Giordano Bruno) 以及相信宇宙爲無限的「異端」教義。古典教義中的宇宙是有限的，與中古世紀的被造世界相似。一個無限的宇宙，無論人如何理解此概念，都是自給自足的 (Self-subsisting, etsi deus non daretur)。當然，現代物理學並不及前人般地堅信宇宙的無限性，但也尚未恢復早期有關其有限性的概念。〕

假設神存在於道德、政治、科學等範疇中這一理論，早已經被廢棄了；在哲學及宗教界也有同樣的情況發生〔如德國哲學家費爾巴哈 (Feuerbach)！〕。爲了忠於理性，我們應當放棄（甚至盡量剷除）這個關乎神的假設。科學家及物理學家若想要藉此建立別人，實際上便是不務正業。

有些人會問：現在還有什麼空間是容得下神的？當他們發現這問題是沒有答案的，便咒詛那些導致這現況的一切發展。我曾經寫信給你們，討論各種可能的出路；現在應當增加「狗急跳牆」(salto mortale) 一招，跳回中古世界。但是中古世紀的原則是以神職人員爲主導 (clericalism) 的「他律」(heteronomy)，勸人回復中古等於是走回頭路，同時亦不忠於自己的理性。在夢想中，再想到那首歌：O wusst'ich doch den weg zuruch, den weiten weg ins kinderland.（「若我知道回頭路，回到童眞之地的漫漫長路」）。但是沒有這樣的路；若是走上這條路意味著故意放棄我們健全的理性的話，便沒有這樣的路。惟一的路是馬太福音十八3的那條路，亦即是悔改，藉著最終極的誠實回轉過來。

我們要先正視到我們必須在這世上生活，etsi deus non daretur（「即使沒有神」），否則不能算是眞正的誠實。這才是正視事實：回到神面前！神親自驅使我們正視此一事實。我們已經成年的事實，令我們正視我們在神面前的光景。神要我們知道，我們必須在世爲人，在沒有祂的參與之下，自己管理自己的生活。與我們同在的神，正是那位離棄我們的神（可十五34）。那位讓我們在世生活，排除神在其中的假設的，正是我們不斷地站立在祂面前的神。我們生活中沒有神，卻是活在神面前，與神同在。神讓祂自己被推出世界，推上十字架。祂在世上是軟弱無能的，祂正是用這個方法（也是唯一的方法）與我們同在，幫助我們。馬太福音八17清楚告訴我們，基督並非用祂的全能來幫助我們，乃是用祂的軟弱及受苦來幫助我們。

這便是基督教與所有宗教不同的地方。人造的宗教，促使人在苦難中尋求神在這個世界中施展大能。神是「刻板的」(deus ex machina)。聖經卻向人強調神的無能及受苦，只有受苦的神才能幫助我們。來到這裏，我們可以說上述引致世界進入成年地步的發展，排除了錯誤的神觀，並用嶄新的方法來認識聖經中的神。祂用祂的軟弱來贏得世界上的權力及地位。這或許就是我們世俗化詮釋的起點。（麥葛福《基督教神學原典菁華》頁四一一—四一三）

（二）全人類生命的上帝觀

潘霍華認爲人無論怎樣，都不可以裝得比上帝更爲敬虔，上帝已經藉基督虛己爲人，住在卑微的衆人之中，叫我們不能以這個世俗的世界，是我們關心的對象，意即信徒必須進入社會，與上帝同工，在生活的各個層面上服事人。信徒除了跟從基督，進入這個不敬虔的世界裡，去分擔上帝的痛苦以外，別無其他的見證方法。換言之，潘氏不欲將教會、將世界分爲聖與俗的兩個範疇，俾方便自己發展爲一個與世無涉的至聖所，同時潘氏早已洞悉這個「世界已經及齡」，不再需要宗教了，他是說西方精神文化的背景中，許多人一直是以形而上學，及內心的生活來作宗教的內容，所以偏重於個人得救方面。此外，有人將基督教造成片面化和特殊化，以爲上帝即屬於生活的某些方面，將基督教看爲是特權階級的保護者，以爲信仰是求名致富的捷徑，尤其是將上帝當作是萬應神靈，那是所有宗教賴以存活的觀念，殊不知上帝是整個人類生命，而那些跟從主與主同桌的人，俱是勞苦重擔，憂傷痛悔的人，聖經是叫人仰賴上帝的。聖經上的上帝，是要人進入這個不敬虔的世界去分擔上帝的痛苦。

潘霍華指出上帝不是拿來搪塞罅隙的，祂不是罅隙之神，意即上帝不是代替品，拿來解決難題的。在潘氏看來，宗教乃是人對世界所作的一種形而上的解釋，世人爲了想認識並解釋本身的存在，當一般推理行不通的時候，形而上的解釋遂被接納，潘氏把祂稱爲「罅隙之神」，意思是說，當人的知識無法解釋的時候，人便敬虔地說，這是神的作爲。正因爲罅隙之神是假的，所以潘氏提出「非宗教的解釋法」，要用非宗教的新語言，來重新解釋基督教，換言之，是用「世界的解釋」，來看「非宗教的基督教」，他勸我們改爲「基督爲世界」，俾我們對世界和基督有一嶄新的觀念。亦因爲這個緣故，他在獄中就爲教會描劃一個新的形像出來：「只有教會爲他人而存在時，才是教會，教會爲了創造一個新的開始，必須將所有的一切獻給窮困的人，牧師必須完全靠會衆的自動捐獻過活，甚至從事教外（世俗）的工作，教會必須參預人類共同生活所負擔的任務，不是去統治，乃是去協助、去服務。教會必須對各階層的人說明，與基督同活是甚麼意思，那就是：爲他人而活。」

耶穌清楚指出「凡稱呼我主啊主啊的人，不能都進天國，凡遵行我天父旨意的人才能進去」（太七21）。許多人以爲說滿口屬靈的話，便是作基督徒的憑據，就宗教立場上而論，聖人才是理想人物，這裡所謂聖人，乃在生活上逃避世界的聲色，隱蔽於內在世界裡的敬虔人，但在潘霍華的觀念，則是公開的宣稱，他寧和不信主的人來往，而不願和那些嘴不離上帝的人交往，他說上帝呼召我們做一個眞正的人，而不是做聖賢。上帝既將我們安置在這個世界，活在這世界上時，就不能不以這個世界爲我們所關心的對象。

潘霍華曾說上帝的存在，既是超越的，亦是臨在的，或是指在生命中之超越，這和傳統基督教的說法一樣，他說，上帝是我們所知道的範圍內被尋見，而不是在我們不知的地界被尋見。比方說，上帝如果是第一因 (First Cause)，在通常情形下，我們知道一個原因是什麼，但不知道什麼原因，致使整個宇宙存在，因此我們假設一切原因，乃是由於一個較大而較好的原因所促成，但即令我們把祂稱爲較大而較好的，上帝因此仍舊淪爲一系列原因中之一個，因此祂就沒有超越之處。假如上帝是臨在於生命中而又超越的話，我們承認上帝的存在於我們所知道的事物中，但祂是屬於不同的層面，在通常的情形中，仍有許多不同的層面。上帝既是臨在又是超越的，在整個生活中，祂是屬於另一層面的。（李道生《世界神哲學家思想》頁三四五—三五一）

三、結語

綜上所述，潘霍華的上帝觀，受苦的上帝，全人類生命的上帝之神學思想。

潘霍華對現代神學重要的貢獻，一般認爲是他對文化情境的分析，即如何在現代世界中宣揚基督。一九四三年四月五日，潘霍華被蓋世太保（Gestapo）拘捕，罪名爲涉入謀殺希特勒的陰謀。十八個月的獄中生活，他寫了著名的《獄中書簡》（Letters and papers from prison），其中思考在「成熟的世界」、「沒有宗教」的日子臨到時，耶穌基督的身分會是如何。他熱力地主張要有「非宗教的基督教」（religionless Christianity）。

這個有力的片語有時遭人誤解。潘霍華所批判的，是根據人類自然具宗教性的假設，而制定的基督教形式；潘霍華認爲，在新的無神情境中，這種假設不可能成立。「非宗教的基督教」是一種信仰，不依據那缺乏理由、不可信賴的「自然人之宗教性」，而依靠神在基督裡的自我啓示。因此，要避免運用文化、形而上的事、或宗教；這些在新的世俗世界中，本身就不受賞識，也必定會使人對神產生誤解（在這點上，巴特與潘霍華十分接近）。釘十架的基督爲我們所提供神的模式，很適合現代世界，這位神「讓自己被推出世界，推上十架」。這些觀念與新的世俗主義相關，也符合要將神學置於宗教或形而上之事以外的需要，在戰後的德國基督論中大放異彩，在一九六〇年代，對美國許多作家也有深刻的影響。

不過，這也明顯造成混亂。潘霍華的「非宗教的基督教」和巴特的「廢止宗教」，當時被許多極端的作者用來指所有集體式的基督教生活都要結束，或要放棄傳統的基督教觀念。這些誤會在一九六〇年代的重要著作中還可見

到，諸如羅賓遜的《對神誠實》(Honest to God)，與「神死運動」。（麥葛福《基督教神學手册》頁五三九）

潘霍華的特格神學（他的監獄書信）將基督徒描述爲一個「爲他人而活的人」(a man for others)，教會是「爲他人」而存在。「在今日對我們而言，誰是基督？」是他刺透人心的質問。

潘霍華最不爲人所瞭解的概念，其中一個就是對基督教非宗教性的詮釋。「無宗教的基督教」(Religionless Christianity)一詞，有時不管上下文，是用於潘霍華寫給他的朋友貝斯(Eberhard Bethge)的一封信中，他與貝斯分享神學上共同的理解。「無宗教的基督教」是基於在路德與巴特的著作裡發現對「宗教」的批判，兩者皆對信仰與宗教加以區分。

根據路德，宗教是肉體而生，信仰是來自聖靈。對潘霍華而言，宗教的行爲永遠只是某個事物的一部分，然而信仰涉及人生活的全部。他瞭解耶穌的呼召「不是一個新的宗教，而是去生活。」潘霍華說，基督徒就是現世的生活裡有份於神的受苦。他強調基督教「現世的詮釋」，反映出他對歐洲歷史上的運動朝向「全然無宗教時刻」的一種觀感。雖然有些他在特格獄中的片斷思想，被後來不能與他原始假設與世界觀一致的神學家（「神已死」的神學家）所使用，但潘霍華早期的著作仍繼續不斷地在基督教信仰傳統核心，福音派抗羅宗及羅馬天主教中，激起迴響。（趙中輝《英漢神學名詞辭典》頁九四）

第六八節　塞爾姿的上帝觀

一、傳略

塞爾姿(Sayers, Dorothy 1893-1957 A.D.)，英國小說家和劇作家，對基督教神學極感興趣。

二、學說

（一）論基督論

本文原爲一九四〇年於英國發表的演講，塞爾姿在文中分析基督的神性與其人性之間的關係，指出此二者互爲重要，都有助於我們對神的認識。她以德國的納粹黨在希特勒時代興起為例，指出任何人若想要取得道德或文化權威，必須用基督位格中的某些本質為基礎。否則，基督便要受到道德及文化原則的審判，而非成為其基礎。

有些人認為教條是「無可救藥地無關痛癢」，與一般人的生活及思想無關。這是完全錯誤的想法。事實上，基督教的牧師常常作此聲明，視以為眞，但其實是因為他們對教條錯誤的解釋以至於此。道成肉身作為核心教義關乎信仰的適切性。若基督只是一個人，則祂與任何有關神的思想毫不相干。若基督只是神，則祂又與人類生活的經歷毫不相干。按照最嚴厲的標準而言，人必須正確地相信主耶穌基督道成肉身，然後才能夠得到救恩。人若非正確的相信，就沒有任何應當相信的理由。在這種情況下，若奢談基督教的原則，是完全無意義、不相干的。

若想要使「一般人」對基督感到有興趣，則應是教條能引起人的興趣。問題在於，十之八九，他沒有見過這種教條。他所見到的，只不過是一半神學術語，沒有人願意花時間將之翻譯成與日常生活有關的用語……我相信教師及傳道人從未清楚表明過，教條並非由一群喜愛神學辯論與角力的委員會任意制定的先驗規則。大部分的教條是源於緊急的關頭，因為必須回應異端，推敲而得的。（麥葛福《基督教神學原典菁華》頁二一七－二一八）

三、結語

綜上所述，塞爾姿的上帝觀，在基督論中分析基督的神性與人性之間的關係之神學思想。

塞耶斯為英國女作家、學者，寫過很多神祕偵探小說，書中塑造了機智、風趣的人物彼得．溫姆西勳爵。作品把淵博的學識、富有文化修養的談吐與偵探小說的撲塑迷離融為一體。一九一五年獲牛津大學中世紀文學研究學位。第一部主要作品是《誰的屍體？》（一九二三），彼得．溫姆西勳爵在此書中首次以一位文雅時髦的紳士和學者的面目出現。此後十五年，她每年發表一、二部長篇小說。此外，還寫過一些短篇小說，其中主要人物除彼得勳爵外，另有一個偵探人物蒙塔古．埃格。她還出版過《罪行集》（一九二九）。晚年轉而寫作神學劇本和神學著作，如《信條還是混亂？》（一九四七）。翻譯了但丁《神曲》中的《地獄》（一九四九）和《煉獄》（一九五五），第三部《天國》因逝世未能完成。（《大英百科全書》册 12 頁五四六）

第四章　現代神哲學家的上帝觀

第一節　洛斯基的上帝觀

一、傳略

洛斯基 (Lossky, Vadimir 1903-1958 A.D.)，重要的俄國正統神學家，於一九二二年跟隨布爾雪維克 (Bolshevik) 革命而被逐離鄉。他在巴黎定居，成爲俄國正統主義在西方的代表性人物。

二、學說

（一）基督神人合一的上帝觀

洛斯基的救贖神化論：此篇論文原於一九五三年以法文發表，作者洛斯基爲俄籍神學家，提出「神化」(deification) 觀念對正統神學的重要性。洛斯基指出，典型正統派所強調的是神在道成肉身之中，爲了救贖而降世 (Katabasis)，導致人類得以分享神的本性，高升 (anabasis) 成爲神。洛斯基對西方神學有諸多批評，特別不滿由坎特布里的安瑟倫開始，視救贖的教義爲神學中的一面，而非貫穿神學的單一主題。

「神成爲人，爲要使人能夠成爲神。」這句鏗鏘有力的話，最初出現於愛任紐的著作中，接著又出現於亞他那修、拿先斯的貴格利、女撒的貴格利 (Gregory of Nyssa) 的著作中。衆教父及歷世歷代的正統神學家都鄭重其事地強調此點，希望在這警世之言中，總結出基督教的精義——神的降世是無法言傳的，祂降卑進入我們人類墮落處境的有限之中，以至於死——神的升高則爲人類打開無限的遠景，使得被造的存有得以與神合一。

基督在神性中降卑爲人 (Katabasis)，使人在聖靈裡面能夠上升 (anabasis)。神的兒子必須甘願擔當恥辱，爲救贖的緣故倒空自己 (Kenosis)，墮落的人才能夠因此完成他們「神聖化」(theosis) 的天職，亦即藉著自存者的恩典，使被造者得以「神化」。因此，基督救贖的工作——更廣義而言，道成肉身——是爲了成就被造者的最終極目標：與神合一。若是神的兒子以神的身分成爲人，成就了神人的合一，那麼，每一個人都應該因著神的恩典而能夠成爲神，或套用彼得的話，成爲「與神的性情有分」（彼後一4）……。神的兒子由天降下，成就我們救贖的工作，使我們從魔鬼的擄掠中釋放出來，敗壞了罪在我們本性中的權勢，廢棄了死（亦即是罪的工價）。基督受苦、受死、復活，成就了祂的救贖之工，是神對墮落世界的重點工作。由此觀點看來，不難明白救贖教義何以在教會的神學思想中佔如此重要的地位。（麥葛福《基督教神學原典菁華》頁二五八—二五九）

三、結語

綜上所述，洛斯基的上帝觀，救贖神化論，提出基督神人合一的神學思想。

第二節　拉納的上帝觀

一、傳略

拉納 (Rahner, Karl, 1904-1984)，或譯爲「拉納爾」，於一九〇四年三月五日，出生於德國弗里堡的黑森林市。他的家庭是中產階級大家族，虔誠的天主教徒。拉納和他的長兄胡格 (Hugo Rahner) 都作了神父，並成爲耶穌會的教士。耶穌會指派他擔任哲學教授，並送他去幾間學校，最後是在弗里堡大學，受教於著名的存在主義哲學家黑格爾門下。他的博士論文爲阿奎那對人類知識的理論，但天主教教師團卻拒絕接受，認爲受海德格的影響太深。終於，這份論文以《靈在世界》(Spirit in the World, 1939) 爲名出版，這是他第一本哲學論述，得到很高的評價，被認爲是天才之作。

拉納從一九三七年開始教學生涯，任職於奧地利的印斯布魯克大學神學系。二次大戰期間，學校被納粹關閉，但戰後他又回來繼續教書，直到一九六四年。那一年他搬到慕尼黑，接續著名的天主教護教學家關底尼 (Romano Guardini)，擔任基督徒世界觀一系的系主任。但他與其他教師吵了一架，於是到慕斯特大學去教教義神學。一九七一年他從教職退休，回到慕尼黑，住在那裏直到離世。拉納於一九八四年死在印斯布魯克。

在退休期間，拉納仍然非常活耀。在退休之前與之後，他都到處旅行、演講，參與各大宗教對話、教會合一運動、馬克斯主義與基督徒的對話，擔任神學會議、大會、主教及教宗的顧問。他的著作之多，可與巴特和田立克媲美。到一九八四年，以他的名字發表的書籍與文章，超過三千五百種。他最著名的文章被收集成書，一套共廿一册，名爲《神學考察》(Theological Investigations)，其德文版共計八千餘頁。幸好，他在晚年寫出了一本系統神學《信仰基礎》(Foundations of Christian Faith, 1978)，成爲他一生作品的最佳導論，簡要說明了他的方法與主題。有人請他扼要陳述該書的目的與主題，拉納提供了他整個神學非常簡潔的綜論：

我眞的只想告訴讀者一件很簡單的事。凡是人，無分年齡、時代、地點，不管他們有否思想、觀察到，他們都與那無可言喩的人類生命奧祕——我們稱之爲神——有關係。當我們仰望釘十架又復活的耶穌基督，便有了盼望，知道在我們現在的生命裡，以及死後，我們將與神相遇，那是我們自我的實現。（麥葛福《二十世紀神學評論》頁二八六—二八七）

二、學說

(一)神本身是終極的奧祕

我們已經說明，對拉納而言，神本身是終極的奧祕。就人本性的超越性來說，神是「絕對的奧祕」；就超自然的超越性來說，神是「神聖的奧祕」。即使有超自然之存在的幫助，人對神的認識也不過止於奧祕莫名、無法定義，是他們超越性的神聖終點。在人的經驗裏，神的臨在乃是一種超越的奧祕，雖然是那樣的親近，依然是無法了解。

對神的描述還可以再說什麼呢？拉納沒有提供系統化的理論來說明神的本性，而對神與世界的關係，卻作了冗長、微妙、詳細的討論。在此只能概略提到幾個重點——神的性格、神與受造物的關係，以及神的三一性。

對拉納而言，神的永恆性乃是至理。神既是那位永存者，就不是人可以審查的，人也不可以用這樣的態度對神。因此，我們不能把神想作一個人。但，神也不是沒有位格的，儘管，要說祂有任何位格都會有困難。因受造物既有位格，創造者就不可能沒有位格。無位格者只能產生無位格之物；有位格者才能產生有位格者。然而，神的性格必定一方面與人類似，一方面又完全超越人。也就是說，我們不能把神想成人或天使，想得多偉大也不對。總而言之，雖然我們必須說神是有位格的，但亦必須向「神聖奧祕難以言喻的黑暗」敞開。所以，我們必須承認神是「絕對的一位」，祂以絕對的自由來建立與萬物的關係，包括人類在內。

拉納肯定基督教神學「從無到有之創造」的教義。但對他而言，這並不一定是指相信這世界是從某一個時刻開始，只不過是描寫神與世界的關係：神之外的一切東西，都完全倚靠神。拉納認爲，這個教義的要點爲：「神不會倚靠世界；祂只根植於自己，對世界則是完全自由的。」

這段話應該可以排除拉納之神學有任何泛神論，或萬有在神論的色彩。那麼，爲什麼還有人指控它爲「危險的臨在主義」？例如，法斯就說，因爲「他的哲學神學無法將神與世界分開」，所以，是危險的臨在主義。按法斯的看法，拉納對二元論的批判，及對泛神論「有某些道理」的肯定，就顯示出這種危險。

大體而言，拉納的神論是在抗拒二元論，正如他的啓示論是在抗拒外在論。這二者關係密不可分。雖然他在談到「從無到有之創造」時，堅決肯定神的超越性，但他也提醒道，這個教義不能以二元論的方式來解釋。神與世界的區別，不是兩種範疇（有限、特定的實體）之間的區別。若說神和另一種存在（即使那種存在是全世界）乃是並存的，各有各的運作，則那必是假神。拉納斷言：「神與世界的區別性質爲：神是設立者，也是使世界與祂有別者；如此一來，祂在區分中建立了最密切的合一。」

法斯稱這句話「幾乎不可能翻譯」。拉納的意思顯然是：神與世界之區別的源頭，在於神自己，因此這種區別並不是絕對的。拉納所謂泛神論有某些道理，就是指神是絕對的實體，是每件事物的根源與目標。沒有一物能與神並行般地自主、獨立、完全自由，不倚靠祂，或在祂之上。既然拉納曾說神是自由的，不倚靠世界，我們就不應該對他反對二元論的警告太存戒心（其實拉納所謂的二元論顯然是指自然神論），也不必太擔心他對泛神論「有某些道理」的肯定。顯然，對拉納而言，神與世界的關係是合一中有區別、區別中有合一，而這關係乃是神自己設定的，而在其中神並不倚靠受造物。在這樣細心推敲下，他使神的超越性與臨在性之間保持了平衡。

拉納寫了幾篇有關三一論的論文，包括一本書，名爲《三一神》(The Trinity, 1974)。他對近代三一論思潮最卓著的貢獻，也是對目前超越性和臨在性之研討最有關的貢獻，也許要數他所發展出的一個理論，人稱之爲「拉納定律」：「『實用的』三一神便是『臨在的』三一神，而『臨在的』三一神便是『實用的』三一神。」

過去的三一神論，常將神在祂自己以外、向歷史所進行的三重活動（即「實用的三一神」），與神在永恆中、在自己內部的三重性（即「臨在的三一神」）作區分。拉納相信，在基督徒思考三一神教義的漫長歷史過程中，三一神的這兩方面逐漸分開，以致神學家一直在猜測三一神彼此內在的關係，而與三者在救恩歷史中的活動全然無關。

例如，有些神學家建議，三一神的任何一位都可能道成肉身，不只是聖子而已；又說，三一神在世上所有的活動，都是三一神全體的活動。拉納堅決反對這種理論。它犯的錯是：將在自己裡面的神與歷史完全分開，而且似乎使得道成肉身爲多餘，不需要在神的內裡，因神的內裡並不受其影響。如此，則神不可能在歷史裡向受造物作眞正的自我溝通。

在此，拉納又是在反對外在主義與錯誤的二元論，而這一次，它們乃是出現在區分臨在的三一神與實用的三一神之傳統看法中。他辯稱，除了神於歷史中所是、所爲的實際之外，去談三一神內部的關係（臨在的三一神）都沒有確實的根據；而這三位在人類歷史中完成救恩的實用作爲，也必須被視爲臨在之三一神眞正的同在。

然而，他的理論產生神不變性的問題。如果實用的三一神就是臨在的三一神，反過來亦同，那麼，在與歷史的關係上，神是否會改變？臨在之三一神的教義雖有缺點，卻可防範神消失在歷史中。拉納的回答依舊是模稜兩可：「神可以成爲某個東西。祂自己本身是不能改變的，但祂自己卻可以變成另外一個東西。」受造物——尤其是人——被神所造的方式（順服的潛能），很適合讓神來成爲其樣式，以表達祂自己。受造物是「神可能有的自我表達之基本原理」。神可以倒空自己，取人的本性，以「成爲」人，但自己本身卻沒有改變。

拉納認爲，這是對神的不變性「辯證式」的解釋，也是很恰當的解釋。在與受造物的關係上，神本身既不變，又不死板。神對受造物和自己都可發揮潛能，使祂不會喪失自我，而世界也不會變成神。然而在彼此的關係之中，這兩者都可「成爲」某個東西，二者攜手進入眞實的歷史，卻不會互相融合。

因此，拉納認爲，臨在的三一神與實用的三一神在道成肉身的歷史事件上，是共同參與的，而這個事件乃是神最主要的「成爲」。在耶穌基督這位道裡面，三一神的第二位成爲人。這樣的「成爲」不可能對神內在的三一性沒有影響。道成肉身對神具歷史性。然而，即使在這事件中，神仍然沒有改變。祂成爲某物時，乃是倒空自己，亦是將那個東西加在自己身上。

要進一步解釋這個概念，就必須探究拉納的道成肉身教義。

(二)超越的基督論

拉納對耶穌基督的教義是「超越的基督論」，這乃是可想而知的。它所探索的是：基督徒宣稱拿撒勒的耶穌爲「神—人」，或「絕對的救主」，而像這類「神—人」的出現，所需具備的超越性先決條件爲何？拉納指出，最重要的問題爲「絕對的救主，或神人……這概念在某種程度上是可以理解的，而它能否與這概念是否已在某處實現的問題分開來看」，拉納的答案是「可以」。透過查詢人類超越性的經驗，他下結論道，在歷史中尋求「神—人」的出現，乃是人類最基本的活動。

至於耶穌基督是否是這位絕對的救主，則是另一回事。雖然超越的基督論不能證明耶穌是絕對的救主，但卻可以在人類學與基督徒信耶穌是世界的救主之間，提供一個接觸點。拉納爲基督教所稱耶穌爲絕對的救主之宣告，立定了一個終極的基礎，就是把耶穌的自覺性與祂的復活，在歷史裡面結合起來。耶穌聲稱，在祂裡面「神的親近是嶄新的、超絕的，因此能夠全然得勝，並且與祂不能分開」。耶穌稱這種親近爲「神的國臨到」。祂向人發出挑戰，要人接受這位在祂裡面如此與人親近的神，否則就是拒絕神。拉納在此處的結論爲：

由此觀之，耶穌乃是神之道在歷史上終極超絕的自我表達：這是祂的宣告，而復活證實了這個宣告。祂有永遠的合法性，而人也可以經歷這永遠的合法性。從這個角度而言，無論如何，祂都是「絕對的救主。」

至於教會所宣稱，耶穌不僅是世人絕對的救主——實現人最深的渴慕——而且也是神道成肉身，拉納的看法如何？拉納相信，耶穌基督本體的神性，可以經由他身爲絕對的救主之功能來說明。他指出，絕對的救主必定不只是人間的先知。惟獨神本身自我溝通的恩典，才能絕對的拯救。如果只是人默想從神而來的話，就不是神眞正的同在，也不能變化世界，使其「神性化」。拉納又辯稱，不單如此，既是絕對的拯救事件，就必須是在神本身生命中的一個事件。

若要正確明白這些看法，就要先了解拉納對至終與終極——「絕對」——拯救的觀點。這種拯救是人們的超越性積極要得著的，它必定不只是從神來的一段「話語」，而必須包括神的同在，即與受造物最深的同在，以恩典來變化受造物，使其能與神有更高層次的結合。換言之，這就是「神性化」。絕對的拯救帶來一個美好的結果：「如今神與基督的恩典都出現在此，在我們可以選擇的每件實體中，它都是其秘密的實質。」神與人類的這種結合，使二者的保持區分。這樣的結合不是一個先知能辦到的。如果耶穌的確帶來絕對的拯救（拉納認爲，他的復活足以證實這一點），他就不可能不是神出現在人身上——即以馬內利，「神與我們同在」。

拉納肯定傳統基督論的「本質結合說」，亦即耶穌基督兼具兩性——神性與人性。他維護此教義的根據爲超越性與歷史性。如果耶穌整個自覺意識的確是完全充滿對神的徹底順服，而如果他的生、死與復活的確是至終且絕對救恩的內容，那麼，他不可能不是道成肉身的神。

但，這豈不與他的人性有所牴觸？拉納堅拒幻影說——即耶穌的人性不是眞的，或只是神的「一部分」。拉納指稱，耶穌的人性與任何人都一樣，甚至到了一個程度，在祂自覺意識中可能對許多事的看法都可能有錯。他的神性意識顯然是超越的，因此在他取了人形的年日裡是莫名的、不反思的。它絕不會壓過祂有限的人性自覺，也不會予以取代。而有限的受造物——在此即爲耶穌的人性——與無限的神，怎能連接在像耶穌這樣一個人裡面呢？這乃是本質連結的奧祕，這個奧祕至今無人能提供滿意的解答。拉納相信，他有一種亮光可以解開這奧祕。要訣就在他認爲人性乃是「神的暗號」。

三、結語

綜上所說，拉納的上帝觀，神本身是終極的奧祕，超越的基督論等神學思想。

拉納教導說，神希望在永恆裡藉「非神」將祂自己表達於外。這當然是比方的說法。不過，這位天主教神學家並沒有揣測爲什麼是這樣，讓神之愛的奧祕來爲此事說明。因爲神本身有一個基本的想望，就是臨在於另一位之上，所以祂造了一種生靈，其內裡會轉向神，要祂同在；神使這需要成爲一種意識，這種意識完全倚賴他神祕、奧妙的同在（順服的潛能）。然後祂賜下恩典，使這受造物在其內心深處能領會祂的自我溝通（超自然的存在），而不需要祂完全與其聯合。但神的創造尙不完全，還在渴求更多。最後，神選擇了那受造物的一個歷史事件，藉倒空自己、與之認同來進入歷史，並透過所取之身體向一切所有表達祂自己。他們藉著內裡與祂的聯接，也開始被神性化——接受神的同在。

這樣一來，那一直在此受造物內之神的臨在性，就得著了超越性。超越性最終的目標藉著臨在性得以完成，而臨在性最終的目標則藉超越性得以完成。在耶穌基督的聯絡下，神與人性同時「發生」，而又各自保持不同之處。

拉納的說法實在是一則美麗的故事。至於它能否解決超越性與臨在性的難題，則又是另一回事。這個看法，正如許多基於形上揣測的類似看法一樣，背後潛伏著神與世界互相倚賴的萬有在神論的幽靈。拉納的確曾說，神可以不需要世界而仍然是神，祂也不需要捲入世界之中。然而他所提人類爲「神的暗號」之說，隱指神需要世界，尤其需要人類，來成爲祂自我表達的方式。它也意指，受造物在藉道成肉身與神聯合之前，並不眞正是美好的。（葛倫斯《廿世紀神學評論》頁二八四—三〇三）

根據拉納爾，每一個知識的動作皆隸屬一個存有的內隱知識，爲詢問的歷程所開啓，特別是當詢問者尋求他自我存在的理由時。此一主題之前的存有，更進一步發展至主張宇宙的存有，即關於神絕對的存有是所有人類知識的基礎。因此，人照他理智的本質而言，是按神的知識所決定。與神相聯一個永遠存在潛藏的可能性，成爲拉納爾以人爲中心的神學核心。人類並不天生具有神性，而是神將接受恩典的潛能極入人性之中，成爲「超自然的存在」。

事實上，拉納爾主張，聽從神的能力是人類主要的特徵，成爲人意謂著攜帶與神聯合的種籽。（趙中輝《英漢神學名詞辭典》頁五五三）

第三節　巴爾塔薩的上帝觀

一、傳略

巴爾塔薩 (Balthasar, Hans Urs van 1905-1988 A.D)，瑞士羅馬天主教最重要的神學家，雖然從未出任教職，卻對廿世紀的神學有極大的影響。以強調需要建立神學與人類文化之間的關係知名，在其神學思想中也有強烈的靈修層面。

二、學說

（一）基督救恩的上帝觀

巴爾塔薩〈論地獄〉，本文甚爲艱深，巴爾塔薩與傳統羅馬天主教的地獄觀交流，評估基督降到陰間教義的重要性，特別是指出「陰間」(Hades)爲死人之地，「地獄」(Hell)爲神的審判之地。巴爾塔薩認爲早期的神學似乎將二者混爲一談，導致極大的混淆。

基督去到死地，這是三位一體事件，也必然是救恩的事件。若我們將此救恩事件列爲先驗事件，在預定論及陰間(Hades, Gehenna)與地獄(Hell)被混爲一談的前題下，以爲基督無法將救恩帶入「地獄」（按正確的定義是infernus damnatorum)，這將成爲拙劣的神學。偉大的經院哲學家跟隨許多教父的腳蹤，便建立起這種先驗障礙。神學家們承認地獄有四層：第一層是「接待區」，亦即前地獄(pre-Hell)，第二層是煉獄(purgatory)，第三層是沒有受洗的嬰孩，第四層是眞正火的地獄。他們接著進一步探討基督降到陰間的哪一層，祂的救贖工作對地獄有何影響，是藉著祂的出現(praesentia)影響，還是藉著效果(effectus)產生影響。最常見的答案是基督向受詛咒的人顯現，爲了彰顯祂自己的權柄，甚至在地獄祂都是掌權的；祂在嬰孩的那一層當中沒有作爲；祂在煉獄中可以發佈特赦，其準確的範圍有待商榷。地獄的「接待區」則是可以施行救贖的地方……上述的準答案必須被擱置，因爲在基督以前（「以前」乃指存在上的，而非年代上的意義），沒有地獄，也沒有煉獄，至於嬰孩的地獄，我們更是一無所知。在基督以前，只有陰間（最多只能推測有上層陰間及下層陰間，其間的關係不明），基督定義，要藉著加入那些（身體及靈性）已死的人，從陰間將「我們」拯救出來。

有些人希望藉此作出結論，指出不論是在基督以前或以後的人，所有的人都因此得救，基督在地獄中的經歷，使得地獄完全變空，不再有詛咒的對象。這種結論是對另一個極端作出的妥協。陰間及地獄需要加以區分，由此方可得其神學重要性。基督復活之後，離開了陰間（陰間亦即人被切斷通往神之路的地方）。但憑藉這最深沈的三位一體的經驗，祂也將「地獄」帶走，彰顯出祂便是審判者，能夠賜給人永恆的救恩，也能使人永恆的失喪。（麥葛福《基督教神學原典菁華》頁四六二—四六三）

三、結語

綜上所述，巴爾塔薩的上帝觀，論地獄，指出「陰間」爲死人之地，「地獄」爲神審判之地，唯有基督能夠賜給人永恆的救恩之神學思想。

第四節　紐畢眞的上帝觀

一、傳略

紐畢眞 (Newbigin, Lesslie 1909-? A.D)，英國神學家，對印度南方的教會有頗爲豐富的經驗，特別有興趣研究基督教與現代化的關係，以及宗教多元論的論題。

二、學說

（一）多元文化福音中之上帝觀

紐畢眞〈論多元論文化中的福音〉：紐畢眞是一位英國神學家及宣教士，於一九八八年在格拉斯哥大學 (Glasgow University) 發表一連串的演說，探討希克、史密特甘威爾 (Wilfrid Cantwell Smith)、哥夫曼 (Gordon Kaufman) 及其他《基督教獨特性的神話》作者等多元論者的宗教觀，並指出其中主要的問題所在。有些人聲稱，承認所有的宗教都有相等的有效性，將使世界成爲更和平的居所。本文開宗明義並對這種聲明作出回應。

我在此大膽對《基督教獨特性的神話》的多元論作出兩點結論。第一，是由社會認知的角度出發。多元論是在一種文化之中發展出來的思想類型，這種文化最典型的特點便是超級市場。這種社會高舉人的個體自治性，視之爲至高的現實。我們習慣於超級市場多采多姿的貨品，我們也習慣於有揀選我們喜愛的商標的自由。這種心態自然而然地瀰漫在我們的宗教觀中。我們可能已經深深被自己所喜愛的商標所吸引，並歌頌讚美其價值，但若我們堅持所有的人都應當選擇此一商標，這卻是令人無法接受的。

這導致我的第二點結論，也是更加基本的要點。《基督教獨特性的神話》超越了排他主義 (exclusivism)，也超越了無所不包主義 (inclusivism)，亦即超越了基督教所聲稱只有基督能夠拯救的宣告，進入了多元論的宣告，否定耶穌基督的獨一性。此舉爲「破釜沈舟」之舉，希克稱之爲哥白尼式的革命，亦即，對現實的觀點，由以基督爲中心 (Christocentric)，轉變以神爲中心 (theocentric)。此舉被描述爲「以救贖爲中心」(Soteriocentric) 的觀點，以人類對救贖的探討的共同點爲中心。甚至「神」一字都沒有包含那超越現實所有的概念，有所遺漏，因此也算是排他主義。但是，什麼是「救贖」？根據希克，救贖是「人類經歷到由自我中心 (Self-Centredness) 成爲以神爲中心 (God-Centredness) 或以現實爲中心 (Reality-Centredness) 的改變」。基督教傳統主張是神的作爲使得這種救恩成爲可能。創造及維持萬有的神，已經在歷史中的耶穌裡面與我們相遇，背負我們的罪與死的重擔，邀請我們相信祂、愛祂，進入一個以神爲中心的生命，不再以自己爲中心。《基督教獨特性的神話》的作者否認此點，他們認爲「現實」(Reality) 不能與任何特定的名稱、形狀、肖像、故事掛鉤。現實「沒有任何形狀，唯一的現狀便是我們對它的認識」。現實是不可知的，我們每一個人必須自行塑造其形像。世上並沒有一個客觀的現實，是能夠向自我顯示，並提供另一個中心，一如耶穌這一具體的位格所宣稱的一樣。世上所有的，只不過是自我，是需要救贖的自我，這種需要，必須按照自我對那位不可知的超越者的選擇任何形式而得到滿足。這種說法正好與哥白尼式的改革觀相反，離開不以自我爲中心，變成只以我爲唯一的中心。這是又進一步的改變，離開基督教神學以神的救贖行動的現實爲中心，變成以「宗教經驗」爲中心，是由以神學爲中心變成以人類學爲中心，塞爾巴哈對此轉變有中肯的評論，他認爲在此情況下，人對「神」的認識，只不過是將人自我的影像無限擴大，直達天際，視之爲「神」。那是自我勝過現實的最終勝利。「以救贖爲中心」的觀點令「現實」臣服於自我及自我的要求之下，排除「現實」有位格的可能性，排除「現實」可能對自我發出呼召並要求回應的可能性。是以消費者爲中心的社會的標準產物。（麥葛福《基督教神學原典菁華》頁四三五—四三九）

三、結語

綜上所述，紐畢真的上帝觀，論多元文化中的福音之神學思想，對《基督教獨特性的神話》的多元論作出兩點結論。

第五節　依路的上帝觀

一、傳略

依路 (Ellul, Jacques 1912-1994)，法國改革派神學家及社會學家，特別以其對基督教與文化之關係的探討聞名於世。

二、學說

（一）聖像神學的上帝觀

依路在此文中回應依夫多克莫夫 (paul Evdokimov) 的著作 L'art de l'icone: theologie de la beaute(paris: Desclee, 1970)，抨擊使用偶像。他認爲我們對認識神本性的需要，主要以神的話語爲基礎，而非建立在圖像之上。他的評論中，就神的本性及認識神的起源，特別是可以藉著基督而得知有關神的知識等主題上，具有改革宗的特色。

聖像並非因本身而受敬拜。聖像本身並沒有價值，它甚至不是藝術……聖像的本身並不被尊敬，其特點是藉由與像的相似，神祕地傳達眞像的美。聖像的燦爛「反映神的美，是無法盡述的」。形像顯然比文字更加優勝：「形像展現出文字想要說的」……文字不夠充分。聖像是一種符號，並非止於其本身。聖像本身雖然不是什麼，卻是默現過程中所不可或缺的。聖像是一種聖物，使超越的相交成爲可能，聖像的本身便是超越的。單單是聖像，已經能夠幫助人進入無法言喻的相交中……。

這些都與道成肉身的神學密切相關。道成肉身是「物質的聖化，肉體的變像」，幫助我們能夠看到基督所改變的屬靈身體以及本性。耶穌的道成肉身改變了整個人類，改變了整個人性，而且已經大功告成。人性的改變使我們能夠藉著「間接的思想」來默想有關神的事。人類（已經）被神化 (deified) 了。

這種象徵的知識需要有物質作爲傳達媒介。經由象徵的符號開始，藉著默想及眞正的想像力爲引發，這種知識掌握住神的同在，如同神的顯現。這種同在乃象徵性的，但非常的眞實。聖像引導我們的眼光望向至高者，凝視乃惟一的必然者……。

基督的聖像當然不是基督，那只是一個形像，而非原型。但是聖像作出見證，見證一個明確的同在，使人能夠用禱告的心與之相交（這並非聖餐禮中的相交，因爲前者的相交乃靈裡與基督本身直接的相交）。「聖像的存在如同一個圓圈，中心是聖像，但卻沒有圓周。聖像是世界上一個物質的點，神藉著這個點穿越經過，作出無限的彰顯。」……回到道成肉身的比喻，依夫多克莫夫說：「耶穌的二性合一 (Hypostasis) 象徵一個形像的兩個模式，有形的及無形的。神性是無形的，但藉著有形的人類物體而反映出來。基督的聖像是指向眞實的可能性，因爲祂按著人的模式所彰顯的形像與按著神的模式所彰顯的無形的眞像是完全相同的。」

基本而言，聖像神學的第一步，是由指標 (Signs) 轉變到符號 (Symbols)，因爲聖像本爲象徵的符號。其次，將聖像加插入整個禮拜儀式之中，這意味屬靈領域的具體同在，也意味神的光是可以用符號表達出來的，此聖像即爲神榮耀形像的本身……。

聖像神學以道成肉身的某一概念爲基礎，此概念是完全無法考慮到其尚未實現的層面的：亦即等待和盼望。

「將那生銹了的形像重建，恢復它從前的尊嚴之後，神的道用神聖的美麗與之聯合。」萬事都已經完成。（麥葛福《基督教神學原典菁華》頁一六四—一六五）

三、結語

綜上所述，依路的上帝觀，其聖像神學的神學思想，抨擊使用偶像，認識神本性主要以神的話語爲基礎，而非建立在圖像之上。

第六節　卡爾亨利的上帝觀

一、傳略

卡爾亨利（Carl F. H. Henry 1913-?）的神學可作爲福音派運動的樣版，同樣，他的靈命經歷也具代表性，焦點在他「重生」的經驗，正如許多福音派人士一般。

一九一三年一月廿二日，他出生於紐約市，是一個德國移民家庭八個孩子中的長子。後來，他的家搬到長島。他的父親是糕餅師傅，屬信義會，他的母親則爲天主教徒；不過，他孩提時代很少接觸宗教。青少年時，他在聖公會受了堅信禮，但不久就遠離了教會。可是透過教會的公禱手册，他算是對基督教有了一些領會；而他還偷偷拿走教堂椅背後的一本聖經，後來幾年裏，有時他也會翻開閱讀。

卡爾亨利所以會重生，乃是受到家庭以外之人的影響。他原是位前景璀璨的年輕記者，在與當地報社接觸時，認識了一位屬衛理公會的年長女士，她非常敬虔，後來卡爾亨利暱稱她爲「克麗斯緹媽媽」；另外還認識了幾位注重福音的牛津派人士，包括貝德弗（Gene Bedford）在內。在這些人的激勵之下，再加上他對聖經所記耶穌復活的好奇，終於讓年輕的卡爾亨利於一九三三年六月十日，經歷了重生。

卡爾亨利的重生，與許多福音派運動中的人相仿，包括作認罪禱告，祈求神進入他的生命中，然後內心有了蒙赦免的確據，知道耶穌已成了他個人的救主；他將一生交託在神手中，願意跟隨神的引導，無論往何處；並且滿腔熱血，要將自己與神的這種關係告訴別人。他的重生超越了宗派的界線，也不向任何宗派效忠，這一點又是典型的福音派的特色。卡爾亨利成了一位基督徒，而不是聖公會信徒、衛理公會信徒、長老會信徒或浸信會信徒。後來他曾列舉導致他重生的「多重因素」：「一本順手牽羊拿走的聖經、對聖公會公禱手册的片斷記憶、一位衛理公會朋友對重生的堅持、一群牛津人士對生命改變的大膽呼召，聚合起來包圍著當時正在尋求職業方向的我，而由聖靈施恩的工作與內在的確據總其成。」

幾個月之後，卡爾亨利發現，他的委身可能意味著前途計畫要改變。一部分是環境的因素，一部分爲裡面的感動，還有一部分是由於一位長老會牧師約書亞 (peter Joshua) 的激勵，卡爾亨利的腳蹤在神的引導下，逐步離開世俗新聞界，而轉向神學研究。終於，在一九三五年秋季，他到惠頓學院註册就讀。造成這個決定的原因之一，是他聆聽了一堂惠頓校長巴茲偉爾 (J. Oliver Buswell) 的演講，印象深刻。內容爲理性對信仰的重要性，以及復活的歷史證據。在經濟蕭條時期，出身貧寒的青年卡爾亨利，要進入惠頓就讀，並非易事，但他經歷到神奇妙的供應。

在惠頓的年日，爲卡爾亨利設定了以後的方向；最重要的是堅固了他與福音主義的關係。在這段時期，他與幾個人成爲朋友，包括葛理翰 (Billy Graham) 和凌賽爾 (Harold Lindsell) 等人，這些人後來都成爲福音派運動中受人尊敬的領袖。但惠頓對他最重大的意義：是鞏固了他基本上以理性爲中心的福音派世界觀；而在這方面，學校的哲學教授克拉克 (Gordon Clark) 恐怕是對卡爾亨利的思想，惟一最具啓發性影響力的人。

惠頓的國際風味，也對他一生的重要決定提供了美好的環境。他在那裡認識了後來的妻子班德 (Helga Bender)，她的父親是德國浸信會差往喀麥隆 (Cameroon) 的宣教士。在求學期間，他也傾向接受浸信會的特色，包括信徒的浸禮，而更要緊的是聖經的首要性。

一九三八年，卡爾亨利畢業後，又進入惠頓的碩士課程，同時他在附近的北方浸信會神學院開始修課。這間神學院是北方浸信會聯會（現在的美國浸信會）內的基要派人士所創辦，與芝加哥大學神學院的自由派課程相對。接下來是一連串要事：結婚（一九四〇）、得到碩士學位（一九四一）及北方浸神的學位 (B. D., 1941)、在芝加哥的亨勃(Humbolt)浸信會按牧（一九四一），又從北方浸神取得神學博士學位（一九四二）。

擁有這些資歷，他便開始了學術生涯，首先在北方浸神任教。然而，他對福音派的委身，很快讓他來到加州的巴撒迪納，因爲當時富勒(Fuller)神學院剛剛組成，他受邀擔任教職。在富勒時期，卡爾亨利從波士頓取得第二個博士學位，即哲學博士，並寫了九本書。

二、學說

(一)神論是神學的主要關鍵

卡爾亨利對命題式啓示的關注，自然導出他思想的最後一個特色，即他對神論的強調，認爲神論是神學的主要關鍵。卡爾亨利以「道」(Logos)的觀念，將啓示與神連接起來；他以「道」爲神自我開啓的媒介。因此，他所理解的神的話乃來自這世界之外，是「超越的賜予，並非臨在於人裡面，猶如一種觀念，或出於人想像、思考的抽象意念」。由於卡爾亨利強調，啓示是經由「道」爲媒介，具超越性，因此他主張，有關聖經的問題分析到最後，不再是聖經的問題，而是神的問題。難怪他的結論爲：「倘若一個人相信至高之神有思想、有意志，這位神可親自說話、傳達意志與命令，則離聖經的靈感論之假定就不遠了。」

以神論爲中心的看法，正如許多其他的主題一樣，在卡爾亨利事奉的初期便已成型。他於一九四六年寫道：「從一個角度來看，神觀可以決定一切觀點；它是阿基米得的槓桿，可以用來塑造整個世界觀。」

對卡爾亨利而言，有關神最主要的一點，即神以行動和理性的語言來接近受造物時，其神性的層面爲神的超越性。卡爾亨利聲稱，當代許多神學對神臨在性的強調，只能對這些神學最關注的事——即神如何在世工作的惱人問題，提供一分答案。其實神的超越性也同樣重要，意即「大自然隨時隨地都向祂的旨意敞開，而祂或是透過重複的宇宙過程，或是透過一次的行動，自由地將祂的旨意表達出來。」因此，卡爾亨利在自然界的規律中和在神蹟中，同樣看出神將祂「有目的的同在」彰顯出來。

現代思想中卻將神的這方面失落了，卡爾亨利爲之扼腕。他堅稱，重新恢復神的超越性，才能將人類的未來帶進幸福。一九六四年，他將超越性、理性與救恩等主題放在一起，提出如下的見解：

如果基督教要在現代世界中贏得知識界，神學家必須大力宣揚神超越性的眞實，而這樣宣揚的基礎，則在於人有理性能力，可以明白超越經驗的範疇。如果不承認來到墮落的人類當中，那位自我啓示的救贖主——是祂惠賜了對超經驗世界的有效知識—現代的雅典人只能乾啃宗教流浪漢空無一物的外殼。

對卡爾亨利而言，神的超越性重要無比，因爲神是從祂的超越中向人類說話。神不僅做事，也會說話。卡爾亨利堅信，聖經是神的信息，而聖經信息的權威來源則「是神的超越性。過去如此，現在如此，永遠如此。」

三、結語

綜上所述，卡爾亨利的上帝觀，認爲神論是神學主要關鍵的神學思想。

卡爾亨利爲福音派運動樹立了典範，如何在廿世紀神學的洪流中，以淵博的學術知識對各派學說進行批評。福音派一向認爲，現代思潮的危機即是對啓示了解的危機，而背後則是對神看法的危機；卡爾亨利將這個看法發揮得淋漓盡致。而對當代神學提出的挑戰，卡爾亨利大膽嘗試去肯定傳統對神超越性的說法，神乃是在世界之外，透過自我啓示與人接觸。他堅稱，這位超越的神說話，是透過合理的、一致的啓示，讓按著神形像所造的人可以理解。

卡爾亨利的主要使命，一方面是對現代思想作出評論，另一方面則是提供福音派的理論以取代之，因此他從未試圖撰寫全套系統神學。結果，他的作品顯然有所失漏。而若要爲他辯護，則可說，他的目標比較小，只是要提供一個基礎，讓其他的福音派人士能在其上建構堅固的神學系統。

批判卡爾亨利的人也認爲，他過度關注理性與命題式啓示。有些人拒絕他，視他爲食古不化者，甚至死抱神學歷史中啓蒙時代之前的思想。還有一些人，包括畢諾克在內，指稱他想以聖經無誤論作神學的標準基礎，是徒勞無功的。

面對這些批判，卡爾亨利仍然堅信，神學在很早以前就走上了歧途。惟有回到分岔點，重新肯定傳統超越之神的觀點，承認祂藉聖經彰顯自己，才能克服神學的危機。而傳統神學中超越性與臨在性的平衡，可否按卡爾亨利的主張重新架構——即，按神從世界之外向我們說話的講法——而不用到廿世紀思想家所瞧不起的空間範疇，則仍是福音派神學尚未解決的難題。（葛倫斯《廿世紀神學評論》頁三四四—三五五）

第七節　游甦的上帝觀

一、傳略

游甦 (Hughes, philip E. 1915-1990 A.D)，祖藉英國的美國人，福音派神學家，特別以釋經及系統神學聞名於世。

二、學說

（一）基督戰勝死亡的上帝觀

首先，生命與死亡是完全相反的觀念，若要加上永遠、永恆等形容詞，必須要按照其個別的適當意義。永生是繼續不斷的存在，永死是繼續不斷的毀滅，亦即無法收回的毀滅，被抹消的毀滅。來世的生命及死亡都是永遠的，因爲二者都是不能還原的：人不會從死後的生命中墮落至死亡的境界，人也無法從死後的死亡中恢復生命。聖經清楚描述出第二次的死是可怕的否定，是絕對的終局，「他們要受刑罰，就是永遠沈淪、離開主的面和祂權能的榮光。」（帖後一9）

其次，靈魂不朽性 (immortality) 或是不死性 (deathlessness) 並非人本身構造的本質；人被造成靈與肉的混合，按照神的形像被造，有此潛在性。但人犯罪，喪失了此潛在性。基督以神兒子的身分道成肉身，恢復並實現了此潛在性，「祂已經把死廢去，藉著福音，將不能壞的生命彰顯出來。」（提後一10）與生俱來的不朽性是惟有神才能擁有的特權（提前六16），當基督在榮耀中顯現時，若我們仍然在世，則惟有藉著神的恩典及大能，才能用不朽性取代我們的必死與腐敗。若我們當時已在憤墓中，則我們將要穿上不朽壞的。死終於被得勝吞滅（林前十五51—57；林後五1—5），我們終將恢復神創造我們時應有的命運，在祂這個眞實的形像及眞實生命之中，成爲永遠的現實。同時那些堅持不敬虔的人，會發現基督所警告的可怕事實應驗在他們身上：「把身體和靈魂都滅在地獄裡

的，正要怕他。」（太十28）

第三，在天堂及地獄中永遠的存在，這似乎不合基督降世爲要成就的救贖目的。罪的後果是受苦與受死，這原非神創造時的設計。被造萬物的復興，顯示罪、苦難及死亡應當被除去。因此，聖經應許說基督「在這末世顯現一次，把自己獻爲祭，好除掉罪」（來九26；約壹三5）。藉著我們救主基督耶穌的顯現，已經把死廢去（提後一10），在新天新地中，亦即被造萬物恢復創造秩序之時，將不再有悲哀、哭號，也「不再有死亡」（啓二十一4）。在地獄中無止境的痛苦折磨，無窮盡的死亡的「生命」，都與這些聖經教導相違背。這表示有部分被造萬物未得到復興，永遠的存在，與新天新地隔絕。這表示苦難及死亡不會完全被廢去。奧古斯丁坦言他必須接受其中必然的邏輯結論：「死人復活，最後的、普世的審判完成後，將有兩個國度，各有其清楚的界限，一個是基督的國度，另外一個是魔鬼國度；一個是善的，一個是惡的。」我們必須就此提出異議，萬物既已復興，有新天及新地，表示神已使萬物與祂自己和好，「無論是地上的、天上的都與自己和好了」（徒三21；西一20），如何有地方容納第二個國度，是黑暗及死亡的國度呢？有光的地方，不可能有黑暗，因爲「不再有黑夜」（啓廿二5）。若是基督充滿萬有，神也在萬物之上，爲萬物之主（弗一23；林前十五28），如何有可能有一部分的萬有是不屬於基督的呢？其存在豈非已是矛盾？神永恆的、和平的、公義的國度之建立，會釋放所有的被造萬物，脫離敗壞的轄制，得以進入神兒女自由的榮耀（羅八21）。

第四，基督榮耀的顯現將會宣告死亡之死。基督藉著十字架及復活，已經戰勝死亡，因此，對信徒而言，死的恐懼及死亡的毒鉤都已被除去（來二14—15；林前十五54—57）。信徒已經出死入生（約五24），這是現在式的事實。無論信徒外在的身體如何經歷痛苦和折磨，耶穌復活的大能已經在他的身上顯明出來（林後四11、16）。如今我們還不見萬物都服祂（來二8），但是所有敵對的勢力、權勢和能力終將被摧毀，包括死亡本身。因此聖經向我們保證「儘末了所毀滅的仇敵，就是死。」（林前十五24—26）若是不廢除死亡，不能壞的生命無法彰顯其勝利（提後一10）。這便是第二次之死的重要性，被除去的，不僅止於罪、魔鬼及其跟隨者，同時也包括死亡本身。

在最後審判之時，不但死亡及陰間交出其中的死人，他們要受審判，連死亡和陰間也都被扔在火湖裏（啓廿13—15）。因此聖經可以清楚地應許說「不再有死亡」（啓廿一4）。（麥葛福《基督教神學原典菁華》頁四六五—四六八）

三、結語

綜上所述，游甦的上帝觀，論永死的神學思想，爲游甦最後的著作之一，他在其中對有關「永死」的傳統觀念提出一連串的疑問，並指出傳統立場要面對的一些難題，並發表他自己對有條件的不朽的觀點，認爲這種觀點可以避免傳統觀點的一些難題。

第八節　蘭姆的上帝觀

一、傳略

蘭姆(Bernard Ramm, 1916-?)於一九一六年出生於蒙他納州(Montana)的礦業城布特(Butte，是蒙他納州立礦業學院所在地)。從小，他就對科學很有興趣。小時候他有一個朋友，是位移民工程師的兒子，家裡成天談的都是愛因斯坦、相對論、原子論和化學。那時蘭姆以爲，自己長大後一定會作科學家。按照他親筆所述，一九三〇年代，他屬於典型的高中畢業生，「心思與所有高中畢業生離開學校時一模一樣——對科學非常尊崇，期待文明愈來愈進步，對宗教持容忍與保持距離的恭敬，喜歡運動和娛樂，盼望能『造福』世界。」

雖然蘭姆的成長環境以世俗科學爲重，他卻經歷了典型的福音派式重生，那次經驗改變了他一生的方向。在他計畫去讀華盛頓大學的那個暑假，透過他的兄弟約翰(John Romm)，「福音臨到了他」；後來他寫《福音派傳承》(The Evangelical Heritage)一書，便獻給這位兄弟。他的重生是立時的、激烈的，頓時將他的生命改換一新。以後他用第三人稱描述道：

在三分鐘之間，他一生的觀點和基本的個性完全改變了。他經歷到神的恩典，這恩典流入他，產生更新的能力。幾分鐘之內，他就領受到新的哲學、新的神學、新的心和新的生命。

蘭姆從未失去由那次經歷所得到的福音熱忱。

蘭姆在大學主修演說與哲學，一九三八年畢業，便進入費城(philadelphia)的東部浸信會神學院。這間學校是由北方浸信會聯會（現在的美國浸信會聯會）所支持，旨在學術界高舉保守派的旗幟。一九四一年，蘭姆在該校完成學習，最後一年必須在賓州大學讀研究所，並在紐約一間教會實習。然後，他在西岸作過短期的教會工作——加州的西雅圖（一九四二—一九四三），和格蘭黛爾（一九四三—一九四四）。

但是，蘭姆對福音派的貢獻，卻不在牧會方面。一九四三年，他邁入學術界，在洛杉磯浸信會神學院擔任聖經語言學教授，開始了一段長期而成功的事奉。第二年，他轉校又轉系，進入他畢生致力研究的焦點。在洛杉磯聖經研究院(BIOLA)，他擔任哲學與護教系的系主任，執教至一九五一年。

在進入教職時，蘭姆的正式教育尚未完成。由於身處洛杉磯之便，他在南加大研讀哲學，一九四七年獲碩士學位，一九五〇年獲博士學位。在神學院和牧會時期，他對科學的強烈興趣暫時被擱置，而現在則浮現出來。蘭姆將這方面的興趣與哲學結合起來，選擇科學之哲學作爲研究範疇。他的博士論文是將基督徒信念與科學素養融合的證明，題目爲「對近日一些用科學——特別是物理學——證實形上學之論點的勢力所作的調查」，其後他的一本早期著作——《基督徒的科學與聖經觀》(The Christian View of Science and Scripture, 1954)——也是另一明證。

一九五〇年代，蘭姆又換了幾間學校——伯特利學院與神學院（一九五一—一九五四），以及貝勒大學（一九五四—一九五九），而他任職最久的，則是美西浸信會神學院(ABSW ，從前的加州浸信會神學院，他於一九五九—一九七四，一九七八—一九八六在此執教），其中只有一段短時間，他回到母校東部浸信會神學院（一九七四—一九七七）。此外，蘭姆也在幾個學校兼課，包括富勒和門諾會聖經神學院，而他終其一生都在青年(young Life)暑期學校裡教導年輕人。

二、學說

(二)基督徒的科學與聖經觀

蘭姆嘗試讓聖經與科學對話，他的精華言論出現在《基督徒的科學與聖經觀》(一九五四)一書中，該書使他一炮而紅，被視為福音派後起之秀。蘭姆並不像基督教自由派人士，向現代科學思想投降，另一方面，該書最主要的目的，是避免用基要派的方式來處理這個問題，因這種方式已使基督徒獲反科學的惡名。他形容這種「不光榮的傳統」為：「對科學持不歡迎的態度，而所用的論證和程序，都不符學術界所尊重的傳統」。他則希望「呼籲福音派回到光榮的傳統中」，承認神是創造與救贖的原作者，所以真正的科學和聖經必然是相輔相成的。蘭姆聲稱，這種傳統在十九世紀末曾佔優勢，但卻被「狹隘的聖經崇拜」所埋葬，這種崇拜「不是出於信心，乃是出於害怕」。

按照古老的「光榮傳統」，蘭姆認定科學與聖經至終絕不衝突。問題所以會產生，乃是由於專家未守本分，以致越界，或是由於罪的影響。因此，在早期尚未覺察到科學研究也必然具主觀成分的年代，蘭姆帶著天真的樂觀寫道：

如果神學家和科學家能夠謹慎，各在各的崗位上，而互相認真學習，兩者之間就不會不協調，除非有人持抗拒神的非基督徒心態。

在反思這個信念時，他的研究導出非常積極的結論：

我們已經嘗試證明，沒有一位科學人士可以用他所研究的科學為由，拒絕成為基督徒。我們已經證明，聖經對大自然的宣告並不冒犯理性；聖經的真理何等合乎事實；而神蹟又如何可靠。這些篇章並不是要勉強一個人接受基督，但若有人是基督徒，科學家無法用科學為由，來質疑那個人的信仰是否值得尊重。

雖然蘭姆的用意甚佳，但《基督徒的科學與聖經觀》卻引起一陣騷動。有些地方他將科學與聖經互相協調，但是他大膽宣稱，聖經含有受文化限制的言論。他主張，聖經的作者並不是現代所謂的科學老師。因此，蘭姆提議，地區性洪水、「約書亞爭戰時，日頭在天當中停住」為寓意性說法，而地球年代古老等，如果已為科學證實，從聖經的角度也是合理的。他甚至容許「神導進化」(神使用進化以造成各種活物，包括人在內)，不過他自己比較喜歡「漸進創造」一詞。

（二）建設性神學的上帝觀

蘭姆雖然在晚年才寫有關重要教義的論述，但在較早出版的《特殊啓示與神的話》一書中，他已說明了他對神學本質的看法。對蘭姆而言，這項使命旨在探索神學的可能性與其極限。神學是可能研究的，因爲它與對神的認識有關，而這種認識是基於神的自我啓示。因此，他認爲神學與啓示密切相關：「神學家不是研究神本身，而是研究在啓示裡的神」。更準確地說，神學家是要展示神複製啓示的起源與結構；所謂複製啓示即「神的原型知識（即，神對自己的知識）中的一部分，是神願意讓人知道的那部分」——神透過特殊啓示（「神的話以一種具體形式傳給特定的個人或團體」），將這種知識賜給人類

但同時蘭姆也知道，神學有其極限。極限的原因有二，一爲神是不可測透的，二爲人的罪性。他將神的不可測透性與超越相聯。他宣稱，有限的受造者站在超越的神面前，絕不可能完全明瞭神，也無法用人的言語完美地描述神。倘若我們要認識神，神必須降格來就近我們。這就是神在啓示時所作的，祂從超越的境界臨到我們中間，告訴我們神實體的一部分情形。

人的罪性也使神學研究受到限制。赫爾佑格（William Herzog）說，蘭姆「從不忘記罪就伏在身旁，等待機會要將一切可貴的成果扭曲醜化」。蘭姆本身也談到，在福音派裡必然帶著悲觀的有限看法，因爲它「嚴肅地看待罪論」，所以「福音派相信改善觀（事情可以更好），卻不相信烏托邦（事情可以完美）」。然而，若要在高舉罪與人的可能性當中作選擇，蘭姆則偏好後者。在這方面，他受到加爾文派創造論的影響，因爲其傳人該柏爾主張，罪的入侵儘管帶來嚴重的破壞，卻沒有完全消除神對人類最初的計畫。

三、結語

綜上所述，蘭姆的上帝觀，基督徒的科學與聖經觀，提出嘗試讓聖經與科學對話；建設性的神學，認爲神學與啓示密切相關的神學思想。

蘭姆的天分表現在嘗試脫離基要主義，往前邁步。這位福音派思想家發現，這個運動的弊病在於，對神學的極限未能認識清楚。對他而言，在神學起步之前的啓示，爲奧祕所包圍。但基要派的理性主義則「讀神的啓示好像讀某個抄本，毫無奧祕可言」。蘭姆在寫神學時，卻試圖表達啓示的這一層面：「恩典的奧祕與奇妙，在於超越的神願意啓示祂自己。那位測不透的神已經說話，而從其話語中我們了解到，祂是不可測透的。」

因此，蘭姆對神學的整個態度，是建立在一個前題上，即那位超越者降臨到人類，向一群有罪的受造者啓示神的實體。他相信，這種神的啓示與最佳的現代研究並不相互爭霸，相反的，卻能彼此融合。如此，這位超越者也是臨在的——與一切人類眞確的知識同在。蘭姆的一生便是致力探究神的這種自我彰顯，在當代、後啓蒙時期的情境中來了解，目的則爲認識這位自我彰顯、超越的神。

因爲對啓蒙運動的貢獻有較深刻的認識，蘭姆可以比卡爾亨利向後看的作風更進一步。如此，他爲年輕的福音派思想家立下根基，使他們能有自由作批判式的思考，並與現代文化有積極性的對話。福音派神學開始邁入成年。

但是，對年輕的思想家而言，蘭姆還走得不夠遠。雖然他試著用新的方法，再度肯定福音派的至理名言，即神從世界之外向我們說話，但這位福音派的改革者似乎太沈醉於傳統的神學，以致採用業已被輕視的空間比喻，來講論超越與臨在。雖然蘭姆對福音派運動貢獻卓著，卻未能完全解決其中的難題。（葛倫斯《廿世紀神學評論》頁三五五—三六九）

第九節　杜耳思的上帝觀

一、傳略

杜耳思 (Dulles Avery, 1918-?)，著名的美國神學家，持守改革傳統，最爲人所注意的，是他按照流行一時的啓蒙運動概念，用形而上學的方法護衛基督教義，同時肯定地宣告傳統的改革教義。

二、學說

（一）神爲「大公性」源頭的上帝觀

杜而思是美國天主教神學家，他詳細分析教會「大公性」的意義，並總結出基督教歷史中使用「大公性」一詞時常有的五種意義。

「大公性」(catholicity) 一詞，不論是否以大寫的字母開始，都有幾種不同層面的意義。……下述五種用法可以作爲總結：

1. 形容詞形式的「大公性」……按此意義而言，大公性指的是普世社區的分享，以宇宙的本性爲根基，超越時間及空間的障礙，其源頭爲神的自我表達。就此意義而言，「大公性」的反義詞是「派系性」。

2. 普世性，而非地方性或個別性。這似乎是「大公性」的主要意義，在早期教父的著作中已出現這種用法，特別是安提阿的伊格那丟及坡旅甲的殉道記（雖然對這些著作的正確解釋並無定論）。

3. 眞實的、可靠的，而非錯誤的、異端的。此種辯證性的意義出現於許多教父的著作中，特別是公元一五〇年之後；也是現代希臘東正教的神學家喜愛的用詞。

4. 基督教的一種，特別重視在時空中看得見的連續性，以及藉著社會及組織架構可見的媒介來表達，例如信條、聖禮、歷史中的主教團。「大公性」一詞 (Catholic，大寫開頭) 的這種意義於阿姆斯特丹普世教協的會議 (Amsterdam Assembly of the World Council of Churches, 1948) 中特別明顯。反義詞乃「新教」(protestant)，也有頗強的理由可以將「靈恩」(charismatic) 及「神祕主義」(mystical) 視爲反義詞。

5. 教會指在這個世界中以一種社會性的形式組織而成，並受身爲彼得的繼承者的羅馬主教及與他有相交的衆主教的管理。在普世教會的圈子中，「羅馬天主教」(Roman Catholic) 已經成爲通用的用語，用以指這個社會性的團體，部分的原因在於「大公性」一詞有上述幾個其他的意義。（麥葛福《基督教神學原典菁華》頁三六一—三六二）

三、結語

綜上所述，杜耳思的上帝觀，神爲「大公性」的源頭之神學思想，總結出基督教歷史中之五種意義。

第十節　羅賓遜的上帝觀

一、傳略

羅賓遜(Robinson, John Arthur Thomas, 1919-1983)在一九六三年所著的《對神誠實》(Honest to God)，雖然極具爭議性，但是對教會整體而言卻更具意義，並且成爲引發極端神學論爭背後的最主要的導火線。羅賓遜當時是英國國教武利赤(Woolwich)教會的主教。他雖然只是一位新約學者，而非神學家，但他的著作極受歡迎，所產生的影響力遠超出作者本人所預期。

羅賓遜身爲主教，肩負維護並堅固教會教導的重任；然而照他自己的說法，他處身的時代，「架構我們信仰的傳統正統超自然主義，與今日『平信徒』(找不到更好的字)世界覺得有意義的範疇之間，鴻溝愈來愈深」。這正是《對神誠實》一書的寫作動機。因此，他不僅與潘霍華同樣感受到這個成熟世代的實情，而且他還發現，潘霍華所提出的成人期不但存在於世俗世界中，也存在於有宗教信仰的人群中。羅賓遜認爲，自己的使命就是幫這些人來詰問既存的宗教體系；因此可以說，他的長遠目標是牧養，而非神學。而羅賓遜的觀點中，教會的使命就是「透過信徒共同生活所產生的品質和力量，來造就基督徒，讓他們得以帶著『隱密的紀律』，面對他們所處的世代中一切精采、危險的世俗掙扎，在其中跟隨神，發現祂的作爲」。一如潘霍華，羅賓遜一心想爲教會的使命做出一番貢獻。

羅賓遜的書中結合了當代幾派不同的思想，其中最重要的三人是：田立克、潘霍華和布特曼。田立克以哲學方式闡釋有關神的難題；布特曼則是以化除神話的方式，來解答釋經方面的難題(針對聖經引用神話這一點)；潘霍華則專注於有關神、基督和教會本質的問題。這三位神學家各自在他們所處的時代中，質疑傳統上對超越性的認知，也就是將神視爲一個存在，一個超乎世界之上的獨立存在體；他們個別以不同的名詞——神話的(布特曼)、超自然的(田立克)、宗教的(潘霍華)——來否定信仰的固有形像。羅賓遜也不例外。他宣稱這種形像是過時的，是信仰的絆腳石。

二、學說

（一）神的位格是「詮釋整個實體的核心範疇」

身爲安立甘會主教的羅賓遜，從耶穌會法籍神父德日進的「萬有在神論的位格主義」中，發現了一個既能解決神學上超越性和臨在性的難題，又能維護傳統上強調神是有位格者的說法。在羅賓遜的觀念中，神的位格是「詮釋整個實體的核心範疇」，但他並不堅持代表這個位格的形像一定是一個神聖的存有。他不願將神視爲一個大於其他人的個人 (bigger Individual)，或是集體的位格 (Collective personality)，而是選擇用「跨越人際領域」(Interpersonal field) 來形容神，祂既在萬物和萬人的裡面，也在他們之上，並將他們整合成爲一個有生命的整體。他並且強調，這個整合體具有人性的愛的特徵，並不是無人性的機械。在神聖的領域中，「無數個有限的你 (Thous) 結合在一起，個個都在全然人性化的愛的自由中。」羅賓遜推許田立克是將這個觀念「推衍到極致」的一位神學家。最後他說，位格主義的「萬有在神論」基本上就是道成肉身的神學模式，因此當然符合基督教信仰。

（二）神在世上與人同在

羅賓遜結束在武利赤的主教任期後，回到劍橋大學的學術環境中，才得以完成多年來一直想寫有關基督論的書。他在《神的人性面》(The Human Face of God) 中，繼續闡釋十年前在《對神誠實》中就已談到的以馬內利，神與人同在的主題。

對羅賓遜來說，最重要的事就是神在世上與人同在，而這一點正是他的基督論。他主張，在基督裡可以清楚看見超越的那一位（或稱「無條件者」）；在基督裡，基督徒能看到「在人裡面」的神性。因此，耶穌是「最初的樣式」，「新人類的原型」。說得透澈些，讓羅賓遜發揮想像力的不是耶穌的神性，而是他的人性，因爲引導基督徒在世生活的是耶穌的這一面。因此，他的結論應和了潘霍華的說法：「不論信仰的終極眞理是什麼，總之我們必須在末世前默默、務實的生活，因爲『爲我們而活的神』是一位『實實在在的人』，……因他眞實的人性，所以我們

服事他、愛他。」（葛倫斯《廿世紀神學評論》頁一九〇——一九六）

三、結語

綜上所述，羅賓遜的上帝觀，神的位格是「詮釋整個實體的核心範疇」，神在世上與人同在的神學思想。

羅賓遜是安立甘教會的主教及神學家。是一位多產且頗受爭議的作家，羅氏於新約、系統神學、護教學、基督教倫理學，及禮儀學上學術貢獻卓著。其事業始於擔任劍橋卡爾學院的教職及院長任內（一九五一——一九五九），於擔任南瓦克副主教，並負責伍利芝教區時聞名（一九五九——一九六九），逝於擔任劍橋三一學院院長任內（一九六九——一九八三）。《對神誠實》（一九六三）一書，售出超過一百萬本，此書嘗試對那些以傳統宗教方式表達福音而無法接受的現代人，來介紹基督教信仰。此書激怒大多數正統的教會人士，使得羅氏成爲英國最著名（最激進）的神學家。

羅氏最具體的貢獻在於新約研究，其許多觀點是驚人地保守（按當代學術批評的標準來說）。在他一系列約翰福音的研究中，就在他臨死時正準備的班普頓講座（《約翰的首要性》，The priority of John, ed. J. A. Coakley, London, 1985），他討論約翰福音基本的史實性與早期的年代。於《修訂新約年代》（一九七六）一書，他爲四福音書應完成於耶路撒冷被毀之前 (A. D. 70) 的觀點來辯護，並且在其他問題上表現相同的保守觀點。另一方面，《耶穌與祂的再來》（一九五七）一書是關於耶穌並未教導或期待將要再臨的觀點具影響力的陳述，並在《最後，神》一書中提出普救主義。他有關教會的教義是屬聖禮論者的（見《教會：保羅神學研究》，一九五二），他的倫理學反對愛律法，而其基督論與基本神學是屬現代派的（見《神屬人的面孔》，一九七三）。（趙中輝《英漢神學名詞辭典》頁五八一）

第十一節　希克的上帝觀

一、傳略

希克 (Hick, John 1922-? A.D)，英國宗教哲學家，以美國爲基地，展開其事業生涯的最後階段，持守多元論世界宗教觀。

二、學說

（一）神是自有永有的上帝觀

希克〈論現代多元論〉：希克是持世界宗教「多元論」的佼佼者，認為每個宗教都是獨特的、有根據的，是「無限超越的神聖實體」的化身。請注意他論證的結論是：宗教「由不同的『透鏡』所組成，透過這些透鏡可以從不同的角度看到神聖的眞理」。

許多人感到，我們對宗教的了解，需要有哥白尼式的革命。傳統的教條指出基督教是信仰範疇的中心，其他的宗教都在不同的距離中圍繞著基督的啓示旋轉，其等級乃按照離中心的遠近而定。但是過去數百年來，我們卻有新的發現，知道在其他宗教之中也有對神的熱愛、眞實的信徒、深入的靈修生活，因此我們創造出周轉圓理論 (epicycles of theory)，包括匿名的基督教及絕對的信心。但現在，從以基督教為中心，改變為以神為中心，並且，看我們的宗教及其他主要的世界性宗教，都環繞在相同的神聖本體旋轉，豈不是更合乎實際？

就基督教的形式而言，其區別在於，一方面，神是自有、自存的、無限的存有，獨立於被造萬物，也在被造萬物「以前」存在；另一方面，神所創造的人可以與神相交，也可以經歷到神。……基督教神祕主義者艾哈特 (Meister Eckhart) 對神的本體 (Godhead, deltas) 及神 (God, deus) 加以區分，與印度思想中尼古拿——薩古拿 (Nirguna-Saguna) 的區分相似。本世紀亦有田立克 (paul Tillich) 提及「神是超越有神論的神」。當代的進程神學 (process theology) 同樣對神的永恆性及現世性加以區別。上面所提及的區分，都是一位無限、超絕的神性實體 (an sich) 或其本身，與有限的人類所思想、猜想、經歷的同一「實體」之間的區別。（麥葛福《基督教神學原典菁華》頁四二〇—四二二）

三、結語

綜上所述，希克的上帝觀，論現代多元論，神是自有永有的，認為宗教都是獨特的、有根據的，是「無限超越的神聖實體」的化身之神學思想。

第十二節　柯布的上帝觀

一、傳略

柯布（Cobb, John B. Jr. 1925-?），北美神學家，特別以其對進程神學（process theology）及基督徒—佛教徒的對話的探討聞名於世。他的父親是一位被差派到東方的宣教士，他本人也是神職人員。他就讀於密西根大學和芝加哥大學；後者是鼓吹懷海德進程神學的大本營。柯布於一九九〇年退休，離開知名的神學院英葛理神學教授和美國加州克萊蒙研究所客座教授之職。

柯布著作等身，其作品涵蓋牧養神學、政治神學、生態學，以及基督教與佛教的關係。更重要的是，他為進程神學建立了一套現代的說法；在他包羅萬象的作品中，處處流露出這種神學見解。

二、學說

（一）神就是「終極目標的拉力」源頭

柯布以懷海德的學說為基礎，建構起一套對神的見解；他宣稱自己的見解更符合聖經的位格主義，也比傳統基督教神學的各種說法更符合現代科學。由於柯布相當看重耶穌關於將來國度的教訓和科學所描繪進化的宇宙間的關係，使得懷海德思想更容易和聖經結合。柯布強調，人類經驗包括一種被呼召向上的感覺，而且這種感覺不應單單被解釋為某種機械性的反應，認為一切事情都出自過去所種下的因；而是人類確實有著某種被「誘導」的感覺，這種感覺超越過去情境的限制，而是來自更高處的引導。

柯布甚至認為，這種被誘導而嚮往未來的經驗並非人類所獨有，自然界的萬物同被呼召，而欲尋求更新的可能性。他指出這個「終極目標的拉力」的源頭，必然是一個有位格者（有意志和愛），更明確的說，那源頭就是神。簡言之，耶穌的信息和科學的宇宙論都指向同樣的神觀，也就是說，神就是「那位呼召者」。

(二)典範的基督論

進程神學也被柯布用來修改基督論，不過他的用法倒沒有超出傳統所講「道」(Logos)的基督論見解。他的見解背後，是他發現懷海德的宇宙論中，實際存在體有「道成肉身」的關聯。進程思想認爲，現在的機緣中融合了過去的經驗和所提供給它的初始目標；因此就某種意義來說，過去就化身在現在的裡面。

進程哲學所了解神的初始性成爲每個機緣的誘因，這一點被柯布拿來作他基督論的原料。他將基督和神的初始(道)連結起來，於是找到一把鑰匙，能同時了解道在於受造界中的彰顯，和他在信徒裡特殊的顯現。柯布聲稱，那神聖的初始性是一切機緣經驗的原初目標，而基督就是其化身。雖然基督的工作是遍及宇宙，但在較高級的受造物，尤其是人類的身上，更爲明顯；基督在他們裡面彰顯，到他們「決定要」道的地步，亦即，他們可以接受道的彰顯。

至於說到道的「成爲肉身」，基督是世上一切新事的源頭。因此柯布喜歡以「創造性的轉變」描述基督。不過由於柯布是一位基督徒，他樂於談到道與拿撒勒人耶穌之間的關係。他指出，耶穌就是基督，因爲耶穌藉著基督在他裡面道成肉身且成爲他個人的特質，而使一種獨特的存在成爲歷史的事實。耶穌顯明了實體最根本的眞理；如果我們相信這個眞理，眞理也必使我們得以經歷創造性的轉變。柯布從這個角度提出他的基督論，某些人稱之爲「典範的基督論」。他強調耶穌在彰顯一般神性上的角色，遠勝於他救贖之功的獨特性；換言之，他認爲基督徒相信耶穌，是因爲他成爲普世原則的典範，亦即，表達出神初始性的特色。

三、結語

綜上所述，柯布的上帝觀，認爲神是「終極目標的拉力」源頭，以及典範的基督論等神學思想。

對基督教最重要的神論，如三位一體的教義，進程神學的啓發能力也備受質疑。懷海德派學者，如柯布，所提出的兩極神觀，尤其站不住腳。他們認爲天父上帝就包含了整個神的位格，因此必須爲三位一體中的另兩位找位格。柯布認定「子」就是神的初始性，而聖靈則是其繼起性。這種說法被潘寧博(Wolfhart parnenberg)等評論家斥爲與早期的異端神格惟一論（認爲耶穌是充滿神能力的神人）並無不同。

不過在進程神學所提出的各種修正中，最受爭議的還是它對神跟世界關係的見解。有些評論者質疑神失去了祂的不可變性；因爲，既然神是不斷在改變的，進程神學家怎能肯定祂永遠是慈愛的，且在道德上與這個兼具善惡兩種特性的世界有所不同呢？

總結來說，這些批判都一致指向進程神學的神觀，這也是它致命的瑕疵。進程神學在論到神臨在世界的方面固然值得稱許，但它卻失落了神的超越性。從許多方面都可以看出這個危機。首先，它將神放在進程中，視之爲宇宙論的一個原則。但是傳統一神論認爲，神超越一切正常經驗和科學的形上學原則。由於這樣的不同，進程神學等於是限制了神的差異性。

其次，進程神學著重於神跟世界同受苦（以一種不完全的方式），將勝過罪惡歸諸神獨有的經驗，結果是小看了神的聖潔，祂爲了世界而抗拒罪與惡，甚至親身參與，贏得勝利。正如彼得斯所說：「信經所宣告的那位『全能的天父上帝』，被取代或重新詮釋爲一位強於說服，卻缺乏能力者。」（葛倫斯《廿世紀神學評論》頁一六四—一七一）

第十三節　法克利的上帝觀

一、傳略

法克利 (Facke, Gabriel 1926-?)，北美神學家，致力於探討敘事文體與系統神學之間的關係。

二、學說

（一）末世論的上帝觀

法克利〈論末後之事〉：法克利指出過分精確推測末後之事的危險。他指出基督教末世論用語充滿了象喻及術語，形成複雜的網路，但自其中可以辨別出一些基本的主題，因此他要求信徒對這方面的推測，適可而止。

基督教的文獻並未提供有關末世之事的「如何」、「何時」、「何處」、「何人」等全備的知識，但卻給了我們有關「何事」的肯定宣告。就此而言，有關末世的教義與有關創世的教義十分相似。基督徒對創世及末世的故事都特別有興趣。神應當實現祂的旨意，歷史應當向著其終局進展，這對基督徒而言，都具有基本的意義。如何實現、範圍如何，也同樣重要。後者在正統教條之中有所總結。基督徒傳遞聖經故事時，一直都有其掙扎，有按著人的角度提出來的問題，也重複強調下列聖經眞理：死人復活、基督再來、最後的審判、永生。這便是基督教末世教義的精髓與核心。這些便是末後之事。

這些核心被外殼包住，這個覆蓋外殼的顏色和光澤很能夠吸引到慕道者，有時會使他或她遽下結論，以表面爲準，卻沒有探索到中心。其中包括有豐富的暗喻及形像——敵基督、千禧年和平之治、精金的術道、珍珠爲門、數字命理學、以色列全家信主——這些正是一切驚人宣告的基礎。我們應當留意到三件事：(1)這些都不是新約的主題，隨處可見；乃是任意的聲明。(2)這些都是歷史中的眞實情況（尼祿、羅馬等等），能幫助早期基督徒在面對逼迫及殉道時激發信心。(3)大部分都不具有末世宣告的特質，因爲它們大多不是指世界的改變，而是指在這世界之中發生的事。基督教末世論並非世俗的預測，而是有關來世 (world to come) 的未來學 (futurology)。這些豐富的情節成爲想像力強的材料，在歷史動亂的時期也刺激人們狂熱的幻想，但是基督徒對末世事件的思想應當以輪廓爲主，集中在復活、再來、審判、永生等核心之上。（麥葛福《基督教神學原典菁華》頁四六四—四六五）

三、結語

綜上所述，法克利的上帝觀，論末後之事，指出基督教末世論用語充滿了象喻及術語，形成複雜的網路之神學思想。

第十四節　巴刻的上帝觀

一、傳略

巴刻 (packer, James 1, 1926-? A.D)，祖籍英國的美國人，著名的福音派神學家，特別以他有關神的教義、改革派的神學、屬靈的遺產等著作聞名於世。

二、學說

（一）啓示神學的上帝觀

巴刻〈論啓示的本質〉：本文發表於一九六四年，著名的福音神學家巴刻對「啓示便是神的自我揭露」作出回應。這個立場與卜仁納有關，在英國受到威廉湯樸(William Temple, 1881-1944)等人的推廣。威廉湯樸認爲啓示便是「神的臨在」。巴刻主張這種個人的自我揭露必須包括資訊或字句的元素在內，否則是不可能的。

什麼是啓示？一方來說，啓示是神的作爲；另一方面來說，則是祂的恩賜。就兩方面而言，都與人對神的認識有關：一方面是經驗，另一方面則是一份擁有。啓示是神的作爲，是祂的自我揭露，祂帶領我們積極地去經歷祂，認識祂是我們的神及救主。啓示是神的恩賜，祂賜下祂的啓示，爲了讓我們擁有對祂的認識。啓示是神的作爲，藉著神賜下啓示爲恩賜而成就，前者與後者互爲因果。因此，有關啓示的狹義定義，必須按照其較爲廣義的定義來研究。

神啓示的內容是什麼？主要是按我們目前身爲罪人的情況而定。雖然我們墮入對神的無知、過不敬虔的生活，但神並沒有放棄使我們成爲祂的朋友的目標；相反的，祂決定爲了愛的緣故，將我們自罪中救出，使我們能夠回到祂身邊。祂成就這一切的計畫，爲要藉著祂的兒子道成肉身、死亡、復活、作王，使我們認識祂就是我們的救贖主、再造者。這個計畫的實現需要一連串的準備工夫，首先以應許女人的後裔（創三15）爲開始，跨越整個舊約歷史。同時也需要大量同時發出的字句指令，在每件事發生以前預言其發生，在事後回顧其教訓，以至於在每一個階段中，人都能夠明白救恩歷史的發展，對其完全成就的應許抱以盼望，學習他們在恩典之下當如何爲人行事。因此，救恩的歷史（神的作爲）是在啓示的歷史（神的神諭）的背景中發生的。（麥葛福《基督教神學原典菁華》頁一一一—一一三）

三、結語

綜上所述，巴刻的上帝觀，論啓示的本質，主張這種個人的自我揭露，必須包括資訊或字句的元素在內，否則是不可能的神學思想。

第十五節　莫特曼的上帝觀

一、傳略

莫特曼(Moltmann, Jurgen, 1926-? A.D)於一九二六年生於德國的漢堡。他的家屬於自由派基督教，所以他對勒新(Lessing)、歌德和尼采等人的書，比對聖經更熟悉。二次大戰時，他也像其他德國青年一樣參戰，一九四五年在比利時被英軍俘虜，成爲戰俘，直到一九四八年。戰爭成爲莫特曼信仰的轉捩點，正如田立克一樣，只是造成的結果並不相同：

「在比利時與蘇格蘭的戰俘營中，我一方面經歷到過去信念的崩潰，一方面也經歷到由基督信仰而來的新希望，使我能活下去。這種希望不僅使我的精神、道德得以保全，甚至可說我的性命也賴以維繫，因爲它使我不致絕望而放棄。回到家裡，我成了道地的基督徒，對研究神學也有了「自己的目標」，要明白那救我免死的希望之能力，究竟是什麼？」

莫特曼在奇丁根求學，他的教授多半受巴特影響甚深。起初他熱中於向這位辯證神學大師學習。他最早發表的作品之一，是對辯證式神學之起源的論文。雖然莫特曼的神學要旨中，還可看出巴特的影響，但是他後來對這位偉大的瑞士神學家批判甚力，指稱他忽略了眞實世界具有歷史性，而神學具有末世性。

莫特曼於一九五二年獲得博士學位，然後在一間改革宗的小教會擔任牧師，到一九五七年。後來他到烏珀塔爾(wuppertal)，在一間認信教會開辦的神學院(Kirkliche Hochschule)作神學教師。在那裡，他認識了潘寧博，在六〇年代，潘氏亦成爲末世神學的創導者之一。究竟兩人中誰影響比較多，這兩位神學家及其學生的看法差距甚大。除了有一小段時間任教於波昂大學之外。莫特曼接受了杜平根大學系統神學聲譽卓著的系統神學教席迄今，只偶爾到英國擔任客座教授。

自從一九六五年莫特曼出版《希望神學》(Theology of Hope, 1960)之後，他繼續以末世論爲主體，來探討基督教信仰。重要著作包括《被釘十字架的上帝》(The Crucified God , 1973)，《教會在聖靈能力之下》(The Church in the power of the Spirit, 1975)，《三位一體與神的國度》(The Trinity and the Kingdom, 1980)，《創造的神》(God in Creation, 1985，是根據他在季富得講座的演講整理成書)，《耶穌基督的道路：彌賽亞角度的基督論》(The Way of Jesus Christ: Christology in Messianic Perspective, 1990)。

除了寫作、演講、教書外，莫特曼也參與基督教界和天主教、東正教、猶太教的對話。他亦曾參加一九六〇年代末世基督徒與馬克斯主義者的對話，對於兩者之間架橋溝通的貢獻，恐怕超過任何一位西方神學家。他與各種自由派神學家作批判式的論戰，使其在廿世紀的後半，對革命與政治神學的影響力遍及全世界。

二、學說

（一）神是末世榮耀的國度

根據莫特曼的說法，基督教的精髓，亦即神學眞正的主題，是盼望神「榮耀國度」的來臨，這是神所應許的，祂的榮耀將彰顯於人類美好的社會、充分的自由中，同時宇宙也將脫離腐朽的綑綁。他所有的神學，都源出於這一主調。他認爲，末世論常被神學視爲沒有作用的附加物，即使有人注重過，也還未將它全然發揮。他不採用傳統的方式，而要以末世榮耀的國度，就是神乃「一切的一切」，以此決定基督教每一種教義的正確內容：「基督教從始至終都是末世論的，都是希望，不只是在尾聲時才如此；它一直向前看與向前走，因此能對現今產生改革與更新的作用。」他強調，這種以未來爲重點的重新調整，不僅合乎聖經，也爲現代神學的問題與僵局，開闢了一條解決之道。

（二）神乃是那位未來國度的神

莫特曼認爲最重要的一點，乃是：歷史的現實狀況是要被推翻的。因爲其中有罪、有痛苦，他辯道：「神不是這個世界的基礎，也非其存在的理由；神乃是那位未來國度的神。那個國度將在刹時之間改變這世界，和我們的一切。」

因此，神的超越不在於祂是創造主，以及受造世界的維繫者。超越性在於神是以未來的期盼改變現今世界的力量，祂消除其中一切負面的因素，而將世界拉進那榮耀的國度。同樣，神的臨在性是因祂即將臨到未來，對現今每時每刻都發生衝擊，除掉對榮耀國度的牴觸。

不過，莫特曼並不認爲這是二元論的說法。對他而言，未來已經滲入現今與過去，推動歷史走向神的未來。這些先驅性、期待性的事件，乃是神的工作，其中的痛苦、能力，都有祂眞正的同在，因此，祂的確臨在這世界中。這類事件中，最偉大的便是耶穌基督的一生，尤其是釘十架與復活，以及差遣聖靈降臨。

所以，莫特曼認爲，神是以三一的方式臨在世界。若說，神的超越性乃在祂將從未來臨到 (Adventus) 這個世界，除去其負面因素，那麼，祂的臨在性就在於：祂和世界一同變化，因世界裡包括了三一神國度的歷史。莫特曼對於神的超越性與臨在性，存這種未來已存於現今的看法，使他對神的觀點成爲「末世三一萬有在神論」。我們將看見，他認爲神的臨在性是世界歷史中包含著三一神的眞實歷史。同時，他認爲這個歷史不是一種進展或進化，乃是一種預期與期盼。

(三) 三一上帝在本質上與十字架事件相連

根據十字架的解釋，莫特曼作出幾項激進的結論。因爲三一上帝在本質上與十字架事件相連，所以是歷史性的；三一上帝是由受苦與衝突形成；在整個神國度邁向未來的歷史中，三一上帝乃以不同的形式出現。莫特曼堅決否認神是不可改變、沒有感受，而在歷史的痛苦和衝突置身度外者。歷史上的事都「在神裡面」發生，因爲十字架將神向世界開放：

「如果我們認爲，三一上帝是由耶穌的受苦與受死表明之愛的事件——這是信心必須接受的事，那麼，三一上帝不再是天上自我滿足的那種組合，而是末世的過程，向地上的人類開放，而它的根據爲基督的十字架。」

莫特曼在《被釘十字架的上帝》中談「神在歷史中的本體」，並開始重新詮釋神的本質。他的說法與傳統基督教的神論和進程神學都甚不相同，但又保留了二者的部分。不過那本書對這個課題的探討並不完整，在以後的兩本書中，他又重拾舊題。莫特曼的重新詮釋與古典神論最大膽的不同處，在斷言神具有眞實的歷史性，理由便是十架事件中，神因聖子之死而受苦。所以，十架並不在神本體之外，好像沒有十架神仍然完全是神，毫不受影響；但其實，十架以三一的方式成爲神的本體，因有聖父與聖子辯證式的分離與結合。用莫特曼的話，「這意味著神的本體具有歷史性，祂在歷史裡存在。因此，『神的故事』便是人類歷史的故事。」

（四）聖父聖子聖靈各具主體性

在《三位一體與神的國度》一書中，莫特曼將他的三一萬有在神論作進一步的推論，並試圖糾正他在《被釘十字架的上帝》一書中，所帶給人泛神論的印象。他提出三一神的社會性教義，以免「三一的教義遭抽象的一神論所瓦解」，並且一方面將神與世界及歷史緊密相連，一方面又保持神的超越性，甚至加以強化。在該書中，莫特曼批評所有將三一教義減化的解釋，即使得三個位格成爲單一主體的模式，因爲這樣一來，神就必須在世界之上，而與其對立，並且也意味著三位中具階級與君臣的關係。莫特曼反對「基督教一神論」的減化，而肯定聖父、聖子、聖靈各具主體性」：

「耶穌彰顯爲『兒子』的這段歷史，並不是由單一的主體來實現、完成的。在新約裡，基督的歷史已經用三一的說法來記載。因此，我們可以用以下的假定作出發點。新約談到神，乃是藉故事的敘述，陳明聖父、聖子、聖靈的關係，就是彼此相交的關係，這關係也向世界敞開。」

莫特曼分析，爲了在神的國度中榮耀聖父、聖子與聖靈如何在歷史各個階段中工作；藉此，他描繪出三一神之間的關係。他不再停留於十字架，即神彰顯爲三一神的主要事件，而進一步討論各個事件，包括復活與差遣聖靈。神的國在這些事件中的進展爲：由三一神的一位，轉交至另一位手中，以致整個形態也有了轉變。結果，聖父不再是三一中惟一爲國度行動的一位。聖父的工作中必須依靠聖子與聖靈的差遣、順服與榮耀。這三一間互動 (Intertrinitarian) 的神包含以上的變化中，在歷史中的關係模式，而神所有的作爲，皆以神的國爲終極的目標。

(五)強調神在歷史中的臨在性

在《希望神學》一書中，莫特曼探討神論，一開始非常強調超越性——到一個地步，甚至意指未來都是超自然的。但在後來的幾本書中，莫特曼逐漸向強調神在歷史中的臨在性。例如，在《創造的神》一書裡，他強調神與世界「互相滲透」的關係——即相交、彼此需要、互相滲透的關係，他也建議視世界爲神的身體。這種逐漸由神的超越性(視神以未來爲本質)，轉移至神的萬有在神之臨在性(視神在世界裡、世界在神裡)，究竟應當怎樣解釋？一個可能的答案爲，莫特曼對政治權力、階級架構愈來愈憎惡，而強調團體、相交、平等、互賴。在神學追求的過程中，他逐漸確認階級與權力本身就是邪惡的，因此要在他的神論中清除所有主宰意味的痕跡。就連他神學中不可少的未來榮耀之國度，也被重新描繪爲具有自由相交的性質，人與神和諧相處，立於平等地位，而不是榮耀的創造主凌駕於一切之上的君王國度。

《創造的神》一書的末了，莫特曼陳明神的國好像「安息日」，神歇下創造之工，而享受其結果：到了安息之時，神開始去「體驗」祂所造之物的種種。在受造物前歇息的，這一天不再發號施令；祂去「感覺」世界；讓自己受影響，被每一個受造物感動。祂接納一切受造物，作爲自己的環境。神的統治、主權、審判、讚美，在莫特曼後期的作品中幾乎銷聲匿跡。神對人的目標，不是要他們作僕人或兒女；這位德國神學家認爲，神要人作祂的朋友，「在友誼中，權威造成的距離便消失於無形」。

三、結語

我們必須結論道，莫特曼在社會、政治上對階級制的反感，扭曲了他對神學的見解，否則他的看法的確有創意、具深度。這種反感令他過分強調神的臨在性，以致損傷了神的超越性，結果讓他全然否定單一神論，而有落入三神論異端的危機。

例如，在《三位一體與神的國度》一書中，莫特曼提出對「政治與宗教單一神論」的批評，其中表明，他認爲傳統的三一教義傾向如此，而使政治與宗教集權主義成爲合理：「在天上、地上的神聖君王統治之觀念，本身就會構成理由，讓地上的管理制度——無論是宗教、道德、宗族或政治——以階級式來治理，成爲『神聖的統治』。」

莫特曼要使他所強調的三一歷史之神，其間三個獨特的位格之相互關係，具社會性與政治性。他將他的三一教義，高抬爲神學的「關鍵原則」，視爲具改變世界的彌賽亞使命。他解釋道，因爲社會在組成的時候，會反映出他所信之神的模式，因此基督教文化必須重新探索聖經三一神的概念，是三位同等位格之相處、相交，而不是一位在其他之上、世界之上的君王。

但是，莫特曼對三一神之社會性的講論，是根據聖經與神學，還是基於社會與政治的考量？如果是後者，則必須接受批判，因爲這又是一個例子，顯示了神學家會按著對平等世界的理想，塑造出神的模樣。如此，無異助長了費爾哈巴的理論，即神的觀念只是人對理想的投射。

莫特曼的神論讓人不得不質疑，是否因爲它一味地反對君王制，以致落入相反的錯誤，成了三神論。如果他的觀點眞有潛伏的三神趨勢，就必被視爲不平衡的看法，甚至被列入異端。

莫特曼的神學，爲廿世紀末的基督教引進了幾種強有力的新形象和觀念。再沒有另一位神學家像他一樣，在末世論的含義與基督的釘十架對神本身的影響兩方面，作過如此深入的探討。他以潘霍華的聲明「惟有受苦的神才能提供幫助」爲線索，在神學界札札實實開啓了新的一頁，使受苦的神幾乎成了新的正統之說，沒有人提出嚴重的質疑。

最後，莫特曼的神學屈服於現代神學長久以來所面對的試探，過分強調神的臨在性，以致減弱祂的超越性。這位德國神學家將神的三一本體，與歷史事件緊密結合在一起，令人不禁質疑神是否仍爲神。有位同情莫特曼的解釋者，承認這個神學有此問題：「世界歷史被引入神的歷史，到了一個地步，神之爲神，在本體上必須倚賴世界歷史，而惟有透過世界歷史的終結，神才圓滿地實現自己。」（葛倫斯《廿世紀神學評論》頁二〇六—二二二）

綜上所述，莫特曼的上帝觀，神是末世榮耀的國度，神乃是那位未來國度的神，三一上帝在本質上與十字架事件相連，聖父聖子聖靈各具主體性，強調神在歷史中的臨在性等神學思想。

第十六節　奧提哲的上帝觀

一、傳略

奧提哲〔Altizer, Thomas J.(onathan) J.(ackson)1927-? A.D〕，或譯「奧蒂澤爾」，美國基督教激進派神學家。與廿世紀六十年代興起的上帝死亡神學有關。他說：「我們必須承認上帝的死亡是歷史事實，在我們這個時代，在我們的歷史上，在我們的生活中，上帝已經死亡。」奧蒂澤爾畢業於芝加哥大學，先於一九五四－一九五九年在沃巴什學院，後來在埃默里大學教授宗教學，後任紐約州立大學英文教授。（《大英百科全書》冊一頁330）

雖然奧提哲本人十分推崇韓米頓，但其實他才是一般人心目中，二〇年代神死神學或「基督教無神論」的主要代言人。當神死運動風潮洶湧時，奧提哲正在亞特蘭大的循理會艾默利大學擔任聖經和宗教學副教授；之後，他轉向英國文學研究，尤其是專注於解構主義。

一九六六年，他以《基督教無神論的福音》(The Gospel of Christian Atheism) 一書宣告他對神死神學的主張，就此一炮而紅。同年，他又與韓米頓合著《激進神學與上帝之死》一書。此後，他涉入此一運動日深，且先後出版多本著作，也就順理成章地參與了日後與解構主義連結的新神死神學。

奧提哲的作品相當令人費解。韓米頓說：「奧提哲的作品熾熱、狂野、過渡普遍性，且充滿著色彩鮮明、飛揚而情緒化的文辭」。或許他意在褒揚，但正是這樣的風格使人們難以了解。另一個麻煩則是他的折衷主義。奧提哲擅於擷取衆家之說，調和成他自己的一套獨特見解。影響他的知名之士包括了黑格爾和尼采；另外，他也常引神祕派詩人布雷克 (William Blake) 之言。據奧提哲自己承認，這三位是他神學思想的主要來源。不過，他的思想中也處處可見潘霍華和田立克不可磨滅的痕跡。事實上，他和韓米頓將二人合著的《激進神學與上帝之死》一書獻給田立克；他還在《基督教無神論的福音》的序言中，稱許田立克爲「激進神學的現代之父」。

二、學說

（二）神已完全臨在人類的中間

奥提哲的基督教無神論的一貫宗旨，就是神已完全臨在人類的中間，「甚至將有超越性的記憶或陰影都一筆抹消了」。他堅稱，從神死進入極端的臨在，乃是「跨入二十世紀的門檻」；因此神死是神學必備的內容，因爲——神學必須向當代心靈先知佛洛依德、馬庫澤 (Marcuse)、沙特、布雪克、黑格爾和尼采等人所闡釋的完全解放、自己負責的現代人類認知讓步。照奥提哲的說法，這些人的思想才是神學的來源，因爲他們啓示出當代人類的命運，而「在這個時代中，人們的共同情境就是在無神狀態下爲自己的生命負責。」

奥提哲認爲，神死不僅是當代人類自律的象徵，而且是一件歷史的事實。他以「神的自我毀滅」來形容神死事件，並且將之詮釋爲虛己的終極作爲，或是道成肉身和十字架道理所象徵的自我倒空。透過耶穌基督，神實踐了祂自我毀滅的虛己行動，從而與人類成爲同等，因爲祂已藉著有限的生命和死亡，否定了自己客觀的存在：

在世界和歷史中行動的神，是一位否定自己的神，祂決意逐步毀滅自己原來的完整。神就是那「墮落」或「降卑」的整全者 (Totality)，因此得以全然進入與祂原來身分相反的境界。神，或是神格者 (the Godhead)，藉著顛覆祂的本像，成爲透過耶穌所表彰出來的那位神：從此，超越成了臨在，就好像靈成了肉身。

因此，奥提哲說：「基督徒所宣稱的神，是在基督裡全然否定或犧牲自己的那一位神。」

在奥提哲看來，神的這種自我犧牲乃是爲了受造物而行的恩典。神藉著徹頭徹尾地參與受造物的存在，而確證了祂的存在；如果硬要堅持祂在超越中的獨立存在，則會摧毀人類的自由和責任。奥提哲將神這種極端的臨在性，導入一個重要而且必要的結論：凡認定神死的人，就能夠克服任何對生命「否定」的形式；並且能「肯定」這個世界，和在其中的生活。

三、結語

綜上所述，奥提哲的上帝觀，主張神已完全臨在人類中間的神學思想。可想而知，神學界各派批評者都異口同聲，指責奥提哲關於神在人類中間絕對臨在的說法。有些人說這完全是異教說法，也有人當他是頭腦不清的天才所說的瘋言瘋語；其中最有建設性的批判，是由社會學家布格(peter Berger)和季爾基(Langdon Gilkey)在一九六九年所作的回應。布格在《天使流言》(A Rumor of Angels)一書中，探究一般人類經驗裡的「超越性記號」。他認爲，現代社會具有重新探索超自然的資源。

季爾基是芝加哥大學的知名神學家。他在《探索旋風》(Naming the Whirlwind)中，提出了神的語言在世俗文化中更新的可能性。他批評神死神學家落入了自相矛盾中。他寫道：「少了神的語言，這種神學無法始終一貫地圍繞著耶穌是主的範疇。」如此一來，它等於放棄了與基督教傳統間唯一的聯繫，也不再是它自稱的基督教神學。季爾基進一步指出，基督教無神論宣稱現代人類的經驗中已完全沒有神，這「既不是事實，也不是我們世俗生活實際情形的啓迪」。爲了證明這一點，它詳細而深入地探索了「終極的領域」，例如人類經驗中的自由和希望。布格和季爾基二人一同認爲，神死神學因爲忽視人類經驗對「至高處」超越者的渴望，以致從根本上就誤解了人類經驗。

來自各方的嚴厲批評，使得神死神學在一九六〇年代無疾而終。神死神學因爲主張神絕對的臨在性，又一筆抹殺了祂的超越性，而被人批評爲過於極端；但是它最重要的貢獻在於挑戰二十世紀末的神學家們，去重新發掘和建立神的超越性，並以有效的方式，向日益屬世的心靈陳述。本世紀後半期的神學運動，絕大多數都或多或少可以看作是對這種挑戰的回應。（葛倫斯《廿世紀神學評論》頁一八九—一九一）

第十七節　潘寧博的上帝觀

一、傳略

潘寧博(Wolfhart pannenberg 1928-?)，或譯爲「潘恩波」，於一九二八年出生於德國北部一隅，現在那裡已劃歸波蘭。他的神學觀點之基礎，在早年的生活中已經形成。這個過程中最大的關鍵，爲他進入信仰的路徑，這路徑同時引領他選擇以神學爲畢生追求的目標。帶動他往這個方向的，是一連串的經歷。第一個經歷發生在他十六歲左右。潘寧博在圖書館瀏覽，翻到一本無神論哲學家尼采的書。他以爲那是一本講音樂的書——那時音樂是他的最愛，所以就翻開來讀。尼采的書說服了年輕的潘寧博，令他認爲，這個世界一團糟的狀況，基督教要負很大的責任。同時，這些書也激起了他對哲學問題的興趣。

大約與此同時，出現了潘寧博所稱，他一生中「最重要的一個經歷」。一個冬天的下午，夕陽西下時，他穿過樹林走路回家，突然看見遠方有一道亮光。他被那光吸引，走到那裏，發覺自己被如海之光淹沒——甚至被舉起。這位神學家認爲，這次的經歷是耶穌基督向他宣稱要作他生命之主——雖然那時他還不是基督徒。在往後的年日中，潘寧博一直有強烈的蒙召感，都是因爲這經歷的緣故。

他第一次對基督教的正面感受，發生於高中的最後一年；他的文學老師是第三德國 (Third Reich) 時期認信教會的一位平信徒。潘寧博在這位老師身上看見，他過去以爲基督教會扭曲生命的觀點，完全與事實不符。當時他正爲生命眞義的問題所困惑，於是決定更進一步認識基督教信仰，且從研讀神學與哲學著手。在深入研究後，他的結論爲：基督教乃是最好的哲學。這個結論使潘寧博成爲基督徒，也開始朝神學家的路走。

在大光的經歷之後不久，因爲蘇聯入侵的危險，潘寧博全家搬遷。兩年之後，他開始在柏林讀大學。起初他對馬克斯主義很感興趣，但經過理性的細思，他便起而反對。他親身經歷了兩個極惡的人治社會——納粹德國與史達林東歐，這樣的背景使潘寧博作出結論，認爲沒有一種人間的政治體系，可以完全反映那完美的社會結構，就是有一日在神的恩典中將臨到的神的國度。

在柏林的時候，潘寧博迷上巴特的著作。他看出，巴特早期的書乃是要建立神的主權，並將一切都歸於聖經的神。但是當一九五〇年他到巴塞爾，親自列身巴特的門下之後，潘寧博逐漸感到不滿，不是針對其目標，而是他認爲，他的老師將自然知識與在基督裡的啓示劃分爲對立的二元論。對巴特這方面的反彈，使潘寧博的神學觀增加了一個重要的角度，就是要證明，神的啓示之工與世界並非全然矛盾，而是創造之工的成全。潘寧博嘗試在一切世俗經驗中，找出其宗教意義，聲稱在救贖與創造中存有連續性，這連續性他可以在歷史過程中發現。

一九五一年，潘寧博到海德堡，在幾位名師手下就讀，如彼得・卜仁納 (Peter Brunner) 、士林克 (Edmund

Schlink）、坎彭豪新 (Hans von Campenhausen)、馮拉德。在這間著名的德國大學作學生時，他對啓示之本質的思想逐漸形成。當時他不斷與幾位就讀不同科系的學生一同探討，這些人後來被稱爲潘寧博社。這群人的結論後來出版成《從歷史看啓示》(Revelation As History) 一書。

一九五五年，潘寧博完成學業。他曾任教於烏珀塔爾的路德會神學院（一九五八——一九六一），和緬因茲大學 (University of Mainz, 1961-1968)；一九六八年搬到慕尼黑大學，他最重要的學術成就，均在此完成。

二、學說

（一）理性神學的上帝觀

潘寧博的主張，其核心乃是路德的基本論題，即：從本質而言，信心不可能自我產生，必須出自在它以外的基督。由此觀之，潘寧博認定：信心必須倚靠歷史爲基礎。如果信心乃是要信靠神，而不是它自己，那麼，神在歷史中的啓示就必須成爲信靠的根基。他承認，在這世上讓信心落實的啓示爲何，尚有討論的餘地。但他堅稱，基督徒自認能認識神，這個宣告會面對哲學與歷史的挑戰，而能夠迎戰的，絕不是非理性的信仰抉擇，唯一的辦法乃是透過理性辯論。

因此，潘寧博的看法，如果信仰要站得住腳，就必須有真理在其中，這就是神學有其必要的原因。換言之，他的神學乃是要嘗試再度將基督教信仰的理性立足點站穩，藉此提供另一條出路，有別於大多數現代神學的主觀路線。

（二）希望神學的上帝觀

潘寧博對神學職責的基本概念，使他的神學以兩個互賴的焦點爲重心——理性與希望。理性一詞的重要性，前一段已經闡明——神學乃是一種理性的努力。希望一詞扼要地陳明，他的神學關注完全以末世爲重心。因爲他整個系統神學的焦點都集中在末世，我們可以將其視爲一種希望神學。潘寧博神學的基礎，乃是神國度的觀念，即三一神的榮耀將於神治理萬有時彰顯出來。

潘寧博並不像十九世紀的神學，認爲神的國爲一倫理的社會。他的觀點與廿世紀解經的發現吻合，即神的國出現於啓示文學運動和耶穌的教導中。聖經國度的信息純屬末世，因爲它宣稱，那時神終將統管萬有，而這個國度已經透過耶穌的出現，進入歷史之中。基督徒團體正邁向末世，對於神將成爲全世界的主，滿懷希望。惟有到那時候，三一神的榮耀與眞實狀況才會完全彰顯出來。

(三)神是宇宙萬有萬事倚賴決定者

潘寧博與古典傳統一樣，聲稱系統神學主要乃是研討神論。事實上，神乃是神學的唯一目標。雖然基督徒的教義不止於神學，還包括人論、教會論等等，但這些都只是此一主題的延伸而已。

論到神，最起始之點即「語意學上」對「神」的「最簡單」說法，也就是從能力的角度來看神。神是「一切有限實體所倚賴的能力」，或「決定萬事的能力」。不過，從這個基本前提裡，潘寧博引出一項意義深遠的主張：神的神性與神統管萬有之主權的彰顯有關。

(四)三一神之上帝觀

潘寧博神學的中心便是神論。他說明，基督徒神觀的中心，乃是「三一神」的教義。所以，三而一之神成爲潘寧博系統神學的中心，便不足爲奇了。

與中世紀以來的神學作風不同的是，潘寧博的系統神學從啓示的觀念立刻轉至三一教義的詮釋，然後才陳述神的一致性與屬性。他認爲，傳統的作法，是嘗試從一位神的觀念衍生出三一神的多重位格，這樣做只會帶來問題，因爲神始終是單一主體，而不是三個位格。

潘寧博的神論不採取舊法，而針對現代所關注的課題：「內在三一」(the immanent Trinity，神永恆的本質)與「外觀三一」(the economic Trinity，神在救恩歷史中的表現)之間的關係，提出了一套複雜的建議。他所拉上的關係，乃出自一個基本的理論，即所有系統神學都不過是要解釋，神在自我彰顯時包含了哪些深義在內？因此，他試圖將三一教義建立在啓示上，就是在實際的拯救上——建立在聖父、聖子、聖靈在啓示事件中如何顯現之上，就是耶穌的一生和祂的教訓所展示的。此後，他才進而討論神的一致性，就是從神的屬性中可以發覺的。潘寧博用這種方式，將神論的基礎立於神的拯救作爲，結果，對「內在三一」的了解，便溯源於對「外觀三一」的了解。潘寧博發展這個教義，與他的自我分化觀有密切關係。他辯解道，位格的本質，是將自己交付與配對的一方；因此，位格的觀念包括互相倚賴。他主張，三一神的每個位格都互相倚賴。

傳統神學講聖子、聖靈對聖父的順服，潘寧博認爲，這種詮釋具破壞性，而他用以上的方法提供了另一種解釋。他將這種互賴性帶入救恩歷史，並強調，神在世上的計劃於末世將實現，這將是神性合一的最明確啓示。那位無名的無限者，經由三一的三個位格在世上有目的之作爲，而得到了正名。

（五）聖靈爲場的上帝觀

潘寧博以聖靈爲「場」(field)，這是他的聖靈論重點所在。這個觀念與十九世紀科學界的「場」理論有關，但不盡相同。其實，這觀念的來源還可追溯得更遠——古代斯多噶學派曾發展出身體之靈(Pneuma)的道理。可是，教父時期的神學家拒絕這觀念，而喜歡將神視爲靈的心思(Spiritual mind)。

場所之靈的新想法，是潘寧博神論的中心。他贊成無神批判家費爾巴哈等人的觀點，拒絕聖靈只是神理性與意志（即：心思）之反映的古典看法。潘寧博認爲，神的本質較好的描述法爲「無法測度之場」——即：大能的靈；而表現出來的乃是三一神的第三位，聖靈。

神是受造物與歷史所存在的「場」。用潘寧博的話說：「神的靈在祂所造萬物中的同在，可以用創造力之場來形容，這個包羅萬象的能力之場，不斷釋放出連串的事件，使它們成爲有限的存在。」

神既是這一包羅萬象的場，所以一方面臨在世界中，一方面又超越它。祂的臨在是顯而易見的。所有受造物，所有事件，都靠其環境而來，這環境就是神的場，生命的源頭。臨在的聖靈就是給予受造物活力，使他們超越自己，參與神性到某種地步。但是，在生命的過程中，神不只是臨在的，也一直是超越的。神不單是有限之時間、空間銜接而成的鍊子；神的生命也不單是有限受造物生命的總合。

（六）「道」代表世界歷史的秩序

潘寧博重新引介古典神學的「洛格斯」(Logos，或譯「道」) 觀念，就是維持世界合一的原則。但是他在傳統的觀念之外，又加上一妙解。「道」代表世界歷史的秩序。因此，耶穌之為「道」，並不是宇宙中的抽象原則，而是因他成為人，作了以色列的彌賽亞，又使得萬物與創造主的關係恢復和諧。

潘寧博最根本的看法乃是：不要直接用先存之「道」與人性結合的詞彙，來說明耶穌與神的關係；要以間接的方式，透過耶穌生平中所逐漸披露的耶穌與聖父的關係，來說明。耶穌既然順服聖父以至於死，便是永遠的聖子，是「道」，因為祂謙卑地將自己與神區分出來，並願意事奉神，這種態度便是參與生命的途徑。

耶穌順服神所賦予祂的使命，以至於死，便完成了神的和好之工。祂代替我們的意思，是祂分嚐了我們的狀況（死亡），並帶來改變。潘寧博稱這個觀點作「涵括性的代贖觀」(inclusive substitution)。藉著信心，我們可以參與基督帶來的新生命。只要甘願順服神，我們便享受與祂的相交，並超越自身的有限與死亡，進入神永恆的生命。

三、結語

潘寧博所從事的研究，可說是自巴特以來最具雄心的嘗試，要建立一套完整的系統神學，以勾勒出基督教教義的全貌。他不僅將教會信仰的教導系統化，面對現代遠離原來宗教根源的社會運動，他也努力為基督徒的參與設計更堅強的哲學基礎。今天許多聲音主張，在現代的狀況下，要建立眞正的系統神學，簡直是痴人說夢；又有人想挪動神學使命的焦點，注重一些較次要的方向；但潘寧博卻不為所動。

因此之故，潘寧博的著作曾被批評者大加撻閥，甚至被譏為不切時宜。然而，若從神學歷史整體的角度來看，他的確可算為古典神學的現代傳人，將基督教所宣稱的眞理和對神的觀念，作了理性的闡釋。無論潘寧博的主張有什麼問題，他想要「建立」神學的努力，卻是無可厚非的。若要批評他的主張，著眼點應當在他的神學方法是否正確與恰當。

儘管我們對潘寧博有所保留，但對他的貢獻也必須褒揚。廿世紀主要支配德國神學的，是存在主義的思潮，強調存在主義式的超越；而美國神學界又興起強調臨在性的神學復古潮流；但潘寧博卻提出了另外一條路。他的建議非常特殊，在現代化、後啓蒙時期的環境中，再將焦點放在古典對終極眞理的追尋上。

潘寧博在希望神學之後，再度引入了神超越性的觀念，亦即未來超越現在的模式。可是他比莫特曼早期極端超越性的講法和其晚期極端臨在性的講法，都比較溫和。對潘寧博而言，神的超越性與現今並不強烈衝突，因爲它會將現今帶往完全之境，神透過聖靈而有的臨在性，也不會綁住他，只是讓祂的愛有機會增進宇宙寬闊的合一性。潘寧博比莫特曼更能將拯救與創造連接起來，由此讓人對這世界和它既超越又臨在之源頭間的關係，有更富創意的認識。（葛倫斯《廿世紀神學評論》頁二二二—二三八）

綜上所述，潘寧博的上帝觀，理性的神學乃是要嘗試再度將基督教信仰的理性立足點站穩；希望神學關注完全以末世爲重心；神是宇宙萬有萬事倚賴決定者，基督教神觀的中心乃是三一神的教義；聖靈爲「場」是聖靈論的重點所在，「道」代表世界歷史的秩序等神學思想。

關於啓示，潘氏聲稱神學必須超越巴特的模式，那就是「道成了人的肉身」。我們必須附加說明的是，「成了人的並歷史的肉身」；否則，神的自我啓示仍有被解消爲神話或諾斯底派的危險。在宇宙歷史的前後關係中，神學必須尋求歷史運動與神啓示眞道的整體聯合性屬黑格爾的異象。唯有當神學強調吸引一切歷史歸向神的末世論目標時，這才能採取適當的神學形態，潘氏稱此爲「未來的本體論上的優先。或論到基督上，基督代表要來之神的最後彰顯。」

潘恩波相信，基督論乃是藉耶穌信息與命運的歷史戲劇的最佳途徑。他說這是「由下」而來的基督論，從歷史的人耶穌而升至祂神性的被承認（《神而人的耶穌》）。潘氏堅持在使徒宣佈背後回歸到歷史的耶穌，不但是可能而且是必須的。自從柯樂爾 (Martin Kahler，1835-1912) 以來，他反駁成爲標準的習慣，即經由教會復活節後的宣佈而接近的基督論。他也反對現代的觀念，即耶穌所教訓的啓示的範型乃是尷尬的。耶穌藉著祂的教訓、死與復活，預期了歷史的終結與來生。在祂復活前的聲稱，即祂與父原爲一，當父叫祂從死裡復活時，得到完全的確證。潘恩波說，藉著祂所承繼的「追溯力」，祂的復活叫祂有資格稱爲神的兒子與彌賽亞。

潘恩波的神學方法說明了遠離巴特與布特曼傳統的一盛一衰。潘氏說到知識的「歷史性」。信心與知識乃紮根在自己的歷史中。他解釋聖經的歷史爲「應許與成就之間的休止事件」。然而，他在舊約中沒有看見事件與解釋，或稱歷史的事實與其意義之間有什麼催逼力，潘恩波說在聖經中有一根本的解釋原則，藉此以色列的傳統在新經驗與新期待的亮光中不斷在修改。因此，對潘恩波來說，解經學與批判史實爲一科學。他所要求的就是，當評估聖經眞理時，批判史必須公平地使用歷史分析的語言，藉著定義神進入歷史中。

用護教學的口氣來說，潘恩波認爲根本沒有信仰上主觀的護禦。神學必須在批判的理性前作客觀的辯護。事實上，如果能從教父禦護信仰的著述上獲得適當教訓，那末現代神學便可以更勇敢地面對十八世紀啓蒙思潮後理智派無神主義的狂瀾。例如，由於未能禦護神的存在，乃爲一切眞理以及一切人類尊嚴與自由的必要前題，所以，十九世紀的神學，乾脆就放棄了有關神的整個觀念；神學就變成了人學，而眞理的觀念也只不過是人所造出來的東西。清楚見出，在潘恩波的思想中有頗值注意的發展，有一新護教方針的可能性。（趙中輝《英漢神學名詞辭典》頁五一一）

第十八節　畢樓奇的上帝觀

一、傳略

畢樓奇 (Bloesch, Donald G. 1928-?)，北美福音派神學之佼佼者，特別以探討聖經的權威性聞名於世。

二、學說

（一）基督爲聖經中心的上帝觀

畢樓奇〈論基督論進路的釋經法〉，他在此文中提出一連串不同的釋經方法，並指出他對每一種方法的擔憂之處。本文爲所有他提出來的方法作一個總結，連同按照福音派角度所作的評論。在本文末再版的後半部中，畢樓奇提出他自己的方法，是強烈的以基督爲中心的解經法，足以消除他所指出的一些困難。

我持守宗教改革和新教的正統神學，相信我們應當從探知經文的字面意義爲開始，就是探討作者的心中在想什麼，而惟有藉著上文下理爲背景來研究這段經文，才能作到這一點。接著便應當探討其基督論方面的重要性：即此段經文與耶穌基督的十字架信息有何關係。

與自由主義不同，我相信經文不但應當按其直接的歷史背景來看，同時也應當按其在永恆中的背景來研究。我們不但要明白作者的動機，還需要更進一步，研究其神學的關係。此外，信仰與行爲的最終規範，不僅止於對耶穌的信心（艾伯靈所持守），也非僅止於人所相信的基督（布特曼及田立克所持守），應當是聖經歷史中的耶穌基督。

根據這個立場，神僅僅在歷史中的一個特定時空中完整和確實地啓示了祂自己，亦即藉著耶穌基督的生平。這事件或一連串事件的主要見證，便是聖經。舊約期待這個啓示，新約則記載並宣告這個啓示……。

我所提議的基督論釋經法是與路德及加爾文的洞見一致的。兩位改革家都認爲基督是聖經的基礎及中心點，兩位都試圖將舊約以及新約經文與基督其人其事相關連。他們的立場基本上受到巴特及維欽耳的肯定，亦即相信舊約隱藏基督，新約則彰顯基督。

路德比喻基督爲聖經的「星星及核心」，是「圓圈的中央部位」，基督爲中心，其他的每一樣東西都圍繞在旁。有一次他將某些經文比喻爲「堅硬的堅果」，不易被破開，同時承認他必須將這些經文投向岩石（基督），希望能夠得到它們內裡的「美味精髓」。（麥葛福《基督教神學原典菁華》頁一一〇—一一一）

三、結語

綜上所述，畢樓奇的上帝觀，論基督論進路的釋經法，以基督爲聖經中心的解經法之神學思想。

第十九節　龔漢斯的上帝觀

一、傳略

龔漢斯(Hans Kung 1928-?)，或譯爲「龔漢思」，於一九二八年三月十九，出生在瑞士一個信奉天主教的小鎮。他父親開鞋店，並經營一間小旅館。他有一個弟弟，五個妹妹，成長的環境很安定、平和又敬虔，享受一般瑞士中產家庭的生活。二十歲時，他到羅馬去開始修習作神父的課程，這是他在高中畢業前就默默作的人生抉擇。在羅馬，他進入頗負盛名的貴格利大學(Gregorian University)，接受傳統的神學教育。

起初，龔漢斯非常支持傳統對教會生活、神學與社會威權式的作風，這乃是教皇比約十二世(pius XII)的態度，他定意要除去天主教內現代主義或自由主義的復甦。一九五〇年，他還在羅馬讀書時，教皇頒佈了一則通諭(名爲Humani generis)，將神學中某種所謂具人文主義趨勢的思想定罪。教皇的行動在天主教神學中激起一連串對新思想的鎮壓，直到一九六〇年代初期梵諦崗第二的召開。幾位法國著名的神學家〔包括德日進和盧貝卡(Henri de Lubac)〕都被禁言，或不准繼續執教；「工人神父」的運動遭壓制；道明修會的自由思想家和所謂異議者，都遭驅逐。

一九五〇年代，龔漢斯愈來愈覺得，對用意良好，想將天主教思想與生活和現代社會配合的人，施加如此大的壓力，並不妥當。一開始，他把這種感覺放在心裡，又藉與非天主教思想家作理性的爭辯，來擴大自己的視野；他切磋的對象爲無神論存在主義者沙特，與基督教的巴特。後來他承認，這兩位人物成了他自己哲學與神學思想的解放者。

一九五四年十月，龔漢斯被按立爲神父，並首次在羅馬的聖彼得大教堂主領彌撒。不久，他搬到巴黎寫神學博士論文。在那裡，他受到幾位天主教溫和派神學家的影響，包括教父級學者剛加爾(Yves Congar)和巴爾塔薩，後者亦爲瑞士人，他鼓勵龔漢斯研究巴特。他在巴黎治學期間，爲他天主教神學家的生活設定了基本路線，特色爲向全基督教界持敞開心態、保守正統但持前進、批評態度，並與俗世的科學、哲學和世界宗教積極對話。

二、學說

（一）神道成肉身是以神的歷史性爲主題

按龔漢斯的評估，當代基督徒思想的一個主要任務，便是去了解神的歷史性。其實《神道成肉身》一書，就是以神的歷史性爲主題。他主張，神的道成肉身，意指解釋神的屬性，必須從神與耶穌在誕生、生活、受苦、受死、復活合而爲一的亮光中來看。龔漢斯說明：「人的得救，端賴神不置身於歷史之外的事實，是神自己在這個人身上扮演一角，而不只是人來做這件事。」因此，傳統所肯定神的不變性、無痛感性（龔漢斯認爲，主要是基於希臘的形上學，而不是基於聖經），必須重新思考，按神在耶穌裡的亮光來修正。這位神是能夠進入歷史，使歷史爲祂而寫的神。祂是活潑、有力、歷史的神，祂進入歷史，不是由於必要，乃是因爲祂在恩典與大愛中選擇這樣做。

神參與在歷史中，並不顯示祂有所欠缺，或是一種自我發展，似乎神必須變成某樣東西以實現自我。在這點上，龔漢斯力斥黑格爾和懷海德的看法。若說神必須變成另一個東西，這種說法乃是「對人類的不幸、黯淡無光的模仿」。但，他補充道，神的確曾變成爲人，如此一來，神就有了「基本的歷史性」，從祂內在活力的生命中湧流出來。

在討論基本的歷史性時，龔漢斯避免去碰神成爲人時本身有否改變的問題。但是從字裏行間，我們可以推演出龔漢斯對這個關鍵問題的態度。一方面，他否定神的可變性是基於有改變的必要。他也不主張神會作無理性，或反覆無常的改變。另一方面，他亦拒絕神一成不變的看法，亦即祂對歷史上的痛苦、世上的苦難會無動於衷；從耶穌的生與死來看，更不致如此。

在這裡，龔漢斯的思想乃是辯證（正反）式的，在兩個錯誤的極端之間移動。他宣稱，神可能改變，也曾經改變，與祂的本性並無二致，就是與在基督裡有限、暫時與受苦認同。但這種改變不是否定或縮減祂的神性，反倒是神性最高的彰顯。

至於神內部的情形究竟爲何，以致能產生這種歷史性？在探究這奧祕時，龔漢斯揣測的成分較大。他主張，黑格爾第二方面的貢獻，就是神內部是辯證式的。神可以改變，因爲祂在自身的無限內，總是已經涵括了有限與不完全。這是黑格爾神論的版本，他視神爲「眞正的無限」，意即不是與有限並行，而是將其涵括在內，用龔漢斯的話說：「因此基督教這位又眞又活的神，不是排除祂的對立者，乃是將其涵括在祂裡面。」他注意到，希臘的形上學不可能想像這樣一位神，而傳統的基督教神論大部分是根據希臘的形上學。對龔漢斯而言，這種無限與有限在神永恆本體內的正反合，乃是神能在基督裡自我降卑的基礎。他在《神道成肉身》一書的理論，可以用一段描述神這種動態、辯證本性的揣測看法，來作綜論：

> 神不受強逼，但祂能夠做祂在世上所做的事，行這些事的能力根植在祂的本性內。這位眞活神的本性，乃是能夠自我降卑的本性，雖然沒有什麼可以勉強祂這樣做，但這本性卻意味，祂有能力在恩典中將自我貶抑。

根據所謂「黑格爾的貢獻」，而提出的這兩則有關神的理論，成了龔漢斯修正神的超越性與臨在性之基礎。在著作中，他再三強調，現代或後現代的神觀，一定不能將神與世界分開：沒有世界的神，和沒有神的世界，都不存在！我們必須視神存在於世上，且向世界與歷史啓示自己，卻沒有融化於其中。神藉放棄自我的愛，來擁抱世界，使自己能深印在歷史中，而使歷史也成爲祂的一部分。這是可能的，因爲神已將有限涵括在祂自己裡面。

但這樣一來，豈不又回到了黑格爾的萬有在神論？龔漢斯能否實質上避免如此，而不只是一味的否認？爲什麼他不用三一神論來解釋神如何能同時在時間與歷史裡，而沒有失去自我，就像莫特曼、翁高等其他當代神學家所做的？分析到最後，龔漢斯的神論太接近萬有在神論；他惟一避免該論點之缺失的方法，是聲稱，爲要確保神的自由與恩典，該論點是站不住腳的。

龔漢斯所贊賞黑格爾第三方面的貢獻，是他對神受苦的強調。因爲神在自己裡面包含了祂的相對面，所以祂可以受苦而不至於全然悽慘。在此，龔漢斯又在兩項相反的錯誤中，藉辯證法來前進：一爲神沒有痛楚說 (apathetic)，一爲神全然悽慘說 (pathetic)。前一個極端是早期基督教受希臘形上學影響而犯的錯誤；第二個極端則是進程神學與其他現代形上學對神看法的錯誤；其依據則爲現代範疇改變觀的終極推論。龔漢斯主張，道成肉身的神，是自由選擇受苦，出於恩典，而不是出於需要或缺乏。

當代神學幾乎都相信神的受苦。神學只經過一代，就把神無感覺的傳統教義完全推翻了，而現在若要再提出這類主張，幾乎形同異端。然而，我們還是要問，龔漢斯對神受苦之基礎的講法，是否比進程神學的看法更好。龔漢斯認爲，神受苦的依據，是祂自由選擇去認同基督的苦難。然而這也是依據神內在的辯證性，亦即神總是將相對面的張力包含在祂自己裡面。祂是將有限包含在內的無限，將不完全包含在內的完全，將死包含在內的生。這樣一位神似乎與歷史和苦難密不可分。對這樣一位神而言，參與歷史，認同其痛苦與災難，似乎是既定的，而不單只是恩典。

龔漢斯指責黑格爾，在其哲學體系中將神與世界出於恩典的關係「脫落」了。但他也主張，基督教的神是「在今世也在來世，在世界之上也在世界之中，在未來也在現在。神是以世界爲定向的：沒有世界就沒有神。而世界完全是爲神訂製的：沒有神就沒有世界。」這段話的頭一部分，反映出龔漢斯要平衡神的超越性與臨在性。但第二部分卻讓人質疑，他有否落入黑格爾的錯誤，將神與世界綁得太緊，以致雙方都有損傷。

若指責龔漢斯只強調神的臨在性，就不對了。他不厭其煩地一再聲明神對世界有超越的自由。他非常清楚，當代神學強調臨在性的取向，已經在神學的各個層面造成嚴重的危機。然而，因他十分接納黑格爾本體論的某些說法，如：無限與有限辯證式的合一，以致他被不智地逼到一個陷阱旁，把神與世界鍊在一起，而貶抑了神與世界在恩典中的關係。

(二)歷史之耶穌的個性

在《做基督徒》一書中，龔漢斯花了幾百頁來探索歷史之耶穌的個性。耶穌不是「敬虔的律法主義者」，也不是「革命者」。在龔漢斯的筆下，他乃是一位完全關注神所關懷之事的人——亦即，全然以他人的福祉爲念；他是位與神有獨特經歷的人——神是他的「阿爸」；他是位毫無保留委身於神國度的人。最後，他被神從死裡復活，並「高舉」在榮耀中。(然而，龔漢斯明說，這些都是比方的說法，讓我們可略爲揣摩耶穌基督在死後所變成的樣式。）顯然，這位天主教神學家認爲，耶穌是位獨特的人物。因爲他的爲人、行事，以及受死之苦，「拿撒勒人耶穌，這位眞實的人，在信心裡成爲獨一之神的眞正啓示」。他是神的「代表、特使、代理者」，及「父神的活指標」。

龔漢斯的批判者所要找的，乃是對耶穌之神性的積極言論，對神以本體道成肉身在耶穌裡的肯定，或承認耶穌可以被稱爲神的說法。但他們找不到這些。在對耶穌先存性的討論中（這是最適合肯定他神性的地方），龔漢斯的解釋是，這教義只是指，終極而言耶穌的源頭是神。這句話可以適用於任何人、任何事！龔漢斯似乎是主張一種「理念先存」的理論，亦即耶穌先存於神的心思與意志中，但並不是三一神永恆的第二位。有一小段裡，龔漢斯提供了他對「古代迦克墩會議的『眞神與眞人』一辭的現代正解」。他仍是說，耶穌爲「神的宣導者與代理者、代表與委派者」，是「人類永遠可靠的終極標準」。他寫這些，是爲要「反對將耶穌神聖化」。

批判龔漢斯的人，當然會指責他是持認養論，並貶抑基督論。一點也不錯，因爲他的基督論似乎是純粹從「功用」的角度來談道成肉身——神在一個人身上工作、行事。這似乎又是一位當代的神學家想藉大聲誇耀人性來談論神。耶穌難道只是因爲作了神在人當中的代表，便算是神道成肉身？是否作了人的模範就等於神成爲肉身？如果我們否認耶穌在本體上眞正是神，是否能防止將他列爲偉大先知之一的錯誤？

因著這類問題，德國的天主教及其他人便站出來反對龔漢斯。

三、結語

綜上所述，龔漢斯的上帝觀，神道成肉身是以神的歷史性爲主題，歷史之耶穌的個性，是關注神所關懷之事的人之神學思想。

龔漢斯最大的強勢，是與現代和後現代科學、哲學作創意的對話。透過這些對話，他讓人折服，承認不信的理由並不比信的理由更強，而且抓住神並不意味著要犧牲作爲啓蒙之現代人的資格。

若說護教學是龔漢斯的優點，神學方法與教義的解釋便是他的缺點。基督徒的信仰——他花了這麼大力氣爲其理性辯護的信仰——究竟有何價值？他是否又任憑這信仰被現代或後現代的世界觀所擄去？如前所述，甚至最同情龔漢斯的批判者，都覺得他的神學方法有模糊不清之嫌。

他對神學標準的看法，最可顯出這種模糊不清。龔漢斯主張，聖經高過所有教會傳統，包括古代與現代的傳統在內；聖經是基督教神學判斷一切標準的最高標準。然而他對聖經本身的評估卻為：它純粹是本歷史書，且可能有錯誤；所以它必須接受歷史批判解經的嚴格判斷。在引進歷史批判式的解經之後，龔漢斯將神學最高標準轉變為聖經中的福音——耶穌基督。但這個標準必須從聖經中取出，再透過歷史批判法應用於聖經與傳統中。龔漢斯最後真正的標準究竟是什麼？是聖經，是聖經中的「福音」，還是歷史批判法？

拉谷娜(Catherine La Cugna)的研判相當正確，她觀察到，龔漢斯的神學方法（他明言的用意）與他真正用的方法（他實際採用的方式），其實有所區別。在深入探究前者之後，她的結論為：「正式來說……在龔漢斯的理論神學方法中，似乎在信仰與歷史之間，有一種明顯的（或造成困難的）張力存在；歷史的這部分成為信仰那部分的條件，卻又不能限定信仰。」換言之，如果歷史批判的理由與聖經對耶穌基督清楚的教導發生衝突時，龔漢斯無法下定決心，以哪一方作為神學眞理的最高標準。至少在聖經對福音的教導方面，他從來沒有明確地說，歷史批判法是比信仰更高的準則。（葛倫斯《廿世紀神學評論》頁三〇三—三二三）

龔漢思為瑞士羅馬天主教神學家，曾於一九六〇年以來執教於杜賓根大學。龔氏的神學作品特別強調三方面：護教學、教會聯合運動，與天主教內的改革。他認為出身為一神學家的主要神務，就是利用現代神學的一切來源，向現今世界提供基督教福音為可靠的與適切的信息；尤其是在他的著作《作一基督徒》(On Being a Christian)中，他稱之為「基督教信仰的小綱領」，但在其神學的重點上，卻企圖達到廣大的讀者群，龔氏在此書中詳解以歷史的耶穌為中心之基督教的特性，並與現代嚴肅的理性，以及現代人的熱望與成就相合無間。耶穌被提供出來作為一位眞人，使世人眞能過一個屬人的生活。龔氏的護教作品再進一步就是在探討神之實有與死後的生命問題。

他對教會改革性的批評，是根據歷史耶穌的正常優先性，與新約福音高於一切後來的傳統，以及向批評的合理性與現代世界的寬大態度敞開的必要性之兩大原則。這些原則描述了近來天主教神學的進步性。但龔氏激進的辯證與挑撥式的應用這些原則，使他保守派的眼中被認爲是抗羅宗人士。批判他神學的人多集中在他的基督論上，因在他所著的《作一基督徒》一書中，他以純功能性的說法來解釋道成肉身教義的本體基督論，並且公然拒絕教會（不只教皇）無謬的教理。在後者的個案中，他有意地反對梵諦岡第一次與第二次會議的教訓，並且要求坦白承認教會在過去的教義陳述上有錯誤，與傳統的天主教神學的原則與方法不符。由於教會爲了在一九七九年調查他的作品的延長，而導致梵諦岡撤銷了他爲天主教神學家的教授權。（趙中輝《英漢神學名詞辭典》頁三八二——三八三）

第二十節　顧萊特的上帝觀

一、傳略

顧萊特 (Gutierrez, Gustavo 1928-? A.D)，拉丁美洲解放神學者中之佼佼者。

二、學說

(一)批判性省思的上帝觀

顧萊特〈神學是批判性的省思〉：拉丁美洲解放思想的特色之一，是重實踐過於理論。這可溯源於馬克斯對理論和實踐的區分，特別是解放神學家強調實際的社會參與及政治委身，並藉此批判西方神學爲漠不關心、抽離的學術工夫。

神學必須對人類及人類的基本原則作出批判性的省思。惟有如此，神學才會成爲一門嚴肅的講論，有自知之明，並完全掌握到其中的觀念要素。神學是批判性的省思，並非只是指知識論方面，乃同時包含基督徒群體對經濟、社會、文化等方面有清楚及批判性的態度，否則便是自欺欺人。最重要的是，我們希望神學一詞乃表達一個落實參與的理論。神學省思必須對社會及教會提出批判（因教會乃是被呼召出來的一群，並獲神賜下祂的話語給他們）。神學省思必須是一個批判性的理論，按照神的話語（憑信心領受，啓發自某種實用的目的）的光照，與歷史中的實踐緊密連結，不可分割。

教會傳揚福音信息，藉著聖禮，藉著信徒的善行，在人類的歷史中宣告並保存了神國度的恩賜。基督教群體的信仰藉著善行表達出來。這是（或起碼應當是）藉眞正的善行、行動、委身服務他人。神學是一種省思，一種批判性的態度。神學乃隨之而來的，是經過批判性省思之後的第二步。黑格爾對哲學的名言可以用於神學上：它在日落之時才升起。神學並非教會牧養工作的前提，神學並不產生牧養工作，而是對牧養工作的省思。神學必須能夠在牧養工作之中看到聖靈的臨在，感動基督徒群體採取行動。要明白信仰，最好的場所(Locus theologicus)便是教會的生活、宣講，以及對歷史的承擔。（麥葛福《基督教神學原典菁華》頁五一）

三、結語

綜上所述，顧萊特的上帝觀，神學是批判性的省思，爲拉丁美洲解放神學家的思想特色之一，是重實踐過於理論的神學思想。

第二一節　齊洛拉斯的上帝觀

一、傳略

齊洛拉斯 (Zizoulas, John D. 1931-? A.D)，當代希臘正統主義 (Greek Orthodoxy) 的代表性人物。

二、學說

（一）論地方教會及普世教會

齊洛拉斯是當代首屈一指的東正教神學家，他在此文中指出「大公性」(eatholicity) 的意義，探討其與地方教會之關係。在討論的過程中，他指出一些特徵，若是有地方教會的會衆具此特徵，便可以說是整體大公教會之一部分。

教會的「大公性」不能被其地方性 (Locality) 所取代，「大公性」是地方教會不可缺少的一個層面，也是衡量任何地方性的會衆是否教會的最終標準。然而，普世性與地方性到底是十分不同的觀念，形成強烈的對比。普世性的觀念如何影響我們對地方教會的理解？

按照聖餐的性質而言，是超越地區性的環境的，也同時是超越地域觀念所固有的區分，亦即將世界區分成地區性的地方。一個聖餐若只限於某一地區性，而沒有超越的話，那便是虛僞的聖餐。同樣，若任何人故意高舉聖餐的地方性，有意地與世界上其他的地方性團體隔離，那也不是眞正的聖餐。由此可見，一個地方性的教會，爲免只強調地方性，同時也強調其爲教會，就必須與世界上其他的地方性教會密切契合。

一間地方性教會若想要與其他的地方性教會密切契合，必須有下列因素：

（a）每一間地方性教會都應當主動關切所有其他地方性教會的問題及憂慮，並且爲之代禱。若有一間地方教會對世界上其他地方教會的情況漠不關心，它顯然不是一間眞的教會。

（b）一間地方教會與其地方教會之間，應當有共同的異象，對福音的理解以及對教會的末世本質亦有共識。這顯然需要每一間地方性教會都對所有地方性教會的眞實信仰常常保持一個警覺性。

（c）應當提供某些架構，以幫助這種契合的實現。

總而言之，所有教會架構的目的都是要促進地方教會之間的相交（例如區會、各種形式的會議等等），它們對教會十分重要，也應當按照教會論的角度來評估。但他們不能夠視爲教會的一種形式，其潛在的危險性已如上述。（麥葛福《基督教神學原典菁華》頁三五四—三五六）

三、結語

綜上所述，齊洛拉斯的上帝觀，論地方教會及普世教會，指出「大公性」的教義與地方教會的關係之神學思想。

第二二節　翁高的上帝觀

一、傳略

翁高 (Jungel, Eberhard 1934-? A.D)，德國近代復原派神學界重要的領袖，現任杜平根大學 (University of Tubingen）系統神學教授，至今最重要的著作是《神是世界的奧祕》(God as the Mystery of the World)，用基督徒獨特的角度去描述神，以回應笛卡兒派人士的批評。

二、學說

（一）論被釘在十字架上的神

翁高〈論被釘在十字架上的神〉：德國神學家翁高被公認爲現代闡述「十字架神學」最具代表性的人物之一。「十字架神學」聲稱基督徒對神的認識必須以基督的十字架爲基礎，同時是依照十字架而成形。翁高認爲啓蒙時代的神學深受笛卡兒的假設所影響，若想要由笛卡兒的架構底下出來，便必須回到十字架神學。此摘要強調需要宣告神是像什麼，並稱基督的十字架爲這個宣告過程的場所及焦點。請留意，「我們必定已經向我們自己解釋『神』一字應當被視爲什麼意義。」(we must have said to us what the word 'God' should be thought to mean)，此句按原來的德文應譯爲「我們需要被告知『神』一字應當被理解爲什麼意義」。

基督教神學認爲神本身，爲了耶穌的緣故，已經說話了，故將「神」一字賦予宣布神自己的功能，其基礎爲神的話語。基督教的傳統語言 (die christliche sprachuberlieferung)堅持，「我們必定已經向我們自己解釋『神』一字應當視爲什麼意義」。大前題是，最終只有這位已經說話的神，可以告訴我們應當如何理解「神」這個字。神學中的啓示便涵蓋了這整個主題。

我們已經明白神是說話的那一位，祂用來表達祂自己的宣告，是與對耶穌的信心不可或分的。希伯來書與羅馬書一2一樣，將舊約中有關神的講話（此爲神藉衆先知所說的話）與耶穌相提並論。這顯示那位已經說話的神是什麼樣的，已完全在耶穌的位格中啓示出來。根據新約的觀點，這位格的人性與「神」一字的意義息息相關，不但是祂的生命，更加是祂的死亡。因此，當我們企圖視神爲藉耶穌的位格溝通及表達祂自己的時候，我們必須記得，事實上，此人已被釘死在十字架上，乃因爲神的律法之名而被殺害。「神」一字，按正確的基督徒用法而言，乃指被釘死在十字架上的那一位，這事實上便是「神」一字的定義。因此，基督教基本而言，實是「被釘死在十字架上那

一位的神學」(Theologie der Gekreuzigten)。(麥葛福《基督教神學原典菁華》頁一六三—一六四)

三、結語

綜上所述，翁高的上帝觀，論被釘在十字架上的神，十字架神學，聲稱基督徒對神的認識，必須以基督的十字架爲基礎之神學思想。

第二三節　波夫的上帝觀

一、傳略

波夫(Boff, Leonardo 1938-?)，巴西的羅馬天主教神學家，主要以對拉丁美洲解放神學(Latin American Liberation theology)的貢獻聞名於世，他強調三位一體爲社會應有的模式。他的觀點最終導致他與羅馬天主教建制的疏離。

二、學說

(一)三位一體的上帝觀

波夫〈論三位一體是窮人的福音〉。巴西神學家波夫是最著名的拉丁美洲解放神學家之一，他在本文中展開了三位一體爲社會生活典範的先河，指出聖父、聖子及聖靈相互的關係是基督徒社會理論及實踐的基礎。

三位一體如何才能夠被稱爲人民的「福音」、好消息，特別是對窮人及被欺壓的人而言？對許多基督徒而言，三位一體只不過是一個邏輯上的奧祕：獨一的神怎可能存在於三個位格之中？三個位格如何能夠形成一神？任何基督徒第一次接觸到有關三位一體的辯論時，都可能產生如下的印象：基督徒的信仰以理性的形式在希臘文化的世界中發展，基督徒必須將他們對神的讚美轉化成適用於那個世界的神學，如此才能證明他們信仰的眞實。因此他們使用當時批評性思考的表達方式，例如實體、實質(Substance)、位格(person)、關係(relation)、互滲互存(perichoresis)、由出(procession)。這曾是最艱難的一條路。這個奧祕使人類所有的分類學都不夠用，需要新的方法。儘管如此，因爲聖經的啓示與優勢文化的相遇，使此現象至今仍留下痕跡。我們絕不應當忘記，新約從未使用諸如「三位」(trinity of persons) 或「一體」(unity of nature) 等用語。神的啓示指出神爲聖父、聖子、聖靈，但說神是「三個位格，一個本質」的，卻是神學，是人類在理性的限制下企圖表達神的啓示的努力。

當基督徒讀到教權的宣告時，也是如此。教權的宣告是簡潔有力、合乎邏輯的聲明，旨在抑制神學家豐富的推理。由佛羅倫斯會議 (the Council of Florence, 1939-1945) 至今，教義的發展幾乎已經停滯不前，只有少數明顯的例外，神學著作一般僅限於對已經產生的系統加上名詞定義，查究其歷史性的細節。三位一體的「邏輯奧祕」使得有些基督徒深深著迷，很難使他們明白，三位一體中的數字「三」(Trias 及 Trinitas，此爲安提阿主教提阿非羅和特土良於第二世紀末發明的用詞）並不是指能夠數算的數目，與加減等算數程序毫無關係。聖經從來不會在神之中計數，聖經只有一個神的數目，就是「一」：一神、一主、一靈。「一」並非是指數目，「一」也不是指一連串數目中的第一個；實際上是與數目字對立，只不過是表示「惟一的」。聖父是「惟一的」，正如聖子、聖靈都如是。這些的「惟一」，不能夠相加。前面已經嘗試解釋，這些「惟一」之間有永恆的溝通，形成生命及愛（神的本性）的能力，亦即神的獨一性。然而由於聖經向我們啓示，聖父、聖子、聖靈之間互有相交及關係，可見這些神的名稱是有次序的。每一位與其他的兩位都是共同永在的，沒有一位是先於其他位格而存在的。然而我們必須認定聖父「生」聖子，在邏輯上是「先於」被生的聖子。同理，聖父藉著聖子呼出聖靈，因此在邏輯上是「先於」被呼出的聖靈。如此便可以解釋神這些名稱的次序，論到三個「位格」的傳統也由此衍生。但連綿不斷的辯論可以顯示，神學從來沒有滿意於「三位格」的措辭。

我們必須超越視三位一體爲邏輯上的奧祕的層面，而視之爲救贖上的奧祕。三位一體與我們每一個人的生活都有關係，我們日常生活的經歷、我們掙扎忠於良心、我們的愛及喜樂、我們承擔世界的苦難及人類存在的悲劇，都與三位一體有關。三位一體也關乎我們與社會上不公義的現象抗爭，努力建立一個更有人性的社會，甚至不惜接受隨之而來的代價：犧牲及殉道。若我們不將三位一體納入個人及社會的經歷中，則我們無法彰顯救贖的奧祕，無法傳揚福音。若受欺壓的信徒開始領會到他們掙扎求生、求自由，與聖父、聖子、聖靈追求榮耀、永生的國度的掙扎是一樣的，那時他們會更受到激勵，努力繼續掙扎及抵抗，他們努力的意義可以突破歷史架構的限制，在永恆當中留下記錄，深印在絕對的奧祕者本身的心中。我們並非孤獨生活，與他人斷絕聯繫。相反的，神呼召我們共同生活，進入與三位一體的相交。社會最終不會是不公義、不平等的，反而應當由三位一體彼此相交的公開及平等的關係中，學習改變，使之成爲社會及歷史進程的目標。若三位一體是好消息，那麼，對受欺壓的、孤獨的人而言，更是好消息。（麥葛福《基督教神學原典菁華》頁一五八——一五九）

三、結語

綜上所述，波夫的上帝觀，論三位一體是窮人的福音，指出聖父聖子及聖靈相互的關係，是基督徒社會理論及實踐的基礎之神學思想。

第二四節　韓米頓的上帝觀

一、傳略

韓米頓 (William Hamilton)，一九六〇年代時，韓米頓在浸信會考門神學院 (Colgate Rochester Divinity School) 教授教會歷史。他曾在協和神學院受教於尼布爾和田立克的門下，並在蘇格蘭知名神學家端納・貝利 (Donald M. Baillie) 指導下獲得博士學位。韓米頓也深受尼采 (Friedrich Nietzsche)、卡繆 (Albert Camus) 和田立克思想的影響；他的早期著作中有一部名爲《基督教新精義》(The New Essence of Christianity, 1961)，他在其中已開始提到神死的觀念。基本上，這本書反對神的護理掌管歷史的說法，並且呼籲基督徒在沒有神的文化中要站立得住，不要坐等神的再現。韓米頓認爲，基督教眞正的精神在於：雖沒有神的同在，但在耶穌所在之處，仍能活出積極的、入世的生活，也就是與鄰舍同在，分享他們的奮鬥和艱辛。

整個六十年代，韓米頓所談、所寫始終環繞著神死的問題，日益極端且有意地傾向於無神論。一九六六年，他與奧提哲合著《激進神學與上帝之死》(Radical Theology and the Death of God)；後者稱他爲「美國神死運動中最善言的領袖」。這本書出現時正是此一運動的最高潮，此後它逐漸不再為衆人所注意，也就失去了影響力。

韓米頓失去了考門神學院的教職，回到世俗的學術領域，專注於研究英美文學中與神死有關的主題。一九七四年，他將自己的研究結果寫成《將神從字典中挪去》(On Taking God and of the Dictionary) 一書；另外還出版了一些書，論及美國作家梅爾維爾 (Herman Melville) 及其小說《白鯨記》(Moby Dich) 中有關神死的象徵。

韓米頓在他的著作或訪問中一再表達，他認為對神的信仰是危險的。二〇年代神死運動神學家的使命，是偵測——務必要在現代文化中找到神死去的遺體並詮釋之；今天神學家的任務，卻是作殺手——擄獲神並將祂毀滅。一九八九年，韓米頓確定「跟隨神的人是危險的；而有一件事你能幫助弟兄姊妹，就是將神從人們身邊挪去，那麼即使他們相信一神論，也不至於太危險」。儘管韓米頓有如此極端的主張，他仍自認是一位基督徒，因為他堅定相信耶穌基督是彰顯為人之道的那一位。

二、學說

(一)神死神學

韓米頓為了消除圍繞著神死說的各種極端誤解，而在一九六六年的一篇文章中十分明確地指出，他們所想要否定的，乃是傳統基督教一神論中的那位神：

這個說法不只是老套的對自然神學或形而上學的抗議；也不只是平常我們對聖潔的神時，變得張口結舌或不知所云的情況；它所表達的實在是：我們不知道、不崇拜、不擁有、也不相信神。這個說法不只是顯示我們裡面的某種能力已告苦竭；我們也不認為這些說法僅僅是我們脆弱心靈的告白；我們認為，這是我們對這個世界的本質的說明，並且希望別人也能接受。神死了，我們不是說，缺乏對神的經歷，而是說經歷到神的缺席。

他並且強調，神死神學絕不只是「故作複雜的、重新包裝的無神論」，而是眞正的基督徒神學。奧提哲也附和說，只有基督徒能夠眞正確定神死了。他們二人之所以如此主張，是因為在他們心目中，耶穌基督始終與受苦的人類同在，一同抗拒包括基督教一神論的那位超越的、掌權的神在內的一切非人性的、外來的力量。(葛倫斯《廿世

紀神學評論》頁一八六—一八九）

三、結語

綜上所述，韓米頓的上帝觀，神死神學，是眞正的基督徒神學，耶穌基督始終與受苦的人類同在之神學思想。

第二五節　柯和維的上帝觀

一、傳略

柯和維(Cox, Harvey)，儘管有些神學家趕上了這股神學「熱」，但眞正將入世神學擷要並普及化的，則是一位浸信會的年輕教授柯和維；他所著《世俗之城》(The Secular City, 1965)一書，成爲闡釋入世神學運動最具影響力的著作。柯和維受教於耶魯和哈佛大學，曾在安道佛紐頓神學院(Andover Newton Seminary)任教，後於一九六五年成爲哈佛大學三一神學院教授。早在一九二〇年代，他就透過參與市中心事工和民權運動，實際運用了他的入世神學。

二、學說

(一)基督徒在當代的入世運動中尋求神

《世俗之城》最核心的要旨，在於入世化的過程不但不會敗壞基督徒的靈命，反倒與基督徒信仰形成一種錯綜複雜的協調；這種協調是由於入世化根本就是「聖經信仰影響歷史所造成的理所當然的結果」。事實上，入世化就是福音最眞實、最根本的精神——自由和責任。可以說，福音勸人悔改的呼召，是爲了讓人接受「成人責任」的一種勸戒。因此，柯和維也像潘霍華一樣，要求基督徒在當代的入世運動中尋求神：

> 我們與其跟世俗化爭戰、對抗，倒不如從世俗化中分辨出，當初呼召人們脫離無盡的苦難，從苦待他們的那地進入流奶與密的新天新地，而至今仍然不變的那一位。

柯和維念茲在茲的，就是要向教會提出他的入世化主張。他宣稱，教會論的基礎，最好是建立在一個隨社會變遷，甚至隨社會革命而變的神學上；而「世俗之城」就正象徵著這種神學。在柯和維看來，世俗和城市，是兩個併列的名詞，象徵了福音呼召的積極目標：「世俗之城的觀點代表了成熟和責任；世俗化則象徵著社會整個脫離不成熟的依賴性；都市化則顯示出人類互動的新模式。」基於這些理由，他發現世俗之城的形像正是「成熟和互相依賴的結合體」，就好像是聖經中神國的形像。

柯和維照著世俗之城的形像，對教會傳統的三重使命做了一番新的描述。首先，福音信息(Kerygmatic)的功能是「宣揚神掌權」；教會宣布新時代，就是從一切束縛和個人及社會責任中釋放出來的自由時代，將要來臨。和解(diakonic)的功能是「醫治城市的創傷」；爲了城市的合一和健全，教會和沒有信仰的人攜手，一同醫治城市在都市化的生存和奮鬥中所罹患的複雜病症。最後，教會的團契(Koinonic)功能是要「讓城市的主」顯現出來；意思是指，教會要將它所宣揚的和醫治的充分見證出來，這是教會的責任。雖然這類見證所反映的乃是神的國度，不過柯和維認爲，這並不是教會才有的使命，「今天凡是能將人類之城的實體，清楚、具體地見證出來，那就是國度的記號。」

最後，柯和維將注意力轉移到神在世俗情境中這個難解的問題。從這方面看，他無疑是引用了潘霍華和戈維哲(Gollwitzer)的思想，而他的看法跟神死派神學家也很相近。他認爲，在一個世俗社會中，政治（此處「政治」一詞的含義類似亞里斯多德所說的城市政治）所發揮的功能，跟形上學所曾經發揮的功能頗爲相似，就是爲人們提供合一的源頭，和人類生命與思想的意義。他就在這個理論基礎上，提出了神在世俗情境中這個難題的解方。他主張建立一套能夠回應這種新語言的神學。他順著李曼的主張，說：「神在世界上所做的，就是讓生命有人味，其實也就是政治。」因此，「今天的神學必須是一種回應的行動，也就是教會必須找出這位政治家的神想做些什麼，然後跟進，與他同工。」

柯和維認爲，這意味著對超越性有所修正。他堅稱，今天神是透過日常生活和社會變遷來臨到我們。在我們的生活中，神既是自由的基石，也是經驗的基礎，因爲並非每件事都是順我們意的，也不是每件事都能「融入我們」，但是神就隱藏在那些頑劣的現實中。最重要的是，神臨到我們，作我們的同工；祂要我們注意身邊的人，而不是注意祂。由此一觀點出發，柯和維在《世俗之城》一書中提出了一個前所未有的看法，說得具體式，就是我們或許不應該再用「神」這個稱呼，而應該改用一個更貼近我們在世俗之城裡所遭遇到的現實的稱呼；這稱呼是神自己選的，當神的時候到了，它自會出現。

三、結語

綜上所述，柯和維的上帝觀，論世俗之城，要求基督徒在當代的入世運動中尋求神的神學思想。

經過十年的緩衝，柯和維對《世俗之城》有了另一番跳脫的看法。他承認自己在生命的反動期寫下這本書；當時他正處於逃出生長的小鎮後的「輕狂」中。在《世俗之城》問世廿五週年時，柯和維發現，這本書不僅是未來思潮，甚至是後現代主義的先驅，而且還隱約肯定了基督教傳統中神護理萬事萬物的觀念。這位老練的神學反動派可以這麼敘述自己的一生：「不想歹活，而想好好地活，我們就需要跳躍式的經驗；最後我們總會明白一切，不過我們並不需要知道爲什麼人生會是這樣，因爲——即使是世俗之城中，仍然有一位，在看護著一切。」

極端神學所想要解決的問題，用柯維和的話來說，就是：「在一個極端而且是無情的臨在主義的文化環境中，我們要如何堅持超越性的主張呢？」雖然一九六〇年代初期的神學家拚命努力地想解決問題，卻還是無法提出一個可長可久的解答。針對柯和維和其他主張完全臨在主義者的批評，固然有些言過其實，但他們爲了反對新正統主義的極端超越性，也確實把神的超越性過於徹底地融入了世界，以致臨在性又再度掩沒了超越性。

姑且不論極端神學的一些重大謬誤，它的確開啓了一扇門，讓超越性得以避開空間的二元論，而有了一個開創性的重生。柯和維的貢獻則在於，他是下一個運動，也就是希望神學的先鋒；而他著重未來的思想，則爲入世主義和神死神學打開了一條活路。（葛倫斯《廿世紀神學評論》頁一九七—二〇二）

第二六節　龔雅各的上帝觀

一、傳略

龔雅各(Cone, James)，黑人解放神學家。一九六〇與七〇年代的動盪，使許多人繞著美國黑人生命體驗的議題發言。其中最著名、最具代表性的黑人神學家，當推龔雅各。他是紐約協和神學院的系統神學教授。龔雅各能成爲新的黑人神學重要的發言人之一，部分原因是因他在美國南部長大，親身體驗了黑人的苦境。他了解他們的感受，有資格代表他們說話。同時，因爲他具備學術成就，在白人居多數的神學界，他的話有人願意聽，所以顯得格外重要。

二、學說

(一)黑人解放神學的上帝觀

龔雅各所著《黑人解放神學》(A Black Theology of Liberation)一書，是影響力最大、流傳最廣的一本書。它將《黑人神學與黑人權力》(Black Theology and Black power)一書中所提到，黑人得解放的渴望與基督信仰的結合，作了更深的剖析。龔雅各試圖以神的解放工作爲神學呈現的主旨。他認爲，神學不是單從理性來研究神的本質，而是要研究神在世界上所作的解放工作，以促使受壓迫者「敢於在地上爲自由犧牲一切，而這自由是因基督的復活才得以實現的。」

爲了完成此一神學使命，龔雅各探討基督教古典神學的精要當如何安置在黑人神學的綱目之下。而爲了給這種作法提供一個合適的基礎，龔雅各覺得必須再回過頭來，探究神學準則的問題。他花了很長的篇幅討論這個題目，從巴特所言啓示事件的特性談起，而結論卻正好顚倒。龔雅各主張，「啓示乃是一樁黑人的事件，亦即，黑人目前爲求解放所做的一切事」。既然如此，他下結論道，啓示不僅是神的自我彰顯，更是神透過解放的光景向人類的自我彰顯。所以，龔雅各爲黑人神學設定兩個焦點作爲準則，有些類似田立克的作法。他聲稱：神學的使命，是在聖經與現代的信心團體之間，不斷保持張力，藉此向當代的現狀發出有意義的言論。

持定了這個準則之後，龔雅各便轉而討論基督教信仰的主要教義。該書基本上根據巴特的架構，首先談神的啓示，接著探討神論、人論、基督論，最後則為教會論與末世論。龔雅各提出，黑人神學的中心教義，就是聖經的神與黑人爭取解放息息相關。這意味著神是黑人：神加入受壓迫的一邊，凡受羞辱、受痛苦的人，都認識祂。因此，神的本質從解放的概念中才為人所了解。

龔雅各的神論影響他的人論。他既不認為神是普世性、與世事無涉的神，亦不認為可以避開受壓迫與解放的具體經驗而來談人。他的神是一位參與解放的神，因此他拒絕古典與新正統派對神形像的理解（如：理性的神，或神人相遇的特性）。他聲稱，神的形像即是人參與解放、抵擋壓迫的一切架構。而神既然是黑的，要成為自由人，就是要成為黑人，與受壓迫者認同，投身於人類的解放。

在基督論的大綱上，龔雅各倚重新約，認為它所描寫的耶穌，是「那位受逼迫者，祂在世上的經歷與那塊地上的受逼迫者密不可分。」根據這點，龔雅各辯道，耶穌是黑人彌賽亞，是神的啓示。對龔雅各而言，黑人彌賽亞觀表達出，基督眞的與現世狀況同在，而黑人革命乃是使「神的國在美國實現」。所以，他認為救恩與教會的角色，都必須從脫離現今世界之不公來看，而不是只盼望來生能過得更好。

(二)神總是在解放的情境中與我們相遇

一九六〇與七〇年代，黑人神學家為著「在壓迫的情況中神如何同在」的問題感到困擾。結果，黑人神學的特性，便落在強調的臨在性。龔雅各將這傳統的神學觀念解釋為：「神總是在解放的歷史情境中與我們相遇」。

同時，黑人思想家並不想將神的超越性一筆勾銷，這點與在他們以先的極端神學家沒什麼區別。不過，他們覺得必須重新詮釋。譬如，龔雅各（像在他之前的羅賓遜一樣）反對以空間來解釋這個名詞。黑人思想家將超越性與「更高的目標」之觀念相聯。超越性是指「那位無限者所定義」人類爭取解放的目標。不過，他的基督教信仰根基甚深，不容他停留在這樣一個以人為中心的定義上。因此，龔雅各又添加了與神有關的一筆：超越性意指神的實體，即這位參與解放的神，不被任何一個人類解放的經驗所侷限。

三、結語

綜上所述，龔雅各的上帝觀，黑人解放神學，是要研究神在世界上所作的解放工作之神學思想。

在一九六〇和七〇年代，黑人教會發展新的自覺、自我認知的過程中，黑人神學扮演了重要的角色。它積極地要將基督教的福音應用在美國黑人的處境上。雖然在這些事上，它的確有不少貢獻，但它本身並非沒有問題。

第一、黑人神學的問題在於它以種族爲中心。一九六〇年代之前，所有的神學家，無論所持理論爲何，都是從代表全人類尋求眞理的角度，來從事研究。然而黑人神學家公開宣稱，他們的任務只限於他們的族群之中。這是由黑人提出、爲黑人而有的神學。

第二、黑人神學高舉經驗，作爲神學的準則。就這方面而言，它不過是反映出早期自由主義的方法論特色。但是黑人神學又更進一步。它的準則不是普世人類的經驗，而是黑人群體所經歷的逼迫。結果，黑人神學成了大規模的重新解釋活動。基督教傳統的救恩故事，以及傳統神學的分類說明（神、罪、救恩等），都被賦予政治、經濟、社會及特殊種族（即黑人）的說詞；相形之下，古典神學則有靈性、宇宙、全人類等美麗的色彩。

不過，黑人神學最主要的瑕疵，與六〇年代產生的其他神學相同的，即未能在臨在性與超越性上取得平衡。簡單來說，黑人思想家高舉神的臨在性，而使神的超越性黯然失色，形成一邊倒的神學，問題並非在於黑人神學沒有超越性的觀念。龔雅各和其他人都用到這個名詞。可是他們予以重新解釋，但標準有別：超越性意指神不受任何一個解放經驗的侷限。

自黑人神學的全盛時期以來，神學的潮流逐漸趨向對超越性的追尋（如：敘事神學、新神祕主義）。每當超越性被臨在性遮蓋，都會產生這種現象，因爲在超越性上縮水，至終無法滿足人心。由於解放神學失去了超越性，天生便不穩定，終於無法支撐，而被靈性神學所取代。（葛倫斯《廿世紀神學評論》頁二四五—二五〇）

第二七節　葛特烈茲的上帝觀

一、傳略

葛特烈茲(Gustavo Gutierrez)常被人稱爲「解放神學之父」（他自己不同意），都因爲他早期的演說，以及所寫的書，爲這運動起了名字。他於一九二八年出生於利馬（祕魯首都），家境相當清寒。一九五九年，他從法國的里昂大學獲得神學博士學位，並受封爲神父。

葛特烈茲早期的工作，是在利馬的一個窮苦教區中事奉，並在當地的天主教大學教神學與社會學。一九六〇年代，他擔任祕魯天主教學生全國聯盟的牧者，因而有機會與一些革命人士接觸，如哥伐拉、陶瑞斯等。陶瑞斯曾經擔任天主教大學校牧一職，後來放棄作神父，在玻利維亞加入一個游擊隊，在與政府軍作戰時被殺。

解放神學許多最具影響力的書籍與文章，都出自葛氏的筆，包括《解放神學》(A Theology of Liberation)、《歷史中窮人的力量》(The power of the poor in History)等。他曾在世界各地的大學、神學院中教導、演講，也常在解放會議、第三世界神學家會議中擔任主要講員。雖然他已舉世聞名，但卻非常謙卑，住在一間小公寓中，位於他在卡撒斯中心(Bartolome de Las Casas Center)破爛的總部樓上，那是解放神學思想的總匯地，在利馬的里麥克貧民區中。

二、學說

(一)神學必須本土化

所有解放神學都隱含一個主題，即神學必須本土化。這一點可說是他們的前題，而非明言的論點。意思就是，神學必須與特定的社會、文化情境緊密相連。解放神學家甚至根據「知識的社會性」辯稱，所有神學都與特定的社會和文化環境有關，或被其塑造而成。

解放神學家認爲，不僅其他學科如此，神學亦不例外。因此，在他們眼中，歐洲與北美的神學並不適用於拉丁美洲的社會。葛特烈茲說：

在這裡，信仰是今世窮人的信仰。在這裡，神學的反思不是要成爲受苦者暫時的慰藉，也拒絕被主流神學所整合。在這裡，神學深知自己與主流神學——無論是保守派或激進派——之分歧在那裏。

因此，神學總是本土化的，無法無世化。在一個地方發展出來的神學，無論是羅馬、是杜平根，或是紐約，都不能強加在另一個地方上。「從上頭而來」的神學，解放神學家視爲禁咒。他們要尋求純屬拉丁美洲的神學，就是透過參與其獨特的社會政治狀況之後，所產生的神學。

根據葛氏的看法，歐洲、北美的神學，和拉丁美洲的神學之所以不同，乃是因爲「提問題者」不一樣。北大西洋的神學，無分自由派或保守派，乃是在回答現代西方不信者的問題。他們著重的焦點爲，如何向俗人介紹神。然而，拉丁美洲神學的重點，不是受未信者的問題所左右，乃是要探討「非人者」——即「不被當今社會視爲人的一群：被剝削的階級、少數民族、被鄙視的文化」——所引起的問題。葛特烈茲解釋道：「我們的問題是，如何去告訴這些非人者『神是愛』、『愛使我們成爲弟兄姊妹』。」

(二)指責教會並不像她所宣稱的持守中立

整個拉丁美洲的貧窮，已經到了釀成大災的地步。年幼者所受的虧損更是嚴重。大一點的都市裡，沒人要、被拋棄的孩子成群結隊，到處乞食，常被欺凌。有一位變成解放神學家的神父說，每一天他都接觸到「和豬、兀鷹在垃圾堆裡搶食物」的人。拉丁美洲的窮人愈窮，富人就愈發達。許多抗議人士被神祕地殺害，或乾脆失蹤。最典型的例子便是薩爾瓦多的大主教羅美路(Oscar Romero)，有一次他公開呼籲年輕的薩爾瓦多戰士違抗命令，不要射殺自己的同胞，第二天他在主持彌撒時，就被一隊暗殺小組當場擊斃。

然而，大部分拉丁美洲人，無論貧富、有無權勢，都自稱是基督徒。大部分國家以天主教爲國教；即使不是國教，他的勢力也非常大。葛特烈茲對教會傳統上運用其影響力的方式，十分不以爲然，他指責教會「過去造成這種社會架構，現在依舊繼續支持」。解放神學家最尖刻的話題，也是最引起爭議的，便是指責教會並不像她自己所宣稱的，在社會、政治方面持守「中立」。其實過去教會乃是站在逼迫者的一邊；現在才開始有轉移立場的趨勢。當然，在他們看來，教會還有很長的路要走。

單單薩爾瓦多一個國家，就有七萬人以上，在政府或暗殺隊的手下死亡、失蹤。在統計作不到這麼精密的地方，大多數人的日常生活，都有被少數統治階級者施以制度化暴力的現象。葛特烈茲這樣簡要說明他努力奮鬥的地方：

我們所面對的，是一個不理人性尊嚴，不管基本需求，不顧人的死活，不讓人享受自由、自治之基本人權的環境；是貧窮、不公、隔離與剝削的綜合，因此麥德林會議毫不遲疑地指斥它爲「制度化的暴力」。

葛特烈茲和波寧諾都認爲，拉丁美洲結構性的貧窮狀況和制度化的暴力，乃是國際資本主義的產物。因此，惟有與現狀一刀兩斷，才能帶來改變。他們又說，這種斷絕關係已經有了成效。拉丁美洲正在體驗革命的興奮；用葛特烈茲的話說：「就在今日，渴望解放的熱火又深又廣，將人類歷史整個點燃，要脫離一切障礙，得到徹底的自由。」所以，問題不是教會應否「參與政治」或「支持哪一方」。解放神學家認爲，問題乃是在現今革命的情境中，教會站在哪一邊。

(三)神總是站在窮人的一邊

解放神學的第三個主題爲：所有神學與宣教工作，都源自對窮人的偏愛。在目前的革命情境中，面對階級鬥爭和階級衝突，教會必須與受逼迫者認同，因爲在歷史中，神總是站在窮人的一邊。葛特烈茲解釋道：「窮人配受偏愛，不是因爲他們的道德或宗教比別人強，乃因神就是神，在祂看來『在後的要在前』。這句話打破我們對公義的狹窄了解；因此，這種偏愛提醒我們，神的道路非同我們的道路。」

(四)神學有兩根支柱實際行動與理論

解放神學的第四個主題是方法論：神學乃是「在神話語的光中對基督徒實際行動的批判性反思」。葛特烈茲爲這個神學立下定義，其他解放神學家也曾沿用。它表達出一種信念，即神學反思應當是「第二動作」，跟在神學的

「第一動作」之後，那第一步便是「實際行動」。

對葛特烈茲而言，委身於解放窮人是神學的出發點，也是其緣由。那種主動的委身便是「實際行動」。神學的反思，是用神的話來爲基督徒參與扶助窮人的行動作見證，帶來淨化與支持。所以，神學反思絕不能與社會實況脫節而成純粹理論，或隔岸觀火。從多方面看來，這種見解與古典神學的方法正好相反，因爲古典神學乃是將反思放在前，倫理或宣教使命放在後。因此，葛特烈茲等一群人，在神學方法上無異作了哥白尼式的革命，在「認識論」方面與傳統一刀兩斷。

解放神學將神與歷史緊密相連，並避免對神本身的猜測。葛特烈茲認爲，神在舊約中將祂的百姓從奴役與逼迫中解放出來，就是「神的顯現」。藉著出埃及等類的偉大事件，神彰顯自己，並進入歷史當中。在新約裡，神與歷史的關係出現了新的層面：「在耶穌基督裡，神不僅在歷史中彰顯自己，更讓自己成爲歷史。」當然，葛特烈茲不是說，神與歷史合而爲一，他乃是指道成肉身爲啓示的極致。

葛特烈茲想要避免這個結論，也不要人誤解實際行動居首的特性，因此說：

判斷的終極標準，是我們憑信心所接受的啓示性眞理，而不是實際行動本身。但是「信心的押金」不是一套無關痛癢、條列式的眞理；相反的，它活在教會中，它激勵基督徒委身實行神的旨意，也提供準則，按神話語的亮光來判斷他們。

所以，按解放神學的說法，神學有兩根支柱：實際行動與理論。這兩個柱子彼此不同，卻互相倚賴，而神學就在其中不斷前進。但二者之中，首位屬於實際行動。

(五)實現耶穌所說拿一杯涼水給人喝

葛特烈茲認爲，拆毀現有的制度，建設一個新的社會主義社會，乃是實現耶穌所說，奉祂的名拿一杯涼水給人喝的最佳途徑，因爲：

就今日而言，提供食物或飲料乃是政治行動；這意味著要改變只爲少數人圖利的社會結構，因爲這些人將別人的勞力價值掠爲己有。這種改變應當要針對社會的根基，將其徹底變革，這根基就是生產工具的私有制。

葛特烈茲的這段話，包括解放神學運用馬克斯思想的兩個主要特性：作爲「社會分析的工具」，以及改變社會的方案。葛特烈茲與波寧諾都同意，既然勞力是人的主要特質，勉強人以低於實際的價錢出賣勞力的成果，必會導致疏離與剝削，而這正是資本主義。擁有生產工具——如礦場或工廠——的人，將工人勞力的「剩餘價值」拿走，便剝削了他們。這種剝削造成勞工與勞力的疏離，也使他們與自己疏離。剝削與疏離至終燃起階級鬥爭，而以革命爲高潮；在赤貧的拉丁美洲，情形正是如此。

（六）救恩是基督教的中心爲整全的解放

解放神學的第六個共同主題，便是以救恩爲「整全的解放」。葛特烈茲認爲，救恩是基督教的中心主題，而他從解放神學的角度，提出對救恩教義的新架構。他辯道：過去教會誤以爲救恩是以「量」計，讓最大量的人得到「天堂的保證」。今天，尤其在拉丁美洲，救恩必須用質的詞彙來重新詮釋，即，委身於社會改革，因爲這是「與神眞正相遇的唯一途徑」。對葛特烈茲和其他解放神學家而言，與神相遇不是純粹心靈、出世的經歷。我們只能透過「轉向鄰舍」來遇見神，否則就見不到祂。

雖然葛特烈茲把救恩與解放畫上等號，他也強調，眞正能拯救個人與社會的解放，必須是「整全的」，包括人的所有經驗在內。對於進天堂最低限度的要求等問題，他顯然不感興趣。若要在解放神學的作品中，尋找有關個人、靈性的救恩探討，就必徒勞無功。救恩是神的作爲，在歷史裡與人同工，將一切關係都完全人性化。解放神學所關注的，是我們成爲「弟兄姊妹」，也就是廢棄那造成壓迫、剝削、疏離的不公正之社會制度。

（七）神的旨意爲受到非人待遇的百姓得救

葛特烈茲聲稱，一切朝這個方向的努力，都可稱之爲「解放」：「所有建立公平社會的努力，都算是解放；對解決基本的疏離困境，都有間接但深遠的影響。這些雖不是救恩，卻是拯救的工作。」

葛特烈茲和波寧諾承認，暴力絕不是理想模式，但在不得已的狀況下，可能必須以這個途徑帶來公平——對基督徒來說也是。他們倆人的差異爲對這件事的態度。波寧諾清楚指出，暴力最多可視爲必須的惡。以非暴力的方式抵抗制度化的暴力，總比武裝革命要好。葛特烈茲本人雖然不喜歡革命，但卻拒絕批評那些覺得必須投身游擊隊，來推翻政府的人（如哥伐拉、陶瑞斯等人）：「我們不能說，壓迫者使用暴力來維持或保存『秩序』時，暴力就是好的；而受壓迫者用暴力來推翻這個秩序時，暴力卻是壞的。」但是這兩位神學家都同意，基督徒的使命主要的途徑乃是非暴力的方式，對壓迫人的社會結構發出先知的斥責，並宣告神的旨意爲：使受到非人待遇的百姓全然得著釋放——尤其是窮人。

三、結語

綜上所述，葛特烈茲的上帝觀，神學必須本土化，指責教會並不像她所宣稱的持守中立，神總是站在窮人的一邊，神學有兩個支柱實際行動與理論，實現耶穌所說拿一杯涼水給人喝，救恩是基督教的中心爲整全的解放，神的旨意爲受到非人待遇的百姓得救之神學思想。

科爾克辯道，爲避免將基督教信息變爲一種新的意識形態，葛特烈茲的神學方法必須倒轉過來。他提醒道，在神學反思之前，必會有何爲正確實際行動、何爲錯誤實際行動的了解。而這種了解若不是來自聖經，就必是來自某種人文思想。科爾克結論道：

因此，我們堅持認爲，現代神學的使命，應當是從時下解放的實際行動的亮光中，在神的話語上作深切批判的反思。如果我們的方法不是如此，那麼「在神話語的亮光中」（按葛特烈茲的定義）這個詞彙，至終必變爲空洞不實。

科爾克的話一針見血：「正確的實際行動至終必倚靠正確的理論」。解放神學家似乎自己也察覺到這一點，因爲他們在將自己的實際行動與其他人的實際行動作比較，揚此貶他時，就須有所依據。

解放神學對於神與人的關係，相當含混不清。其神學家肯定神的超越性，也總是承認個人需要悔改與相信。然而他們所強調的，卻令人擔心。對葛特烈茲而言，惟有在歷史中透過幫助鄰舍得解放，才能遇見神、認識神。他寫道：「自道成肉身以來，人類、每一個人、歷史，都成了神的殿。『世俗』……不再存在。」然而，對葛氏而言，眞正的「神聖」是否仍然存在，卻讓人難以捉摸。葛氏似乎完全忽略恩典、天堂、神末世的國度，以及透過現在仍活著的耶穌基督，與神建立個人的關係等，這類超越性的層面，以致他的神學幾乎成了世俗神學；不過他自己不承認這點，他的辯護者（如勃朗等人）也不承認。究竟在人類歷史之外與之上，神是否有其存在的一面？罪是否比參與現存邪惡體制還更深一層？救恩是否不止於參加解放運動？

對於這一類問題，解放神學家還必須給予充分的回答。如果他們想避免把神學降級的指控，就要迎向挑戰，解釋傳統神學的各樣眞理在他們的神學中所扮演的角色——如，神的自由與超越、原罪、藉悔改與認罪個別歸向耶穌基督等，並要說明他們對基督徒生活的看法。若是不然，總會有人懷疑他們不過是利用「神」與「救恩」等說法，作爲解放的權力，和代表窮人參與社會行動的代名詞。（葛倫斯《廿世紀神學評論》頁二五四—二六八）

第二八節　波寧諾的上帝觀

一、傳略

波寧諾 (Jose Miguez Bonino) 於一九二四年出生於阿根廷的聖塔費 (Santa Fe)。他的雙親都是衛理宗信徒。雖然自小成長在中等階級環境，他卻接觸過阿根廷許多窮人，對社會關懷逐漸強烈，以致認同社會主義。他在阿根廷的復原教神學院受神學教育，一九四八年獲得碩士學位。後來他又到喬治亞州亞特蘭大市的艾默里大學就讀，最後於一九六〇年在紐約市的協和神學院獲得博士學位。

波寧諾對普世教會的合一十分熱中，因此奉派代表衛理公會，在羅馬的第二屆梵諦崗會議中擔任觀察員；又曾擔任普世教協的主席。在學術界，他曾在阿根廷的兩所基督教學府擔任神學教授，又曾在英國、哥斯達黎加、法國、美國各地的神學院擔任客座教授。

波寧諾大力主張基督徒能運用馬克斯的社會分析。他在《基督徒與馬克斯主義者：彼此對革命的挑戰》(Christian and Marxists: The Mutual Challenge to Revolution）一書中解釋，基督徒可以成爲馬克斯主義者，而馬克斯主義者也可以成爲基督徒。他影響力最大的書，則是《在革命情境中實踐神學》(Doing Theology in a Revolutionary Situation）。該書爲解放神學立下基礎，呼召教會克服私有化的態度，不再與現狀認同，要代表貧窮人參與革命的鬥爭。波寧諾在《基督徒的政治倫理》(Toward a Christian Political Ethic）一書中，探討參與革命的理論與倫理基礎。

二、學說

（一）本土化解放神學的上帝觀

波寧諾同樣堅持，神學必須本土化。《在革命情境中實踐神學》一書，便是爲拉丁美洲解放神學家辯護，說明他們可以在當地的情況中，將馬克斯主義應用在他們的神學中。他反對批評者要將他們置於歐洲和北美神學的權威之下，並直言肯定解放思想家：「他們拒絕臣服於西方神學界之下，不以爲那是放諸四海皆準的神學準則。他們也拒絕脫離使他們作反思的情境來進行神學辯論。」

本土化神學的理論，當然使拉丁美洲的神學家與他們在羅馬的同袍大起衝突。因爲羅馬天主教以教會與神學的合一，爲其教導的重要柱石，所以教會領袖十分擔心解放神學的本土化前提會帶來分裂。同樣，歐洲與北美的復原教神學家當中，想要與這個新神學模式進行批判式對話的人，也常感到遭拒絕，要不是被視爲逼迫者，就是被視爲局外人。

儘管有過這類擔心，但如今沒有一個人對神學交流須顧及本土化前提一事持異議。因此，解放神學所主張，拉丁美洲的獨特情境，不可避免地會影響該地區所產生的神學，這一點已不再有人挑剔。

（二）拉丁美洲要自主發展惟有脫離大資本國家

波寧諾毫不矯飾地剖析說：「拉丁美洲的低度開發，是北半球開放的陰暗面；北半球的開發是建立在第三世界的低度開發之上。要了解我們的歷史，最根本的層面不是開發與未開發，乃是控制與依賴。」葛特烈茲同樣結論道：「拉丁美洲要能眞正自主地發展，惟有脫離大資本主義國家的操縱才辦得到，尤其是要脫離其中最強大的美國。」

(三)神站在窮人這邊反對逼迫者

神偏愛窮人意指：雖然神愛所有的人，祂卻與窮人認同，向窮人啓示祂自己，也以特別的方式與窮人站在一邊。最重要的是，在階級鬥爭中，神站在窮人這邊，反對一切剝削他們、不視他們爲人的逼迫者。波寧諾毫不含糊：「貧窮……是一件必須消除的醜惡事實。神親自參與反貧窮的鬥爭，祂清清楚楚地站在窮人的一邊。」

(四)神學停止解釋這個世界而是要改變它

波寧諾如此說：

這裡所思考的神學，不是要追求對神的本性與作爲有正確的認識，而是要說明信心的行動、實際行動的模式，及如何藉順服來實現。一如馬克斯著名格言裡的哲學，神學也應當停止去解釋這個世界，而是開始去改變它。正統的實際行動應當取代正統的學說，成爲神學的準則。

(五)基督徒憑愛尋求公平的計劃中扮演部分角色

解放神學家聲稱，馬克斯的分析點明了拉丁美洲赤貧與不公的原因。他們確信，將他的觀點用在神學中，與初代教父引用柏拉圖，阿奎那引用亞里斯多德等哲學家的情形，沒有什麼差異。當然，他們主張，基督徒在運用馬克斯哲學時必須有所批判，有所修正。波寧諾可算是最能夠爲基督徒批判式運用馬克斯主義辯護的人，他解釋道：

階級鬥爭、無產階級專政、共產主義的地位等，乃是整個分析理論的一部分，只要經過適當的修正，就可以在基督徒「憑愛尋求公平」的整體計畫中，扮演部分的角色。但這些名詞也是代表理念的口號，而這理念所倡導的人與歷史的關係，是基督徒不能完全接受的。因此基督徒與馬克斯社會主義之間的合作，總是不太對勁；兩者對於團結之愛的來源與力量，在基本上看法不同，結果在實踐的層面，就不斷產生問題。但是，在此必須強調，這個批判的本意，不是要拒絕以馬克斯主義爲社會理論，乃是針對其思潮的哲學基礎而提出質詢，即：拒絕慈愛的三一眞神。

三、結語

綜上所述，波寧諾的上帝觀，在革命情境中實踐神學，神學必須本土化；拉丁美洲要自主發展，惟有脫離大資本主義國家的控制；神站在窮人這邊反對逼迫者，神學停止解釋這個世界，而是要改變它；基督徒憑愛尋求公平的計劃中扮演部分角色之神學思想。

解放神學使基督教界注意到拉丁美洲窮人的苦難與困境，這是毫無疑問的。它也令千萬人的心中燃起希望，並以先知的口吻斥責造成困苦的根源，指出其無情與不公。這運動也讓教會注意到，在「樣樣都有」與「一無所有」的國家之間，存在著社會與經濟的衝突，因而需要「福音之社會運用」的新觀點。

儘管解放神學在讓人覺醒方面，扮演了正面的角色，但是單單指出這運動帶來的良好成就，或指責批判它的人動機不良，並不能夠消除它所造成的嚴重問題。

有些觀察家質疑神學是否能完全本土化。完全本土化的神學，豈不是會抹殺神學的根基，以致無法促使全球一致來指責某些不公義，如種族隔離政策或拷打等？另有些人質疑，拉丁美洲的貧窮問題是否能全然、絕對怪罪北方的大國與資本主義？是否至少有一部分（即使不算太多），是因某些國家本身的條件使然？無論如何，他們似乎把太多的賬算到別人的頭上；許多專家相信，拉丁美洲各國政府的經濟政策，也要負相當的責任。還有些評論家質疑，神「偏愛」窮人，只因他們是窮人的說法，在聖經或神學上是否站得住腳。波塔若 (Sam Portaro) 警告說：「我們如果接受神有所偏袒的觀念，就是不忠於我們應當服事神所有子民的使命。」

許多評論家反對解放神學採用馬克斯主義。他們警告說，用馬克斯的分類法來剖析社會，一定會被拉進其隨之而來的無神歷史觀、人觀。譬如，馬克斯對人類疏離之經濟因素的看法，與他對人的解釋無法分割，因爲他視人爲自己透過工作自我創造的產物，而非神所創造的。

不過，最嚴重的批判，是針對解放神學的方法，以及它對神與人之間關係的看法。一位同情解放神學的英國福音派學者科爾克 (J. Andrew Kirk)，質疑它的方法是否行得通。理論與反思眞的能次於實際行動嗎？「正確的實際行動」豈不是假定了某些觀點（理論與反思）？預設了對與錯？這豈非意味著，基督徒必須以聖經爲最終的準則，而

不是高舉實際行動？（葛倫斯《廿世紀神學評論》頁二五四—二六七）

第廿九節　弗蘿倫莎的上帝觀

一、傳略

弗蘿倫莎 (Elisabeth Schussler Fiorenza) 是哈佛大學神學院的教授，亦曾執教於諾特丹 (Notre Dame) 大學。她寫了好幾本書，以及若干影響深遠的文章，論及女性主義神學、教會歷史及新約研究。其中最著名的書爲《紀念她：女性主義神學對基督教起源的重建》(In Memory Of Her: A Feminist Theological Reconstruction of Christian Origins, 1984)，對早期教會「不受紀念」的婦女，作廣泛的研究。

二、學說

（一）以婦女教會作基督教神學的標準團體

弗蘿倫莎拒絕以古典神學的任何一方面作神學的準則，因爲它是徹底家長制，所以對婦女有害無益。她甚至不認爲耶穌本身可以作神學的標準，因爲他的一生與壓迫者的文化密不可分，他是其中的一分子。弗蘿倫莎倡導以婦女教會作基督教神學的標準團體。她主張，可以算爲「神的話」的，乃是經過婦女團體彼此認同之「怎樣才算婦女解放」的決定；蕾亞稱這種偏激的應用爲「女性主義批判原則」，或「婦女全面人性化的推廣」。據弗蘿倫莎看，婦女教會將決定傳統與神學在神學的價值上有多少意義。甚至耶穌的生平與教導，都不能免於這種批判性的檢討。

三、結語

綜上所述，弗蘿倫莎的上帝觀，倡導以婦女教會作基督教神學的標準團體之神學思想。

我們必須明白，爭取婦女在教會中之平等的運動，和「女性主義神學」並不是一回事。前者在基督教與神學界廣泛爲人同意。凡是扎根於聖經與基督教的傳統，而在教會中要求平等的努力，對廿世紀的基督徒思想與生活，都有卓著的貢獻。復原教不分福音派、自由派都同意，聖經上並沒有強烈的理由，不讓婦女像男人一樣，完全參與事奉，承擔家庭責任。

但是，如果以女性主義神學主流的趨勢爲準的話，爭取婦女平等的運動就不能被稱爲基督教女性主義。爲了避免混淆，最好將這個名詞保留給以婦女經驗爲中心所作的全面神學改革，就如蕾亞等人所帶動的潮流。

女性主義神學指出基督教團體的男人中心主義、家長制，和對女人的嫌惡等罪，這乃是有益的。其神學家常幫助教會更加寬廣，更看重男女皆爲神的形像，及福音的普世性。雖然有這些貢獻，但是女性主義神學所提倡的改變基督教表記，卻太過偏激，而它所支持、鼓勵的「婦女教會」運動，更在基督身體內帶來分裂的威脅。

困難的核心，在於女性主義神學對權威的看法，這種觀點幾近於拒絕一切權威，除非是來自女性的自覺。爲了讓基督教神學眞正具先知性，除了能批判周圍的文化之外，它還要有自我批判的途徑。女性主義在暴露根植於社會與教會內的家長制之罪方面，實在高明。但是它是用什麼標準來檢討自己的原則與實踐呢？這是一個嚴重的問題。凡是從某一群人（無論是哲學家或受逼迫者）的自覺中整理出「批判原則」，以此判定聖經中那些才算正確的神學，都會有同樣的問題。（葛倫斯《廿世紀神學評論》頁二七〇—二八〇）

第三〇節　蕾亞的上帝觀

一、傳略

蕾亞(Rosemary Ruether)是女性主義神學家中，最有影響力的。她執教於加瑞特 (Garrett)福音派神學院，那所學校附屬位於伊利諾洲伊凡斯頓市的西北大學。蕾亞是位口齒伶俐、能言善道的講員，又是多產的作家，她對女性主義神學的推廣，及婦女教會的建立，比任何一個人的貢獻更大。她的書包括《惟性主義與談神：女性主義神學初探》(Sexism and God Talk: Toward a Feminist Theology, 1983)，及《婦女教會：神學與實踐》(Women Church: Theology and Practice, 1986)。

二、學說

（一）神的啓示在於先知解放的傳統

蕾亞則從聖經「先知解放傳統」中，找到女性主義批判原則的資源。在她看來，神學運用了許多資源：聖經、非基督教的異教信仰、基督教中的邊緣與「異端」運動，以及自由主義、浪漫主義、馬克斯主義等哲學，並現代婦女受壓迫和得解放的故事。然而，要解釋何爲神的啓示，標準在於先知解放的傳統，其中耶穌則是歷史的典範。因此，「女聖主義者讀聖經時，可以分辨出何爲聖經信仰的準則，以此來批判經文，……根據這點，聖經許多方面都明明可以擺在一旁，完全被拒絕」。先知解放傳統，乃是以完全平等，沒有階級、不以轄制與附從爲特色的社會作爲異象。將這個標準運用到神學上，會對家長制帶來嚴厲的批判，並且使「解放性的先知異象」更有深度，更具改變力，以致能將從前未涵括的對象——婦女—都包括在內。

（二）神爲一切生靈的根本基型

蕾亞不以批評「視神爲男性的傳統」爲滿足。她認爲這種壓迫太明顯了，簡直不需要討論。大多數女性主義神學家都贊同她的說法：「神既是男性又是女性，且既非男性又非女性」，所以講到神，我們必須用男、女兩性來作比喻，才能將此種涵括性表達出來。但是她還想更進一步，不只批判神爲父的形像不當，就連神爲父母 (parent) 的形像亦不妥，因爲這也有家長的意味，而家長制就意味二元論與階級化：「家長制神學運用父母作神的形像，來延長屬靈的幼稚症，以此爲可圈可點，而令自主和自由意志的伸張成了一種罪。」

爲了要尋找關於神無兩性觀念的表達法，蕾亞轉借田立克的觀念，以神爲一切生靈的根基，她稱之爲「根本基型」(Primal Matrix，或 God/ess)。對她而言，這「根本基型」不是一位超越並具位格的實存體，而是「超越的生靈之基型，是我們的存在，及將來繼續成爲新存在體的源頭與支柱」。這樣的神不再與靈界、超越性或男性認同，也不再與物質界、臨在性或女性認同。事實上，這樣的神不與人類認同，也不與自然界認同。相反的，這樣的神將所有二元之性質包容在活潑的合一中，因此再沒有「偉大的生靈鏈」，以神爲其頂端，而以無生命的自然界爲其底端。因爲一切實體既與這樣的神合一，彼此就全然平等。

（三）耶穌是位解放家

按蕾亞的說法，耶穌是位解放家，他宣告廢除造成特權與被剝削者的那種權力、地位關係。他不是要傳揚自己，乃是越過自己，指向未來的新人類，那得贖的人類將享受完美的團體生活，不再有二元主義與階級制度。蕾亞將新人類與「基督」劃上等號。如此一來，耶穌所以是基督，乃是因爲他代表新人類，成爲其先驅。因此，「基督既是被贖之人與神的道，就不能『一次永遠』成就在歷史的耶穌身上。基督徒團體繼續成爲基督。」

蕾亞偏激的神學，在「女性主義米大示」(Feminist Midrash，意爲：解釋女性主義的故事）一段中，講得很明白；這是《惟性主義與談神》一書最前面的部分。這個故事純屬幻想，記載救贖歷史，其中有位女神祇「天后」，她在耶和華之上；還有一個角色，在耶穌復活又消失之後，才被認出是抹大拉的馬利亞；這個角色「（比耶穌）更高大，更威嚴……滿有氣派，又親切和藹，就像（馬利亞）本人一樣」。這個人物告訴馬利亞，她現在是「基督繼續的彰顯」，要「繼續救贖世界」。這個米大示的結尾，不能輕易視爲「故事」，因爲它顯然要用神學辭彙來提供解釋：「耶穌一死，神，那位天上的統治者，已經離開天上，以他的血傾倒生命於地上。一位新的神出生在我們心內，教導我們與天同等，高舉大地，創造一個沒有主人與奴隸、君王與臣民的新世界。」

三、結語

綜上所述，蕾亞的上帝觀，謂神的啓示在於先知解放的傳統，神爲一切生靈的根本基型，耶穌是位解放家之神學思想。

蕾亞對神的看法既然借用了田立克、德日進與進程神學的觀念，就當然會強調神的臨在性。她刻畫的神少有大能、掌權或自由的形像。儘管她的動機爲消除神學的二元論，但她所完成的，卻是造出一種新的二元論，與她在男性神學中所發現的正好相反。她不將神聖和良善與超越性、靈界、自由、能力、男性相聯，卻使其與臨在性、物質界、無位格的能力和女性相聯。

同時，蕾亞的神學也含有一元論的意味。她對神的描述，與極端女性主義者所提倡的母神——大自然的化身，只有毫髮之別；而那些人只敬拜大地和她們自己。蕾亞將神與已得解放的女性主義者認同，更讓人有這樣的感受；她說：「與神在解放中相遇，總是讓我們與眞正的自我相遇，就是與從疏離的自我之下復活過來的眞我相遇。」

爲公平起見，我們必須承認，蕾亞的本意不是要形成純粹一元論。她喜歡用辯證的角度來看她的神學——肯定一切實體活潑的合一。但是，當然，大家都知道，「辯證式」的思想若不是落入一元論，就是成了一種微妙的二元論。就蕾亞的個案而言，乃是會在不同時候落入這兩種狀況中。（葛倫斯《廿世紀神學評論》頁二七〇—二七九）

第三一節　盧瑟的上帝觀

一、傳略

盧瑟 (Letty Russell) 是耶魯神學院的神學教授，在解經學與神學方面出版了幾本書，包括《從女性主義看人類的解放——一種神學》(Human Liberation in a Feminist Perspective —— A Theology, 1974) 以及《自由之家：女性主義神學中的權威》(Household of Freedom: Authority in Feminist Theology, 1987)。

二、學說

(一) 以未來的自由之家作爲神學的標準

盧瑟以未來作爲神學的標準。她所預見的未來，是完全平等自由的烏托邦，他們稱之爲「自由之家」；傳統所謂的末世神國，她以這個意象來代表。她寫道：「如果眞有自由之家，住在其中的人可以發現一條蘊育生命的途徑，不必再付出代價，永遠被鎖在轄制與附從的角色中。」

雖然盧瑟的烏托邦異象與婦女的經驗完全一致，但她的理念其實來自耶穌的工作與生活方式。她讀福音書時，發覺耶穌是女性主義者，因爲祂拒絕透過權力關係運用他的權威，去轄制人或勉強人。他拒絕這類權威，以及支持該權威的階級制度，而在跟隨他的人中，建立互相倚賴的團體生活。耶穌傳揚未來神的國將臨到，並用比喻、寓言說明，那是全然平等的狀況，不再是家長制。

這個自由之家，盧瑟認爲是「創造的修正」，她以此爲一切神學的準則。甚至聖經也必須在其判斷之下。因爲聖經中可以找到轄制與附從的言論，強化家長制的政治制度，所以必須用聖經來對抗聖經本身。意即，女性主義的詮釋者，必須「訴諸神透過愛的力量所運作的權威，來抗衡神透過家長制轄制之力的統治。」

因此，所有女性主義神學家都同意，不能單以聖經作神學權威的準則，因爲聖經瀰漫著家長制味道。此外，神的啓示乃是不斷進展的過程，不能將它限定在過去；雖然有耶穌基督在歷史上的出現，成爲未來啓示的模範，但啓示也不止於此。如果神學要對婦女和被解放的男人有意義，婦女（女性主義）的經驗必須被視爲神的啓示，且被提升，成爲現代基督教神學的主要資源與準則。簡言之，女性主義神學的方法乃是：女性主義所定義的婦女經驗在神學綱要中必須是優先的。

三、結語

綜上所述，盧瑟的上帝觀，以未來的「自由之家」作爲神學的標準之神學思想。這類神學可追溯自士來馬赫，而女性主義神學站在這系列之末。不過，與士來馬赫及其後人不同的是，女性主義否定必須發掘「普世人類共通經驗」——這原是宗教的前題，作爲神學的定準。到目前爲止，她們宣稱，按性別而有的經驗，才是神學眞理的試金石。

福音派神學家畢樓奇 (Donald Bloesch) 評析說，女性主義神學在分辯、批判家長制思想方面非常銳利，但是在檢視自己的理念基礎上，卻不夠敏銳。他的話可謂一針見血。他指出：「當一種神學刻意高舉某種理念，如某些女性主義和自由派神學家的作法，到後來它一定會看不見那超越的神聖準則，即神活潑的道；其實惟有藉神的話，它才能評定自己對社會的評價究竟有多少分量。」

看出女性主義神學的方法論有毛病的，不只是其批判者。自認是基督徒女性主義者的楊潘蜜拉也指稱，雖然女性主義恢復以婦女經驗爲神學資源，是一項很大的成就，但她們大體而言都太過偏激，與基督教傳統愈來愈脫節。它讓教外的因素變成定奪的標準，來衡量何爲眞的「基督徒」。這樣做的問題很明顯：

其實，用「基督徒」這名詞的人，可以隨心所欲地發揮。也就是說，如果女性主義神學家可以用「基督徒」來指任何讓婦女得解放的事，而從信仰傳統中卻舉不出例證，是以說明那是屬基督教的範圍，那麼，其他人也可以效尤，自由運用這個信仰傳統。

換言之，雖然女性主義神學家，如蕾亞與盧瑟等人，抬出耶穌爲她們新教義的保障，但她們既高舉婦女經驗——按女性主義定義——爲準則，來衡量耶穌的生平與教導何爲正確，何爲不正確，她們就失去了稱其神學爲「基督教神學」的權利。用畢樓奇的話說，那只不過是一種理念而已。楊潘蜜拉的觀察亦甚有眼光，她指出，女性主義衡量「基督教」教義的方法，必定導致相對主義：「如果只用一個成員的自我認識作爲標準，去決定某一宗教傳統中哪些應該隸屬，哪些不該隸屬，結果所能保留的，就只有相對主義，不能再作判斷或分辨，必須一概接受。」簡言之，若要冠上基督教神學之名，就不能以婦女經驗作爲終極的準則。如果不以超越文化之神的道作客觀準則，基督教就成了任何人、任何團體都可濫用的名稱。

女性主義神學的神論與基督論，可說明其方法論的弱點。她們將這兩項教義重新定案，結果內容與古典基督教毫無相近之處。因爲她們界定，階級制是一種家長制，而家長制便是罪，所以神不可以是父或父母 (parent)。因爲二元論是以男性中心、壓迫式的方式來看實體，神與世界就不可能絕對區分。一位著名的聖經學者兼神學家雅特蜜爾 (Elizabeth Achtemeier) 指出，將神與世界認同，必定會令女性主義神學走入與基督教完全不同的宗教中；即使可能現在還不是如此：

神與受造物認同的臨在式宗教，淵源久遠。除了回教之外，這是一切聖經之外的宗教之基礎。如果教會用一些言辭，使神與受造物截然不同的界線模糊不清，就大開聖經信仰的墮落之門；因爲聖經明示，神只用祂的話與靈在受造物當中工作。敬拜母神的人，至終是敬拜受造物與他們自己，而不是造物主。

女性主義神學如果要在基督教神學中發揮持久、正面的影響力，就必須重新在方法上和神論、基督論上，找到超越性。（葛倫斯《廿世紀神學評論》頁二七〇—二八二）

第三二節　史卓普的上帝觀

一、傳略

史卓普（George Stroup），敘事神學家，他說：

聖經不再像從前一樣，在基督徒團體中具有權威性。而那些仍然讓聖經扮演傳統角色的團體，則對廿世紀的問題或是不聞不問，或是並不認眞參與。

這種徵兆還有其他併發的現象，即教會生活還失去了一些基本資源：信徒與團體不再感到活在某種神學傳統之中，也不覺得神學對教會生活有何重要性。

史卓普推論道，由於失去了這些東西，基督徒不再能用自己的信仰作基礎，從而建立其個人的生存意義。因爲愈來愈多上教會的人覺得，基督徒信仰的術語，或者他們在信徒團體內的活動，在他們「自己身分的故事」裡（就是他們向別人講述自己時），並沒有多少分量。敘事神學的興起，有部分原因是要面對這項挑戰。

二、學說

（一）耶穌的受苦與復活爲聖經故事的核心

敘事神學最基本的關切，就是人類認識的發展，而運用傳記的基礎亦在於此。認知的發展與故事的關係爲：講述個人的認知必須借用故事的形式。有一位敘事神學家，對用這種方式所需要對個人認知的具體了解，作了一番思考；在同類型的作品中，他的文章最爲有力。這個人便是史卓普。

史卓普認爲，認知發展不僅是指一個人經過一段時間後仍不變的情況，也是指該人物的品質，即那個人正在成爲怎樣的人。因此，它不單有歷史性，亦有社會性。因爲有歷史性，所以它是根據記憶而來。透過記憶，一個人從過去的一生中選出一些事項，用它們來解釋自己一生的意義。因此，個人認知是一種記憶的模式，從個人歷史中抽取資料，而投射至未來。

爲了要區分個人生平歷史資料與解釋架構，史卓普使用年代志 (chronicle) 與解釋 (interpretation) 兩個詞彙。他認爲，兩個層面同樣重要。如果沒有解釋，一個人的年代志——就是個人歷史中的事件與經驗，便毫無意義，因爲缺乏了解釋的情境，它就沒有「佈局」可言。因此，解釋才能使個人故事成爲「歷史」，而使它變成個人認知。

另一類與這種基本個人認知發展有關聯的，便是自欺的觀念。自欺不是單指扭曲過去的事實。史卓普及其他敘事思想家，都採用哲學家芬格瑞特 (Herbert Fingarette) 的著作，以這一詞指一個人對自己的過去和未來，所具不一貫的觀點。在創世記的故事裡，墮落的亞當、夏娃對神的反應，就是範本，表明自欺即一個人所生活的實況，與他（她）告訴別人的故事之間有差異。

史卓普認爲，自欺的觀念與認知發展的概念類似，使個人與團體的認知故事連結不分。團體能成爲一種測試，看出個人自欺的狀況，因爲它要個人解釋向它負責，並符合社會的傳統。

不但個人有故事，團體 (community) 也有故事，且由故事所塑成。史卓普的定義，可以作敘事神學家的代表：

團體是一群人，有共同的過去，且知道過去某些事件對如何解釋現在，具決定性的影響；面對未來，他們有共同的希望，且以共同的故事表達他們的身份。

共同的故事，即以持守傳統所表達的共同回憶，就成了團體的凝聚力，因爲要成爲其中的一員，意味著承受同樣的團體故事，背誦同樣的典故，而在其中找到自己的認同。

基督徒敘事思想家最看重的，自然是基督徒團體，他們以聖經故事爲解釋其身分及世界狀況不可或缺的資源。這個團體高舉出埃及和基督的事件，尤其是耶穌的受苦與復活，視這些爲聖經故事的核心。史卓普以福音書爲證物，說明自己強調聖經故事過於抽象的教導，是有理由的。他指出，這些作品回答了耶穌是誰的問題，也透過要求人作決定的敘事（就是福音故事本身），解明了作門徒的意義；這些都不是藉教義理論達到的。但基督徒團體不僅看重聖經故事，也接受教會歷史，認爲是解釋聖經的歷史。敘事思想家認爲，這種現象是因信徒團體想要用整個敘事歷史——聖經與基督徒的故事都在內——來解釋現代世界，以便從過去資源的亮光中，來了解時下的情形。

在史卓普的作品中可看見，從敘事來了解一個團體，無異搭成一幅佈景，讓最後一個範疇，即「故事的衝突」呈現出來，而達到「皈依」(Conversion) 與相信 (faith)。按敘事神學的說法，生平故事的高妙處，就在於有修訂的可能。一則故事能促成並加強個人的自我批評，從其他故事的角度來省察自己的故事。

聽到另一種不同的故事，能使人面對人生的關口。當一個人遇到另外一個團體富意義的故事時，會對自己從前的自我故事質疑。史卓普將這種經驗定義爲「故事的衝突」。如果新的團體之故事能令該位人士感到「迷惑」，覺得自己所熟悉的世界逐漸崩潰，他就進入了相信的歷程。既然新的故事讓他質疑自己的認知，這個人就必須按新故事的範疇來重新解釋自己的故事。

史卓普用傳統名詞皈依，來指個人接受新敘事的範疇作自己的觀念架構，而重新解釋自己的故事。他聲稱，當一個人重新架構自己的故事，採用該團體的故事與象徵，而想要成爲該團體的一分子，就完成了相信的過程。

史卓普是按巴特所寫的《教會教義學》一書中，對信心之動力的探討，來了解這種相信的本質。巴特認爲，人類相信的活動可以從三個時段來看。第一段是承認 (Anerkennen)，即接受耶穌基督，順服祂，以祂爲信仰的對象。第二段是認定 (Erkennen)，即視耶穌基督是爲我。這時因對耶穌基督有了存在上的認識，以致信徒的自我了解有所改變，將耶穌基督的歷史重演在自己的歷史中。最後一段爲坦承 (Bekennen)，即確認自己惟在耶穌基督裡才蒙救贖；這個「時刻」，在團體的支持下，信徒重新架構自己的身分，合乎眾所承認之耶穌基督的眞理。

(二) 基督徒故事本身不是神的啓示而是情境

史卓普對敘事神學中之故事的強調，令他對啓示與聖經權威產生一種特殊的看法，在原則上接近新正統主義；這是敘事神學的典型看法。

神的話是在某個時刻，基督徒的敘事顯爲別具意義之時，就是基督徒的敘事不再只是耐人尋味的歷史，而與讀者、聽者直接相遇，開始了解的過程，隨之產生承認、認定、坦承的可能性，而基督徒所敘述之人的話，成了耶穌基督的見證。

話。

因此，史卓普認爲，基督徒故事的本身並不是神的啓示，而是一種情境，使基督徒在其能相信他們聽見了神的話。

由於對啓示有這種看法，史卓普對聖經權威採取功能式的解釋。他辯道，聖經的權威必須從它在基督徒團體中的功能來看，而不是指這本書的本質。聖經的權威性在於，它是教會信仰告白所依據之事件的見證，而信徒團體便是圍繞它來形成的。聖經能有這種見證力，因爲作者與事件發生的時間很接近，並且其中的記錄對聖經作者而言，乃是千眞萬確的救恩歷史。所以，儘管在歷史上不盡正確，聖經還是眞實的。

但史卓普也與許多敘事神學家一樣，認爲聖經的權威不只在它與過去的關係。他指稱，聖經不斷具標準的權威性。聖經提供了敘事與象徵，而團體必須不斷回到其中，以重新了解自己信仰的實質。

三、結語

綜上所述，史卓普的上帝觀，耶穌的受苦與復活爲聖經故事的核心，基督徒故事本身不是神的啓示而是情境之神學思想。

敘事神學家們頗値得稱許，他們不僅看出其餘方式的弱點，而相對地提出富建設性的意見，也很樂意自我批判。戈德堡就是一個例子。他研究這一運動後，列出任何一種敘事神學都會碰到的三個問題：

1. 故事與經驗之間的關係——眞實的問題；
2. 如何解釋才能對故事有正確的了解——意義的問題；
3. 倫理相對的指責——理性的問題。

尼爾森結論道：「敘事神學並不能解決一切神學上的問題或僵局」。他認爲還有不少事情有待完成，如：澄清敘事一詞的含義；在大文化的敘事中，附屬的小敘事（少數民族的敘事）又有何重要性；從敘事的基本觀點上看，終極的眞理告白如何能相配；各種不同的故事都要求我們接受時，我們選擇的依據又是什麼？

這類批評都指向敘事神學引發之最主要的問題。這個運動尙年輕，未完全發展，還有前景。它要求神學與倫理學正視基督徒團體在塑造人的個性上所扮演的角色，這是很正確的。而敘事神學的典型說法，即指稱歸正是敘事互相衝突的結果，從而看出人接受信仰的過程，也很重要。但敘事神學家還需要更明確地說明，這種方式如何能使人了解神與世界的關係。敘事神學試圖在信仰團體的故事中尋找超越的神。究竟超越之神的永恆眞理，能否從各種不同的宗教故事中經過比較而凸顯出來，則還是沒有答案的問題。（葛倫斯《廿世紀神學評論》頁三二六—三四一）

第三三節　安妮卡爾的上帝觀

一、傳略

安妮卡爾 (Carr, Anne)，現任芝加哥大學神學院的神學教授，致力於女權主義與基督教傳統之關係的研究。

二、學說

（一）論女權主義及神爲男性之說

安妮卡爾〈論女權主義及神爲男性之說〉。基督教傳統用男性爲主要的用詞來形容神，這現象招致許多女權主義者的注意。安妮卡爾對此現象作出十分清楚衡量及回應，以麥法格、蕾亞 (Rosemary Radford Ruether)、巴拉絲葛 (Judith Plaskow) 等人的著作爲重點。她特別認爲重要的是用男性化的比喻來描述神，以及發展有關「神是朋友」的隱喻。

女權主義者對傳統基督教思想及禱告用來描述神的男性化比喻、象徵及觀念，提出質疑，因而帶來有關神的教義新的反思。雖然神學家否定神有性別（或任何物質性），但用來描述神的男性代名詞，以及許多基督徒反對用「她」來指神，卻似乎肯定了神的「男性」屬性。然而，「她」與「他」不僅一樣適用，甚至「她」更是必須的，如此才能脫離純粹以男性的上帝語言 (exclusively masculine God-language)，以及教會及基督徒生活中因父親形像的重要影響所導致的偶像崇拜含義，重新調整基督徒的想像力。女權主義者討論神的教義，產生出全新的隱喻性宗教用詞理論。此理論認爲，傳統的類比傾向於強調人類觀念及神自我之間的類似處。但是，隱喻性的神學，則寧可以

「神與人的關係」爲焦點，並強調所有用來形容神的宗教語言，雖然確實有某些類似處，但卻是不同的（麥法格，一九八二）。

有些人曾提議稱神爲「雙親」或「父母」，又爲了平衡以女性用語稱呼聖靈，因爲聖靈在希伯來文法中是陰性的。另一方面，有些女權主義者提議完全放棄父母的形像，因爲這似乎暗示兒童式的宗教依賴，而非成人式的宗教倚靠。父母的形式雖然帶有憐憫、接納、引導、紀律的含義，但卻無法表達現代個人及政治經驗所必須擁有的相互關係、成熟、合作、負責，以及互惠主義。一位女權主義神學家認爲傳統基督教思想有偏見，截至目前爲止，沒有一個名字是適合神的。所以爲了表達「神」是所有生命的母體和來源，她建議稱之爲「女／神」（蕾亞，一九八三）。

有些女權主義神學家呼籲使用多重的隱喻及典範來形容神以及神人關係，因爲無單一的形容足以充分表達。聖經本身使用許多不同的人類及宇宙性的稱謂，其中卻只有一個隱喻（父）得以成爲基督徒思想及生活的主要模式。有人建議用「朋友」的隱喻來形容神（麥法格，一九八二，一九八七）。這個名稱有其聖經根據：耶穌說人應當爲朋友捨命（約十五13），並說人子是稅吏及罪人的朋友（太十一19）。耶穌本身就是神與人之友誼的「比喻」。這個友誼可以見之於失羊、浪子、好撒瑪利亞人的比喻之中，以及耶穌來者不拒與人同桌吃飯的「行動性比喻」(enacted parable)。福音書指出，耶穌批評人受到家庭關係所限，看不到祂的新群體包容一切的重要性。福音書描述祂的存在使祂的朋友們生命改變，與陌生人爲友（個人層面及國家社會文化層面），成爲一個榜樣，「在這個越來越小、越來越陷入困境的地球之上，若人們不變成朋友，就無法生存」（麥法格，一九八二）。

以神爲朋友的隱喻，與女權主義的理想「群體人格」相符。這個理想提倡人與人之間、團體與團體之間的非競爭關係，反而擁有互惠主義及雙贏局面，沒有任何二元論或階級組織的存在。這種人神關係的表達，克服宗教上的捨己形像，這形像塑造了女性的經歷，就是自卑、被動性、無責任感的生活形態。這種新的關係則強調相互關係，在地方群體進行自我創造，又與他人及世界共同建立更大的社群（巴拉絲葛，一九八〇）。神的友誼這一主題在耶穌的生及死裡得到強化，啓示神是爲人受苦，與人一同受苦，在人的裡面受苦，並邀請人們進入一個與神一同受苦、爲他人而受苦的群體當中（莫特曼〔一九八〇〕一九八一）。這主題把神學與女權主義的屬靈觀一致，強調女性的友誼及互相依賴，因爲這與被造萬物彼此互相依賴息息相關。但這個隱喻有其限制，一如所有隱喻都有其限制一樣。這些限制顯示使用多種不同隱喻的重要性，如此才有可能描述神人之間深不可測的關係。（麥葛福《基督教神學原典菁華》頁一六九－一七一）

三、結語

綜上所述，安妮卡爾的上帝觀，論女權主義及神爲男性之說之神學思想。按神是個靈，應無性別，惟基督教傳統用男性爲主要的用詞來形容神，故引起女權主義者的注意。

第三四節　蓋瑞胥的上帝觀

一、傳略

蓋瑞胥(Gerrish, Brian A.)，芝加哥大學神學院的神學教授，對改革運動的歷史及當代的評註有特殊的興趣。

二、學說

(一)神藉著人對人的講話來傳達祂自己

蓋瑞胥〈加爾文神學中的調適〉：對加爾文而言，神的啓示乃按照人的容量及能力而加以「調適」或「調整」的。蓋瑞胥此篇分析極有洞見，指出曾對改革宗神學有重要影響力的加爾文神學的基本特色。

根據加爾文的看法，啓示的形式乃經過各種不同的調整，以符合接受啓示者的本性。加爾文用「調適」來統稱幾種不同種類的調整。加爾文堅信神是不可能被人類完全了解的。人對神所能有的認識，惟有來自神的啓示。神將祂自己啓示出來，不是按其本身的樣子，而是按照人的容量加以調整的。因此在講道的時候，神藉著人對人的講話來傳達祂自己；在聖禮中，祂則加入一種適應人自然物質本性的模式來傳達。加爾文論及聖經的時候，將調適的概念從模式擴展至啓示的實際內容。他指出聖經文字的措辭往往都經過調整，以適應人有限的思維。神不但屈就人性的弱點，藉著先知及使徒的話語來啓示祂自己，使祂的話語被寫成聖經，祂更同時促使祂的見證人採用適應人類的表達方式。例如用擬人法（神人同形同性論）來表達神舉起祂的手、改變祂的心意、仔細考慮、發怒等等。加爾文承認這種調適過的語言有些不適切之處。用這方法表達神聖的眞理，就如同一個護士或母親用嬰孩的口語向成人的世界說話一般。（麥葛福《基督教神學原典菁華》頁五五）

三、結語

綜上所述，蓋瑞胥的上帝觀，加爾文神學中的調適，指出曾對改革宗神學有重要影響力的加爾文神學的基本特色，分析極有洞見。

第三五節　甘騰的上帝觀

一、傳略

甘騰(Gunton, Colin)，英國神學家，致力研究三位一體神學的現代相關性。

二、學說

（一）基督勝利的上帝觀

甘騰〈論救贖理論的用語〉：本文為有關救贖理論的重要論文，英國神學家甘騰認為，若想要正確地了解基督十字架的意義，必須先要明白與之有關的用語。他用「基督的勝利」(Christus Victor)理論，特別是以與奧連有關的某些層面的比喻為例，說明這個要點。

基督教的傳統在世紀初已經成形，在此期間，對於撒但及邪靈的理解有些改變。特別是開始傾向將魔鬼人格化，視為被基督在十字架上擊敗的一個個體。整體而言，隨著時間的流逝，用來描述魔鬼的方式越來越無克制。一如奧連所說，保羅對此主題的處理方法與後來神學家的手法有明顯的不同，保羅提及魔鬼的次數遠不及大部分的教父。較後期的較少克制，從以下的情況亦可察覺：後期愈來愈多將描述魔鬼的失敗說成是某種的欺騙，因為魔鬼相信受害的耶穌只不過是一個人，因此將祂吞沒，最後卻被隱藏在祂神性中的鉤所刺。女撒的貴格利對這種觀念甚感不安（但並未不安到一個地步為此作更激烈的反應）。……但貴格利處理此問題的方法卻有問題，……他傾向採用神話法 (mythological)。這種爭戰應當是在具體的神人關係以外的層面進行的。在此可以用福音敘事體中的兩種特色加以對照：試探和醫治都是人與邪惡的實際對峙。但相反的，貴格利卻認為其中的隱喻被忽略，我們太按字面上的意義去解釋勝利，結果是我們對此事的解釋超出了事實上所發生的事。（麥葛福《基督教神學原典菁華》頁二六五—二六六）

三、結語

綜上所述，甘騰的上帝觀，論救贖理論的用語，以基督勝利理論，說明這個要旨的神學思想。

第三六節　漢普森的上帝觀

一、傳略

漢普森 (Hampson, Daphne)，當代英國女權主義主要代表人物之一。

二、學說

(一)論女權主義基督論的可能性

漢普森〈論女權主義基督論的可能性〉：耶穌基督是男性。這一點與祂對人類有何重要性的神學論題有何相關？本文是一篇重要的論文，漢普森由女權主義的角度出發，提出一系列的重要問題，並就其中的幾個問題加以探討。雖然漢普森並不認為自己是一位基督徒，但本文所反映出來的一些思維，對一九七五年以來的基督徒女權主義的圈子產生了相當的影響。

有關女權主義與基督教的相容性的問題，是指是否可能用不與女權主義相矛盾的方式來傳講基督的獨特性（在此順帶一提，對女權主義最低限度的定義，是宣揚女人和男人的平等）。對女權主義者而言，基督論的問題在於耶穌是一位男人，祂身為一個象徵，身為基督，身為三位一體中的第二位，顯示「神」亦按某種意義而言成為「男性」。我們在一開始的時候，便應注意問題的癥結所在。問題並非在於女權主義者有任何地方反對「男人」。無論這是否眞實，問題的癥結並非耶穌是一個男人，而在於這個男人被認為是獨特的、神的象徵，亦即代表神的本身——或基督教中其他的任何案例。三一的神格或最少是基督論，似乎都顯然是歧視女性。女權主義都非常注意象徵和意識形態的力量。因此，西方宗教思想既是西方文化的基礎，而當中卻充滿反對女性的意識形態，便絕非等閒小事。

基督教一向宣稱基督是無所不容的概念。他們說，在祂裡面沒有東也沒有西，祂便是新的亞當，所有人類當中的長子，在基督裡面不分猶太人或希利尼人，不分男人或女人。女權主義所提出來的問題正中基督論的核心。他們質問一位必須以男性身分出現的象徵人物，是否可以代表所有的人類。這豈非在宗教中賦予男性特權？就要成為基督徒的女性而言，她們如何可自三一神格的裡面看到她們自己的形像？他們爭論說，基督論並非具包含代表性，正好否定了經典基督論所宣稱，基督所具有的包含代表性。（麥葛福《基督教神學原典菁華》頁二二一——二二二）

三、結語

綜上所述，漢普森的上帝觀，論女權主義基督論的可能性之神學思想，對基督徒女權主義的圈子產生了相當影響。

第三七節　海特的上帝觀

一、傳略

海特(Hayter, Mary)，英國神學家，致力於研究傳統基督教思想及女權主義之間的關係。

二、學說

（二）論人的性別及神的形像

海特〈論人的性別及神的形像〉：英藉神學家兼作家的海特，在此探討人乃按神的形像被造的聖經教義與性別及性別的關係。她特別指出男人與女人應當按照創造的教義建立正確的關係。

首先，過去一向堅守的傳統指出，「所有的男人」都帶有神的形像，女人則無分於「神的形像」(Imago Dei)，或是女人只是按次要的意義而言帶有神的形像。例如大數的戴阿多若 (Diodore of Tarsus) 所寫的創世記註釋中，指出女人並非擁有神的形像，乃是在男人的主權之下。屈梭多模 (John Chrysostom) 認爲男人擁有「神的形像」，意指亞當對其他的受造萬物（包括女人在內）擁有主權，……若按照不存偏見的釋經，創世記一26—27及五1—2，絕對沒有證據支持女人並非與男人一樣擁有神的形像。若說只有男人是按照神的形像被造，與宣稱只有女人是按照神的形像被造同樣錯誤……。

其次，有人曾經建議起初人是沒有性別的，或說是雌雄同體的；兩性的分別是墮落的後果。許多基督徒，特別是婦女，因此，對性別感到畏懼及懷疑。此外還有一些其他動機，例如禁慾者和修道運動，以及有些人努力想要把人帶到無性的天使境界。加上諾斯底派及柏拉圖的希臘神祕主義破壞性的影響，使得早期教會大部分的群體都認爲性別是低級的，配不上有聰明才智的人，一如卜仁納所指出，這種概念「大致上是在下意識中及背地裡」所持守的……卻對基督教界帶來決定性的影響，直到今日。一位著名的廿世紀學者貝德葉夫 (N. Berdyaev) 認爲，人的二元性是墮落人性的表現，他並訴諸柏拉圖的《評論集》(Symposium) 中雌雄同體的理想以支持他的看法。大多數支持雌雄同體的理想的人，一如貝德葉夫一樣，他們所輕視的，不是性別，而是婦女。例如「男人受到性的奴役，實際上是受到女性的奴役，可以追溯到夏娃的形像」之類的說法，便有明顯厭惡女人的暗示。

我相信創世記一26—27並未提供任何支持此類觀點的證據。此段經文的主詞「人」('adam ，亞當)，是指希伯來文的集體名詞「人類」。創世記五2證明男人及女人在被造之時，共同被稱爲「亞當」，亦即人。創世記五3的「亞當」是專有名詞，但第一章及第五章1—2節卻並非如此。因此，凡是將起初創造的敘事與古希臘雌雄同體或陰陽人相提並論的嘗試，都無法獲得支持……。

這對於探討女性的角色，以及她們在創造的次序中與男人的相關性具有重要的意義，因爲這些經文同時強調兩性之間的合一及區別。首先，「亞當」('adam) 加上單數代名詞「他」('oto，創一27)，顯示神的原意是要男性及女性形成融洽、一致的關係，共同分享人性，共同參與神的形像及儀式。其次，性別是人之所以爲人的基本原則，而生殖後代則是一個正面積極的命令（創一28）。男女性別的不同及生殖的方法並非雌雄同體理想的退化。這與其他舊約經文所描述的婚姻及性愛的正面價值一致。對希伯來人而言，生殖及性生活，都是神給所有生物的特別恩賜。第三，既然男人及女人同時被造，沒有任何時間上或本體上更優越的暗示，男女兩性的區別就不能影響到他們在神面前、在彼此面前的平等地位。性別的區分並非意味著階級組織。此處沒有生殖及主權老套的角色分別。男人及女人共同受祝福，共同領受「遍滿地面，治理這地」（創一28）的吩咐；沒有一個性別擁有轄制另一性別的主權。若是神的形像與主權之間有任何的關係，必須要謹記，聖經記錄男人及女人無差別地共同得到神的形像。（麥葛福《基督教神學原典菁華》頁三二四—三二六）

三、結語

綜上所述，海特的上帝觀，論人的性別及神的形像，指出男人與女人應當按照創造的教義建立正確的關係之神學思想。

第三八節　詹遜的上帝觀

一、傳略

詹遜 (Jenson, Robert)，北美最主要的信義宗神學家之一，以其對三位一體教義的貢獻聞名於世。

二、學說

（一）三位一體的上帝觀

詹遜〈論三位一體〉：詹遜是美國路德會神學家，認為三位一體是基督徒用以認識神，稱呼神的獨特教義。三位一體可以說是基督教的神的專有名稱，肯定並確認神在歷史中救贖的作為，以此基礎建立神的身分。

三位一體的教義，便是由於基督教努力去識別那位自稱是我們的神的那一位。此教義包括一個專有名稱：「父、子、聖靈」，有數個不同的文法變體，還有經精心發展和分析的相應的識別描述……。

新約中還出現一個新的名稱，亦即三位一體的名稱：「父、子、聖靈」。此名稱的出現，無疑是由於上述藉著耶穌的名呼叫父神的傳統，但是其原因已無從追究。我們也一直使用此名。由希伯來文聖經，我們已經看到聖經中的神必須有一個專有名稱。由初期教會生活中，可以看到用耶穌的名字來稱呼神。「父、子、聖靈」便是由歷史中傳承下來的名稱。

只要略略觀察教會生活，便可發現「父、子、聖靈」在新約教會中的地位，正如同「耶和華」或後來的「主」在以色列中的地位。我們的敬拜以「奉父、子、聖靈的名」為開始，中間不斷使用此公式。我們的禱告以「奉主（與父及聖靈同在）的名」為結束。最重要的，是當信徒與神、與人相交時，被稱為是「歸入父、子、聖靈的名」(into the name「father, son, and Holy spirit」)。

教會歷史中一向有稱呼三位一體之名的習慣。我們無法追溯是在多早的時候已經開始，但顯然比最早有三位一體的反思之時還要早，似乎是源於信徒對神的經歷。當我們在禮拜儀式中，要向神說話，或為神說話（而非講論有關神的話）之時，我們需要稱呼神的名，我們也使用神的名，這便是三位一體公式開始出現的時候，一直到現在都是如此。在使徒之後的著作中，三位一體的公式並未以神學形式出現，或其出現有倚賴之前的神學發展的跡象；但無論如何，此公式已經存在。其發源地是禮拜儀式、洗禮及主餐，此公式成為這些儀式的核心部分。（麥葛福《基督教神學原典菁華》頁一六〇——一六三）

三、結語

綜上所述，詹森的上帝觀，論三位一體是基督徒用以認識神稱呼神的獨特教義之神學思想。

第三九節　積維的上帝觀

一、傳略

積維（Jewett, Paul），北美福音派神學家，致力於以現代的處境重釋福音派的思想。

二、學說

（一）三位一體的上帝觀

積維〈論三位一體與非性別包涵性語言〉：近年來有關是否一定要用「男性」名稱去稱呼神的爭論越來越嚴重。這個問題與三位一體的教義特別有關，因爲傳統的用詞「父、子、聖靈」中，其中兩個顯然是男性的稱呼。還有什麼其他的選擇嗎？我們如何能夠顧全女性的感受，同時顧及基督教的可信性？積維在此文中討論一些其他的可能用詞。

若我們用「生」（begetting）及「被生出」（being begotten）來類比形容神本體中第一位及第二位的關係，則我們同樣可以用「生產」（bearing）及「出世」（being born）的類比形容。因爲神既像男人，也像女人，那麼，爲什麼不能用一位母親永恆地「生產」女兒，以及一位父親永恆地生出兒子，來比喻神？一位母親不也同樣有可能呼出聖靈，一如父親一樣嗎？女人豈非與男人一樣有氣息嗎？女人豈非也是活著的嗎？當然，我們在此所說的全部都是假設，因爲事實上，神道成肉身時，的確是成爲一位男性。但在有關神及道成肉身的觀念中，並沒有任何因素導致邏輯上必須使用男性用語。以色列既是一個家長制的父系社會，神向他們啓示時，自然會使用家長的形式（此處用「自然」而非「必須」，因爲即使是在家長制的父系社會中，仍然有人認識並敬拜女性神祇的）。因此，神用「父」的身分向「祂」的子民啓示祂自己，這絕非意料之外的事。祂既以父的身分向以色列啓示祂自己，自然應當差派一位「子」，成爲男性。此處雖然說是「應當」，但這是第二種的「應當」，並非因爲出於本性，神必須成爲男性，而是因爲造物者賜下兩性給人類所致。因此，當我們按照所賜與我們的個別人性來描述自己時，稱自己爲男人或女人，在此並非類比，而是實際。因此當神成爲人的時候，必須變成一個男人或一個女人。事實上，福音書及迦克墩會議所決定的基督論，並未強調耶穌的男性身分。道成肉身使得神變人(vere Dei becomes vere homo)，而不是變成男人(Vere masculus)。但是，一旦「這個無與倫比的行爲達成、決意、膽敢、完成」(Smart)，神自我啓示的形式便擁有一種決定性(Finality)，並非終極性(ultimacy)，成爲教會的標準。基督耶穌是神與人中間惟一的中保(提前二5)，而這位基督耶穌是一位男人。(麥葛福《基督教神學原典菁華》頁一六七－一六八)

三、結語

綜上所述，積維的上帝觀，論三位一體與非性別包涵性語言，因爲傳統的用詞父子聖靈中，其中兩個顯然是男性的稱呼，爲顧全女性的感受，可否改用「生產」及「出世」的類比形容之神學思想。

第四〇節　林貝克的上帝觀

一、傳略

林貝克(Lindbeck, George)，重要的北美神學家，以對教會的合一神學(ecumenical theology)的貢獻，以及近期對基督教教義的本性之探討聞名於世。

二、學說

(一)文化語言學的上帝觀

林貝克《教義的後自由神學進路》：林貝克的《教義的本質》(Nature of Doctrine, 1984)被公認爲後自由神學的宣言，用「文化／語言學」的方式研究基督教教義，辯稱基督教傳統的語言受到教義的規範。林貝克首先指出一些其他的進路；認爲教義乃是對認知性眞理的宣告或表達人類的經驗；接著便提出他自己的立場，指出基督教傳統中的歷史及文化現象乃至關重要的。

這個語言學文化的宗教模式，強調了人類的經歷如何被文化及語言的型式所影響，甚至塑造。除非我們學會使用適當的符號系統，否則將有無數的思想是我們無法想像的，有無數的感情是我們無法經歷的，有無數的現實是我們無法體會的。海倫凱勒及傳說中狼孩的情況，似乎便是活生生的寫照，除非我們掌握其中的語言，否則我們無法實現身爲人所具有的思想、動作和感覺的能力。由此可見，成爲宗教教徒意味著對某一宗教的語言及其符號系統逐步掌握。例如成爲基督徒意味著熟悉以色列及耶穌的故事到一個地步，能夠詮釋自我並按此而詮釋其所在的世界。宗教最重要的其實就是一外在的用語 (Verbum externum)，用以塑造成個人及其世界，而非一個先存的自我或非意念化的經驗的表達。此「外在的用語」（傳統中基督徒視此爲聖靈的工作）也十分重要。然而按照神學的方式來理解，這是一種聆聽並接受眞正宗教（眞正外在的道理）的能力，而非經驗表達主義所謂的不同宗教所共通的相同經歷。（麥葛福《基督教神學原典菁華》頁五五—五七）

三、結語

綜上所述，林貝克的上帝觀，論教義的後自由神學進路，指出基督教傳統中的歷史及文化現象乃至關重要之神學思想。

第四一節　麥法格的上帝觀

一、傳略

麥法格 (Mc Fague, Sallie)，北美神學家，致力於研究神學語言及模式在現代神學重釋中的角色。

二、學說

(一)神學中的隱喻

麥法格《神學中的隱喻》：麥法格在她的數部著述，包括《隱喻神學》(Metaphorical Theology) 中，指出基督教講說神的方式是以隱喻爲主，強調神與人之間不同以及類似之處。她首先指出神學需要使用形像或模型，用以刺激或表達神學的反思。接著她便以「神有如母親」這個暗喻爲中心，具體地探討隱喻的獨特角色。

首先要強調一件事，神學是建設性的、隱喻性的，並非「化除神話」(demythologize)，而是「再神話化」

(remythogizes)。若欲視神學爲隱喻性的，則一開始便應當拒絕爲了要求得所謂更加淺明（通常也更加抽象）的用詞，而嘗試剝奪宗教語言的具體、詩意、想像，及無可避免的擬人法的特性。神學的主要任務之一，便是按照我們時代所能了解的措詞，重新將聖經神話化，以現代人經驗鑑定並闡明其中主要的隱喻及模式，以便我們用更有力的、更淺顯的方式表達基督教信仰，使我們所處的時代能夠明白。神學家不是詩人，也不是哲學家（儘管在基督教傳統中，神學家常常變爲哲學家）。按照隱喻性神學而言，神學家的身分是不規則的，有時也要分擔詩人及哲學家的角色。他是詩人，因爲隱喻及各類模式是與基督教信仰相符的，也有助於神學家向他們自己的時代表達基督教信仰。因此，神學家必須對隱喻及模型相當敏銳，他也因而扮演詩人的角色。此外，神學家必須從隱喻及模型的含義中組織出一個有連貫性、涵蓋性及系統化的解釋，就此而言，他們扮演著哲學家的角色……。

隱喻是用爲人所熟悉的用語，指出爲人所不熟悉的事情的一種嘗試，是用我們所知道的東西，來指出我們所不知道的東西的一種嘗試。並非所有的隱喻都適用於這種定義，因爲許多隱喻是根深柢固地融入傳統的語言中，我們無法留意到它們的存在。我們對許多隱喻的用法已經如此熟悉，以至於我們無法認出它們是在嘗試表達一些不熟悉的概念（如父神）。

隱喻通常用「是」或「不是」來表達，以可能的說法而不是定義來作論述。例如說「神是母親」，並非將神定義爲母親，也並非指出「神」及「母親」兩個名詞是相同的，而是使用母親爲隱喻，幫助我們思考我們不知如何討論的主題——我們與神有何關係。此處的大前題是假定所有有關神的論述都是間接的，沒有任何字詞或片語可以直接討論神，因爲所有有關神的語言都只能繞道而行，採用原本應當屬於別處的用語來形容有關神的事情。若說神有如母親，是希望我們考慮用某些與母親有關的品質來理解神與我們的關係，這雖是不整全的描述，但的確可以說明神與我們的關係的某一層面。我們同時也假定，有許多其他的隱喻，是足以充當不整全但卻可以說明眞相的棋盤或螢幕。（麥葛福《基督教神學原典菁華》頁四八—五〇）

三、結語

綜上所述，麥法格的上帝觀，神學中的隱喻，以「神有如母親」暗喻為中心，探討隱喻的獨特角色之神學思想。

第四二節　畢克羅的上帝觀

一、傳略

畢克羅 (pinnock clark H.)，著名的加拿大福音派神學家，以持守亞米紐主義聞名，最近開始探討兼容並蓄的宗教多元論。

二、學說

(一) 論多元論者及基督論

畢克羅是一位著名的加拿大神學家，在本文中指出，贊成宗教多元論通常導致基督論出問題，視耶穌為許多宗教偉人中的一位。他列舉多元論者面對此問題所採用的多種策略，並評估其優劣之處。茲舉其一例。

希克 (John Hick) 採取更加激進的方法，來解決新約高調基督論 (High Christology) 的問題。首先，他率直地否定耶穌曾經宣告祂自己是獨一無二的。他知道在這一點上有所保留，將使得基督論受到後來發展的影響，給多元論有立足之地。就方法論而言，這是聰明的一步棋；就解經而言，這卻是危險的一步棋。第二，他與涅特一樣，他將新約聖經中所有宣稱耶穌是獨一無二的經文翻轉過來，解釋那只不過是非理性之愛的表達。第三，他嘗試將道成肉身的基督論放在一個假設的傳統背景中。他舉佛陀為例，指出宗教領袖備受尊崇，經過一段時間，往往被奉為神。第四，他說若相信道成肉身，便要面對各式各樣難以解答的邏輯難題。這提供了一種哲學上的後援，如果其他論證都不成。

不幸的是，他所提的論證並無根據。首先，嚴謹的解經者，無法否認耶穌宣稱祂的獨特性。雖然耶穌的確沒有說明祂是道成肉身，但是祂的復活是具體的證據，證實對祂自己的身分作出的宣告是有根據的，也導致教會對耶穌推崇備至，信心歷久不衰。其次，將聖經中對耶穌獨特性的見證曲解為愛的宣告，是令人無法接受的，是惡意的敵擋教會所宣告的信息，是不合理、不公義、有意輕忽的舉動。第三，基督論是早期已發展出來的教義，其中有清楚的道成肉身的教義。隨著耶穌的復活，基督論也有極爲長遠的進展，證實起初的宣告。佛教數百年來的發展完全無法相提並論。第四，就道成肉身的信念是否合乎理性這一問題，有兩點可以說。首先，基督是否獨一的救主這個問題，遠超過相信道成肉身。聖經中有許多其他的見證高舉耶穌爲宇宙的主宰。其次，並非所有的人都如同希克一樣，深信道成肉身的信念有深切的邏輯問題。許多有思想的基督徒都認爲道成肉身是合理的、眞實的、偉大的信念。

新約有效地清除這些攔阻人相信耶穌基督是獨一救主的嘗試。任何人若想要貶低基督論，那都是敵擋基督的偏見，是難以令人接受、是沒有證據的。沒有人能夠用正確的解經來否定基督的獨特性。沒有人能夠從新約找出非規範性的基督論。在解經上作多方面的考慮和嘗試並沒有錯，有時的確能學習到很多。但就結果而言，任何想要貶低基督論的努力終將以失敗告終。（麥葛福《基督教神學原典菁華》頁四一六—四二〇）

三、結語

綜上所述，畢克羅的上帝觀，論多元論者及基督論，指出贊成宗教多元論，通常導致基督論出問題之神學思想。

第四三節　托倫斯的上帝觀

一、傳略

托倫斯(Torrance, Thomas F.)，重要的蘇格蘭神學家，投身研討基督教與自然科學之間的關係，以對巴特的詮釋聞名於世。

二、學說

(一)倫巴特的自然神學

托倫斯被公認爲英國廿世紀最重要的神學家，是著名的解釋及翻譯巴特的專家。本文十分重要，成爲維理尼亞大學的巴伯(Page-Barbour)及理查(James W. Richard)講座的部分內容。托倫斯在本文中清楚列出巴特對自然神學基本的反對。

就神學內容而言，巴特的論證是：若我們眞的經由耶穌基督認識神，知道祂眞的是父、子、聖靈永恆而不可分割的存有，則我們是誰？怎有資格製造出一個不需要倚賴三一神的本體的、獨立的自然神學呢？亦即不以神的眞實本體爲神，而以某些一般性的存有者爲神。自然神學實際上是藉由神的行爲而得到神存在的結論，因此並非以自然神論爲起點，而是強將自然神論加諸神學之上。設若惟有按著神是三一神來認識祂，才能眞的認識祂救贖的作爲，認識祂是神，則三一的教義一開始便是知識的眞正基礎，我們必須對不按祂三一的作爲而產生的任何一神教義提出質疑—這正是傳統的自然神學對神的認識。（麥葛福《基督教神學原典菁華》頁一一三—一一五）

三、結語

綜上所述，托倫斯的上帝觀，倫巴特的自然神學，提出基本的反對之神學思想。

第四四節　崔保的上帝觀

一、傳略

崔保(Tribble，Phyllis)，著名的美國女權運動作家，聖經學者。

二、學說

(一)論女權主義者的解經

崔保是北美洲最受人尊敬的女權主義(Feminist)聖經學者，在此文中提供一個絕佳的例子，顯示一位女權主義者基於什麼神學的議題導致他們對聖經的重解，以期更加了解以前世代的解經家（多數爲男性）所忽略或是壓抑的聖經眞理。本文爲現代女權主義者解釋聖經的範本。

1、當女權主義者開始檢視聖經時，他們的重點在於收集反對女性的證明。解經者注意到以色列女人的情況。

在父母的眼光之中，女孩子沒有男孩子重要，因此女孩子與母親很親密，但她的父親卻控制她的生活，直到藉著婚姻的形式將她移交給另外一個男性。若這些男性之中有人錯待，甚至虐待她，她必須服從，沒有反抗的餘地。羅得為了要保護一位男性的客人，將他的女兒提供給所多瑪的男人（創十九8）；耶弗他為了要守一個愚蠢的誓言，將他的女兒獻祭（士十一29—40）；暗嫩強姦同父異母的妹妹他瑪（撒下十三）；以法蓮山地的利未人與其他的男性共同出賣、強姦、謀殺他自己的妾，甚至將她支解（士十九）。雖然並非每段與男女兩性有關的經文都是如此恐怖，但是敘事體的經文卻清楚顯示希伯來女性由出生至死亡都是從屬於男性的。

這些敘事文體所顯現的事實，在律法文體中有更具體的表現。女性被視為男性的財產（出廿17；申五21），無權支配自己的身體。男性期望他所娶的妻子是處女，但他自己卻不需要保有童貞。一個妻子若在婚前犯了通姦的罪，便是干犯了她父親以及丈夫的榮譽以及勢力，應被石頭打死以為刑罰（申廿二13—21）。尤有甚者，女性沒有權利提出離婚（申廿四1—4），更加沒有權利擁有財產。女性無權任職祭司，被視為遠較男性更加不潔淨。（利十五）。女性的金錢價值也較男性低（利廿七1—7）。

2、在為人所忽略的經文中，最顯著的是將神描述為女性的經文。詩人宣稱神是接生婆（詩廿二9—10）：「但祢是叫我出母腹的；我在母懷裡，祢就使我有倚靠的心。」神成為一位母親，孩子從生出便被交在祂手中：「我自出母胎就被交在祢手裡；從我母親生我，祢就是我的神。」這篇詩雖沒有直接作出等同，但其中女性的形像卻明顯反映出神的作為。詩人所暗示的，在申命記卅二18中有所明示：「你輕忽生你的磐石，忘記產你的神。」

標準修訂版 (The Revised standard Version) 聖經的翻譯「產你的神」(The God who gave you birth) 是正確的，但其表達卻是無力的。我們需要強調此處形容神有如一位經歷產痛的婦人，因為希伯來文的動詞帶有這個意義〔耶路撒冷聖經（Jerusalem Bible) 的翻譯「你忘記神是你的父親」(You forgot the God who fathered you) 簡直是可恥的翻譯。〕另外一個女性形像的比喻是希伯來文的字根 Rhm，子宮的比喻。此字的單數形式特指女性獨有的身體器官，其複數形式則意指人類和神的憐憫之情。慈悲憐憫的神 (Rahum) 是如同母親一樣的神（參耶卅一15—22）。然而歷世歷代的翻譯者及解經者卻忽略了這種女性的比喻，爲神、男性及女性都帶來災難性的後果。女性要重新檢回神的形像，就必須認識到信仰中長期受到男性偶像崇拜所帶來的扭曲。

3、士師記十九章的妾被出賣、強姦、謀殺、支解的故事是一個驚人的例子。當便雅憫族敗壞的男人們要求「認識」(Know)這妾的主人時，他卻將她丟給他們。他們整晚凌辱她。清晨她回到她主人那裡，他竟完全沒有任何憐憫之心，只吩咐她起身同行。她沒有作出回答，讀者不得不開始懷疑她是死是活。但是，她的主人卻將她的身體放置在驢子身上，繼續她的旅程。當夫婦倆人抵達家門時，主人將妾切成十二塊，分送到以色列的十二支派中，號召發起戰事，爲便雅憫人錯待他的行爲而復仇。

這個故事的末了提及以色列人「應當想想、大家商議當怎樣辦理」（士十九30）。事實上，以色列人的確照作，並且無限制的放縱暴力。接下來發生大屠數。一個女人被強姦、謀殺及支解，帶來了數以百計的女人相似的暴行。作者（或編者）卻有不同的反應，認爲應當使用政治上的解決方法，用王權政治取代士師時代的無政府狀態（士廿一25）。這個解決方法卻失敗了。在大衛的時代，以色列中有王，然而暗嫩卻強姦了他瑪。我們今日聆聽這個古老的恐怖故事時，那「應當想想，大家商議當怎樣辦理」的命令到底與我們有何關係？女權主義的方法，便是注意讀者的反應，站在妾的角度來詮釋這個故事，呼籲後人紀念她的苦難及死亡。（麥葛福《基督教神學原典菁華》頁一〇〇—一〇七）

三、結語

綜上所述，崔保的上帝觀，論女權主義者的解經之神學思想。第一種方式探索遠古以色列中女性的次等、低下、被錯待。提出厭惡女人的歷史及社會學記錄，此種方式則將這些記錄應用於詩歌及神學中，並同時繼續在不太可能的地方尋找那些餘民。第二種方式不但恢復對忽略的女性的重視，對父權制的批判，同時也重新解釋一些耳熟能詳的經文。第三種方式則重述恐怖的聖經故事，對被虐待的女性提出比較有同情心的解釋。女權主義者的解經法對新舊解經法所提出來的多方面的挑戰。或許時機成熟時，便能產生出女性神學來。

〔廿世紀神學的回顧與展望〕：有一個因素對廿一世紀的神學會造成影響，至少開始時會，那就是後現代主義的問題，二十世紀可視爲一種過渡時期。在其中的十個十年內，西方文化從承襲啓蒙時期的現代時期，猶疑挪步，卻也並不回頭。而其動向爲何—即，後現代主義的特徵爲何—仍是個開放性的問題。到目前爲止，後現代主義的宗師們只不過在拆除現代的思維模式。他們只對一件事有把握，即想在地上達到天境的努力，已經一敗塗地。無論至終後現代主義思想的特色爲何，必會因這一世紀的失敗和失望，使我們眞實狀況的衝擊下，對自己與對世界的觀點變得更加眞切。

因此，從一個角度而言，二十世紀的結尾，乃是重複了它一開始就學的功課。儘管我們用意良好，但憑著人的本性，我們不可能將地球變成天堂。對許多人而言，這種覺醒只能帶來一個結論：沒有天堂、沒有超越、沒有外在—無論是在我們之上，或在我們之前；我們乃是不完全的自我，被困在不完全的地球上。

雖然這種已浮現的後現代主義心態，似乎將信仰通到只能自我辯護的地步，但其實它也爲神學開啓了新機。後現代主義顯示出，本世紀的神學歷史對西方思想有一些衝擊。只要是忠於信仰根基的神學，都會宣稱：人類想建設新秩序的努力註定失敗。但這不意指信仰與盼望會滅沒。我們不能將天堂帶到地上，只不過是打開一扇門，讓另一種更大的可能出現，即，神臨到我們，而創造一個新世界。

所以，在從現代過渡到後現代的時期中，神學有機會提出新見地，用新的方式表達基督徒對超越又臨在之神的信念。這位神從眞實之整體以外的超越處，侵入我們目前的情況中。同時，這位神又臨在我們的環境內，共同承受我們的情境；而神要我們將眼光越過我們的不完全，看到那尚未得到的完全。總而言之，神學必須接受二十世紀經驗的判決書：地球不可能成爲天堂。但它必須接著加上滿帶希望的信息：「地上」可以變成「如同在天」。那位從外在（從那裡、那時）向我們說話的神，也是現在正與我們同在的神（在這裡、現在）。我們對這眞理的了解，端賴神學在神的臨在性與超越性之間取得了平衡。（葛倫斯《二十世紀神學評論》頁三七四—三七五）

下編　結論

綜上所述，關於西方神哲學家的上帝觀，已詳如中編各章所論，恕不贅述。茲歸納各家成說，間以己意，使「上帝觀」有一較正確而顯明的輪廓起見，故擇其犖犖大者，分爲上帝之存有、本質、屬性三端，縷陳分述於后，以就正於方家焉。

按上帝（神），是人對祂的尊稱，具有「權柄、能力、尊貴、高大」等的意義。聖經中曾用過「上帝」（神）的稱呼，計有二五五〇次之多，較用「耶和華」的名，計五五〇〇次，則僅其半數而已。耶和華，是上帝（神）之名，是上帝（神）親自啓示的名，不是人對上帝（神）的稱呼。是「在全地何其美的名」（詩八：1、9），是獨一眞神的獨一的聖名。聖經中曾用過「耶和華」的名五五〇〇次，比用上帝（神）的稱呼二五五〇次，多了一倍，可見上帝對人的慈愛何其大。但翻譯聖經常被翻爲「主」(The Lord)，尤其是七十士譯本 (Septuagint)。上帝與耶和華，是主要的稱呼，或有連稱上帝耶和華，或耶和華上帝者。至於其他的各種稱呼，那是人的感受所加的形容讚美詞而已。不過，在中國，上帝不稱爲神，古代爲稱至尊之神，稱天、稱帝、稱上帝，但不稱爲神，可見神是泛指在天以下的神明。故本論文以「上帝觀」（神）研究爲主軸而命題也。

「上帝觀」研究主要之目的，就是要證明上帝之存有，這是可以證明的，而上帝三位一體的位格，只能憑啓示而知，也就是說必須憑信心，所謂因信稱義，重生得救。啓示的依據就是全部聖經，因爲，聖經都是神所啓示的，是無錯誤的。吾人應篤信聖經眞理，信仰救主耶穌基督，才是研究神學的主要意義。約翰福音三章十六節說：「上帝愛世人，甚至將祂的獨生子賜給他們，叫一切信祂的不至滅亡，，反得永生。」

第一章　上帝（神）之存有

上帝或稱神、天主。爲宇宙之源頭及創造者，並爲絕對公義之主持者。要理問答四曰：「神是靈：祂的本性、智慧、權能、聖潔、公義、恩慈、誠實，都是無限無量，無始無終，永無改變的。」上帝是「自有永有」的，所以永不改變。當摩西問神的名，上帝回答說：「我是自有永有的。」(I am that I AM.) 出埃及紀三章十三節至十五節：「摩西對神說：『我到以色人那裏，對他們說：你們祖宗的神打發我到你們這裏來。他們若問我說：祂叫什麼名字？我要對他們說什麼呢？』神對摩西說：『我是自有永有的。』又說：『你要對以色列人這樣說：耶和華你們祖宗的神，就是亞伯拉罕的神，以撒的神，雅各的神，打發我到你們這裏來。耶和華是我的名，直到永遠；這也是我的紀念，直到萬代。』」〈詩篇〉一〇二篇廿七節：「惟有祢永不改變，祢的年數沒有窮盡！」又一一九篇八十九至九十一節：「耶和華哪，祢的話安定在天，直到永遠。祢的誠實存到萬代；祢堅定了地，地就長存。天地照祢的安排存到今日；萬物都是祢的僕役。」〈瑪拉基書〉三章六節：「因我耶和華是不改變的，所以你們雅各之子沒有滅亡。」〈馬太福音〉廿四章三十五節：「天地要廢去，我的話卻不能廢去。」〈希伯來書〉十三章八節：「耶穌基督，昨日、今日、一直到永遠是一樣的。」〈雅各書〉一章十七節：「各種美善的恩賜和各樣全備的賞賜，都是從上頭來的，從衆光之父那裏降下來的；在祂並沒有改變，也沒有轉動的影兒。」感謝神，時代的改變，不過轉瞬即逝，而神永不改變，祂的話永不改變，《聖經》眞理，永遠不廢。上帝是「自有永有，以互古直到永永遠遠，始終不會改變。

第一節　上帝存在的辯證

關於上帝之存在的辯證 (God, Arguments for the Existence) 構成從世界突出人類心思最優美的企圖，並超越經驗現象的範圍之外。

實在說來，上帝存在的問題，是人類哲學中最重要的問題。這問題影響到人生的整個趨勢。人是被認爲在宇宙中的至上者呢，抑或相信在人以上還有一位至上者，是他必須愛慕與順從，或公然反抗。

有三方面可以用以辯證神的存在。第一用演譯（自原因推及結果）法，從神的觀念來辯證神的存在，以爲神是一位完美者，祂的存在是不可想像的。第二用歸納（由果追因）法，從世界得證據，從可見之物，從體驗的宇宙，堅持神一定要解釋這宇宙的某種特徵。第三從實存方面，藉個人所得的啓示來說明神直接的經驗。在常識上來說，這方面並不是眞正的辯證，因爲一個人往往不能辯證直接所經驗的事。

第一目　本體辯證 (The A Priori Approach)

此（演繹）辯證乃著名的本體論的核心，是由坎特波利主教安瑟倫所發起的，雖然說早在奧古斯丁的思想中就有了。此辯證開始於神爲一無限、完全與必須的神之定義。

安瑟倫說：「在我們的思想中，沒有比我們所思想的那一位更大的。」就是愚人當他說到「沒有神」的時候〈詩十四：1〉，他也知道神是誰。如果最完全的那一位僅管在思想中存在而不實際存在，那末祂就不會是最完全的一位，因爲實際存在者一定是更完全的。因此，安瑟倫結論說：「沒有一個明白神是什麼的人，會以爲神是不存在的。」

本體辯證曾有一段長久而激烈的歷史，它曾吸引了西方歷史中一些高材大志之士，就是大名鼎鼎的數學家笛卡兒、斯賓諾沙與萊布尼茲。然而卻不能說服大多數的人，如康德。

第二目　歸納辯證 (The A Posteriori Aproach)

一般人的心態似乎比較欣賞歸納的辯證（即由果追因的方法）。本體論不需涉及感官而可以提出，但宇宙辯證與目的辯證需要仔細觀察世界。前者集中在原因上，而後者強調宇宙的設計。

第三目　宇宙辯證 (The Cosmological Argument)

宇宙論有多種方式。最早的方式是在柏拉圖與亞里斯多德的著作中出現，並強調解釋動因的需要。以爲靜爲自然，動爲不自然，這些思想家得到一個結論，認爲神乃萬事主要動者之必須。多馬阿奎那 (Thomas Aguina) 用動作在其神學總論中爲他的第一證據。初動者乃神也，凡動者都爲另一東西所動。但此一連串的動者不能永遠在動——主要的假設——因爲若沒有最初的動者，就不會有其他的動者；因此，我們必定有一個最初的動者，阿奎那結論說：「這個最初的動者大家都了解，就是神。」

此從「動作」來的辯證，在我們的科學時代是不太使人信服的，因爲我們認爲動乃自然，而靜乃非自然，有如惰性定律所說的（動者恆動，靜者恆靜）。許多科學家堅持動者一連串無止息的動作，並不是不可能的或矛盾的。

此宇宙論最有趣的方式就是阿奎那的「第三方法」，即由偶然性而來的辯證。其有力的說法是得自所用永恆與變易的方法。伊比鳩魯 (Epicurus) 說到數世紀前的形而上學的難題：「有些事物現在表面上看來是存在的，但決沒有些東西會從無中生來。」因此，必定有一位是沒有開始的。一位永遠常在者必須被所有的人承認——有神論者，無神論者，以及未可知論者。

但物質的宇宙就不全是這個永遠常存者，因爲宇宙是會變的，無常的，易受損壞的。假如每一現存而易變的事，靠賴上一個易變的事，而上一個易變的事，靠賴上上一個易變的事，這無窮盡地追溯上去，那末，這對凡事不能提供一個適當的解釋。

選擇是很簡單的：一個人不是選擇自存的神，就是選擇一個自存的宇宙——但是這個宇宙所有的表現不像是自存的。事實上，根據熱力學的第二原理，宇宙好像一個大鐘在跑，又好像一個大火爐在冷卻，能源逐漸在消散，那就是說在整個宇宙中，能源要不斷地分配。假如此程序再進行幾百萬年——科學家就永遠看不到消散能源的恢復——結果在整個宇宙中一切物質活動都要停止。

時常有人反駁宇宙辯證而問道：「如果神造了這個宇宙，那末神又是誰造的？」如果人堅持說這世界必定有個起因，那麼人就不能堅持說神也必定有個起因麼？不是的，如果神是一個必然的一位——如果人接受這個證據，這是成立的——那麼就不需要問神來源的問題。那就好像問：「誰造了那不是被造的？」這是不合理的問題。

休謨辯論說：原因乃是心理學上的原則，而非形而上學的原則，一個人的來源乃在於人類的習性，在事與事之間去假定其關係。康德也贊成此說法。羅素認爲來源的問題糾纏著許多毫無意義的廢話，我們只要說：「宇宙就在那裏，別的就不必多說。」

第四目　目的或設計辯證 (The Teleological Argument)

這是最古老、最流行、最易領悟的有神論的證據。此論主張在宇宙的秩序與人類技巧（創造力）之間有相似之處。伏爾泰用最簡單的話說：「如果錶能證明有造錶的人，如果我說宇宙不能證明一位偉大創造者的存在，我豈不是愚不可及嗎？」

宇宙顯然是經過設計的，這點無人否認；世界井然有序的例證比比皆是，不可否認。幾乎在世界各處都可以找到證據。人生的本身就像宇宙的功能——就是一種屬世的與超世之事非常複雜的安排。例如這地球必須有一定的大小，它的運轉必須是正確的，它與太陽的距離必定在一定限度之內，它的傾斜度必須是正確的來使四季分明，它的陸地與海洋的分配率必定是極度的平均。我們的生理也是如此，其構造是非常精細的，再多一點的熱度或冷度，我們就死了。我們需要光，但不能太多的紫外線。我們需要熱，但不能太多，我們生活在大氣層保護之下。是誰創造了這些保護層，使我們得以在這地球上安然居住呢？

我們又面對一個選擇。這宇宙是有目的呢，抑或是偶然發生的？這宇宙若不是出於偶然，就是有神的計畫！

大多數人生來就對偶然或機遇這種說明討厭，因爲這與一般解說事情的方法不合。偶然並不是一種解釋，乃是對解釋的放棄。當科學家解釋一件立即發生的事件時，他是首先認爲有一個正常運作的宇宙，凡事都有因果關係。然而當一個自然主義者來到形而上學的問題時，以及宇宙來源問題時，他就放棄充足理由的原則，並採取凡事之因是不可想像的無因果、偶然、或命運。

假如你站在一個箭把子前，你看見一枝箭從後面射出正中紅心，然後又有九枝迅速地也正中紅心，目標是非常準確，每枝箭都正中紅心。當一枝箭射出之後，是會受到許多阻礙——地心引力，空氣壓力與風的阻力。當十枝箭都中紅心時，這還有什麼偶然的事存在麼？你豈不要說這是一位射箭能手所作的結果麼？這個比喻不是正說明了我們宇宙嗎？

有人反對這設計的（有目的的）辯證，他們以爲宇宙縱然是有秩序的，也不能證明有一位創造之主，只能證明有一個偉大心靈，它夠聰明，能產生這個宇宙，但，這也不一定證明有一位無所不知者。這個反對是對的。我們不一定要證明，證據自然會有。我們不能從自然神學的任何證據中百分之百證明聖經中的神。然而，我們這個宇宙是如此廣大，如此奇妙，我們可以結論說，設計這宇宙的是值得我們的崇敬與頌讚的。

進化論不贊成目的論證。進化論表示在有生命的機體中奇妙的設計，是由於緩慢過程而形成的，並非由於有智慧的創造。

這種說法是虛僞的，即使被接納，進化論只能介紹一個長時期進到一設計的問題中而已。他們想證明說錶是完全自動的由工廠裡出來的，並沒有人的干預，也不能叫我們放棄對設計的念頭，如果我們以爲一隻錶是奇妙的東西，我們也必須想到造錶的工廠是怎麼回事？這裡豈不也有一位設計者麼？有宗教信仰的人不應該被進化論給嚇倒了。

連自然神學偉大的批評家，如休謨、康德者，也不得不讚揚目的論。休謨說，目的論證有某種有效性。康德還有進一步的贊同：「此論證應受到尊重。這個論證是最古老的，最清楚的，也是最符合人的理性。……我們沒有什麼可以反對此辯論的合理性與一致性，相反地我們還推舉並鼓勵此目的辯論。」

第五目　道德辯證 (The Moral Argument)

這是最近的有神論證明。首先用此證明的主要哲學家就是康德，他覺得傳統的證明是不健全的。康德主張神的存在，以及靈魂不朽乃是信心的問題，非是一般理性的思考，他說理性僅止於感官的層次。

康德理論說，道德律吩咐我們尋求至善 (Summum bonum)，其當然結果乃爲十分喜樂。大多數現代思想家繼康德的理論引用道德辯論，說神是解釋道德經驗所必須的假定。

康德以爲道德律可能的理性來建立，但他求神來保證善者得賞。現代思想不太用神作爲道德律賞善罰惡的標準。道德辯證以簡單的道德經驗事實作爲出發點。認爲人都有一種責任感覺得應該盡本分，而這種責任感，是從誰而來的呢？把它解釋成社會環境的壓力那是不夠的。如果說社會的主觀主義 (Subjectivism) 是道德動機的解釋，那麼我就沒有權力去批評奴隸制度或集體屠殺（種族滅絕）或任何事。

第六目　有效性問題 (The Question of Validity)

這些有神論的證據究竟有何效益呢？這個問題提出了幾方面的問題：論理學的，形而上學的，物理的以及知識理論。有些思想家，如阿奎那覺得這些都是顯然的證據。

又有的人，如休謨說，我們應當停止判斷而保持懷疑態度。還有的人如巴斯噶 (pascal) 與康德拒絕傳統的證據，但提出實際的根據或理性來接受神的存在。巴斯噶著名的賭注就是以實用爲訴求，他說：爲了永遠的結局，以神的存在來打賭是值得的。

如果神果眞存在，那麼我們所論的乃是一個眞實的對象，一切理性上的懷疑都被排除了。我們覺得有神論的證據應當在此範圍之內。然而，自然神學固然能顯示聖經中神的存在。這些證據可能使人成爲一個自然神論者，但只有啓示才能使人成爲基督徒。（趙中輝《英漢神學名詞辭典》頁二七七—二八〇）

第二節　上帝存有的論證

至於上帝存有的論證，張振東《哲學神學》從啓示神學證明上帝的存在，茲節錄其要點如后：

第一目　由教會權威證明

一、教宗柯來曼第十一，哥來高理伍斯第十四 (Clemens XI)et(Gregorius XVI) 都主張認識上帝的本性是可能的 (D. 1391, D 1620)。聖教會爲了反對異端邪說又堅定主張：「上帝的存在，藉著理性是一定可以證明的。」(D. 1659, 1891)。

二、華蒂岡第一次大公會議又加重語氣說：「誰若說，唯一眞實的上帝，我們人的創造者，主宰，不能以人的理性確定的認識，將受棄絕罰。」(D. 1785, 1806)

三、庇護第十曾經講解說：「上帝，萬物的起源與終向，以人的自然理性的光照，藉著可見的受造事物，如同由果推求因，必能認識與證明。」(D. 2145)

以上的主張，第一，是就人的理性 (Ratio Humana) 能認識上帝，所強調的是「理性自然」(Natur aliter) 能認識上帝。所謂「自然」，是指的理性的本身力量，不需要上帝啓示的幫助，或者超性的力量幫助。第二，對上帝存在的認識是確定性的，不是模糊不清的，界定上帝是我們人的唯一眞實的，創造的主宰。第三，這種認識是百分之百的確定，內中沒有任何猶豫及懷疑可能錯誤，第四，認識的方法是間接的，藉著受造事物，依因果定律，而追求事物之源的上帝存在。

第二目　由聖經證明

一、由上帝的工程——宇宙秩序

（一）智慧篇第十三章第一至九節：「凡不認識上帝的人，都是眞正的愚人，因爲他們未能從看得見的美物，去發現那自有者，注意了工程，都不認識工程師，反認識火、風、流動的空氣，運轉的星辰、洪濤的巨濤、天上的光體，爲統治世界的神。如果有人因這些美麗東西的美麗而著迷，奉之爲神，那麼，他們就應知道，這些美物的主宰更是美麗，因爲，全是美麗的唯一根源所創造的。如果有人驚奇這些的力量和效能，就應明白，創造這些東西的更有能力；因爲，從受造物的偉大和美麗，人可以推想到這些東西的創造者。不過，這種人的罪尚較輕微，因爲，他們尋找上帝，也有意找到，卻一時誤入了迷途：這或許是由於他們所見的世物實在美麗，因而在專務研究他的工程時，只追求外表，但他們仍然不能推辭無過，因爲他們既然能知道的如此淵博，甚至能探究宇宙，爲什麼不能及早發現這些東西的主宰？」

(二)羅馬書一章第十八至二十三節：「原來上帝的忿怒，從天上發顯在人們的各種不敬與不義上，是他們以不義抑制了眞理，因爲認識上帝爲他們是很明顯的事，原來上帝已將自已顯示給他們了。其實，自從上帝創世以來，他那看不見的美善，即他永遠的大能和他爲神的本性，都可憑他所造的萬物，辨認洞察出來，以致人無可推諉。他們雖然認識了上帝，卻沒有以他爲上帝而予以光榮或感謝，而他所思所想的，反成了荒謬絕倫的，他們冥頑不靈的心陷入了黑暗，他們自負爲智者，反而成爲愚蠢，將不可朽壞的上帝的光榮，改歸於可朽壞的人，飛禽、野獸和爬蟲形狀的偶像。」

由以上的聖經語言內，我們可以發現對上帝存在的認識，第一是確定而容易的，因爲上帝存在已明顯的發現在可看得見的諸事萬物中，也因此，對那些故意不願意認識上帝者，或對那些明知上帝存在而故意不願承認者發出忿怒。第二對上帝的存在是一種自然性的認識，而非直接的或直觀的，而是間接的藉著可看得見的上帝的工程——宇宙萬物。第三是理性之光，即人的理智之力藉著可見的事物用智力推究出不可見的主宰——上帝存在。

二、由倫理秩序或自然律證明 (Ex Ordine Morali seu Ex lege Naturali)：羅馬書第二章第十四至十六節：「沒有律法的外邦人，若順著本性行律法上的事，他們雖然沒有律法，自己就是自己的律法。這是顯出律法的功用刻在他們心裏，他們是非之心同作見證，並且他們的思念互相較量，或以爲是，或以爲非。就在神藉著耶穌基督審判人隱秘事的日子，照著我的福音所言。」

此段所講的「外邦人」，是指的非猶太民族不認識摩西法規者，而他們的心目中自然而然的刻印著「倫理法規」。此種「良心律」也是眞的規律，有力量使人應該遵守；若人故意的破壞它，便在良心上有責任在上帝面上受控告。因爲上帝是立法者，刻印此法律在人的良心上，使人有義務應該遵守此良心法規。

三、由歷史的次序證明 (Ex ordine Historice)：

(一)使徒行傳第十四章十四至十八節：「巴拿巴、保羅二使徒聽見，就撕開衣裳，跳進衆人中間，喊著說：諸君，爲什麼作這事呢？我們也是人，性情和你們一樣，我們傳福音給你們，是叫你們離棄這些虛妄，歸向那創造天地海和其中萬物的永生神。他在從前的世代，任憑萬國各行其道。然而爲自己未嘗不顯出證據來，就如常施恩惠，從天降雨，賞賜豐年，叫你們飮食飽足，滿心喜樂。二人說了這些話，僅僅的攔住衆人不獻祭與他們。」

此段聖經，是言巴拿巴和保羅在路司得治好一位患腳軟病，該人自母胎中即是跛子，保羅注目看他，見他有信心，可得痊癒，便大聲說道：「你起來，兩腳站著。」那人就跳起來而且行走。因之該地人民便大聲說：「神藉著人形，降臨在我們中間了！」要用公牛及花圈祭祀他們，巴拿巴和保羅撕破了自己的衣服，說了以上的話語，要他們從上帝照顧的恩惠中知道上帝的存在。

(二)使徒行傳第十七章第二十六至二十八節又說：「他從一本造出萬族的人，住在全地上，並且豫先定準他們的年限，和所住的疆界。要叫他們尋求神，或者可以揣摩而得，具實他離我們各人不遠。我們生活、動作、存留、都在乎他。就如你們作詩的，有人說，我們也是他所生的。」

上段是保羅使徒給雅典人所說的話語：「衆位雅典人哪，我看你們凡事很敬畏鬼神。我遊行的時候，觀看你們所敬拜的，遇見一座壇，上面寫著『未識之神』。你們所不認識而敬拜的，我現在告訴你們。創造宇宙和其中萬物的神，既是天地的主，就不住人手造的殿。也不用人手服事，如像缺少什麼，自己倒將生命、氣息、萬物、賜給萬人。」（徒十七：22 — 25）保羅使徒要外邦的雅典人知道他們所敬奉的「未識之神」便是上帝。

第三目　由聖師證明

由教父先賢們的語句中得知的，他們都主張：「上帝存在的概念在世人類中是那麼普遍，在世間可看見的各種自然工程上，人的理智之光能推究上帝的存在。如：

（一）聖愛任紐 (St. Irenaeus Ca, 140-202)，在「駁斥異教人書」、論「世界本身證明上帝實有」言：「世界上的形形色色，足資證明：有一個造物主創造它們；那世界未來的境遇，即可令人想起那創造萬物的主，而這世界本身就揭露了那安排它的主宰。」（一九八）。

（二）聖若望基所 (S. Jo. Chrisostomus, Ca. 344-407)，在「講保羅致羅馬人書」、論「萬物證明上帝實有」言：「看！上帝把祂所造的世界，放在他們面前，衆目昭彰，人無論智與愚，也不管是文明人，或是野蠻人，一看到這樣壯麗的世界，都能舉心向上，承認上帝的實有。」(MG. 60,465)（一一二八）。

（三）彌農溪 (Minucius Felix) 在奧打維 (Octavius, 180/92)，論「由世界的美麗，證明上帝的實有」言：「如果你登堂入室，一見琳瑯滿目，美不勝收，你便相信：此室必有主人，華貴無比，同樣，在此世界大廈，幾時你見到天地萬物，有其秩序、規律、輝煌美妙，你該相信：世界必有萬有的主宰，萬有的根源；祂是美妙偉大，決非天上的星月，世界的萬有，所可比擬的 (Ml. 3,288)（二六九）。

（四）賢士特土良 (Tertullianus Ca. 160-222/3)，在「辯護教理」、論「用世界用靈魂來證明上帝實有」言：「我們所事奉的，是獨一無二的上帝；這個世界，以及世界上的形形色色，不管是物質體或精神體，都是上帝一命而成；上帝還用祂的理智去佈置一切，用祂的德能，去從虛無中，創造一切，以彰顯祂的威嚴，因之，就是希臘人，也稱世界爲有次序者，這就是他們不願承認而不能不予以承認的可愛的至高主宰。」(Ml.1, 357-17)（二七五）。

（五）聖貴格利 (Gregorius Nazianzenus Ca. 329-389/90) 在「演講」、論「萬物證明上帝實有」言：「詩篇、八、四─『當我仰觀你手指創造的穹蒼，和你在天上所佈置的晨辰月亮，世人算什麼，你竟對他，懷念不忘？』」的准，天上的一切景象，實令人目瞪口呆，驚奇不已，但佈置這一切天象的上帝性體，更出人理智之外，誰也不能徹悟的，我不是說：我們不能知道，上帝之實有，而是說：「我們不能知道：上帝是怎樣的……因爲我們的肉眼，以及自然界的法律，都在告訴我們……上帝實有：祂是萬物的創造者，保存者，而爲萬有之眞理……(MG. 36,32)（九八四）。

第四目　由理性證明

上帝存在是可以由後天證明，就是，藉受造之物，依因果律的由「果求因」，求出創造宇宙萬物的造物主。宇宙萬物是看得見的，可感覺的受造物，藉此而求看不見的，超感覺的造物主。（張哲東《哲學神學》頁四二一四八）

第五目　由哲學的推理方法證明

由後天性證明上帝存在的各種論證，知道有一位至上神的上帝存在。張振東《哲學神學》歸納有十六種，茲節錄其要點如下：

一、由宇宙萬有的偶有性論證 (Ex Contingentia Mundi)

宇宙萬物就實有 (Ens) 言，分偶有性實有 (Ens Contingens) 與自有性實有 (Ens a se)；偶有實有所依恃的其他實有若仍是偶有性實有，仍需要再依恃其他實有而存在；但此種依恃性實有不能上溯至無窮，因爲「追溯無窮」，就理論與事實皆不可能。故依理性言，該有一個「自有實有」，其本身不再依恃其他實有，而本身爲其他實有之根源及出發點。

再者，任何事物的發展進行的次序，或是有限的，或是無限的；若發展進行的過程是有限的，回溯發展進行點，應該是一個「自有性」的起點；若進行發展的過程是無限的，則問題無法得到結論。而且，「偶有性實有」只是現世具體物，現世物本身沒有自身自有存在的理由，換言之，現世物之存在皆是由外因而來，需要依恃其他原因實有，依理類推，其最後應有一個不再需要其他原因的「自有實有」，此「自有實有」也一定不是現世物質性事物了。此「實有」是一個超越宇宙萬物的自有實有，沒有形態，不受時間與空間的限制，而是一個純精神 (Pure Spiritus) 的自有實有，此實有便是上帝，故上帝存在。

二、由宇宙的動力起源論證 (Ex Inceptione Mundi Argumentum Entropologicum)

據科學家的公意，宇宙不是永久的，也不是無始無終的，因爲宇宙萬物皆是物質體，而物質體需要時間的生成與變動，其生成點該是「實有物」(Ens)，才能使該物生成存有。而生成變動的程序中，就因果律言，該有變動的過去與未來，也有變動生成中的各種現象，如顏色、形狀等偶有性狀態，這些現象也要變動生成的原因，此原因之追究，便又推求到第一原因，如上節所言之「自有實有」了，此實有是上帝，故上帝存在。

再者，宇宙萬物之變動，需要「力量」，此力量一定不是由被動的事物所產生，而是由第一動者本身有強大力量而推動別的事物，此最初的力源便是上帝，故上帝存在。反之，若無力源發動者，宇宙是一片死寂狀，或宇宙根本不可能存在。

三、由生物學的生命起源論證 (Ex Origine Vitae-Argumentum Biologicum)

宇宙中的有機物，必有生命的起點，此意見是任何人皆承認的。本問題之重心是「起點」之起源是自己自然進化的，或是由「外因」付予的。若生命之最初起點來自外因，則此「外因」本身該是自有者。若生命的起點是有機物自動自發的，此有機物既爲物質體，並且本體內有生命力，推源求根，仍需要有一個付給有機體生命力者。此理仍依因果律推求出一個有生命力的自有實有並付生命給其他有機體者，此自有實有便有上帝，故上帝存在。

四、由考古學的人類起源論證 (Ex Origine Hominum-Argumentum Authropologicum)

人的產生，有兩種不同的說法，或是人由上帝創造的，或是進化論的主張人由低等動物進化而成的。「上帝造人」是宗教家一貫的主張，暫存而不論。進化論的主張仍需要一個有機性的物體。事實與理論皆承認「有機物不可能產自無機物，正如石頭絕不可能自動的產生雞蛋一樣。再退一步講，假定進化論能成立，有機物的生成層序是高等的來自低等的。換言之，理智動物的人來自無理智的普通動物，無理智動物來自微小動物的演進，微小動物來自植物，高等植物再來自低等植物，低等植物來自複細胞，複細胞來自單細胞的分裂，而最低等的細胞仍是一個有生命的有機體，有機體便是有形質的物體；再依因果律逐本推求，此最單純體仍是一個偶有性實有；而偶有「實有」仍需要一個「自有實有」做根源，由此結論，仍該承認有一個「自有實有」存在。

再者，由有機體生命的事實看，不同等級的有機體很難超級演進生成，有生命細胞的植物不可能演變成有感覺生命的動物，有感覺生命的無理性動物，也很難演變成有感覺生命又有理性的人類。正如事實上根本未發現「某處又有一批猿猴演變成人」，因為若以前有猿猴進化成人，在時間輾轉的巨輪下，進化過程中仍應該常有進化的現象發生，而事實上，未見過也未聽過世界某處發生過此進化現象。人屬於人的有理性等級，猿猴等屬於無理性動物等級。有理性人的等級是高於其他任何有機生命的動植物，而有感覺有理性動物的人，就生命存有言，仍是偶有性動物，而偶有性物體仍需要一個創造主而不被創造的「自有實有」，此自有實有便是上帝，故上帝存在。

五、由目的性之宇宙萬物的秩序論證 (Ex Ordine Mundi-Argumentum Teleologicum)

在宇宙萬物的各層次中，皆有「秩序」系統，此「秩序」是普遍的、眾多的、恆久的。這些有系統的秩序要求一位有理性的安置秩序者，此「理性的安置者」該是一位超越宇宙現實的「理性實有」，此理性實有便是上帝，故上帝存在。

就哲學家的意見，任何秩序，其實質含有內在的三種要素：①眾多性，②合一性，③合一性的理由。眾多性 (pluralitas) 是構成秩序的基本物質元素，因為無物質元素，則不能有具體的秩序存在，如鐘錶的零件便是組成秩序的基本物質元素。合一性 (Unitas) 是由眾多的物質元素所構成的一個合一整體物，如具體的鐘錶。合一性的理由 (Ratio Unitatis) 是眾多物質元素構成合一整體所依據的理由，如鐘錶零件構成鐘錶所依據的「動力齒輪相牽動」原理。

再者，「秩序」本身還牽連著外在的兩個事理，即秩序被形成的原因 (Causa)，與秩序形成後的目的 (Finis)，換言之，秩序關係著秩序的安置者 (Ordinator)。

由此，我們便容易明白此學理的哲學論證，先由人的感覺觀察，宇宙是一個大和諧，天空中的天體星宿各有各的軌道行駛與彼此互相吸引牽連的秩序。世界上的諸事萬物，雖是各個獨立體，而本身也是大和諧秩序中的一份子，個體與個體之間又是彼此秩序性的相組合，如理性動物的人，無理性動物的走獸，有生命而無感覺的植物，雖皆爲各個獨立體，但在宇宙和諧的大秩序中，每個體皆是和諧秩序中的一份子，其彼此間，人——牲畜——植物，皆是秩序性的相關連。就普通事物的秩序組織，需要一個有理智有能力的組織者，如鐘錶的製造，需要一個製造鐘錶的聰明鐘錶匠；而整個宇宙萬物，其精密、美妙、高超、完善的秩序組合，更需要一位聰明與理智的秩序組合者，此最聰明理智的組合者，該是上帝，故上帝存在。

六、由運動論證 (Ex Motu)

此論證是聖多瑪斯的五路證明法之一，聖多瑪斯以「運動」論證爲第一個論證原理，此學說是根據亞里斯多德的物理哲學第八章第五節，與形上學第七章第六節所講的「動」原理。因爲就「動」(Motus)言，有兩種講解，一是就狹義言，指地方變動 (Motus localis)，一是就廣義言，指事物的改變。地方變動，非地方遷移，而是指的某物體由甲處到乙處。事物的改變，是指的由潛能到現實，如事物本身先前沒有的，後來有了；先前不是，後來是了。正如聖多瑪斯所說的：

現世所見的變動，都是被別的事物所動，此種變動的第一要求是潛能 (potentia)，由潛能到現象 (Actum) 才是變動，而「潛能到現實」的過程，需要「現象實有」(Ens Actu)，如現實的熱能使木材被燃燒而變動，木材本身有被燃燒成火發熱的潛能，由木材被燃燒成火發熱，便是由潛能到現實。

潛能與現實，不能就同一觀點言，而是變動中的兩極點。在變動中的變動者 (Movens) 與被變動 (Motum)，不相同，正如現實中是熱，不能同時在潛能中也是熱，反之，其潛能是冷。同理，變動者與被變動也不相同，變動者不可能自己變自已；事實上，被變動的變動者需要依恃他物，正如一物被他物所動。再者，被動在變動中需要他動者，其溯求的程序不能上推無窮。就理論言，無第一發動者，則根本不可能有變動。在潛能到現實的變動中，也需要一個被動者，而變動中的發動者，也不可能上溯無窮，應該有一個自動而不被動的發動者，此自動而不被動的第一發動者，是宇宙萬物變動中的第一動者，此自動者便是上帝。

由以上學理，我們知道「在宇宙萬物中，任何被動的事物，無論是物質具體的，或精神學問的，皆需要被別的事物所推動，換言之，需要一個外在主動的推動者；事實上，主動的推動者不該再被他物所推動，若再繼續推求，則無止境；所以，理論與事實皆不可能尋求推動者至無窮無極，最後必應有一個不再被他物所動而自動的發動者，此不被動而自動的動者，便是上帝，故上帝存在。

就哲學的觀點言，「動」的定義是由一狀態到達另一狀態。動 (Motus) 亦有變動之意 (Mutatio)，而變動的形式是由潛能到現實。故變動中有四種基本要素：

（一）起點 (Terminus a Quo)，變動的出發點。

（二）終點 (Terminus ad Quem)，變動的結束點。

（三）變動的主體 (Subjectum Mutationis)。

（四）變動 (Ipsa formalis Mutatio)。

兩者，變動又分爲：

1. 形而下的變動 (Mutatio physicus)，亦各物理性變動，是具體事物的眞實變動，如物體「量」的改變 (In Qualitate)，體重的增加或減少。或是事物性質的改變 (In Quantitate)，如事物變得優越美好或粗俗惡劣。或是地方性的變動 (Mutatio Localis)，如其人過去在此處，現在在彼處，未來又在另一處。

2. 形而上的變動 (Mutatio Metaphysicus)：此種變動是指非物質性變動，如人的悟性變成優越敏慧，其過程仍由潛能到現實。

此外，在起點與終點的變動中，有三種變動方式：

1. 生成變動 (Generatio)，由無到有 (Negatio in positivum)，如生育。

2. 毀滅的變動 (Corruptio)，由有到無 (positiva in Negativum)，如死亡。

3. 轉變的變動 (Conyersio)，由有到有 (positiva in positivum)，如由樹木變成桌椅。

最後，動者 (Motor) 也分兩種：

1. 間接的動者 (Motor mobilis seu Mediator)：某動者有足夠的能力，能推別的事物變動，或使別的事物改變，而動者自身的動力，仍是來自別的發動者，如斧頭劈伐樹木，使樹木改變成木棒，而斧頭劈伐之力仍是靠人手的力量。

2. 純動者 (Autus purus)，亦名自動者或直接動者 (Motor immobilis seu lmmediator)，此動者是不被動的自動者，動者自身有足夠的力量推動別的事物，或使別的事物改變，而動者的本身也不接納別的外在發動力，此動是一種純行動，無休息狀態，其本身沒有「潛能變現實」的程序。而間接動者的本身含有「潛能與現實」的兩種成份之純動者只有現實，無潛能狀態；因是純行動，故動者本身不再接受外動力而能自動的推動一切別的事物變動，此純動者便是原始第一動者的上帝。

再者，宇宙萬物是實物變動，人的感官可審察出實物變動內有「間接動者」存在著，哲學的理智思想更催迫我們推究出「間接動者」的背後，應有第一個原始的發動者，其本質是不被動的自動，其純動性能推動一切宇宙萬物。此不被動的純自動就是上帝，故上帝存在。

七、由事物的有限性論證 (Ex Finitate Rerum)。

宇宙萬物的物質實有，皆是有限的；物質實有的本質要素也是有限的，故本質常可以變動而尋求或變成較優越的素質。

有限的事物，常有不完善的感覺，如有的東西缺少生命，有的東西有生命而缺少感覺，有的生命又有感覺而缺少理性；這些「缺欠性」皆起因於事的「有限性」。

有限度的物體，其本身不是一個「自有實有」(Ens a se)，自有實有是無限實有，其本身無缺少，無限制，不依附外物，不因外物而改變，也不需求或變成更優越完善。

有限實有是被動而產生的，其「被產生性」要求一個完善無限的「自有實有」，此「自有實有」便是上帝，故上帝存在。

八、由事物的衆多性論證(Ex Multitudine Rerum)。

宇宙世界中，存在著無數衆多的物質實有。物質本身是實有，但衆多實有中，如上所述，也有非物質性實有，如神鬼靈魂等；故實有分「自有實有」與「他有實有」(Ens a se, Ens ab alio)，「他有實有」亦名「偶有實有」(Ens Contigence)，其數量衆多；「自有實有」亦名「必然實有」(Ens Mecessarium)，其數量只有一個。

「他有實有」的宇宙萬物就哲學觀點，是來自「自有實有」，如柏拉圖所說的是由「最高至善」流溢出來。故「自有實有」的本身該是一個無限性的獨立存在體，才能流溢或分裂(Participatio)出宇宙萬物，此最高無限的獨立體是最完善的，其完善性不缺少任何成份，其完美性使本質(Essentia)與存在(Existentia)同一，此完美無限的自有實有便是上帝，故上帝存在。

（柏拉圖的「至善流溢」說，不爲聖教會所接納，因爲「流溢」或「分裂」說，使人墮入泛神論的思想，因被流溢出的宇宙萬物與流溢的主體是同性質的。聖教會主張聖多瑪斯的「變動」學理——「上帝創造宇宙萬物」的學說。但就哲學論證「上帝存在」的理由，柏拉圖的流溢說是證明有上帝存在。）

九、由完美的等級論證(Ex Gradibus perfectionis)。

此學理論證，是中古時代一般哲學家所採用的，其根源來自柏拉圖的「對話錄」(In Variis Dialogiis)。亞里斯多德在「論天體」(De caelo)內也提出此類思想，如該書第四八七節所說的：

就普通言（某些東西是好的），某些東西是較好的，相連著，某些東西是最好的。就理論講，（有好的），有較好的，便該有最好的。有「實有」的系統上，也是一樣，（有好的實有），有較好的實有，也有最好的實有。此最好之「實有」便是至上神的「實有」(De caelo 487 a 6)。

聖奧古斯丁在論「聖三」一文內言：

世界上有許多美好……若就美好的本質，只有上帝是最高的美好，超越一切其他美好之上。(Do tri. VIII c3)。

聖奧古斯丁的思想是來自柏拉圖的「理想善」。

聖多瑪斯受亞里斯多德的思想影響，在他的神學集成第一本內言：

在事物中，我們發現有「較優的」，或「較差的」「眞、善、美」，「較優」或「較差」都是指定某個標準點來衡量比較的，而「較優」與「較劣」都是某種事物的一種不同等級的屬性(Accidens)，而「比較」詞所指的性質，必是依附一個獨立的個體。……在眞善美比較系列上，應該有一個極比級的眞善美，（此極至的眞善美應依附一個存在的實體），至極眞善美的實體便是上帝。(Iq 2a3)

在宇宙事物中，依不同的系統，有不同等級的美善，而不同等級的美善中，有優級與劣級的現象，如有感覺的生物，在生命的等級上優於無感覺的生物，而無理智的動物又低於有理智的動物。相同著，同人類的智、義、勇、節之德，也有最優、較優、次優等級之別；但優等與次等之本質都是有限的，在比較系統上，該有一個無限的最高極優的實有存在，此實有便是上帝。

再者，有限的美好，在比較系統上，是低於無限美好，事物就本身之有限性言，是殘缺的，低於無限完善之實有。最完善無限的實有便是上帝，故上帝存在。

十、由觀念論的眞理認識論證(Ex Cognitione Veritatis Argumentum Ideologicum)。

人的理智本性是尋求眞理，認識眞理。理智認識眞理的方法是依據一定的定理。定理雖爲人的理智產物，被理智所規定，但經過人審察規定後的定理，便做爲尋求其他眞理的依據。

眞理的眞僞，在於眞理本身是否有充足確實的理由，或與客觀的對象事物相合或相反。一個堅定不移的眞理，是經過各種不同的考驗，而被不同時代人所認識的。人因時而異，眞理因事不同，而人認識眞理的能力因環境而殊異，但「眞理」就眞理本身言，是堅定不移、永不改變，並客觀存在的。此眞理便是上帝，換言之，上帝是有限的宇宙事物眞理後的無限絕對眞理，是眞理的標準，是眞理的眞理，故上帝存在。

再者，人的理智本性是追求眞理，理智只有在獲得眞理後，才能滿足；但世上事物的有限度眞理或對眞理無法滿足人的理智，只有最後的無限眞理或絕對眞理才能使人的理智滿足；此無限性的絕對眞理便是上帝，正如聖奧古斯丁在他的懺悔錄第一卷第一章所說的：「我的心得不到你，便惴惴不安。」此「你」是指的他所日夜所追求的眞理，也是指的上帝，故上帝存在。

十一、由奇蹟論證 (Ex Miraculis)。

所謂「奇蹟」，是一件出乎事物本性或常規的事體現象，換言之，就事物的正常情形，或事物的本質本性，根本絕不可能產生的現象效果。因而事情的發生，是來自一種超事物本性的高超力量，或來自一位極高的智慧者。奇蹟絕非宇宙萬物所能發生的自然結果，但奇蹟是具體可感覺的事件；超越性的奇異事件應來自超越性的實有，此超越性的實有便是上帝，故上帝存在。

超越性的具體事件，如「耶穌復活」，在聖經中與猶太人的歷史紀載中皆可找到記載 (Josephi Flavii Antiguitates Judaicae X VIII 3-3)。再如法國露德聖母顯現，已被社會科學家所驗證。

奇蹟論證法，在哲學的論證上力量不大。但就理論講，「超出本性自然力的效果，應來自超自然的一個最高實有」，並沒有錯誤，也沒有矛盾。故由宗教觀點的論證，也是對的，應有一位最高大能的理性主宰者存在，此主宰便是上帝，故上帝存在。

十二、由預言論證 (Ex Valiciniis)。

「預言」與「先知」有關，所謂「先知」，便是在事情沒有發生前，便知道將要發生的該事情。如以「耶穌基督」做例子，在耶穌未降生以前，便有古教的先知預言「默西亞要來，出於達味的支派，猶達的後裔，以及生自童貞女，在白冷群的那撒勒城。」（彌迦書五：1。以賽亞書七：十四）耶穌自已在三年傳教時期，也預言「自己將來要發生的事情，如被猶大出賣，彼得否認自己，以及自己被釘死，與死後第三日的復活及復活後的昇天」等。事後皆一一實現。（約翰福音十三：21、30、36、38。路加福音十八：31、34）

預言未來，是一種超自然的現象，不是出於人本性的能力，而應該來自超本性的偉大能力，此超本性超自然的大能力便是上帝，故上帝存在。

預言未來事件，要求該事件將來實現驗證。先知對耶穌基督的預言，以及耶穌基督對自己的預言，都在歷史中一一驗證。非宗教家對「預言」的信心淺薄，但就哲學的論點，「預言未來事件，而該事件確如預言眞的發生了」，是「後天的事實驗證了預言的事件」，此預知未來是超自然的事情，超自然的事件應來自超自然的力量，超自然的力量應來自超自然的偉大者，此偉大者必定存在。故預言的論證就哲學論點言，沒有矛盾。

十三、由人類對幸福之願望心理論證 (Ex Desiderio Beatitudinis)。

人的本性是尋求幸福的，但現世有限的幸福不能滿足人的願望，所以應該有一種無限的幸福來滿足人，此無限幸福便是上帝，故上帝存在。——以上是聖多瑪斯的論證語句 (St. Thomas, I, 2q 2s8)。

現世人的生活，本性上在追求各種各類的幸福，有人追求財富，有人追求名利，有人追求權威，有人追求聲色；而這些物質的幸福又皆是有限的幸福，有限的幸福不能使人滿足，故人追求到有限性的幸福後，還要進一步的再追求，以致永無止境。事實上，人冀望某種幸福，但當人獲得該幸福後，屢次心靈上感到更空虛，故該有一種無限性的幸福，使人獲得後心靈感到滿足，不再渴望別的事物。這種「無限幸福」的存有，就哲學的理性認識言，是絕對應該有而絕對存在的，只有「無限幸福」才能滿足人類心靈上的幸福的無限願望。

人的理智 (Intellectus) 與意志 (Voluntas) 是人特有的本質要素，理智的本性是冀望眞理，追求眞理，理智在獲得眞理後有一個滿足的幸福。意志是人追求幸福的決定與策動力，人藉著這兩種特有能力，認識眞理，追求眞理，以獲得心靈的滿足。但人心靈的渴望是無限的，被追求的幸福也該是無限的，只有無限的幸福能滿足人心靈上的無限願望。但宇宙事物是有限的，有限的事物無法塡滿無限渴望的心靈，依邏輯推論，在有限事物之後該有一個無限事物，在有限幸福之後該有一個無限幸福，此無限幸福便是上帝，人只有獲得上帝，才能滿足心靈的無限渴望，故上帝存在。

十四、由倫理的法規論證(Ex Lege Morali)。

任何人依著良心公平的說，都有絕對「行善避惡」的倫理責任，這種人人都有的「行善避惡」的良心律，要求一位最高的立法者，此立法者在所有人的本質上付給這種自然律，使有理性之人，不論何時何地，在正常的狀態下，皆有「行善避惡」的心情，也有「行善避惡」的義務。這種普遍性的良心律，要求一位高於世人的最高智慧的立法者，此立法者便是上帝，故上帝存在。

由事實觀察，孩子自開明悟知善惡，便知道做善事喜歡，做壞事心不安，年齡稍長，並知道有法規命令，依做善事，不該做惡事。這種先天性的良知，指使後天性的行爲，也因此對自己的行爲負倫理上的責任，不敢明知故意作惡，而樂意爲善。這種人人皆有的良心律要求一個最高立法者，因爲普通的人爲立法者，不可能放此「良心律」於人內心的普遍良知上。外在人爲的立法，是就外在的具體事項立定法規，事實上，屢次有人享有該外在法規的豁免權，但良心律都約束世上所有的人，使人無分高貴貧賤，都有遵守良心律的義務；這種良心律與良心義務(Obligatio Absoluta)要求一位最高智彗的立法者，此立法者便是上帝，故上帝存在。

就哲學觀點，「倫理法規」關係人的良心與義務。所謂規律(Lex)，是大衆應遵守的法則，立法的目的，是爲公共的利益與個人應享有的益處。

法規，就哲學觀點，分：

1. 物理性法則(Lex physica)，亦名物理規律；乃事物的固有本性所形成的恆久性規範法則，由恆久性規範法則又產生恆久不變的行動，如自然科學的規律法則。

2. 倫理法則(Lex moralis)，亦名倫理規律：乃理性的規範秩序，是由理性的人，爲公共利益而定立的；倫理規律的目的，是爲保護好人，懲罰壞人。倫理規律合於人的理性，生活於該規律下的人，皆有義務遵守之，如勿偷盜，勿妄證等。守法規的義務，是人守法與不犯法的行爲；遵守倫理法規，是依倫理法規的規定，做應該做的，避免應該避免的。

與倫理道德有關的是良心法規，良心法規與人爲法規有別。人對良心法規有遵行與不遵行的自由，而人對人爲法規，在該法規範圍內，有被「強制性」遵守的義務。良心法規，是就人的理智在知道人該「行善避惡」時，仍能違背良心律故意「行惡避善」，其自由行爲除使內心的良心不安外，若不損害他人，不受外在法律的處罰。人爲法律只關係人外在的具體行爲，在法規的明文規定下，故意違背冒犯之，便會受到強制性的處罰。故「人爲法規」只管人的外在行爲，而「良心法規」約束人的內心思想，也相連著管束人的外在外爲，使人不敢故意的「行惡避善」。

倫理道德也關係著「遵守法規」的義務，因爲遵守與不遵守的行爲，關係著倫理的道德與不道德。爲此，對倫理法規遵守的先決條件，是對「法規」和「義務」的認識。

「法規」的意義，已如上述；今就「義務」的意義講述如下：「法規」既是爲公共利益與私人的權利而定立的，生活在該法規範圍內的人，便有遵守該法規的義務。

守法的義務，分爲「完善的義務」與「不完善的義務」。

1. 完善的守法義務 (obligatio perfecta)，一名「明晰的守法義務」，即盡義務者明白知曉「盡義務」的理由而去盡義務。

2. 不完善的守法義務 (obligatio imperfecta)，一名「不明晰的守法義務」，即盡義務者不明的「盡義務」的理由而去盡義務。

完善的守法義務與不完善的守法義務，雖同樣的付出守法的行爲，但關係到「倫理的道德價值」不同。明知守法義務的理由，而又有守法能力與自由而盡守法義務者，其倫理的道德價值是善；不知道守法義務的理由，或被外力強而實行守法的義務，其倫理的道德價值較差，雖其義務的守法行爲是個善的行爲，其價值也只是物理性的善 (Bonum physicum) 而已，而非倫理性的高超價值行爲。倫理的善與物理的善，雖都是善，其倫理價值的觀點，則完全不同。故倫理道德的善惡關係到理智的清楚認識與意志的自由決定，而道德規律便是限制和指導人什麼事情該做，或什麼事情不能做，或是人的什麼樣行爲是善，與什麼樣行爲是惡。

再者，人的良知也告訴人「某些行為可行，某些行為完全不可行，或某些行為是相對性不可行」；人也知道有時因自己的權力或法術能違反良心道德律，而不受外在法規的處罰，但事後，其良心永不能獲得安寧。

總之，人的行為涉及倫理道德，倫理道德又涉及人的良心律，世人的普遍性良心律要求一位最高智慧的立法者存在，此立法者便是上帝。

否則，若反對良心律的立法者，則明顯的無法講解世人的普遍性良心律，因為這種良心律不可能由外人付給的，蓋人的本身無此「物質性的良心律」，人也絕不可能將非物質的良心律放在全人類的心頭上。

良心律也不是來自每人自己，換言之，人不是自己給自己的良心立法，蓋人的本性屢次或多或少、或為了某種私欲而減輕或取消某法規。

良心律也不是由外在的世界事物來，因為宇宙事物的物理或化學力量，不可能加給精神自由的人一種倫理道德的責任。

所以，世人普遍良心律的立法者，應該是一位超越世人的至上神——上帝，因為唯有最高超的智慧者有此種權利能放此「行善避惡」的良心律在所有的心靈上，故上帝存在。

十五、由人民的公意論證(Ex Consensu Gentium)。

在世界各膚色各種族的人民中，自始便有宗教性對神的敬禮，如在亞洲、歐洲、美洲、澳洲、中東、菲洲、在最文明的社會內，或是最野蠻落伍的部落中，都可以找到宗教的存在，與宗教性人民對神的敬拜；其意義便是承認有一個超越宇宙萬物的最高至上神存在。這種由萬眾同心而發生的自然現象，如「赤子思雙親」，是人本性所發出的自然現象；人的本性仰望上帝，唯有對上帝的孺慕之情才能使人心平安靜。世界各處所看到的敬神廟宇，施行祭祀的長老司祭，祭祀神的外在服裝禮儀，甚至對神的呼喚、起誓、咒語，雖都是代表神存在的外在表記，其實質足有可以證明有一個至上神存在著。

這種出自人心的公意，是有其論證的價值；否則，無法解釋這種普遍性的具體現象。無神論者以「情感、迷信」來講解，但只是偏面的反對詞，無足夠的力量擊破普世人的公意；若再說「普世人的公意」皆錯了，則無異於色盲者以「紅爲灰」而說普世人以「紅爲紅」的公意皆錯了。故由人民的公意，也是證明上帝存在的一個有力論證。

十六、由無神論的後果論證(Ex Effectibus Atheismi)。

如果如同無神論的主張，宇宙間沒有神存在，人世間將會產生許多意想不到的惡果。因爲無神論的主張是「世間的一切皆是物質體，或是原子性的單元組合體」。若人也是物體，死亡後仍化爲物質，則人世的倫理道德必減低其價值。因爲有神論者主張宇宙間有一位智慧的主宰者，人爲了敬愛與懼怕，才不敢故意的違反良心律或上帝所頒的法規，而去爲非作歹。反之，若宇宙間沒有神存在，人死物散的思想，使人容易陷入偷犯罪過的危險，如有人爲了私欲偏情而故意的作惡避善，或有人自己違背良心而作奸取巧不負責任。如此，則倫理道德，與倫理的道德責任，皆缺少強有力的基礎，只有藉國家的嚴法與重罰補助之。

故由無神論所引起的後果言，我們也堅信有一位最高的神存在，祂是賞善罰惡，至公至義的，此神便是上帝，故上帝存在。（張振東《哲學神學》頁二十一三十七）

第二章　上帝（神）之本質

上帝是一位無限、完全，有位格的靈，可謂純靈無質，這也是從聖經（特殊啓示）對祂的認識。

第一節　上帝是個靈

上帝是個靈，約翰福音四章二十四節說：「上帝是個靈，所以拜祂的，必須用心靈和誠實拜祂。」靈沒有骨肉之體，神是純靈無質的，所以沒有形像。申命記四章十五節說：「所以你們要分外謹慎，因爲耶和華在何烈山，從火中對你們說話的那日，你沒有看見什麼形像。」

第一目　靈的特性

靈性有七層：（一）無形可見；（二）無質可摸；（三）無分量可稱；（四）沒有方積；（五） 無不相入；（六）不受分析；（七）靜態自動，動能自靜自向，而與物質完全不同。物質有六層：（一）凡物質都是有方積，佔地位；（二）兩物不能同時在一處；（三）無論何物能分析無窮；（四）靜不能自動，動不能自靜自向；（五）凡物質只憑人力不能滅沒；（六）物質都有分量。

第二目　靈的意義

靈亦稱聖靈，指三位一體神的第三位，住在一切在基督裡的人心裡面，特別象徵是火與鴿子。

聖靈在新約裡面是三一神的第三位格，在舊約裡面乃是神的權能。

一、舊約中神的靈

舊約——在舊約裡面提到「神的靈」時，通常是表明神的權能，神藉著祂的靈，成就偉大的作爲（參看王上十八12；士十四6起；撒上十一6）。神的「靈」在聖經裡面，有時候也用別種形式來表明神大能的作爲，如「神的手」（詩十九1；一〇二25）；「神的命」（詩三十三6；一四七15，18）；「神的智慧」（出廿八3；王上三28；伯三十二8）。希伯來文與希臘文的「靈」字都有同樣的原義，字根都是出於「氣」或「風」；古時的文化都是以「氣」或「風」爲一種看不見的「力量」，因之是指「靈」（參約三8）。英文欽定本用「Holy Ghost」爲「聖靈」，乃是根據古舊的用法，今天已不再使用。我們可以明瞭在創一章裡面，神的「道」（言語）是與神的「氣」平行的（參創二7）。這兩個觀念在別處經文中乃是指神的靈。在神創造的過程中，神的靈成爲人類與動物的生命之要素（伯卅三4；創六17；七15）。

舊約裡面的靈主要的工作乃是「預言的靈」。神的靈是感動先知們得靈感的主要原因，甚至於有時候他們的心眼得以看見神的榮耀，也同時得神所啓示的信息；所以先知們的信息常指明乃是「主耶和華如此說」。先知有時被稱為「神人」（撒上二27；王上十二22）；何西阿書九章七節，在原文裡乃是稱先知為「屬靈的人」或「有靈的人」（「Spiritual man」KJV;「man of the spirit」RSV)。在舊約裡面，通常都指定先知們乃是受神的靈所感動（民十一17；彌三8；結二2等等）。

「聖靈」在舊約裡只提到兩次；但兩次都是指「神的聖靈」（詩五一11；賽六十三10—11，14），這是說，兩處經文都是表明神的靈行事，不是像新約中聖靈有獨立位格。在舊約裡面，我們看不到像新約中有神的位格的聖靈；我們卻看到神的靈乃是神藉著人，或使用人時所表達的神的行事。神的靈是「聖善的」；正如祂的命或祂的名是聖善的；這都是神啓示自己的形式，而且也表明凡是出於人的事，或屬世的事都是凡俗的。在舊約裡面，尤其是先知們在聖善的神（祂是超於人，勝於人；參二28起；賽十一1起；結卅六24起）將靈澆灌在他們身上時，他們也就成為「屬靈的人」。彌賽亞，即神的僕人，必有神的靈在祂身上（賽十一1起；四十二1起；六三章）靠著祂必有救恩臨到罪人（結卅六24起；耶卅一31起）。

二、兩約之間猶太教中的靈

兩約之間的猶太教——在兩約之間的猶太教，對於新約中的「聖靈」的觀念，曾有重要的發展。舊約的先知們，曾宣稱彌賽亞救恩的信息，提到聖靈要來臨，後來的猶太教認為舊約的先知結束之後，在以色列人中就失去了先知預言的靈（參詩七四9）。當時猶太教中有一派「天啓」運動，終於認為新時代要來臨，就是他們所盼望的彌賽亞要來，也就是重新要有眞的先知出來（參結五34起）。當時昆蘭古卷也認為「先知的靈」就是「神的聖靈」。甚至於在猶太教的文學中，有時也用到「聖靈」一詞，但「聖靈」在猶太教文字中，事實上仍是指「神預言的靈」。因此，猶太教中對彌賽亞的期望，包括神在末世要將祂的靈澆灌下來（參珥二28起），是由於他們確信神的靈，在最後一位先知過去之後，已不在以色列人中；他們所信的「聖靈」乃是「神預言的靈」，要在新時代中降臨，同時因彌賽亞的來臨而要更新潔淨全以色列。

在智慧書中，「聖靈」的觀念變得更廣泛，甚至於這個觀念因為與「靈」的觀念配合在一起時，智慧被人格化了。甚至在箴言八章22節至36節，以及約伯記廿八章23 節至28節，智慧在神的權能之外被視為獨立的（這兩處經文似乎認為智慧是神創造大工上的工程師），智慧也是神所創造，有獨立的性格與功用，這兩種特性都歸於新約中的聖靈。兩約間的「智慧書」曾認為，智慧從神口中而出，如雲露遮掩全地面，她是神口中所出的權能，神藉著智慧而造人。主耶和華以智慧創造萬物，也住在凡有血氣之人的裡面。更有甚者，智慧充滿了靈，智慧也被視為就是靈。因此，在新約時代的猶太人，對於新約中所描述的靈的觀念，甚是熟悉；但新約對於靈的觀念卻更深一層，新約所顯示的聖靈超於當時猶太教背景中對靈的觀念，這是他們所料想不到的。耶穌基督確曾教導說，彌賽亞與聖靈澆灌是舊約所教導（路四18起，所引的出於賽六一1-2），也似兩約間的猶太教耶和華所賜的彌賽亞的靈，就是「聖靈」（太十二32），就是先知所預示的，彌賽亞來臨時，要展開一個新時代，因為要有聖靈被澆灌在凡有血氣的人身上。耶穌所指示的聖靈，是有位格的（參約十五26，十六7起），尤其是神在教會裡的工作乃是藉著這位有位格的聖靈。

三、新約中神的靈

新約——在新約裡面對於聖靈的教訓，乃是基於神是靈的觀念；一方面是顯明神的權能，另一方面也是指預言的靈。耶穌以及祂後來的教會將此兩個觀念配合起來，即新約中的聖靈，也是神在末期所賜給人的恩賜。馬利亞被至高者的能力所「蔭庇」——也即指「聖靈」臨到她（路一35；參九35）——我們可以看到舊約裡提到神的靈有如雲彩「蔭庇」會幕，因之帳幕中充滿了神的榮耀（參看出四十35；賽六11起），從這些經文可以看到；神在何處，何處就有「神的聖靈」。路加提到耶穌趕鬼的能力是出於「神的指頭」（原文），在舊約的裡面，「神的指頭」乃是指神的權能（所以中文翻譯成「神的能力」——參看路十一20；詩八3）。神的權能就是「神的靈」（太十二28）；神的靈也就是「聖靈」（太十二32）。耶穌受施洗約翰的洗時，有聖靈降在祂身上（可一10；路三21；在太三16乃是說「神的靈」），在這三處經文中都有神為祂印證是神的愛子，並要完成祂彌賽亞的工作。耶穌從約但河回來，就被聖靈充滿（路四1）；祂受魔鬼試探之後回到加利利開始神的工作時，「祂滿有聖靈」（路四

14）。耶穌開始傳道時也像施洗約翰一樣，宣佈「天國近了」（太四17；參三1）——天國來臨也是表明彌賽亞救贖的時代已經來到（參路四18起；徒十38等）。

而耶穌出來傳道初祂承認自己是彌賽亞君王，同時也是那位舊約先知所預告的受苦的僕人（參看四十二1起；可十45），這君王又是僕人的觀念，猶太教派不肯承認。猶太教認為耶和華所差遣的彌賽亞，乃是要來審判列國；猶太人所盼望的也是這樣的一位彌賽亞；然而耶穌自己卻指出彌賽亞的工作，不但要宣揚神的恩典，而且也要在這個新時代中成就神的救恩。耶穌在拿撒勒的會堂裡唸以賽亞六十一章的經文時，祂證明自己就是那位彌賽亞，但祂唸的只是賽六十一章一節與二節上，卻沒有唸第二節下半關於審判的部分；雖然賽六十一章第二節下半最末了的一句所說：「安慰一切悲哀之人」也是祂工作的一部份（參太五4）。當施洗約翰差人來問耶穌說：「那將要來的是你嗎？」耶穌又特別指出祂就是那一位要來的，因為耶穌所行的證明祂是這樣的一位彌賽亞（參看路十八18—22）。施洗約翰雖然宣佈耶穌就是那位要來「用聖靈與火給你們施洗」（表明新時代中有救恩與審判——路三15起；可見「火的洗」確是表明審判——路三17）；但耶穌自己卻專注於祂工作積極的一方面，就是新時代中救贖的工作，由「聖靈的洗」作代表（徒一5；十一16）。

耶穌基督所教導的聖靈是有位格的，尤其是在約翰福音中可以看到，聖靈被稱為「訓慰師」，即「保惠師」（中保或辯護人）。耶穌自己是第一位保惠師（或訓慰師，參約十四16），祂去了之後，要求父賜給門徒另外一位保惠師；即「真理的聖靈」（約十四26；十五26；十六13）。聖靈將要住在信徒的心中（約七38；參十四17），也要引導他們進入真理（約十六13）；又「要將一切的事，指教你們，並且要叫你們想起我對你們所說的一切話」（約十四26）。聖靈要為主見證；照樣，門徒也要為主作見證（約十五26—27）。

從使徒行傳二章十四起，彼得解釋五旬節聖靈降臨乃是應驗約珥的預言：就是神要在新時代將靈澆灌給凡有血氣的（珥二28）。靈被澆灌在凡有血氣之人的身上，包括所有的猶太人和外邦人（結十四45；十一15起），在這新時代之中，任何人都能得此恩賜，只要他肯悔改並奉主名受洗，就能蒙恩得救（徒二38）。彼得認為悔改的人，可以獲得約珥所預言的應許，就是聖靈的恩賜：「因爲這應許是給你們……就是主我們神所召來的」（徒二39；珥二32）。使徒們傳福音的工作，都有「聖靈充滿」（徒四31；六5；七54等），聖靈──在十六章7節中也稱之爲「耶穌的靈」──也時常指導初期教會宣教的工作（徒九31；十三2；十五28；十六6─7）。耶穌所作拯救的聖工──最顯明的是「醫病與趕鬼」──早期教會藉聖靈的能力也是如此作。新成立的教會也看到異象並說預言（徒九10；十3；十10起；十一27─28；十三1；十五32）；這一起都與使徒行傳第二章中所引用的約珥的預言配合。初期教會門徒所經驗的，確可以證明彌賽亞的新時代已經來到。

保羅認爲新時代所澆灌下來的聖靈，乃是要信徒造成新生命，就是神在基督裡建立信徒的權能，使他們同被建造，成爲基督的身體（羅五5；林後五17；弗二32；參林前六19）。羅馬人書第八章特別給我們看見，這位神所賜的靈，是聖靈，是神的靈，是基督的靈（參看彼前一10起所提到的「基督的靈」是「預言的靈」），三一的神，都同是一靈。任何人若沒有基督的靈，就不屬於基督（羅八9）；任何人若是被神的靈所引導，他就是神的兒子（羅八14）。我們都是被「一個靈所感，得以進到父神面前（弗二18），因爲只有一個身體，也只有一位聖靈（弗四11）。我們都從一靈受洗，成了一個身體，飲於一位聖靈（林前十二13）。信徒都有聖靈與我們的心同證，作神的兒女（羅八16）──神兒子的靈進入我們的心，我們才會呼叫「阿爸，父」（加四4）──靠著主耶穌，我們也能與神發生親蜜的父子關係（參看可十四36）。

信徒們也要被建造「成爲神藉著聖靈降臨居住的所在」（弗二22）。我們各人也都蒙恩，而且是照著基督所量給各人的恩賜（弗四7；參羅十二3），基督所賜的有先知，使徒，傳福音的，牧師，教師（弗四11），爲的是要建立基督的身體。在林前十二4，5，7節中給我們看到：聖靈乃是按照教會各樣的需要，而賜下各樣的恩賜，爲的是要造就教會（參林前十二章）。這一切都是因爲神已經在我們心裡按照所賜的靈立了新約（耶卅一31起；結三十六24起；參看林後三6起）。在彌賽亞的新時代，聖靈是我們得以承受基業的憑證（林後一22；五5；弗一14），聖靈也是我們的印記（弗一13；四30）。這些經文都指明這一切的事實，是已經成就了的，不是將要來的；

新時代已經來到，末期的聖靈已經澆灌下來；然而一切受造之物仍然要等候得贖的日子來到。雖然聖靈與我們心同證，我們是神的兒女（羅八16），我們也有了聖靈初結的果子（羅八23），但我們仍是要等候著兒子的名份，就是叫我們的身體得贖（羅八23）。我們今天尚未得贖時，我們仍有保惠師聖靈，爲我們「照著神的旨意」而替我們代求。

四、教父與中古世紀時代神學中的靈

在教父的時代，關於聖靈的教訓都不超出聖經的教訓。使徒以後的教父們，對於聖靈的教訓都與新約所教導的觀念相同；聖靈在教會中運行，感動門徒說預言，在個別的聖徒心中動工。旅行各處的傳教使者，都有聖靈在他們心中工作；可是時代越是久遠，這種恩賜就越視爲是一種理論。舊約裡面先知預言的靈被視爲感動使徒的聖靈——使徒們被視爲有聖靈感動的人。甚至於直到主後第四世紀時，聖靈仍被視爲感動教會的主——也有些人認爲當時某些不是正典的著作也有聖靈感動。

在馬太福音廿八章十九節中所提到三一眞神的經文，已證明三位一靈的眞神，但是使用「三一神」(Trinity) 這個名詞乃是安提阿的提阿非羅 (Theophilus of Antioch) 開始。特土良 (Tertullian) 早已教導了「聖靈的神聖」，這個觀念在以後一千年的教會中不斷地討論。關於聖靈在教會中的權威，以及使徒的傳統與聖經是神的啓示；兩者之間如何能以調和，特土良確也曾加以考慮這個問題。關于這個問題，他的解答近乎孟他努派的看法：就是認爲聖靈在主的身體中顯現時的靈感比較重要。然而，當時的教會卻拒絕孟他努派的看法，認爲在聖經中所指示的使徒傳統客觀的權威更重要，孟他努派最後終於消亡了。當時的教會堅決反對孟他努派的異端，是教會對先知與恩賜的觀念，視爲已經過去的理由。穆拉多利經目 (Muratorian Canon) 曾說，先知的數目已定；甚至於希玻律陀 (Hippolytus) 的《使徒傳統》一書，其中認爲有恩賜的領袖比教會的組織更重要，但也只承認惟有聖經中所提到的先知們，才眞是先知。到了第四世紀時，屈梭多模 (John Chrysostom) 論到屬靈恩賜時，認爲只是屬於過去的時代。

在奈西亞時代之前不久，因爲教會專注於「基督論的爭論」，就很少注意到聖靈的教義。奈西亞信經肯定聖靈的信仰，但並不詳細發展聖靈的神性，以及聖靈乃是在本質上與父子同等。這個問題乃是到了第四世紀以後才成爲一個重要的論點，直到康士坦丁堡大會時，才將以下詞句加於奈西亞信經；提到聖靈是「賜生命之主，從父神而出，乃是與父神及聖子同等，與父子一樣同受敬拜與尊榮。」此後，又有一個爭論之點發生，就是說：聖靈是否當是從父以及子而出。後來由於奧古斯丁的教義，西方教會在主後五八九年的托利多大會中，將「聖靈也是從子而出」的一詞加在奈西亞信經中。但東方教會拒絕這個觀點，造成了東西方教會分裂的主要原因，雖然東西教會在現實上早已分裂。

在其他方面關於聖靈的教訓，雖然也有人提及，但是「從何而出」的這一點是西方教會神學家所最注重的。安瑟倫 (Anselm of Canterbury) 將這一論點延展至經院學派時代，雖然對於這教義的證據，有不同的看法，但是「聖靈也是出於子」的這一教義，繼續是教會所信的要旨。蘭巴德 (Peter Lombard) 以聖經證明聖靈由子而出，拉特蘭 (Lateran) 第四次大會，重證三位一靈以及由子而出的信條。雖然阿奎那不認爲，由於這個理由，就能認清神的位格之判別，但他承認聖靈是從那兩位，即父子而出。在十五世紀時，佛羅倫斯會議中，試以叫東西教會重新聯合，會中再次提到這個問題。雖然用詞大有改變，但是「出於子」的教義再一次被認可；可是希臘的東正教會在原則上，仍是拒絕這個教義。羅馬天主教的看法卻一直保持原狀。在原則上東西教會的分裂直到今天還是不能合一。

五、改教時代的聖靈

在中世紀時，聖靈其他的工作曾有所提到——如聖靈使門徒得以成聖，以及聖靈使門徒得到光照，受到靈感等——然而聖靈在教會裡的工作，直到改教時期才眞正的被重新發現。主要的理由乃是因改教而反對天主教武斷的教義，就是他們認爲只有天主教會才能正確地解釋聖經，也只有他們才能決定眞正的教條。因此而使改教者特別著重「唯獨聖經」的觀念；這觀念使信徒能夠看到天主教武斷地堅持，他們的傳統是可以追溯到使徒時代，這看法並不正確；卻是重新看到聖經的教訓乃是因聖靈的運行，我們才能獲得救恩。路德雖不同意藉著聖靈的引導，可以不靠聖經與教會，能夠得救；但他至少曾認爲聖靈的工作是超於教會的組織，他也認爲聖靈藉著聖道（福音），即「傳揚」眞道、聖禮等，而使信徒得著救恩。聖靈的工作乃是使人藉著信心，依靠基督而得救。「信仰」本身就是神奧秘的恩賜，藉著這個恩賜，信徒能與神的生命聯合。若是沒有聖靈的運行，以及祂的恩典，人就不可能產生得救的信仰，或是得蒙神的喜悅。我們能夠蒙神所悅納，完全是靠著聖靈將神的聖道放在我們心中。救恩因此是神的恩惠所賜於我們的禮物，所以路德認爲神的聖道被傳揚出來時能有功效，是因爲聖靈在聽衆心中運行。對於路德，聖道乃是最主要的聖禮，世人能夠有聖靈在心中動工，而產生信心，是因爲福音被傳揚出來，或是因爲有眞道的教訓（參羅十17）；洗禮與聖餐是聖道的聖禮之表徵，藉著「聖禮」使神的話得以宣揚。路德認爲「所宣揚的道」比那「記錄下來的道」更重要，但兩者並不互相對立。基督徒必須在傳揚眞道時忠於聖經；但基督徒若眞正要忠於聖經，就必須傳揚眞道。

聖道——就是成爲肉身的道——是聖靈將神顯示出來的媒介。人可以將聖經上的話傳給人聽，然而乃是神將聖靈放在人的心中；因此，聖經的話變爲神的話。人若沒有聖靈的工作，就無法了解聖經上的話。那裡有聖道，那裏就有聖靈，所以聖靈乃是因聖經而工作。路德完全反對那些自以爲是「熱心派」的人，所堅持的內心的聖道與外在的聖道有絕對分別的看法。在另一方面看來，他也反對天主教的看法，認爲聖靈就是教會的聖職，所以教會的聖禮就是聖靈的工作。路德的教訓乃是聖靈使聖禮與聖經有基督的同在，因爲只有聖靈使基督在神的聖道之中，這聖道因有聖靈而成爲神永生的道。若非如此，聖經不過是字句，是律法——不過是歷史的著作。但在福音的傳揚時，聖道就成了眞正的福音（與律法相對）；乃是因爲聖靈，而使聖經成爲聖道。聖靈並不受聖道的約束；祂乃是與神同等，存在於神永遠的榮耀之中，並不受我們世間聖道的拘囿。然而聖靈的顯示，乃是藉著聖道。

墨蘭頓 (Melanchthon) 幾乎完全是與路德的教訓相同。他雖然比路德更覺得世人當對福音有所回應，但他仍然完全覺得救恩是出於聖靈的工作。墨蘭頓比路德對於主餐中有主同在的事實更爲通融，但是在基本上講來，他同意路德對奥斯堡 (Augsburg) 信條及辯護的承認。慈運理 (Zwingli) 卻不同意路德與墨蘭頓關於聖靈在聖禮中的工作，也不覺得洗禮是聖靈的工作，卻特別堅持聖餐乃是紀念主。比較激進的改革派，也不同意路德的看法，他們認爲直接的啓示比聖經更重要。那時有些狂熱派的信徒反對路德並天主教，稱兩者只重視聖經的字句，卻忽略了宗教經驗對聖經的考正。

加爾文的教訓乃是認爲聖靈使人重生，有光照亮他們，使他們獲得基督所賜的恩福，並且叫神的恩典存在他們的心中，藉著聖靈，人心得以敞開，能體會到聖道與聖禮的權能。加爾文比路德更進一步，認爲不單所宣揚的聖道是聖靈的運行，甚至於聖經本身也就是神的道。聖靈的工作不單是在所宣揚的道中，也在所閱讀的經文之中，聖道——宣揚或閱讀的道——藉著聖靈的工作，都有救恩的功效。因聖靈的見證，證明聖經是神所啓示；聖經是神的話，乃是藉著聖靈的引導，雖然人的言詞有限，仍能完全表達神的心意。因爲我們解經時，必須查明神將聖經賜給我們的心意。聖經最高的證據乃是出於神曾親自向我說話；又有聖靈作可靠的見證。我們覺得聖靈的見證，將印記刻在我們心上，結果我們可體察基督親自捨身並潔淨我們的印記。靠著聖靈，我們與基督之間就有一個不可分割的結，使我們與基督聯合。加爾文不覺得我們需要任何出於理性的證據來證明聖經的可靠；以後有些理性主義的人，以爲加爾文的思想太主觀，就發展一種以學術來證明聖經的看法。

在十七世紀時的荷蘭有一些阿民念 (James Arminius) 的隨從者起來反對加爾文的教訓。阿民念不承認預定論，認爲人有自由可以拒絕神所賜白白的恩典。多特總會 (Synod of Dort) 全然駁斥阿民念派的看法，但阿民念派的思想後來卻影響到英國。衛斯理約翰出於十八世紀前期的英國，即受到阿民念派的影響，由於他的工作，衛斯理宗有阿民念派的看法。衛斯理認爲神在救恩的信仰上，乃是與人類的自由意志合作，並不完全抹殺人類的自由意志。神並不是只分發給人稱義的恩惠，人也並不是因相信就接納了這個恩惠：神的恩賜與人的接納，需要合作。聖靈叫人承認自己的罪，聖靈也爲稱義的人作見證。此後，聖靈繼續動工，使人成聖，使人在心中可以體會到神的靈之大工。神不斷地「吹氣」在人心靈中，人心受到神所吹之氣，就能夠感覺神的靈氣，因此，在這人的心靈中能保持神的生命。成聖——即神叫人心中更新的印記，也即有公義與聖潔——乃是因信而靠著聖靈得以完成。成聖不但是從罪孽中得救，而且也是因愛而得以完全。信心因有行爲而得以持續；全然聖潔，得以完全，乃是信徒新生命的目標。

六、近代聖靈說

貴格會於十七世紀時發起於英國，他們只注重對於聖靈主觀的經驗（福克斯 George Fox 的「內心之光」）——因此，對於他們，聖經不過是信仰與實踐的次要來源——十八世紀的循理宗對聖靈工作的看法比較平衡。循理宗對於聖靈工作的要點，是一個人悔改之後能體驗到神的恩惠；後來在近代聖潔派的運動也有發展，近來代表這一派的教會是基督教聖潔會。

循理會注意聖潔的教訓，也影響了另一宗派，即廿世紀的五旬節派。根源於以前所著重的「第二經驗」，五旬節派認爲「聖靈的洗」非常重要，他們認爲聖靈的洗是救恩過程中的第二步驟。自從廿世紀初期，對於他們來說，「方言」就是得聖靈之洗的記號；此外，其他聖靈的恩賜——即醫病——他們也重視。從基要主義爲起始的五旬節運動，現在已伸展到被稱爲「恩賜運動」，或「靈恩運動」(Charismatic Movement)，這運動在全部五旬節派的教會中，甚至於也在天主教中發展。這一個運動宣稱必須要有聖靈之洗的經驗，原則上而言，就是指必須要說出方言，才能表明你有了這個經驗。

廿世紀中對於聖靈有更深認識，是巴特的貢獻。巴特本來是改革宗的神學家，他也是新正統派神學的主要人物，新正統派有時也被稱爲危機神學。巴特以及其他新正統派的神學家，在廿世紀初期開始，指出十九世紀的寬大派或自由主義的理性神學完全錯誤，他認爲那些以人爲中心（施來爾馬赫 Schleiermacher；黎秋 Ritschl；費爾巴哈 Feuerbach)，以自我感覺爲虔誠的理論，全然破產。費爾巴哈特別指出，神與人之間有「無限的本質之區別」，巴特也似乎以先知的權威，指出神否定一切人類自以爲義的行動。巴特在他的《羅馬人書注釋》一書中指出，這就是世人必須首肯：人若能認識神，完全是出於神的啓示。巴特又指出，神的自我啓示，乃是出於神的道。最重要的是，耶穌基督是成爲肉身的道，是神的顯示。神的道也是從聖道的宣揚而顯出來，就是把聖經中神的話傳揚出來。神的聖道也就是聖經所顯示出來的神。聖經是神聖的，聖經也就是神的道，由於聖靈的運行與感動，聖經對於教會就成爲神啓示的見證。見證雖不是直接的啓示，但因著見證而使我們認識聖經就是神的啓示。我們能有信仰，信耶穌是基督，尤其是信耶穌的復活；完全是聖靈的運行，使我們能如此相信。我們親身經驗「在聖靈裡」，也就是客觀地「在基督裡」。因爲我們在基督裡，客觀地得知神的啓示，又主觀地藉著聖靈，親自體驗到神的啓示；兩者都將神的恩惠顯示出來。按照聖經，乃是因聖靈所賜給我們的光照而得知神的道，就是神的啓示。聖靈被澆灌下來，也就是神的啓示。在這個實際的情形之下，我們都獲得了自由，並成爲神的兒女，可以有智慧、愛心；更能用神的啓示而稱頌神。聖靈是神的實際，是神的啓示，使我們可以，也眞實地在地上作基督徒。巴特說：那裡有聖靈，那裡就有自由（林後三17）；神是絕對的自由，向人們顯示出來，因此我們也可以得著自由。

七、結語—聖經是因聖靈而使人活

本文顯出基督徒對於聖靈的教訓之發展。很可惜，神在末世所賜給人的恩賜，卻常成爲基督徒彼此的爭端與分裂。將來的發展似乎也不太樂觀，所以基督徒必須在神面前謙卑，承認祂的主權，我們的軟弱不配。

因爲神賜下聖靈，開始了彌賽亞的新時代，人與神之間的關係，完全改變了。律法不再是我們的束縛，也不能拒絕任何人來到主的面前：耶穌自己曾傳揚救恩的好消息，使那被擄的得釋放，瞎眼的得看見，貧窮的得福音；新的律乃是寫在人的心中。所以我們必須斥責律法主義，就是利用聖經來拒絕那受壓迫的人——這乃是將神的好消息變爲「叫人死的字句」。

我們必須注意神所顯示的聖經，乃是因聖靈「而使人活」。唯有如此，聖經才能使人得益。同時我們也不叫聖靈作爲少數特殊階級人之記號，因此成爲爭論分裂的理由。耶穌基督的福音所宣揚的信息，乃是聖靈被澆灌在衆人身上。那些以聖經作爲自我得利門徑的人，當聽神的言語：「因爲這應許是給你們和你們的兒女，並一切在遠方的人，就是主我們神所召來的」（徒二39）。（趙中輝《英漢神學名詞辭典》頁三二二—三二八）

第二節　上帝（神）是三位一體的位格

基督教信仰的中心教義就是神是獨一、有位格和三位一體的。三位一體的神學與神的位格性、道成肉身、贖罪、聖靈中的生命與得救之人在基督裡與神之終極關係是一致的。阿他那修信經說：「我們敬拜一體三位、三位合一的神；位格不混，本質不分。」神之三位合一的眞理只能憑啓示而知。三位一體的眞理並非由教父而來，乃由使徒的信仰與教訓而來。

神是父的信仰爲所有基督徒所信守。從歷史方面看三位一體教義，起源於基督徒要面臨區分耶穌與神的必要性，然而又必須認基督就是神。

三位一體的教義是從道成肉身的眞理而來，而且又受其試驗。耶穌眞是上帝聖子，而的的確確是神的兒子（約一，1，18；廿28；西二9；多二13；來一8，10）。歷代的基督徒承認聖靈爲神，具有位格（可三22－30；路十二12；約十四26；十五26）。基督徒藉基督救贖之工與聖靈的交通才能與神三位一體的生命有聯合。

三位一體乃基督教有關神的教義，根據此教義神是一體(One Substance, or Essence)而分三位。三位一體的教義有時被攻擊爲不充分的獨神主義，但基督徒均不承認此種攻擊。三位一體的教義在早期教會中得以發展，是因爲它是新約中見證耶穌與聖靈具有適當解說的唯一方法。三位一體的教義抵抗了這些試探，而且時時受到理論的功利主義的威脅，絕不是異邦哲學的與宗教感化的反擊。

三位一體在新約中的出現，提起了與後來相仿的難題，但這雖與約壹五7的情形是如此，可是在別處未必然是眞實的。而在馬太廿八19耶穌的話，也具有跟洗禮有關最根本的三位一體眞正的標記。在林後十三14也看到早期的三一神學，在那裏首先提到「主耶穌基督的恩惠」。然而間接提到三位一體的經文引證很多，其中最爲基本的是加拉太書四6。在徒八及別處也可以見到三位一體的洗禮要回到教會的最早期，單用基督之名施洗是不夠的。

三位一體是否在舊約中出現多有辯論。學者往往留意到聖道與神的靈的明顯位格化，但這些一般認爲不合新約意義的位格存在。雖然如此，數世紀以來人們都相信亞伯拉罕顯現的那三個人（創十八）乃是三位一體顯現的例證，是値得留心的。

用以構造三位一體教義的主要聖經經文是在約翰福音中，尤其是十四至十六章。雖然如此，我們必須留意古教父也對保羅的書信多所引用，因此要在約翰與保羅之間樹立敵對是最引入歧途的。

三位一體的思想起源於二世紀，雅典那哥拉（一七七）護衛三位一體的教義，認爲這是基督教信仰的基要部分。特土良對三位一體也說了很多，他對西方教會遺傳下來的方法與用語要負責任。特土良辯稱只有一位神，在這個神內有三位格。他的思想受到所謂實施的三一論 (economic trinitarianism) 的影響，相信父神伸出雙手，即聖子與聖靈作爲創造世界的中保。此種說法與神創造世界以來所用的三種方法有關。實施 (economic 希臘文是 oikonomia，參考以弗所書一10；三9）是神所定的計畫。人類歷史可分三個時期，每一個時期屬於神的不同位格。舊約是屬於父的時代，福音時期是屬於子的時代，五旬節以來的時期是屬於聖靈的時代。這種見解是令人不滿意的，因爲它把三位一體跟時間與空間聯在一起，又因爲如此降低到型態論的地位，型態論相信神好像一個人有三種不同的型態。作爲創造者祂是父，作爲救贖主祂是子，作爲成聖者祂是聖靈。這種見解乃是神格唯一論的另一方式，就是以後第三世紀異端撒伯流派。

其實撒伯流所主張的教義比這更狡猾。他的見解明顯是要勝過對形態主義的反對，那就是父爲我們的緣故受苦受死 (patripassianism，聖父受苦說）。撒伯流假定了在神裡面兩個反對與吸引的極端——聖父與聖子。二者均在耶穌基督裏造成肉身，但在十字架上他們分手了，以致聖子呼喊說：「我的神，我的神。你爲什麼離棄我？」然而聖父的愛不能忍受此分離，所以生出聖靈，好似膠水一樣，把子跟聖父又黏在一起。這種教導未免太離譜了，但後來又回到西方教會的三一論。其中主要的一點，就是在三位一體與贖罪之間的聯繫，以及認聖靈爲非具位格，並低於聖父與聖子的傾向。

西方教會的三位一體論受到東方教會對抗，對抗者即奧利金。奧氏與特土良的工作是分道揚鑣的，他所主張的教義是聖父、聖子與聖靈的三個位格 (Hypostaseis)，共同分享一個本質 (ousia 即 essence)。奧利金以階級次序來安排聖父、聖子、聖靈，他以聖父本身爲神 (autotheos)，子爲基本像，聖靈爲聖子之像。他堅持此次序在永世中存在，他也主張屬天的次序上，子總是從屬於父的。

此說後來受到亞利烏的質疑，他說次等的子不能與父同永遠，因爲同永遠暗示著平等。他受到阿他那修以及他人的反抗，他們反駁說，子誠然是與父同永遠，但並不從屬於祂，除了在道成肉身的關係之外。傳統的三位一體論，在奈西亞會議（三二五）之後，的確發展開來。在那裡聲稱子與父是本體相同 (homoousios) 的，但不久以後，此主要名詞與教義卻廣被拒絕，而贊成一妥協方式，即如本體論類似 (homoiousios)。阿他那修在主後三三九年以後，除了西方教會聲援外，在東方教會則匹馬單槍地爲基督與父同質的教義奮鬥。子不能被視爲神的一部分，祂也不是第二等的神；祂本身就是神，神本性一切的豐滿都有形有體的居住在祂裏面（西二9），在祂裡面就看見了神自己（約十四9）。至終他的見解得到保證，但爲了聖靈的問題又起了爭論。

此爭論是關於聖靈神性的聖經證據。多人以爲聖靈並沒有像父與子的個人名稱，所以認爲必定是低等的一位。此種異議首先爲阿他那修所抗拒，繼而爲該撒利亞的主教巴西流 (Basil of Caesarea, 330-379) 所反對，他辯稱聖靈是神，因爲聖靈被稱爲主與賜生命者，說祂是由聖父所出（約十五26），並將父和子相同之崇拜的尊榮歸給聖靈。

巴西流的神學在第二次大公會議（康士坦丁堡大會，主後三八一年）席上被公開宣佈爲正統信仰，以後即成爲東方教會三一神學的基礎。然而在西方教會中，仍有各種的論點，其中大部分是根據巴西流的作品，並與奧古斯丁有聯結。奧古斯丁是承襲特土良的神學，奧氏在他的傑作《論三位一體》中有詳盡的發揮，時在三九三與四一九年之間。奧古斯丁在此作中發表了他三位一體教義的關係，此關係構成他的思想與加帕多家教父思想間的主要區分。希臘人一般來說，是以偶發的起源來思想三位一體的位格。聖父是非生的，聖子是生出的，聖靈是發出的。結果是非生、生出與發出三者成爲彼此之間位格的區分標記。

奧古斯丁並不反對此種想法，但予以相當的修改。對他來說，一位最原始的神不是聖父，乃是三位一體。各不同的位格並非在生出與發出中找到原因，乃在彼此之間的內在關係中找到。他用了好幾個比喻來說明此見解，其中最有意義的就是心與愛的比喻。心思 (mind) 知道它自己，因爲它知道自己的存在；再者，它也必須愛它自己的想法。一個愛者若沒有被愛的，他就不能愛，而且必定有一個從彼此間流出來的愛，但是這個愛並不是在二者的那一佤愛。奧古斯丁從此推論說，神若是祂自己，祂必須是三位一體的，否則，祂的心思與愛是不能發揮的。

此種想法有許多而且深遠的涵義。至終偶發性完全爲純粹關係所取代，這種關係一定是在神性中存在著。在聖父與聖子互愛中照樣看出聖靈乃是果子，把三位一體聯合起來的，並顯示其本質的乃是靈。這就是所以奧古斯丁說，聖靈是從聖父與聖子而出的必要原因了，而東方教會傳統卻說聖靈只由聖父而出。這是在中古世紀的一大爭辯，以致到頭來使東西方教會分裂；直到今日，仍是奧古斯丁神學的特色。

奧古斯丁後，西方教會一般說來都是接納此教訓毫無疑問。在中古世紀最偉大的人物，是英國維克多的理查（Richard of St. Victor, 1173 卒）。維克多理查爲社會的三位一體而辯，在此社會的三位一體中，各位格的關係乃是屬乎地上人類社會的範例型態。最初他的見解無人理睬，直到最近才有人加以考慮，現代研究正在重新樹立他爲中古世紀的一位偉大科學家。

在宗教改革時期，西方傳統的三位一體教義重新被確定，但加爾文在各不同位格工作上又有新的發展。迦帕多家教父曾說，三位一體在神性之處的工作是不可分的，那就是說，創造世界的神是三位一體的神。但加爾文效法安瑟倫，強調贖罪乃是神三位一體中的工作，卻說基督徒藉著聖靈有分於神性的內在生命。我們是神的兒子，是藉著領養，不但像基督是神的兒子是由於祂的本性（祂本來就是神的兒子）。由於這個結果，改革宗傳統論到基督的工作與聖靈的工作見證出一新的突破，這種深度是前所未知的。

三位一體教義在十八世紀自然神論盛行，許多神學家變爲獨一神論者的時候遭受到虧損，黯然失色。等到了施萊爾馬赫時，三位一體教義就成爲衆矢之的，感到尷尬，認爲這只是古代教會的哲學構想，因而拋棄之，等閒視之。然而在廿世紀，要多感謝巴特的著作，三位一體的教義又重新被視爲教會所關切的中心。巴特既以神的道作爲他神學的基礎，所以他便重新在奧古斯丁的作品上下功夫。巴特正如奧古斯丁一樣，對「位格」(person) 感到不安，因此他受到批評，尤其是從東方教會傳統的觀點來看。

巴特對三位一體神學的復興在各教會中產生果實，這標準的教義在天主教中有如拉納爾 (Karl Rahner, 1904-1984)

與朗納根 (Bernard Lonergan, 1904-1985)，在抗羅宗有慕特曼 (Jurgen Moltmann, 1924 生）與鍾格爾 (Eberhard Jungel, 1934 生）以及正統派的勞斯基 (Vladimir Lossky, 1903-1958) 與史坦尼勞 (Dumtru Staniloae, 1903 生）。在大公教會的關係中，「和子」(filioque) 的問題向來是一熱烈的爭議，似乎在不久的將來，三位一體的教義必定有進一步突破。這是否對傳統的原有資產另加上永久的價值，我們還要拭目以待。（趙中輝《英漢神學名詞辭典》頁六六九—六七二）

第二目　基督論

一、新約的基督論

在新約中，作者藉著描述耶穌降世所作的工作，以及所履行之職分的意義來指出祂是誰。對祂工作與職分上的各種不同描述，往往主要都是根據舊的而來，且裡面也會有一種混同，但卻並未消除早期的傳統。

福音中的耶穌——耶穌的人性在前三福音書中被認爲是當然的事，就好像這件事絕不可能受到人的懷疑一樣。我們看見祂睡臥在搖籃中，看見祂長大，看見祂學習，忍受饑餓、憂慮、懷疑、失望與驚懼（路二40；可二15；十四33；十五34；路七9），最後祂死了並埋葬了。但是在別處，祂眞正的人性卻似乎受到懷疑（加四4；約一14；或其意義受到拒絕（來二9，17；四15；五7—8；十二2）。

除了著重祂的眞人性之外，卻總是強調一件事實，即祂的人性是無罪的，且和其他人大不相同，因此祂絕不能夠和世上最偉大、最智慧、最聖潔的人相提並論。在祂的人性中，我們發現一些非比尋常的標記，即祂的童貞生與復活。祂是誰，或祂是什麼，只有藉著祂與別人比較後才能明白，尤其當所有的人都反對祂時，才更能看出祂是誰。祂以人的身分來到我們中間受苦與得勝的這件事，對於祂所遇見的每個人，以及全世界的命運都具有決定性的力量（約三16—18；十27—28；十二31；十六11；約壹三8）。在基督的降世中，神的國已經來到（可一15）。祂說祂所行的神蹟，就是神的國已來到的標記（路十一20）。因此，那些誤解耶穌的人有禍了（可三22—29）。祂說話行事都具有天國之王的權威。祂能夠叫人爲祂的緣故犧牲性命（太十39）。國度誠然是屬祂自己的國度（太十六

28；路廿二30）。祂是那位按照自己的意思說話的那一位，同時也能說出神永久決定性的話語（太五22，28；廿四35）。祂說什麼，事就這樣成了（太八3；可十一21），正如神的話所成就的一樣。祂甚至有赦罪的權柄與能力（可二1—12）。

基督——祂眞正的意義，只有在祂與世上的百姓之間的關係被瞭解之後，才能眞正的被瞭解。當基督在世間開始祂的工作時，神對以色列的目的與盟約就已經達到了。他來就是要作舊約百姓以及受膏者（即先知、祭司與君王）所無法達成的事。神曾應許從他們中間要出來一位行他們所無法行的好事。如此說來，拿撒勒人耶穌就是聖靈和能力所膏的那一位（徒十38），是百姓眞正的彌賽亞或基督（約一41；羅九5）。祂是那位眞先知（可九7；路十三33；約一21；六14）、祭司（約十七章；希伯來書整卷）與君王（太二2；廿一5；廿七11），正如祂的受洗（太三13以下），並祂引用以賽亞書六十一章（路四16—22）中所指明的。在接受此受膏與達成彌賽亞的目的時，祂受從當代的人領受了基督（可八29）與大衛兒子的頭銜（太九27；十二23；十五22；參較路一32；羅一3；啓五5）。

但是祂自己也領受了其他許多頭銜，幫助說明祂所要履行的職分，並且也說明了祂是誰。將猶太教晚近的彌賽亞觀念與耶穌基督本身的教訓和新約的見證加以比較，就顯示出耶穌選出祂所著重之彌賽亞傳統的某些特點，然後使之具體化，並顯明祂自己的位格。某些彌賽亞名稱爲耶穌所使用，並且在別人之前使用，這些名稱本身經過耶穌使用，並在這些用過之名稱上，就自己和他人的關係上重加解釋。這就是祂保留「彌賽亞」這個稱呼的部分原因（太八4；十六20；約十24 等）。

人子——耶穌用「人子」這個頭銜稱自己要較別人用的次數更多。舊約經文中所提的人子是指著「人」說的（詩八5），有時耶穌就是以這個意義來使用這字（參較太八20）。但是從大多數的上下文所顯示出的，卻是指明耶穌用這個頭銜是思想到但以理書七13，在那裡說到「人子」乃是一位屬天的人物，或許是個人，同時又是神百姓的代表者。在猶太的啓示傳統中，人子被認爲是在末世要來審判人，並爲外邦人之光的先存者(preexisent one)（參較十四62）。有時當耶穌強調祂的權柄與能力的時候，祂就用這名稱（可二10；二28；路十二19）。有時當祂強調祂的謙卑與隱密的時候，祂也用此名詞（可十45；十四21 ；路十九10；九58）。在約翰福音中，「人子」這名稱在以下的場合中被使用著：即在強調祂的先存時，在祂卑微的降世中（約三13－14；六62－63；八6以下），在祂聯合天與地的任務上（約一51），在祂再來審判世人並召開彌賽亞筵席上（約五27；六27）。

雖然「人子」一名只為耶穌一人所用，但卻也表示出不同的意思，特別是在羅馬書五章與哥林多前書十五章中，那裡說基督是「屬天的人」與「第二亞當」。保羅在此即接受了符類福音書所暗示的，即在基督的降世中包含一新的創造（太十九28），在此新創造中，耶穌與最初受造的亞當有關係，而且也是相對立的（參較可一13；路三38）。在人子的意義上來說，亞當與基督對全人類都是有代表的關係。但是基督與全人類之間的關係卻被認為要較亞當與全人類之間的關係更深遠、更完全。

在基督的救贖工作中，祂為全人類預備了救恩。世人藉著相信祂，可以得到在祂裡面所完成的救恩。祂也是神的形像與榮耀（林後四4，6；西一15》。人被造，就是為了要反映神的形象與榮耀（林前十一7）。基督徒的意思，就是要有份於新的創造（西三10）。

僕人——耶穌承認自己是人，這在以賽亞描述受苦僕人的經文中彰顯出來（太十二18；可十45；路廿四26）。在祂受洗的經歷中，祂就擔當起受苦的任務（參較太三17 ；賽四十二1），成為祂百姓的代表者，並且為世人的罪獻上贖罪祭（約一29；賽五十三章）。在教會初期的傳道中，耶穌清楚地被稱為那「僕人」（徒三13，26；四27，30），而在保羅的心目中也有這種思想（參羅四25；五19 ；林後五21）。

在祂的自我卑微中（來二17；四15；五7；二9；十二2），祂不單只履行了受害者的部分，同時也履行了大祭司的職分，一次將自己獻上（來七27；九12；十10），在神與人之間帶來了永遠的新關係。祂的「受洗」（即履行了此項聖禮，就達成了祂在世上於十字架上達於頂點的工作，路十二50），乃是祂永遠祭司的職分，使自己成聖，並藉此也使祂的百姓永遠成為聖潔（約十七19；來十14 ）。

神子——耶穌自己並未像用「人子」一樣來使用「神子」這名稱，乃是在祂登山變像時，由天上來的聲音賜給祂的（路一35；可一11；九7），也是在彼得受光照時稱基督爲神的兒子（太十六16）。魔鬼也稱基督爲神子（可五7），百夫長也如此稱呼（可十五39）。

神子的稱呼是屬彌賽亞的。在舊約中以色列被稱爲「兒子」（出四22；何十一1）。君王（詩二7；撒下七14），可能祭司（瑪一6），也都被稱爲神的兒子。因此，耶穌使用並承認這名稱乃是爲要成爲達成以色列人命運的那一位。

此名稱在彌賽亞的工作中也反應了耶穌與神不尋常的父子關係的意識（參較太十一27；可十三32；十四36；詩二7）。這裡面含有最深奧的基督論的涵義。祂不僅是一位兒子，同時也是位獨生子（約廿17）。這種意識在約翰福音中，被認爲是耶穌生活背景中一繼續不斷的覺知，祂總是知道祂是神的兒子。這種意識在符類福音書中表現的最完全。子和父原爲一（約五19，30；十六32）。在意志上（約四34；六38；十28；八42；十3）、行動上（約十四10），並賜永生上（約十30），子與父都是合一的。子在父裡面，父在子裡面（約十38；十四10），父怎樣在自己有生命，就賜給祂兒子也照樣在自己有生命（約五26）。父愛子（約三35；十17；十七23—24），並將萬有都交在祂手中（約五35），且將審判萬人的權柄賜給祂（約五22）。此名稱也暗含著在本性上與父的合一，以及根源於先存的特殊性（約三16；來一2）。

主——雖然保羅也引用「神子」這名稱，但祂卻更常用「主」這名稱來稱呼耶穌。這個名稱並不是保羅開始使用的，乃是在福音書中，就已被稱呼爲主了（太七21；可十一3；路六46）。在此，這名稱基本上是指著祂教導人的權柄（路十一1；十二41），但也可能有較深的意義（太八25；路五8）。雖然此名稱在祂升天之後，時常用在祂身上，可是祂自己也常引用詩篇一一〇篇一節作爲根據（可十二35；十四62）。

基督爲主的職權達於歷史的行程中，以及魔鬼所有的權勢範圍中（西二15；林前二6—8；八5；十五24），並在教會的生活範圍中擁有治理權（弗六7；林前七10，25）。因爲祂是主，所以將來祂還要再來審判世界（帖後一7）。

雖然在基督降卑的工作中也有表現爲主的時候，但是直等到祂復活升天之後，這爲主的名稱才用在耶穌的身上（徒二32以下；腓二1—11）。他們向耶穌祈禱，就像對神祈禱一樣（徒七59—60；林前一2；參啓九14，21；廿二16）。祂爲主的名字，緊密地與神的名字連在一起（林前一3；林後一2；參啓十七14；十九16；申十17）。在舊約中，「主」神的應許與屬性，都是指著基督說的（參徒二21，38；羅十3；珥二32；帖前五2；摩五18；腓二10—11；賽四十五23）。用在神身上之語言的信仰條文，也很自然地用在基督身上，所以像羅馬書九章5節的經文，就很難決定是指著父或指著子說的。在約一1，18；廿28；帖後一12；提前三16；多二13；彼後一1中，耶穌被稱爲「神」。

道——「道成了肉身」（約一14）這句話，就是把耶穌和舊約中神的智慧（具有位格的性質，箴八章）與律法連結起來，因爲以上所說的這些，在道的傳播上被啓示、宣明出來。神藉著這「道」創造萬物、啓示自己，並在世界歷史中成就祂的旨意（詩卅三6；賽五十五10—11；十一4；啓一16）。在道與世界上所發生的事件之間有密切的關係。在新約中就表明的更加清楚，道不僅是傳佈的信息，而且也就是基督本身（參弗三17與西三16；彼前一3，23；約八31；十五17）。保羅在歌羅西書一章所表白的，與約翰在福音書的序言中所表白的，都顯明基督的地位就是神起初藉之創造萬物的那一位（參來一1—14）。爲耶穌在這一方面作見證，不可避免的，新約必定要見證祂是先存的。祂從「起初」就有（約一1—3；來一2—10）。祂的降世（路十二49；可一24；二17）牽涉到祂的自我卑微（林後八9；腓二5—7），從創立世界以前就完成了爲祂所定的旨意（啓十三8）。在約翰福音中，祂用自己的話爲此作見證（約八58；十七5，24）。

雖然祂是從父而來，但是卻並未減損祂的神性，可是道成肉身的子，在父與子之間愛與平等的關係中卻從屬於父（約十四28）。差遣的乃是父，受差遣的乃是子（約十36）；賜予的乃是父，領受的乃是子（約五26）；命令的乃是父，而完成者乃是子（約十18）。基督原屬於爲元首的神（林後三23 ），結果就是叫萬有都服了祂（林前十五28）。

二、教父的基督論

在新約時期之後，使徒時代的教父（主後九〇至一四〇年）都非常高舉基督。有一篇講道開頭就說：「弟兄們，我們應當認爲耶穌基督就是神，是審判活人、死人的」（革利免後書）。伊格那修在強調基督眞正的神性與人性上，是指著「神的血」說的。

縱使他們的見證在這一點上有些缺失，但是他們在抵擋愛賓派（Ebionism）（該派視基督僅爲平常的人，只是在受洗時領受了聖靈）與幻影派（Docetism）（該派說基督的人性與受苦從表面上看似乎是眞實的，但事實上卻不是眞的）上卻是不遺餘力。

下一代的護教者（即殉道者遊斯丁，主後一〇〇—一六五年與安提阿的狄奧腓羅）企圖將福音託付給受教育的人，並在外邦人與猶太人的攻擊下加以衛護。然而他們論到基督之地位的觀念，已被當時有關道的哲學觀念所決定，而非由福音中所顯露的歷史性的啓示所決定，對他們來說，基督教想要成爲一新的律法或新的哲學，而基督則成爲比至高之神低下的一位神。

然而此時撒狄的墨利托（Melito of Sardis）卻清楚地說基督是神又是人，而愛任紐則在諾斯底派的挑戰下也回到更合乎聖經的立場，總是以基督救贖與啓示工作的親密關係來看基督的位格，爲了達成祂的工作，「祂成爲我們的樣式，爲要使我們成爲祂的樣式」。如此，祂成爲我們人類的新元首，並恢復了在亞當裡所曾失去的，且藉著「合一」（recapitulation）的程序拯救了我們。如此，祂將自己與我們視爲同一，所以祂是眞神也是眞人。特土良在抵抗諾斯底派與神格唯一論的各種形態上，對基督論也盡了一份貢獻。而神格唯一論（動力說、形態說、撒伯流說）在不同的方式上都反對基督外部的崇拜，認爲祂是父神以外的第二等神。特氏是首先教導父與子是「一體的」，也是教導神性中三位格的第一人。

奧利金是在東方教會中基督論發展上最具影響力的人。他教導說，子是從父永遠生出，並使用「本體相同」

(Homoousios)一詞。然而，在他複雜的教義中提到說基督乃是居間的一位，在神的絕對超越性與所創造的世界之間劃下界限。後來在三一八年開始的亞利烏爭辯中，兩方面所顯示的影響力，都要追溯到奧利金的教導。

亞利烏否認任何從神流出，或與世界接觸，或在神性中有區分的可能性。因此，道是在有時間之前就從「無」中被造出「有」來。雖然祂被稱爲神，但祂卻不是眞神。亞利烏不承認基督有屬人的靈魂。奈西亞會議（主後三二五年）時就定了亞利烏的罪，堅持子不僅是「一切被造以先的首生者」（西一15），同時也是「與父同質」的。阿他那修在長期抵抗亞利烏派上也企圖堅持父與子同質，而基辯論的根基並不是在於道的性質上的哲學論說，乃是在於道成肉身所成就的救贖性質。唯有神自己取了人性，死了，並在肉身中復活，才能救我們脫離罪、敗壞與死亡，並叫我們與神的性情有分。

奈西亞會議後就發生了問題：如果耶穌基督是眞神，祂又怎麼可能同時是眞人呢？阿波林藉著否認基督有完全的人性，來企圖確保神人的合一。他認爲人是由三部分所組成：即屬物質的身體、非理性或屬動物的魂，以及有理性的頭腦(nous)。而耶穌裡面有理性的頭腦則爲神的道(logos)所取代。但這卻否認了基督眞正的人性，當然也就否認了道成肉身的實際性，因此也否認了救恩的實際性。拿先斯的貴格利則對這件事提出了最有力、最令人感動的反論，他認爲基督必定是眞神，也必定是眞人。後來阿波林於三八一年在康士坦丁堡大會中被定罪。

這樣一來，神與人如何能夠聯合於一個位格中的爭論，最後焦點全集中在康士坦丁主教涅斯多留一個人身上。他不贊成將神之母(Theotokos)一詞用在馬利亞身上。他說，基督未具有神性，只不過是「一個具有神性器官(organ)的人」而已。雖然他清楚說到神而人的基督乃是一個位格，但他卻似乎主張此位格內並存著二性（神性與人性），以致人性的受苦不能歸之於神性。這種分法在以弗所大會（四三一年）中被定罪，涅氏也被革職。這件事的發生，主要是受參與會議的區利羅的影響。區利羅企圖藉著述說基督人性的完全，但卻並非是獨立的生存來取消阿波林派的見解。

後來爭論又發生在區利羅的學生猶提乾身上。他說，基督在道成肉身時兩性合而爲一。這暗示含著幻影派基督人性的觀點，並且使到祂和我們的合質（即祂成爲人）成爲不可能。猶提乾派與涅斯多流派至終在迦克墩大會（四五一年）中被定爲異端。這次大會教導說，一位基督有二性聯合於一位格中，雖然如此，但卻並「沒有」混淆，「沒有」改變，「沒有」區分，「沒有」隔離。

此外，在教會中還有些爭端興起，即人性怎麼能夠持有它完全的人性，而還不需要獨立的生存。拜占庭的李安迪提出了信仰的教條，使大多數的人同意迦克墩信經的解釋。他教導說，基督的人性並非是一獨立的位格，乃是寓於神格內 (enhypostatic)，即基督的人性在道 (Logos) 中，並藉著道而生存。

還有更進一步的爭端，即基督是不是有兩個意志。有一信仰條文，首先是由基督一志派提出來的，他們說基督雖有神人二性，但卻只有一種屬神的意志。最後雖有人贊成羅馬的主教何挪留 (Honorius)，說基督只有一個意志，可是西方教會在六四九年卻決定基督有神人二性，有神的意志，也有人的意志，並於六八〇年在第六次康士坦丁大公會議上成爲全教會的決定，教皇何挪留一世被定爲異端。

三、進一步的發展

中古世紀神學家接納了教父基督論的權威，並容許他們的思想與經驗受到奧古斯丁的影響，即強調基督在其救贖工作上的眞正人性，在人性上成爲我們榜樣的重要性，以及因神祕經驗而豐盛起來。但是這種對基督人性的強調，只有當基督在受苦時才被提出，作爲罪人與遠方可畏之神間的中保。在有關基督位格更具體的討論中有一種傾向，即基督並未分享到多少我們的人性。然而，基督的人性在克勒福的聖伯納德思想中卻成爲神秘靈修的焦點。

在宗教改革時期，路德的基督論是根據基督爲眞神又爲眞人這不可分的聯合而來。基督藉著與人性的聯合取得了人性，所以祂的義就成爲我們的義，我們的罪就成爲祂的罪，他說，這乃是「奇妙的交換」。他絕不容忍任何以下的思想：認爲神而人的基督，或者是與耶穌爲歷史上的人物脫節，或者是與祂來爲要救贖我們所完成的工作，所履行的職務脫節。但他卻教導「屬性共通」(Communication of attributes)，意思就是說在基督裡神性與人性之間有一共同的屬性轉移，後來這種思想就發展成爲神性與人性之間的互相滲透，並爲迦克墩的基督論所拒絕。後來在信義宗的正流派中引起了爭論，即神子的人性在神尊嚴的屬性上享有多少、實用多少，又當耶穌在過人的生活時，祂又用了或棄絕了多少這些屬性。

加爾文也贊成教會會議所提出有關正統基督論的說法。他教導說，當道成了肉身的時候，祂並沒有停止也沒有改變祂支持萬有的正常運作。加氏發現路德宗極端的基督論的說法，有傾向猶提乾異端之嫌，並且堅持說基督的神人二性雖是不能分離，但卻是分清的。然而，在基督裡位格的合一，在活動上、在所發生的事件上，卻都是如此密切地連繫著，以致人性可以說是在神性中有所參與。救恩的完成不單只是靠著神性與人性作出來，當然也是由為人的耶穌所完成，祂本身為所有的人作成了完全的順服與成聖。這救恩乃是經由先知、祭司與君王三重職分所完成。

路德宗與改革宗對於此項教導有所分歧。路德宗著重二性的聯合，而在此聯合中，基督的人性被神性所吸取。但改革宗神學家卻被不認為基督的人性被神性所吸取，乃是認為基督的人性是被聖子的神格所吸取，而在此神格中，二性之間有一直接的聯合。如此，他們一方面主張教父們持守的屬性相通 (Communicatio idiomatum)，另一方面則又說了屬性合一 (Communicatio operationum)，這就是說到基督神人二性的屬性在一個位格中的合一。

自從十九世紀以來，趨勢就日益遠離迦克墩會議有關基督二性的教義，因為他們認為此教義和四福音書中為人的耶穌沒有關係，而且所用的名詞與聖經不符，也與目前的表達方式不符。施來爾馬赫根據在基督裡發現子非常孝順聖父這件事發展出了他的基督論。黎秋也著重基督位格倫理屬性的重要性，並且也拒絕在神的啓示之外試圖從歷史的耶穌去發現什麼，認為祂必定有屬神的價值，而且祂完全的道德性是屬人的也是屬神的。

在廿世紀中，我們看見迦克墩會議有關基督兩性的教義運用的恢復，特別有如改革宗傳統所解釋的，並以反合性 (paradoxical) 的型式出現，乃是為了表達在神人位格與工作之間特殊關係的奧秘。此奧秘性絕不可能離開贖罪而單獨思想，因為唯有藉著歷史，透過基督釘十字架、復活與升天的全部工作，贖罪才得以完成。在基督裡神與人此種新聯合奧秘的分享，多少已經藉著聖靈賜給了教會。這意思是說，我們的基督論在決定教會的教義與教會所用的聖禮上是具有決定性的。我們的基督論，在解決論到人類關係或神恩典在基督裡的實際性的所有神學問題上，我們必須指明其方向。在此基督論的形式中，我們獲得神學體系的全部，有了一清晰與一般的觀點。

我們也不可以離開福音書中，在以色列生活的歷史關係中所顯示的耶穌這位格去思想這奧秘。這位歷史上的耶穌，其屬人的生活與教訓，在祂的拯救工作中是不可少的，必須給予完美的地位，絕不是在祂救贖和好的工作上偶發的事件，或僅是一項工具而已。在此我們對現代聖經研究予以相當的重視，因為這樣能幫助我們了解耶穌是個什麼樣的人，並且叫我們看見這位歷史的耶穌就是我們所信的基督、我們的主、神的兒子。透過研究祂的職分與工作，我們了解到祂的人性不單只是眞的人性，而且也是我們眞正的代表。

現代神學辯論，仍繼續為耶穌基督自己在信仰的事上的中心點作見證，並為兩個密切相關的問題所支配：「耶穌基督是誰？」與「祂為世人作了什麼？」然而，提起這些問題的前後關聯已經改變了。在十九世紀有關基督論的信仰，許多激進的說法被人認為只不過是反對純正信仰，而且為此辯論。可是到了今天，事情就不那樣複雜了，現在那些激進的言論，如果出自對耶穌的眞誠回應，就被認為是對同一眞理的現代解釋。據說以前那些製訂信經的人，是用他們的言詞來表達他們自己當時被耶穌拯救的經驗。縱使他們的語言有繼續被使用，但是他們的說法也不必按字面去解釋才被認為是眞承認。

然而，有通俗知識與科學觀念的現代人常自以為，若以現今的宇宙為背景，他們是不可能相信神兒子的先在、從天降臨，以及升天等事的。古代教會之所以相信這些事，乃是因為當時的宗教神話所給予的一幅圖畫，目的是為了表示他們在基督裡所得到的新自由與自我了解，這正如神親自對他們說話，特別是耶穌在十字架上所宣稱的。有些教會神學家相信，初代見證人所說的，今日只能適當地予以全新表明，不需要再向道成肉身求援助。不滿仍繼續存在，正如上一世紀一樣，人們認為「本質」、「本體」與「屬性」等等，都只不過是字典中的名詞而已，在有意義的陳述上並無實際的應用。

如果用新方法來表達基督的意義，耶穌往往被認為是一個代理人，藉著祂的中保與榜樣，我們得以找到眞正的自我表白與新的性情(New Being)，因而進入現實與世界的富有意義與經驗。有關我們的需要，祂繼續的工作與服事，曾有疑問發生。甚至當我們被指向祂的位格時，就如像我們被指向另一種象徵性的東西，根本與祂無關。有時我們似乎面臨一種亞利烏派的思想內容，聲稱「子」只不過是具有與父「相似的質」；有時又面臨一種幻影派的思想，認為耶穌人性的實在性不太重要。

然而，近來新的研究已經相信福音書關於耶穌，的確已供應我們充分的歷史資料的細節，給予我們一可靠的描述，說確有耶穌其人存在。復得這種對主耶穌人性的真正瞭解，並作為我們基督論的根基的重要性，一再地加以強調。潘恩波曾批評巴特以及他們的門人，說他們是從神自已的立腳點來開始他們的基督論思想：那就是說，他們首先主張三位一體與道成肉身，然後辯論下去，認為耶穌的人性與此種超越的背景相衝突。潘恩波本人相信此種耶穌神性的初步前題，將不可避免地把我們捲入一種基督論的漩渦中，而這種基督論是以分離與似非而是為幌子，在與祂位格的一致性上提出一不可解決的難題。此外，叫我們對它真人性的了解上模糊不清。

潘恩波企圖從下面來形成一基督論，從耶穌的生與死一直向著祂在復活中的改變，並藉著神的恩典而為至高。潘氏相信在福音歷史中有傳奇的成份（即如童貞女生子）。他強調我們不但要從舊約的立場，也當從我們自已的歷史經驗的立場來解釋耶穌和祂的死。天主教神學家拉納爾 (Karl Rahner) 也從事這一種由耶穌的人性，並以人類學為基礎而開始的基督論。

但我們必須提出，新約有關耶穌的記載是否容許我們作如此一面倒的研究。在福音書中，耶穌始終一貫地被提出來，是真神又是真人的一位。頭一位見證人並未企圖只以人的身分來介紹祂，說祂與神同在，及其超特神秘性。因此，我們接近所指向的現實似乎不可能，除非我們企圖以他們所說的兩方面新奇的解釋來了解祂。「道成肉身」，似乎暗示說，我們若沒有道，就不可能有肉身，若沒有肉身，也就不可能有道。

因此，福音書作者在他們的見證中所欲給我們的，必決定了我們自已的研究，以及我們在調查中所採取的方法。佛里漢 (Hans Frei) 最近提出了一項基督論的研究，在此研究中，他企圖面對我們在福音敘述中所遇到的難題。他堅持說耶穌基督為信徒所認識，是在一種個人的知識方式中，但同時也神奇地超越那種個人的知識。此外，「除非我們想到耶穌，同時若不能想到神，就不能想到耶穌，否則我們就不再想到神。」佛里漢也堅持說，雖然沒有別人在此，我們也能正確地想到別人，但是若沒有耶穌同在，我們不可能適當地想到祂。若不在祂的面前，我們就不可能認識祂的本體。（趙中輝《英漢神學名詞辭典》頁一三〇—一三七）

第三目　道成肉身

拿撒勒人耶穌乃永生之道成了肉身（約一14）。耶穌是神的兒子，爲父所差派來到世界，取了罪身的形狀（羅八3）。基督教信仰之核心就是承認「這敬虔的奧秘，在肉身顯現」。

在奈西亞大會（三二五）所宣佈的三位一體的教義，父與子同永遠，同質（本體），古教父等即遭遇了以下的難題：與父同質的聖子，如何取了我們人的肉身成爲人和我們一樣？有些人（如阿波林派）建議說，聖子取了眞的身體與靈魂，但在靈的方面乃是道(Logos)。如此就攻擊了主的眞人性，還有別人（如涅斯多留派）堅稱此人性，但說耶穌與道是完全不同的另一位（「在馬利亞腹中，成爲肉身的不是神自己，乃是神假裝的……」）。

爲了反對神子耶穌有兩個位格，亞歷山大的聖區利路和他的門人辯稱道成肉身的結果，神人二性注於一性（基督一性論 Monophysitism）。多次爭辯後，跟隨教宗利奧一世的領導，教會在迦克墩會議（四五一年）解說道成肉身之正統教義，聲稱我們的主耶穌基督是眞神與眞人(Vere Deus, Vere homo)。在神聖上，凡事與父神同質；在人性上，凡事正如我們一樣，然而卻沒有罪。這一位耶穌基督是有兩性，「絕不混同，絕無改變，絕無停止，絕無分割，兩性之分清，絕不因合一而廢除，但每一性的特質仍得保存，兩者同時發生於一位格與本質中」。神人二性在一位格中聯合（即所稱之基督二性聯合、Hypostatic Union 希臘文 hypostasis 即位格），乃教會之共同信仰，包括東正教、羅馬教與復原教。

並非說迦克墩大會的定義取消了道成肉身的神秘性—有人說乃是提高了它的神秘性—而是有效地證明劃出關於相信耶穌基督爲神人中間唯一中保的適當界限。

至於迦克墩大會基督論的名詞，應當注意下列各點：古教父所用「性」之一詞（希臘文 physis，拉丁文 natura）並非指物質界的秩序，即在「自然」科學中調查的對象。「性」在此乃指「本性」或「實體」，與外貌（表）有別。說基督有「神性」，就是說所有的性質、屬性或特性，藉此一個人可以描述屬於祂的屬神性質。簡言之，祂本身就是神，並不是「像」神，乃是神。論到祂的「人性」也正是如此。祂並不是神以像一個人的形狀顯現：祂是人。祂不單是人或單是神，祂是成了人的神。當祂成爲人的時候，祂不停止爲神，祂仍舊是神，祂並不是把神換成了人；祂乃是取了人性，道成了肉身，祂是人而神，又是神而人。

至於「位格」（希臘文 hypostasis，拉丁文 persona），古教父用以描述我們的主爲一自知、自決的主體，以「我」對「你」的字眼來指認祂自己。「位格」一詞直譯爲「在下邊立著的」，即在每一情況來說，在最深的水平上。雖然說我們必須把屬於人的（包括身體的、外部的、客觀的本性）特性歸給爲基督的耶穌－「道成了肉身」（約一14），但我們不能在最終極的本性水準上，說祂是一個屬人的人。祂是一個屬神的人，具有人的性情。神的兒子並未取了人的人格(person)歸到祂自己的位格上。祂是一屬神的位格取了人性。（假如祂不是一位屬神的位格，祂就不能成爲基督徒崇拜的對象，因爲基督徒只能敬拜神，絕不拜受造之物。）

至於基督屬人的個人性，神學家所持一般的立場爲贊成迦克墩的基督論，也就是說基督有「非人格的人性」(impersonal humanity，拉丁原文是 anahypostasy,enhypostasy)。並非說在耶穌身上不能顯示出和人一樣的人格性(personality)，乃是說這個人性本身離開了屬神的位格是不會存在的。在祂裡面的人性，就是藉著道而存在的神本身。這位人就是神自己，因爲祂這個人是「道成了肉身，住在我們中間」（約一14）。因此我們絕不可以認爲祂是人而不是神。

如果神道成肉身，以兒子聯合眞神與眞人於一位格的自我裡面，那麼在中保的裡面就有一相通的屬性，這樣我們就可以說到祂是神而人（參看徒廿28，論到祂用自己的血買贖了教會最合適的聖經）。

總而言之，迦克墩基督論的基本宣信是無懈可擊的；道成肉身的意思就是這位屬神的位格是先在的，神的永遠之子，在歷史中啓示祂自己，成了拿撒人耶穌。

施萊爾馬赫與黎秋都否認基督在道成肉身以前是神，認爲耶穌只不過有屬神的意識而已；黎秋說：「耶穌教導一些高尙的道德教訓，但未能超越人的界限」；哈納克說：「耶穌對神的認識是以前人所未曾認識的」。在此德國自由主義的傳統上來說，就有了一個根本的轉變－離開了迦克墩的觀點，而看耶穌只不過是一個人，根本談不到什麼道成肉身了。

當田立克提到道成肉身時，加上了一個引號，那意思是說道成肉身是有問題的。那些當代神學家論到這方面的問題，都認爲耶穌只是初世紀巴勒斯坦的猶太人，與別人無異，所不同的就是祂道德的高尙與宗教的熱誠超過了我們而已。

了解道成肉身的眞義，對於我們基督教信仰是何等重要。「你們說我是誰？」彼得說：「你是基督，是永生上帝的兒子。」（趙中輝《英漢神學名詞辭典》頁三四六－三四八）

第三章　上帝（神）之屬性

第一節　上帝（神）之形像

第一目　宗教改革前關於人的教義史

在古代中古歷史的一段長時期中，聖經被一般人認爲是神所默示與具有權威的話語，並認爲是神學與教義的標準。創世紀的歷史性被人接納，有關人的教義是遵照亞當原初的受造與以後墮落的背景而制定。可是，希臘的人觀影響到此項教義的制定。不知不覺的，各種不同希臘的思想要素就滲入在人的教義中。

所謂希臘的人觀主要是包括從柏拉圖、亞里斯多德與斯多噶來的思想。這種人觀主要就是從理性這一方面來看人，而此理性把自己看作是超自然的。此外，人的身體被認爲是屬乎物質的，一切的罪惡都由物質發生。因此，身體是必朽的，靈魂是永存的。這種希臘人觀的影響出現在各種有關人論的教義中。

許多教會的神學家，雖然承認有關創造的聖經教義，可是他們還很矛盾的認為身體較靈魂低下，而且是根本屬乎罪惡的。你若是不考慮到這一點，你就不會了解修道制度(Monasticism)。雖然聖經說到身體與靈魂暫時分離，可是希臘二元論（物與靈）卻過分強調其中之一，這是不合乎聖經的。諾斯底派與摩尼教就是由於這不合乎聖經的動機而產生出來的異端。

中世紀的經院哲學派就是公開的與亞里斯多德哲學合而為一。現今羅馬天主教的立場就是代表著經院學派神學，特別是阿奎那多馬。此項神學在自然與恩典、自然的與超自然的、理性與信仰之間有一清楚的劃分。

應用到人的教義上，此雙層的研究方法導致神的形像與樣式之間的區分。形像被認為是由於人的受造而有的自然的賦與，可是樣式是人在受造之後墮落之前所領受的超自然的恩賜。所流行的天主教的見解，就是說自然的形像是人在受造時所有的關乎理性與道德的本性。在此自然的形像之內，在高尚的與低下的因素之間已經存在著一種緊張（貪慾）的情形。可是你不能說這就算作罪，直等這貪慾發洩出來，以行動表露出來時才算罪。為了壓制這緊張性，神在人受造的本性上，附加了屬神形像的超自然的恩賜，不僅僅他的受造的本性，乃是這受造的本性再加上神超自然的恩賜，才形成了人的原義(Original righteousness)。

當亞當墮落的時候，屬神的樣式失掉了，但是神的形像還是像原來一模一樣的存在。如此說來，今天墮落的人在根本上等於亞當被造時一樣，他所缺的只是超自然的恩賜，而這種超自然的恩賜，可以藉著交代給教會超自然的蒙恩之道而獲得。根據天主教的經院學派的神學，今日的人性是根本沒有被破壞的。人的理性與意志根本上與亞當被造時是一樣的。這樣，雙層的研究法對整個的羅馬天主教人類學是基要的。理性完全是屬於自然界的範圍，認識超自然界的屬神奧秘是屬於信心。經院學派二元論的深遠涵意越發被人識被，是根本與神的話相衝突的。此二元論是造成西方文明危機的主要因素。

第二目　改教家的見解

改教家與羅馬天主教在自然與恩典的二元論上完全分裂，前者並企圖回到聖經有關創造、罪惡、蒙思、得救的範型，他們看出經院派有關身體靈魂的教義與希臘的物質與靈魂的二元論是相似的。他們也承認聖經的形像與樣式的名詞是平行的，而且是異字同意義的。雖然路德與加爾文在論神在人裡面的形像的教義有些不同，可是他們都同意奧古斯丁合乎聖經的思想，而反對佔據羅馬天主教的半伯拉糾主義的思想。因此我們必須要一看路德與加爾文在這方面見解的特點。

路德堅持在受造的人與墮落的人之間必要分清，他也承認很難了解神的形像在被罪毀壞之後到底像什麼。可是根據創世紀的記載，他說明他所了解的有關神形像的教義是合乎聖經的。「我對神形像的了解是這樣：在亞當的本性裡具有神的形像，他不但認識神，並且相信神是善良的，而且他也過了一個完全敬虔的生活；那就是他不懼怕死亡，或是任何其他的危險。以神的恩典為滿足。……在亞當裡有一個屬神的理性，關於神的眞事實，並且有一個極誠懇愛神愛鄰舍的心，所以亞當才能歡迎夏娃，並且立刻承認她是他自己的骨肉。……」（《路德全集》卷一，創世紀講義，頁六二）。

「但在墮落之後，死亡好像大痲瘋一樣，進到人的裡面，所以憑著我們的理智，我們是不能了解神的形像。」路德主張，神的形像在墮落的人裡面已經完全喪失了，「因此，當我們談到那個形像的時候，我們就是說到我們完全不知道的事。關於那件事我們不但沒有經驗，而且我們還繼續經歷正相反的事；所以我們所聽到的，除了一些空洞的言辭以外，我們毫無所有。」（上引書頁六三）。人是完全敗壞了，而且是悲苦的無能為力。也是完全不潔。連理智帶意志都墮落敗壞了，甚至他肉體上的感官也都變為粗暴、不像人應該有的樣子。野豬的聽覺、鷹的視覺、和獅子的力量卻超過了人。「因此，一個人在他的思想中，不能夠描述自然界從前比現今是好得多少。」（頁六七）所以，原罪的影響不僅限於亞當，「我們今世生活中，所用的每一件事，都被敗壞了。」（頁六四）

路德雖然相信神的形像在墮落的人裡面完全喪失了，可是他承認這形像由福音可以得到恢復。基督的福音恢復了神的形像，理智與意志當然還存在，但二者都受到相當的損害。當福音來了，又按照更好的形像予以再度更新，由我們被聖靈重生，得到永遠生命，或者說藉著信，而進入永生的盼望中，我們才能在神裡面生活，並與他一同活著，正如基督所說的（約十七21）。路德說，這種救贖的程序在我們一生中要繼續下去，直等到我們到天堂的時候才得以完成。」當這救贖的程序在父的國度中完成的時候，我們的意志才眞正是自由與善良的，心意才眞的被神光照，記憶力永不消失，到那時，神有其他的受造之物，比亞當在樂園的時候更加馴服。在此時成就之前，關於因罪而喪失的神的形像，我們是不會有充分的認識，但是我們所說的信心與神的話所教導的，就好像從遠處來的，把屬神形像的榮光指給我們看。」（頁六五）

關於認識神與認識人之間的相互關係，沒有任何神學家比加爾文所表現的更爲有力，他說：「差不多我們所有的一切智慧，就是那眞純的智慧，包括兩部份：有關神的知識和有關我們自己的知識。」（《基督教要義》卷一，第一章一節）。二者有非常密切的關係，以致不能夠說：「那個在先，那個在後」，因爲「第一，一個人看到自己，就馬上要想到神，因爲我們的動作存留都在於祂。」比較更清楚一點來說：「我們不能夠清楚的完全認識神，除非同時認識自己。」（卷一第十五章一節）。反面來說，也是實在的。「再者，人永遠不能清楚的認識他自己，除非他仰望神的面，再默想神的屬性，然後再細察自己。」（卷一第一章二節）。可是在今天來說，人對自己的認識是不可能的，除非我們「認識我們當初受造的時候如何，並在亞當墮落之後我們的情況又如何」（卷一第十五章一節）。加爾文爭論說，哲學家們都走錯了路，因爲他們不承認人的墮落，這些哲學家們把人的這兩種情況予以混淆，正像人「在廢墟中找尋一所建築物，並在一些散片中尋找自己織好的一塊布」（卷一第十五章八節）。

不幸的，加爾文雖然引用了「不朽之靈」與「身體的囚房」這樣的名詞，可是他的用意卻與經院學派不同。此外，加爾文並不承認神的形像與身體的關係，而路德卻清楚的承認神的形像與人的肉體有關。加爾文說：「他的形像的適當位置，乃在於靈魂裡。」然而他也承認，人的外貌也包括在神的形像之內，「假如這種說法被視爲一項固定的原則，那麼神的形像從外觀上來看還是屬靈的」（卷一第十五章三節）。

根據加爾文所說神的形像由於亞當墮落的結果完全喪失了，可是與路德的說法不同，雖然在思想方面極其相似，可是與路德的看法是不同的。加爾文雖然說：「神的形像沒有因亞當的墮落完全的消滅並毀壞」，但他立刻又附加說：「然而，神的形像被破壞到如此的程度，以致面目全非，很是可怕」（卷一第十五章四節）。

加爾文正像路德一樣，相信藉著耶穌救贖的工作，可以恢復人裡面的形像。根據歌羅西書三章十節，以弗所書四章廿四節看來，蒙救贖的在眞知識、公義與聖潔上得以更新。神形像的更新在某些都分是「彰顯在蒙揀選的人身上，因爲他們靠聖靈得著重生；等到在天堂裏要得到神形像的完全的光榮」（卷一第十五章四節）。

在路德與加爾文立場的公式上，雖然有顯著的不同，可是二者的見解是極其相似的。路德與加爾文都大大的勝過當日最流行的經院學派中的希臘二元論的影響，路德與加爾文重新得到以神的形像和樣式造人的聖經眞理，他們承認亞當的墮落在神的形像這方面產生了的嚴重的影響。可是他們兩人特別強調，藉耶穌基督救贖的工作來恢復神的形像，而且這種神形像更新的工作是一生之久，就是包括救贖罪人的成聖生活。

路德與加爾文所不同的就是，在加爾文這一方面不承認爲身體與神的形像有顯著的關連。雖然加爾文並沒有否認這種關係，可是路德卻把身體包括在神形像之內；事實上，路德實在有些太過激。雖然加爾文已經大部分勝過經院學派信仰的立場，可是他卻不適當的強調神形像的位置是在靈魂裡，他也表現理智的優先性。

在路德與加爾文之間另一個不同點，就是關係到神的形像在亞當墮落中喪失的範圍。路德認爲神的形像由於墮落完全喪失了，可是加爾文主張墮落的人在某種意義上仍持有神的形像，雖然所保留的形像是完全敗壞、完全污損了。在另一處，加爾文說到自然的恩賜已經敗壞了，超自然的恩賜已經喪失了。後來的改革宗神學家用形像的廣義與狹義來表示這種區分，神的形像在狹義方面來說就是眞知識、仁義與聖潔，他們說由於亞當墮落已經完全喪失了。但是神的形像在廣義方面來說並沒有喪失。可是，所有作此區分的人並未像加爾文那樣充分的說明，說雖然人還是持有神的形像，但整個人是已經敗壞、污穢不潔。（趙中輝《英漢神學名詞辭典》頁三四一—三四四）

第二節　上帝（神）之主權

聖經的教訓說明上帝（神）是王，至高的統治者與全宇宙的賜律者。

第一目　聖經的說明

「耶和華在天上立定寶座，祂的權柄統管萬有」（詩一〇三19）。「神爲至高者，在人的國中掌權，要將國賜與誰，就賜與誰。」（但四17，25，34；五21；七14）。以色列君王大衛承認「尊大、能力、榮耀、強勝、威嚴都是祢的」（代上廿九11）。此從禱告的心而來對神主權的承認，在主禱文的結語中有所反應：「因爲國度、權柄、榮耀，全是祢的，直到永遠，阿們」（太六13）。神誠然是「那可稱頌獨有權能的，萬王之王，萬主之主」（提前六15；比較啓十九16）。神的主權表顯了神的全能，完成祂的美意，執行祂的元旨，並守住祂的應許的本性。

神有幾個名稱也表顯了祂的主權。祂被稱爲「至高的神」（創十四18－20），「全能的神」（十七1；比較出六2），「主權的神」（創十五2；申三24）；與「全能的耶和華神」（啓一8）。主權的神又稱爲「主」（路二29；徒四24；彼後二1；猶4；與啓六10）。

神的主權在世界歷史的廣泛計畫中有所彰顯；祂要「隨己意行作萬事」（弗一11）。祂的主權在創造、護理與救贖工作的歷史中有所發揮與展示。「有主權的主宰」創造了天地，在祂「沒有難成的事」（耶三十二17－23），當然，「在神萬事都能」（可十27；十四35；路一37）。神也以祂的主權來支持並管理這受造的世界。祂統治人類與國家的命運（徒十四15－17；十七24－28）。亞當的墮落是在安排之下發生的（創二16－17），正如基督的釘十字架（徒二23；四27，28）以及一切其他事件。神的護理掌管是包羅萬象的。「我造光，又造黑暗；我施平安，又降災禍，造作一切的是我耶和華」（賽四十五7；弗一11）。

神救贖的恩慈工作也彰顯了祂的主權。救贖的歷史都是祂的應許、恩約與工作。彌賽亞自己就是「全能的神」（賽九6－7），「至高者的兒子」（路一32），「祂的國也沒有窮盡」（路一33）。耶穌從傳道一開始直到末了，祂的信息就是關於「神的國」（太一15；徒一13；在符類福音中就有一百多次）。基督在復活之後就聲稱有「天上地下所有的權柄」（太廿八18），升天的基督被高舉的「遠超過一切執政的，掌權的，有能的，主治的」（弗一19—21；腓二9—11；林前十五24—28；啓五9—14）。因此，最早的基督徒的信條就是：「耶穌是主」（羅十9）。

福音書本身就展示神的主權；它乃是「神的大能，要救一切相信的人」（羅一16），「神的大能」（林前一24；比較弗一18—22）。聖經的權威也表顯了神的主權，因爲聖經都是神所默示的（提後三16）。那就是爲什麼「聖經是不能廢的」（約十35），並且聖經所記載的一切都必要應驗（太五18；路廿四44）的緣故了。

第二目　神學上的考慮

神學家一般都認爲「主權」乃是神相對屬性之一；「主權」表達了神一項固有的特性，有時在「主權的旨意」與「主權的能力」之間有所區分。神主權的旨意與能力並非是武斷的、專橫的或決定性的；祂的主權受祂的公正與聖潔以及其他屬性的制衡。

神的主權與人的責任乃是似非而是的，超出人的理解，但並非矛盾。神的主權與人的「主權」當然是抵觸的，但神的主權與人的「責任」卻非抵觸的。神在歷史中使用人爲的手段來達成祂的目的，然而所用的手段並不包含強迫。神吩咐我們按照祂主權的律法生活（創二16—17；出廿；太廿二37—38）然而神達成祂的旨意甚或藉著有罪、悖逆之人的行動（創四十五5，7—8；五十19—20）。耶穌基督之被釘十字架，誠然是世界歷史中最大的罪惡，然而卻是在「神的定旨和先見」的範圍中發生的，因爲執刑者（釘耶穌於十字架之人）作了神的「能力與旨意事先所要成就的事」（徒二23；四27—28；約十九11）。

神主權的教義特別在奧古斯丁派與加爾文派的傳統中有所強調，爲伯拉糾派、阿民念派與新神學派的傳統所拒絕或妥協，這些傳統都聲稱各不同的屬人之自主權。承認神之主權已成為眞正加爾文主義的標誌。然而，神的主權還不是它的中心原則，加爾文的全盤神學並不是由之而演繹來的，那乃是加爾文與加爾文主義的一種描述。實際上，「主權」這一名詞在加氏所著之《基督教要義》中僅出現幾次而已；在改革宗信條中情形也是如此。然而，此教義誠然是正統改革宗思想的一部分。加爾文神學的關鍵乃在於言聖經之所言，靜聖經之所靜（聖經不說的，加爾文不說）；那就是為什麼加爾文著述有關神之主權，並擁護預定以及其他起爭議之教義的緣故。

正統派的加爾文主義並不輕視人在歷史中的責任。唯有在墮落前神選說論者的思想中，以及極端派的加爾文主義者的主張中才用妥協人的責任，並削減福音的普遍傳揚上未強調主權。其實承認神的主權應當引起讚美神、榮耀神，並鼓勵人在神王權國度中過順服祂、愛祂的生活；所以神的主權正如神其他的主權一樣，應在基督徒生活中有所反應。有神之形像恢復的基督徒，並在成聖上追求進步的人，應當再次在萬有之上施行主治權，在人類歷史中促進神國上作神之代理人，叫主權的神得著榮耀（參創一28）。（趙中輝《英漢神學名詞辭典》頁六四〇—六四一）

「主要參考文獻」目錄

甲、參考書

一、哲學類

書名	作者	出版者
哲學概論	唐君毅	學生書局
新哲學概論	陳俊輝	水牛出版社
西洋古代哲學史	吳　康	台灣商務印書館
西洋哲學史	梯　利	台灣商務印書館
西洋哲學史	瞿世英	台灣商務印書館
西洋哲學史	羅達仁	台灣商務印書館
西洋哲學史	威柏爾　柏雷	水牛出版社
西洋哲學史話	鄔昆如	三民書局
西洋哲學三百題	陳志良	建宏出版社
希臘哲學史	薛保綸	台灣商務印書館
柏拉圖的哲學	曾仰如	台灣商務印書館
巴拉蒂特的哲學	李志夫	台灣商務印書館
柏格森哲學	吳　康	台灣商務印書館
康德哲學	吳　康	台灣商務印書館
康德與現代哲學	佘又蓀	台灣商務印書館
從形上學論康德哲學	胡鴻文	華北神學院

本體論新探　胡鴻文　弘智出版社
黑格爾哲學　吳康　台灣商務印書館
宗教哲學　曾仰如　台灣商務印書館
中西哲學思想中的天道與上帝　李杜　聯經出版公司
中國哲學大綱　羅光　台灣商務印書館
中國哲學思想史　羅光　學生書局
中國思想史　錢穆　學生書局
中國歷代思想家　洪安全　台灣商務印書館
中國哲學史　馮友蘭　台灣商務印書館
中國哲學史　勞思光　友聯出版社
中國哲學原論　唐君毅　學生書局

二、神學類

哲學神學　張振東　台灣商務印書館
基督教神學　趙中輝　改革宗翻譯社
教義神學　赫士　華北神學院
耶穌基督的啓示　何賡詩　證道出版社
聖經要義　賈玉銘　晨星出版社
羅馬書講義　賈玉銘　晨星出版社
神道學　賈玉銘　晨星出版社
聖經新釋　得維遜　證道出版社

舊約聖經問題總解　李道生　浸信會出版社
新約聖經問題總解　李道生　浸信會出版社
世界神哲學家思想　李道生　榮耀出版社
教父學大綱　吳應楓　光啓出版社
基督教神學手冊　麥葛福　校園書房出版社
基督教神學原典菁華　麥葛福　校園書房出版社
二十世紀神學評論　麥葛福　奧爾森　校園書房出版社
基督教史　唐逸　中國社科出版社
基督教會史　華爾克　基督文藝出版社

乙、工具書

一、聖經類

聖經原文字彙中文彙編（更新版）　王正中　浸宣出版社
新約聖經中希英逐字對照（更新版）　王正中　浸宣出版社
新約希臘文中文辭典　王正中　浸宣出版社
希臘文句型結構研究　王正中　浸宣出版社
新約希臘文常用字分析　王正中　浸宣出版社
新約希臘文時態格變分析　王正中　浸宣出版社
新約中希英逐字對照（一—四）　王正中　浸宣出版社
新約希伯來文中文彙編　王正中　浸宣出版社
聖經原文串珠註解　王正中　浸宣出版社

本書作者葉程義重要學術論文專書目錄

書	出版者	出版年月	備註
禮記正義引書（上中下）	政大中文研究所	五八・七	碩士論文
歷代文選（一）明清文選	正光書局	六二・九	編註清文選
文選李善注引尚書考	正中書局	六四・八	政大叢書
莊子寓言研究	文史哲出版社	九三・九	義聲出版社初版
禮記正義引書考	義聲出版社	七〇・一	
漢魏石刻文學研究（上下）	東吳中文研究所	七六・十一	文學博士論文
帛書老子校劉師培《老子斠補》疏證	文史哲出版社	七八・四	
老子道經管窺	文史哲出版社	七九・四	
王國維詞論研究	文史哲出版社	八〇・七	
漢魏石刻文學考釋	新文豐出版公司	八六・四	國立編譯館主編
西方神哲學家之上帝觀研究	文史哲出版社	九四・十	神學博士論文